Die Hohenzollerndebatte

Die Hohenzollerndebatte

Beiträge zu einem geschichtspolitischen Streit

Herausgegeben von

Frank-Lothar Kroll
Christian Hillgruber
Michael Wolffsohn

Duncker & Humblot · Berlin

Bibliografische Information der Deutschen Nationalbibliothek

Die Deutsche Nationalbibliothek verzeichnet diese Publikation in
der Deutschen Nationalbibliografie; detaillierte bibliografische Daten
sind im Internet über http://dnb.d-nb.de abrufbar.

Umschlag: Burg Hohenzollern im Nebel
(© picture alliance/dpa/Sebastian Gollnow)

© 2021 Duncker & Humblot GmbH, Berlin
Satz: L101 Mediengestaltung, Fürstenwalde
Druck: Druckteam, Berlin
Printed in Germany

ISBN 978-3-428-18392-0 (Print)
ISBN 978-3-428-58392-8 (E-Book)

Gedruckt auf alterungsbeständigem (säurefreiem) Papier
entsprechend ISO 9706 ∞

Internet: http://www.duncker-humblot.de

Vorwort

Die seit Sommer 2019 geführte Hohenzollerndebatte hat erfreuliche und unerfreuliche Seiten. Erfreulich ist, dass lange vernachlässigte Forschungsthemen wieder stärkere Aufmerksamkeit finden, beispielsweise die Frage der Bedeutung von Monarchie und Adel im 20. Jahrhundert. Weniger erfreulich ist die starke Emotionalität und bedauerliche inhaltliche Einseitigkeit, mit der die Debatte mitunter geführt wird. Ein Grund dafür ist, dass im Zuge der Hohenzollerndebatte geschichtspolitische Deutungskämpfe ausgetragen werden; ein weiterer, dass in der Frage der Entschädigung der Hohenzollern juristische, politische und – aufgrund der Gesetzeslage, die Entschädigungen ausschließt, wenn der Enteignete dem nationalsozialistischen oder kommunistischen System „erheblichen Vorschub" geleistet hat – auch historische Aspekte auf schwer durchschaubare Weise miteinander verwoben sind.

Dieser Sammelband will hier Abhilfe schaffen. 22 Beiträge von 23 Experten aus Geschichtswissenschaft, Rechtswissenschaft, Journalismus und Politik ordnen die Debatte sachkundig ein und analysieren die verschiedenen relevanten Aspekte. Sechs Schwerpunktthemen stehen dabei vorrangig zur Erörterung.

Ein erstes Segment (I.) widmet sich grundsätzlichen *juristischen und historiographischen Klarstellungen*, erläutert die Rechtsgrundlage der Entschädigungsforderungen und korrigiert einige Irrtümer über vermeintliche oder tatsächliche geschichtswissenschaftliche Forschungsstände. Danach (II.) folgen pointierte Stellungnahmen zu den politischen, historiographischen und fachlichen *Kontroversen* der Hohenzollerndebatte. Ein spezielles Segment (III.) *Kronprinz Wilhelm von Preußen und die Frage der „Vorschubleistung"* befasst sich mit der Person des letzten deutschen Kronprinzen und dessen bisher ungeklärter Rolle beim Aufstieg des Nationalsozialismus. Anschließend (IV.) stehen unter der Rubrik *Das Kaiserreich in der Diskussion – neue Interpretationen* Aspekte der eng mit der Hohenzollerndebatte verschränkten, unlängst erneut entfachten Kontroverse über die Bedeutung und Bewertung des deutschen Kaiserreichs für den weiteren Entwicklungsgang der deutschen Nationalgeschichte zur Erörterung. Den Blick über den preußischen Tellerrand hinaus werfen *Vergleichsperspektiven* (V.). Sie dienen dazu, die Causa Hohenzollern in unterschiedlicher Weise zeitlich wie räumlich einzuordnen und beleuchten die Restitutionsfrage in europäischen Zusammenhängen. In drei den Band abschließenden *Gesprächen* (VI.) werden noch einmal wesentliche Streitfragen des Debattengegenstandes zur Sprache gebracht.

In ihrer Gesamtheit bieten alle hier versammelten Beiträge das, was Wissenschaft heute leisten kann: ein Thema in seiner Komplexität zu erfassen und das weite Spektrum unterschiedlicher Positionen und Argumente auszuschöpfen. Nur so ist eine fundierte und sachbezogene Diskussion möglich.

Die Herausgeber danken namentlich Herrn Dr. Rüdiger von Voss (Berlin), der die Idee zu diesem Buch mit anregte, sowie Herrn Dr. Dr. Benjamin Hasselhorn (Würzburg), der durch vielfältige Hilfeleistung zu ihrer Realisierung beitrug. Frau Dr. Christiane Liermann (Menaggio, Villa Vigoni) gab wertvolle Hinweise zu Detailfragen, Frau Antonia Sophia Podhraski, M.A. (Chemnitz) unterzog sich der mühevollen Endredaktion einzelner Texte.

Chemnitz, Bonn, München   *Prof. Dr. Frank-Lothar Kroll*
am 15. September 2021   *Prof. Dr. Christian Hillgruber*
                                                      Prof. Dr. Michael Wolffsohn

Inhalt

I. Juristische und historiographische Klarstellungen

II. Kontroversen

III. Kronprinz Wilhelm von Preußen
und die Frage der „Vorschubleistung"

IV. Das Kaiserreich in der Diskussion – neue Interpretationen

V. Vergleichsperspektiven

VI. Streitfragen im Gespräch

I. Juristische und historiographische Klarstellungen

Trouble mit den Hohenzollern?
Das Haus Preußen zur Zeit des Nationalsozialismus und in der Gegenwart[1]

Von *Ulrich Schlie*, Bonn, und *Thomas Weber*, Aberdeen

Preußen und die Hohenzollern haben wieder Konjunktur. Vor allem sorgen sie gegenwärtig für Streit. Die Rede ist von der Debatte über mögliche Entschädigungen für Enteignungen aus dem Jahr 1945, die die Nachfahren des ehemaligen preußischen Kronprinzen Wilhelm fordern. Es ist eine hochgradig emotionalisierte Debatte, die zu einer Zukunftsfrage Deutschlands im 21. Jahrhundert hochstilisiert wird.

„Diese Debatte geht uns alle an", so war etwa im Februar 2021 in einem Online-Fachgespräch der Fraktion Bündnis 90/Die Grünen im Deutschen Bundestag zu hören. Der Versuch der Nachfahren Wilhelms, Entschädigungen zu erhalten, sei ein Angriff auf unsere Republik. Denn Entschädigungen dürfe es laut Gesetz nur geben, wenn der Enteignete nicht zuvor dem Nationalsozialismus „erheblichen Vorschub" geleistet habe. Ein Freispruch Wilhelms würde daher „alle NS-Aufarbeitungsarbeit der letzten Jahre infrage stellen".[2]

Ein „erheblicher Vorschub" wird über eine Beschreibung der Aktivitäten Wilhelms thesenhaft behauptet, ohne dass überhaupt die Wirkung seines Handelns empirisch gemessen worden ist. Bei der seit zwei Jahren geführten Debatte geht vieles durcheinander: Hitlers Aufstieg zur Macht, der Anteil der Konservativen am Untergang der Weimarer Republik, die langen Schatten der Reichsgründung vor 150 Jahren, eine angebliche Weichzeichnung des Kaiserreichs, die Kriegsschuldfrage und das Ende der Monarchien, die Wiederkehr des Wilhelminismus als drohende Gefahr für das 21. Jahrhundert, das Selbstverständnis und die politische Ordnung des heutigen Deutschlands. Historische, juristische und politische Argumente werden je nach Bedarf be-

---

[1] Bei diesem Beitrag handelt es sich um die überarbeitete und stark erweiterte Version von einem zuerst in der Tageszeitung *Die Welt* am 15. April 2021 erschienenen Textes.

[2] Bündnis 90/Die Grünen, Online-Fachgespräch: Keine Sonderrechte für den Adel, 5. August 2021, https://www.gruene-bundestag.de/termine/keine-sonderrechte-fuer-den-adel, letzter Zugriff am 5. August 2021.

müht. Auch so manche Äußerung des Hauses Hohenzollern war wenig geeignet, zur Versachlichung beizutragen.

Das Urteil steht scheinbar fest. Der ehemalige Kronprinz wird als übergroße Figur zum maßgeblichen Steigbügelhalter Hitlers. Wilhelm, so der
Marburger Historiker Eckart Conze im Deutschlandfunk, sei für die nationalsozialistische Machtergreifung und Konsolidierung wesentlich mitverantwortlich, dadurch dass er „unentwegt und mit großer Stetigkeit […] mit seinem Charisma [und] mit seiner Aura" für den Nationalsozialismus geworben
habe, was „eine unglaubliche Wirkung, gerade in die bürgerlich-konservativen Teile der deutschen Bevölkerung hinein" gehabt habe.[3] Die Frage nach
dem „erheblichen Vorschub" scheint demnach entschieden. Restitutions- und
Entschädigungsansprüche, die den Nachfahren Wilhelms zustehen könnten,
wären unbegründet.

Doch ist die Debatte wirklich schon entschieden? Vieles, was in der bisherigen Diskussion gesagt wurde, hält dem Faktencheck nicht stand, nicht zuletzt deshalb, weil unbeantwortet bleibt, wie überhaupt ein möglicher „erheblicher Vorschub" zu bemessen wäre. Eine umfassende Analyse legt nahe,
dass der ehemalige Kronprinz – bei allen politischen Fehlurteilen und seinen
Annäherungsversuchen an Hitler in der Schlussphase der Weimarer Republik
und den frühen Jahren des Dritten Reiches – keinen nennenswerten Anteil
daran hatte – auch nicht innerhalb seines eigenen Wirkungskreises –, dass
Hitler 1933 an die Macht kam und seine Macht konsolidieren konnte. Wunsch
und Wirklichkeit klafften weit auseinander.

I.

Ob Wilhelms Nachfahren Entschädigungen zustehen, hängt von der Frage
ab, inwieweit der ehemalige preußische Kronprinz der nationalsozialistischen
Machtergreifung und -konsolidierung „erheblichen Vorschub" vor dem Hintergrund eines schwindenden Monarchismus geleistet hat oder nicht. Aufgrund des Entschädigungs- und Ausgleichsleistungsgesetzes von 1994 versucht der Chef des Hauses Hohenzollern, wie viele andere Bürger auch,
Ausgleich für den nach dem Zweiten Weltkrieg enteigneten Privatbesitz auf
dem Verhandlungsweg – im konkreten Fall mit dem Bund, dem Land Berlin
und dem Land Brandenburg – zu bekommen. Das Gesetz aus dem Jahr 1994

---

[3] Deutschlandfunk, Historiker über Hohenzollern: Kronprinz Wilhelm leistete
Nationalsozialismus erheblichen Vorschub – Eckart Conze im Gespräch mit Friedbert Meurer, 18. Februar 2021, https://www.deutschlandfunk.de/historiker-ueber-
hohenzollern-kronprinz-wilhelm-leistete.694.de.html?dram:article_id=492721, letzter
Zugriff am 5. August 2021.

dient dazu, einen Ausgleich durch Restitution oder Entschädigung für von der Sowjetunion und der DDR vorgenommene Enteignungen zu schaffen.[4]

Der Nachweis des erheblichen Vorschubs gegenüber „dem nationalsozialistischen System"[5] wäre nach dem 1994er-Gesetz ein Ausschlussgrund für Entschädigungs- und Restitutionsleistungen an seine Familie, über die in Kürze das Verwaltungsgericht des Landes Brandenburg zu entscheiden hat,[6] falls nicht doch noch Versuche einer außergerichtlichen gütlichen Einigung erneuert werden sollten. Laut Gesetz geht es ausschließlich um das Verhalten der Personen, die enteignet wurden, im konkreten Fall bezieht sich dies auf Wilhelm von Preußen, und nicht etwa auf andere Familienmitglieder.

Für den ehemaligen Kronprinzen waren seine Annäherungsversuche an Adolf Hitler untrennbar mit seinem Hauptziel verbunden, die Hohenzollernmonarchie in Deutschland zu restaurieren. Der ehemalige Kronprinz Wilhelm war, wie sein Freund Gustav Hillard einmal schrieb, eine „Mischung aus Tellheim und Simplizissimus", der bis ins hohe Alter das Leutnanthafte nicht ablegte, ein Mann, der für eine Rolle im Leben vorbereitet worden war, die die Geschichte für ihn dann nicht mehr vorsah.[7]

Schon im Kaiserreich hatte er keinen bestimmenden Anteil an politischen Entscheidungen. Er war ein Mann der Peripherie, ein Gefäß, bisweilen laut tönend, aber ohne tiefere Substanz, zeitlebens bestimmt von der Spannung zu seinem ebenso psychologisch komplizierten Vater sowie der Diskrepanz zwischen den Erwartungen der ihn umgebenden Kamarilla und den Grenzen seines eigenen Vermögens. Die Abdankung des Kaisers, das Ende der Monarchie blieb sein Trauma, das er nie überwand – den Traum von der Wiedererrichtung der Hohenzollernmonarchie sollte er zeitlebens nicht aufgeben. Auch Kronprinz Wilhelm hatte auf den Thron verzichtet und versprochen, sich nicht mehr politisch zu betätigen. Gustav Stresemann ermöglichte ihm daraufhin 1923 die Rückkehr aus dem Exil. Zunächst hielt er sich an das Zugesagte und teilte seine Zeit zwischen seinem schlesischen Gut Oels und

---

4 Bundesministerium der Justiz und für Verbraucherschutz, Gesetz über staatliche Ausgleichsleistungen für Enteignungen auf besatzungsrechtlicher oder besatzungshoheitlicher Grundlage, die nicht mehr rückgängig gemacht werden können, 27. September 1994, https://www.gesetze-im-internet.de/ausglleistg/BJNR262800994.html, letzter Zugriff am 5. August 2021.

5 Ebenda, § 1, Abs. 4, letzter Zugriff am 5. August 2021.

6 Land Brandenburg, Ministerium der Finanzen und für Europa, ‚Hohenzollern-Verfahren: Verwaltungsgericht und Finanzministerium verlängern Fristen zur Stellungnahme', 24. August 2020, https://mdfe.brandenburg.de/mdfe/de/ministerium/presse/pressemitteilungen/pressemitteilung/~24-08-2020-hohenzollern-verfahren#, letzter Zugriff am 5. August 2021.

7 Gustav Steinbömer (alias Gustav Hillard), Herren und Narren der Welt, München: List Verlag, 1954, S. 85.

den Aufenthalten auf Schloss Cecilienhof in Potsdam. Nach Stresemanns Tod 1929 indes geriet das Versprechen, sich nicht politisch zu betätigen, mehr und mehr in den Hintergrund.

In den Krisenjahren Weimars witterte Wilhelm Morgenluft für eine monarchistische Restauration unter seiner Führung. Die Aussichten dafür allerdings standen schlecht, und auch das Charisma Wilhelms war, anders als jetzt behauptet wird,[8] von begrenzter Wirkung.

Ausgerechnet an der Frage der Restauration der Hohenzollernmonarchie hatte sich die Deutschnationale Volkspartei (DNVP), die rechtskonservative Partei Weimars, zerlegt. Sie war bis 1928 die zweitgrößte Partei im Reichstag gewesen.[9] Als kurz nach der Reichstagswahl 1928 der DNVP-Reichstagsabgeordnete Walther Lambach einen Artikel in der jungkonservativen „Politischen Wochenschrift" veröffentlichte und sich darin gegen eine Zukunft der DNVP als eine monarchistische Partei wandte, brach ein offener Kampf über die Zukunft der Partei aus. „Kaiser und Könige sind für die jetzt heranwachsenden Wählergenerationen nicht mehr geheiligte verehrungswürdige Personen bzw. Institutionen", schrieb Lambach. „Sie sind für die Jugend zu Film- und Bühnenangelegenheiten geworden."[10] Lambachs Fazit: Der monarchistische Gedanke in Deutschland „ist zu Grabe getragen worden".[11]

Für viele in der Partei allerdings war zu jener Zeit ein offener Bruch mit dem Versprechen einer monarchistischen Zukunft unvereinbar mit den Vorstellungen von konservativer Ehre. Lambach wurde aus der DNVP gedrängt. Der Bruch ließ sich dadurch nicht aufhalten, vollzog sich aber weitgehend geräuschlos. Der neue starke Mann der DNVP, Alfred Hugenberg, sprach auf

---

[8] Siehe zum Beispiel Deutschlandfunk, Historiker über Hohenzollern: Kronprinz Wilhelm leistete Nationalsozialismus erheblichen Vorschub – Eckart Conze im Gespräch mit Friedbert Meurer, wie Anm. 3.

[9] Zur Doppelkrise der DNVP und des Monarchismus sowie zur Lambachkontroverse, siehe: Thomas Mergel, Das Scheitern des deutschen Tory-Konservatismus: Die Umformung der DNVP zu einer rechtsradikalen Partei 1928–1932, Historische Zeitschrift, 276 (2003), 323–368; Daniel Ziblatt, Conservative Parties and the Birth of Democracy, Cambridge: Cambridge University Press, 2017, Kapitel 8 & 9; Walter Kaufmann, Monarchism in the Weimar Republic, New York: Bookman Associates, 1953; Barry A. Jackisch, The Pan-German League and Radical Nationalist Politics in Interwar Germany, 1918–39, Farnham: Ashgate, 2012; Hermann Beck, The Fateful Alliance: German Conservatives and Nazis in 1933: The Machtergreifung in a New Light, New York: Berghahn, 2008; Larry Eugene Jones, The German Right, 1918–1930: Political Parties, Organized Interests, and Patriotic Associations in the Struggle against Weimar Democracy, Cambridge: Cambridge University Press, 2020.

[10] Walther Lambach, Monarchismus, in: Politische Wochenschrift, 4, 24, 14. Juni 1928.

[11] Zitiert in Kaufmann, Monarchism in the Weimar Republic, S. 182.

einmal nicht mehr von Monarchismus, sondern von Führertum und nationaler Diktatur.[12]

Außerdem verlor die DNVP innerhalb von zwei Jahren beinahe die Hälfte ihrer Stimmen.[13] Die Partei war im freien Fall. Über sie würde Wilhelm von Preußen in einem Massenzeitalter kaum Kaiser werden können. Eine politische Strömung, wie sie dem ehemaligen Kronprinzen vorschwebte, war weder in der DNVP noch in einem weiteren Sinne in Politik und Gesellschaft erkennbar und nutzbar.

Auch auf Paul von Hindenburg konnte Wilhelm von Preußen nicht setzen. Seit der wichtigste Heerführer seines Vaters zum Reichspräsidenten gewählt worden war, hatte Hindenburg klargemacht, dass er sich nicht als Steigbügelhalter für eine Hohenzollernrestauration hergeben würde. Hindenburg war sich des relativen Verschwindens des Monarchismus in Deutschland und der Legitimationskrise der Hohenzollern bewusst. Selbst viele eingefleischte Monarchisten hatten in der Flucht Wilhelms II. in die Niederlande eine Desertion gesehen.[14]

Die lebende Generation der Hohenzollern verlor immer mehr an Bedeutung. Selbst viele Monarchisten sahen nun viel eher in Hindenburg den Nachfahren der großen Hohenzollern. Sie erwarteten oftmals höchstens für die ferne Zukunft eine Wiedererrichtung der Monarchie.[15]

Dies war der Hintergrund für Wilhelms Annäherung an die Nationalsozialisten und den Plan, mit Hitlers Hilfe die Krone zurückzuerlangen – eine krasse Fehleinschätzung. Hitler dachte über taktische Erwägungen hinaus nicht daran, die Monarchie in Deutschland wiederherzustellen. Die Allianz des ehemaligen Kronprinzen mit Hitler war zeitlich befristet und sollte nur dessen eigenen Interessen dienen. Noch Mitte der 1920er-Jahre hatte Wilhelm von Preußen seinen Regimentskameraden Adolf-Victor von Koerber ermutigt, mit Hitler zu brechen. Damals hatte der ehemalige Kronprinz, so Koerber, aufgrund des von Wilhelm „klar erkannten proletarischen Kern[s] der Hitlerbewegung eine aktive Beteiligung an derselben ab[gelehnt]".[16]

---

12 Mergel, Das Scheitern des deutschen Tory-Konservatismus, S. 367.

13 In der Wahl zum Reichstag im Mai 1928 erhielt die DNVP 14,3 % der Stimmen, 1930 waren es nur noch 7,0 %. Siehe dazu: Colin Storer, The Weimar Republic, London: I. B. Tauris, 2013, S. 175 ff.

14 Mergel, Das Scheitern des deutschen Tory-Konservatismus, S. 336.

15 Lambach, Monarchismus.

16 Brief Koerbers an Wilhelm von Preußen, 25. Juni 1932, University of the Witwatersrand, Johannesburg, Historical Papers Research Archive, Papers of Baron Adolf Victor von Koerber, AB Crown Prince William.

Als aber 1932 Koerber versuchte, konservativen Widerstand gegen eine mögliche nationalsozialistische Machtergreifung zu organisieren, stieß er bei Wilhelm auf taube Ohren. Vor diesem Hintergrund hatte sich der ehemalige Kronprinz schriftlich am 29. März 1932 direkt an Adolf Hitler gewandt und ihm für die nächste Reichspräsidentenwahl einen Pakt vorgeschlagen. Der an Hitler adressierte Brief zeigt sein Kalkül und seine Naivität zugleich: „Ich habe mich nach langen und eingehenden Überlegungen entschlossen, diese Kandidatur anzunehmen und trete an Sie in erster Stelle als den Führer der größten nationalen Bewegung heran und bitte Sie, diese Kandidatur eintretendenfalls mit Ihrer Person und Ihrer Bewegung zu unterstützen.“[17]

Aus der Reichspräsidentschaftskandidatur des Jahres 1932 sollte dann für den ehemaligen Kronprinzen nichts werden. Auf den Befehl seines Vaters aus dem niederländischen Exil hin ließ er seine Absicht fallen. Nachdem sein Plan aufgrund der Intervention des Ex-Kaisers gescheitert war, war es in gewisser Hinsicht folgerichtig, für Hitler eine Wahlempfehlung gegen Hindenburg im zweiten Wahlgang der Präsidentschaftswahl 1932 auszusprechen. Hugenberg hatte seinen Anhängern freigestellt, für Hitler oder für Hindenburg zu stimmen. In einem für Wilhelm typischen Anflug von größenwahnsinniger Selbstüberschätzung schrieb er 1934 an Lord Rothermere, den Inhaber der „Daily Mail“, dass seine Empfehlung Hitler zwei Millionen Stimmen bei dessen Wahlniederlage bei der Reichspräsidentenwahl 1932 eingebracht habe.[18]

Über Wilhelms eigene Vorstellungswelt ist vergleichsweise wenig bekannt. Seine seltenen öffentlichen Äußerungen und dasjenige, was wir über sein Handeln wissen, fügen sich in die militaristischen Gesellschaftskonzeptionen ein, die in der Reichswehrführung in einer zugespitzten innenpolitischen Krisenlage der Endphase Weimars kursierten. Ihr Ziel war es, die als „schwächlich“ apostrophierte parlamentarische Demokratie durch einen neuen, „starken“ Staat zu ersetzen. Der ehemalige Kronprinz hatte der Demokratie von Weimar nie viel abgewinnen können. Für Einflüsterer unbestimmter autoritärer Ideen hatte er immer ein offenes Ohr. In seinem Bestreben, die Monarchie in Deutschland wieder einzuführen, agierte der ehemalige Kronprinz Wilhelm weder planvoll noch stetig, vielmehr erratisch. Zu keinem Zeitpunkt hat er dabei eine zutreffende Analyse der politischen Lage gehabt. Seine eigene Rolle hat er durchgehend überschätzt, die sich Ende der 1920er Jahre in den rechtskonservativen Parteien vollziehende Abkehr vom Ziel der

---

[17] Zit. nach Klaus W. Jonas, Der Kronprinz Wilhelm, Frankfurt/Main: Scheffler, 1962, S. 226.

[18] Christopher Clark, Hat Kronprinz Wilhelm dem nationalsozialistischen System erheblichen Vorschub geleistet, Gutachten, 2011, http://hohenzollern.lol/gutachten/clark.pdf, letzter Zugriff am 5. August 2021.

Wiedereinführung der Monarchie hat er offenkundig nicht erfasst. Seine Hinwendung zu den Nationalsozialisten erscheint vor diesem Hintergrund vor allem als taktische Verlegenheitslösung mit durchsichtigem – monarchistischem – Kalkül.[19]

Aus den ersten beiden Jahren nach der nationalsozialistischen Machtergreifung sind vielfältige Zeugnisse überliefert, die den ehemaligen Kronprinzen als Parteigänger Hitlers ausweisen, freilich ohne dass er jemals Mitglied der NSDAP geworden wäre. Auch beim „Tag von Potsdam", beim gemeinsamen Auftritt von Hitler und Hindenburg am Bronzesarkophag Friedrichs des Großen, vor alten preußischen Kriegsflaggen, bei der Eröffnungszeremonie des neuen Reichstages in der Potsdamer Garnisonkirche am 21. März 1933 durfte er – in der Uniform eines Obersten der Totenkopfhusaren, seines Kavallerieverbandes – nicht fehlen.[20]

Es liegt nahe, dass NS-Propagandisten davon ausgingen, dass seine Teilnahme bei Teilen des Bürgertums und des Adels als eine willkommene Zustimmung zu den neuen Machthabern begrüßt werden würde, sie gleichzeitig aber Sorge hatten, wie sein Auftreten in anderen Bevölkerungsteilen aufgenommen werden könnte. Wilhelm blieb daher zunächst ein von den Nationalsozialisten – in der Hoffnung, Wilhelm könne ihnen zumindest etwas nutzen – geduldeter, bisweilen belächelter Mitläufer am Rande.

Wilhelm hat Hitler am Anfang wohl als eine Art deutschen Mussolini betrachtet und so seine Verehrung für den „Duce" auf Hitler übertragen. Nach dem 30. Juni 1934, dem sogenannten Röhm-Putsch, schwanden viele seiner Illusionen, ohne dass er je die Schwelle der öffentlichen Kritik überschritten oder gar zu aktivem konspirativen Handeln gefunden hätte. Seine letzte nennenswerte politische Aktion ist bezeichnenderweise ein Glückwunschtelegramm an Mussolini nach dem für Italien siegreich beendeten Abessinien-

---

[19] Zu Wilhelm von Preußen gibt es bisher nur eine Biographie aus dem Jahr 1954 und eine andere aus dem Jahr 1962. Siehe: Paul Herre, Kronprinz Wilhelm: Seine Rolle in der deutschen Politik, München: Beck, 1954, sowie Klaus W. Jonas, Kronprinz Wilhelm, Frankfurt/Main: Scheffler 1962. Ferner gibt es einige veröffentlichte Egodokumente Wilhelms aus der Zeit zwischen 1912 und 1925. Siehe: Aus meinem Jagdtagebuch, Stuttgart: Deutsche Verlags-Anstalt, 1912; Erinnerungen des Kronprinzen Wilhelm: Aus den Aufzeichnungen, Dokumenten, Tagebüchern und Gesprächen, Stuttgart: Cotta, 1922; Meine Erinnerungen aus Deutschlands Heldenkampf, Berlin: E. S. Mittler & Sohn; und Ich suche die Wahrheit!: Ein Buch zur Kriegsschuldfrage, Stuttgart: Cotta, 1925.
Die Autoren dieses Beitrags führen derzeit umfangreiche Archivstudien zu Wilhelm von Preußen durch, die in die Bewertung von Wilhelms Vorstellungswelt teilweise eingeflossen sind.

[20] Siehe zum Beispiel das Photo, das ihn am 21. März 1933 im Gespräch mit Adolf Hitler vor der Garnisonkirche in Potsdam zeigt. Vgl. Bundesarchiv, Bildarchiv, Bild 102-14437.

krieg – das nationalsozialistische Deutschland hatte strikte Neutralität gewahrt.[21] Dafür war er vom Führer des Nationalsozialistischen Kraftfahrerkorps (NSKK), dem er als begeisterter Motorist formal angehörte, auf eine Art und Weise gerügt worden, dass er dies zum Anlass für seinen anschließenden Austritt aus dem NSKK nahm.[22]

An der Echtheit der von Wilhelm von Preußen öffentlich geäußerten Sympathien für den Nationalsozialismus – insbesondere in der Phase von 1932 bis 1934 – bestehen keine Zweifel. Konsens besteht auch in der Einschätzung der Dimension seiner Fehlurteile. Doch reicht dies für den Nachweis eines „erheblichen Vorschubs" aus, den Wilhelm „dem nationalsozialistischen System" geleistet haben soll? Hatte er überhaupt einen signifikanten Anteil an der nationalsozialistischen Machtergreifung und -konsolidierung?

II.

„Erheblicher Vorschub" ist ein unbestimmter Rechtsbegriff. Vorschub haben Hitlers Machtergreifung viele geleistet, insbesondere auch die alten Eliten in Heer, Beamtenschaft und Diplomatie, und ohne Zweifel auch der ehemalige Kronprinz. Was aber kann „erheblicher Vorschub" durch eine Person, die keine formale Funktion ausübte, in der konkreten historischen Situation 1932/1933 bedeuten? Bei der Beantwortung der Kernfrage ist es rechtlich unerheblich, ob Wilhelm von Preußen die Staatsform der Weimarer Republik abgelehnt hat oder nicht. Die KPD beispielsweise bekämpfte ebenso heftig die Weimarer Republik. Doch es wäre absurd, deshalb den Kommunisten vorzuwerfen, Hitlers Machtergreifung „erheblichen Vorschub" geleistet zu haben. Es geht auch nicht vorrangig darum, welche Motive Wilhelm hatte und wie wir heute sein politisches Denken und Handeln beurteilen.

Ein erhebliches Vorschubleisten im Sinne von § 1, Abs. 4 Ausgleichsleistungsgesetz liegt vor, wenn der Betreffende bewusst und mit einer gewissen Stetigkeit Handlungen vorgenommen hat, die dazu bestimmt und geeignet gewesen sind, in nicht unerheblicher Weise die Bedingungen für die Errichtung, Festigung oder Ausdehnung des nationalsozialistischen Systems signifikant zu verbessern, und die auch tatsächlich eine wesentliche Wirkung entfaltet haben. Das „erhebliche Vorschubleisten" zugunsten des nationalsozialistischen Systems weist eine objektive und eine subjektive Komponente auf. Ferner muss es einen Erfolgseintritt der Errichtung oder Festigung natio-

---

[21] Hans Bohrmann (Hrsg.), NS-Presseanweisungen, Band 4/I: 1936, München: Saur, 1993, S. 69, Presseanweisung vom 22. Januar 1936.

[22] Friedrich Wilhelm von Preußen, Die Hohenzollern und der Nationalsozialismus, München, 1983, S. 343.

nalsozialistischer Herrschaft geben, der kausal und wesentlich auf die zu untersuchenden Handlungen zurückzuführen ist.[23]

Der objektive Tatbestand eines „erheblichen Vorschubs" wäre also nur erfüllt, wenn es eine direkte erhebliche Kausalität zwischen Wilhelms faktischem Handeln und der Errichtung und Konsolidierung des „nationalsozialistischen Systems" zwischen 1933 und 1945 gegeben hätte. Daran bestehen mehr als berechtigte Zweifel. Es wäre deshalb zu klären, ob die Errichtung und Konsolidierung des Dritten Reiches innerhalb des Wirkungskreises des ehemaligen Kronprinzen signifikant anders verlaufen wäre, wenn Wilhelm von Preußen politisch einfach überhaupt nichts getan hätte. Es geht natürlich nicht darum, ob es auch ohne Wilhelms Handlungen zum Nationalsozialismus gekommen wäre,[24] sondern wie das nationalsozialistische System innerhalb des Wirkungskreises Wilhelms von Preußen etabliert, konsolidiert und ausgeweitet worden ist.

Im Einklang mit der bisherigen Rechtsprechung sind bisher in besonderer Weise Fälle von Personen diskutiert worden, die ein nationalsozialistisches Amt mit beträchtlichem Einfluss bekleidet haben oder zumindest, wie im Falle Alfred Hugenbergs, ohne NSDAP-Parteimitgliedschaft eine offizielle Funktion mit Wirkungsmacht – etwa als Staatssekretär oder Minister, als Chef einer Behörde oder als Parlamentarier – ausgefüllt haben. In beiderlei Fällen wird in der Regel vom Vorhandensein einer erheblichen Vorschubleistung ausgegangen. Beides trifft jedoch auf den ehemaligen Kronprinzen Wilhelm nicht zu.

Auch war Wilhelm weder in intellektueller Weise unmittelbar an den Vorbereitungen der Machtergreifung beteiligt noch sind von ihm zusammenhängende programmatische Äußerungen bekannt. Er stand Hitler und den anderen führenden Nationalsozialisten nicht nahe genug, um in dem engeren Zirkel der Macht in Partei oder Staat an wesentlichen politischen Überlegungen unmittelbar vor oder nach der Machtergreifung beteiligt gewesen zu sein. Dieses Urteil wird insbesondere bestätigt, wenn man die einschlägigen Quellentexte sowohl amtlicher – insbesondere die Akten der Reichskanzlei – als auch privater Natur – insbesondere die Tagebücher Joseph Goebbels' – auswertet. Daher wäre zu prüfen, ob Wilhelm über die mögliche Signalwir-

---

[23] Das Bundesverwaltungsgericht hat in einer Reihe von Entscheidungen konkretisiert, wie eine erhebliche Vorschubleistung zu verstehen und zu messen ist. Dies gilt vor allem auch für die „Hugenbergentscheidung" des Bundesverwaltungsgerichts, vgl. dazu: Bundesverwaltungsgericht, BVerwG 3 C 20.04, Urteil vom 17. März 2005, https://www.bverwg.de/170305U3C20.04.0, letzter Zugriff am 5. August 2021.

[24] So die falsche Charakterisierung des von uns benutzen methodischen Ansatzes durch Eckart Conze. Siehe: Eckart Conze, Prinzenerzählungen: Die Hohenzollern und ihre Geschichte, Vortrag bei: Die Klagen der Hohenzollern – eine Dokumentation, Website-Launch und Podiumsdiskussion am 15. Juni 2021, Zoom-Webinar.

kung seines Wirkens hinaus dem nationalsozialistischen System „erheblichen Vorschub" geleistet hat.

Ob die Geschichte des Nationalsozialismus innerhalb des Wirkungskreises des ehemaligen Kronprinzen tatsächlich signifikant anders verlaufen wäre, wenn Wilhelm gar nichts getan hätte, lässt sich auf zweierlei Weise überprüfen: über die analytische Betrachtung der Wirkungsgeschichte von Wilhelms Handlungen in Preußen und über einen Vergleich zwischen Preußen und Bayern. Gerade dieser Vergleich erscheint geeignet, eine klare Antwort auf die Frage zu geben, ob Wilhelm von Preußen der nationalsozialistischen Machtergreifung „erheblichen Vorschub" geleistet hat.

III.

Diejenigen, die in den Handlungen Wilhelms einen „erheblichen Vorschub" der nationalsozialistischen Machtergreifung und Konsolidierung erkennen, weisen in der Regel auf „die enorme Strahlkraft" des ehemaligen Kronprinzen im konservativen Milieu hin.[25] Daher sehen sie eine Kausalität zwischen Wilhelms Verhalten und der Unterstützung des Dritten Reiches durch das konservative Bürgertum. Von dieser Stahlkraft bleibt aber bei genauerem Hinschauen nicht viel übrig.

Es ist äußerst unwahrscheinlich, dass Wilhelms Verhalten in der Öffentlichkeit seinerzeit so sichtbar war, wie es in vielen aktuellen Diskussionsbeiträgen gedeutet wird. Dies hängt vor allem mit der Distanz der Nationalsozialisten zum Haus Hohenzollern zusammen. Die NS-Führung war sehr darum bemüht, nicht den Eindruck von Abhängigkeit zu erwecken. Es hätte auch Hitlers Vorstellungswelt von auf Volkswillen beruhender politischer Legitimation widersprochen, wenn er sich – auch nur formell – einem Monarchen untergeordnet hätte. Von Hitler selbst sind sowieso zeit seines Lebens immer wieder harsche Urteile über die (ehemals) regierenden Häuser überliefert.[26]

Ferner hatten die Nationalsozialisten einen ganz anderen Gesellschaftsentwurf als Kronprinz Wilhelm. Derjenige Wilhelms war rückwärtsgewandt. Ihm ging es wirklich um eine Restauration. Er war elitär und massenfeindlich. Die Nationalsozialisten hingegen verstanden sich in ihrem Selbstverständnis als junge, dynamische, zupackende, angriffsbereite, auch als anti-

---

[25] SWR2, Gespräch: „Wir brauchen dringend eine öffentliche Debatte". Historiker Eckart Conze über die NS-Vergangenheit im Haus Hohenzollern, 18. Februar 2021, https://www.swr.de/swr2/leben-und-gesellschaft/wir-brauchen-dringend-eine-oeffent liche-debatte-historiker-eckart-conze-ueber-die-ns-vergangenheit-im-haus-hohenzol lern-100.html, letzter Zugriff am 5. August 2021.

[26] Zu dieser Frage forschen die Verfasser dieses Beitrages derzeit.

bürgerliche Bewegung, die mit Parolen wie „Macht Platz Ihr Alten"[27] auf Konfrontation insbesondere zu den alten Eliten in Adel, Heer, Beamtenschaft und Diplomatie gingen. Ferner hatte der Nationalsozialismus einen stark proletarischen Zug, sowohl vom Habitus als auch vom Selbstverständnis. Viele SA-Männer empfanden eine ebenso große Abscheu für Reaktionäre wie für Linke.[28]

Und so passt in dieses Bild, dass die nationalsozialistische Propaganda Wilhelm mehrfach bei Abhandlungen über den „Tag von Potsdam" einfach aus der Geschichte herausschrieb. Bei diesem Staatsakt wurde symbolisch von Hitler und Hindenburg die Verbindung zwischen altem Preußentum und Nationalsozialismus inszeniert. Wer die Propagandaerzeugnisse dazu studiert, dem fällt auf, dass Wilhelm wiederholt dort gar keine Erwähnung findet. In „Volk und Führer", einem nationalsozialistischen Schulbuch, wird der „Tag von Potsdam" breit gefeiert. Die Anwesenheit Wilhelms und anderer Hohenzollern wird indes überhaupt nicht erwähnt.[29] Wenn Schüler aber nicht einmal wissen sollten, dass Wilhelm eine Rolle gespielt hatte, konnte diese bei ihnen keinen „erheblichen Vorschub" für den Nationalsozialismus zur Folge haben.

Auch Fotografien Wilhelms aus den 1930er-Jahren können einen falschen Eindruck erwecken, wenn sie unkritisch benutzt werden, ohne Rücksicht auf ihren Entstehungshintergrund und ihre zeitgenössische Rezeption.[30] Das in der heutigen Debatte immer wieder für die These einer großen Signalwirkung Wilhelms bemühte Foto, das Hitler und einen Ulanenmütze tragenden Wilhelm beim „Tag von Potsdam" zeigt, gehört in diese Kategorie. Es ist heute besser bekannt als für die Zeitungsleser des Jahres 1933, kann daher

---

[27] Die Parole geht auf Gregor Strasser zurück. Siehe Arnst Weinrich, Zwischen Kontinuität und Kritik: Die Hitler-Jugend und die Generation der „Frontkämpfer", in: Gerd Krumeich (Hrsg.), Nationalsozialismus und Erster Weltkrieg, Essen: Klartext Verlag, 2010, S. 271–284, insbes. S. 273.

[28] Siehe: Robert Gellately, Hitler's True Believers: How Ordinary People Became Nazis, Oxford: Oxford University Press, 2020, hier insbes. Kapitel 4; Thomas Childers, The Third Reich: A History of Nazi Germany, New York: Simon & Schuster, 2017, passim.

[29] Walter Franke, Volk und Führer: Deutsche Geschichte für Schulen, Ausgabe für Oberschulen und Gymnasien. Klasse 5: Nun wieder Volk, Frankfurt/Main: Verlag Moritz Diesterweg, 1939, S. 223 f.

[30] Zum kritischen Gebrauch von während des Dritten Reiches entstandener Photographie, siehe das von Elizabeth Harvey und Maiken Umbach herausgegebene Special Issue von Central European History zu ‚Photography and Twentieth-Century German History', Central European History, vol. 48,3 (2015); Betts, Paul, Evans, Jennifer und Stefan-Ludwig Hoffmann (Hrsg.), The Ethics of Seeing: Photography and 20th Century German History, New York; Berghahn, 2017; Weber, Thomas, Łódź Ghetto Album: Photographs by Henryk Ross, London: Chris Boot, 2004.

nicht die vermeintliche Signalwirkung Wilhelms beweisen. Es wurde von
Georg Pahl[31] aufgenommen, einem Fotografen, der schon bald der NS-Pro-
paganda nicht genehm war. Ab 1934 war Pahl nicht einmal mehr offiziell zu
NSDAP-Veranstaltungen zugelassen.[32]

Das bloße Vorhandensein des Fotos in Pahls Bildnachlass im Bundesarchiv
beweist keine erfolgreiche Werbewirkung Wilhelms für den Nationalsozialismus. Dafür müsste nachgewiesen werden, dass das Foto von vielen Publikationen abgedruckt wurde und auch eine Wirkung entfaltet hatte. Dies darf
aufgrund von Goebbels' Einstellung zu Wilhelm von Preußen bezweifelt
werden. Tatsächlich benutzten die zu jenem Zeitpunkt noch nicht vollständig
gleichgeschaltete Presse und die NS-Propaganda eher Bilder von jubelnden
Massen, Fotos aus dem Inneren der Garnisonkirche, auf denen Wilhelm nicht
zu sehen war, oder höchstens das nach 1945 berühmt gewordene Foto von
Hitlers und Hindenburgs Handschlag des New York Times-Fotografen Theo
Eisenhart.[33] Selbst Pahls Foto von Hitlers und Hindenburgs Handschlag ist
bis heute weitgehend unbekannt geblieben.[34] Keine der 57 Zeitungen aus

---

[31] Bundearchiv, Bildarchiv, Bild 102-14437; vgl.: Bundesarchiv, Invenio, Be-
standssignatur: Bild 102, https://invenio.bundesarchiv.de/invenio/direktlink/cbf96521-
536e-4cd2-be9e-605ce6a9be8a/, letzter Zugriff am 10. März 2021.

[32] Fotoerbe.de, Institut für Museumsforschung, Berlin, Eintrag zu Bild 102 Ak-
tuelle-Bilder-Centrale, Georg Pahl im Bildarchiv des Bundesarchivs, Koblenz, http://
www.fotoerbe.de/bestandanzeige.php?bestnr=1775, letzter Zugriff am 5. August
2021.

[33] Thomas Wernicke, Der Handschlag am „Tag von Potsdam", in: Christoph
Kopke / Werner Treß (Hrsg.), Der Tag von Potsdam: Der 21. März und die Errichtung
der nationalsozialistischen Diktatur, Berlin: de Gruyter, 2013, S. 8–46, Beleg auf
S. 27 f.; Thomas Wernicke, „Das entlastende Foto". Vortrag zum Handschlag am ‚Tag
von Potsdam', 21. März 2012, https://garnisonkirche-potsdam.de/aktuell/news/detail/
das-entlastende-foto-vortrag-des-historikers-thomas-wernicke-zum-handschlag-am-
tag-von-potsdam-am-21-maerz-1933/, letzter Zugriff am 8. August 2021; Günter
Kaufmann, Der Händedruck von Potsdam: Die Karriere eines Bildes, in: Geschichte
in Wissenschaft und Unterricht, Heft 5/6, 1997, S. 295–315; Matthias Grünzig, Der
„Tag von Potsdam" am 21. März 1933, Vortrag auf der Veranstaltung „Garnisonkirche der Nation – Gesegnete Kriege vor 1933" am 22. März 2018 im Alten Rathaus
in Potsdam, https://www.deutsches-bildbandarchiv.de/Maerz1933/MatthiasGruenzig-
Vortrag20180322.pdf, letzter Zugriff am 15 Mai 2021; Jan Kixmüller, „Zum ‚Tag von
Potsdam': Ein Foto und seine Legende", Potsdamer Neueste Nachrichten, 19. März
2021, https://www.pnn.de/wissenschaft/zum-tag-von-potsdam-ein-foto-und-seine-le
gende/21315888.html, letzter Zugriff am 5. August 2021; Hans Wendt, Die Nationalversammlung von Potsdam: Deutschlands große Tage 21. bis 23. März 1933, Berlin:
E. S. Mittler, 1933; John Zimmermann, Der Tag von Potsdam, in: Michael Epkenhans
und Carmen Winkel (Hrsg.), Die Garnisonkirche Potsdam: Zwischen Mythos und
Erinnerung, Freiburg im Breisgau: Rombach, 2013, S. 69–90.

[34] Bundesarchiv, Bildarchiv, Bild 102-16082, https://www.bild.bundesarchiv.de/
dba/de/search/?topicid=dcx-thes_klassifikation_774uccoo65h1foqcwiah, zuletzt Zugriff am 5. August 2021.

dem Bereich des heutigen Nordrhein-Westfalen, für die die Ausgaben des Folgetages des ‚Tages von Potsdam' digitalisiert worden sind, gebrauchte auf ihren Titelseiten ein Foto Wilhelms, obwohl ganzseitige Berichterstattung über den Tag von Potsdam überwog. Wilhelm wurde entweder überhaupt nicht erwähnt oder nur am Rande unter „ferner liefen …".[35]

Auch die NS-Presse versuchte, Wilhelm von Preußen an den Rand zu drängen. In den Tagen vor und nach dem Tag von Potsdam berichtete der *Völkische Beobachter* über viele Seiten in erschöpfendem Detail über die Feierlichkeiten. Wilhelm wurde jedoch nur im Rahmen einer langen Aufstellung der Ehrengäste der Festveranstaltung in der Garnisonkirche aufgelistet.[36] Zwischen einer Erwähnung der Anwesenheit der Adjutanten des Reichstags, des Generaldirektors der Reichsbahn, von Handelskammerpräsidenten und der Kommandeure diverser Truppenstandorte tauchte auch der Hinweis auf, dass der „Kronprinz" in der Kaiserinloge gesessen habe.[37] Auch auf den im NS-Organ abgedruckten Fotos taucht Wilhelm nicht auf.[38] Und der Artikel Alfred Rosenbergs „Vom Sinn des 21. März" – abgedruckt auf der Titelseite des *Völkischen Beobachters* am Tag der Feierlichkeiten – erwähnte Wilhelm mit keinem Wort. Rosenberg rechnete nicht nur mit der Revolution und mit Weimar, sondern auch mit der Zeit zuvor ab. „Am 21. März," so der NS-Chefideologe, „stirbt die Staatsanschauung der letzten 150 Jahre."[39]

Reportagen aus anderen Zeitungen über den ‚Tag von Potsdam' beweisen, dass Wilhelm von Preußen bei der öffentlichen Inszenierung des Tages keine nennenswerte Rolle spielte. So verzeichnete der Reporter einer Zeitung aus dem Berliner Umland, dass am 21. März ganz Potsdam festlich geschmückt war, um die Verbindung Preußens und des Dritten Reiches zu feiern: „Schwarz-weiß-rote Fahnen und Hakenkreuzfahnen sind in Potsdam restlos ausverkauft. Es gibt kein Haus, auf dem nicht die schwarz-weiß-rote oder die Hakenkreuzfahne weht." Überall waren Bilder der Repräsentanten Preußens und des Nationalsozialismus zu sehen. Falls auch Bilder von Wilhelm von Preußen ausgestellt waren, waren sie für den Reporter für seine Leser nicht erwähnenswert: „In den Buchhandlungen," hieß es im Buckower Lokal-Anzeiger, „sieht man überall Bücher über den Reichskanzler und das Buch von

---

35 Zeitungsportal NRW, https://zeitpunkt.nrw, Recherche am 17. März 2021 durchgeführt.

36 Auswertung der Berliner Ausgabe des Völkischen Beobachters für den Zeitraum 19. bis 27. März 1933, Institut für Zeitungsforschung, Dortmund, Mikrofilm F 87751.

37 Völkischer Beobachter, Berliner Ausgabe, 22. März 1933, erstes Beiblatt: Der feierliche Staatsakt in der Garnisonskirche.

38 Völkischer Beobachter, Berliner Ausgabe, 19. bis 27. März 1933.

39 Alfred Rosenberg, Vom Sinn des 21. März, Völkischer Beobachter, Berliner Ausgabe, 21. März 1933, S. 1.

Hans Hinkel, MdR, über das Reichskabinett, ferner Bilder von Hindenburg, Hitler, Dr. Frick, Göring, Hugenberg, Dr. Göbbels und anderer Mitglieder."[40]

Wie eine Google-Ngram-Analyse für „Wilhelm von Preußen" und „Kronprinz Wilhelm" offenbart, die die Häufigkeit der Erwähnung von Begriffen in zeitgenössischen Publikationen misst, blieb das öffentliche Interesse an Wilhelm zwischen 1918 und 1945 äußerst gering, vor allem im Vergleich zu Personen wie Hindenburg, und diese Beobachtung trifft selbst auf die entscheidende Phase der Auflösung der Weimarer Republik 1932 zu.[41]

Die weitgehende Abwesenheit Wilhelms von Preußen im öffentlichen und veröffentlichten Bild des Dritten Reiches ist höchst signifikant bei der Beurteilung eines möglichen erheblichen Vorschubs seinerseits für das nationalsozialistische System. Das Bundesverwaltungsgericht hat in einem ansonsten anders gelagerten Fall, demjenigen des Landwirtschaftsstaatssekretärs Hansjoachim von Rohr, im Jahr 2010 dargelegt, dass eine auf Renommee basierende mutmaßliche erhebliche Vorschubleistung eine eingehende Prüfung erfordere, „welches Bild von der [möglicherweise vorschubleistenden] Person durch die (nationalsozialistischen) Medien gezeichnet worden ist."[42] Wendet man diesen Maßstab auf den ehemaligen Kronprinzen an, sind die Ergebnisse bemerkenswert. Denn sehr schnell hat die NS-Propaganda nach der Machtergreifung versucht sicherzustellen, dass möglichst überhaupt kein Bild von Wilhelm von Preußen durch die Medien gezeichnet werden sollte.

Vor allem dem Propagandaminister Joseph Goebbels war der ehemalige Kronprinz ein Dorn im Auge. Nur für einen kurzen Moment hatte sich Goebbels im Frühjahr 1933 auf Wilhelms Versuch eingelassen – wie wir noch sehen werden –, Hitler im Ausland propagandistisch zu unterstützen. Goebbels' Grundhaltung gegenüber Wilhelm war unverändert. In der Vergangenheit war Wilhelm für Hitlers Propagandaminister ein „Affe" gewesen, wie er seinem Tagebuch anvertraut hatte.[43] In einem Tagebucheintrag vom Februar 1933 nennt er ihn dann einen „Anschmeißer". Und ein „freundliche[r] Brief" von Wilhelm rief bei ihm einen „Brechreiz" hervor.[44] Goebbels Abneigung, Wilhelm zu Propagandazwecken in Deutschland einzusetzen, verwundert

---

[40] Buckower Lokal-Anzeiger, 21. März 1921, S. 1, Weltgeschehen in Potsdam.

[41] Google Books Ngram Viewer, https://books.google.com/ngrams/, Suchbegriffe: „Wilhelm von Preußen, Kronprinz Wilhelm, Hindenburg, Hugenberg, Hohenzollern", Recherche am 17. März 2021.

[42] Bundesverwaltungsgericht, BVerwG 5 C 16.09, Urteil vom 29. September 2010, https://www.bverwg.de/290910U5C16.09.0, letzter Zugriff am 5. August 2021.

[43] Joseph Goebbels, Die Tagebücher von Joseph Goebbels, Berlin: De Gruyter, 2012, Eintrag vom 17. November 1930, https://www.degruyter.com/document/database/TJGO/entry/TJG-1695/html, letzter Zugriff am 5. August 2021.

[44] Goebbels, Tagebücher, Eintrag vom 10. Februar 1933, https://www.degruyter.com/document/database/TJGO/entry/TJG-2431/html, letzter Zugriff am 5. August 2021.

wenig. Im August 1933 schreibt Goebbels, eine Restauration der Monarchie „wäre unsere größte Dummheit".[45] Nach der Machtergreifung konnte Wilhelm von Preußen schon deshalb den Nationalsozialisten keinen „erheblichen Vorschub" mehr leisten, weil die Nationalsozialisten alles unternahmen, damit er von ihrem inneren Kreis und den Bühnen der Selbstinszenierung weitestgehend ferngehalten wurde. Es kann daher keine Rede davon sein, daß „Goebbels sich keinen besseren Journalisten als den Kronprinzen" vorstellen konnte.[46]

Die Geringschätzung des ehemaligen Kronprinzen und das Desinteresse von Goebbels an einer Propagandatätigkeit Wilhelms von Preußen müssen so groß gewesen sein, dass der Sohn des letzten Kaisers nicht einmal in einer der vielen Presseanweisungen des Reichspropagandaministeriums in den Jahren 1933 oder 1934 namentlich erwähnt wurde.[47] Dafür versuchte das NS-Regime schon Anfang 1934 mit aller Macht, eine Berichterstattung über die Hohenzollern explizit zu unterdrücken.

Mitte Januar 1934 erließ Goebbels' Propagandaministerium nach Absprache mit der Reichskanzlei eine ‚Wichtige Anordnung' bezüglich des bevorstehenden 75. Geburtstages Wilhelms II.: „Mit besonderem Nachdruck wurde darauf hingewiesen, dass das Problem der Monarchie gegenwärtig in keiner Weise akut sei und daher unter allen Umständen Artikel zu unterbleiben hätten, die eine monarchistische oder antimonarchistische Tendenz trügen." Ziel des Erlasses war es, Leitartikel zum Geburtstag des Kaisers zu unterbinden. Eine kaum versteckte Drohung sollte Nachdruck verleihen: „Die Zeitungen werden in dieser Beziehung genau kontrolliert werden und setzen sich nach den Ankündigungen bestimmt Unannehmlichkeiten aus. Auch Veröffentlichung von Bildern ist unerwünscht." Wenn kurze Berichte sich nicht verhindern ließen, so die Anweisung aus dem Propagandaministerium, „so soll alles ‚monarchische' aus ihnen entfernt werden".[48] Goebbels' Anordnung wurde mehrmals wiederholt. Drei Tage vor dem Geburtstag „droht[e] der Propagandaminister schärfste Maßnahmen gegen die verantwortlichen Schriftleiter [an], wenn das nun mehrfach ausgesprochene Verbot [...] umgangen wird". Für den Fall künftiger „monarchistische[r] Propaganda" würde das Propa-

---

[45] Goebbels, Tagebücher, Eintrag vom 5. August 1933, https://www.degruyter.com/document/database/TJGO/entry/TJG-2589/html, letzter Zugriff am 5. August 2021.

[46] Die Historikerin Karina Urbach hat diese These aufgestellt. Siehe Karina Urbach, Useful Idiots: The Hohenzollerns and Hitler, Historical Research, vol. 93, issue 261 (2020), 526–550, Zitat auf 546.

[47] Hans Bohrmann (Hrsg.), NS-Presseanweisungen der Vorkriegszeit: Edition und Dokumentation, Band 1: 1933, München: Saur, 1984, und Band 2: 1934, München: Saur, 1985 (künftig: Bohrmann).

[48] Bohrmann, Band 2, S. 25 f., Wichtige Anordnung, 16. Januar 1934.

gandaministerium eine Diskussion initiieren, die „unter allen Umständen zu Ungunsten des ehemaligen Kaiserhauses auslaufen" würde.[49]

Am Tag des Geburtstags selbst kam es zu Störungen von pro-monarchistischen Feiern. Als in Berlin bei einer Veranstaltung des Nationalverbandes deutscher Offiziere auf den ehemaligen Kaiser ein Hoch ausgebracht wurde, drangen Mitglieder der SA in den Saal, warfen mit Papierböllern um sich und sangen das antimonarchistische, nationalsozialistische Horst-Wessel-Kampflied.[50]

Die NS-Propaganda versuchte auch weiterhin, konsequent den Hohenzollern in der Öffentlichkeit das Wasser abzugraben. So gab Hermann Göring im März 1934 ein Interview, in dem er erklärte, daß er jetzt „nicht mehr Monarchist" sei, und daß er „die monarchistischen Umtriebe […] unterdrücken werde, wenn es nötig sein sollte".[51] Auch Goebbels hielt weiterhin von Wilhelm von Preußen gar nichts, wie er seinem Tagebuch am 20. Juli 1934 anvertraute: „[Hitler] zeigt mir einen Brief, den der Kronprinz ihm schrieb. ‚Mein Führer!' Charakterlose Bande!"[52]

Seit Anfang 1935 versuchte die NS-Propaganda, jede Berichterstattung über das Haus Hohenzollern im Allgemeinen und konkret über Wilhelm von Preußen zu unterbinden. Laut eines internen Propagandaministeriumsberichts war Hitler sehr verärgert, als die *Kreuz-Zeitung* durch eine Indiskretion von einem Treffen Wilhelms mit ihm zur Regelung von persönlichen Angelegenheiten des ehemaligen Kronprinzen Kenntnis bekommen hatte und darüber berichtete. „Der Führer hat über diese Veröffentlichung sein größtes Mißfallen ausgesprochen", so der Bericht. Das Regime wollte den ehemaligen Kronprinzen ganz offensichtlich am liebsten totschweigen. Politisch wollte es schon gar nichts mit ihm zu tun haben. Der interne Bericht betonte auch, die Unterhaltung mit Hitler habe „keinen politischen Charakter" gehabt.[53] Daher war es folgerichtig, dass das Goebbels-Ministerium, als im März 1935 Ehrenkreuze an Teilnehmer des Ersten Weltkrieges verliehen wurden, anwies, daß über die Verleihung des Ehrenkreuzes durch den Reichswehrminister an den ehemaligen Kronprinzen nicht zu berichten sei.[54]

---

[49] Bohrmann, Band 2, S. 41 f, Presseanweisung vom 24. Januar 1934.

[50] Bohrmann, Band 2, S. 49, ZsG. 101/3/44, Januar 1934.

[51] Bohrmann, Band 2, S. 149, Ein Interview Görings, 21. März 1934.

[52] Goebbels, Tagebücher, Tagebucheintrag vom 20. Juli 1934, https://www.degruy ter.com/document/database/TJGO/entry/TJG-2844/html, letzter Zugriff am 5. August 2021.

[53] Bohrmann, Band 3/I: 1935, München: Saur, 1987, S. 60, DNB-Rundruf vom 5. Februar 1935.

[54] Bohrmann, Band 3/I, S. 165, Presseanweisung zum 23. März 1935.

1936 folgte eine weitere Zuspitzung. Im Jahr 1936 beschloss Wilhelm, wie die deutschsprachige New Yorker Zeitung ‚Neue Volks-Zeitung' schrieb, „sein politisches Schweigen zu brechen".[55] Das passte überhaupt nicht in Goebbels' Konzept. Noch im Januar waren Zeitungen angewiesen worden, dass es „vom Propagandaministerium als selbstverständlich angesehen [wird], dass keine Kaiser-Geburtstags-Artikel" erscheinen.[56]

Dennoch schickte Wilhelm nach dem Sieg Italiens im Abessinienkrieg Mussolini ein öffentliches Glückwunschtelegramm. Dadurch äußerte er sich zum ersten Mal seit langer Zeit wieder öffentlich in dezidiert pro-faschistischer Weise. „Der deutsche ehemalige Kronprinz hat sich in den letzten Jahren von politischen Kundgebungen zurückgehalten," wie die sozialdemokratische ‚Neue Volks-Zeitung' verzeichnete. „Gelegentlich war er zwar bei Veranstaltungen der Nazis zu sehen, aber er enthielt sich jeder Äusserung politischer Art, die ihn als einen Anhänger des Faschismus hätte erscheinen lassen."[57]

Goebbels' Propagandaministerium war es überhaupt nicht recht, dass sich Wilhelm wieder öffentlich äußerte. So hieß es in einer Presseanweisung vom 11. Mai 1936, Wilhelms Telegramm dürfe „von der deutschen Presse auf keinen Fall veröffentlicht werden."[58] Über Wilhelm sollte nicht geredet werden. Im Juli 1936 durfte nicht einmal über die „Tatsache, dass der ehemalige Kronprinz in Bayreuth [zu den Festspielen] eingetroffen ist", berichtet werden.[59] In der zweiten Hälfte der 1930er Jahre kam es dann auch zur Beschlagnahmung von Zeitschriften, die sich für die Wiedereinführung der Monarchie einsetzten.[60]

Wie aus einem Tagebucheintrag über die griechische Königsfamilie ersichtlich ist, hielt Goebbels die Hohenzollern für zu vernichtendes Ungeziefer. Am Heiligabend 1939 schrieb er in sein Tagebuch: „Tschammer [...] gibt einen Bericht von seiner Griechenlandreise. Stimmung dort geteilt. Stark von England abhängig. Besonders der König. Nicht so der Kronprinz, aber seine Frau, bezeichnenderweise eine Hohenzollernprinzessin. Pack! Muß ausgerottet werden. Die fürstlichen Parasiten Europas."[61]

---

55 Bohrmann, Band 4/I, S. 485, Presseanweisung vom 11. Mai 1936.

56 Bohrmann, Band 4/I, S. 69, Presseanweisung vom 22. Januar 1936.

57 Bohrmann, Band 4/I, S. 485, Presseanweisung vom 11. Mai 1936.

58 Bohrmann, Band 4/I, S. 485, Presseanweisung vom 11. Mai 1936.

59 Bohrmann, Band 4/II: 1936, München: Saur, 1993, S. 767, Presseanweisung vom 20. Juli 1936.

60 Bohrmann, Band 3/I, Einleitung, S. 47*.

61 Goebbels, Tagebücher, Tagebucheintrag vom 24. Dezember 1939, https://www.degruyter.com/document/database/TJGO/entry/TJG-4489/html, letzter Zugriff am 5. August 2021.

Wilhelm von Preußen und Joseph Goebbels hatten sich immer mehr zu Antagonisten entwickelt. Sollte es im „Dritten Reich" wirklich möglich gewesen sein, dass der Sproß eines einst regierenden Hauses aufgrund seiner „Strahlkraft" und seines „Renommées" gegen den Willen des Reichspropagandaministers dem nationalsozialistischen System medial einen erheblichen Vorschub geleistet haben sollte?

Wenn man den Ausführungen des öffentlichen Online-Fachgespräches von Bündnis 90/Die Grünen folgt, kommt jedoch Wilhelms Wirkung im Ausland – ganz unabhängig von seiner möglichen Wirkung im Inland – eine große Rolle zu. Demnach hat Wilhelm von Preußen durch sein Wirken im Ausland dem Nationalsozialismus nicht nur „erheblichen Vorschub" geleistet, sondern auch den Isolationismus in den Vereinigten Staaten signifikant gefördert, dem er nach dieser Sichtweise „in die Hände spielte". Mit Bezug auf zwei Artikel, die Wilhelm von Preußen 1933 in der amerikanischen Presse platzierte, hieß es unwidersprochen bei der virtuellen Anhörung von Bündnis/Die Grünen: „Taten haben Folgen und natürlich hatte das auch schlimme Folgen für Juden, die ausreisen wollten. In den Dreißigerjahren wurde in Amerika die Einreisequote gesenkt und immer weniger Juden konnten dorthin fliehen."[62]

Eine signifikante Wirkung Wilhelms auf die amerikanische Innen- und Außenpolitik entbehrt so sehr jeglicher Plausibilität, dass sie nicht nur behauptet, sondern auch bewiesen werden müsste. Die Artikel hätten schon ein publizistisches Erdbeben in der amerikanischen Politik auslösen müssen, um politikverändernd zu wirken. Tatsächlich wurde Wilhelm von Preußen nicht einmal in den Debatten im Senat und im Repräsentantenhaus oder in wesentlichen Regierungsunterlagen in der Dekade zwischen 1930 und 1940 erwähnt. Wenn es dort um die Hohenzollern insgesamt ging, war der Bezug niemals positiv.[63]

Außerdem widerlegt die Chronologie der Ereignisse die seinerzeit im Online-Kolloquium von Bündnis 90/Die Grünen aufgestellten Behauptungen. Da die Einreisequote bereits zum 1. Juli 1929 gesenkt worden war,[64] müsste Wilhelm von Preußen sich schon einer Zeitmaschine bedient haben, um mit

---

[62] Soweit die Ausführungen Karina Urbachs bei dem Bündnis 90/Die Grünen ,Online-Fachgespräch: Keine Sonderrechte für den Adel'.

[63] United States Government Publishing Office, Govinfo.gov, benutzte Suchbegriffe: crown prince, Wilhelm von, Wilhelm of, William of, William von & Hohenzollern, Suche am 19. März 2021.

[64] Siehe Presidential Proclamation 1872, Limiting the Immigration of Aliens into the United States on the Basis of National Origin, The American Presidency Project, https://www.presidency.ucsb.edu/documents/proclamation-1872-limiting-the-immigration-aliens-into-the-united-states-the-basis, letzter Zugriff am 5. August 2021; Mae M. Ngai, The Architecture of Race in American Immigration Law: A Reexamination

Äußerungen aus dem Jahr 1933 vier Jahre zuvor einer Änderung amerikanischer Einreisepolitik „erheblichen Vorschub" geleistet zu haben.

IV.

Mit einem Vergleich der ehemaligen regierenden Häuser Wittelsbach und Hohenzollern lässt sich zeigen, dass keine einzige von Wilhelms Handlungen einen „erheblichen Vorschub" für das nationalsozialistische System zur Folge hatte. Da sich die Wittelsbacher als ehemaliges Königshaus in Bayern ganz anders als die Hohenzollern gegenüber Hitler und dem Nationalsozialismus verhielten, hätte sich das nationalsozialistische System in Bayern in seinem inneren Gefüge, in der Herrschaftsausübung und in der Durchdringung des konservativen Bürgertums signifikant anders als in Preußen entwickelt haben müssen, wenn in Wilhelms Verhalten ein „erheblicher Vorschub" für das Dritte Reich bestanden hätte.

Anders als Kronprinz Wilhelm von Preußen erwog Kronprinz Rupprecht von Bayern im Falle einer Regierungsübernahme Hitlers, sich offen gegen die Nationalsozialisten zu stellen. Auch wenn er sich letztlich nicht zu diesem Schritt entschließen konnte, hat er sich öffentlich Hitler nicht angedient. Es gibt kein bayerisches Pendant zum „Tag von Potsdam". Stattdessen wurde einer der engsten Berater Rupprechts, Erwein von Aretin, acht Tage vor dem „Tag von Potsdam" in Schutzhaft genommen und später ins KZ Dachau eingeliefert. 1934 verboten die Nationalsozialisten dann aus Sorge vor einem monarchistischen Aufstand gegen Hitler alle bayerischen monarchistischen Organisationen. Den Zweiten Weltkrieg verbrachte Rupprecht in Italien im Exil, lange in der Villa einer jüdischen Familie in Florenz. Und Rupprechts Frau und seine Kinder überlebten den Krieg im KZ, erst in Dachau, dann in Flossenbürg.[65]

Trotz des völlig anderen Verhaltens von Rupprecht und Wilhelm und trotz der Identifikation des konservativen monarchistischen Milieus in Bayern mit den Wittelsbachern gibt es keinen signifikanten Unterschied – weder in der Entwicklung des Dritten Reiches in Bayern und in Norddeutschland im Allgemeinen noch im Verhalten des konservativen Bürgertums gegenüber Hitler im Besonderen.[66]

---

of the Immigration Act of 1924, Journal of American History, vol. 86,1 (1999), 67–92.

[65] Siehe z.B.: Dieter J. Weiß, Kronprinz Rupprecht von Bayern (1869–1955): Eine politische Biografie, Regensburg: Friedrich Pustet, 2007; Erwein v. Aretin, Krone und Ketten: Erinnerungen eines bayerischen Edelmannes, München: Süddeutscher Verlag, 1955.

[66] Zu dieser Frage forscht gerade einer der beiden Verfasser dieses Beitrags.

Gleiches gilt für die Entwicklung in Österreich seit dem „Anschluss" an Deutschland im Jahr 1938. Otto von Habsburg stellte sich offen gegen die Nationalsozialisten. Er wurde wegen Hochverrats auf die Fahndungsliste gesetzt und konnte sich nur durch den Gang ins Exil dem Zugriff seiner Häscher entziehen. In den folgenden Jahren wurden Hunderte Monarchisten exekutiert. 1940 erließ Rudolf Heß einen Befehl, dass Otto von Habsburg ohne Gerichtsverfahren sofort hinzurichten sei, falls er in die Hände von deutschen Invasionstruppen in Belgien fallen sollte. Und dennoch erfolgte die nationalsozialistische Machtübernahme und -konsolidierung in Österreich ohne größere Probleme.[67]

Wilhelm von Preußen hat sich völlig anders als Rupprecht von Bayern oder Otto von Habsburg gegenüber dem Nationalsozialismus verhalten. Das Resultat war aber in Preußen, Bayern und Österreich das gleiche. Es gibt allenfalls graduelle Unterschiede im Verhalten des preußischen, bayerischen und österreichischen konservativen Bürgertums gegenüber dem National-sozialismus. Vor diesem Hintergrund einen „erheblichen Vorschub" Wilhelm von Preußens belegen zu wollen, erscheint wenig plausibel.

V.

Der ehemalige Kronprinz Wilhelm von Preußen hat sich in Verfolgung seines Ziels, die Hohenzollernmonarchie in Deutschland wiederzuerrichten, trotz grundlegender ideologischer Unterschiede Hitler zwischen 1932 und 1934 in einer Weise angedient, dass wir den subjektiven Tatbestand einer wesentlichen Vorschubleistung als erfüllt ansehen. Das Vorhandensein einer objektiven Vorschubleistung gegenüber dem nationalsozialistischen System hingegen verneinen wir. Selbst dort, wo Wilhelm selbst meinte, seinen größ-ten Vorschubdienst geleistet zu haben, hat er objektiv keinen erheblichen Vorschub geleistet – auch wenn Wilhelms absurde Behauptung, Hitler bei der Reichspräsidentenwahl 1932 zwei Millionen Wählerstimmen geliefert zu haben, stimmen würde. Schließlich endete die Wahl mit einer Niederlage Hitlers.

Die Frage der Vorschubleistung kann verlässlich nur dann beantwortet werden, wenn die Fragestellung ausgeweitet wird und insbesondere die Krise des Konservatismus in den letzten Jahren der Weimarer Republik viel stärker in die Analyse einbezogen wird. Dies erfordert vor allem eine Auseinander-setzung mit den Forschungsergebnissen von Hermann Beck, Barry Jackisch,

---

[67] Siehe z.B.: Stephan Baier/Eva Demmerle, Otto von Habsburg: Die Biografie, Wien: Amalthea, 2007.

Walter Kaufmann, Thomas Mergel oder Daniel Ziblatt und anderen in der Diskussion vernachlässigten Wissenschaftlern.[68]

Auch wenn aus historischer Sicht kein objektiver Vorschub durch Wilhelm von Preußen gegenüber dem nationalsozialistischen System festgestellt werden kann, ändert dies nichts an der Verantwortung des Hauses Hohenzollern. Im Nachhinein hat sich das Entschädigungs- und Ausgleichsleistungsgesetz aus dem Jahr 1994 als unzureichend für Fälle herausgestellt, bei denen subjektives und objektives Handeln weit auseinanderklaffen.

Gerade der „Fall" des ehemaligen Kronprinzen zeigt, dass das Haus Hohenzollern aufs engste mit der deutschen Geschichte des 20. Jahrhunderts und den Ereignissen in der Jahrhundertmitte verwoben ist. Sie zeigt auch, wie viel hierbei noch aufgearbeitet werden muss. Verantwortung vor der Geschichte besteht unabhängig vom Streit über mögliche Ausgleichsleistungen. Sie greift tiefer, und die Debatte der letzten Monate lehrt, dass hier großer Nachholbedarf besteht. Sollten den Hohenzollern aufgrund des 1994er Gesetzes tatsächlich Ausgleichsleistungen zustehen, würde aus ihnen eine moralische, historische und gesellschaftspolitische Pflicht für die Hohenzollern entstehen.[69]

Es ist daher eine vertane Chance, dass es in den letzten Jahren und Monaten zu keinen echten Verhandlungen zwischen dem Bund, den Ländern Berlin und Brandenburg sowie dem Haus Hohenzollern gekommen ist. Denn es geht um viel mehr als um weit zurückliegende Restitutionsansprüche. Es geht um eine Lösung, die über Urteile von Juristen und Gutachten von Historikern hinausgeht. Vor allem geht es um eine Lösung, die mehr als den aktuellen Rechtsstreit behebt. Die Geschichte Preußens ist aufs engste mit unserer deutschen Geschichte verwoben. Das Haus Hohenzollern steht für diese Geschichte, im Guten wie im Schlechten. Daraus erwächst Verantwortung, sich auch der dunkelsten Kapitel dieser Geschichte anzunehmen, unabhängig vom Ausgang des Rechtsstreits. Diese Verantwortung geht alle Seiten an. Eine breite öffentliche Debatte ist ebenso notwendig wie eine Einigung gesucht werden sollte, die es erlaubt, den Blick nach vorn zu richten: damit die wechselvolle Geschichte Preußens für die Zukunft Deutschlands und Europas keine Last bildet, sondern einen Gewinn mit sich bringt.

---

[68] Siehe zum Beispiel die im Zusammenhang der Krise des Monarchismus und der DNVP in diesem Beitrag zitierte Literatur.

[69] Wie derartige Pflichten abgegolten werden könnten, lehrt ein Blick auf das Restitutionsgeschehen in den südosteuropäischen Ländern, vgl. dazu den Beitrag von Frank-Lothar Kroll in diesem Band, S. 305–333.

Hat der ehemalige Kronprinz Wilhelm von Preußen dem nationalsozialistischen System erheblichen Vorschub geleistet?

Zur Auslegung und Anwendung von § 1 Abs. 4 Ausgleichsleistungsgesetz*

Von *Christian Hillgruber* und *Philipp Bender*, Bonn

Das Haus Hohenzollern macht eine Entschädigung für nach 1945 in Brandenburg enteignete Vermögenswerte geltend. Das sogenannte „Ausgleichsleistungsgesetz" (AusglLeistG) schließt Ansprüche jedoch aus, wenn der Berechtigte oder dessen Rechtsnachfolger „dem nationalsozialistischen [...] System [...] erheblichen Vorschub geleistet hat". Zum politischen Verhalten des ehemaligen Kronprinzen Wilhelm von Preußen mit Bezug auf den Nationalsozialismus sind streitgegenstandsbezogen mehrere historische Gutachten erstellt worden. Vor diesem Hintergrund entfalten die Autoren die rechtlichen Maßstäbe und wenden sie auf den vorliegenden Fall an. Dabei kommen sie zu dem Ergebnis, dass ein erhebliches Vorschubleisten bisher nicht nachweisbar ist.

I. Einleitung

Das den Hohenzollern im Jahr 1926 bei der Einigung mit dem Land Preußen als Privat-(Familien-)Besitz zugesprochene Grundeigentum sowie auch bewegliche Güter wurden nach 1945 auf Anordnung der Sowjetischen Militäradministration entschädigungslos enteignet. Den Antrag auf eine Ausgleichsleistung in Höhe von 1,2 Millionen Euro Entschädigung durch das Land Brandenburg nach Maßgabe des Gesetzes über staatliche Ausgleichsleistungen für Enteignungen auf besatzungsrechtlicher oder besatzungshoheitlicher Grundlage, die nicht mehr rückgängig gemacht werden können (Ausgleichsleistungsgesetz – AusglLeistG)[1], hat das dem Landesfinanzministerium unterstehende Landesamt zur Regelung offener Vermögensfragen

---

* Diese Abhandlung stellt die wesentlich erweiterte Fassung eines Beitrags dar, der zuerst im Deutschen Verwaltungsblatt (DVBl.), 7/2021, S. 427–434, erschienen ist.

[1] Art. 2 des Gesetzes über die Entschädigung nach dem Gesetz zur Regelung offener Vermögensfragen und über staatliche Ausgleichsleistungen für Enteignungen auf besatzungsrechtlicher oder besatzungshoheitlicher Grundlage (Entschädigungs- und

Brandenburg[2] im Dezember 2015 mit der Begründung abgelehnt, der vormalige Kronprinz Wilhelm (Prinz von Preußen, 1882–1951) habe dem nationalsozialistischen System erheblichen Vorschub geleistet. Gegen den Ablehnungsbescheid ist Klage vor dem Verwaltungsgericht Potsdam erhoben worden. Ungeachtet des anhängigen, zeitweise ruhend gestellten Verwaltungsrechtsstreits werden derzeit zwischen dem Haus Hohenzollern, dem Bund sowie den Ländern Berlin und Brandenburg Verhandlungen über eine auf dem Vergleichsweg zu erzielende außergerichtliche Gesamteinigung über offene Vermögensfragen geführt.

II. Die rechtlichen Maßstäbe

Nach § 1 Abs. 1 AusglLeistG erhalten natürliche Personen, die Vermögenswerte im Sinne des § 2 Abs. 2 des Gesetzes zur Regelung offener Vermögensfragen (Vermögensgesetz – VermG) durch entschädigungslose Enteignungen auf besatzungsrechtlicher oder besatzungshoheitlicher Grundlage in dem in Artikel 3 des Einigungsvertrages genannten Gebiet (Beitrittsgebiet) verloren haben, oder ihre Erben oder weiteren Erben (Erbeserben) eine Ausgleichsleistung nach Maßgabe dieses Gesetzes. Der wesentlich auf dem Sozialstaatsgebot des Grundgesetzes beruhende Anspruch auf Ausgleichsleistung nach § 1 Abs. 1 AusglLeistG beinhaltet ein Surrogat für den nach § 1 Abs. 8 Buchst. a VermG ausgeschlossenen Restitutionsanspruch.

Nach § 1 Abs. 4 AusglLeistG werden Leistungen nach diesem Gesetz nicht gewährt, wenn der nach den Absätzen 1 und 2 Berechtigte oder derjenige, von dem er seine Rechte ableitet, oder das enteignete Unternehmen gegen die Grundsätze der Menschlichkeit oder Rechtsstaatlichkeit verstoßen, in schwerwiegendem Maße seine Stellung zum eigenen Vorteil oder zum Nachteil anderer missbraucht oder dem nationalsozialistischen oder dem kommunistischen System in der sowjetisch besetzten Zone oder in der Deutschen Demokratischen Republik erheblichen Vorschub geleistet hat. Diese Vorschrift – der etwas missverständlich so bezeichnete „Unwürdigkeitstatbestand" – bezweckt den Ausschluss der Hauptverantwortlichen des NS-Unrechtssystems. Diejenigen, die für die zu revidierenden Unrechtsmaßnahmen die primäre Verantwortung tragen, sollen nicht (auch noch) zu ihren Gunsten Ausgleichsleistun-

---

Ausgleichsleistungsgesetz – EALG) vom 27. September 1994, BGBl. I S. 2624; 1995 I S. 110.

2 Nach Art. 1 § 1 Abs. 7 der Zweiten Verordnung zur Änderung der Vermögensgesetzdurchführungsverordnung vom 29. Oktober 2014 (GVBl. II), Nr. 84, wurde die Zuständigkeit des Landesamtes zur Regelung offener Vermögensfragen zum 1. Januar 2016 auf das Ministerium der Finanzen übertragen.

gen dafür in Anspruch nehmen können.[3] „Haupt"verantwortung trägt nach der Rechtsprechung des Bundesverwaltungsgerichts (BVerwG) derjenige, der zur Errichtung dieses Unrechtssystems erheblich beigetragen hat, der der Diktatur den Weg bereitet und dadurch einen Beitrag dazu geleistet hat, dass deren Unrechtsmaßnahmen erst möglich werden konnten.[4]

Ein erhebliches Vorschubleisten im Sinne von § 1 Abs. 4 AusglLeistG ist dabei bereits in der Phase der Errichtung und nicht erst nach der Etablierung des nationalsozialistischen Systems möglich.[5]

1. Die objektiven Voraussetzungen eines erheblichen Vorschubleistens

Der Anspruchsausschluss des erheblichen Vorschubleistens setzt in objektiver Hinsicht voraus, dass nicht nur gelegentlich oder beiläufig, sondern mit einer gewissen Stetigkeit Handlungen vorgenommen wurden, die dazu geeignet waren, die Bedingungen für die Errichtung, die Entwicklung oder die Ausbreitung des nationalsozialistischen Systems zu verbessern oder Widerstand gegen dieses System zu unterdrücken, *und dies auch zum Ergebnis hatten.*[6] Die mit dem letzten Halbsatz bezeichnete Ergebnisbezogenheit des Verhaltens, d. h. das Erfordernis einer „erfolgreichen" Förderung des nationalsozialistischen Systems, begründet ein Verursachungs- und Erfolgserfordernis.[7] Das BVerwG spricht von „qualifizierten Unterstützungshandlungen für das nationalsozialistische System im Einzelfall",[8] womit festgelegt ist, dass das Tatbestandsmerkmal des erheblichen Vorschubleistens anhand einzelner Beiträge zu untersuchen ist. Die systemfördernden Handlungen können dabei je für sich genommen, aber unter Umständen auch erst in einer

---

[3] BT-Drucks. 12/4887, S. 38; BVerwG, Urt. v. 17. März 2005 – BVerwG 3 C 20.04 – BVerwGE 123, 142, 144; Urt. v. 18. September 2009 – BVerwG 5 C 1.09 – BVerwGE 135, 1, 6 Rn. 14.

[4] BVerwG, Urt. v. 17. März 2005 – BVerwG 3 C 20.04 – BVerwGE 123, 142, 144.

[5] BVerwG, Urt. v. 19. Oktober 2006 – BVerwG 3 C 39.05 – BVerwGE 127, 56, 59 Rn. 20.

[6] BVerwG, Urt. v. 17. März 2005 – BVerwG 3 C 20.04 – BVerwGE 123, 142, 145; BVerwG, Urt. v. 18. September 2009 – BVerwG 5 C 1.09 – BVerwGE 135, 1, 3 Rn. 9; BVerwG, Urt. v. 29. September 2010 – 5 C 16.09 – ZOV 2011, 36–39 – Buchholz 428.4 § 1 AusglLeistG Nr. 21 – juris, Rn. 11. Hervorhebung durch Verfasser.

[7] BVerwG, Urt. v. 18. September 2009 – BVerwG 5 C 1.09 – BVerwGE 135, 1, 3 Rn. 8 f. Entgegen Heinz Holzhauer, Der Vorschub des Kronprinzen, DÖV 2021, 24 (25) kann keine Rede davon sein, dass die Rechtsprechung „die Anforderungen an den Erfolg in einem Maß herabgesetzt" hat, „dass praktisch nur von vornherein untaugliche Handlungen ausscheiden". Das BVerwG verlangt vielmehr beides: Eine Erfolgseignung der Handlung und einen durch sie tatsächlich herbeigeführten Handlungserfolg.

[8] BVerwG, Urt. v. 18. September 2009 – BVerwG 5 C 1.09 – BVerwGE 135, 1, 4 Rn. 10.

Gesamtschau die Annahme rechtfertigen, dass die Schwelle des erheblichen Vorschubleistens überschritten ist.[9]

Der Nutzen, den das Regime aus dem Handeln des Betroffenen gezogen hat, darf daher nicht nur ganz unbedeutend gewesen sein.[10] Vielmehr verlangt das Tatbestandsmerkmal der Erheblichkeit des Vorschubleistens „eine höhere Intensität und Wirkung der Unterstützung".[11] Nicht nur die unterstützende Handlung, sondern auch die durch sie hervorgerufene Unterstützungswirkung – also der Erfolg – müssen von größerer Bedeutung gewesen sein. Erforderlich ist mithin eine über eine einfache Förderleistung hinausgehende, gewichtige und nachhaltige Begünstigung der NSDAP als (späterer) Systempartei, ihrer Parteigliederungen oder ihrer führenden Protagonisten.[12]

Die Mitgliedschaft in der NSDAP oder einer ihrer Gliederungen sind für ein Vorschubleisten jedoch nicht erforderlich, d. h. auch Nichtparteimitglieder konnten Vorschubleistende sein. Die bedeutsame – und wirksame – Unterstützungsleistung muss sich auf die spezifischen Ziele des nationalsozialistischen Systems bezogen haben. Eine Unterstützung nicht wesentlich von der nationalsozialistischen Ideologie geprägter Bestrebungen genügt nicht.[13]

Für ein erhebliches Vorschubleisten kann prima facie eine tatsächliche Vermutung (Indizwirkung) bestehen.[14] Eine solche Indizwirkung hat insbesondere die längerfristige Wahrnehmung herausgehobener Funktionen in der NSDAP oder einer ihrer Gliederungen[15] oder eine hauptamtliche Tätigkeit in der Gestapo[16] und/oder der SS[17]. Durch besondere Umstände des Einzelfalls kann diese Indizwirkung jedoch widerlegt werden.[18]

---

[9] BVerwG, Urt. v. 19. Oktober 2006 – BVerwGE 126, 56, 59 Rn. 21; Beschl. v. 13. November 2006 – 5 B 33.06 – ZOV 2007, 179; Urt. v. 18. September 2009 – BVerwG 5 C 1.09 – BVerwGE 135, 1, 4 Rn. 10.

[10] BVerwGE 123, 142, 146 Rn. 16; Urt. v. 18. September 2009 – BVerwG 5 C 1.09 – BVerwGE 135, 1, 3 und vom 30. Juni 2010 – BVerwG 5 C 9.09 – ZOV 2010, 310 = Buchholz 428.4 § 1 AusglLeistG Nr. 20 = juris, Rn. 9.

[11] BVerwG, Urt. v. 17. März 2005 – BVerwG 3 C 20.04 – BVerwGE 123, 142, 145 Rn. 17.

[12] BVerwG, Urt. v. 29. September 2010 – 5 C 16.09 – ZOV 2011, 36–39 = Buchholz 428.4 § 1 AusglLeistG Nr. 21 = juris, Rn. 14.

[13] BVerwG, Urt. v. 17. März 2005 – BVerwG 3 C 20.04 – BVerwGE 123, 142, 146 Rn. 18.

[14] BVerwG, Urt. v. 26. Februar 2009 – 5 C 4.08 – NVwZ-RR 2009, 625 = Buchholz 428.4 § 1 AusglLeistG Nr. 16 = juris, Rn. 16.

[15] BVerwG, Urt. v. 19. Oktober 2006 – BVerwGE 126, 56 (61 Rn. 25); Beschluss vom 1. August 2007 – 5 B 148.07 – juris, Rn. 5; Urt. v. 18. September 2009 – BVerwG 5 C 1.09 – BVerwGE 135, 1, 9 Rn. 22.

[16] BVerwG, Urt. v. 26. Februar 2009 – 5 C 4.08 – NVwZ-RR 2009, 625 = Buchholz 428.4 § 1 AusglLeistG Nr. 16 = juris, Rn. 16; Urt. v. 18. September 2009 – BVerwG 5 C 1.09 – BVerwGE 135, 1, 9 Rn. 22.

2. Die subjektiven Tatbestandsvoraussetzungen

In subjektiver Hinsicht ist ein wissentliches und willentliches Handeln zugunsten des nationalsozialistischen Systems erforderlich, aber auch ausreichend. Das unterstützende Verhalten muss auch in dem Bewusstsein (im Sinne eines sicheren Wissens) erfolgt sein, es könne eine nicht unerhebliche systemfördernde oder -stabilisierende Wirkung haben.[19] Diese vorhergesehene Wirkung selbst – Errichtung oder Festigung des NS-Systems – muss aber nicht in der Absicht des Vorschubleistenden gelegen haben. Der Ausschlusstatbestand des § 1 Abs. 4 AusglLeistG kann in subjektiver Hinsicht auch dann verwirklicht sein, wenn der Betreffende mit seinem das nationalsozialistische System erheblich begünstigenden Handeln zugleich eigene andere Ziele verfolgte.[20]

3. Berücksichtigung systemschädlichen Verhaltens im Rahmen einer Gesamtwürdigung

Schließlich ist bei der Prüfung der Erheblichkeit des Vorschubleistens auch ein Verhalten zu berücksichtigen, das umgekehrt darauf gerichtet war, die Ziele des nationalsozialistischen Unrechtssystems oder das NS-System selbst nachhaltig zu untergraben oder einen sonstigen gewichtigen Schaden für das System herbeizuführen (Negativbeiträge). Insofern ist eine Gesamtbetrachtung und Gesamtwürdigung des Verhaltens in der NS-Zeit erforderlich.[21] Dabei sind Handlungen, die darauf gerichtet waren, die Ziele des nationalsozialistischen Unrechtssystems nachhaltig zu untergraben oder einen sonstigen gewichtigen Schaden für das System herbeizuführen, auch dann bedeutsam, wenn der beabsichtigte Schadenserfolg gar nicht oder nicht kausal durch das Verhalten der betreffenden Person eingetreten ist.[22] Für Negativbeiträge lässt

---

[17] BVerwG, Urt. v. 14. Mai 2009 – 5 C 15.08 – DVBl. 2009, 1252 = Buchholz 428.4 § 1 AusglLeistG Nr. 18 = juris, Rn. 18; Urt. v. 18. September 2009 – BVerwG 5 C 1.09 – BVerwGE 135, 1, 9 Rn. 22.

[18] BVerwG, Urt. v. 14. Mai 2009 – BVerwG 5 C 15/08 – DVBl. 2009, 1252 = Buchholz 428.4 § 1 AusglLeistG Nr. 18 = juris, Rn. 15.

[19] BVerwG, Urt. v. 18. September 2009 – BVerwG 5 C 1.09 – BVerwGE 135, 1, 3 f. Rn. 9; Urt. v. 30. Juni 2010 – BVerwG 5 C 9.09 – ZOV 2010, 310 = Buchholz 428.4 § 1 AusglLeistG Nr. 20 = juris, Rn. 10.

[20] BVerwGE 123, 142, 148 Rn. 21 f.; st. Rspr., siehe auch Urt. v. 30. Juni 2010 – BVerwG 5 C 9.09 – ZOV 2010, 310 = Buchholz 428.4 § 1 AusglLeistG Nr. 20 = juris, Rn. 10.

[21] Siehe dazu näher Urt. v. 18. September 2009 – 5 C 1.09 – BVerwGE 135, 1, 4 ff. und vom 30. Juni 2010 – BVerwG 5 C 9.09 – ZOV 2010, 310 = Buchholz 428.4 § 1 AusglLeistG Nr. 20 = juris, Rn. 11.

[22] Urt. v. 18. September 2009 – 5 C 1.09 – BVerwGE 135, 1, 7 Rn. 16 und vom 30. Juni 2010 – BVerwG 5 C 9.09 – ZOV 2010, 310 = Buchholz 428.4 § 1 AusglLeistG Nr. 20 = juris, Rn. 24.

sich dem § 1 Abs. 4 AusglLeistG demnach kein Verursachungs- oder Erfolgserfordernis entnehmen.[23]

Die dem Betroffenen zugute zu haltenden Handlungen können nämlich die
Annahme rechtfertigen, dass ihm bei einer Gesamtbetrachtung im Ergebnis
ein erhebliches Vorschubleisten nicht entgegengehalten werden darf. Das ist
der Fall, wenn die positiven Handlungen die mit der gesamten übrigen Tätigkeit verbundene Unterstützung und Stabilisierung des nationalsozialistischen
Systems in hohem Maße relativieren.[24] Insofern bedarf es einer Gesamtwürdigung aller (potenziell) systemfördernden und systemschädigenden bzw.
auch systemverhindernden Handlungen der betreffenden Person.

Zu den nach § 1 Abs. 4 AusglLeistG von Ansprüchen auf Ausgleichsleistungen ausgeschlossenen „Hauptverantwortlichen" zählen demnach diejenigen nicht, die zwar einerseits das nationalsozialistische System gefördert,
andererseits aber nachweislich in einer Weise auf dessen Schädigung hinge-
arbeitet haben, dass dadurch ihre Förderungshandlungen im Rahmen einer
Gesamtbetrachtung nicht mehr erheblich ins Gewicht fallen.[25]

Wer an bedeutsamer Stelle zur Etablierung und Stützung des nationalsozialistischen Systems beigetragen hat, wird sich hiervon – wenn überhaupt – nur
durch nachweislich besonders gewichtige systemschädliche Handlungen
entlasten können. Eine bloße Reserviertheit („innere Emigration") oder Abneigung gegenüber dem System, die sich nicht in nennenswerten Handlungen
nach außen manifestiert hat, kann insoweit ebenso wenig ins Gewicht fallen
wie eine im Zeitverlauf lediglich nachlassende Unterstützung, eine Abwendung von den Systemzielen in späteren Phasen des NS-Regimes oder eine
vom System lediglich unterstellte Gegnerschaft.[26]

4. Die materielle Beweislast

Für das Vorliegen des Ausnahmetatbestandes des § 1 Abs. 4 AusglLeistG
trägt derjenige, der sich auf ihn beruft, also die über den Ausgleichsanspruch

---

[23] BVerwG, Urt. v. 18. September 2009 – BVerwG 5 C 1.09 – BVerwGE 135, 1 (3
Rn. 8).

[24] BVerwG, Urt. v. 26. Februar 2009 – BVerwG 5 C 4.08 – NVwZ-RR 2009,
625 = Buchholz 428.4 § 1 AusglLeistG Nr. 16 = juris, Rn. 26 f.; Urt. v. 14. Mai
2009 – BVerwG 5 C 15.08 – DVBl. 2009, 1252 = Buchholz 428.4 § 1 AusglLeistG
Nr. 18 = juris, Rn. 27; ausführlich Urt. v. 30. Juni 2010 – BVerwG 5 C 9.09 – ZOV
2010, 310 = Buchholz 428.4 § 1 AusglLeistG Nr. 20 = juris, Rn. 11.

[25] BVerwG, Urt. v. 18. September 2009 – BVerwG 5 C 1.09 – BVerwGE 135, 1,
6 Rn. 14.

[26] BVerwG, Urt. v. 18. September 2009 – BVerwG 5 C 1.09 – BVerwGE 135, 1,
7 Rn. 16.

befindende Verwaltungsbehörde, die materielle Beweislast. Die Folgen der Unaufklärbarkeit von den Anspruch auf Ausgleichsleistungen ausschließenden Tatsachen – systemförderlichen Handlungen – geht also zu Lasten der öffentlichen Hand als der Anspruchsgegnerin, es sei denn, es greift – bei bestimmten Funktionsträgern – der Beweis des ersten Anscheins für ein erhebliches Vorschubleisten. Dagegen wirkt sich die Nichterweislichkeit gewichtiger systemschädlicher Handlungen, auf die es bei zur Systemetablierung oder -stützung beitragenden relevanten Unterstützungsleistungen ankommt, zum Nachteil des Anspruchstellers aus; es bleibt dann bei der Feststellung der Erheblichkeit des erwiesenen Vorschubleistens.

III. Äußerungen und Verhaltensweisen des Kronprinzen Wilhelm in den Jahren 1930 bis 1934

Es ist daher, bezogen auf die Hohenzollern, zu untersuchen, ob von Seiten des Kronprinzen Wilhelm bewusst und gewollt bedeutsame Handlungen vorgenommen worden sind, die für sich gesehen oder in ihrer Gesamtheit geeignet waren, der Etablierung oder Festigung des NS-Regimes zu dienen, und eine entsprechende Wirkung auch tatsächlich gezeitigt haben. Zwar war bis zu seinem Tode im Jahr 1941 Wilhelm II. das Oberhaupt des Hauses Hohenzollern. Aber die Enteignung, wegen der eine Ausgleichsleistung begehrt wird, erfolgte zu einem Zeitpunkt, als die fraglichen Vermögenswerte dem Kronprinzen zustanden. Er ist daher der Berechtigte nach § 1 Abs. 1 AusglLeistG, auf dessen Verhalten es hinsichtlich des Eingreifens des Ausschlusstatbestands nach § 1 Abs. 4 AusglLeistG ankommt.

Es kommt für die Frage des Vorschubleistens nicht darauf an, ob und ggf. in welchem Ausmaß der Kronprinz selbst von nationalsozialistischem Gedankengut geprägt und durchdrungen war, sondern nur, ob und mit welchen konkreten Handlungen er in welchem Maße zur Etablierung, Stützung oder Förderung des NS-Systems einerseits beigetragen oder andererseits – gegenläufig – das (heraufziehende) NS-System effektiv zu verhindern versucht hat bzw. es während seiner Existenz behindert oder geschädigt hat.

Dabei beschränkt sich der Untersuchungszeitraum vorliegend auf die Jahre 1930 bis 1934, weil erst seit dem den Anfang vom Ende der Weimarer Republik einläutenden Übergang zum Präsidialregime mit der Regierung Heinrich Brüning am 30. März 1930 und den Reichstagswahlen vom 14. September 1930 mit dem Aufstieg der NSDAP zu einer Partei mit reichsweiter Massenanhängerschaft und Massenwählerschaft eine Machtergreifung/Machtübertragung in den Bereich des Möglichen rückte. Andererseits kann spätestens mit der Vereinigung des Reichspräsidentenamtes mit dem Reichskanzleramt unmittelbar nach dem Tode Paul von Hindenburgs am 1. August 1934 der

Prozess der Machtergreifung als im Wesentlichen abgeschlossen angesehen werden.[27] Zwar konnte man auch danach noch – in den Worten des BVerwG – „die Entwicklung oder die Ausbreitung des nationalsozialistischen Systems […] verbessern oder Widerstand gegen dieses System […] unterdrücken".[28] Allerdings fallen die Erklärungen – v. a. private Glückwunschschreiben an Hitler, die keinerlei Öffentlichkeitswirkung erzielen konnten – und einige wenige öffentliche Handlungen – insbesondere Teilnahme an Feiern des Heldengedenktages – von Kronprinz Wilhelm ab dem Spätsommer 1934 für ein etwaiges Vorschubleisten ohnehin nicht ins Gewicht.

Der Kronprinz, der, 1923 nach Deutschland aus dem niederländischen Exil zurückgekehrt, offenbar schon seit 1928 die Idee verfolgte, auf dem Weg über das Reichspräsidentenamt die Wiedererrichtung der Monarchie zu betreiben[29] und 1930 dem paramilitärischen Verband „Stahlhelm", einem Zusammenschluss v. a. ehemaliger Frontsoldaten des Ersten Weltkriegs, beigetreten war, wurde im November desselben Jahres mit angeblichen Plänen einer Reichswehrdiktatur in Verbindung gebracht, die von den Nationalsozialisten als gegen sie gerichtet gedeutet wurden; dem Kronprinzen ging daraufhin von Seiten der NSDAP eine „Warnung" zu.[30] An der Gründung der

---

[27] Danach war der Fortbestand des Regimes weitgehend ungefährdet. Jedenfalls war die bereits errichtete Diktatur auf die Einwerbung von Zustimmung nicht mehr angewiesen. Deshalb erscheint die Annahme, eine auflagenstarke Zeitung wie die „Leipziger Neuesten Nachrichten", deren Mehrheitsbesitz seit 1936 bei der Tochter eines NSDAP-eigenen Verlags lag, könne in der Folgezeit durch die Art und Weise der Berichterstattung, insbesondere durch die die nationalsozialistische Politik unterstützenden Leitartikel, dem nationalsozialistischen System (noch) erheblichen publizistischen Vorschub geleistet haben (so VG Dresden, Urt. v. 14. August 2013 – AZ: VG 6 K 1099/10 – und – die Revision zurückweisend – BVerwGE 152, 60, 64 Rn. 17 – Ausschluss von Ausgleichsleistungen bei Unternehmensunwürdigkeit, weil die Berichterstattung „von grundsätzlicher Bedeutung für die Meinungsbildung der Bürger" (sic?!) gewesen sei), zweifelhaft.

[28] BVerwG, Urt. v. 17. März 2005 – BVerwG 3 C 20.04 – BVerwGE 123, 142 (145); BVerwG, Urt. v. 18. September 2009 – BVerwG 5 C 1.09 – BVerwGE 135, 1, 3 Rn. 9; BVerwG, Urt. v. 29. September 2010 – 5 C 16.09 – ZOV 2011, 36–39 – Buchholz 428.4 § 1 AusglLeistG Nr. 21 – juris, Rn. 11. Hervorhebung durch Verfasser.

[29] Peter Brandt, Gutachten zur politischen Einstellung und zum politischen Verhalten des ehemaligen preußischen und reichsdeutschen Kronprinzen Wilhelm vom 20. August 2014, abrufbar unter: http://hohenzollern.lol/gutachten/brandt.pdf (im Folgenden: Gutachten Brandt), S. 14 m. Nachw. in Fn. 20.

[30] Elke Fröhlich (Hrsg.), Die Tagebücher des Joseph Goebbels, Teil I (Aufzeichnungen 1923–1941), Bd. 2/I, Dezember 1929 – Mai 1931, bearbeitet von Anne Munding, 2005, S. 284, hier Eintrag 17. November 1930: „Eine Reichswehrdiktatur Schleicher-Seeckt-Kronprinz steht vor der Türe. Wir müssen auf der Hut sein. Auch der Stahlhelm will mittuen. Das geht alles gegen uns und für die Tributpolitik. Gestern gab Auwi [August Wilhelm Viktor Prinz von Preußen war der vierte Sohn des

Harzburger Front im Oktober 1931, die auf eine Initiative Alfred Hugenbergs, des DNVP-Vorsitzenden zurückging, war der Kronprinz gar nicht beteiligt.[31]

Zu dem überhaupt nur relevanten Verhalten des Kronprinzen in den Jahren 1932 und 1933 ist Folgendes auszuführen:

1. Das Verhalten des Kronprinzen zwischen dem ersten und zweiten Wahlgang der Reichspräsidentenwahl 1932

Bei der Reichspräsidentenwahl im Frühjahr 1932 unterstützte der Kronprinz im ersten Wahlgang am 13. März den deutschnationalen Kandidaten des Stahlhelms sowie auch der DNVP, Theodor Duesterberg, auf den allerdings nur knapp 2,6 Millionen Stimmen (6,8 %) entfielen. Daraufhin zog Duesterberg seine Kandidatur für den zweiten Wahlgang zurück. Angesichts der verbliebenen Kandidaten, des amtierenden Reichspräsidenten von Hindenburg, Hitler und Ernst Thälmann (KPD), rief der Stahlhelm seine Anhänger zwar zur Teilnahme an der Wahl, aber gleichzeitig dazu auf, ihre Stimme weder für eine „Parteidiktatur" – das richtete sich gegen Hitler (NSDAP) und Thälmann (KPD) – noch für das „System" – als dessen Repräsentant der amtierende Reichspräsident von Hindenburg galt – abzugeben. Die DNVP blieb indifferent und gab keine konkrete Wahlempfehlung ab.[32]

Deutschen Kaisers Wilhelm II., seit 1.4.1930 Mitglied der NSDAP, Anm. d. Verf.] mir näheren Aufschluß. Göring war am Nachmittag beim Kronprinzen und hat ihn gewarnt. Was will dieser Affe überhaupt in der Politik? Soll bei seinen Judenweibern bleiben."

[31] Die sog. „Harzburger Front" war ein kurzlebiges Bündnis antidemokratischer Nationalisten und Rechtsextremisten gegen das zweite Kabinett Brüning. Das Bündnis zwischen NSDAP, DNVP, Stahlhelm, Reichslandbund und dem Alldeutschen Verband trat nur bei einer einzigen Tagung in Erscheinung, die am 11. Oktober 1931 in Bad Harzburg stattfand. Nachdem erste Spannungen bereits in Harzburg selbst spürbar geworden waren, bekämpften sich die beteiligten Gruppierungen später wieder und traten bei der Reichspräsidentenwahl im März 1932 mit verschiedenen Kandidaten an. Siehe dazu: Larry Eugene Jones, The Harzburg Rally of October 1931, in: German Studies Review. 29 (2006), 483–494, Zitat S. 490: „In retrospect, the Harzburg rally of October 1931 revealed just how disunited the forces of the German Right were at the precise moment that their chances of seizing the reins of power were the best." Die Gegensätze zwischen DNVP und NSDAP verschärften sich weiter, bis sie am 12. September 1932 einen Höhepunkt erreichten: Die DNVP unterstützte das Kabinett Papen, die NSDAP opponierte trotz zuvor gegebener Tolerierungszusage und brachte es mit einem Misstrauensantrag schließlich zu Fall. Siehe dazu Hermann Beck, Konflikte zwischen Deutschnationalen und Nationalsozialisten während der Machtergreifungszeit, in: Historische Zeitschrift (HZ) 292 (2011), 645–680 (648 f.).

[32] Siehe dazu Ernst Rudolf Huber, Deutsche Verfassungsgeschichte seit 1789, Bd. VII, 1984, § 60 III 2, S. 935.

a) Die kurzfristig erwogene eigene Kandidatur des Kronprinzen

Der Kronprinz erwog dagegen kurzfristig eine eigene Kandidatur. „Hinter dieser Überlegung des Kaisersohnes stand das Kalkül, dass die demokratische Wahl zum republikanischen Präsidenten es ihm ermöglichen würde – gleichsam durch die Hintertür – den Platz an der Spitze des Deutschen Reiches einzunehmen, von dem er aufgrund der Durchdrungenheit seines ganzen Denkens und Fühlens von dem monarchisch-legitimistischen Prinzip innerlich empfand, dass er ihm qua Geburt zustünde [...]. Aller Wahrscheinlichkeit nach lag diesem Plan des Kronprinzen der Gedanke zu Grunde, dass er, wenn er einmal in die entscheidende Position des mit enormen Machtbefugnissen ausgestatteten Staatsoberhauptes eingerückt sein würde, diese Position benutzen würde, um schrittweise eine Transformation des Weimarer Staates ins Werk zu setzen und so schließlich zu einer legalen Wiedererrichtung des monarchischen Systems zu gelangen."[33]

Wollte der Kronprinz als Kandidat der vereinigten Rechten antreten, so konnte seine Kandidatur nur bei einem Verzicht des amtierenden Reichspräsidenten und Hitlers Erfolgschancen haben. In diesem Kontext nahm der Kronprinz Kontakt zu Hitler auf und scheint ihm – allerdings ohne feste Absprache[34] – im Gegenzug für eine Unterstützung seiner Kandidatur zum Reichspräsidenten und einem eigenen Verzicht darauf, das Reichskanzleramt in Aussicht gestellt zu haben.[35] Das Ganze blieb eine kurze, folgenlose Episode, weil der ehemalige Kaiser Wilhelm II., den der Kronprinz traditionsgemäß um die Erlaubnis ersucht hatte, diesen Schritt tun zu dürfen, seinem

---

[33] Wolfram Pyta/Rainer Orth, Gutachten über die politische Haltung und das politische Verhalten von Wilhelm Prinz von Preußen (1882–1951), letzter Kronprinz des Deutschen Reiches und von Preußen, in den Jahren 1923 bis 1945 vom 25. Juni 2016, abrufbar unter: http://hohenzollern.lol/gutachten/pyta.pdf (im Folgenden: Gutachten Pyta), S. 46.

[34] Vgl. Gutachten Pyta, S. 44: „Der Kronprinz hatte daher vor, mit der Hitler-Partei ins politische Geschäft zu kommen – allerdings stets unter der Prämisse, dass er keine ,Wahlkapitulationen' machen und keine verpflichtenden Zusagen gegenüber Hitler eingehen wollte." Siehe auch Elke Fröhlich (Hrsg.). Die Tagebücher des Joseph Goebbels, Bd. 2/II (Juni 1931–September 1932), bearbeitet von Angela Hermann, 2004, S. 284, Eintrag 31. März 1932: „Kurier kommt vom Kronprinzen. Mit Brief. Erbittet Hitlers Unterstützung bei seiner Kandidatur. Harmloser Irrer!"

[35] Der Kronprinz soll in einem Gespräch mit Hitler erklärt haben: „Das richtigste ist doch, wenn ich zur Reichspräsidentenwahl aufgestellt werde, dann würden Sie mein Kanzler werden." Zitiert nach: Gerhard Granier, Magnus von Levetzow, 1982, S. 174 Fn. 551. Hitler selbst ging es offensichtlich um die Ausschaltung Hindenburgs; siehe Wolfgang Stribny, Der Versuch einer Kandidatur des Kronprinzen Wilhelm bei der Reichspräsidentenwahl 1932, in: Geschichte in der Gegenwart. Festschrift für Kurt Kluxen, 1972, S. 199 (206); siehe zu den Vorgängen insgesamt Pyta, Hindenburg. Herrschaft zwischen Hohenzollern und Hitler, 2007, S. 674–678.

Sohn vom niederländischen Exil aus hatte mitteilen lassen, dass er ihm eine Kandidatur für das Amt des republikanischen Staatsoberhauptes verbiete, und dass er den Sohn, falls dieser seine Pläne wahrmachen würde, kraft seiner Stellung als Oberhaupt des Hauses Hohenzollern als ehrlos aus der Familie ausstoßen würde.[36]

b) Die Unterstützung Hitlers im zweiten Wahlgang und ihre mögliche Wirkung

Daraufhin erklärte der Kronprinz am 1. April 1932 öffentlich, dass er nicht für das Reichspräsidentenamt kandidiere und stattdessen bei dem für den 10. April 1932 angesetzten zweiten Wahlgang für den NSDAP-Kandidaten Adolf Hitler stimmen werde.[37] Auch wenn die am 3. April 1932 von der Telegraphen-Union in Umlauf gesetzte Stellungnahme des Kronprinzen keine ausdrückliche Aufforderung an Dritte enthielt, es ihm gleichzutun und Hitler im zweiten Wahlgang die Stimme zu geben, so musste die Erklärung doch als zumindest impliziter Wahlaufruf aufgefasst werden, ist auch in der Tat so verstanden worden und hat Aufsehen erregt,[38] zumal sich der Stahlhelm und die DNVP dazu nicht bereitfanden.

Dass dies objektiv und subjektiv eine bedeutsame Unterstützungshandlung war, kann nicht bezweifelt werden.[39] Fraglich ist aber, ob und ggf. wie sich diese Wahlempfehlung des Kronprinzen ausgewirkt hat, insbesondere, ob sie der späteren NS-Herrschaft im Ergebnis erheblichen Vorschub geleistet hat.

Hält man sich zunächst einmal objektiv an das Ergebnis des zweiten Wahlgangs der Reichspräsidentenwahl 1932, so hat sie Hitler, der gegenüber Hindenburg deutlich unterlag, seinem Ziel der Machtergreifung keinen (mess-

---

[36] Ob sie andernfalls wirklich Realisierungschancen gehabt hätte, muss ernsthaft bezweifelt werden; vgl. Christopher Clark, Hat Kronprinz Wilhelm dem nationalsozialistischen System erheblichen Vorschub geleistet?, Gutachten, abrufbar unter: http://hohenzollern.lol/gutachten/clark.pdf (im Folgenden: Gutachten Clark), S. 9: „So war der Gedanke, der Kronprinz könnte eines Tages als Reichspräsident Hitler als seinen Kanzler ernennen, so weit hergeholt, dass er einen Hang zum Größenwahn nahelegt."

[37] „Wahlenthaltung im zweiten Wahlgang der Reichspräsidentenwahl ist unvereinbar mit dem Gedanken der Harzburger Front. Da ich eine geschlossene nationale Front für unverzichtbar halte, werde ich im zweiten Wahlgang Adolf Hitler wählen." Siehe dazu Klaus W. Jonas, Der Kronprinz Wilhelm, 1962, S. 230 f. Siehe auch Herre, Kronprinz Wilhelm – Seine Rolle in der deutschen Politik, 1954, S. 209 f.

[38] Zum Presseecho siehe Stephan Malinowski, Gutachten zum politischen Verhalten des ehemaligen Kronprinzen Wilhelm von Preußen (1882 – 1951) vom 19. Juni 2014: http://hohenzollern.lol/gutachten/malinowski.pdf (im Folgenden: Gutachten Malinowski), S. 17; Gutachten Brandt, S. 18.

[39] Insofern zutreffend Heinz Holzhauer, Der Vorschub des Kronprinzen, DÖV 2021, 24 (28).

baren) Schritt näher gebracht. Zwar konnte Hitler im zweiten Wahlgang seinen Stimmenanteil um etwas mehr als zwei Millionen Stimmen (6,7%) – bei einer um 2,7% geringeren Wahlbeteiligung – steigern; von einem Wahlsieg war Hitler gleichwohl weit entfernt.

Man könnte allenfalls erwägen, dass die Empfehlung des Kronprinzen dem Kandidaten Hitler eine Vielzahl von Wählern aus dem nationalkonservativen Lager, bei denen die Haltung des Kronprinzen in dieser Frage möglicherweise ausschlaggebendes Gewicht hatte, zugetrieben haben könnte. Diese Wählerschaft könnte sodann bei den weiteren 1932 erfolgenden Wahlen, insbesondere bei der Landtagswahl in Preußen am 24. April 1932, bei der Reichstagswahl am 31. Juli 1932 und wieder am 6. November 1932 die NSDAP gewählt und damit den weiteren Aufstieg dieser Partei und letztlich auch die Ernennung Hitlers (als des Vorsitzenden der stärksten Partei) befördert haben. Das Vorschubleisten könnte also in der Werbungswirkung des Wahlaufrufs des Kronprinzen erblickt werden, der Hitler und die NSDAP in bestimmten Segmenten der konservativen Wählerschaft „salonfähig" gemacht habe. Auf andere Wählergruppen (Sozialdemokraten, Liberale, Katholiken) dürfte Kronprinz Wilhelm dagegen so gut wie keinen effektiven Einfluss gehabt haben.

Selbst wenn man davon absieht, dass angesichts der Stimmenverluste der NSDAP im November 1932 und einem drohenden inneren Zerfall sowie einer bevorstehenden Zahlungsunfähigkeit der Partei im Dezember 1932 der Zugang zu den Schalthebeln der Macht letztlich nicht Wahlerfolgen geschuldet war, sondern dem Umschwenken von Hugenberg-DNVP und Stahlhelm sowie des Reichspräsidenten in der Frage einer Kanzlerschaft Hitlers, lässt sich eine erhebliche Stärkung Hitlers durch die Unterstützung, die seiner Reichspräsidentenkandidatur seitens des Kronprinzen zuteil geworden sein könnte, nicht belegen und bleibt allzu spekulativ.

Zwar hat sich der Kronprinz selbst in seiner Eitelkeit später gerühmt, er habe Hitler im zweiten Wahlgang zwei Millionen Stimmen zugeführt.[40] Dabei ist er angesichts der Veränderung des Stimmenanteils, der auf Hitler und Hindenburg im zweiten Wahlgang entfiel, schlicht davon ausgegangen, dass von den 2.557.729 Wählern Duesterbergs im ersten Wahlgang zwei Millio-

---

[40] Siehe den unveröffentlichten Brief des Kronprinzen an den britischen Zeitungsmagnaten Lord Rothermere vom 20. Juni 1934: „aus dem Kreis meiner Stahlhelm-Kameraden und aus dem Bereich der deutschen Nationalisten rund 2 Millionen Stimmen für Hitler gewonnen". Mit Recht kritisch dazu Gutachten Pyta, S. 54: „rhetorisches Renommiergehabe" und „Akt verbaler Aufschneiderei". Siehe auch Gutachten Malinowski, S. 37: „Der Gutachter schließt sich dem Urteil Professor Clarks an, die Aussagen des Kronprinzen ließen an diesem Punkt eher auf Größenwahn denn auf eine analytische Aussage schließen."

nen im zweiten Wahlgang für Hitler votiert haben.[41] Diese Stimmenübertragung sei sein persönliches Verdienst gewesen.

Dies ist aber alles andere als sicher.[42] Es ist genauso gut möglich, dass nicht wenige Duesterberg-Wähler entgegen der paradoxen Empfehlung des Stahlhelms im zweiten Wahlgang gar nicht mehr gewählt haben. Daneben werden zahlreiche Deutschnationale nun für Hitler votiert haben; ganz unabhängig vom Wahlbekenntnis des Kronprinzen. Da auch der Stimmenanteil des KPD-Kandidaten zurückging, ist es überdies nicht ausgeschlossen, dass „systemfrustrierte" Wähler von der KPD ins Lager der NSDAP gewechselt sind.[43]

Seit der Reichstagswahl vom September 1930 befand sich die Hitlerpartei reichsweit im Aufwind.[44] Allein der Stimmenanteil im ersten Gang der Reichspräsidentenwahl 1932 bedeutete gegenüber dieser letzten Reichstagswahl einen NSDAP-Zuwachs von knapp fünf Millionen Wählerstimmen auf rund 11,3 Millionen. Im zweiten Wahlgang kam es zum besagten Stimmenzuwachs von (gut) zwei Millionen (13,4 Millionen) für den Kandidaten Hitler. Bei der folgenden Reichstagwahl im Juli 1932 kam die NSDAP-Liste auf rund 13,7 Millionen Stimmen, blieb also fast konstant gegenüber der Präsidentenwahl. Sollte man dem Kronprinzen – nicht belegbar – das Plus von zwei Millionen Wählerstimmen für Hitler und seine NSDAP persönlich als Vorschubleisten zurechnen, so war dieser Schub jedenfalls bis zur letzten Reichstagswahl vor der Reichskanzlerschaft Hitlers vom 6. November 1932 erlahmt, ja „neutralisiert": Die NSDAP fiel zurück auf etwa 11,7 Millionen Stimmen und damit in etwa auf das Niveau des ersten Wahlgangs der Präsidentenwahl vom Frühjahr, bevor sich Kronprinz Wilhelm öffentlich zum Kandidaten Hitler bekannt hatte.

Letztlich fehlen hier schlichtweg verlässliche Daten über Wählerwanderungen und Wählerbeeinflussungen. Bemerkenswert ist jedenfalls, dass die NSDAP und Hitler sehr zurückhaltend mit der vermeintlichen „Wahlwer-

---

41 Ernst Rudolf Huber, Deutsche Verfassungsgeschichte seit 1789, § 60 III 3, S. 938 nimmt dagegen an, dass der Stimmenverlust Thälmanns „überwiegend auf zusätzliche Stimmenthaltungen zurückging. Von den 2,5 Millionen Duesterberg-Stimmen müssten dann etwa 600.000 Stimmen an Hindenburg, rund 1,6 Millionen Stimmen an Hitler gefallen sein. Die restlichen 300.000 Duesterberg-Wähler hätten nach dieser Schätzung im zweiten Wahlgang Stimmenthaltung geübt."

42 Dies nehmen indes – ohne weitere Begründung – das Gutachten Brandt, S. 28, und das Gutachten Malinowski, S. 36 f., an.

43 Siehe Heinrich August Winkler, Der Weg in die Katastrophe. Arbeiter und Arbeiterbewegung in der Weimarer Republik 1930 bis 1933, 2. Aufl. 1990, S. 528 f.

44 Bei den Landtagswahlen im Volksstaat Hessen am 15. November 1931 hatte die NSDAP mit 37,1 % der Stimmen bereits einen enormen Sieg errungen.

bung" des Kronprinzen umgegangen sind.[45] Der Kronprinz galt, wie das ganze Haus Hohenzollern und die monarchistischen Kreise, als Hort der Reaktion, mit der die nationalrevolutionäre, sich plebejisch gebärdende Bewegung des Nationalsozialismus ungern in Verbindung gebracht werden wollte, weil das ihre Massenbasis im „einfachen" Volk nicht gestärkt, sondern eher geschwächt hätte. Der Nationalsozialismus zielte nicht auf eine Restauration der Monarchie mit einer Wiedereinsetzung der Hohenzollern in ihre „angestammten" Rechte, sondern auf eine völlig neue Gesellschaftsordnung mit einer klassenlosen „Volksgemeinschaft" als egalitärer Basis.[46]

Eine Wahlempfehlung durch den Kronprinzen war daher für Hitler und die Nationalsozialisten ambivalent.[47] Sie mochte Wähler der traditionellen Rechten, denen der Nationalsozialismus wegen seiner proletarischen Radikalität und Gewaltbereitschaft auch als Teil der nationalen Harzburger Front nicht vertrauenswürdig erschien, davon überzeugen, dass er gleichwohl wählbar war. Sie konnte aber auch Arbeiter und Kleinbürger[48] von der Wahl der NSDAP abhalten, weil die Partei damit entgegen eigener Bekundungen als Speerspitze der Ewiggestrigen, der Reaktion und der Herrschaft einer elitären Oberklasse erschien, die sich von Hitler wieder an die Macht bringen lassen wollte, was aber nicht im Interesse dieser potenziellen Wählerschaft lag. Welche Wirkung durch die Wahlempfehlung tatsächlich eintrat oder – im Falle einer Doppelwirkung in die eine wie die andere Richtung – überwog, lässt sich nicht feststellen. Daher beruht jede Annahme insoweit auf einer nicht valide überprüfbaren Spekulation und ist zur Beweisführung ungeeignet.

Fassen wir zusammen: Was das Verhalten des Kronprinzen zwischen dem ersten und zweiten Wahlgang angeht, so ist die kurzfristig erwogene Reichspräsidentenkandidatur – ganz abgesehen davon, dass sie Hitler von diesem machtvollsten Amt nach der Weimarer Reichsverfassung ferngehalten hätte – nicht über das Stadium des „unbeendeten Versuchs" hinausgekommen. Damit hat der Kronprinz dem NS-System offensichtlich keinen erheblichen Vor-

---

[45] Vgl. Vossische Zeitung, 4. April 1932: „Die Hohenzollernparole für Hitler wird von der Hitlerpresse merkwürdig behandelt. Wenn überhaupt, so wird sie so versteckt wiedergegeben, dass sie in dem wilden Trommelfeuer der Agitation […] völlig untergeht. Offenbar empfindet man im Hitlerlager die kaiserliche Protektion als Bloßstellung."

[46] Dazu zuletzt Frank-Lothar Kroll, „Volksgemeinschaft." Zur Diskussion über einen umstrittenen Integrationsfaktor nationalsozialistischer Weltanschauung (2013), in: ders., Totalitäre Profile. Zur Ideologie des Nationalsozialismus und zum Widerstandspotenzial seiner Gegner, Berlin 2017, S. 124–141.

[47] Siehe dazu näher Gutachten Pyta, S. 48–53 m. w. N.

[48] Jürgen W. Falter, Hitlers Wähler, 1991, S. 372 geht davon aus, „dass vermutlich innerhalb der Wählerschaft der NSDAP das kleinbürgerliche und proletaroide Element […] überwog".

schub geleistet. Was die Unterstützung Hitlers im zweiten Wahlgang angeht, so mag diese zwar geeignet gewesen sein, der späteren Machtergreifung Hitlers zu dienen. Insoweit ist aber, wegen der Wiederwahl Hindenburgs, der Verursachungserfolg offenkundig ausgeblieben. Hitler war nach seiner Niederlage im Kampf um das Reichspräsidentenamt der Machtergreifung objektiv nicht näher gekommen als zuvor.

Stellt man auf den Stimmenzuwachs Hitlers im zweiten Wahlgang ab, so könnte darin nur dann ein der Förderung durch den Kronprinzen zurechenbarer Erfolg im Hinblick auf die spätere Errichtung des NS-Herrschaftssystems liegen, wenn der Stimmenzuwachs erstens tatsächlich zu einem beachtlichen Teil auf die Einflussnahme des Kronprinzen Wilhelm zurückzuführen wäre und sich zweitens in den weiteren Wahlerfolgen der NSDAP im Jahre 1932, insbesondere in den Reichstagswahlen im Juli 1932 – im November 1932 kam es, wie gesagt, zu Stimmeneinbußen –, niedergeschlagen hätte. Beides lässt sich jedoch nicht nachweisen und für beides spricht auch keine tatsächliche Vermutung.

2. Der auf Aufhebung des SA- und SS-Verbots gerichtete Brief des Kronprinzen an Reichswehrminister Groener vom 14. April 1932

In einem vertraulichen, aber später der Presse zugespielten Brief an Reichswehrminister Wilhelm Groener vom 14. April 1932 kritisiert der Kronprinz die am Tag zuvor vom Reichspräsidenten auf Forderung des Reichskanzlers und des Reichswehrministers durch Notverordnung zur Sicherung der Staatsautorität[49] verfügte Auflösung von SA und SS.[50] Der Kronprinz hält das ausgesprochene Verbot „für einen schweren Fehler [...]" und für eine außerordentliche Gefahr für den inneren Frieden". Er rühmt dabei „das wunderbare Menschenmaterial, das in der SA und SS vereinigt ist und das dort eine wertvolle Erziehung genießt". Es stellt nach Auffassung des Kronprinzen „ein gutes und zuverlässiges Reservoir" dar, auf das im Fall eines Konflikts mit Polen als Ergänzung der Reichswehr zurückgegriffen werden könne. Der Brief schließt mit dem Satz: „Wie es von jeher mein Bestreben gewesen ist, persönlich ein Vertrauensverhältnis zwischen dem Reichswehrministerium und den nationalen Verbanden – speziell auch der NSDAP – herzustellen, werden Ew. Exzellenz verstehen, wie schmerzvoll dieser Schritt, zu dem Sie Ihren Namen gegeben haben, berühren muss."

---

[49] RGBl. I S. 175.

[50] Der Brief ist in vollem Wortlaut abgedruckt in: Friedrich Wilhelm Prinz von Preußen, Das Haus Hohenzollern 1918–1945, 1985, S. 204.

Wie immer der Brief zu interpretieren ist[51] und mit welcher Motivation er auch geschrieben sein mag,[52] er entfaltete bei seinem Adressaten erwartbar keinerlei Wirkung. Das Verbot von SA und SS fiel erst unter der Regierung Franz von Papens am 14. Juni 1932;[53] die Aufhebung war in den der Kabinettsbildung vorausgegangenen Verhandlungen der NSDAP zugesagt worden, um sie zu einer Tolerierung der neuen Regierung zu bewegen.[54] Darauf hatte der Kronprinz ebenso wenig Einfluss gehabt, wie auf den erfolgten Sturz der Regierung Brüning.

Selbst wenn der Brief subjektiv womöglich (auch) der NSDAP in ihrem Kampf gegen das Verbot ihrer paramilitärischen Verbände hätte helfen sollen und er in der Tat eine grotesk verharmlosende Sichtweise des Kronprinzen auf die Mordbuben der SA und SS offenbart, so hat er jedenfalls keine die spätere Errichtung des NS-Herrschaftssystems förderliche Wirkung entfaltet, sondern ist schlicht „verpufft", also ohne jede Relevanz geblieben.

---

[51] Nach Christopher Clark, Gutachten, S. 7, geht es dem Kronprinzen in dem Brief weniger darum, seine Unterstützung oder Sympathie für die NSDAP zu bekunden, als vielmehr Argumente für einen breiten Zusammenschluss der „nationalen" Kräfte gegen die Linke darzulegen. Somit ist der Brief Ausdruck einer Spielart des „Zähmungskonzeptes", dem weite Teile der nationalistischen und reaktionären Rechten in der Schlussphase der Weimarer Republik anhingen.

[52] Das Gutachten Pyta, S. 24, 56 f. nimmt an, „dass der Kronprinz seinen Brief an Groener nicht aus eigenem Antrieb, sondern auf Veranlassung seines Freundes Schleicher, dem politischen Ziehsohn Groeners, geschrieben hatte, um Schleicher ein weiteres Mittel in die Hand zu geben, um in seinen Verhandlungen mit seinem Vorgesetzten und Mentor Groener diesen davon überzeugen zu können, das von ihm (Schleicher) als taktisch unklug abgelehnte SA-Verbot zurückzuziehen". Schleicher befürchtete, so Pyta, das Verbot könne „der NSDAP mehr nutzen als schaden [...], da es ihr erlaubte, sich als Opfer willkürlicher Unterdrückung seitens des Staates zu präsentieren und es ihr zudem eine Rechtfertigung dafür lieferte, die Masse der hauptberuflichen SA-Funktionäre nicht zu besolden, was wiederum der finanziell notorisch klammen Partei half, ihre finanzielle Misere zeitweise zu überbrücken und damit das Zeitfenster, innerhalb dessen sie zur Macht gelangen musste (weil sie andernfalls aufgrund ihrer finanziellen Probleme von innen kollabieren würde), auszudehnen". Dass der Kronprinz „zugleich auf Hitler einen hilfreichen Eindruck machen" wollte, ist entgegen Heinz Holzhauer, Der Vorschub des Kronprinzen, DÖV 2021, 24 (29) angesichts der Tatsache, dass der Brief vertraulich war und nicht vom Kronprinzen veröffentlicht worden ist, nicht anzunehmen.

[53] Siehe § 20 Nr. 6 der Verordnung des Reichspräsidenten gegen politische Ausschreitungen vom 14. Juni 1932 (RGBl. I S. 297, 300).

[54] Siehe dazu Ernst Rudolf Huber, Deutsche Verfassungsgeschichte seit 1789, Bd. VII, 1984, § 63 III 1, S. 987.

3. Die Teilnahme des Kronprinzen am „Tag von Potsdam"
(21. März 1933)

Zunächst ist festzuhalten, dass Kronprinz Wilhelm an den entscheidenden, im Dezember 1932 und Januar 1933 geführten Gesprächen, die zur Bildung einer neuen Reichsregierung unter der Kanzlerschaft von Adolf Hitler führten, nicht beteiligt war.

Im Frühjahr 1933 nahm er am sogenannten „Tag von Potsdam" teil. Die als „Tag von Potsdam" bezeichneten Feierlichkeiten zur Eröffnung des Reichstages am 21. März 1933, deren Höhepunkt ein Staatsakt in der Potsdamer Garnisonkirche war, gelten noch heute weithin als geschickte Inszenierung der Nationalsozialisten, die den Brückenschlag zwischen dem „alten" Preußen, dem *Ancien régime* des Kaiserreichs und der neuen Herrschaft unter Führung der nationalrevolutionären Bewegung des Nationalsozialismus darstellen sollte. Damit wurde, so die verbreitete Auffassung, der irrige Eindruck erweckt, „dass das sich gerade etablierende NS-System in seiner politischen Zielsetzung und in seinem Habitus den Geist und die Traditionen des ‚alten Preußens' wieder aufleben lassen würde und dass es somit gewissermaßen den legitimen Nachfolger desselben im Sinne einer translatio imperii (die sich an das vierzehnjährige verirrte Interregnum der demokratischen Republik von Weimar anschließe) darstellen würde".[55] Bisher noch reservierte Vertreter der reaktionär-konservativen Eliten hätten sich davon beeindrucken lassen und seien in das Lager der Befürworter des neuen Regimes gewechselt. Die Teilnahme des Kronprinzen am Tag von Potsdam habe den falschen, aber von den Nationalsozialisten erwünschten Eindruck symbolisch maßgeblich verstärkt.[56]

Diese gängige Deutung sieht sich mittlerweile als Mythos hinterfragt: „Hinter der vermeintlichen Versöhnung von alten Größen und junger Macht, die die Propaganda im Dritten Reich herausstrich, verbarg sich in Wirklichkeit eine Konkurrenz um die symbolische Vorherrschaft innerhalb des rechten Lagers, aus dem an diesem 21. März der bürgerliche Nationalismus und nicht die NS-Bewegung als Sieger hervorging."[57]

---

[55] Gutachten Pyta, S. 79.

[56] So die Gutachten Brandt, S. 23 f. und 50–53, und Malinowski, S. 25 (Pkt. 38 seiner Aufstellung) sowie ebd. S. 60–69.

[57] Martin Sabrow, Der „Tag von Potsdam" Zur doppelten Karriere eines politischen Mythos", in: Christoph Kopke/Wener Treß, Der Tag von Potsdam: der 21. März 1933 und die Errichtung der nationalsozialistischen Diktatur, Berlin 2013, S. 47–86, insb. S. 75. Dass dies auch von Dritten so empfunden worden ist, belegt der überlieferte Eindruck, den der damalige französische Botschafter André François-Poncet gewonnen hatte: Es wirkte, als ob der Kronprinz in der ersten Reihe der Zuschauer

Auch und gerade dann könnte die Veranstaltung – und die Teilnahme des Kronprinzen als des bedeutendsten Vertreters des Hauses Hohenzollern in Deutschland – aber konservative, Hitler noch mit Vorbehalten gegenüberstehende Kreise im Sinne des in rechtsgerichteten Zirkeln weit verbreiteten „Zähmungskonzepts" eingenommen und Bedenken gegen eine Überwältigung durch den radikalen Nationalsozialismus zerstreut haben, auch wenn die Präsenz des Kronprinzen nach dieser Lesart des Potsdamer Schauspiels „nicht der Unterstützung der Nationalsozialisten und ihrer politischen Ambitionen" diente, „sondern [...] als einer von diversen symbolischen Impulsen bzw. symbolischen Signalen, die die Konservativen während dieser Veranstaltung setzten, mit denen sie den eigenen Anspruch auf die tatsächliche politische Führung betonten".[58] Allerdings standen politisch wie auch optisch der greise Reichspräsident von Hindenburg in militärischer Uniform und der junge Reichskanzler Adolf Hitler im zivilen Frack im Zentrum der Inszenierung; der Kronprinz spielte allenfalls eine beiläufige Nebenrolle;[59] und der Nachweis, dass er diese Nebenrolle zum Zweck der Einwerbung von Zustimmung zur NSDAP gespielt hat und damit bewusst oder gewollt als ihr Förderer aufgetreten ist, dürfte kaum zu führen sein.

Soweit die Inszenierung des „Tages von Potsdam" als vorbereitender, Zustimmung einwerbender Akt für die drei Tage später stattfindende Abstimmung über das sogenannte „Ermächtigungsgesetz" gedacht gewesen sein sollte, ist auf Folgendes hinzuweisen: Die Regierung Hitler wurde zu dieser Zeit bereits von der NSDAP und der „Kampffront Schwarz-Weiß-Rot", einem Wahlbündnis aus DNVP und Stahlhelm, getragen. Damit standen die politisch relevanten konservativen Kräfte, auf die das Theater des „Tages von Potsdam" überhaupt nur Einfluss hätte haben können, bereits auf der Seite der NSDAP und Hitlers. Für die zur Verabschiedung des „Gesetzes zur Behebung der Not von Volk und Reich" erforderliche Zweidrittelmehrheit reichten die wenigen auf sonstige bürgerliche oder liberale Parteien am 5. März 1933 entfallenden Mandate (Christlich-Sozialer Volksdienst: 4;

---

die Parade abgenommen habe; vgl.: Klaus W. Jonas, Der Kronprinz Wilhelm, 1962, S. 236.

[58] Gutachten Pyta, S. 84.

[59] Das Gutachten Malinowski, S. 62 f., weist ihm allerdings die Rolle eines symbolischen „Flügeladjutanten des noch jungen NS-Regimes" zu. Jedenfalls saß der Kronprinz in der Garnisonkirche entgegen Mutmaßungen nicht – die Anwartschaft auf den verwaisten Thron symbolisierend – hinter dem leerbleibenden Stuhl seines Vaters in der erhöhten Kaiserloge (im ersten Obergeschoss), sondern in der ins Mauerwerk eingeschobenen Kaiserinloge im Erdgeschoss; siehe Gutachten Pyta, S. 80 f., das insoweit die Annahmen der Gutachter Brandt und Malinowski widerlegt. Die Anwesenheit des Kronprinzen wurde in der konservativen Presse hervorgehoben, in der nationalsozialistischen war sie bloß eine Randnotiz; vgl. Gutachten Pyta, S. 81 f., 84.

Deutsche Bauernpartei: 2; Deutsche Staatspartei: 5; Deutsche Volkspartei: 2; Reichslandbund: 1) bei weitem nicht hin. Entscheidend war vielmehr das Abstimmungsverhalten der Katholiken von Zentrum und Bayerischer Volkspartei (BVP), auf die 73 bzw. 19 Mandate entfielen. Dieses wurde aber nicht von der reaktionären Symbolik des „Tages von Potsdam" bestimmt und schon gar nicht vom Auftreten des Kronprinzen aus dem protestantischen Haus Hohenzollern, das schon seit Kulturkampfzeiten beim politischen Katholizismus schlecht beleumundet war. Das Zentrum ließ sich vielmehr, wie mittlerweile bekannt ist,[60] durch vage mündliche Versprechungen Hitlers u. a. hinsichtlich einiger rechtsstaatlicher Garantien sowie eines Weiterbestehens der Länder und der Freiheit des Wirkens der katholischen Kirche letztlich zur Zustimmung zum Ermächtigungsgesetz bewegen.

Daher kann mit an Sicherheit grenzender Wahrscheinlichkeit ausgeschlossen werden, dass sich das Auftreten des Kronprinzen in Potsdam am 21. März 1933 auf das Zustandekommen des Ermächtigungsgesetzes, „der faktischen Geburtsstunde der nationalsozialistischen Diktatur"[61], ausgewirkt hat.

Ob einflussreiche einzelne Persönlichkeiten im (protestantischen) Adel, konservativen Bürgertum oder in der Reichswehr, die bis dahin dem Nationalsozialismus und seinem Führer Adolf Hitler skeptisch bis ablehnend gegenüberstanden, durch den „Tag von Potsdam" und insbesondere durch die Gegenwart des Kronprinzen an den dortigen Festlichkeiten zu einer positiven Haltung zum NS-Regime bewegt worden sind oder ob sich bei ihnen etwa noch vorhandene Zweifel zerstreut haben könnten, ist nicht zu verifizieren. Dass sie sich von dieser Inszenierung entscheidend haben beeinflussen lassen, ist aber eher unwahrscheinlich. Jedenfalls die Reichswehr dürfte Hitler vielmehr bereits durch seine Rede vor Generalen vom 3. Februar 1933 für sich eingenommen haben, als er ihnen sein Regierungsprogramm vorstellte und unter anderem versprach, dass die Reichswehr die alleinige Waffenträgerin des Deutschen Reichs bleiben werde, sowie die Wiedereinführung der Wehrpflicht ankündigte.[62]

---

[60] Rudolf Morsey, Der Untergang des politischen Katholizismus. Die Zentrumspartei zwischen christlichem Selbstverständnis und ‚Nationaler Erhebung' 1932/33, 1977, S. 115 ff. , 126 ff., 134 ff. Siehe auch Gutachten Pyta, S. 88 f.

[61] Gutachten Malinowski, S. 61.

[62] Siehe nur Andreas Wirsching, „Man kann nur Boden germanisieren". Eine neue Quelle zu Hitlers Rede vor den Spitzen der Reichswehr am 3. Februar 1933, in: Vierteljahreshefte für Zeitgeschichte (VfZ) 49 (2001), S. 517–550 (517 f.).

4. Zeitungsartikel und offene Briefe 1933 und 1934

Eine Unterstützung des bereits etablierten NS-Herrschaftssystems, die zu dessen Festigung beigetragen haben könnte, liegt möglicherweise in öffentlichen Stellungnahmen des Kronprinzen in den Jahren 1933 und 1934. Nach der Rechtsprechung kann auch durch publizistische Unterstützung im Sinne des § 1 Abs. 4 AusglLeistG erheblich Vorschub geleistet werden;[63] allerdings ist dabei der Förderungserfolg kaum verlässlich feststellbar, geschweige denn – im Hinblick auf die Erheblichkeit – quantitativ messbar. Zudem ist hierbei genau zu untersuchen, ob die verbale Unterstützung spezifisch nationalsozialistischen Zielen diente und daher als systemförderlich angesehen werden kann.

In einem am 25./26. März 1933 veröffentlichten Brief an den nationalsozialistisch gesonnenen US-amerikanischen Publizisten *George Sylvester Viereck* wandte sich der Kronprinz gegen die sogenannte „antideutsche Gräuelpropaganda" in den Vereinigten Staaten als „Lügenpropaganda" und bestritt Gewalttaten.[64] Am 27. August 1933 erschien unter dem Titel „Why is the World Against Us?" im New York Herald Tribune ein Beitrag des Kronprinzen, in dem er die Leistungen, die die Hitler-Regierung seit Januar 1933 vollbracht habe, die praktisch „ohne Ungesetzlichkeiten und Bluttaten" ausgekommen sei, lobte.

Dass sich der Kronprinz damit in hochnotpeinlicher und wahrheitswidriger Weise in den Dienst des Regimes stellte und dessen Reputation im Ausland aufbessern wollte, ist unbestreitbar. Ob die Stellungnahmen seiner wahren Auffassung entsprachen oder wider eigene Überzeugungen geleistete Ergebenheitsadressen waren,[65] ist für eine eventuelle, der Stabilisierung des

---

[63] Siehe insbesondere VG Gera, Urt. v. 11. Oktober 2016 – 6 K 1372/14 Ge –, juris, Rn. 104 ff.

[64] Siehe dazu den Tagebucheintrag von Goebbels vom 25. März 1933, in: Fröhlich (Hrsg.), Die Tagebücher des Joseph Goebbels, Teil I (Aufzeichnungen 1923–1941), Bd. 2/III (Oktober 1932 – März 1934), bearbeitet von Hermann, 2006, S. 155: „Greuelpropaganda: Kronprinz hilft mir sehr durch einen offenen Brief an Viereck in New York, den ich ihm schreibe und der noch in der Nacht nach Amerika gekabelt wird."

[65] So die Einschätzung im Gutachten Pyta, S. 101: „Um zu gewährleisten, dass er nicht ins politische Abseits bugsiert werden würde – von dem aus er nicht wirken konnte –, sondern weiterhin einen Standort auf dem Schachbrett der Macht einnehmen würde, von dem aus er zu einem zukünftigen Zeitpunkt ggf. in der Lage sein würde, Positives auszurichten, war es also aus der Warte des Kronprinzen – auch bei einer das NS-Regime ablehnenden Einstellung – 1933 und 1934 durchaus ratsam, ein gewisses Maß an opportunistischer Gefälligkeit gegenüber den augenblicklichen Inhabern der Macht an den Tag zu legen, die diese dazu veranlassen lassen würde, ihm das Verbleiben im Dunstkreis der besagten Macht zu gestatten". Ders. führt dafür eine Reihe von Indizien an, vgl. ebd. S. 93–100.

NS-Regimes Vorschub leistende Wirkung unerheblich.[66] Gegen eine solche Wirkung spricht indes, dass der Kronprinz seit dem Ersten Weltkrieg in der angelsächsischen Welt ein denkbar schlechtes Ansehen besaß: Hier war er wechselnd als Monster perhorresziert oder als „Little Willie" verspottet worden. Es kann daher mit an Sicherheit grenzender Wahrscheinlichkeit ausgeschlossen werden, dass für die US-Amerikaner oder Briten der Kronprinz als Kronzeuge und Gewährsmann der politischen und moralischen Unbedenklichkeit des NS-Regimes taugte.[67]

Nach innen gerichtet war dagegen der Artikel „Novembertage", der am 9./10. November 1933 in der Bayerischen Staatszeitung und anderen Zeitungen publiziert wurde und in dem der Kronprinz das im Januar 1933 in Deutschland etablierte NS-System positiv bewertete und die Bevölkerung aufforderte, in der für den 12. November 1933 angesetzten Volksabstimmung über den Austritt des Deutschen Reiches aus dem Völkerbund mit „Ja" zu stimmen. Schließlich erschien im Januar 1934 ein mit „Ewiges Preußentum" überschriebener Artikel,[68] in dem der Kronprinz für die Fusion von alten preußischen Traditionen und Tugenden mit dem NS-Staat plädierte und vorläufig resümierte: „Adolf Hitlers bisherig kluge Führung bietet die beste Gewähr, dass auch der weitere Auf- und Ausbau unseres Reiches sich in diesem zugleich kühnen und weisen Geiste ewig-preußischer Überlieferung vollziehen wird."[69]

Auch insoweit ist eine relevante Beeinflussung der öffentlichen Meinung eher unwahrscheinlich, jedenfalls rein spekulativ und nicht belegbar. Die Stimme des Kronprinzen hatte im Wesentlichen nur für das noch monarchistisch gesonnene, alt-konservative Bürgertum Relevanz. Diese Personen-

---

[66] Heinz Holzhauer, Der Vorschub des Kronprinzen, DÖV 2021, 24 (29) hält es für möglich, dass der Kronprinz aus Gründen des Selbstschutzes so gehandelt hat. In einer Biographie wird berichtet, dass sich der Kronprinz auf Bitten der Mutter des 1933 ins KZ verschleppten Rechtsanwalts Hans Litten bei Hitler für diesen zu verwenden versucht hatte, was dieser barsch ablehnte und mit der unmissverständlichen Drohung verband: „Wer für Litten eintritt, fliegt ins Lager, selbst wenn Sie es sind", Knut Bergbauer/Sabine Fröhlich/Stefanie Schüler-Springorum, Denkmalsfigur. Biographische Annäherung an Hans Litten, 1903–1938, 2008, S. 303. Sollte dies zutreffen, wäre die Beteiligung des Kronprinzen zwar immer noch eine bewusst geleistete Unterstützung gewesen, aber angesichts einer bestehenden Zwangslage doch anders zu bewerten als sonstige Unterstützungshandlungen, auch wenn man noch keinen „entschuldigenden Nötigungsnotstand" als gegeben ansehen mag.

[67] Siehe dazu näher und überzeugend das Gutachten Pyta, S. 101–104 mit zahlreichen Nachweisen.

[68] „Der Türmer" (nicht „Der Stürmer"!) vom 4. Januar 1934, 37. Jg. Heft 4, S. 289 f.

[69] Zu Recht spricht das Gutachten Clark insoweit von einem „vergleichsweise zurückhaltende[n] Ton", von einer „Intervention in sehr gedämpfte[m] Ton".

gruppe hatte, wie die seit Mitte der 1920er Jahre dramatisch zurückgehenden Wahlergebnisse der DNVP und der DVP zeigen, einen immer schwächeren Rückhalt in der Gesellschaft. Im Übrigen war sie bereits bis auf wenige Ausnahmen längst zum Nationalsozialismus übergelaufen. Ende 1933 hatte die Popularität Hitlers ferner bereits ein sehr hohes Niveau erlangt.[70] Auch im März 1933 noch distanzierte, rechtsgesonnene Wählergruppen hatten das NS-System inzwischen überwiegend akzeptiert. Die außenpolitische Linie eines Austritts aus dem Völkerbund wurde in dieser Gruppe nahezu unisono geteilt. Selbst einige Gegner des Regimes sprachen sich, zumindest hinsichtlich der Volksabstimmung, für eine Zustimmung aus, weil sie damit eine nationale Außenpolitik unterstützen wollten.[71] Der Aufruf des Kronprinzen, beim Plebiszit zum Austritt aus dem Völkerbund mit „Ja" zu stimmen, dürfte vor diesem Hintergrund und angesichts zahlreicher weiterer prominenter Befürworter auf das Ergebnis der Volksabstimmung, das bei einer Wahlbeteiligung von 95,2 % eine Zustimmung von 95,1 % für den Austritt aus dem Völkerbund erbrachte, kaum einen nennenswerten Einfluss gehabt haben.[72]

IV. Fazit

1. Keine Indizwirkung für erhebliches Vorschubleisten

Eine tatsächliche Vermutung (Indizwirkung) für ein erhebliches Vorschubleisten des Kronprinzen Wilhelm im Sinne des § 1 Abs. 4 AusglLeistG besteht nicht. Zwar war der Kronprinz im Mai 1933 Mitglied des „Nationalsozialistischen Kraftfahrkorps" (NSKK) geworden, hatte aber in dieser ohnehin nach der nationalsozialistischen Machtergreifung unbedeutenden Organisation keine Funktion inne und verließ sie bereits im Juni 1936 wieder.[73] Mitglied der Motor-SA wurde der Kronprinz im Januar 1934 nicht durch aktiven Eintritt, sondern durch passive Eingliederung des gesamten Stahlhelms in die SA und der Kraftfahr-Staffel des Stahlhelms, der der Kronprinz angehört hatte, in die Motor-SA.[74] Eine – aktives Verhalten voraussetzende – Förderung des nationalsozialistischen Systems kann darin nicht liegen.

---

[70] Norbert Frei, Der Führerstaat, 1987, S. 83.

[71] Gerhard Schulz, Permanente Gleichschaltung des öffentlichen Lebens und Entstehung des nationalsozialistischen Führerstaats in Deutschland, in: ders. (Hrsg.), Die große Krise der dreißiger Jahre, Göttingen 1985, S. 85.

[72] So auch das Gutachten Clark, S. 12.

[73] Siehe dazu Gutachten Pyta, S. 117, 119 f.

[74] Siehe dazu Gutachten Pyta, S. 120–123.

2. Verhalten des Kronprinzen gegenüber Hitler 1932–1933 – ohne objektiv nachweisbaren Förderungserfolg

Zusammengenommen ergeben die dokumentierten Handlungen des Kronprinzen Wilhelm in den Worten Christopher Clarks „das Bild eines Mannes von im Wesentlichen reaktionärer politischer Gesinnung, der, wie so viele andere Figuren des ultrakonservativen Spektrums, zur Zusammenarbeit mit der NSDAP bereit war. Diese Bereitschaft hatte jedoch weniger mit einem uneingeschränkten ideologischen Bekenntnis zu den Zielen der nationalsozialistischen Bewegung (über das gemeinsame Interesse an der gewaltsamen Zerschlagung der Linken hinaus) zu tun, als mit dem unerschütterlichen Glauben, dass die Zusammenarbeit Früchte in Form einer Restauration der preußisch-deutschen Monarchie tragen werde."[75] Dieser Glaube war völlig unrealistisch; allerdings nährte Hitler entsprechende Illusionen beim Kronprinzen und den monarchistisch gesonnenen Kreisen auch noch bis Mitte 1933.[76]

Bisher existiert zum vormaligen Kronprinzen keine wissenschaftliche Biographie, in der alle relevanten Quellen, darunter der Nachlass Wilhelms, ausgewertet worden wären. Ebenso fehlt es an einer wissenschaftlichen Untersuchung darüber, welches Charisma und gesellschaftliche Renommee die Hohenzollern im Allgemeinen und der Kronprinz im Besonderen Ende der 1920er und zu Beginn der 1930er Jahre (überhaupt) noch besaßen.[77] Daher kann gegenwärtig der Einfluss, den der Kronprinz auf die Haltung (von Teilen) der deutschen Gesellschaft zum Nationalsozialismus entfaltet haben könnte, nicht verlässlich bestimmt werden.[78] Einiges spricht dafür, dass der Kronprinz seine Bedeutung selbst stark überschätzt hat.

---

[75] Gutachten Clark, S. 9.

[76] Im Januar 1934 wurden monarchistische Feiern zum 75. Geburtstag Wilhelms II. von SA-Männern auf Anordnung Görings gesprengt, im Februar 1934 waren die monarchistischen Verbände verboten und aufgelöst. Siehe dazu Gutachten Malinowski, S. 83, Fn. 358. Damit war endgültig klargeworden, dass es keine Rückkehr zum Ancien régime unter der NS-Herrschaft geben würde. Dass es niemals eine ernsthafte Absicht in dieser Richtung gab, belegt ein Tagebucheintrag von Joseph Goebbels vom 31. März 1933, abgedruckt in: Elke Fröhlich (Hrsg.). Die Tagebücher des Joseph Goebbels, Bd. 2/III, Oktober 1932 – März 1934, bearbeitet von Hermann, 2006, S. 159: „Der Kronprinz nimmt mich in sein Arbeitszimmer. Klagt über seine Tragödie. Welche Fehler er und der Kaiser gemacht haben. Zu spät! Das kommt nicht wieder." Siehe auch den Tagebucheintrag vom 5. August 1933, ebd., S. 159: „Unterredung Kronprinz. Frage Monarchie. Die glauben alle an ihre Restauration. Ich habe keinen Hehl gemacht. Wäre unsere größte Dummheit."

[77] Siehe den Leserbrief des Historikers Benjamin Hasselhorn, FAZ Nr. 237 vom 12. Oktober 2020, S. 5.

[78] In diesem Zusammenhang ist bemerkenswert, dass das Charisma des Hauses Hohenzollern auch zwischen Hitler und Goebbels streitig war; siehe Tagebucheintrag vom 1. Juni 1932, abgedruckt in: Elke Fröhlich (Hrsg.). Die Tagebücher des Joseph

Der Fall des Kronprinzen Wilhelm liegt anders als der Fall Hugenberg.[79] Juristisch betrachtet handelt es sich bei den bisher bekannten und ernsthaft als Vorschubleistungen in Betracht kommenden Erklärungen und Verhaltensweisen des Kronprinzen, auch soweit er dabei mit dem Willen, Hitler zu fördern, gehandelt haben sollte, wohl eher um „untaugliche Versuche", die keinen – zumindest keinen erheblichen – Unterstützungserfolg erkennen lassen. Jedenfalls ist ein solcher Erfolg nicht nachweisbar. Damit aber fehlt es an einer objektiven Voraussetzung für ein erhebliches Vorschubleisten im Sinne des § 1 Abs. 4 AusglLeistG.

3. Gegen die drohende Herrschaft Hitlers gerichtete Aktivitäten des Kronprinzen im Jahr 1932?

Daher kommt es insoweit auf die Frage, ob der Kronprinz im Jahr 1932 an Versuchen, einen Reichspräsidenten oder einen Reichskanzler Hitler unter allen Umständen zu verhindern, beteiligt war, nicht mehr an.

Gleichwohl soll die Relevanz solcher Versuche hier, im Sinne eines umfassenden Gutachteransatzes, kurz erörtert werden. In solchen Schritten, Hitler den Weg zur Macht zu versperren, könnte ein gegenläufiges, die Etablierung eines von Hitler bestimmten NS-Systems konterkarierendes, „systemschädigendes Verhalten" im Sinne der Rechtsprechung des BVerwG zu § 1 Abs. 4 AusglLeistG liegen. Das BVerwG hat unter diesem Aspekt zwar bisher nur nach der Aufrichtung der NS-Herrschaft geübten Widerstand berücksichtigt. Im Rahmen der gebotenen Gesamtwürdigung der jeweiligen Persönlichkeit ist aber auch ein vor der Machtergreifung und gegen diese gerichtetes Verhalten in die Betrachtung einzubeziehen, zumal dieses nach der einschlägigen Rechtsprechung nicht erfolgreich gewesen sein muss.[80] Ebenso wenig scha-

---

Goebbels, Bd. 2/II, Juni 1931 – September 1932, bearbeitet von Hermann, 2004, S. 294: „Hitler überschätzt die Hohenzollerninstinkte im Volk. Meint, er würde in einem Kampf zwischen Kronprinz und Hitler unterliegen. Ausgeschlossen! Dafür ist er zu tief im Volk verwurzelt." Zum Hohenzollern-Charisma jetzt ausführlich der Beitrag von Benjamin Hasselhorn in diesem Band, S. 175–207.

[79] Siehe dazu BVerwGE 123, 142, 149–151. Dabei kann angesichts der Beteiligung Hugenbergs an der Regierung Hitler offen bleiben, ob tatsächlich, wie das VG Dresden angenommen hat, ein erhebliches Vorschubleisten durch Hugenberg schon in der auf dessen Initiative zurückgehenden Aufnahme der NSDAP in das Bündnis gegen den Young-Plan (gemeinsame Organisation des Volksentscheids) und deren Einbeziehung in die sog. „Harzburger Front" gesehen werden kann, weil dadurch das Ansehen der NSDAP in der Bevölkerung gestiegen und Hitler salonfähig geworden sei (BVerwGE 123, 142, 149).

[80] Urt. v. 18. September 2009 – 5 C 1.09 – BVerwGE 135, 1, 7 Rn. 16 und vom 30. Juni 2010 – BVerwG 5 C 9.09 – ZOV 2010, 310 = Buchholz 428.4 § 1 AusglLeistG Nr. 20 = juris, Rn. 24.

det, dass mit etwaigen gegen Hitler gerichteten Plänen und Aktivitäten die Weimarer Republik ebenfalls überwunden werden sollte. Denn § 1 Abs. 4 AusglLeistG schließt Ausgleichsleistungen für Enteignungen auf besatzungsrechtlicher oder besatzungshoheitlicher Grundlage nicht bei gegen die Weimarer Republik gerichtetem politischen Verhalten, sondern nur im Fall eines erheblichen Vorschubleistens für das nationalsozialistische System aus.[81] Daher sind auch Versuche der Restauration der Hohenzollernmonarchie und sonstige Bemühungen um politische Bündnisse, die Hitler von der von ihm beanspruchten Alleinherrschaft fernhalten sollten, bei der Gesamtbewertung, ob ein erhebliches Vorschubleisten vorliegt, heranzuziehen.

Nach Pyta soll der Kronprinz zum einen als ein von Hitlergegnern (Brüning, Kurt von Schleicher) in ihren Plänen zur Verhinderung der Reichspräsidentschaft von Hitler für den Fall eines Rücktritts oder des Todes Hindenburgs auserkorener Reichspräsidentenkandidat bzw. als vom amtierenden Reichspräsidenten noch einzusetzender „Reichsverweser" für den erwogenen Übergang zu einer Restauration der Hohenzollernmonarchie[82] seit dem Spätsommer bis in den Herbst 1932 hinein eine wichtige Rolle gespielt haben, ehe Bemühungen in dieser Richtung letztlich daran scheiterten, dass Hindenburg „sein Prestige nicht zugunsten der monarchischen Sache aufs Spiel setzen wollte" und stattdessen nach den Novemberwahlen 1932 bereits auf eine Kanzlerschaft Hitlers zusteuerte.[83] Träfe dies zu und hätte der Kronprinz darin im Bewusstsein und mit dem Willen, Hitlers Machtergreifung auf diese Weise zu verhindern, mitgewirkt, wäre dies zweifelsohne ein entlastendes Moment.[84] Gleiches gilt für eine mögliche Involvierung des Kronprinzen in

---

[81] Problematisch daher VG Gera, Urt. v. 11. Oktober 2016 – 6 K 1372/14 Ge –, juris, Rn. 124, wonach es unerheblich sein soll, wenn der Betroffene „nicht das Hauptziel verfolgte, den nationalsozialistischen Herrschaftsanspruch durchzusetzen, sondern es ihm um die Schaffung eines restaurativen Ständestaates und er damit einen ‚dritten Weg' zwischen Demokratie und Diktatur gegangen sein will", denn „[d]as Zwischenziel von NSDAP und Vertretern des ‚Neuen Staates', nämlich, das ‚System von Weimar' zu überwinden, war dasselbe". Zustimmend jedoch Gabriele Körner, Ausschluss von Ausgleichsleistungen – Aktuelle Rechtsprechung zum Unwürdigkeitstatbestand des § 1 Abs. 4 AusglLeistG, NJ 2018, 318 f.

[82] Siehe zu Plänen der Wiedereinführung der Monarchie Irene Strenge, Kurt von Schleicher. Politik im Reichswehrministerium am Ende der Weimarer Republik, 2006, S. 85 ff. Stark relativierend bezüglich Brüning Peer Oliver Volkmann, Heinrich Brüning im amerikanischen Exil: Nationalist ohne Heimat, 2007, S. 175 ff. (184): „bestenfalls […] am Rande politischer Konsultationen (u. a. über die Vorbereitungen zur Wiederwahl des Reichspräsidenten) vage Andeutungen des Kanzlers über die Wünschbarkeit einer monarchischen Restauration".

[83] Gutachten Pyta, S. 11, 30; Zitat S. 28.

[84] Dazu jetzt grundlegend: Wolfram Pyta/Rainer Orth, Nicht alternativlos. Wie ein Reichskanzler Hitler hätte verhindert werden können, in: Historische Zeitschrift, 312 (2021), S. 400–444.

die „Querfront"-Pläne von Schleichers, die darauf zielten, „Hitler dadurch auszubremsen, dass Hitlers innerparteilicher Rivale Gregor Straßer unter Verzicht auf die politische Führung eingebunden wurde".[85]

Wenn sich – was bisher nicht klar ersichtlich ist – Erklärungen und Verhaltensweisen des Kronprinzen in den Jahren 1932 bis 1934 als für die Etablierung oder den Fortbestand des nationalsozialistischen Herrschaftssystems erheblich mitursächlich erweisen sollten, dann müssten die etwaigen gegenläufigen Aktivitäten des Kronprinzen,[86] soweit irgendwie möglich, aufgeklärt werden, um zu einer abschließenden Gesamtbeurteilung der Frage eines erheblichen Vorschubleistens gelangen zu können.

4. § 1 Abs. 4 AusglLeistG: Kein Gesinnungsrecht

Der Kronprinz war ein radikaler Gegner der politischen Linken und zu deren – auch gewaltsamer – Bekämpfung sowie vor allem zur Erreichung seines Hauptziels, der Wiedererrichtung der Hohenzollernherrschaft mit ihm als Monarchen, auch zu Kooperationen mit den Nationalsozialisten bereit. Er teilte jedoch nicht deren wesentliche Herrschaftsziele, wie etwa den völkischen Rassismus und die Judenpolitik. Der Kronprinz war vom italienischen Faschismus Benito Mussolinis fasziniert und möglicherweise schwebte ihm – in unrealistischer Einschätzung der wahren Pläne Hitlers – eine ähnliche neue Ordnung für Deutschland vor – immerhin blieb hierin nämlich Platz für einen angestammten Monarchen.

Der Kronprinz war kein heller politischer Kopf, aber eine schillernde Persönlichkeit, die sich selbst für außerordentlich bedeutsam hielt. Sein tatsächlicher Einfluss auf die politische Entwicklung am Ende der Weimarer Republik ist aber nach dem bisherigen geschichtswissenschaftlichen Erkenntnisstand als niedrig zu veranschlagen. Die politische Gesinnung des Kronprinzen Wilhelm mag uns heute befremden, ja abstoßen. Aber der Ausschlusstatbestand des § 1 Abs. 4 AusglLeistG ahndet nicht die falsche politische Gesinnung eines Anspruchsstellers oder die seiner Rechtsvorgänger, sondern eben erfolgsbezogen eine intensivere Hilfeleistung für die Etablierung oder Auf-

---

[85] Gutachten Pyta, S. 30–43, Zitat S. 30; siehe auch Wolfram Pyta, Verfassungsumbau, Staatsnotstands und Querfront: Schleichers Versuche zur Fernhaltung Hitlers von der Reichskanzlerschaft August 1932 bis Januar 1933, in: ders./Ludwig Richter (Hrsg.), Gestaltungskraft des Politischen. Festschrift für Eberhard Kolb, 1998, S. 173–197 (185 ff.) sowie Irene Strenge, Kurt von Schleicher, S. 204–208; Gotthard Jasper, Die gescheiterte Zähmung. Wege zur Machtergreifung Hitlers 1930–1934, 1986, S. 115–120.

[86] Vgl. dazu: Beitrag Rüdiger von Voss in diesem Band, S. 209–228.

rechterhaltung des nationalsozialistischen (oder kommunistischen) Systems.[87] Seine Kennzeichnung als „Unwürdigkeitstatbestand" bzw. „Unwürdigkeitsprüfung"[88] ist deshalb eher irre- als zielführend. Ein Verursachungserfolg lässt sich für etwaige Unterstützungshandlungen des Kronprinzen jedoch bisher nicht mit gebotener Deutlichkeit nachweisen. Andernfalls müssten auch jene angeblichen Aktivitäten des Kronprinzen, die der Etablierung des NS-Systems entgegengesteuert haben könnten, namentlich seine Rolle in und Mitwirkung an Plänen zu einer „Reichsverweserschaft" und zur „Querfront" im Herbst 1932, näher ausgeleuchtet werden, um zu einer verlässlichen Gesamtbeurteilung des Tatbestandsmerkmals „erheblichen Vorschub geleistet" zu gelangen.

---

[87] So aber Heinz Holzhauer, Der Vorschub des Kronprinzen, DÖV 2021, 24 (25 Fn. 12) mit der These, „dass Wiedergutmachung für einen von dritten verursachten Schaden – darum geht es hier – im Kern etwas Moralisches ist, sodass für eine begrenzende Ausnahme nichts anderes gelten kann".

[88] BVerwG, Urt. v. 14. Mai 2009 – BVerwG 5 C 15/08 – DVBl. 2009, 1252 = Buchholz 428.4 § 1 AusglLeistG Nr. 18 = juris, Rn. 11.

Historischer Sachverstand und rechtliche Entscheidungsverfahren

Die „Hohenzollerndebatte" als Testfall

Von *Klaus Ferdinand Gärditz*, Bonn

I. Hintergrund

Ausgangspunkt[1] der kontrovers und teils mit schrillen Tönen ausgetragenen[2] „Hohenzollerndebatte" zwischen Vertreterinnen und Vertretern der Geschichtswissenschaft[3] bildet ein Verwaltungsrechtsstreit zwischen Georg Friedrich Prinz von Preußen als Erbe des Hohenzollern-Vermögens und dem Land Brandenburg über die Entschädigung für Enteignungen von Immobilien in der Sowjetisch Besetzten Zone zwischen 1945 und 1949. Dem ging ein langwieriges, aufgrund der multipolaren Konfliktlage sowie Verästelung komplexes und zähes Verwaltungsverfahren voraus. Noch im Dezember 2013 hatte das zuständige Amt zur Regelung offener Vermögensfragen der

---

[1] Eingehendere und detailliertere Erwägungen hierzu, auf denen auch die nachfolgenden Überlegungen gründen, finden sich bei Klaus Ferdinand Gärditz, Die Rolle der Verwaltungsgerichtsbarkeit in geschichtspolitischen Auseinandersetzungen – Der Fall „Hohenzollern", im Erscheinen (JöR).

[2] An der Grenze zu einer kruden Verschwörungstheorie argumentiert etwa Eckhart Conze, Schatten des Kaiserreichs, 2020, S. 249 ff. Er behauptet, hinter der Debatte stecke der „Versuch, ein kritisches Bild des Kaiserreichs zu entsorgen", mit dem Ziel, „damit den Nationalstaat Bundesrepublik in eine Tradition des Reiches von 1871 stellen zu können" (S. 250). Die Entschädigungsansprüche werden allen Ernstes in die Nähe geschichtspolitischer Relativierungen durch einschlägige Akteure der AfD – also einer offen rassistischen, verfassungsfeindlichen Partei – gestellt, die das Kaiserreich rehabilitieren wolle (S. 251). Dies gehe Hand in Hand mit jüngeren Verklärungen des Kaiserreichs (S. 252). Dass Mitglieder der Familie Hohenzollern sich jetzt solche Forderungen zu erheben trauten – notabene: diese sind seit Anfang der 1990er Jahre anhängig –, so wird suggeriert, habe mit einem Wiedererstarken rechtspopulistischer und nationalistischer Kräfte zu tun (S. 253 f.).

[3] Berichtend Reinhard Müller, Ein neuer Historikerstreit, FAZ, 16. September 2020, S. 8. Jeweils mit unterschiedlichen Perspektiven versachlichend hierzu: Patrick Bahners, Verbandspolitik, FAZ, 17. September 2020; Thomas E. Schmidt, Kein Herz und eine Krone, Die Zeit, 2. Dezembeer 2020; Frank-Lothar Kroll, Das Recht der Hohenzollern, FAZ, 22. Oktober 2020, S. 6; ders., erweiterte Fassung seines Aufsatzes für die FAZ a.a.O. in diesem Band, S. 89–105.

Kreisverwaltung Oder-Spree eine positive Verbescheidung des Entschädigungsantrags in Aussicht gestellt.[4] Das Amt stützte sich hierbei auf die maßgebliche Rechtsprechung des Bundesverwaltungsgerichts (BVerwG) und ein Parteigutachten, das der bekannte australisch-britische Historiker Preußens Christopher Clark im Auftrag der Familie Hohenzollern erstellt hatte.[5] Schon dies zeigt, dass der Fall vielleicht nicht so einfach gelagert ist, wie es bisweilen suggeriert wird.

Nach einem Wechsel an der Spitze des federführenden Finanzministeriums aufgrund einer Kabinettsumbildung im Januar 2014[6] kam es offenbar zu internen Divergenzen mit der nachgeordneten Behörde. Das Ministerium zog das Verfahren fachaufsichtlich an sich. Im Ergebnis erging eine Entscheidung, die eine Entschädigung unter Verweis auf die Unwürdigkeitsklausel des § 1 Abs. 4 Ausgleichsleistungsgesetz (AusglLeistG)[7] ablehnte, weil der ursprüngliche Erblasser und vormalige Kronprinz Wilhelm dem nationalsozialistischen System erheblichen Vorschub geleistet habe.[8] Georg Friedrich Prinz von Preußen erhob hiergegen vor dem Verwaltungsgericht Potsdam Verpflichtungsklage.[9] Das Verfahren wurde zum Ruhen gebracht, um den Beteiligten den Abschluss ihrer Vergleichsverhandlungen zu ermöglichen (§ 173 VwGO i.V. mit § 251 ZPO), die das Land mit dem Kläger seit 2014 führt.

Seit im Jahr 2019 die Entschädigungsforderungen und die darüber laufenden Vergleichsverhandlungen öffentlich bekannt wurden, entfaltete sich eine breite Kontroverse über die moralische Berechtigung der Forderung, das republikanische Geschichtsbild und die allgemeine Rolle der Hohenzollerndynastie in der deutschen Geschichte. In dem weiterhin[10] vor dem Verwaltungs-

---

[4] Landkreis Oder-Spree, Amt zur Regelung offener Vermögensfragen, Bescheidentwurf v. 18. Dezember 2013 – I/3-A1-6/04, betreffend in Brandenburg belegene Immobilien. Der Bescheidentwurf wollte Ausgleichsleistungen von ca. 2,3 Mio. Euro zusprechen.

[5] Christopher Clark/Paul Schönberger, Hat Kronprinz Wilhelm dem nationalsozialistischen System erheblichen Vorschub geleistet?, undatiert.

[6] Der frühere Finanzminister Dr. Helmuth Markov (Die Linke) wurde Justizminister und stellvertretender Ministerpräsident, Christian Görke (Die Linke) Finanzminister, vgl.: Landtag Brandenburg, Plenarprotokoll 5/86, 22. Januar 2014, S. 6977.

[7] Gesetz über staatliche Ausgleichsleistungen für Enteignungen auf besatzungsrechtlicher oder besatzungshoheitlicher Grundlage, die nicht mehr rückgängig gemacht werden können in der Fassung der Bekanntmachung v. 13. Juli 2004 (BGBl. I S. 1665), das zuletzt durch Art. 1 des G., 21. März 2011 (BGBl. I S. 450) geändert worden ist.

[8] Ebenfalls bejahend Heinz Holzhauer, Der Vorschub des Kronprinzen, DÖV 2021, S. 24 ff.

[9] Dazu Sophie Schönberger, Wiedergänger: Die Entschädigungsforderungen der Hohenzollern zwischen Geschichte, Recht und politischer Gestaltung, Zeitschrift für Geschichtswissenschaft 2020, S. 323 ff.

[10] Erstellung des Manuskripts im März 2021.

gericht Potsdam anhängigen Entschädigungsstreit geht es freilich allein um eine konkrete Rechtsfrage,[11] nicht um die moralische Bewertung von Geschichte. Die Bundesregierung hatte daher auf eine Kleine Anfrage zu den Verhandlungen über Ausgleichsleistungen mit den Hohenzollern auch mitgeteilt: „Da es sich bei der Frage der Anspruchsberechtigung um eine Rechtsfrage handelt, hat die Bundesregierung bislang auch keine Historikerinnen oder Historiker zu Rate gezogen".[12]

Die juristische Perspektive auf den Fall beansprucht freilich kein Monopol. Selbstverständlich mag man die rechtsethische Rechtfertigung des geltenden und damit anzuwenden Restitutionsrechts kritisch hinterfragen,[13] was zur legitimen rechtspolitischen Auseinandersetzung zählt. Auch ein Rechtsstreit kann geeigneter Anlass sein, über eine Historizität jenseits der Rechtsanwendung zu debattieren, zumal wenn gerichtliche Prozesse inhärent Vergangenheit vergegenwärtigen und ihr eine normative Bedeutsamkeit im Heute einhauchen, die sonst im öffentlichen Gedächtnis längst verblasst wäre. So war denn auch der Hohenzollernstreit von Anfang an mit geschichtspolitischer Symbolwirkung beladen, die gegenwärtige Wertentscheidungen und Selbstverständnisse berührt,[14] also politische Grundsatzfragen von der schlichten Rechtsanwendung verselbstständigte, welche Narrative, Diskontinuitäten und – nicht notwendig progressive[15] – Vergangenheitspolitiken einer demokratischen Republik angemessen sind. Solche Debatten sind als gesellschaftlich-kollektive Selbstvergewisserung[16] sinnvoll und immer wieder notwendig,[17] schon weil sich soziale Werturteile in der Zeit wandeln, bisweilen aber auch eine affirmative Auffrischung vertragen können.

---

[11] Wolfgang Ernst, Oberhalb der Bagatelle, FAZ 14. Oktober 2020, S. N 3; Christoph Schönberger, Wenn Prinzen träumen, FAZ, 5. Dezember 2019.

[12] BT-Drs. 19/23145, S. 2.

[13] Meist ging es in der öffentlichen Debatte darum, weshalb ein demokratischer Rechtsstaat einer revolutionär gestürzten Monarchie und einer vormaligen Herrscherfamilie überhaupt Entschädigung schulde, wo doch die materielle Basis monarchischer Herrschaft moralisch, politisch wie rechtlich diskreditiert ist. Zuletzt demgegenüber einmal unter umgekehrten Vorzeichen Michael Wolffsohn, Die Hohenzollern sind im Recht, NZZ, 8. März 2021, S. 31.

[14] Marcus Funck, Die Hohenzollern – Von der Gegenwart einer monarchistischen Vergangenheit: Einleitung, Zeitschrift für Geschichtswissenschaft 68 (2020), S. 293 (295); Erhard Grundl, Würde, Anspruch und Anmaßung, FAZ, 29. September 2020, S. 11.

[15] Vgl. schon Norbert Frei, Vergangenheitspolitik: Die Anfänge der Bundesrepublik und ihre Vergangenheit, 2015, S. 25 ff.

[16] Vgl. Aleida Assmann, Der lange Schatten der Vergangenheit: Erinnerungskultur und Geschichtspolitik, 3. Aufl. (2018), S. 22 ff.

[17] Insoweit sicher noch richtig Eva Schlotheuber/Eckart Conze, Die Ehre der Familie, FAZ 9. September 2020, S. 9, im Übrigen aber teils polemisch und aktionistisch, zudem auch Fragen von historischer Wissenschaft und vermeintlichen Falsch-

Bemerkenswert war es jedoch, wie vehement einige prominente Stimmen der Geschichtswissenschaft öffentlich Stellung bezogen und sich nicht darauf beschränkten, den Stand der Forschung zur Rolle des Kronprinzen Wilhelm im Verhältnis zum Aufstieg und zur Festigung des Nationalsozialismus nachzuzeichnen, sondern jenseits ihrer Grenzen fachlicher Expertise auch noch meinten, den Rechtsstreit mitentscheiden zu müssen. Als Rechtswissenschaftler konnte man nur staunen, mit welcher Selbstgewissheit und welchem Gestus moralischer Überlegenheit hier komplexe Rechtsfragen, die dicke Verwaltungs- und Gerichtsakten füllen, in halbseitigen Feuilletonartikeln nebenbei vermeintlich eindeutigen Ergebnissen zugeführt wurden, ohne auch nur in Grundzügen auf die – unterstellt: durchweg unbekannte – Rechtsprechung des Bundesverwaltungsgerichts einzugehen. Die „Hohenzollerndebatte" entwickelte sich daher immer mehr zu lebendigem Anschauungsmaterial über wissenschaftsethische Erwartungen an die Gesichtswissenschaft und ihre normative Rolle in rechtlichen Entscheidungsverfahren.

II. Historiker als Wissenschaftler

Geschichtswissenschaftlerinnen und -wissenschaftler genießen Forschungsfreiheit nach Art. 5 Abs. 3 Satz 1 Grundgesetz (GG), die auch die Freiheit einschließt, wissenschaftliche Erkenntnis öffentlich zu machen. Das Grundrecht umfasst, „was nach Inhalt und Form als ernsthafter und planmäßiger Versuch zur Ermittlung von Wahrheit anzusehen ist".[18] Das Freiheitsgrundrecht schützt nicht bestimmte Ergebnisse, sondern aufgrund qualifizierter methodisch-rationaler („ernsthafter und planmäßiger") Anforderungen den Prozess („Versuch zur Ermittlung") wissenschaftlicher Erkenntnis („Wahrheit"[19]) und ihrer Vermittlung.[20] Der wissenschaftliche Erkenntnisprozess ist hierbei stets offen und unabgeschlossen,[21] lebt also von der fortwährenden Überprüfung und ggf. Korrektur. Wissenschaftliche Aussagen nehmen gerade aus diesem Grund eine Sonderrolle gegenüber Erkenntnissen ein, die andere Institutionen generieren,[22] die mangels Einbindung in einen sowohl methodisch vergleichsweise strikt rationalisierten als auch offenen und damit fort-

---

behauptungen in gegenwärtigen geschichtspolitischen Auseinandersetzungen unzutreffend vermengend.

[18] BVerfGE 35, 79 (113); 47, 327 (367).

[19] Zum offen-prozeduralen Verständnis des Wahrheitskriteriums im Sinne des Art. 5 Abs. 3 Satz 1 GG Klaus Ferdinand Gärditz, Hochschulorganisation und verwaltungsrechtliche Systembildung, 2009, S. 300 ff.

[20] BVerfGE 35, 79 (112 f.); 47, 327 (367); 90, 1 (11 f.); 111, 333 (354); 141, 143 (164).

[21] BVerfGE 35, 79 (113).

[22] Peter Weingart, Wissenschaftssoziologie, 2003, S. 84.

währender Überprüfung zugänglichen Prozess keinen vergleichbaren Grad an Verlässlichkeit bieten können. Das gilt auch gegenüber einer Wahrheitserkenntnis in Verwaltungs- oder Gerichtsverfahren. Andere Institutionen sind an ihrer jeweiligen institutionellen Leistungsfähigkeit und ihren normativen Funktionen zu messen; juridische Verfahren mit Entscheidungsfunktion erheben keinen Anspruch auf wissenschaftliche Wahrheit, sondern auf Verbindlichkeit, die in angemessener Zeit mit den formalisierten Mitteln des jeweiligen Verfahrensrechts mit rechtsstaatlicher Verfahrensqualität erzeugt werden muss. Umgekehrt gilt, was das BVerfG zutreffend ausgeführt hat: „Gerichte sind nicht in der Lage, fachwissenschaftliche Erkenntnislücken selbständig zu schließen, und auch nicht verpflichtet, über Ermittlungen im Rahmen des Stands der Wissenschaft hinaus Forschungsaufträge zu erteilen".[23]

Soweit Historikerinnen und Historiker sich mit der Geschichte der Hohenzollern wissenschaftlich befassen, genießen sie unbestritten ebenso den Schutz der Wissenschaftsfreiheit nach Art. 5 Abs. 3 Satz 1 GG, wenn sie geschichtspolitische Wertungen vornehmen, die aus diesen Erkenntnissen abgeleitet werden. Die – bisweilen qua Idealisierung ins Weltfremde verzerrte – erkenntnistheoretische Debatte über Möglichkeit, Auftrag und Dimension der Werturteilsfreiheit von Wissenschaft hat – Max Weber hin oder her – keine unmittelbare verfassungsrechtliche Relevanz, weil das Grundrecht der Wissenschaftsfreiheit jedenfalls auch diejenigen Wertungen schützt, die unmittelbar an die wissenschaftliche Auseinandersetzung mit einem Gegenstand anknüpfen und hierdurch wissenschaftlich unterfüttert sind. Die Wissenschaftsfreiheit gründet nicht auf einer bestimmten Wissenschafts- oder Erkenntnistheorie,[24] sondern schützt die Funktionsbedingungen eines funktional differenzierten Lebensbereichs freiheitlicher Kommunikation,[25] ist damit also breiter angelegt, schon um wissenschaftsimmanente Auseinandersetzungen darüber zuzulassen, was Wissenschaftlichkeit ausmacht.

1. Kritische Gegenöffentlichkeit

Der normativ-politische Auftrag von Wissenschaft als kritische Gegenöffentlichkeit besteht gerade darin, fortwährend Anerkanntes zu hinterfragen oder mit neuen Ansätzen zu konfrontieren. Es gibt also keinen theoretischen, allenfalls einen praktischen Diskursabbruch. Wissenschaft kann auch vermeintlich gesichertes Wissen immer wieder kritischer Überprüfung unterzie-

---

[23] Vgl. BVerfGE 149, 407 (414).

[24] BVerfGE 35, 79 (112).

[25] Klaus Ferdinand Gärditz, Die äußeren und inneren Grenzen der Wissenschaftsfreiheit, WissR 51 (2018), S. 5 (22).

hen. Die Frage, wann dies veranlasst ist, hängt gewiss auch vom epistemischen Härtegrad des anerkannten Fachwissens ab, der in vielen Bereichen
der Naturwissenschaften (aber auch der methodisch für eine Geisteswissen-
schaft vergleichsweise strengen Geschichtswissenschaft) sicherlich höher ist
als beispielsweise in den weichen Rechts-[26] oder gar den luftigen Kulturwis-
senschaften. Auch das härteste Paradigma muss aber einer methodisch-ratio-
nalen Überprüfung zugänglich bleiben. Die (wie alles Neue: zunächst zaghaft
in den Communities aufgenommenen[27]) Umwälzungen zuvor unbestrittener
Paradigmen in den Naturwissenschaften durch die Quanten- und die Relati-
vitätstheorie in der ersten Hälfte des 20. Jahrhunderts wären das wohl ein-
drücklichste Beispiel hierfür.

2. Unabhängigkeit

Aufgrund der Offenheit des Wissenschaftsprozesses gibt es auch in scheinbar geklärten Fragen ebenso wenig eine amtliche Wissenschaftsposition, wie
eine Fachvereinigung legitimiert ist, stellvertretend für ihre Mitglieder wis-
senschaftlich-inhaltliche Positionen zu artikulieren. Zugleich ist die Geschichtswissenschaft auch unabhängig von Konstruktionen einer Vergangenheit in rechtlichen Verfahren. Tatsächliche Annahmen, die etwa eine zuständ-
dige Behörde oder ein Verwaltungsgericht einer Sachentscheidung als zutreffend zugrunde legt, in der es auf historisches Wissen ankommt, sind für die
Geschichtswissenschaft – selbstverständlich! – nicht bindend, vielleicht noch
nicht einmal interessant, wenn man sich einem strikten Ethos der Wissenschaftlichkeit verpflichtet fühlt, mit dem Laienhistorie durch praktische
Rechtsanwendung von vornherein nicht mithalten kann. Geschichtswissenschaft kann sich aber auch auf Geschichtsdeutungen vor Gericht einlassen,
Verfahren kommentieren, juridische Sichtweisen kritisieren oder sinnvoll er-
gänzen. Für die Wissenschaft gibt es keinen Diskursabbruch, die Rechtskraft
eines Urteils oder die Bestandkraft eines Verwaltungsaktes kann freie Wissenschaft geflissentlich ignorieren. Wissenschaftliche Debatten zu entscheiden, läge außerhalb der verfassungskonformen Regelungsfunktion von nach
Art. 1 Abs. 3 GG grundrechtsgebundenen Hoheitsakten,[28] ist aber auch im

---

[26] Etwa zum disziplintypisch häufigen Verschwimmen von Methoden- und Sachar-
gumenten Christoph Möllers, Vorüberlegungen zu einer Wissenschaftstheorie des öffentlichen Rechts, in: Matthias Jestaedt/Oliver Lepsius (Hrsg.), Rechtswissenschafts-
theorie, 2008, S. 151 (157).

[27] Vgl. Dean Rickles, Patronage of Gravitational Physics and the Relativity Com-
munity in the USA (1949–1959), in: Alexander S. Blum/Roberto Lalli/Jürgen Renn
(Hrsg.), The Renaissance of General Relativity in Context, 2020, S. 85 ff.

[28] Vgl. Klaus Ferdinand Gärditz, Hochschulorganisation und verwaltungsrechtliche Systembildung, 2009, S. 304, 597; Rupert Scholz, in: Maunz/Dürig, GG, Vor-

geltenden Recht nicht vorgesehen. Gleich wie der Rechtsstreit zwischen dem Hohenzollernerben und dem Land Brandenburg ausgeht, können sich Wissenschaftlerinnen und Wissenschaftler auch weiterhin der Aufklärung sowie der Bewertung der historischen Rolle des vormaligen Herrscherhauses bei der Errichtung und Aufrechterhaltung des NS-Regimes annehmen, was gewiss noch genügend Stoff für künftige Debatten bietet. Auch die ethische Rechtfertigung von Restitution kann selbstverständlich hinterfragt werden, selbst wenn juristisch alles geregelt und bestandskräftig entschieden ist. Insoweit stehen Geschichtswissenschaft und rechtliche Entscheidungsverfahren unverbunden nebeneinander, erfüllen ihre jeweiligen gesellschaftlichen Aufgaben und berühren sich allenfalls dort sanft, wo Rechtsanwendung auf Sachverstand angewiesen ist.

3. Verzicht auf Macht

Unabhängig von der (im Zweifel großzügig gehandhabten) Reichweite der Wissenschaftsfreiheit nach Art. 5 Abs. 3 Satz 1 GG lebt die Geschichtswissenschaft von ihrer Glaubwürdigkeit als objektivierende Instanz, deren Voraussetzungen sie nicht selbst untergraben sollte. Damit die Geschichtswissenschaft den ihr entgegengebrachten Erwartungen gerecht wird, historische Richtigkeit nach objektiven Kriterien zu bestimmen, muss sie wissenschaftsethisch hinreichend Distanz zur Geschichtspolitik halten und darf sich nicht instrumentalisieren lassen. Anderenfalls wird sie zu einem „Versatzstück politischer Auseinandersetzungen" reduziert.[29] Dies gilt nicht zuletzt gegenüber einer stets drohenden Vereinnahmung durch die Politik und deren Interessenformation.[30] Wissenschaftliche Freiheit bedeutet eben immer auch Verzicht auf Macht,[31] die Freiheit der Erkenntnis und ihrer Vermittlung kann keine politische Bedeutsamkeit gewährleisten. Politischer Aktivismus und Wissenschaftlichkeit vertragen sich schon konzeptionell nicht miteinander.[32] Um Missverständnissen vorzubeugen: Natürlich kann wissenschaftliche Erkennt-

---

kommentierung, Art. 5 III Rn. 117; Hans Heinrich Trute, Die Forschung zwischen grundrechtlicher Freiheit und staatlicher Institutionalisierung, 1994, S. 60. In diesem Sinne auch BVerwGE 102, 304 (309 ff.); Christoph Gusy, Justiz als Hüterin „politischer Neutralität" der Wissenschaft?, RuP 53 (2017), S. 36 (42 f.).

[29] So die treffende Warnung bei Heinrich August Winkler, Wie wir wurden, was wir sind: Eine kurze Geschichte der Deutschen, 2020, S. 212.

[30] Vgl. allgemein zu diesem Risiko politisch aktivierter Expertise Caspar Hirschi, Skandalexperten – Expertenskandale, 2018. Siehe zur Geschichtspolitik Michael Martens, Geburt einer Nation?, FAZ, 11. November 2020, S. 11 ff.

[31] Klaus Ferdinand Gärditz, Die äußeren und inneren Grenzen der Wissenschaftsfreiheit – Zur politischen Struktur von Forschung und Lehre, WissR 51 (2018), S. 5 (44).

[32] Caspar Hirschi, Kalkül schlägt Kompetenz, FAZ, 9. März 2021, S. 9, 11.

nis zu Einsichten führen, warum eine politische Position gut oder schlecht begründet ist, was eine Wissenschaft, die gesellschaftlich relevant sein darf, auch kommunizieren kann. Wissenschaftlichkeit gründet aber auf einem Ethos der Rationalität, des Skeptizismus und damit der Zurückhaltung, die verloren geht, wenn (notabene: mitunter durchaus aus guten Gründen) zugleich aktiv für die Durchsetzung politischer Forderungen gekämpft wird, sodass wissenschaftlich belastbare Analyse und Ideologie untrennbar amalgamieren. Am Ende schadet es auch einem legitimen politischen Anliegen, wenn ihm eine starke Stimme wissenschaftlicher Vernunft verloren geht und sich im Dampfgeplauder von Twitter-Botschaften und moralisierender Feuilleton-Rhetorik auflöst. Leicht erodieren dann zugleich die für die Wissenschaftlichkeit essentiellen Grenzen der Fachlichkeit. Wenn es um die vermeintlich gute Sache geht, wollen auch mache Historikerinnen und Historiker offenbar gerne Gefühlsjuristen sein.

Das aktivistische Auftreten lautstarker Funktionärsblöcke der Geschichtswissenschaft, die sich nicht mit fachlicher Distanz und Skepsis geäußert haben, sondern der Allgemeinheit sowie ihrem eigenen Fach eine konkrete geschichtspolitische Deutung oktroyieren möchten,[33] ist daher nicht mehr als eine dysfunktionale Dienstbarmachung, durch die sich Wissenschaft als Büttel der Macht selbst verzwergt. Dass dies auf Widerstände bei denjenigen stoßen würde, die ihr Fach nachvollziehbar politisch vereinnahmt sahen, war absehbar.[34]

III. Historie als Tatsachen im Recht

Verwaltungs- und Verwaltungsprozessrecht ist auch eine Informations- und Wissensordnung.[35] Entscheidungen ergehen auf der Grundlage tatsächlicher Prämissen, die das Recht zu seiner Anwendung benötigt, über die aber graduell unterschiedlich gefestigte kognitive Sicherheit besteht. Das Recht legt normativ materielle wie prozedurale Anforderungen an die Tatsachenfeststellung fest, rechnet Wissen normativ zu und verteilt Wissensverantwortung innerhalb der institutionell differenzierten Staatsorganisation. Es gehört zu den ganz zentralen Leistungen des Rechts, Konflikte durch politische Gesetzgebung für die Fallanwendung zu entpolitisieren, zu entkultu-

---

[33] Namentlich Eva Schlotheuber/Eckart Conze, Die Ehre der Familie, FAZ, 9. September 2020, S. 9.

[34] Etwa Frank-Lothar Kroll, Das Recht der Hohenzollern, FAZ v. 22. Oktober 2020, S. 6.

[35] Eberhard Schmidt-Aßmann, Kohärenz und Konsistenz des Verwaltungsrechtsschutzes, 2015, S. 164 f. Konkret für den Verwaltungsprozess Annette Guckelberger, Wissensgenerierung im Verwaltungsprozess, DVBl 2017, S. 222 ff.

ralisieren und damit auf konkrete, fallbezogen operationalisierbare Rechtsfragen herunterzubrechen.[36] Aus Kulturkampf und politischem Grundsatzkonflikt wird eine Rechtsnorm, die von Verwaltung und Gerichten durch Subsumption von Tatsachen unter einen Tatbestand anzuwenden ist, ohne sich auf den basalen Konflikt einlassen zu müssen, der auf einer anderen demokratischen Entscheidungsebene institutionell besser legitimiert und entscheidbar ist. Damit verbindet sich eine Egalisierungs- und eine Distanzierungsfunktion. Die Verwaltung entscheidet diskriminierungsfrei und ohne Ansehung der Person (Art. 3 Abs. 1 GG) nach abstrakt-generellen Regeln, die idealerweise *sine ira et studio* in einem Gesetzgebungsverfahren für die Zukunft formuliert wurden, ohne alle künftigen Anwendungsfälle vorherzusehen und sich auf ihr emotionales wie politisches Eskalationspotential einlassen zu müssen.

Abstrakt geht es in der „Hohenzollerndebatte" um Geschichtspolitik und die Frage nach der richtigen Dosierung, wieviel Diskontinuität politische Systembrüche in die Rechtsordnung hineingetragen haben und wieviel Kontinuität das Recht benötigt, um diese Brüche praktisch zu bewältigen. Für eine Rechtsordnung ist dies immer ein schwieriger Balanceakt, weil sich das Recht gleichermaßen qualifizierten, aber miteinander konkurrierenden Erwartungen ausgesetzt sieht, einerseits Stabilität zu gewährleisten, andererseits diejenigen verfassungspolitischen Fundamente authentisch abzubilden, die gerade Systembrüche exprimieren.[37] Die Auflösung dieser Konflikte ist politisch immer kontingent und daher rechtlich aus krummem Holz geschnitzt. Geschichtspolitisch mag der Streitfall „Hohenzollern" das Verhältnis des demokratischen Rechtsstaats zu vordemokratischen und vorrechtsstaatlichen Vergangenheiten tangieren, das Verhältnis der Republik zu einem unvollkom-

---

[36] Christoph Möllers, Pluralität der Kulturen als Herausforderung an das Verfassungsrecht?, in: Horst Dreier/Eric Hilgendorf (Hrsg.), Kulturelle Identität als Grund und Grenze des Rechts, 2008, S. 223 (230 f.).

[37] Dazu aus dem vielschichtigen Problemkreis stellvertretend: Wilfried Berg, Der Rechtsstaat und die Aufarbeitung der vor-rechtsstaatlichen Vergangenheit, VVDStRL 51 (1992), S. 46 ff.; Friedrich Dencker, Vergangenheitsbewältigung durch Strafrecht?, KritV 1990, S. 299 ff.; Klaus Ferdinand Gärditz, Weltrechtspflege, 2006, S. 419 ff.; Josef Isensee, Staatseinheit und Verfassungskontinuität, VVDStRL 49 (1990), S. 39 ff.; Günther Jakobs, Vergangenheitsbewältigung durch Strafrecht?, in: Josef Isensee (Hrsg.), Vergangenheitsbewältigung durch Recht, 1992, S. 37 ff.; Jutta Limbach, Gerechtigkeit im Rechtsstaat, ZG 1993, S. 289 ff.; Bodo Pieroth, Der Rechtsstaat und die Aufarbeitung der vor-rechtsstaatlichen Vergangenheit, VVDStRL 51 (1992), S. 91 ff.; Joachim Renzikowski, Vergangenheitsbewältigung durch Vergeltung?, JR 1992, S. 270 ff.; Bernhard Schlink, Rechtsstaat und revolutionäre Gerechtigkeit, NJ 1994, S. 433 ff.; Helmuth Schulze-Fielitz, Der Rechtsstaat und die Aufarbeitung der vorrechtsstaatlichen Vergangenheit, DVBl 1991, S. 893 ff.; Christian Starck, Der Rechtsstaat und die Aufarbeitung der vor-rechtsstaatlichen Vergangenheit, VVDStRL 51 (1992), S. 9 ff.

men aufgearbeiteten monarchischen Erbe,[38] das im Schatten der Großthemen deutscher Vergangenheitsbewältigung segelte und nunmehr über einen verwinkelten Entschädigungsstreit eine späte Politisierung erreicht. Von geschichtspolitischer Patina befreit, macht hier jedoch schlicht ein Bürger dieses Landes eine Forderung geltend, die – sofern ihre tatbestandlichen Voraussetzungen vorliegen und der Ausschlussgrund nicht greift – ein demokratisches Gesetz des Deutschen Bundestags als Produkt eines demokratischen Gesetzgebungsverfahrens im Rahmen eines historisch sensiblen Kompromisses geschaffen hat, um unterschiedliche Interessen zum Ausgleich zu bringen.

1. Autonomie des Erkenntnisverfahrens

Das Recht ist nicht nur hinsichtlich seiner normativen Sollen-Sätze autonom, sondern es regelt gleichermaßen autonom den Zugriff auf die Tatsachen, die es zur Anwendung benötigt. Recht kann in diesem Sinne auch seine eigenen Vergangenheiten konstruieren.[39] Über die richtigen Fakten können sich zwar Bürgerinnen und Bürger (mit oder ohne historische Vorbildung) ein Urteil bilden. Als Entscheidungsgrundlage eines Rechtsstreits kann am Ende aber nur *eine* Auffassung als für die Rechtsanwendung maßgeblich zugrunde gelegt werden. Die Rechtsordnung legt insoweit fest, welches Organ in welchem Verfahren zur entscheidungserheblichen Tatsachenfeststellung zuständig ist.[40] Meist gibt es hierfür graduell unterschiedlich formalisierte Erkenntnisverfahren. Zugleich wird der rechtliche Tatsachenbedarf durch den Inhalt der anzuwendenden Rechtsnormen begrenzt.

Was von der Geschichte verbleibt, ist immer auch ein Derivat von Macht;[41] der Deutung zugängliche Artefakte werden immer auch durch Darstellungen mitgeformt, die die Zeit überdauern, während andere erfolgreich aus dem archivierten Gedächtnis gelöscht werden. Diese Selektionsprozesse müssen kritisch im Blick der Rechtsanwendung bleiben, gerade weil ein demokratischer Rechtsstaat einen Wahrheitsanspruch hat, den er nicht selbst, sondern nur durch eine gesicherte freie Wissenschaft einlösen kann, und daher legitime Geschichtspolitik nicht zur illegitimen Geschichtsschreibung mit Amts-

---

[38] S. Abgeordnete Korte (Die Linke), Plenarprotokoll Deutscher Bundestag 19. WP, 140. Sitzung, S. 17489–17491; Beschlussantrag der Fraktion Die Linke, 4. November 2020, BT-Drs. 19/14729.

[39] Stephan Kirste, Die Zeitlichkeit des positiven Rechts und die Geschichtlichkeit des Rechtsbewusstseins, 1998, S. 366 ff.; Christoph Möllers, Historisches Wissen in der Verwaltungsrechtswissenschaft, in: Eberhard Schmidt-Aßmann/Wolfgang Hoffmann-Riem (Hrsg.), Methoden der Verwaltungsrechtswissenschaft, 2004, S. 131 (132).

[40] Hans Kelsen, Reine Rechtslehre, 2. Aufl. (1960), S. 244 ff.

[41] Christopher Clark, Gefangene der Zeit, 2020, S. 55 f.

autorität mutiert. Auch rechtliche Verfahren können dazu beitragen, Quellen für künftige Geschichtsdeutung zu produzieren. Daher ist es für die Institutionen eines demokratischen Rechtsstaats besonders wichtig, sich keine amtliche Deutungshoheit über Geschichte anzumaßen. Nicht Geschichte kommt vor Gericht, sondern allenfalls Fälle, deren Entscheidung historisches Wissen benötigt oder die kraft ihrer Gravitas eine künftige, nicht steuerbare Eigenhistorizität entfalten.

2. Das Ausgleichsleistungsgesetz

Im konkreten Streitfall „Hohenzollern" geht es um Regelungen des Restitutionsrechts, die im Zuge der deutschen Wiedervereinigung und deren Nachbereitung als Bausteine eines komplexen und unübersichtlichen Regelungswerks entstanden sind, um teils schmerzhafte gesellschaftliche Transition durch vermögensrechtliche Kompromisse abzufedern. Im Mittelpunkt stehen Ausgleichsleistungen, die gewährt werden, weil eine Restitution des Eigentums rechtlich ausgeschlossen wurde (vgl. Art. 143 Abs. 3 GG).[42] Natürliche Personen, die Vermögenswerte im Sinne des § 2 Abs. 2 Vermögensgesetz[43] durch entschädigungslose Enteignungen auf besatzungsrechtlicher oder besatzungshoheitlicher Grundlage im Beitrittsgebiet verloren haben, oder ihre Erben oder weiteren Erben (Erbeserben) erhalten nach § 1 Abs. 1 Satz 1 AusglLeistG eine Ausgleichsleistung. Das Gesetz gewährt also vor allem (in ihrer Höhe deutlich reduzierte) Entschädigungsansprüche für Maßnahmen in der Sowjetisch Besetzten Zone in den Jahren 1945–1949 vor Gründung der DDR, insbesondere für Enteignungen im Zuge der so genannten Bodenreform.[44] Diese Maßnahmen wurden, obgleich es teils auch um Gewalt- und Willkürherrschaft ging, zutreffend als jenseits des Verantwortungsbereichs deutscher Hoheitsgewalt bewertet. „Der Grund hierfür ist die

---

[42] Zur verfassungsrechtlichen Absicherung BVerfGE 84, 90 ff.; 94, 12 ff.; 96, 8 ff.; BVerfGK 14, 502 ff.; BVerfG-K, Beschl. v. 11.6.1991 – 1 BvR 193/91; Beschl. v. 15.4.1993 – 1 BvR 1885/92, NJ 1993, S. 366 f.; Beschl. v. 17.6.1993 – 1 BvR 410/93; Beschl. v. 11.7.1996 – 1 BvR 806/96, VIZ 1996, S. 704; Beschl. v. 28.8.1996 – 1 BvR 283/94 –, NJW 1996, S. 2722 f.; Beschl. v. 19.11.1996 – 1 BvR 707/95, NJW 1997, S. 450 f.; Beschl. v. 28.11.1996 – 1 BvR 1249/94, NJW 1997, S. 449 f.; Beschl. v. 26.11.1996 – 1 BvR 1508/95, VIZ 1997, S. 283 ff.; Beschl. v. 22.9.1997 – 1 BvR 677/94, NJW 1998, S. 221 f.; Beschl. v. 14.12.2008 – 2 BvR 2338/07, NJW 2009, S. 1805 f.

[43] Gesetz zur Regelung offener Vermögensfragen in der Fassung der Bekanntmachung v. 9.2.2005 (BGBl. I S. 205), das zuletzt durch VO v. 19.6.2020 (BGBl. I S. 1328) geändert worden ist.

[44] BVerwGE 99, 268 (271 f.); 119, 82 (84); BVerwG, Urt. v. 14.3.2013 – 5 C 15/12, ThürVBl 2013, S. 219. Vertiefend Fritz Rosenberger, Unwürdigkeit im Recht der offenen Vermögensfragen, 2006, Rn. 8–13.

rechtliche und faktische Abhängigkeit der deutschen Stellen in der sowjetisch besetzten Zone und im sowjetischen Sektor von Groß-Berlin von der sowjetischen Militäradministration (SMAD)".[45]

Ein Anspruch besteht nach § 1 Abs. 4 AusglLeistG – dem Vorbild zahlreicher, teils älterer Entschädigungsregelungen folgend[46] – hingegen nicht, wenn der Berechtigte oder derjenige, von dem er seine Rechte ableitet, gegen die Grundsätze der Menschlichkeit oder Rechtsstaatlichkeit verstoßen, in schwerwiegendem Maße seine Stellung zum eigenen Vorteil oder zum Nachteil anderer missbraucht oder dem nationalsozialistischen oder dem kommunistischen System erheblichen Vorschub geleistet hat. Genau diese Frage stellt sich im anhängigen Rechtsstreit in Bezug auf den vormaligen Kronprinzen Wilhelm und dessen Beitrag zum NS-System. Die rechtliche Bewertung folgt auch hier autonomen normativen Zurechnungskriterien, nicht einer – wie auch immer methodisch greifbaren – geschichtswissenschaftlichen Attribution innerhalb eines komplexen historischen Makroszenarios. Gerade dies wurde wiederholt verkannt, soweit Geschichtswissenschaftler in Anspruch nahmen, die Frage des erheblichen Vorschubleistens mit historischen Methoden entscheiden zu können, ohne sich zuvor über die originär normativen Koordinaten dieses Rechtsbegriffs mit hinreichender Genauigkeit zu vergewissern.[47]

---

[45] Vgl. BT-Drs. 12/4887, S. 30.

[46] § 4 Berufliches Rehabilitierungsgesetz; § 3 Bundesgesetz zur Wiedergutmachung nationalsozialistischen Unrechts in der Kriegsopferversorgung für Berechtigte im Ausland; §§ 6 Abs. 1, 145 Bundesentschädigungsgesetz; § 5 Nr. 1a Bundesvertriebenengesetz; § 2 Abs. 5 Nr. 1 Gesetz über die Heimkehrerstiftung; § 2 Abs. 1 Häftlingshilfegesetz; § 2 Abs. 4 Nr. 1 Heimkehrerentschädigungsgesetz; § 359 Abs. 3 Lastenausgleichsgesetz; § 7a Abs. 3b Satz 2 Vermögensgesetz.

[47] Das war schon im ersten vorgelegten (Kurz-)Gutachten bei Christopher Clark/ Paul Schönberger, Hat Kronprinz Wilhelm dem nationalsozialistischen System erheblichen Vorschub geleistet?, undatiert, S. 10, 19, der Fall. Seine – durchaus nachvollziehbare – These zur historischen Relevanz beantwortet die aufgeworfene Frage, ob Wilhelms dem NS-System erheblichen Vorschub geleistet hat, wie eine Sachfrage, die keinen Bezug auf die gesetzliche Grundlage nimmt (S. 2). Zwar tauchen in der Fragestellung Elemente auf, die erkennbar der Rechtsprechung des BVerwG entlehnt sind. Dies betreffen jedoch normative Bewertungen, keine Tatsachen. Vorschubleisten sowie die anderen Elemente der Fragestellung sind keine Begriffe der Geschichtswissenschaft, sondern Rechtsbegriffe des Gesetzes bzw. der Rechtsdogmatik; sie mutieren nicht zu Tatfragen, wenn man diesen Bezug in der Darstellung ausblendet. In der Folge hat sich dann die Diskussion auf dieses Merkmal fokussiert. Etwa Stephan Malinowski, Gutachten zum politischen Verhalten des ehemaligen Kronprinzen (Wilhelm Prinz von Preußen, 1882–1951), 2014, hangelt sich im Wesentlichen am Bescheidentwurf, der ihm vorgelegen hat, entlang, changiert aber ebenfalls immer wieder zwischen implizit rechtlichen Zurechnungskategorien und historischen Tatsachen, um dann – bezeichnenderweise unter der Überschrift „Abschließende Bewertung aus

Die einschlägige Leitentscheidung des BVerwG[48] zur Auslegung der Unwürdigkeitsklausel stammt bereits aus dem Jahr 2005 und betraf den Fall des 1951 verstorbenen DNVP-Vorsitzenden Alfred Hugenberg, der mittels seines Medienimperiums und seines Einflusses auf konservativ-reaktionäre Kreise den Aufstieg von Hitlers NSDAP und deren Regierungsbeteiligung befördert hatte, später aber – wie nicht wenige Förderer aus der Zeit vor März 1933 – keine signifikante Rolle mehr im NS-Staat spielte. Das BVerwG stellt klar, dass ein erhebliches Vorschubleisten im Sinne von § 1 Abs. 4 AusglLeistG auch Handlungen einschließt, die bereits abschließend in der Phase der Errichtung und vor der Etablierung des nationalsozialistischen Systems stattgefunden haben.[49] Das BVerwG orientierte sich bei der Ausdeutung des Tatbestandes erkennbar[50] an seiner früheren Rechtsprechung zu ähnlich strukturierten Unwürdigkeitsklauseln im Kriegsfolgenrecht.[51] Voraussetzung für einen Anspruchsausschluss ist zunächst als objektiver Tatbestand ein Vorschubleisten. Erforderlich hierfür sei, dass „nicht nur gelegentlich oder beiläufig, sondern mit einer gewissen Stetigkeit Handlungen vorgenommen wurden, die dazu geeignet waren, die Bedingungen für die Errichtung, die Entwicklung oder die Ausbreitung des nationalsozialistischen Systems zu verbessern oder Widerstand zu unterdrücken, und die dies auch zum Ergebnis hatten".[52] Das Vorschubleisten müsse sich spezifisch auf die NS-Ideologie beziehen. Ideologisch unspezifische Ziele – namentlich militärischer Provenienz – sollen für sich gesehen nicht ausreichen.[53] So verneint das Gericht etwa ein erhebliches Vorschubleisten durch die schlichte Bereitstellung von Rüstungsgütern[54] oder durch die Mitwirkung als richterlicher Militärjustizbe-

---

geschichtswissenschaftlicher Perspektive" – zu einer Bejahung des Vorschubleistens – also einer Rechtsfrage! – zu gelangen (S. 95).

[48] Insgesamt zur Rechtsprechung im Überblick Gabriele Körner, Ausschluss von Ausgleichsleistungen – Aktuelle Rechtsprechung zum Unwürdigkeitstatbestand des § 1 Abs. 4 AusgLeistG, NJ 2018, S. 314 ff.

[49] BVerwGE 123, 142 (144); 127, 56 (59); BVerwG, Urt. vom 29. September 2010 – 5 C 16/09, Buchholz 428.4 § 1 AusglLeistG Nr. 21.

[50] Vgl. BVerwGE 123, 142 (144).

[51] Vgl. BVerwG, Beschl. vom 12. Februar 1991 – 9 B 244/90, MDR 1991, S. 1211; ferner BVerwG, Urt. vom 22. Mai 1969 – VIII C 8.66, Buchholz 412.3 § 3 BVFG Nr. 51.

[52] BVerwGE 123, 142 (145); im Anschluss BVerwGE 127, 56 (58) Rn. 18; 135, 1 Rn. 9; 152, 60 Rn. 13; BVerwG, Beschl. vom 20. März 2007 – 5 B 88/06, Rn. 7; Beschl. vom 1. August 2007 – 5 B 148/07, Rn. 4; Urt. vom 29. September 2010 – 5 C 16/09, Buchholz 428.4 § 1 AusglLeistG Nr. 21.

[53] BVerwGE 123, 142 (148); 127, 56 (59); Beschl. vom 1. August 2007 – 5 B 148/07, Rn. 4; Andreas Dietz, Verstrickung und Verweigerung im nationalsozialistischen System, DÖV 2013, S. 970 (975).

[54] BVerwG, Urt. v. 28.2.2007 – 3 C 13/06, ZOV 2007, S. 69 Rn. 60.

amter in einem Feldkriegsgericht in den besetzten Gebieten[55]. Der praktische Nutzen der Unterstützungshandlung für das Regime dürfe mit Blick auf das Kriterium der Erheblichkeit nicht gänzlich unbedeutend gewesen sein,[56] was aber letztlich nur dem Ausschluss von Bagatellförderung durch Mitläufertum dient, das spätestens seit dem März 1933 ubiquitär war.

Die subjektiven Voraussetzungen des Ausschlusstatbestandes sind erfüllt, wenn die betreffende Person in dem Bewusstsein gehandelt hat, ihr Verhalten könne einen entsprechenden Erfolg haben.[57] Auf eine verwerfliche Gesinnung kommt es ebenso wenig an[58] wie auf ein – abhängig vom Zeitpunkt der Unterstützung ohnehin unmögliches – Voraussehen der späteren Entwicklungen und Handlungsfolgen[59]. Auch ist es unerheblich, ob ein Betroffener mit seiner Förderung des NS-Regimes persönlich andere politische Ziele verfolgte, solange die Förderung des Nationalsozialismus als Zwischenschritt jedenfalls billigend in Kauf genommen wurde.[60] Beispielsweise können reaktionäre Unterstützer der revolutionären NSDAP unter den Ausschlusstatbestand fallen,[61] wenn sie in dem naiven Glauben, Hitler durch Einbindung zähmen zu können, restaurative Fernziele anstrebten.

Das BVerwG stellt insoweit stets auf eine Gesamtwürdigung des Verhaltens einer betroffenen Person ab.[62] Entlastendes kann zu berücksichtigen sein,[63] was aber aktive Umkehr erfordert: „Eine bloße innere Reserviertheit oder Abneigung gegenüber dem System, die sich nicht in nennenswerten Handlungen nach außen manifestiert hat, kann insoweit ebenso wenig ins Gewicht fallen wie eine im Zeitverlauf lediglich nachlassende Unterstützung

---

[55] BVerwGE 143, 119 ff.

[56] BVerwGE 123, 142 (146); BVerwG, Urt. v. 29.9.2010 – 5 C 16/09, Buchholz 428.4 § 1 AusglLeistG Nr. 21.

[57] BVerwGE 123, 142 (147); 152, 60 Rn. 15.

[58] Fritz Rosenberger, Unwürdigkeit im Recht der offenen Vermögensfragen, 2006, Rn. 141; aus der Rechtsprechung zur Unwürdigkeitsklausel des BVFG bereits BVerwGE 19, 1 (5).

[59] BVerwGE 123, 142 (147); BVerwG, Urt. vom 30. Juni 2010 – 5 C 9/09, Buchholz 428.4 § 1 AusglLeistG Nr. 20.

[60] BVerwG, Beschl. vom 9. Oktober 2017 – 8 B 1/17, LKV 2018, S. 28 (31); bereits BVerwGE 123, 142 (148).

[61] Vgl. dazu: Ulrich Herbert, Vier Gutachter, ein Kronprinz und die nationale Diktatur, FAZ, 30. November 2019, S. 11.

[62] BVerwGE 135, 1 (7); 152, 60 Rn. 22; BVerwG, Beschl. vom 8. Juni 2009 – 5 B 105/08, Rn. 2; Urt. vom 30. Juni 2010 – 5 C 9/09, Buchholz 428.4 § 1 AusglLeistG Nr. 20; Urt. vom 29. September 2010 – 5 C 16/09, Buchholz 428.4 § 1 AusglLeistG Nr. 21; Beschl. vom 30. September 2009 – 5 B 38/09, ZOV 2009, 316. Zur Vermutungswirkung BVerwG, Urt. vom 26. Februar 2009 – 5 C 4/08, NVwZ-RR 2009, S. 625 (627).

[63] BVerwGE 135, 1 (4 ff.) Rn. 11 ff.; 152, 60 Rn. 22.

oder eine Abwendung von den Systemzielen in späteren Phasen des NS-Regimes".[64] Namentlich eine propagandistische Unterstützung der NSDAP oder ihrer Willkür- und Gewaltherrschaft kann als erhebliches Vorschubleisten zu qualifizieren sein.[65] So wurde im Fall Hugenberg den Erben aufgrund der propagandistischen Förderung Hitlers Restitution verweigert.[66] Im Fall der „Leipziger Neueste Nachrichten" (Auflage ca. 140.000 bis 150.000 Stück)[67] wurde eine regelmäßige Unterstützung der NS-Politik im Rahmen von Leitartikeln ebenfalls als erhebliches Vorschubleisten gewertet, weil diese propagandistische Unterstützung „von grundsätzlicher Bedeutung für die Meinungsbildung der Bürger" gewesen sei.[68] Zur Propaganda, die unter den Tatbestand des § 1 Abs. 4 AusglLeistG fallen kann, gehört hiernach sicherlich auch das „Salonfähigmachen" Hitlers.[69]

3. Juridischer Pragmatismus ohne geschichtswissenschaftliche Tiefe

Ein – mit historischen Begriffen ohnehin schwierig zu fassender[70] – Kausalitätsnachweis für die Systemstabilisierung wird hingegen nicht verlangt. Hypothetische Differenzbetrachtungen, was ohne eine bestimmte Handlung wohl geschehen wäre („Uchronie"),[71] wären rein spekulativ und mangels methodisch belastbarer Falsifikationsmöglichkeit weder wissenschaftlich noch sinnvolle Fragestellungen in rechtlichen Verfahren. Die Schwelle der Erheblichkeit wird von der Rechtsprechung pragmatisch gehandhabt und nicht übermäßig hoch gehängt. Keine der zahlreichen veröffentlichten Ent-

---

[64] BVerwGE 135, 1 (7).

[65] Vgl. aufschlussreich VG Cottbus, Urt. vom 23. April 2020 – 1 K 1763/15, Rn. 120, zum Prinz August Wilhelm („Auwi"), dem jüngeren Bruder des Kronprinzen.

[66] BVerwGE 123, 142 ff.

[67] Zu diesen Norbert Frei/Johannes Schmitz, Journalismus im Dritten Reich, 5. Aufl. (2014), S. 58 f.

[68] BVerwGE 152, 60 Rn. 17.

[69] Zur Verstrickung des Adels auch Jonathan Petropoulos, Royals and The Reich: The Princes Von Hessen In Nazi Germany, 2006, S. 97 ff.

[70] Kritisch Constantin Goschler, Prinzen, Bürger und Preußen: Die Eigentumsfrage in Ostdeutschland und die Entschädigungsforderungen der Hohenzollern, Zeitschrift für Geschichtswissenschaft 68 (2020), S. 322 (334). Zur allgemeinen Diskussion Aviezer Tucker, Causation in Historiography, in: ders. (Hrsg.), A Companion to the Philosophy of History and Historiography, 2010, S. 98 ff.

[71] Dazu Johannes Dillinger, Uchronie: Ungeschehene Geschichte von der Antike bis zum Steampunk, 2015; Richard J. Evans, Altered Pasts: Counterfactuals in History, 2016; Sönke Neitzel, Was wäre wenn …? Gedanken zur kontrafaktischen Geschichtsschreibung, in: Festschrift für Michael Salewski zum 65. Geburtstag, 2003, S. 312 ff.

scheidungen[72] steigt vertieft in die historischen Details ein oder hat besonderen historischen Sachverstand bemüht.[73] Meist begnügt sich die Rechtsprechung mit allgemein bekanntem Lehrbuchwissen, das ggf. durch fallspezifi-
sche Fragmente angereichert wird, ohne auf die makroskopischen Betrachtungen der historischen Gesamtzusammenhänge näher einzugehen oder sich
gar in geschichtspolitische Wertungen zu versteigen. Was sich etwa im Hu-
genberg-Urteil findet,[74] geht nicht über allgemeinbekanntes Geschichtswis-
sen hinaus, das sich jeder Gesamtdarstellung der Geschichte der Weimarer
Republik oder Wikipedia entnehmen ließe. Die geringe historische Durch-
dringungstiefe bei gleichzeitiger normativer Korrektur durch wertende Zu-
rechnung von Verantwortlichkeit zeigt, dass es im Wesentlichen um binnen-
juridische Operationen und weniger um herausfordernde Tatsachenfeststel-
lungen geht.[75]

Das nimmt schon deshalb nicht wunder, weil das Fachrecht nicht allein als
Setting materieller Normen angemessen auszudeuten, sondern immer darauf
gerichtet ist, von konkreten Institutionen in pragmatisch operierenden Verfahren angewendet zu werden. Das AusglLeistG als Restitutionsgesetz adres-
siert in der Praxis vor allem Landratsämter, die sich typischerweise nicht
als Foren geschichtswissenschaftlicher Grundsatz-Deliberation aufdrängen.
Die Rechtsprechung tat also gut daran, bei der Auslegung des § 1 Abs. 4
AusglLeistG die Maßstäbe nicht derart zu überzeichnen, dass sie die Rechtsanwender nicht nur in besonderen Einzelfällen, sondern strukturell überfordern und in historiografische Gutachterschlachten zwingen würden. Erstaunlich freihändig wurde in der „Hohenzollerndebatte" immer wieder von Historikern mit voraussetzungsvollen Rechtsbegriffen hantiert, deren konkrete
Handhabung durch die Rechtsprechung keineswegs alltagstauglich ist, was
aber durchweg nicht reflektiert wird.[76] Dahinter steht eine hermeneutische
Selbstüberschätzung, die die Relationen zwischen rechtsdogmatischen und
historischen Argumentationsebenen freimütig verrührt und sowohl die eige-

---

[72] In Juris finden sich bis dato 43 Entscheidungen des BVerwG sowie 55 erstins-
tanzliche Urteile von Verwaltungsgerichten (Berlin und Beitrittsgebiet) zu § 1 Abs. 4
AusglLeistG.

[73] Eingehendere Analyse bei Klaus Ferdinand Gärditz, Die Rolle der Verwaltungsgerichtsbarkeit in geschichtspolitischen Auseinandersetzungen – Der Fall „Hohenzollern", im Erscheinen (JöR).

[74] BVerwGE 152, 60 ff.

[75] Das erklärt es wohl auch, dass Richard Evans, Das Gewissen eines Gutachters:
Zur Debatte um die Hohenzollern und den Nationalsozialismus, FAZ, 10. Dezember
2019, S. 12, zur – juristisch nicht korrekten, aber zutreffend das Übergewicht der
Wertungen erspürenden – Einschätzung gelangte, der Fall bewege sich „eher in der
Sphäre historischer Urteile als im Bereich harter Tatsachen".

[76] Kritisch auch Barbara Stollberg-Rilinger, Editorial, Der Staat 59 (2020), S. 155
(156).

nen Methoden folgenden Schritte der Gesetzesinterpretation als auch die institutionellen Rechtsanwendungsbedingungen kurzerhand überspringt.

Rechtsanwender müssen zum einen die anspruchsvollen Leistungen der Geschichtswissenschaft, Details historischer Verläufe auszuschärfen und neue Perspektiven auf eine Vergangenheit einzunehmen, nicht vollständig abrufen, um praktische Rechtsfälle entscheiden zu können. Zum anderen fließen rechtliche Wertungen in die Beurteilung des Vorschubleistens ein, die jenseits der Kompetenz der Geschichtswissenschaft liegen. Es gehört zur Wissenschaftlichkeit und der an dieser hängenden Glaubwürdigkeit, sich mit Urteilen zurückzuhalten, die die kognitiv-fachlichen Grenzen der eigenen Disziplin überschreiten. Und wer schon die Beurteilungsgrenzen der eigenen Expertise nicht richtig einzuschätzen weiß, vermittelt auch nicht unbedingt den Eindruck, präsentiertes Wissen mit der gebotenen Sorgfalt ermittelt zu haben. Kompetenzanmaßung indiziert entweder politischen Aktivismus oder Schludrigkeit.

IV. Aufgaben von Sachverständigen in Verwaltungs- und Gerichtsverfahren

Verfahren sind einerseits etwas Artifizielles,[77] sie konstruieren Richtigkeiten sozial.[78] Verfahren stehen aber andererseits auch nicht beziehungslos zu einer rechtsexternen Wahrheit. Rechtliche Erkenntnisverfahren setzen die Möglichkeit rationaler Erkenntnis von geschichtlicher Richtigkeit (Wahrheit[79]) voraus,[80] um Entscheidungen zu rechtfertigen, die nicht auf beliebigen Tatsachenkonstruktionen beruhen dürfen. Insoweit benötigt das Recht – abstrahiert von epistemologischen Grundsatzdebatten – einen normativen Realismus. Das ist für den Strafprozess mit seinem Ziel, materielle Schuld fest-

---

[77] Vgl.: Matthias Breidenstein, Zur Methodik der Verfahrensrechtsvergleichung, 2012, S. 22 f.; Wolfgang Hoffmann-Riem, Methoden einer anwendungsorientierten Verwaltungsrechtswissenschaft, in: Eberhard Schmidt-Aßmann/ders. (Hrsg.), Methoden der Verwaltungsrechtswissenschaft, S. 11 (37); ders., Verwaltungsverfahren und Verwaltungsverfahrensgesetz – einleitende Problemskizze, in: ders./Eberhard Schmidt-Aßmann (Hrsg.), Verwaltungsverfahren und Verwaltungsverfahrensgesetz, S. 9 (23 ff.); Philipp Reimer, Verfahrenstheorie, 2015, S. 285, 334 ff.; Hans-Heinrich Trute, Staatsrechtslehre als Sozialwissenschaft?, in: Helmuth Schulze-Fielitz (Hrsg.), Staatsrechtslehre als Wissenschaft, 2007, S. 115 (130).

[78] Bruno Latour, Eine neue Soziologie für eine neue Gesellschaft, 2007, S. 152.

[79] Hier kann nicht vertieft werden, inwiefern Wahrheit eine praktisch sachgerechte Kategorie ist, Konstruktionsleistungen juristischer Verfahren zu beschreiben. Kritisch hierzu: Ino Augsberg, Informationsverwaltungsrecht, 2014, S. 204 ff., 290 ff.

[80] Vgl. zu diesem Anspruch Richard J. Evans, In Defense of History, 2000, S. 65 ff., 193 ff.; Thomas Nipperdey, Kann Geschichte objektiv sein?, 2013, S. 62 ff.

zustellen, bereits Konsequenz eines menschenwürdigen Prozessrechts,[81] das Gebot, einen wahren Sachverhalt zu ermitteln, gilt aber auch im Verwaltungsprozess[82] sowie im behördlichen Verwaltungsverfahren, die jeweils unter dem Schirm der Untersuchungsmaxime stehen. Die Behörde ermittelt nach § 24 Abs. 1 Satz 1 Verwaltungsverfahrensgesetz (VwVfG) den Sachverhalt von Amts wegen. Sie bestimmt nach § 24 Abs. 1 Satz 2 VwVfG Art und Umfang der Ermittlungen; an das Vorbringen und an die Beweisanträge der Beteiligten ist sie nicht gebunden. Hierbei hat die Behörde nach § 24 Abs. 2 VwVfG alle für den Einzelfall bedeutsamen, auch die für die Beteiligten günstigen Umstände zu berücksichtigen. Sie ist also ungeachtet der Eigeninteressen des Rechtsträgers (hier des Landes Brandenburg) im Sinne eines „modernen demokratischen Staatsverständnisses im Interesse der Bürger"[83] zu einer neutralen und unparteilichen Amtsführung verpflichtet. Das Verwaltungsgericht erforscht im Verwaltungsrechtsstreit nach § 86 Abs. 1 Satz 1 Verwaltungsgerichtsordnung (VwGO) ebenfalls den Sachverhalt von Amts wegen; die Beteiligten sind dabei heranzuziehen. Das erkennende Gericht ist nach § 86 Abs. 1 Satz 2 VwGO an das Vorbringen und an die Beweisanträge der Beteiligten nicht gebunden. Der „Sachverhalt" in diesem Sinne umfasst schlicht diejenigen Tatsachen, die benötigt werden, um den Streit durch Subsumtion unter die einschlägige Rechtsnorm zu entscheiden.[84]

Behördliche Verwaltungsverfahren wie gerichtliche Verfahren benötigen insoweit immer nur den Teilausschnitt der Wirklichkeit, der die rechtliche Begründung einer Entscheidung trägt. Sachverhalt ist also weder das historische Geschehen in einer – wie auch immer zu bestimmenden – Gesamtheit noch in seiner Filigranität, welche detailempfindliche geschichtswissenschaftliche Methoden mitunter herauszuschälen vermögen, sondern die rohe Subsumtionsgrundlage. Der Sachverhalt ist hierbei keine ontische Kategorie, die nur abgerufen werden muss. Er entsteht vielmehr in einem konstitutiv ergebnisoffenen[85] Verfahren im Zusammenspiel der Beteiligten. Zwar wird die Existenz einer verfahrensexternen Wirklichkeit vorausgesetzt, die der

---

[81] Für das Strafprozessrecht explizit BVerfGE 133, 168 (199); 140, 317 (344); Klaus Ferdinand Gärditz, Schuld und Postmoderne, in: Thomas Fischer/Elisa Hoven (Hrsg.), Schuld, 2017, S. 269 ff.

[82] Stephan Rixen, in: Helge Sodan/Jan Ziekow (Hrsg.), VwGO, 5. Aufl. (2019), § 86 Rn. 13.

[83] Rüdiger Engel/Mario Pfau, in: Thomas Mann/Christoph Sennekamp/Michael Uechtritz (Hrsg.), VwVfG, 2. Aufl. (2019), § 24 Rn. 18.

[84] BVerwG, Beschl. vom 6. November 2014 – 2 B 97/13, NVwZ 2015, S. 439 (440 f.); Beschl. vom 30. Dezember 2016 – 9 BN 3/16, NVwZ-RR 2017, S. 1037; Isabel Schübel-Pfister, in: Eyermann, VwGO, 15. Aufl. (2019), § 86 Rn. 27.

[85] Vgl. Carl-Friedrich Stuckenberg, Untersuchungen zur Unschuldsvermutung, 1998, S. 527 f.

Ermittlung des Sachverhalts erst epistemischen Sinn verleiht. Der Richtigkeitsanspruch gründet aber nicht schlicht auf einer möglichst exakten Projektion dieser externen Wirklichkeit in das Verfahren. Maßgeblich ist auch das prozedurale Setting, dessen Legitimationspotential auch auf einer sachgerechten Verteilung von prozeduralen Rollenfunktionen, auf Öffentlichkeit und auf Fairness gründet.[86] Allen Beteiligten muss rechtliches Gehör gewährt werden (Art. 103 Abs. 1 GG). Beweisregeln steuern normativ den Zugriff auf Tatsachen. Der gerichtliche Informationshorizont wird entscheidend von den rechtlich umhegten sowie faktisch eingeengten Möglichkeiten der Beweisaufnahme, den Beteiligten und dem allgemeinen Prozessrecht präformiert sowie begrenzt.[87] Eine historische Wahrheit, deren Ermittlung vornehmste Aufgabe der Geschichtswissenschaft im Rahmen ihrer Freiheit (Art. 5 Abs. 3 Satz 1 GG) bleibt, muss eine Verwaltungsbehörde oder ein Verwaltungsgericht demnach nicht ermitteln;[88] hierfür wäre das formalisierte Korsett und der begrenzte Handlungskorridor rechtlicher Verfahren von vornherein ungeeignet.

Prozesstatsachen entstehen nicht wissenschaftlich, sondern formalisiert. Gemessen hieran erstaunt die Selbstsicherheit mancher Historiker, mit vermeintlicher Klarheit Prozessergebnisse vorherzusagen, deren entscheidungsrelevante Grundlagen erst formalisiert zu erzeugen wären. Ein behördliches oder gerichtliches Verfahren erfüllt seine institutionelle Selektions- und Entscheidungsfunktion nur dann, wenn man vorher nicht weiß, was ohnehin herauskommen wird. So mag es historische Hypothesen geben, die zu geschichtswissenschaftlichen Kontroversen Anlass bieten, deren Richtigkeit aber vor Gericht nicht beweisbar ist. Beteiligte können Beweisanträge stellen, die überraschend Neues ans Licht bringen. Oder das Land, das nach allgemeinen Regeln des Prozessrechts die Beweislast für die Tatbestandsvoraussetzungen der Ausnahme des § 1 Abs. 4 AusglLeistG trägt, überzeugt das erkennende Verwaltungsgericht – das hier einzige Tatsacheninstanz ist (§ 6

---

[86] Für das gerichtliche Verfahren Andreas Voßkuhle/Gernot Sydow, Die demokratische Legitimation des Richters, JZ 2002, S. 673 (676 ff.).

[87] Mirjan Damaška, Epistemology and legal regulation of proof, Law Probability & Risk 2 (2013), S. 117 (120 ff.); Klaus Ferdinand Gärditz, Die Amtsermittlungspflicht – Auslauf- oder Zukunftsmodell?, in: Verein Deutscher Verwaltungsgerichtstag e. V. (Hrsg.), 19. Deutscher Verwaltungsgerichtstag Darmstadt 2019, 2020, S. 425 (433); Marcel Kaufmann, Untersuchungsgrundsatz und Verwaltungsgerichtsbarkeit, 2002, S. 220 f.; Dieter Leipold, Wirksamer Ehrenschutz durch gerichtliche Feststellung von Tatsachen, ZZP 84 (1971), S. 150 (158); Thomas Weigend, Is the Criminal Process about Truth?, Harvard Journal of Law & Public Policy 26 (2003), S. 157 (168).

[88] Klaus Ferdinand Gärditz, Der „Hohenzollernstreit" zwischen Amtsaufklärung, Gutachten und freier Geschichtswissenschaft, NJ 11/2020, S. III.

Abs. 2 AusglLeistG i.V. mit § 37 Abs. 2 Satz 1 VermG)[89] – nicht hinreichend. Umso komplexer der Sachverhalt und umso umfangreicher die Vorgänge, umso größer ist die prognostische Unsicherheit über den Prozessausgang. Natürlich kann man versuchen, einen Prozessausgang zu prognostizieren, was jede gute Rechtberatung ständig leisten muss. Dann sollte man sich freilich über die Funktionsmechaniken eines Verwaltungsprozesses im Klaren sein. Eine Stärke der Geschichtswissenschaft liegt hierin kaum.

V. Historiker als Sachverständige

Historische Tatsachen sind von einem Verwaltungsgericht nach § 86 Abs. 1 Satz 1 VwGO von Amts wegen mit den förmlichen Mittel des Beweisrechts aufzuklären, sofern sie entscheidungserheblich sind. Auch generelle Tatsachen – die Elemente einer geschichtlichen Makromatrix, in die ein Fall eingebettet ist – sind dem Beweis zugänglich.[90] Die Garantie des effektiven Rechtsschutzes (Art. 19 Abs. 4 Satz 1 GG) gewährleistet eine „gerichtliche Kontrolle nach weitestmöglicher Aufklärung an der Grenze des Erkenntnisstandes" der Wissenschaft.[91] Grundsätzlich muss ein Verwaltungsgericht daher geschichtlichem Aufklärungsbedarf nachgehen, sofern es nicht um allgemeinkundig feststehende geschichtliche Ereignisse oder Sachverhalte geht.[92] Letztere kann ein Gericht auch ohne formale Beweiserhebung zugrunde legen.[93]

Ein Gericht muss, wenn es selbst über die notwendigen Kenntnisse, den Sachverhalt nach § 86 Abs. 1 VwGO aufzuklären, nicht hinreichend verfügt, sachverständige Hilfe in Anspruch nehmen.[94] Insbesondere kann es zu die-

---

[89] Zur Möglichkeit des Revisionsgerichts, generelle Tatsachen zu ermitteln, siehe aber BVerwGE 142, 145 (153); BVerwG, Urt. vom 24. Juni 2015 – 9 C 23/14, NVwZ-RR 2016, S. 68; Urt. vom 24. Juni 2015 – 9 C 25/14, Rn. 50; ebenso BSG, Urt. vom 25. Oktober 1994 – 3/1 RK 57/93, SozR 3-2500 § 34 Nr. 4. Kritisch Michael Gerhardt, Legal facts vor dem Bundesverwaltungsgericht, in: FS Hans-Joachim Driehaus, 2008, S. 271 (277, 282 ff.).

[90] Vgl. Peter Gottwald, Revisionsinstanz als Tatsacheninstanz, 1975, S. 138 ff.; Horst-Eberhard Henke, Tatfrage – der unbestimmte Begriff im Zivilrecht und seine Revisibilität, 1966, S. 138 ff.; Curt W. Hergenröder, Zivilprozessuale Grundlagen richterlicher Rechtsfortbildung, 1995, S. 348 ff.; Kurt Kuchinke, Grenzen der Nachprüfbarkeit tatrichterlicher Würdigung und Feststellungen in der Revisionsinstanz, 1964, S. 82 ff.; Rüdiger Nierwetberg, Die Unterscheidung von Tatfrage und Rechtsfrage, JZ 1983, S. 237 (239 f.).

[91] BVerfGE 149, 407 (413).

[92] BVerwG, Urt. vom 22. Januar 1985 – 9 C 52/83, NVwZ 1986, S. 35 f.; Urt. vom 3. März 1987 – 1 C 39/84, NJW 1987, S. 1431 (1433).

[93] BVerwGE 128, 155 (172).

[94] BVerwGE 150, 1 Rn. 30.

sem Zweck förmlich Sachverständigenbeweis erheben (§§ 96 Abs. 1 Satz 2, 98 VwGO i. V. mit §§ 402 ff. Zivilprozessordnung [ZPO]). Entsprechendes gilt nach § 26 Abs. 1 Nr. 2 VwVfG für Verwaltungsverfahren. Die Auswahl der zuzuziehenden Sachverständigen und die Bestimmung ihrer Anzahl erfolgt durch das Prozessgericht (§ 404 Abs. 1 Satz 1 ZPO), wobei die vorrangige Auswahl öffentlich bestellter Sachverständiger (§ 404 Abs. 3 ZPO) im Fall der Geschichtswissenschaft aus praktischen Gründen ausscheidet. Gerichtlich allgemein bestellte Sachverständige für Zeitgeschichte gibt es – soweit ersichtlich – nicht.

1. Wissenschaftliche Expertise im Korsett des Gutachtenauftrags

Verfahrensbezogene Sachverständigengutachten sind hierbei in einen konkreten und normativ flankierten Gutachtenauftrag eingebunden. Das Gericht hat die Tätigkeit des Sachverständigen zu leiten und kann ihm für Art und Umfang seiner Tätigkeit Weisungen erteilen (§ 404a Abs. 1 ZPO); die Erstellung innerhalb einer gerichtlich gesetzten Frist kann erzwungen werden (§ 411 ZPO). Insoweit wird eine öffentlich-rechtliche Sonder-Verpflichtung auferlegt.[95]

Für Sachverständige besteht innerhalb ihres Begutachtungsauftrags keine freie Methodenwahl, sondern eine Bindung an auftragsadäquate Methoden, mit denen die Weisungen des Gerichts erfüllt werden können. Die Methoden müssen dem aktuellen Stand der Wissenschaft entsprechen.[96] Die Methoden prozessual formalisierter Beweisaufnahme einerseits und geschichtswissenschaftlicher Erkenntnis andererseits divergieren. Geschichtsschreibung kennt kein *fair trial*, verlangt nicht, alle Beteiligten vorher zu hören und jedwedes Vorbringen zu berücksichtigen, kennt keine Fristenbindung und keinen strikten Fokus auf eine invariant vorgegebene Fragestellung. Fairness erlangt geschichtswissenschaftliche Forschung – wenn man diesen Begriff überhaupt für adäquat erachten wollte – nicht durch politische Ausgewogenheit oder Verhältnismäßigkeit, sondern durch wissenschaftliche Methodenstrenge und die Fähigkeit, wissenschaftliche Ergebnisse auch dann zu akzeptieren, wenn sie nicht ins eigene Weltbild passen. Die Geschichtswissenschaft kennt auch keine Beweisanträge, keine Beweislast, keine Unschuldsvermutung und keine Rechtskraft. Auftrag, Erkenntnisdichte und Erkenntnisgegenstand bleiben normativ eng umhegt und können daher oftmals diejenigen Erwartungen nur höchst unvollkommen erfüllen, die eine politische Öffentlichkeit „Geschichtsprozessen" (dysfunktional) entgegenbringt. Auch vorliegend wird

---

[95] Walter Zimmermann, in: Thomas Rauscher/Wolfgang Krüger (Hrsg.), Münchener Kommentar zur ZPO 6. Aufl. (2020), § 404a Rn. 2.

[96] Holger Jäckel, Das Beweisrecht der ZPO, 3. Aufl. (2021), Rn. 621.

manche Erwartung in Feuilleton und Politik, die den Rechtsstreit entweder zur Abrechnung mit dem vormaligen Herrscherhaus oder zu seiner Rehabilitierung hochstilisieren möchten, absehbar enttäuscht werden.

Sachverständige haben im Verfahren nicht ihre individuelle Position als Wissenschaftlerin oder Wissenschaftler zu entfalten, sondern den Erkenntnisstand ihrer jeweiligen Disziplin zu repräsentieren.[97] Gerade den Koryphäen eines Faches fällt solche Selbstzurücknahme nicht immer leicht, denn üblicherweise erlangt man diesen Ruf in einer Fachgemeinschaft durch innovative und unkonventionelle Neuansätze, nicht durch Mainstream-Thesen im dicken Sediment des Forschungsstandes, den aber rechtsanwendende Verfahren gerade benötigen. Auch der Schutz des Grundrechts der Forschungsfreiheit greift erst dort, wo der Gutachtenauftrag autonome Spielräume zur Verfolgung selbstständiger wissenschaftlicher Erkenntnisziele oder Methoden belässt.[98] Auf Art. 5 Abs. 3 Satz 1 GG können sich also Gutachterinnen und Gutachter dort berufen, wo es um Methoden und Wertungen geht, wie der übertragene Begutachtungsauftrag innerhalb des unterschiedlich weiten Korsetts der erteilten Anweisungen und der (vertraglich oder in einem Beweisbeschluss konkretisieren) Auftragsdefinition auszuführen ist. Für wissenschaftliche Exzentrik, die eine Fachgemeinde sonst meist dankbar aufgreift, ist hier insoweit kein Raum. Gutachten für Gerichte und Verwaltungsbehörden sind eben kein Pfad zum Ruhm im eigenen Fach, sondern Hilfsarbeit im steinigen Weinberg des Rechts.

Sachverständige in Verwaltungs- oder Gerichtsverfahren haben nicht die Rechtsanwendung vorwegzunehmen und die Fallfrage zu entscheiden.[99] Vielmehr muss ein in Verwaltungs- oder Gerichtsverfahren verwendbares Gutachten den Sachverhalt aufbereiten (sprich: Fachwissen zur Beurteilung

---

[97] BGHZ 144, 296 (305 f.); BGH, Urt. vom 15. April 2014 – VI ZR 382/12, NJW-RR 2014, S. 1053 (1054); Wolf-Dieter Ludwig/Thomas Held, Das Gutachten aus Sicht der konservativen Medizin, in: Alexander P. F. Ehlers (Hrsg.), Medizinisches Gutachten im Prozess, 4. Aufl. (2016), Kap. 5 Rn. 385.

[98] Klaus Ferdinand Gärditz, in: Maunz/Dürig, GG, Stand: 2020, Art. 5 Abs. 3 (Wissenschaft) Rn. 71.

[99] BVerwG, Urt. v. 2.4.1969 – VI C 76.65, Buchholz 232 § 139 BBG Nr. 9; Beschl. vom 21. Juli 1998 – 6 B 44/98, NVwZ 1999, S. 187 (188); Heinrich Lang, in: Helge Sodan/Jan Ziekow (Hrsg.), VwGO, 5. Aufl. (2019), § 96 Rn. 39, § 98 Rn. 144; Brigitte Tag, Stellung und Aufgaben des rechtsmedizinischen Sachverständigen, in: Burkhard Madea (Hrsg.), Rechtsmedizin, 3. Aufl. (2015), S. 19 (28 f.); Günter Tondorf/Babette Tondorf, Psychologische und psychiatrische Sachverständige im Strafverfahren, 3. Aufl. (2011), Rn. 1; Friedrich Toepel, Grundstrukturen des Sachverständigenbeweises im Strafprozessrecht, 2002, S. 61 ff.; Marcel Wemdzio, Die Bedeutung von Sachverständigen und Sachverständigengutachten in Verfahren vor Verwaltungsbehörden und -gerichten, NuR 2012, S. 19 (20).

von Tatsachen bereitstellen[100]), um die Rechtsanwendenden in die Lage zu versetzen, anhand juristischer Maßstäbe eine Sachentscheidung zu treffen.[101] Die strikte Beschränkung auf das eigene Fach kommt deklaratorisch für das gerichtliche Verfahren in § 407a Abs. 1 Satz 1 ZPO zum Ausdruck: Der Sachverständige hat hiernach unverzüglich zu prüfen, ob der Auftrag in sein Fachgebiet fällt und ohne die Hinzuziehung weiterer Sachverständiger sowie innerhalb der vom Gericht gesetzten Frist erledigt werden kann. Professionelle Sachverständige hätten sich also nicht direkt zur Frage geäußert, ob Wilhelm Prinz von Preußen dem NS-Regime im Sinne des § 1 Abs. 4 Ausgl-LeistG erheblichen Vorschub geleistet hat. Dass dies hier im Verwaltungsverfahren wiederholt geschehen ist,[102] wird man wohl damit erklären müssen, dass es entweder an einer zielgenauen Anleitung der Sachverständigen fehlte oder diese als Historiker schlicht keine Erfahrung damit hatten, eine solche prozessuale Rolle in rechtlichen Verfahren aus eigener Kompetenz einzunehmen.

2. Beteiligtengutachten

Im konkreten Rechtsstreit wurden sowohl im Auftrag der Familie Hohenzollern als auch des Landes Brandenburg Gutachten vorgelegt, die im Verwaltungsverfahren Verwendung fanden. Das Verwaltungsgericht kann ein Privatgutachten, das ein Beteiligter im Verwaltungsverfahren vorgelegt hat, mangels Distanz zum auftraggebenden Beteiligten nicht beweisförmlich wie

---

[100] Holger Jäckel, Das Beweisrecht der ZPO, 3. Aufl. (2021), Rn. 533.

[101] BVerwG, Beschl. vom 2. Juli 1998 – 11 B 30/97, NVwZ 1999, S. 654 (657); VGH Baden-Württemberg, Beschl. vom 21. Juli 1997 – 9 S 1580/97, NVwZ-RR 1998, S. 689; Klaus Ferdinand Gärditz, Der „Hohenzollernstreit" zwischen Amtsaufklärung, Gutachten und freier Geschichtswissenschaft, NJ 11/2020, S. III; Heinrich Lang, in: Helge Sodan/Jan Ziekow (Hrsg.), VwGO, 5. Aufl. (2019), § 98 Rn. 144.

[102] Christopher Clark/Paul Schönberger, Hat Kronprinz Wilhelm dem nationalsozialistischen System erheblichen Vorschub geleistet?, undatiert, S. 19; Stephan Malinowski, Gutachten zum politischen Verhalten des ehemaligen Kronprinzen (Wilhelm Prinz von Preußen, 1882–1951), 2014, S. 93, 95; Wolfram Pyta/Rainer Orth, Gutachten über die politische Haltung und das politische Verhalten von Wilhelm Prinz von Preußen (1882–1951), letzter Kronprinz des Deutschen Reiches und von Preußen, in den Jahren 1923 bis 1945, 2016, S. 144. Aus dem Verwaltungsverfahren wahrt nur ein Gutachten die rechtlichen Funktionsgrenzen und enthält sich einer juristischen Laienbewertung: Peter Brandt/Jörg Pache, Gutachten zur politischen Einstellung und zum politischen Verhalten des ehemaligen preußischen und reichsdeutschen Kronprinzen Wilhelm, 2014. In Aufbau und Form – die Überzeugungskraft des Inhalts vermag ich fachlich nicht zu beurteilen – ist dies genau das, was man von einem historischen Gutachten für ein rechtliches Verwaltungs- oder Gerichtsverfahren erwarten würde.

ein Sachverständigengutachten verwerten.[103] Es darf dieses allerdings –
schon aufgrund der erheblichen Freiheit eines Verwaltungsgerichts bei der
Amtsaufklärung – zur Untersuchung des Sachverhalts (§ 86 Abs.
1 VwGO) und zur darauf gründenden Überzeugungsbildung heranziehen. Privatgutachten haben zwar einen graduell geringeren, aber abhängig von ihrer professi-
onellen Argumentationsstruktur jedenfalls einen potentiellen Erkenntniswert
im Rahmen der freien Beweiswürdigung.[104] Die praktische Verwertbarkeit
hängt dann letztlich von der inhaltlichen Qualität ab, namentlich ob es dem
privat beauftragten Gutachter gelungen ist, hinreichende kritische Distanz
zum eigenen Auftraggeber zu wahren.

Von einer Behörde (hier des Landes Brandenburg) im Verwaltungsverfahren eingeholte Gutachten können zwar mit Blick auf die Gesetzesbindung
der Verwaltung (Art. 20 Abs. 3 GG) grundsätzlich im Wege des Urkundsbe-
weises in ein Gerichtsverfahren eingeführt und verwertet werden.[105] Bei der
gerichtlichen Beweiswürdigung ist aber auch bei Behördengutachten Vorsicht
geboten. Die Verwaltung ist zwar zur neutralen und unvoreingenommenen
Amtsführung verpflichtet,[106] sieht sich aber praktischen Schiebkräften ausgesetzt, die genau dies gefährden können. Eine Behörde ist zum einen kraft
demokratischer Weisungsabhängigkeit politischem Einfluss unterworfen;
zum anderen repräsentiert sie mitunter auch konkrete (nicht notwendig illegi-
time) Eigeninteressen des Rechtsträgers, im Streit um die Hohenzollerent-
schädigung nicht zuletzt fiskalische Interessen des Landes Brandenburg sowie dessen Interesse, ein bestimmtes geschichtspolitisches Selbstverständnis
öffentlich darzustellen. Über die Auswahl und Instruktion der Gutachtenden
hat auch ein Träger öffentlicher Gewalt sanfte Steuerungsinstrumente an der
Hand, die für den Ausgang der Begutachtung nicht von vornherein zu ver-
nachlässigen sind. Gerade aufgrund der zu Tage getretenen Konflikte zwischen Finanzministerium und nachgeordneter Restitutionsverwaltung des
Landes wird das Verwaltungsgericht im vorliegenden Anlassfall hierauf besonders zu achten haben.

---

[103] BVerwGE 150, 1 Rn. 20; Charlotte Kreuter-Kirchhof, in: Klaus Ferdinand Gär-
ditz (Hrsg.), VwGO, 2. Aufl. (2018), § 98 Rn. 35; Heinrich Lang, in: Helge Sodan/
Jan Ziekow (Hrsg.), VwGO, 5. Aufl. (2019), § 98 Rn. 154; Isabel Schübel-Pfister, in:
Eyermann, VwGO, 15. Aufl. (2019), § 98 Rn. 38.

[104] Heinrich Lang, in: Helge Sodan/Jan Ziekow (Hrsg.), VwGO, 5. Aufl. (2019),
§ 98 Rn. 154.

[105] Charlotte Kreuter-Kirchhof, in: Klaus Ferdinand Gärditz (Hrsg.), VwGO,
2. Aufl. (2018), § 98 Rn. 35, 48; Isabel Schübel-Pfister, in: Eyermann, VwGO,
15. Aufl. (2019), § 98 Rn. 38.

[106] Vgl. BVerfGE 70, 251 (267); 99, 300 (315); 107, 218 (237); 114, 258 (288);
119, 247 (260 f.); BVerwG, Urt. vom 14. Mai 2020 – 2 C 13/19, NVwZ 2020, S. 1526
(1528); OVG Rheinland-Pfalz, Beschl. vom 4. März 2013 – 3 A 10105/13, NVwZ-
RR 2013, S. 853 (854).

VI. Winners and Losers?

Nach alledem verbleibt zwischen Geschichtswissenschaft und rechtsanwendenden Institutionen immer eine funktionale Dissonanz, die unschädlich ist, weil unterschiedliche Aufgaben erfüllt werden, die aber zur Vorsicht gemahnt, wenn man Erkenntnisse aus dem einen Bereich in den anderen transferieren möchte. Von historischen Studien kann man Differenziertheiten, Details und fundierte Bewertungen erwarten, die auf Fallentscheidung anhand von Falltatsachen ausgerichtete Verwaltungs- oder Gerichtsverfahren funktional überfordern würden,[107] aber auch gar nicht benötigen.[108] Diskursabhängige historische Forschung lässt sich nicht im Gerichtssaal simulieren. Das bedeutet auch, dass die Kärrnerarbeit, historische Erkenntnis zu sedimentieren und in alltagstaugliches Lehrbuchwissen zu übersetzen, immer Aufgabe der Geschichtswissenschaft bleiben wird, auf deren Leistungen dann rechtsanwendende Institutionen mit ihrem bescheideneren Kognitionshorizont aufsatteln können. Die – hier nicht näher zu vertiefende – Frage, ob der vormalige Kronprinz Wilhelm dem NS-Regime tatsächlich erheblichen Vorschub geleistet hat, ist zwar auch aus rechtlicher Sicht anspruchsvoll, dürfte aber im Vergleich mit wesentlich komplexeren Verfahren, die Verwaltungsgerichte beispielsweise im Umwelt-, Pharma- oder Regulierungsrecht fortwährend zu bewältigen haben, nicht aus dem Raster des Üblichen fallen.

Unabhängig vom Schwierigkeitsgrad der Tatsachenaufklärung liegt ein besonderer Eigenwert für eine freiheitliche Gesellschaft darin, in Rechtsschutzverfahren die Richtigkeitsannahmen des Staates in einem öffentlichen Forum mit konkurrierenden Wahrheitsbehauptungen konfrontieren und in Frage stellen zu können.[109] Auch deshalb lässt sich Rechtsschutz nicht durch geschichtswissenschaftlichen Konsens und erst recht nicht durch geschichtspolitische Moralität ersetzen. Verfahren habe eine prozedurale Eigenlogik, die allen Beteiligten dient, gleich wer am Ende gewinnt und verliert. Die Geschichtswissenschaft wird aus der Hohenzollerndebatte, die eigentlich eine Steilvorlage für wissenschaftliche Differenzierung und Exaktheit hätte sein können, schon jetzt als die große Verliererin hervorgehen, unabhängig davon, wie der Rechtsstreit ausgeht oder ob sich ein Urteil durch einen klugen Kompromiss im Rahmen der Vergleichsverhandlungen noch vermeiden lässt. Lautstarke Teile der Historikerszene haben ihren wissenschaftlichen

---

[107] Ähnlich Barbara Stollberg-Rilinger, Editorial, Der Staat 59 (2020), S. 155 (157).

[108] Klaus Ferdinand Gärditz, Geschichte vor Gericht, FAZ, 24. September 2020, S. 6.

[109] Klaus Ferdinand Gärditz, Die Amtsermittlungspflicht – Auslauf- oder Zukunftsmodell?, in: Verein Deutscher Verwaltungsgerichtstag e. V. (Hrsg.), 19. Deutscher Verwaltungsgerichtstag Darmstadt 2019, 2020, S. 425 (433).

Auftrag als Geschichtspolitik im Schlepptau politischer Macht missverstanden und sich auf das Wagnis eingelassen, Wertungen jenseits der eigenen fachlichen Kompetenzgrenzen zu artikulieren. Das ist trefflich schief gegangen und hat die öffentliche Wahrnehmung des Faches beschädigt, was auch dann noch zu spüren sein wird, wenn die „Hohenzollerndebatte" juristisch – mit welchem Ergebnis auch immer – erledigt und damit seinerseits einer methodischen Historisierung zugänglich ist.

II. Kontroversen

Von Kammerjägern, Klosterforscherinnen und Stubenjakobiner*innen oder: Das Recht der Hohenzollern[1]

Von *Frank-Lothar Kroll*, Chemnitz

I.

Der Streit um die Entschädigungsansprüche der Hohenzollern scheint kein Ende nehmen zu wollen. Dabei geht es noch immer um den seit Jahren bekannten Sachverhalt: die Rückgabe von Raubgut, das die sowjetische Besatzungsmacht beziehungsweise das von ihr installierte kommunistische Willkür- und Gewaltregime in Ost-Berlin ihren rechtmäßigen Eigentümern nach 1945 entwendet hatten. Von den umfänglichen Enteignungsmaßnahmen waren damals in erster Linie das industrielle Großbürgertum und die grundbesitzende Aristokratie betroffen. Neben Hunderten von privaten Unternehmen und Betrieben fielen die Besitzungen sämtlicher auf dem Gebiet der späteren DDR bis zum November 1918 regierenden deutschen Fürstenhäuser diesem Raubzug zum Opfer, unter ihnen Herrscherfamilien von einstmals europäischem Rang.[2]

Im konkreten Fall der Hohenzollern geht es dabei nicht etwa – wie von heutigen Enteignungsapologeten vielfach vorgebracht und von einer empörungswilligen deutschen Öffentlichkeit eilfertig nachgesprochen wird – um ehemals preußischen Staatsbesitz.[3] Vielmehr hatte der republikanisch verfasste und demokratisch regierte Freistaat Preußen dem ehemaligen preu-

---

[1] Dieser Beitrag bietet eine erheblich erweiterte und durch einen Anmerkungsapparat ergänzte Fassung zweier thematisch verwandter, 2020 erschienener Artikel des Verfassers; vgl. Frank-Lothar Kroll: Das Recht der Hohenzollern – Bilanz und Perspektive. In: Deutsches Adelsblatt 59/4 (April 2020), S. 6–11; ders.: Das Recht der Hohenzollern. In: Frankfurter Allgemeine Zeitung vom 20. Oktober 2020, S. 6.

[2] Für den Zusammenhang vgl. den Beitrag des niedersächsischen Ministers für Wissenschaft und Kultur Björn Thümler in diesem Band, S. 347–367.

[3] Zur frühen Diskussion vgl. allgemein und kritisch Constantin Goschler: Prinzen, Bürger und Preußen. Die Eigentumsfrage in Ostdeutschland und die Entschädigungsforderungen der Hohenzollern. In: Zeitschrift für Geschichtswissenschaft 68 (2020), S. 322–336; ebenso Andreas Kilb: Eine ganz normale Kaiserfamilie. In: Frankfurter Allgemeine Zeitung vom 24. Juli 2020, S. 5.

ßisch-deutschen Herrscherhaus Ende Oktober 1926 eine Reihe kleinerer Schlösser und Ländereien als Privateigentum per Gesetz zugesprochen[4] – darunter Schloss Cecilienhof in Potsdam und das der Öffentlichkeit als Museum zugänglich gemachte Schloss Rheinsberg. Nach dem Kollaps der SED-Diktatur ermöglichte ein 1994 verabschiedetes Ausgleichsleistungsgesetz[5] Restitutionen des zu Unrecht geraubten Privateigentums, in einer verglichen mit dem tatsächlichen Wert der in Rede stehenden Güter allerdings nur sehr geringen Größenordnung von maximal vier Prozent. Ausdrücklich ausgeschlossen von Restitutionsleistungen jeglicher Art blieben lediglich jene Aspiranten, die dem nationalsozialistischen (und dem im Osten nachfolgenden kommunistischen) Herrschaftssystem „erheblichen Vorschub" geleistet hatten.

Dass der juristisch alles andere als eindeutig fassbare Begriff der „erheblichen Vorschubleistung" keine glückliche Handhabe zur Regelung strittiger Fälle zu bieten vermag und im Grunde einer Neufassung bedürfte, liegt mittlerweile deutlich zutage. Präzisere Kriterien – etwa der Nachweis von Kriegsverbrechen oder anderer Untaten nationalsozialistischer oder kommunistischer Provenienz – wären da weitaus hilfreicher gewesen. Doch auch in der derzeit aktuellen Formulierung legt die Betonung des Adjektivs „erheblich" nahe, dass hier nicht an irgendeine beiläufig erfolgte Zuträgerschaft zu Gunsten der Nationalsozialisten gedacht ist, sondern an eine nachhaltige, dauerhafte und gewichtige Unterstützung des NS-Regimes. Zudem sollte im Interesse historischer Korrektheit sorgfältig unterschieden werden zwischen einer „Vorschubleistung" im Rahmen des Machtantritts Hitlers – also seiner Ernennung zum Reichskanzler einer Koalitionsregierung der Weimarer Republik am 30. Januar 1933 durch den Reichspräsidenten Paul von Hindenburg – einerseits und aktiver Mitwirkung an der Errichtung einer Einparteidiktatur andererseits, wie sie in den folgenden Wochen und Monaten von den Nationalsozialisten und ihren willfährigen Unterstützern betrieben wurde.[6]

II.

Das Haus Hohenzollern hat sich nach der deutschen Vereinigung, wie zahlreiche andere Antragsteller aus Ost und West, ebenfalls zur Inanspruch-

---

[4] Dazu den Beitrag von Peter Brandt und Lothar Machtan in diesem Band, S. 113–120.

[5] Vorgesehen waren und sind in diesem Gesetz lediglich Ausgleichsleistungen für den jeweils enteigneten Personenkreis. Eine komplette Rückgabe des konfiszierten Grundeigentums war und ist hingegen ausgeschlossen.

[6] Dazu den Beitrag von Christian Hillgruber und Philipp Bender in diesem Band, S. 35–61.

nahme entsprechender Ausgleichsleistungen entschlossen. Dabei ging und geht es nicht etwa um außergewöhnlich hohe Finanzbeträge. Dem Haus Hohenzollern steht eine in Relation zum tatsächlichen Wert der enteigneten Besitzungen eher geringfügige Ausgleichszahlung für Immobilien zu. Die in vermeintlichem Allgemeinbesitz befindlichen Museumsstücke sollen keineswegs der Öffentlichkeit entzogen werden – wobei der quantitativ größte Teil der betreffenden Objekte ohnehin in Depots aufbewahrt wird und dort ein beklagenswertes Schattendasein fristet. Für die Präsentation seiner Dauerleihgaben in den Berliner und Potsdamer Museen geht es dem Haus Hohenzollern vor allem um die Klärung strittiger Eigentumsfragen und um das Recht einer angemessenen Mitsprache- und Mitwirkungsmöglichkeit, wie sie im internationalen Museumswesen bei objektbezogenen Leihgaben seit langem allgemein üblich ist.

Durch publikumswirksame Indiskretionen selbsternannter Aufklärer sind die seit 2013 darüber mit Vertretern der Bundesregierung und der Länder Berlin und Brandenburg geführten, auf einen wechselseitig zufriedenstellenden Vergleich zielenden Verhandlungen ins Rampenlicht der Öffentlichkeit getreten und seitdem zu einem von heftiger Polemik begleiteten Debattengegenstand avanciert. Mittlerweile hat sich diese Debatte von einem Austausch über Argumente pro oder contra tatsächlicher oder vermeintlicher Verwicklungen der Hohenzollerndynastie in den Prozess der nationalsozialistischen Machtergreifung auf geschichtspolitische Grundsatzfragen verlagert und immer stärker das Potenzial für einen handfesten Historikerstreit entwickelt.

Neu sind die mit alledem verbundenen Diskussionen keineswegs. Von England aus führen zwei deutsche Historiker – die Stubenjakobiner*innen Stephan Malinowski und Karina Urbach – eine regelrechte Kampagne – mit dem Ziel, die Affinität der deutschen (und teilweise sogar der britischen) Aristokratie zum Nationalsozialismus zu entlarven. Sie können sich dabei des Beifalls großer Teile einer in moralischer Aufladung historischer Debatten geübten Öffentlichkeit sicher sein.[7] In ihren bisher vorgelegten Schriften[8] stand das Haus Hohenzollern nicht unbedingt im Mittelpunkt des Erkenntnisinteresses. Malinowski hat dazu ein weiteres Enthüllungsbuch, sein

---

[7] Vgl. z. B. die Stellungnahme des Bundestagsabgeordneten und kulturpolitischen Sprechers der Partei Bündnis 90/Die Grünen Erhard Grundl: Würde, Anspruch und Anmaßung. Im Hohenzollern-Streit hat die Unwürdigkeitsklausel besonderes Gewicht. In: Frankfurter Allgemeine Zeitung vom 29. September 2020, S. 11.

[8] Stephan Malinowski: Vom König zum Führer. Sozialer Niedergang und politische Radikalisierung im deutschen Adel zwischen Kaiserreich und NS-Staat. Berlin 2003; Karina Urbach: Hitlers heimliche Helfer. Der Adel im Dienst der Macht. Darmstadt 2019, bes. S. 204–281.

zweites und einziges nach fast zwanzig Jahren akademischen Wirkens, angekündigt.[9] Urbach – zuletzt prominent hervorgetreten mit einem anonym veröffentlichten Spionagekrimi[10] und einer Publikation zum Kochbuch ihrer Großmutter[11] – hat sich vor allem der seit langem bekannten NS-Karriere des Herzogs Carl Eduard von Sachsen-Coburg und Gotha (1884–1954) gewidmet – leider ohne den erforderlichen Hinweis darauf, dass der Coburger Herzog der Einzige von allen immerhin zwanzig im November 1918 entthronten deutschen Bundesfürsten gewesen ist, der sich vorbehaltlos dem Nationalsozialismus angedient hat. Urbachs jüngste Bekundungen zur Hohenzollerndebatte offenbaren leider eine gewisse Unkenntnis der historischen Kontexte.[12]

Verantwortlich für die jüngsten Zuspitzungen des Debattentons und für die Fokussierung auf den preußisch-deutschen Kronprinzen Wilhelm (1882–1951) sind indes die in Düsseldorf lehrende Mediävistin Eva Schlotheuber und der mittelhessische Mainstreamhistoriker Eckart Conze. Schlotheuber, die sich in ihren drei bisher vorgelegten selbstständigen Buchveröffentlichungen ausschließlich mit mittelalterlicher Klostergeschichte beschäftigt hat,[13] behauptet in Interviews, Leserbriefen und Artikeln[14] apodiktisch, es gebe einen eindeutigen Erkenntnis- und Forschungsstand zur „Causa Hohenzollern". Pikant ist daran der Umstand, dass sie diese Meinung nicht als Expertin vertritt, die sie als mittelalterliche Klosterforscherin in dieser Frage nicht ist, sondern ausdrücklich in ihrer Funktion als Vorsitzende des Verbandes der Historiker und Historikerinnen Deutschlands. Dazu ist sie weder

---

[9] Stephan Malinowski: Die Hohenzollern und die Nazis. Geschichte einer Kollaboration. Berlin 2021.

[10] Hannah Coler [d. i.: Karina Urbach]: Cambridge 5 – Zeit der Verräter. München 2017.

[11] Karina Urbach: Das Buch Alice. Wie die Nazis das Kochbuch meiner Großmutter raubten. Berlin 2020.

[12] Das betrifft vor allem die Äußerungen Urbachs in einem seitens der Bundestagsfraktion von Bündnis 90/Die Grünen am 3. Februar 2021 veranstalteten „Online-Fachgespräch", URL: https://www.gruene-bundestag.de/termine/keine-sonderrechte-fuer-den-adel; dazu direkt die Richtigstellungen im Beitrag von Ulrich Schlie und Thomas Weber in diesem Band, S.13–33.

[13] Eva Schlotheuber: Die Franziskaner in Göttingen. Die Geschichte des Klosters und seiner Bibliothek. Werl 1996; dies.: Klostereintritt und Bildung. Die Lebenswelt der Nonnen im späten Mittelalter. Mit einer Edition des „Konventstagebuchs" einer Zisterzienserin von Heilig-Kreuz bei Braunschweig (1484–1507). Tübingen 2004; dies.: „Gelehrte Bräute Christi". Geistliche Frauen in der mittelalterlichen Gesellschaft. Tübingen 2018.

[14] Vgl. z.B. Eva Schlotheuber/Eckart Conze: Die Ehre der Familie. In: Frankfurter Allgemeine Zeitung vom 9. September 2020, S. 20, und Eva Schlotheuber: „Die Quellenlage ist bedrückend eindeutig". Interview mit Anne Haering. In: Der Spiegel (online) vom 22. September 2020.

durch ein Mitgliedervotum legitimiert noch durch fachliche Expertise ausgewiesen. Der Historikerverband besitzt zudem kein politisches Mandat. Es ist nicht seine Aufgabe, in einen laufenden Rechtsstreit einzugreifen und dabei in der Person seiner Vorsitzenden ein allein als „richtig" ausgegebenes Interpretationsmodell für einen wissenschaftlich keineswegs eindeutig geklärten historischen Sachverhalt zu verordnen. Einen ersten Gipfel solch angemaßter Deutungshoheit bildeten Schlotheubers Offene Briefe an die zuständigen Regierungsmitglieder des Bundes und des Landes Brandenburg,[15] in denen sie unter Bezug auf einen nachweislich nicht vorhandenen „Konsens im Fach" dazu aufrief, von einer gütlichen Einigung abzusehen und das juristische Verfahren zu Ende zu führen.

Mitunterzeichner der Briefe war Conze, ebensowenig wie seine klosterforschende Kollegin durch eine ernstzunehmende fachliche Expertise zur Geschichte der Hohenzollern ausgewiesen. Gemeinsam mit Schlotheuber beschuldigte Conze den gegenwärtigen Chef des Hauses Hohenzollern, Georg Friedrich Prinz von Preußen (geboren 1976), dieser wolle eine offene Debatte über die mögliche Affinität seiner Familie zum Nationalsozialismus durch willkürliche Gewährung von Akteneinsicht verhindern und durch juristisches Vorgehen gegen erwiesene Falschaussagen einzelner Historiker die ganze Zunft angreifen, um so die Meinungsbildung zu kanalisieren und die öffentliche Diskussion über die Entschädigungsfrage zu unterbinden. Ein unter anderem von Schlotheuber und Conze am 15. Juni 2021 als offizielle Unternehmung des Historikerverbandes veranstalteter „Website-Launch" zielte dann noch einmal in die gleiche Richtung und empörte sich über „Die Klagen der Hohenzollern" und die „einschüchternde Wirkung, die von einem juristischen Vorgehen ausgehen kann".[16]

Niemand – am allerwenigsten der gegenwärtige Chef des Hauses Hohenzollern – bestreitet die von Schlotheuber eingeforderte Notwendigkeit, „einen grundlegenden demokratischen Selbstverständigungsdiskurs" über die strittigen Restitutionsfragen zu führen.[17] Verbirgt sich hinter solch raunenden Forderungen gar der Vorwurf, die Mitglieder der Familie Hohenzollern würden sich auch heute noch gegen öffentliche Aushandlungsprozesse in einem demokratischen Rechtsstaat sperren? Mit ebenso erstaunlicher wie bezeich-

---

[15] Vgl. Reinhard Müller: Historikerbrief an Politiker. In: Frankfurter Allgemeine Zeitung vom 2. Oktober 2020, S. 7.

[16] Pressemitteilung des Verbandes der Historiker und Historikerinnen Deutschlands: Die Klagen der Hohenzollern – eine Dokumentation. Website Launch, URL: https://www.historikerverband.de/verband/veranstaltungen/die-klagen-der-hohenzollern-eine-dokumentation.html.

[17] So Eva Schlotheuber in einem ohne Namensnennung des Gesprächspartners geführten Interview. In: VHD Journal, Juli 2021, S. 53.

nender Schnelligkeit ist diese schiefe Sichtweise von zahlreichen deutschen Leitmedien übernommen worden,[18] ohne dass man sie zuvor auf ihre Validität überprüft hat.[19]

Unabhängig davon, dass das inkriminierte Vorgehen des Hauses Hohenzollern taktisch ungeschickt und politisch zweifellos unklug gewesen ist,[20] offenbaren Schlotheuber und Conze mit ihren Lamentos über vorgebliche juristische Einschüchterungsversuche[21] ein – gelinde gesagt – eigenartiges Verständnis von rechtstaatlichen Verfahrenswegen in einer Demokratie. Jeder Bürger der Bundesrepublik – auch wenn er Mitglied einer ehemals regierenden königlichen Familie ist – hat selbstverständlich das Recht, sich juristisch gegen Falschaussagen zu wehren, wenn sie von der hohen Warte akademischen Fachgelehrtentums aus getätigt werden. Hier wird der Angegriffene zum Angreifer degradiert und im Gestus larmoyanter Selbstbemitleidung ein Opfernarrativ konstruiert, dabei jedoch in der Regel geflissentlich verschwiegen, dass die Gerichte in der überwiegenden Zahl der Fälle – auch Aussagen der klosterforschenden Verbandsvorsitzenden betreffend – dem Chef des Hauses Hohenzollern Recht gegeben haben.

III.

Ähnlich verhält es sich mit dem von Conze und Urbach[22] erhobenen Vorwurf, das Haus Hohenzollern gewähre keine oder nur eine sehr selektive Einsichtnahme in die umfangreichen Aktenbestände des privaten Familienarchivs auf der Burg Hohenzollern. Wer dieses Archiv kennt – Conze und Urbach kennen es nicht und haben sich anscheinend auch niemals darum bemüht, es kennenzulernen oder Einsicht in seine Materialien zu erhalten –, der weiß, dass nicht etwa böser Wille, sondern allein die mangelnde archivarische Infrastruktur dafür verantwortlich ist, dass ein Archivbesuch jeweils nur einer begrenzten Anzahl von Nutzern möglich ist. Es gibt dort zwar einen Benutzerraum und durchaus geeignete Aufenthaltsmöglichkeiten. Doch sind bisher nur etwa 40 Prozent der Bestände in einem Findbuch verzeichnet. Die fehlende Auflistung der restlichen Materialien erschwert es jedem von Außen

---

[18] Jüngstes Beispiel bei Klaus Wiegrefe: Der Kronprinz und der liebe „Don Adolfo". In: der Spiegel 32/2021, S. 32–33, und Andreas Kilb: Alle einig gegen Preussen. In: Frankfurter Allgemeine Zeitung (online) vom 3. Februar 2021.

[19] Dazu das Interview mit Lothar Machtan in diesem Band, S. 407–416.

[20] Dazu den Beitrag von Uwe Walter in diesem Band, S. 121–130.

[21] Eva Schlotheuber: „Das ist schon eine ziemliche Drohkulisse". Interview mit Nicole Dittmer. In: Deutschlandfunk Kultur (online) vom 9. September 2020.

[22] Vgl. Andreas Kilb: Ein Streit um Preußens Bart. In: Frankfurter Allgemeinen Zeitung vom 25. Januar 2020, S. 9.

kommenden Interessenten, sinnvolle Forschungsarbeit vor Ort zu leisten. Trotzdem steht das Hohenzollern-Archiv der öffentlichen Nutzung zur Verfügung. Dass diese durchaus möglich ist, hat jüngst Lothar Machtan bewiesen. Seine soeben erschienene, ebenso kritische wie erfreulich ausgewogene Biografie des Kronprinzen Wilhelm wurde nicht zuletzt aus Hechinger Beständen gefertigt.[23]

Im Übrigen steht es jedem privaten Nachlassgeber frei, sich die Zustimmung zur Nutzung persönlicher Familienpapiere jederzeit vorzubehalten. Derlei archivarische Grundregeln lernt jeder Geschichtsstudent bekanntlich bereits im ersten Studiensemester. Mit dem Allerweltsargument mangelhaft gewährten Aktenzugangs hatte sich Conze schon einmal, nämlich gegenüber der nur allzu berechtigten fachwissenschaftlichen Kritik an den zahlreichen Mängeln und Unausgewogenheiten der von ihm mitverantworteten und sogleich heftig umstrittenen, 2004 veröffentlichten Studie zu den NS-Verstrickungen des Auswärtigen Amts, aus der Affäre zu ziehen versucht.[24] Nun streben er, Schlotheuber und ihre zahlreichen Claquere in einer Art historiographischem Salto mortale danach, den bisher vorherrschenden geschichtswissenschaftlich begründeten Forschungskonsens über die relative Unerheblichkeit der Hohenzollern für Hitlers Machtergreifung in einen geschichtsideologisch motivierten Meinungskonsens über deren Erheblichkeit umzudeuten.

IV.

Kompliziert, kontrovers und vielschichtig ist die historische Gemengelage allemal – das bestätigen nicht nur die Stellungnahmen und Wortmeldungen thematisch ausgewiesener Historiker, wie etwa Michael Wolffsohn,[25] Hans-Christof Kraus,[26] Benjamin Hasselhorn,[27] André Postert,[28] Dieter Langewie-

---

[23] Lothar Machtan: Der Kronprinz und die Nazis. Hohenzollerns blinder Fleck. Berlin 2021. – Momentan laufen Gespräche zwischen dem Haus Hohenzollern und Vertretern der Stiftung Preußischer Kulturbesitz, die auf eine komplette Übernahme der Hechinger Materialien in die Bestände des Geheimen Staatsarchiv Preußischer Kulturbesitz, Berlin-Dahlem zielen.

[24] Eckart Conze u. a.: Das Amt und die Vergangenheit. Deutsche Diplomaten im Dritten Reich und in der Bundesrepublik. München 2010; die umfassendste und fundierteste Kritik stammt von Daniel Koerfer: Diplomatenjagd. Joschka Fischer, seine Unabhängige Historikerkommission und Das AMT. Mit einem Essay von Alfred Grosser. Potsdam 2013.

[25] Michael Wolffsohn: Hohenzollernstreit. Deutschlands Verweigerungshaltung ist ein Skandal. In: Neue Züricher Zeitung (online) vom 8. März 2021.

[26] Hans-Christof Kraus: Das erklärte Feindbild der NSDAP waren auch die Hohenzollern. In: Neue Züricher Zeitung vom 7. Februar 2020, S. 21; vgl. bereits ders.:

sche[29] oder Richard Evans[30] –, sondern auch die Ergebnisse jener öffentlichen Anhörung, die der Bundestagsausschuss für Kultur und Medien im Januar 2020 zur „Vorschubleistungsfrage" veranstaltet hatte.[31] Es ist ebenso bezeichnend wie methodisch unseriös, dass von den vier erbittertsten geschichtspolitischen Gegnern jeglicher Restitutionsleistungen an das Haus Hohenzollern – Schlotheuber, Conze, Malinowski, Urbach – zwar immer wieder alle möglichen Argumente für Vorschubleistungen des Kronprinzen aufgeboten, dabei jedoch kaum jene Umstände erwähnt werden, die dagegen sprechen; noch weniger kommen entlastende Argumente zur Sprache, die sich im Blick auf die Mitglieder der ehemals preußischen Königs- und deutschen Kaiserfamilie in ihrer Gesamtheit zweifellos anbieten.

Denn das Haus Hohenzollern war, wie die deutsche Gesellschaft insgesamt, in seiner Stellung gegenüber Hitler zutiefst gespalten. Zwei der fünf noch lebenden Söhne Kaiser Wilhelms II., Prinz Eitel Friedrich (1883–1942) und Prinz Oskar (1888–1858), galten als Gegner des Nationalsozialismus und fielen schon lange vor 1933 bei den braunen Gesellen in Ungnade.[32] Der drittälteste Kaisersohn, Prinz Adalbert (1884–1948), lebte seit 1928 zurückgezogen in der Schweiz und nahm keinen Anteil am deutschen politischen Leben. Hingegen engagierte sich sein jüngerer Bruder Prinz August Wilhelm (1887–1949) seit 1931 in der SA, diente der NSDAP im Entscheidungsjahr 1932/33 als Wahlredner und hochadliges Aushängeschild, wurde dann aber

---

In der Begriffsnacht bequem gemacht. In: Frankfurter Allgemeine Zeitung vom 4. Dezember 2021, S. 20.

[27] Benjamin Hasselhorn: Und ewig grüßt der Sonderweg. In: Cicero (online) vom 30. Juli 2019; ders.: Wenn es um den Adel geht, scheint es in Deutschland keine Hemmungen zu geben. In: Neue Züricher Zeitung vom 11. Dezember 2019.

[28] André Postert: Geschichte vor Gericht. In: Cicero (online) vom 17. September 2020.

[29] Dieter Langewiesche: „Diese Gruppen stehen ja nicht hinter dem, was das Kaiserreich sein wollte. Sie verwenden also ein falsches Symbol". In: Neue Züricher Zeitung vom 4. Oktober 2020.

[30] Richard Evans: Das Gewissen eines Gutachters. Zur Debatte um die Hohenzollern und den Nationalsozialismus. In: Frankfurter Allgemeine Zeitung vom 10. Dezember 2019, S. 12; ders.: The German history wars. In: New Statesman, 14–20 May 2021, S. 33–37.

[31] https://www.bundestag.de/dokumente/textarchiv/2020/kw05-pa-kultur-hohenzollern-677910.

[32] Dazu als erste vorläufige Bilanz Jörg Kirschstein: KaiserKinder. Die Familie Wilhelms II. in Fotografien. Göttingen 2011. Eine wissenschaftlich verantwortbare und quellenbezogene neuere Analyse zu dieser Thematik fehlt; vgl. weiterhin die mehrfach wiederaufgelegte ältere Studie von Friedrich Wilhelm Prinz von Preußen: „Gott helfe unserem Vaterland". Das Haus Hohenzollern 1918–1945 (1985). 2., durchgesehene und erweiterte Neuauflage München 2003; 3. Aufl. München 2021.

nach Hitlers Machtübernahme zunehmend kaltgestellt und 1942 mit einem Redeverbot belegt.[33]

Und Kronprinz Wilhelm, bis 1918 preußisch-deutscher Thronfolger? Auf ihn und die mögliche Vorschubleistung seines Handelns bei der Errichtung und dauerhaften Festigung des nationalsozialistischen Unrechtsregimes hat sich die aktuelle Hohenzollerndebatte vornehmlich fokussiert. Diese Engführung mag juristisch begründet sein, ist jedoch aus historischer Perspektive insofern fragwürdig, als nicht er selbst, sondern der seit 1918 im niederländischen Exil lebende Ex-Kaiser Wilhelm II. bis zu seinem Tod 1941 Chef des Hauses und Eigentümer des Hausvermögens blieb. Wilhelm II. hat nach seinem Sturz niemals wieder deutschen Boden betreten, sodass in seinem Fall eine „erhebliche Vorschubleistung" für die nationalsozialistische Machtergreifung ausgeschlossen ist. Da sich die Bestimmungen des Ausgleichsleistungsgesetzes von 1994 jedoch nur auf das möglicherweise Vorschub leistende Verhalten der 1945 von den Sowjets namentlich enteigneten Personen beziehen, geht es in der aktuellen Diskussion konkret um den ältesten Kaisersohn – den Kronprinzen.

Seine Haltung war in dieser Frage tatsächlich ambivalent. Einerseits biederte er sich in den letzten Monaten der Weimarer Republik den zur Macht strebenden Nationalsozialisten an. Er unterstütze 1932 im zweiten Wahlgang zur Reichspräsidentenwahl öffentlich den NSDAP-Kandidaten Adolf Hitler gegen den amtierenden Amtsinhaber und Hohenzollerngegner Paul von Hindenburg,[34] kritisierte die Aufhebung des SA- und SS-Verbotes durch den Reichswehrminister Wilhelm Groener im April 1932 und spielte durch seine Teilnahme am „Tag von Potsdam" im März 1933 als Statist eine Nebenrolle, die im Sinne einer symbolischen Versöhnung zwischen altpreußischer „Tradition" und nationalsozialistischer „Revolution" interpretiert worden ist.[35] Ob dieses letztlich doch eher randständige Engagement der Etablierung der

---

[33] Vgl. die Biographie von Lothar Machtan: Der Kaisersohn bei Hitler. Hamburg 2006.

[34] Aufschlussreich noch immer Wolfgang Stribrny: Der Versuch einer Kandidatur des Kronprinzen Wilhelm bei der Reichspräsidentenwahl 1932. In: Ernst Heinen/ Hans Julius Schoeps (Hrsg.): Geschichte in der Gegenwart. Festschrift für Kurt Kluxen zu seinem 60. Geburtstag. Paderborn 1972, S. 199–210.

[35] Dazu jetzt sehr differenziert Lars Lüdicke: Inszenierung und Instrumentalisierung. Der „Tag von Potsdam". In: Michael G. Bienert/Lars Lüdicke (Hrsg.): Preußen zwischen Demokratie und Diktatur. Der Freistaat, das Ende der Weimarer Republik und die Errichtung der NS-Herrschaft, 1932–1934. Berlin 2018, S. 241–270; für den Zusammenhang Frank-Lothar Kroll: „Preußische Tugenden" – Eine Maske für den totalitären Staat? In: Daniel E. D. Müller/Christoph Studt (Hrsg.): Vom bürgerlichen Humanismus zum „Herrenmenschentum". Die Transformation moralischer Werte als Ausgangspunkt für den Widerstand im „Dritten Reich". Tagungsband zur XXXII. Königswinterer Tagung. Augsburg 2021, S. 61–70.

nationalsozialistischen Diktatur nachweislich einen „erheblichen Vorschub" geleistet hat, dürfte sich historiographisch kaum mehr verifizieren lassen.

Eindeutig nachgewiesen sind hingegen neuerdings[36] jene kronprinzlichen Aktivitäten, die auf eine Unterstützung des letzten vor Hitler amtierenden und 1934 von der SS ermordeten Reichskanzlers Kurt von Schleicher abzielten. Schleicher wollte die braune Machtergreifung durch Bildung einer „Querfront" aus rechten Sozialdemokraten und linken Nationalsozialisten unter maßgeblicher Beteiligung der Reichswehr und der Gewerkschaften verhindern. Zudem pflegte der Kronprinz seit Ende der 1930er Jahre verstärkt Kontakte zu prominenten Hitlergegnern und (späteren) Repräsentanten des deutschen Widerstands. Mit Generaloberst Ludwig Beck, dem unumstrittenen militärischen Kopf der Verschwörer, stand er bis unmittelbar zum 20. Juli 1944 in persönlichem Austausch. Der Sohn des Kronprinzen schließlich, Prinz Louis Ferdinand von Preußen (1907–1994) – seit dem Tod seines älteren Bruders, des Prinzen Wilhelm (1906–1940) nach einem Kampfeinsatz im Frankreichfeldzug präsumtiver Nachfolger seines Vaters –, verkehrte schon früh in Kreisen der am Attentat auf Hitler Beteiligten.[37] Vor allem bei den bürgerlich-konservativen Honoratioren der Verschwörergruppe – Johannes Popitz, Ulrich von Hassell und Carl Friedrich Goerdeler – war er als mögliches deutsches Staatsoberhaupt für den Fall einer geglückten Beseitigung des Tyrannen im Gespräch.

Wie will man ein derart vielschichtiges Erscheinungsbild in der Rückschau auf einen gemeinsamen Nenner bringen? Es gibt ihn nicht. Wollte man ihn im Sinne Conzes, Schlotheubers, Malinowskis und Urbachs dennoch konstruieren, so würden weitaus eher als alle hohenzollernschen Familienmitglieder zusammengenommen zahlreiche prominente Gründerväter der westdeutschen Nachkriegsdemokratie als „erheblichen Vorschub" leistende Wegbereiter des Nationalsozialismus zu gelten haben – von Theodor Heuss und Adam Stegerwald bis zu Ernst Lemmer und Reinhold Maier. Denn sie alle votierten als Reichstagsabgeordnete am 24. März 1933 für die Annahme des von den Nationalsozialisten eingebrachten „Ermächtigungsgesetzes", dessen

---

36 Dazu jetzt maßgeblich Wolfram Pyta/Rainer Orth: Nicht alternativlos. Wie ein Reichskanzler Hitler hätte verhindert werden können. In: Historische Zeitschrift 312 (2021), S. 400–444.

37 Dazu den Beitrag von Rüdiger von Voss in diesem Band, S. 209–228; vgl. ferner den Memoirenband von Prinz Louis Ferdinand: Die Geschichte meines Lebens. Göttingen 1968, S. 288–308. – Eine aus den Quellen gearbeitete Rekonstruktion der Beziehungen des Prinzen Louis Ferdinand (wie übrigens auch des Kronprinzen Wilhelm und anderer Familienmitglieder) zum Kreis der ausgewiesenen Gegner des NS-Regimes bildet ein wichtiges Desiderat der historischen Forschung und wird derzeit am Chemnitzer Lehrstuhl des Verfassers vorbereitet.

Bestimmungen die Gewaltenteilung und die Verantwortlichkeit der Reichsregierung gegenüber der parlamentarischen Vertretung der Nation beseitigten.

Dem preußisch-deutschen Kronprinzen hingegen standen derartig weitreichende Handlungsoptionen niemals zur Verfügung.[38] Er bekleidete weder ein relevantes politisches Amt noch besaß er eine einflussreiche gesellschaftliche Stellung, von der aus er Hitlers Machtantritt aktiv hätte befördern oder verhindern können. Kronprinz Wilhelm war an keiner einzigen der zahlreichen Verhandlungen direkt beteiligt, die Ende Januar 1933 zu Hitlers Kanzlerschaft führten, und es ist sehr zweifelhaft, ob seine erwähnten öffentlichen Bekundungen zu Gunsten der NSDAP 1932/33 tatsächlich „erheblich" dazu beigetragen haben, größere Bevölkerungsgruppen dem Nationalsozialismus zuzuführen – im Blick auf die katholische Wählerschaft der Bayerischen Volkspartei und der Deutschen Zentrumspartei dürften sie wohl eher das Gegenteil bewirkt haben.[39] Und von den über 17 Millionen Deutschen – immerhin fast 44 Prozent aller Stimmberechtigten –, die bei der Reichstagswahl am 5. März 1933 durch ihr Votum für die NSDAP dem Nationalsozialismus tatsächlich „erheblichen Vorschub" leisteten, dürften die allermeisten ihre Entscheidung auch dann getroffen haben, wenn der preußisch-deutsche Kronprinz sich politisch überhaupt nicht betätigt hätte.[40]

Und das in diesem Zusammenhang immer wieder zu Lasten des Kronprinzen namhaft gemachte „symbolische Kapital", das er bei seinen Auftritten vor nationalen Verbänden angeblich zugunsten des Nationalsozialismus in die Waagschalen seiner Zuhörer zu legen vermochte? Es besaß – wie überhaupt das vom Haus Hohenzollern nach 1918 ausgehende Charisma – einen letztlich doch nur sehr geringen Wert.[41] Der Kronprinz galt, schon in den Jahrzehnten seiner staatspolitisch verantwortlichen Zeit vor 1918, infolge seiner als lax empfundenen Lebenseinstellung bei großen Teilen der deutschen Bevölkerung als ein Mann von minderer Reputation.[42] Monarchisti-

---

[38] Dazu jetzt sehr gut L. Machtan: Der Kronprinz (wie Anm. 24) bes. S. 163–169; eine Gegenmeinung vertreten hier die Juristen Sophie Schönberger: Wiedergänger: Die Entschädigungsforderungen der Hohenzollern zwischen Geschichte, Recht und politischer Gestaltung. In: Zeitschrift für Geschichtswissenschaft 68 (2020), S. 337–347, und Heinz Holzhauer: Der Vorschub des Kronprinzen. In: Die Öffentliche Verwaltung 2021/1, S. 24–32.

[39] Dazu erneut den Beitrag von Christian Hillgruber und Philipp Bender in diesem Band, S. 35–61.

[40] Dazu den Beitrag von André Postert in diesem Band, S. 143–164. – Insofern ist die zuletzt von Hedwig Richter: Demokratie. Eine deutsche Affäre. München 2020, vertretene Auffassung, dass für die Etablierung der nationalsozialistischen Diktatur strukturell *auch* die Weimarer Demokratie mitverantwortlich gewesen ist, durchaus erwägenswert.

[41] Dazu den Beitrag von Benjamin Hasselhorn in diesem Band, S. 175–207.

[42] Dazu den Beitrag von Hans-Christof Kraus in diesem Band, S. 165–174.

sche Kreise setzten ihre Restaurationshoffnungen denn auch weniger auf ihn
als vielmehr auf seine beiden Söhne, den Prinzen Wilhelm und, nach dessen
Kriegstod im Frankreich-Feldzug 1940, auf dessen jüngeren Bruder, den
Prinzen Louis Ferdinand. Die kronprinzlichen Anbiederungsversuche an die
Nationalsozialisten wiederum waren nicht etwa Ausdruck einer nahtlosen
Übereinstimmung mit deren rassistischen, antisemitischen und expansionisti-
schen Zielsetzungen oder gar des Wunsches nach Etablierung eines totalitären Unrechtsstaates.[43] Sie speisten sich vielmehr aus der allerdings vollkommen illusionären Erwartung, eine Reichskanzlerschaft Adolf Hitlers werde
den Hohenzollern den Thron zurückbringen. War dann die Wiedereinführung
einer konstitutionellen Monarchie mit Hilfe der braunen Gesellen erst einmal
erreicht, so sah sich der Kronprinz in der Rolle des Statthalters „einer kaiserlichen Diktatur auf Basis der Volksmassen".[44] Hitler hingegen hasste alles
Aristokratische und mit ihm die Monarchie als Staatsform.[45] Seine wüsten
Ausfälle gegen zahlreiche deutsche Herrscherhäuser und gegen zeitgenössische Könige Europas – allen voran Viktor Emanuel III. von Italien (1869–
1947) und Mihai I. von Rumänien (1921–2017)[46] – sprechen für sich.

---

[43] Die beiden wichtigsten und weitverbreitetsten Memoirenbände des Kronprinzen
geben über seine intellektuelle und weltanschauliche Prägung kaum brauchbare Informationen; vgl. Erinnerungen des Kronprinzen Wilhelm. Aus den Aufzeichnungen,
Dokumenten, Tagebüchern und Gesprächen. Hrsg. von Karl Rosner. Stuttgart/Berlin
1922; Wilhelm, Kronprinz: Ich suche die Wahrheit! Ein Buch zur Kriegsschuldfrage.
Stuttgart/Berlin 1925.

[44] So treffend Jacco Pekelder/Joep Schenk/Cornelis van der Bas: Der Kaiser und
das „Dritte Reich". Die Hohenzollern zwischen Restauration und Nationalsozialismus. Göttingen 2021, S. 60.

[45] Vgl. z. B. Adolf Hitler: Monologe im Führerhauptquartier 1941–1944. Die Aufzeichnungen Heinrich Heims. Hrsg. von Werner Jochmann. Hamburg 1980, S. 133 f.
(„Die Monarchie ist eine überlebte Form"; die fürstlichen Familien „waren ja gar
keine Deutschen"), S. 389 ff. („Die Fürsten sind Zuchtergebnisse, die einmalig sind in
bezug auf Dummheit, eine Rassenauslese nach rückwärts. […] Das liebe Vieh wird
dauernd höher gezüchtet, hier hat man das letzte Produkt einer verkehrten Auslese.
Auch bei den Hohenzollern hat jeder irgendeinen Schuß […]. Man müßte sämtlichen
Prinzessinnen zur Pflicht machen, daß sie nur mit Pferdeburschen und Chauffeuren
verkehren!"). – Noch primitiver und menschenverachtender äußerte sich in diesem
Sinne Joseph Goebbels über „die fürstlichen Parasiten Europas": „Pack! Muß ausgerottet werden"; Die Tagebücher von Joseph Goebbels. Sämtliche Fragmente. Hrsg.
von Elke Fröhlich. Teil I: Aufzeichnungen 1924–1941. Bde. 1–4. München/New
York/London/Paris 1987, Eintrag vom 24. September 1939.

[46] Vgl. A. Hitler: Monologe (wie Anm. 45), S. 298 („Der König [Mihai I.] ist eine
schmutzige kleine Kröte"), S. 246 f. (über Viktor Emanuel III.: „Hofkröte", „Blase",
„graue alte Wachtel"), S. 390 (über Otto von Habsburg [1912–2011]: „ein kleiner
Oberkellner").

V.

Unabhängig davon, wie man das Verhältnis einzelner Hohenzollernprinzen zum Nationalsozialismus historisch einschätzen mag, empfiehlt sich die Frage, ob man aktuelle Entschädigungsansprüche für widerrechtliche Enteignungen wirklich vom politischen Verhalten der Vorfahren abhängig machen will. Würde man ein solches Vorgehen bejahen, dann hieße das für jeden Bundesbürger, unter dessen Vorfahren jemand mit NS-Nähe gewesen ist, dass ihm sein Eigentum nur deshalb nicht verwehrt wird, weil er das Glück hatte, nicht von den Sowjets enteignet worden zu sein. Auch könnte man als Historiker mit guten Gründen auf die Infragestellung rechtsstaatlicher Grundsätze durch Anwendung jenes Instrumentes verweisen, dessen sich die braunen Machthaber selbst bei ihrem Rache- und Vergeltungsfeldzug gegen die Familien der am Attentat vom 20. Juli 1944 Beteiligten einst infamerweise bedient hatten: die Sippenhaftung.[47]

Wer sich nach alledem dennoch dazu berufen fühlt, vergangene historische Geschehensverläufe zur Begründung aktueller politisch-rechtlicher Entscheidungen heranzuziehen, der sollte nicht versäumen, sich die geschichtliche Leistungsbilanz des Hohenzollernhauses ins Gedächtnis zu rufen.[48] Die brandenburgischen Kurfürsten und preußischen Könige vertraten ab 1613, früher als irgendwo sonst, eine Politik religiöser Toleranz und boten Asylsuchenden aus ganz Europa eine Zuflucht.[49] Sie verhalfen dem Prinzip der Rechtsstaatlichkeit mit Inkraftsetzung des Allgemeinen Landrechts schon im 18. Jahrhundert zum Durchbruch.[50] Sie vermittelten durch ihr bildungs- und wissenschaftspolitisches Engagement im 19. Jahrhundert Maßstäbe für den Ausbau

---

[47] Dies betont unter anderem Michael Wolffsohn: Tacheles. Im Kampf um die Fakten in Geschichte und Politik. Freiburg/Basel/Wien 2020, S. 27 ff.

[48] Anderer Meinung ist Andreas Pečar: Zur Aufrechnung historischer „Leistungen" der Hohenzollern in der politischen Debatte. In: Debatte vom 25. November 2020, URL: https://recs.hypotheses.org/6131. Pečar versteht sich als Vertreter einer „politischen Kulturgeschichte", hält jedoch die kulturellen Leistungen der Vergangenheit offensichtlich für irrelevant; dazu demnächst die Richtigstellung von Jobst Graf Wintzingerode: Die Debatte als Spiegelgefecht. Eine Replik auf Christopher Clark und Andreas Pečar in der „Hohenzollerndebatte". In: Forschungen zur Brandenburgischen und Preussischen Geschichte, N. F. 31 (2021).

[49] Dazu das Interview mit Thomas Brechenmacher in diesem Band, S. 417–424; vgl. ferner exemplarisch Frank-Lothar Kroll: Das Problem der Toleranz bei Friedrich dem Großen (2001). Wiederabgedruckt in: Ders.: Das geistige Preußen. Zur Ideengeschichte eines Staates. Paderborn/München/Wien/Zürich 2001, S. 11–30.

[50] Dazu das Interview mit Horst Möller in diesem Band, S. 395–405; vgl. ferner exemplarisch ders.: Wie aufgeklärt war Preußen? (1980). Wiederabgedruckt in: Ders.: Aufklärung und Demokratie. Historische Studien zur politischen Vernunft. Hrsg. von Andreas Wirsching. München 2003, S. 87–111.

des preußisch-deutschen Kulturstaates.[51] Und sie hatten entscheidenden Anteil an den frühen Bemühungen um eine sozial ausgleichende Politik, die der
Obrigkeit die Sorge für das Wohl auch und gerade der ärmeren Bevölke-
rungsschichten zur Pflicht machte.[52] Wer an solche Tugenden erinnert, dem
dürfte die wohlfeile Gleichsetzung von Hohenzollernherrschaft, Preußentum
und Nationalsozialismus nicht mehr so leicht in den Sinn kommen. Sie war
im Übrigen ein beliebtes Argument der nationalsozialistischen Propaganda,
die eine solche Gleichsetzung immer wieder öffentlich einforderte.[53]

Zeitgeistkonforme Trendsetterinnen und mittelhessische Mainstreamhistoriker vermag all das freilich kaum zu beeindrucken. Conze hat hier in einem
jüngst erschienenen Kaiserreich-Buch – eine Art Handreichung für Kammerjäger der politischen Korrektheit – sogar noch einmal nachgelegt und das
Deutschland Wilhelms II. in einem bizarren Aufguss längst überwunden
geglaubter deutscher Sonderwegsfolklore zum unmittelbaren Vorläufer des
Dritten Reiches erklärt.[54] Auch in dieser geschichtspolitisch motivierten
Darbietung ersetzen alarmistische Stimmungsmache gegen die Entschädigungsforderungen des Hohenzollernhauses und politisch motivierte Sottisen
gegenüber anerkannten Historikerkollegen eine ernsthaft und ausgewogen
geführte wissenschaftliche Argumentation.[55] Das dient der Erzeugung eines
Meinungsklimas, in dem Politik und Verwaltung unter wachsenden Druck
gesetzt und Verhandlungen über eine einvernehmliche Regelung der mit der
Vorschubleistungsfrage verbundenen Restitutionsansprüche auf der Basis eines außergerichtlichen Vergleichs erschwert werden. Der Abschluss entsprechender Verhandlungen wurde, wie erwähnt, lange von allen beteiligten
Parteien angestrebt – von den Hohenzollern ebenso wie von der Bundesregierung und den Ländern Berlin und Brandenburg. Conze, Schlotheuber und
ihre ihnen aus England Vorschub leistenden Claqueure wollen solche Kon-
sensgespräche durch ein öffentliches Aushandeln ersetzt wissen und damit
ein geschichtspolitisch aufgeheiztes Klima erzeugen, das die Resultate dieses

---

[51] Dazu beispielhaft Gisela Mettele/Andreas Schulz (Hrsg.): Preußen als Kulturstaat im 19. Jahrhundert. Paderborn 2015.

[52] Dazu umfassend Frank-Lothar Kroll: Die Idee eines sozialen Königtums im
19. Jahrhundert. In: Ders./Dieter J. Weiß (Hrsg.): Inszenierung oder Legitimation?/
Monarchy and the Art of Representation. Die Monarchie in Europa im 19. und
20. Jahrhundert. Ein deutsch-englischer Vergleich. Berlin 2015, S. 111–140.

[53] Darüber zuletzt Frank-Lothar Kroll: Preußenbild und Preußenforschung im Drit-
ten Reich (2006). Wiederabgedruckt in: Ders.: Totalitäre Profile. Zur Ideologie des
Nationalsozialismus und zum Widerstandspotenzial seiner Gegner. Berlin 2017,
S. 207–228.

[54] *Eckart Conze*: Schatten des Kaiserreichs. Die Reichsgründung von 1871 und ihr
schwieriges Erbe. München 2020.

[55] Dazu den Beitrag von Rainer F. Schmidt in diesem Band, S. 131–139.

Aushandlungsprozesses bereits im Voraus zu kennen vorgibt und damit ex cathedra definiert, was als historisch „wahr" und „richtig" zu gelten hat. Auf diese Weise wird eine Art Präjudiz geschaffen, das im schlimmsten Fall die Rechtsprechung unter Handlungszwang und Entscheidungsdruck setzt.

Derzeit ist zu vermuten, dass der Streit um die Entschädigungsansprüche der Hohenzollern wohl in eine gerichtliche Auseinandersetzung einmünden wird. Dabei dürften manche in der öffentlichen Debatte bisher kaum berücksichtigte Diskrepanzen zwischen einer juristischen und einer geschichtswissenschaftlichen Bewertung des in Rede stehenden Falles ans Licht treten. Wird er in diesem Sinne als das verhandelt, was er im Grunde ist – nämlich als eine Rechtsfrage[56] –, dann freilich ist darauf zu hoffen, dass sich die zuständigen Richter am Potsdamer Verwaltungsgericht in ihrer Urteilsfindung an konkreten rechtsstaatlichen Normen und Vorgaben orientieren[57] – und nicht an pseudomoralisch drapierten Interpretationsvorgaben geschichtspolitisch argumentierender Kammerjäger, Klosterforscherinnen und Stubenjakobiner*innen.

---

[56] Hier lohnt im Übrigen ein Blick auf das royale Restitutionsgeschehen in den ehemaligen Monarchien Südosteuropas, das dort nach 1989 mit einem erheblichen kulturellen, sozialen und zivilgesellschaftlichen Engagement der überall in ihre Heimatländer zurückgekehrten Dynastien verbunden ist; dazu den Beitrag von Frank-Lothar Kroll in diesem Band, S. 305–333.

[57] Dazu sehr fundiert Klaus Ferdinand Gärditz: Geschichte vor Gericht. In: Frankfurter Allgemeine Zeitung vom 24. September 2020, S. 6; ders.: Der „Hohenzollernstreit" zwischen Amtsaufklärung, Gutachten und freier Geschichtswissenschaft. In: Neue Justiz 11 (2020), S. III, sowie ders. in diesem Band, S. 63–88.

Recht ohne Ethik – der deutsche Hohenzollernstreit

Von *Michael Wolffsohn*, München

Nicht einmal Deutschlands Hohenzollernstreit ist das, was er einmal war. Auch hier sank das geschichtswissenschaftliche und politische Niveau in den vergangenen Jahrzehnten. Zeitgeist statt Geist. Vor knapp 50 Jahren kreuzten der linksliberale Hans-Ulrich Wehler und der (bis 1985) Sozialdemokrat Thomas Nipperdey die Klingen über das Deutsche Kaiserreich der Hohenzollern. Letzterer differenziert pro, jener eher grob contra. Zwar präsentierte und repräsentierte jeder der beiden durchaus Geist und Zeitgeist seines jeweiligen politischen Milieus, doch ihre Geistesblitze schlugen ein. Fouls inklusive. Besonders von Wehler. Das gröbste leistete er sich später: Weihnachten 1988, im (hohenzollernfreien) Historikerstreit über die Einzigartigkeit des sechsmillionenfachen Judenmordens. Dem, wie er wusste, todkranken Kollegen Andreas Hillgruber ließ Wehler vom Verlag die Druckfahnen seines Buches schicken, in dem er den wehrlosen und bald danach verstorbenen Kontrahenten wüst attackierte.

Wehler und Nipperdey stritten mit Tritten wirklich über das Kaiserreich von 1871 bis 1918. Nachdem zu diesem Thema eigentlich „alles, nur nicht von jedem gesagt" war, haben die heutigen Hohenzollernkritiker, allen voran Eckart Conze und die Vorsitzende des deutschen Historikerverbands (eine Mediävistin …), die vermeintlich neugestrigen Kollegen der Gegenwart im Auge und verengen ihren Blick dabei vor allem auf den gleichnamigen Sohn des letzten deutschen Kaisers Wilhelm II, auf „den Kronprinzen". Mit Hochgeschwindigkeit und unter Auslassung zentraler Themen sowie der durchaus nachweisbaren Verdienste jener Hohenzollern-Ära rast Conze vom Kaiserreich zu jenem Kronprinzen und in die Gegenwart, in der angeblich versucht wird, „ein kritisches Bild des Kaiserreichs zu entsorgen" und letztlich die Hohenzollern insgesamt zu entlasten. Ähnlich das Vorgehen von Conzes kollegialem und medialem Fußvolk. Kein Wort über die neben unbestreitbaren Defiziten vorhandenen Verdienste der knapp tausendjährigen Hohenzollern-Dynastie. Bei dieser geistigen Kost ist, im übertragenen Sinne, Schmalhans Küchenmeister. Das ist jedoch auch im Streitanlass begründet.

Die heutigen Hohenzollern fordern Entschädigung für die Enteignungen in der Zeit der sowjetischen Besatzung und der DDR. Eine Entschädigung wird ihnen verweigert, denn sie ist laut § 1 Absatz 4 des Ausgleichsleistungsgeset-

zes aus dem Jahr 1994 ausgeschlossen, wenn derjenige, auf dessen Eigen-
tumsposition sich die Entschädigungsgläubiger (Erben oder Erbeserben) berufen, *„dem nationalsozialistischen* oder dem kommunistischen *System* in der
sowjetisch besetzten Zone oder in der Deutschen Demokratischen Republik
erheblichen Vorschub geleistet hat". Durch Artikel 143 Absatz 3 wurde jenes
Gesetz im Grundgesetz GG abgesichert, vom Bundesverfassungsgericht und
vom Europäischen Gerichtshof gebilligt. Es kommt also auf die Haltung
desjenigen an, der enterbt worden ist, und das war 1945 der Kronprinz. Deswegen konzentriert sich die ganze Debatte auf ihn. Kein Zweifel: Dieser
durch und durch reaktionäre, antirepublikanische, antidemokratische, antisemitische und pronazistische Kronprinz hat den NS-Verbrechern „Vorschub
geleistet". Er gilt Demokraten zurecht als Unperson. Ja, der Kronprinz war
eine zutiefst unethische Person. Dennoch ist festzuhalten: Das derzeit umstrittene Familieneigentum hatte das Haus Hohenzollern *vor* besagtem Kronprinzen und Hitler erworben. Es ist nicht die Folge der wie auch immer ge-
arteten Kollaboration des damaligen Familienoberhauptes mit Hitler und
Konsorten.

„Erheblichen Vorschub geleistet" – diese Formulierung ermöglicht jede
und zugleich jede ganz andere praktische Umsetzung. Streng genommen
müsste diese Erheblichkeit messbar sein. Aber wer kann oder soll sie wie
messen? Unmöglich. Folglich ist die Erheblichkeit nur rein subjektiv, politisch und nicht gesetzlich oder wissenschaftlich bestimmbar.

Wie derzeit im Hohenzollernstreit medial nachvollziehbar, bemühen sich
Historiker mit Pro- oder Contra-Argumenten, je nach eigenem Erkenntnis-
interesse, dieses sauber dokumentiert als unumstößliche Wissenschaft zu
präsentieren. Für die einen war der Kronprinz eine Schlüsselfigur bei der
Machtübernahme durch die Nazis, für die anderen deren Nützlicher Idiot.
Jedenfalls ist die geschichtswissenschaftliche Unumstößlichkeit der vorhandenen oder nicht vorhandenen Erheblichkeit ungefähr so unumkehrbar wie
die vermeintlich klaren wissenschaftlichen Ergebnisse der rivalisierenden
Corona-Virologen.

Sowohl Politiker als auch Wissenschaftler und Juristen legen als Beweis
der Erheblichkeit lediglich auf die Person des Kronprinzen bezogene Indizien vor. Sie bewegen sich auf der Mikroebene von Einzelpersonen und
politischer Klasse während der Endphase der Weimarer Republik und der
NS-Frühzeit ohne die gesellschaftliche Makroebene zu beachten. Allesamt
orientieren sie sich an der schulweisheitlichen Grundannahme, dass „die"
Deutschen nach dem Ersten Weltkrieg in Monarchie-Nostalgie schwelgten
und der Hohenzollernprinz daher ein politisches Schwergewicht gewesen
wäre. Diese Schulweisheit ist falsch. Anhand empirisch abgesicherter, reprä-
sentativer Daten haben Thomas Brechenmacher und ich jenes Prämissen-

Dogma in unserem Buch „Die Deutschen und ihre Vornamen" (1999) widerlegt. Nachweislich sank bereits im Ersten Weltkrieg, seit 1917, die Hohenzollern-Bindung der Deutschen. Danach wurde sie kontinuierlich immer schwächer, und im Dritten Reich löste sie sich auf. So viel zur allgemein fehlenden Substanz bzw. Objektivierbarkeit im Hohenzollernstreit.

Noch schwerer wiegt die der Kontroverse zugrundeliegende *Unethik*. Meine These: Die Unethik jenes Hohenzollern-Kronprinzen rechtfertigt nicht ihrerseits eine andere, zumal grundgesetzlich zementierte Unethik – die *Unethik der Sippenhaftung*. Diese ist eine Variante der Kollektivschuld. Sippenhaftung und Kollektivschuld sind gegenüber „den" Hohenzollern genau so unethisch und deshalb inakzeptabel wie bezogen auf jede andere Familie, Sippe oder Gruppe. Sippenhaftung und Kollektivschuld widersprechen allen Grundsätzen jüdisch-christlich-abendländischer Ethik. Dieser zufolge gilt: Die Schuld der Väter wird nicht auf die Kinder vererbt.

Jenseits der Unethik entbehrt das 1994er Gesetz der Logik. Bundesdeutschland ist, von föderalen Ausnahmen abgesehen, ein Rechtsraum, jenes Gesetz verwandelt es in zwei. Gälte das neue 1994er Ostrecht auch im Westen, müssten logischerweise die Hohenzollern nachträglich im Westen entschädigungslos enteignet werden. Vielleicht käme jemand auf die Idee, die baden-württembergische Stammburg der Hohenzollern in einen volkseigenen Tourismusbetrieb umzuwandeln?

Viele halten die Forderung des ehemaligen Kaiserhauses auf Entschädigung für einen Skandal, einen Hohenzollern-Skandal. Tatsächlich handelt es sich nicht um einen Skandal der Hohenzollern, genauer ihres Familienchefs, sondern des Deutschen Bundestags, des Bundesverfassungsgerichts sowie des Europäischen Gerichtshofs. Konkret: Deutschlands Weigerung, die Hohenzollern heute für die nach 1945 erfolgten Enteignungen auf dem Gebiet der Ex-DDR zu entschädigen, ist zwar legal im Sinne herrschenden Rechts, jedoch nicht legitim im Sinne der ethischen Fundamente dieses herrschenden Rechts.

Das Ausgleichsleistungsgesetz aus dem Jahr 1994 ist eine Ergänzung der im Dezember 1990 vom Bundesverfassungsgericht vollzogenen, 1996 wiederholten und 2005 vom Europäischen Gerichtshof abgesegneten Zementierung der sowjetzonalen Bodenreform des Jahres 1945. Diese war sozusagen das Heiligtum der DDR.

Das Bundesverfassungsgericht orientierte sich nicht zuletzt an der Aussage von Außenamtsstaatssekretär Dieter Kastrup. Er behauptete – und Bundeskanzler Helmut Kohl bestätigte: Die UdSSR unter Gorbatschow hätte ihr „Ja" zur Wiedervereinigung vom dauerhaften Fortbestand der SBZ-Bodenreform abhängig gemacht. Dieser Behauptung widersprach Gorbatschow im „Spiegel" vom 5. September 1994 sowie in seinem höchst detaillierten Brief vom 16. März 1998 an Rudolf Augstein, abgedruckt im „Spiegel" vom 6. April 1998. Die beiden letzten DDR-Ministerpräsidenten, Hans Modrow (SED-PDS) und Lothar de Maizière (CDU), machten die Aufrechterhaltung jener Bodenreform zur *conditio sine qua non* für die Wiedervereinigung. „Gorbatschow sagt heute eindeutig die Unwahrheit." So Lothar de Maizière alias Stasi-IM „Czerny" im Spiegel-Interview vom 9. März 1998. Im Frühjahr 1990 hatte er den Teufel an die Wand gemalt: Die Rücknahme der Bodenreform würde einen Volksaufstand auslösen. Absurd, denn eben dieses Volk hatte kurz zuvor, am 18. März 1990, mit überwältigender Mehrheit die alte DDR abgewählt. Ein Stasi-IM und ein hoher Repräsentant, Urgestein des alten DDR-Unrechtsstaates, als quasi-Kronzeugen. Das höchste deutsche Gericht hielt die Aussage des „Schmiedchens" (de Maizière) über den „Schmied" (Gorbatschow) für glaubwürdiger als die des Schmieds selbst.

Die Faktenbasis der Judikative ist zumindest umstritten, doch „Volkes Wille" – oder etwa das „Gesunde Volksempfinden"? – wurde im Gefolge der Wiedervereinigung scheinbar oder tatsächlich berücksichtigt. An der Legitimität dieser unbestreitbaren Legalität haftet jedenfalls mehr als nur ein Zweifel. Damals formten Exekutive und Legislative eine unterstellte oder faktische *Rechtsstimmung in gültiges Recht,* das die Judikative untertänigst im Sinne der Politik umsetzte. Ist Heinrich Manns (Hohenzollern-)Untertan wiederauferstanden?

Ich will weder einzelnen Richtern noch gar der bundesdeutschen Justiz Unethisches unterstellen, muss jedoch aus familiärer und geschichtswissenschaftlicher Erfahrung feststellen, dass sie nicht das erste Mal, unter welchen Vorzeichen auch immer, die Rückgabe einstigen Raubguts an die Beraubten oder deren Nachfahren verhindert. Meine deutschjüdische Familie bekam von ihrem seit 1933 „arisierten", sehr großen Eigentum nach 1945/49, wenn überhaupt, nur eine skandalös kümmerliche Entschädigung und lediglich einen Bruchteil des einstigen Besitzes zurückerstattet. Wir waren nicht die einzigen Juden, denen es so erging. Profitiert haben davon die Arisierer, die in einem Fall von meiner Familie ihrerseits eine „Ehrenerklärung" bezüglich der Rechtmäßigkeit der Arisierung sowie sogar „Entschädigung" verlangten – die ihnen 1962 vom Bundesgerichtshof zugesprochen wurde. Wie im Hohenzollernstreit geschah das alles ganz legal. Bei einem Teil der geschichtswissenschaftlichen Aufarbeitung der Arisierung meines Familieneigentums haben einige Kollegen um die Jahrtausendwende aus opportunistischen Motiven versucht, den Raub an meinem Großvater mit Wissenschaftssirup zu versüßen.

Man sehe mir nach, dass ich geschichtswissenschaftlich-analytisch und emotional als betroffener jüdischer Deutscher zumindest die Legitimität der Legalität bundesdeutscher Entschädigungspolitik und -justiz bezweifele. Ich stelle ganz einfach fest: Sowohl in der frühen Bundesrepublik als auch jetzt wird Raub legalisiert. Damals der Raub an uns Juden und seit 1990 am Adel. Ich erkenne auch keine Moralität oder methodische Qualität mancher Historikerkollegen, die als Meister zeitgeistiger Opportunität unsere Wissenschaft zur Dienstmagd der Politik verunstalten.

Wer zerstörte die Weimarer Republik?
Neue Perspektiven zum Hohenzollernstreit

Von *Peter Brandt* und *Lothar Machtan*, Berlin

I.

Wer waren die treibenden Kräfte der Demokratie-Vernichtung in den frühen 1930er Jahren? Zuerst die Nazis – klar. Dann die Kommunisten – auch wenn sich deren destruktive Rolle ganz anders auswirkte. Aber waren die gefährlichsten Feinde der Weimarer Republik nicht eher die „nationalkonservativen" Machteliten und die hinter ihnen stehenden gesellschaftlichen Kräfte? Jedenfalls darf man die Alleinschuld am Untergang der Weimarer Republik keineswegs auf die NSDAP und ihren „Führer", erst recht nicht auf die „Extremisten von rechts und links" abladen. Denn als die Nationalsozialisten ans Ruder kamen, konnten sie von dem profitieren, was ihre unmittelbaren Vorgänger an den Schalthebeln der Macht bereits gesät hatten. Diese haben den Staat, mit dessen Machtmitteln sie agierten, in seiner demokratischen Substanz gleichsam von innen ausgehöhlt, teilweise bewusst unterminiert und ihn damit hilflos gemacht gegenüber den totalitären Machtansprüchen Hitlers. Sie haben aus der Staatsgewalt eine autoritär ausgerichtete Obrigkeit gemacht, die bereits diktatorische Züge trug, bevor der braune Diktator als Reichskanzler zum Zuge kam.

Dabei geht es nicht allein um die starke rechtsnationalistische Strömung, die erzkonservative und revanchistische Verbände nach Kräften zu verstärken suchten; nicht allein um die Animosität von Großagrariern, Industriellen, hohen Beamten und Offizieren gegenüber der Republik mit dem unerwünschten Einfluss von Sozialdemokraten und Gewerkschaftern. Es waren klar identifizierbare Personen: politische Entscheidungs- und staatliche Funktionsträger, die sich über den demokratischen Auftrag der Weimarer Verfassung hinwegsetzten und damit eine politische Unkultur salonfähig machten. Allen voran Reichspräsident Hindenburg selbst, der zuließ, ja, billigte und betrieb, dass die parlamentarische Demokratie erodierte.

Nicht einen Deut demokratiefreundlicher waren die beiden Vorgänger Hitlers im Berliner Kanzleramt: Franz von Papen und Kurt von Schleicher, die seit Frühjahr 1932 die politischen Fäden zogen. Beide konnten und wollten die Nationalsozialisten als politischen Machtfaktor nicht ausschalten, sondern sich mit ihnen arrangieren. Weder bei Schleicher, dem politischen General, noch bei dem Herrenreiter Papen gab es jemals eine klare politisch-ideologische Trennlinie gegenüber Hitler und seiner Bewegung. Was es stattdessen reichlich gab, waren Bekundungen von enttäuschter Liebe zum unberechenbaren Nazi-Führer, von dem sie sich immer wieder schnöde brüskiert fühlten. Im Übrigen fehlte den beiden Endzeitkanzlern der Weimarer Republik jede Phantasie im Hinblick auf eine Gestaltung der Politik ohne Nationalsozialisten; insbesondere wussten sie nicht, wie sie die Zustimmung der Massen gewinnen konnten. Gerade deshalb blieben sie notorisch auf die Bereitschaft von Hitlers Heerscharen angewiesen, sie als Staatsführer zumindest zu (er)dulden.

Über den politischen Rang von Galionsfiguren der autoritären Eliten wilhelminischer Provenienz sind Papen und Schleicher eigentlich nie hinausgelangt. Und dieses Herkunftsmilieu hielt vor allem eines für grundfalsch, ja verderblich: die Ermächtigung des Volkes zum politisch entscheidenden Akteur im Deutschen Reich. Das wollten sie im Interesse der Oberschicht, der sie sich verbunden fühlten, nämlich selbst sein – und zwar nicht allein als Funktionsträger, sondern als mehr oder weniger ungebremst Herrschende. Deshalb hätten sie das uneingeschränkte Wahlrecht am liebsten abgeschafft und die parlamentarische Kontrolle der Regierung womöglich gleich mit. Überhaupt war ihnen die Massenpolitisierung zutiefst suspekt, vor allem jene, die im Namen eines Gleichheitsversprechens erfolgte.

In diesem Zentralaspekt ihrer Demokratiefeindschaft waren die Protagonisten der autoritären Eliten wesentlich „reaktionärer" als die Nationalsozialisten, die ihren Masseneinfluss nicht zum wenigsten ihrem Fetisch vom Deutschen Volk und ihrer Demagogie von eingebildeter „Volksgemeinschaft" verdankten – genauer: ihrer Propagandasuggestion, Standes- und Klassenunterschiede aufzuheben. „Volksgemeinschaft" erschien angesichts der mehrheitlich „antikapitalistischen Sehnsucht", die der hohe NS-Funktionär Gregor Strasser im Reichstag unter fraktionsübergreifendem Beifall beschwor, wesentlich zeitgemäßer als nur die Ablösung der Parlamentsherrschaft zu fordern. Deshalb konnten die Vertreter der überkommenen Eliten von Hitler nach 1933 auch so problemlos abgeschüttelt werden, nachdem sie ihre Schuldigkeit getan hatten, nämlich: die Demokratie als Staatsform zu diskreditieren und ihm zu einer Vollmacht zwecks gänzlicher Beseitigung des Weimarer „Systems" zu verhelfen. Das aber beinhaltete eben nicht nur die endgültige Überwindung der parlamentarischen Demokratie, sondern auch die Liquidierung des sehr viel älteren Rechts- und Verfassungsstaats. Dass Hitler nur das einzige Ziel verfolgte, für sich selbst die absolute Herrschergewalt zu erlangen, dazu reichte der politische Verstand der nichtnazistischen Rechten offenbar nicht aus, was noch einmal zeigt, wie sehr sie den Bezug zur realen Welt der Politik verloren hatten.

Fataler noch scheint uns aber die Rolle Hindenburgs gewesen zu sein, der am Ende seine Macht nurmehr mit *einem* teilen mochte: mit Adolf Hitler. Wie konnte das geschehen? Dass im Deutschen Reich vor 1933 ein einflussreicher Präsident keine Repräsentationsfigur, sondern Teil der Exekutive mit weitgehenden Befugnissen war, war für die junge deutsche Demokratie schon problematisch genug. Noch verhängnisvoller sollte sich freilich auswirken, dass es der – vom Wählervolk 1932 erneut legitimierte – Generalfeldmarschall Paul von Hindenburg war, der dieses Amt als 84-jähriger Greis auf dem Höhepunkt der deutschen Staatskrise innehatte. Diese Personalkonstellation hat sich besonders nachteilig auf die politische Kultur in der Endzeit der Weimarer Republik ausgewirkt. Denn dieser Staatschef hat seine Kompetenzen besonders skrupellos für antidemokratische Interessen eingesetzt, nicht zuletzt für seine eigenen, für seinen Mythos als deutscher Nationalheld. Dabei darf man nicht übersehen, dass Hindenburgs Persönlichkeitsstruktur von Größenphantasien heimgesucht und seine „letzten Worte" bei den zentralen politischen Entscheidungen vor allem dadurch motiviert waren, seinen Nimbus zu bewahren. Er lebte bis zum Ende seiner Tage in dieser Blase – immer mit sich selbst im Reinen. So konnte er keinen angemessen realistischen Blick auf die hochkritische Lage der Nation gewinnen, und seiner Verantwortung als Staatsoberhaupt „über den Parteien" nicht gerecht werden. Hindenburg war 1925 von einem breiten rechten Bündnis auf den Schild gehoben und im zweiten Wahlgang knapp gewählt worden. In seiner Amtsführung beachtete er etliche Jahre die Vorgaben der Verfassung. 1932 entschlossen sich angesichts des rasanten Aufstiegs der NSDAP dann nicht nur gemäßigte Konservative und die Parteien der bürgerlichen Mitte, sondern auch die Sozialdemokraten dazu, ihn als vermeintliches Bollwerk gegen Hitler, der selbst kandidierte, zu einer zweiten Amtszeit zu verhelfen. Dieses Kalkül ging bekanntlich nicht auf; es schlug sogar ins Gegenteil um. So setzte die Regierung Papen aufgrund präsidialer Notverordnung am 20. Juli 1932 staatsstreichartig die sozialdemokratisch geführte Regierung Preußens ab. Damit war klar, welcher Kurs im politischen Berlin nach der Wiederwahl Hindenburgs gesteuert werden würde.

Waren schon Papen und Schleicher keine enragierten Monarchisten – auch wenn sie gelegentlich damit kokettierten –, so war es der „Ersatzkaiser" Hindenburg schon gar nicht. Vor allem hasste er die Hohenzollern – was übrigens auf Gegenseitigkeit beruhte. Und so stellte er sich allen Plänen, die Monarchie zu restaurieren, entschlossen in den Weg. Überhaupt hat der bekennende Monarchismus bei der Ruinierung der Weimarer Republik keine nennenswerte Rolle gespielt – weder eine ideologische, noch eine bewegungspolitische. Die Massen wollten keinen neuen Kaiser, sondern einen genialen „Bewältiger" der anhaltenden Staatskrise – einen Führer, der sichtbaren Anteil an der wirtschaftlichen und sozialen Misere nahm oder jedenfalls so wahrgenommen werden konnte, sofern sie nicht immun blieben gegen die Versuchung, sich dem vermeintlichen „Retter" in die Arme zu werfen. Das gilt per saldo immerhin für die Wählerschaft der (verfeindeten) Arbeiterparteien bei sukzessiver Verschiebung nach links mit zusammen 37,3 Prozent der Stimmen in der letzten Wahl vor der Kanzlerschaft Hitlers am 6. November 1932; und es gilt ebenso für den (inzwischen nicht mehr unbedingt republiktreuen) politischen Katholizismus: Zentrum und Bayerische Volkspartei errangen damals zusammen 15,0 Prozent der Wählerstimmen.

Obwohl monarchistische Bestrebungen in der Auflösungsphase der Republik nicht besonders relevant waren, beteiligten sich Angehörige ehemaliger Fürstenhäuser mehr oder weniger aktiv, mehr oder weniger prominent, am antidemokratischen Zerstörungswerk, während andere, so namentlich die bayerischen Wittelsbacher, in deutlicher Distanz, ja Opposition zur Hitler-Bewegung blieben. War die Rückkehr der mittleren und kleinen Fürsten auf den Thron in den 1930er Jahren kein Thema mehr, so setzten die Hohenzollern – der frühere Kaiser jedenfalls und der Ex-Kronprinz – bis 1933 auf eine Restauration der Monarchie mithilfe der NSDAP, womöglich nach dem Vorbild Mussolinis in Italien. Noch mehr aber engagierten sie sich als „Zerstörer" der Weimarer Republik; woraus sie auch nie ein Hehl gemacht haben.

Der im Zentrum der derzeitigen Hohenzollernkontroverse stehende Kronprinz Wilhelm war keine zentrale Gestalt in den Intrigenspielen der letzten Jahre vor Hitler an der Staatsspitze. Mehr noch als der Vater war Kronprinz Wilhelm in weiten Teilen des deutschen Adels „unten durch", weil er sich angesichts von Kriegsniederlage und Revolution im November 1918 in die neutralen Niederlande abgesetzt hatte, zudem wegen seines ausschweifenden Lebensstils. Unwichtig war der Thronerbe indessen nicht: Sein unsystematisches, aber nicht nachlassendes Werben um die Einbeziehung der NSDAP in die von ihm ersehnte Einigung der gesamten Rechten hat erheblich dazu beigetragen, die Formierung einer konservativen Alternative zur NS-Diktatur zu paralysieren und eine solche damit als ernstzunehmende Mitbewerberin um die Macht aus dem Spiel zu nehmen. Das hat Hitlers Aufstieg zum Alleinherrscher erleichtert.

II.

Die öffentliche Erregung, die der Hohenzollern-Streit hervorgerufen hat, geht auf das allgemeine Kopfschütteln darüber zurück, dass es eine politisch gescheiterte Herrscherdynastie wagt, genuin monarchische Ansprüche an eine demokratische Republik zu stellen. Doch das empörte Publikum kennt die lange Vorgeschichte dieser Prätention meist nicht oder nur unzureichend. Diese beginnt damit, dass der erste parlamentarisch regierte Staat, der

1918/19 in Deutschland entstand, der gestürzten Hohenzollern-Monarchie von Anfang an mit einer erstaunlichen Kulanz gegenübertrat. Weniger freundlich formuliert, lässt sich sagen, dass er hier macht- wie geschichtspolitisch „gekniffen" hat. Statt tabula rasa zu machen, suchten die Berliner *Volksbeauftragten* den revolutionären Sturz der Hohenzollern-Dynastie durch großzügige staatliche Zuwendungen an die Entthronten gleichsam wiedergutzumachen. Durch diese verkappte Danksagung für den formellen Thronverzicht verhalfen sie der Familie Preußen zu einer Art Sonderstatus.

Das Dilemma, in dem sich der Staat heute in diesem Streit befindet, begann mithin schon 1918: als man den nach Holland entflohenen König und Kaiser sich nicht nur dort ungestört etablieren ließ, sondern ihm auch noch unglaubliche Mengen *königlichen* (nicht unbedingt privaten) Besitzes ungeprüft hinterherschickte: über 60 Güterwagen der Eisenbahn. Die damalige – wohlgemerkt –, aus SPD und USPD gebildete Revolutionsregierung brachte nicht die Energie auf, diejenigen restlos zu besiegen, die sie bis 1918 drangsaliert und von politischer Teilhabe weitgehend ausgegrenzt hatten. Sie reichte ihren royalen Erzfeinden vielmehr die Hand zur Versöhnung. Eine existenzielle Bedrohung ihres materiellen Status (und mithin auch ihres privilegierten gesellschaftlichen Ranges) wollte namentlich Friedrich Ebert unbedingt vermeiden. Der faktische Regierungschef setzte auf die Loyalität der Träger des alten Regimes, die er vielleicht für monarchistischer hielt, als sie es tatsächlich waren. Demokratiefeindlich, zumindest -skeptisch waren sie in ihrer großen Mehrheit gewiss. Deshalb bewog Ebert die preußische Landesregierung, das Herrscherhaus auch nach dessen Abdankung noch fortlaufend mit erheblichen Summen an Staats- bzw. Steuergeldern zu alimentieren; eigenmächtig, denn eine demokratische Legitimation hatten die neuen Machthaber für diesen Kurs einer konfliktscheuen, klandestinen Vermögensauseinandersetzung situationsbedingt erst einmal nicht.

Diese Konnivenz ließ um das Haus Preußen herum eine Art Schweigezone entstehen, die die Entfaltung einer kritischen Geschichtskultur erschwerte. Das Ausbleiben einer öffentlichen „Abrechnung" mit den Hohenzollern sollte der ersten deutschen Demokratie nicht zum Guten ausschlagen. Auch nach der Etablierung der Weimarer Republik taten die Regierungen im Reich, in Preußen und in den anderen deutschen Ländern alles, um für die früheren Herrscherhäuser die Folgen der Novemberrevolution abzumildern, indem sie aus dem Machtwechsel einen *Deal* machten, vermeintlich ein Geschäft auf Gegenseitigkeit. In der Hohenzollern-Causa hieß das: Das Haus Preußen verzichtete eidesstattlich dauerhaft auf alle politischen (Herrschafts-)Ansprüche und wurde dafür großzügig belohnt – materiell, aber auch politisch-moralisch durch Verzicht auf eine dezidiert antimonarchische staatliche Erinnerungskultur. So konnte die Kaiserfamilie ihren angestammten Nimbus weitgehend bewahren und sich auf der symbolischen Ebene weiterhin als eine herausgehobene Herrscherfamilie gerieren. Mit dieser anhaltenden Privilegierung wurde eine systemkritische Aufarbeitung des wilhelminischen Zeitalters auf Randbereiche der historischen und literarischen Publizistik abgedrängt und damit mehr noch indirekt ein Nährboden für restaurative bzw. gegenrevolutionäre Bestrebungen geschaffen. In der gefährlichen Illusion, sie durch die großzügigen Geschenke mit der Demokratie auszusöhnen, hat der postmonarchische demokratisch verfasste Staat in Deutschland dazu beigetragen, die Hohenzollern als Dynastie am Leben zu halten.

Mit dem preußischem Ausgleichsgesetz von 1926 wurde ein weiterer Schritt in diese Richtung gemacht. Vorausgegangen war eine längere Diskussion im Reichstag und ein ursprünglich kommunistisches Volksbegehren, dem sich unter dem Druck ihrer Mitgliederbasis die SPD angeschlossen hatte. Der folgende Volksentscheid am 20. Juni 1926 wurde ein großer Mobilisierungserfolg: Die Arbeiterparteien erzielten für ihren Vorschlag der entschädigungslosen Enteignung der ehemaligen Fürstenfamilien zusammen vier Millionen Stimmen (fast ein Fünftel) mehr als bei der vorangegangenen Reichstagswahl. Doch Reichspräsident Paul von Hindenburg hatte dafür gesorgt, dass die kommunistisch-sozialdemokratische Initiative als vermeintlich verfassungsdurchbrechend die Mehrheit aller Abstimmungsberechtigten hätte erzielen müssen. Vor allem in den großen Städten schlossen sich erhebliche Teile der Wählerschaft des katholischen Zentrums, der Liberalen und sogar der Deutschnationalen Volkspartei der vereinigten Linken an, doch in den ländlichen Bereichen sorgte der Boykott-Aufruf der Gegenseite (zu der die beiden großen Kirchen gehörten) und sozialer Druck der Großagrarier für eine unterdurchschnittliche Beteiligung am Plebiszit. Dieser erbrachte per saldo knapp 40 Prozent Ja-Stimmen.

Die Verabschiedung des preußischen Gesetzes vom 26. Oktober 1929 beendete zwar die jahrelangen Vermögensauseinandersetzung mit den Hohenzollern in Form eines rechtsverbindlichen Vergleichs mit dem Staat – doch um einen hohen Preis. Eingefädelt und exekutiert hat das damals eine sozialdemokratisch geführte Koalitionsregierung. Doch gemeinwohlorientiert war diese Abfindungspolitik nicht – eher das Ergebnis eines Zusammenspiels von überforderter Ministerialbürokratie, rechtslastiger Justiz und gut bezahlten Rechtsprofessoren. Schon damals wurde öffentlich kritisiert, dass man die Entschädigungsfrage vorschnell auf die Ebene des Zivilrechts abgeschoben und den eminent politischen Charakter dieser Causa nicht angemessen gewürdigt und debattiert hatte. Das parteipolitische Geschacher um die Annahme dieses Gesetzes im preußischen Landtag geriet denn auch zu einem Armutszeugnis des deutschen Parlamentarismus. Die Regierung konnte ihr Vorhaben damals überhaupt nur durchbringen, weil sie sich dabei ungeniert auf die Unterstützung der Rechtsparteien stützte, während ihr die SPD-Fraktion geschlossen das Vertrauen verweigerte und der Abstimmung großenteils fernblieb. Geboren aus Angst vor der Demagogie der Kommunisten, aus nacheilendem Gehorsam gegenüber der wilhelminischen Obrigkeit und aus politischem Opportunismus, hat die Regierung des mit Abstand größten deutschen Landes diesen Kurs gesteuert. Kein Ruhmesblatt der deutschen Demokratiegeschichte, wenn man die Vorgänge am Maßstab des Gleichheitsversprechens der Weimarer Verfassung misst. Praktisch lief es jedenfalls auf eine glatte Kapitulation des (preußischen) Staates vor den Privatinteressen des ehemaligen Herrscherhauses hinaus. Mit der Verabschiedung wurden Vermögen, Reichtümer und symbolisches Kapital den Hohenzollern in die Hände gespielt, die diese – wie man eigentlich hätte antizipieren können – nicht unbedingt verfassungsloyal zu verwenden gedachten. Für die politische Kultur der jungen deutschen Demokratie blieb diese Regelung jedenfalls ein Makel – und eine nachhaltige Problemlösung war sie schon gar nicht. Eher ein veritables Kuckucks-Ei.

Und heute, fast 100 Jahre später? Da ist dieser Vertrag immer noch die Blaupause für alle Verhandlungen, die es in dieser Angelegenheit gegeben hat. Dabei ist er ein Anachronismus. Dieser Deal widerspricht womöglich sogar dem Wertekanon unseres Grundgesetzes. Solange Kaiser Wilhelm II. herrschte, war das Deutsche Reich als semi-autoritärer Machtstaat zwar konstitutionell-rechtsstaatlich verfasst; doch die Person und der Besitz des Kaisers waren gleichsam sakrosankt. Nach dessen Abdankung herrschte jahrelang nicht allein militanter, sondern auch politisch-ideologischer Bürgerkrieg in Deutschland. Die Regierungen agierten oftmals nicht selbstbewusstvolkssouverän, sondern angstgesteuert. Und die Gerichte waren nachweislich auf dem rechten Auge blind. Insofern konnte das Ausgleichsgesetz von 1926 auch kein Akt demokratischer Willensbildung werden, obwohl das Gesetzgebungsverfahren, formal betrachtet, verfassungskonform war.

Heute ist aber das deutsche Volk unangefochtener Souverän, alle Adelsprivilegien sind abgeschafft, und die erhobenen Ansprüche bedürfen auch gegenüber der Öffentlichkeit einer plausiblen politisch-moralischen Begründung. Kann sich der Staat der Berliner Republik nicht aus der notorischen Befangenheit seiner Vorgänger dem entthronten Kaiserhaus gegenüber befreien? Kann er das Ausgleichsgesetz nicht für ungültig erklären (lassen)? Kann man dieses damals schon verunglückte Entschädigungsgesetz nicht einfach aufheben, als „sittenwidrig" gar? Oder durch ein geschichtspolitisches Votum des Souveräns?

Juristisch geschulte Experten wie Otmar Jung, der schon vor über 30 Jahren eine bahnbrechende Studie über die Vermögensauseinandersetzungen zwischen den deutschen Einzelstaaten und deren vormaligen Herrscherdynastien verfasste, sagen: Nein. Heutige (sittliche) Rechtsmaßstäbe auf historisch-politische Vorgänge anzuwenden, sei unangemessen. Und die Kassierung des Gesetzes von 1926 sei mit rechtsstaatlichen Prinzipien nicht vereinbar. Wenn das herrschende Meinung ist, werden wir also nolens volens mit dieser Hinterlassenschaft der Weimarer Politik leben müssen. Im Lichte dieser ernüchternden Erkenntnis nehmen sich die Reklamationen des Hauses Preußen gegenüber dem Bund, dem Land Berlin bzw. dem Land Brandenburg weniger provozierend und präpotent aus, als dies zunächst erscheint. Es sind hier wohl mehr Lobbyismus und materielle Interessen einer royalen „Firma" im Spiel als politisches Kalkül oder versuchte politische Einflussnahme. Auch die mancherorts vermutete Gefahr einer geschichtspolitischen Rückkehr der Hohenzollern als Deutungsmacht in der deutschen Kulturlandschaft scheint eine Fata Morgana zu sein. Eine andere Frage ist, ob sich diese einst dominante Familie, deren Mitglieder heute Prinz und Prinzessin von Preußen heißen wie Herr Sauer und Frau Merkel, sich immer noch als königlich fühlt und sich selbst intern in der Auffassung bestärkt, „echte" Prinzen und Prinzessinnen zu sein. Da könnte die Öffentlichkeit vielleicht anmahnen, dass sich unsere Staatsmänner und -frauen hier nicht den Schneid von dem royalen Schein „Königlicher Hoheiten" abkaufen lassen, sondern konfliktfreudig ausschließlich im Interesse des Gemeinwohls, ja des Souveräns der Bundesrepublik Deutschland handeln – damit die Geschichte sich auch der Form und Etikette nach nicht wiederholt.

Die Ebenen trennen –
verbandspolitisch unerwünschte Klärungen

Von *Uwe Walter*, Bielefeld

I.

Der hier vorgelegte Beitrag hat eine etwas verwickelte Vorgeschichte. Entstanden ist er als Artikel für „geschichte für heute" (gfh), die Zeitschrift des Verbandes der Geschichtslehrer Deutschlands (VGD). Der Verfasser gehörte der Redaktion seit ihrer Gründung 2008 an; er hat seitdem etwa elfhundert Rezensionen eingeworben und redaktionell betreut, davon rund siebzig aus eigener Feder. Der in Absprache mit den beiden Chefredakteuren verfasste Text sollte in Heft 1/2021 Anfang Januar in der Rubrik „Forum" erscheinen. Ziel war es, zunächst einmal Leserinnen und Leser, die nicht regelmäßig die F.A.Z. studieren, möglichst rasch über den Sachverhalt ins Bild zu setzen, die verschiedenen Ebenen des Streits auseinanderzulegen und diesen in einen weiteren geschichtspolitischen Kontext zu stellen. Im „Forum" publiziert gfh immer wieder Artikel, die (auch) stärker meinungshaltig sind, ausdrücklich mit der Aufforderung, durch eine Replik eine Diskussion zu eröffnen. Der Artikel ist den Heftbetreuern fristgerecht zugegangen.

Irgendwie kam der Text in die Hände Dr. Peter Drostes, des Bundesvorsitzenden des Geschichtslehrerverbandes (VGD). Der wiederum hat ihn der Vorsitzenden des Verbandes der Historikerinnen und Historiker Deutschlands (VHD), Prof. Dr. Eva Schlotheuber, die in dem Artikel an einer Stelle kritisiert wird, zur Kenntnis gebracht. Welchen Einfluss diese dann genommen hat, weiß ich nicht; jedenfalls hat Droste bei den Chefredakteuren interveniert: Der Artikel enthalte Kränkungen gegen die VHD-Vorsitzende und gefährde das gute Einvernehmen der beiden Verbände miteinander. Einer der beiden Chefredakteure hat mir das mitgeteilt und die schwierige Lage der Redaktion in den Untiefen der Verbandspolitik herausgestellt. Ich habe auf seine Bitte hin meinen Text etwas modifiziert und am Schluss drei Sätze hinzugefügt, um klarzustellen, dass es mir nur um die Sache und um Rollen, nicht gegen Personen als solche geht, und dass ich weder für den Verband noch für die Zeitschrift spreche. Chefredaktion und Redaktionsmehrheit haben dann – offenbar nach erneuter Rücksprache mit Herrn Droste – vorgeschlagen, den Artikel erst in Heft 2/21 zu publizieren, zusammen mit einer

Replik von Frau Schlotheuber und/oder dem ebenfalls kritisierten Marburger Historiker Prof. Dr. Eckart Conze. Das habe ich abgelehnt, aus meiner Sicht mit guten Argumenten: Erstens hätte eine künstliche Verzögerung das Anliegen einer schnellen Information der Leserinnen und Leser von gfh konterkariert; überdies würde niemand verstehen, warum ein Artikel, der im April erscheint, sich auf einen Diskussionsstand vom September des Vorjahres bezieht und den Fortgang bis Jahresende 2020 bzw. Anfang 2021 außer Acht lässt – in der Tat ist die Diskussion ja seitdem durch wichtige Beiträge weitergeführt worden. Die künstliche Verzögerung hätte den Artikel seines Wertes beraubt. Zweitens war es in der Rubrik „Forum" bisher immer Usus, dass auf einen publizierten Artikel im folgenden Heft repliziert wird. Ein paralleler Abdruck hätte vor diesem Hintergrund als sachfremde und ungewöhnliche Inszenierung oder Orchestrierung erscheinen müssen.

Gfh ist eine Verbandszeitschrift, die Redaktion aber gegenüber dem Verband mit Blick auf einzelne Artikel nicht weisungsgebunden, zumal wenn es sich um Meinungsartikel im „Forum" handelt. Dennoch hat sich die Redaktion entschlossen, dem Wunsch des VGD-Vorsitzenden nachzugeben. Meine eindringliche Bitte um Rückendeckung und Vertrauen, das in vielen Jahren loyaler Arbeit für und an gfh ja vielleicht erwachsen sei, wurde nicht gehört. Daraufhin habe ich meinen Rückzug aus der Redaktion mit Wirkung zu Beginn des Jahres 2021 angekündigt.[1]

Wenn der Forum-Artikel jetzt – erweitert und aktualisiert, in der damals inkriminierten Passage jedoch unverändert – im vorliegenden Band erscheint, so mag das angesichts der nun noch viel weiter fortgeschrittenen Zeit paradox erscheinen. Doch scheint mir der Text durch die Ereignisse selbst in gewisser Weise historisch geworden zu sein – als Dokument eines diskurs-, geschichts- und verbandspolitischen Trends, an dessen absehbar schwarmautoritärem Ende vielleicht der eine oder die andere fragen wird, warum denn niemand zwischenzeitlich Einrede erhoben hat.

II.

Nein, Historiker streiten *nicht* darum, ob ‚das Haus' Hohenzollern Anspruch auf Rückgabe von Liegenschaften und beweglichen Kulturgütern in

---

[1] Ein weiterer, nun ganz zweifellos nicht akzeptabler Vorgang fand im Dezember 2020, nach dem Ausscheiden statt: Ohne mit dem Rezensenten oder mir Rücksprache zu nehmen oder uns auch nur zu informieren, wurde eine bereits gesetzte Buchbesprechung in letzter Minute durch erhebliche Kürzung zensiert, wohl aus politischen oder geschäftlichen Rücksichtnahmen; siehe dazu: Thomas Thiel, DDR ohne Sozialismus? Zensur bei Zeitschrift „Geschichte für heute", F.A.Z. vom 27. Januar 2021, N 4, https://www.faz.net/aktuell/karriere-hochschule/ddr-ohne-sozialismus-zensur-bei-zeitschrift-geschichte-fuer-heute-17165036.html, zuletzt abgerufen am 6.6.2021.

Berlin und Brandenburg oder auf Entschädigungen für deren Verlust hat. Darum geht es vielmehr in einem Rechtsstreit zwischen Georg Friedrich Prinz von Preußen als dem gegenwärtigen Chef des Hauses und ‚dem Staat' in Gestalt des Potsdamer Landesamtes für offene Vermögensfragen, der vor Gericht anhängig, momentan jedoch ausgesetzt ist, um Zeit für Vergleichsverhandlungen zu gewinnen. Juristischer Hintergrund: Nach Kriegsende wurden die in der Sowjetischen Besatzungszone gelegenen Immobilien der Familie mitsamt ihrem Inventar, soweit sie in der Teilungsvereinbarung von 1926 bei der Familie verblieben waren, zugunsten des Staates enteignet. Diese im Machtbereich der Sowjetunion vollzogene Enteignung wurde nach der Deutschen Einheit 1990 nicht rückgängig gemacht. Jedoch legt das Ausgleichsleistungsgesetz von 1994 (EALG) einen Entschädigungsanspruch für Enteignungen nach Besatzungsrecht der Jahre 1945 bis 1949 fest. Es bindet diesen Anspruch allerdings ausdrücklich an die Voraussetzung, dass Enteignete nicht „dem nationalsozialistischen oder dem kommunistischen System in der sowjetisch besetzten Zone oder in der Deutschen Demokratischen Republik erheblichen Vorschub geleistet" haben dürfen – in diesem Fall wären sie einer Restitution „unwürdig". Um den ersten Teil dieser – erkennbar noch im Geiste der Totalitarismuskonzeption formulierten – Bestimmung geht es im gerichtlichen Konflikt.

Juristische Streitfragen wie die vorliegende, bei der nicht ein Strafmaß oder die Höhe eines Schadenersatzes in Rede steht, sind ihrer logischen Struktur nach binär: schuldig/nicht schuldig; berechtigt/nicht berechtigt. Sollten die Hohenzollern in Gestalt des Kaisersohns und damaligen Kronprinzen Wilhelm (1882–1951) dem NS-Regime vor und nach 1933 „erheblichen Vorschub" geleistet haben, schlösse dies eine Entschädigung bzw. Rückübertragung aus; wäre das in juristischer Sicht nicht der Fall, müsste über deren Höhe und Gestaltung verhandelt werden. Letzteres würde auch bei einem außergerichtlichen Vergleich eintreten, über den (unter Beteiligung des Bundes sowie der Länder Berlin und Brandenburg) ebenfalls diskutiert wird, der aber angesichts der aufgeheizten öffentlichen Debatte aktuell wenig wahrscheinlich ist; jedenfalls erklärte der kulturpolitische Sprecher der Bundestagsfraktion der Partei „Die Grünen" Anfang Februar 2021 nach einer Anhörung, die Ausgleichsverhandlungen des Bundes mit der Hohenzollern-Familie müssten abgebrochen werden, da sie „eine schwere Hypothek für unsere Demokratie" darstellten.[2]

Was aber ist „erheblicher Vorschub"? Ist damit gemeint, dass ohne das Wirken des Kronprinzen Hitler nicht Reichskanzler geworden wäre, dieses

---

2 Andreas Kilb, Alle einig gegen Preußen, https://www.faz.net/aktuell/feuilleton/ debatten/gruenen-gespraech-zu-hohenzollern-einig-gegen-preussen-17180472.html, zuletzt abgerufen am 6.6.2021.

Wirken also *notwendige* Bedingung für dessen Ernennung und die Stabilisierung des Regimes war? Oder bedeutet es „nur", dass der Kronprinz ein –
mehr oder weniger markanter – Teil der antirepublikanischen und antidemokratischen, auf einen autoritären Staat oder eine Diktatur abzielenden Bestrebungen in dieser Zeit war? Letzteres ist ohne weiteres zu bejahen, dazu
weiteres unten. Allerdings waren 1932 und Anfang 1933 neben einer Kanzlerschaft Hitlers noch andere Modelle der genannten Ausrichtung denkbar
oder gar in der Diskussion, bis hin zur Idee einer Widerherstellung der Monarchie mit Hilfe der Nationalsozialisten, was gern vergessen wird. So haben
Wolfram Pyta und Rainer Orth kürzlich[3] aus dem Studium bislang unbeach-
teter Dokumente den Schluss gezogen, dass der von Reichskanzler Kurt von
Schleicher Ende 1932 betriebene Plan einer „Querfront" von damaligen Akteuren, darunter dem Kronprinzen, als eine ernsthafte Option gesehen wurde,
Deutschland in einen autoritär regierten Staat mit einer Massenbasis zu
überführen, aber Hitler als Reichskanzler zu verhindern.

„Erheblicher Vorschub" als *notwendige* Bedingung für Hitlers Ernennung
zum Kanzler hingegen ist aus epistemologischen Gründen kaum zu erweisen,
nicht zuletzt wegen des kontrafaktischen Charakters der zugrundeliegenden
Frage. Wäre Hitler ohne die Aktivitäten der Hohenzollern nicht Reichskanzler geworden? Aus der ungemein komplexen Gemengelage von Akteuren,
Bedingungen, Bestrebungen, Optionen und Pfadentscheidungen ergibt sich,
dass deren Verknüpfung und Gewichtung aus der Natur der Sache heraus
strittig sind. Dieter Langewiesche, ein ‚rechter' Umtriebe gewiss unverdäch-
tiger Historiker, hat sich jedenfalls sehr zurückhaltend geäußert: Frage man
danach, „welche Bedeutung dies [die Aktivitäten der Hohenzollern-Prinzen,
U.W.] für die Machtergreifung der Nazis hatte, werde es schon sehr schwierig: Beim Tag von Potsdam, an dem eine Kontinuität zwischen der preußischen Geschichte und dem Nationalsozialismus demonstriert werden sollte,
war Reichspräsident Paul von Hindenburg dabei, während die Hohenzollern
keine Rolle spielten. Das heisst nicht, dass sie keinen Einfluss ausübten, aber
wie stark dieser war? Ich möchte nicht in der Rolle des Richters sein, der
nun über die Entschädigungsforderungen entscheiden muss."[4]

---

[3] HZ 312, 2021, S. 400–440.

[4] NZZ v. 4. Okt. 2020; https://www.nzz.ch/international/deutschland/dieter-lange-
wiesche-ueber-ein-moegliches-verbot-der-reichskriegsflagge-was-die-buerger-mit-frue
heren-hoheitszeichen-machen-sollte-man-ihrer-verantwortung-ueberlassen-ld.1579
779, zuletzt 19.10.2020. – Ich verwende das grammatikalisch korrekte generische
Maskulinum: Historiker sind alle Personen jedweden Geschlechts, deren Profession
die geschichtswissenschaftliche Forschung ist. M.W. hat bislang übrigens noch niemand vorgeschlagen, diese Bezeichnung (analog zu ‚Studenten/Studierende') durch
‚Historierende' zu ersetzen.

Eben die Verknüpfung und Gewichtung in einer solchen Gemengelage ist jedoch das Alltagsgeschäft von Historikern. Das juristische und das geschichtswissenschaftliche Feld kamen im vorliegenden Fall zunächst miteinander in Berührung, weil beide Streitparteien Gutachten von Historikern vorlegten und zudem Historiker auf zwei weiteren Feldern ihre Einschätzungen kundgetan haben: in einer parlamentarischen Anhörung des Bundestages, Anfang 2020, sowie in der Publizistik. Dennoch bleibt richtig, was ein Experte für Öffentliches Recht dazu bemerkt hat: „Auslegung und fallbezogene Anwendung der Norm sind Sache der Gerichte, nicht der Historiker. Seriöse Geschichtswissenschaft wird sich darauf beschränken, den Sachverhalt aufzubereiten, sich aber mit Aussagen zu Rechtsfolgen zurückhalten, für die sie nicht kompetent ist."[5] Umgekehrt würde eine gerichtliche Entscheidung, zu wessen Gunsten auch immer, selbstverständlich die fortgesetzte Debatte in der Geschichtswissenschaft weder lenken noch entscheiden können. Insofern „stehen juristische Tatsachenermittlung, die notwendig ist, um geltendes Recht anzuwenden, freie Wissenschaft und meinungsbildende Geschichtspolitik legitimerweise nebeneinander"; sie stellen (systemtheoretisch gesprochen) verschiedene Felder dar, auf denen es unterschiedliche Geltungsgründe gibt. Ähnlich sieht der Zivilrechtler Wolfgang Ernst die Rollen verteilt: Historiker stellen auf der Grundlage ihrer Forschung die relevant erscheinenden Tatsachen bereit, doch sie ersetzen oder übernehmen damit keinesfalls den juristischen Gedankenschritt, in dem „die Frage zu beantworten ist, ob das, was historisch ermittelt wurde, den gesetzlichen Tatbestand erfüllt".[6] Dieser Schluss sei allein Sache der zuständigen Behörde beziehungsweise (im Widerspruchsfall) des zuständigen Gerichts. Für Verwaltungsbehörden oder Verwaltungsgerichte sind lediglich diejenigen Tatsachen relevant, die benötigt werden, um sie unter die einschlägige Rechtsnorm zu subsumieren. Dazu wird kein historisches Portrait mit allen Nuancen und Schattierungen benötigt. Rechtliche Verfahren müssen gegenüber ihrer (gesellschaftlich-historischen) Umwelt gerade Komplexität reduzieren. Die beiden Felder sind also schon deshalb sehr verschieden, weil Gerichte einen äußerst komplexen Sachverhalt so zurichten müssen, dass er, wie erwähnt, einer binären Entscheidung unterworfen werden kann, während Historiker eine solche Komplexitätsreduktion – wie sie verbindlichen Kausalzuschreibungen inne-

---

[5] Karl F. Gärditz, Geschichte vor Gericht. Wissenschaft hat kein Monopol auf historische Wahrheit; und die Judikative beendet einen Diskurs nicht, in: F.A.Z. vom 24. Sept. 2020, S. 6; dort auch das folgende Zitat im Text; vgl. ders., Der „Hohenzollernstreit" zwischen Amtsaufklärung, Gutachten und freier Geschichtswissenschaft, in: Neue Juristenzeitung 2020/11, S. III.

[6] Wolfgang Ernst, Oberhalb der Bagatelle. Das Bestimmen unbestimmter Rechtsbegriffe können Historiker den Juristen nicht abnehmen. Was ist Vorschub, und wann wird er erheblich?, in: F.A.Z. v. 14. Okt. 2020, S. N 3.

wohnt – in den weitaus meisten Fällen weder leisten können noch überhaupt anstreben. Den Unterschied betont auch die Historikerin Barbara Stollberg-Rilinger in einer knappen Analyse der verschiedenen Felder und ihrer jeweils eigenen Logiken: Im Gegensatz zum Recht und zur Politik seien der (Geschichts-)Wissenschaft verbindliche Letztentscheidungen grundsätzlich fremd. Das Wissenschaftssystem lebe vielmehr gerade daraus, dass der Erkenntnisprozess in ihm nie abgeschlossen sei und alle Ergebnisse oberhalb banalster Faktizität nur vorbehaltlich gelten, „auch wenn sich vorübergehend meistens eine fachliche Mehrheitsmeinung herauskristallisieren mag".[7] Die „Erzählungen", die Richter wie Historiker produzieren, können einander wegen der Verwobenheit der beiden Felder auf den ersten Blick durchaus ähneln, aber sie sind dennoch grundverschieden.

Auch Christopher Clark, der seine in einem früheren Gutachten vertretene Position inzwischen modifiziert hat, will aus epistemologischen Gründen die historische Bewertung nicht zur Magd der juristischen Würdigung werden lassen, wenn die auf letzterem Feld entscheidende Variable so unzureichend definiert ist: „Über die Frage nach dem ‚erheblichen Vorschub' bei der Machtergreifung der Nationalsozialisten", so Clark am 4. November 2020 in der F.A.Z., „kann man die Bedeutung dieses Mannes nicht erfassen. Wenn man die Problemstellung allerdings erweitert und sich fragt, welchen Anteil der Kronprinz an der Zerschlagung der Demokratie in Deutschland hatte, dann muss man sagen, dass er ein einflussreicher Akteur in diesem Geschehen war." Die ‚Machtergreifung' wie die Zerstörung der Demokratie gingen Hand in Hand, waren aber nicht identisch. Ob auch letztere juristisch im Sinne des Gesetzes relevant ist, müssen, wie skizziert, die Gerichte entscheiden.

Die mediale Berichterstattung über den Rechtsstreit und dessen geschichtspolitisch-publizistische Kommentierung sind überwiegend von Empörung und moralisierender Schnappatmung geprägt[8]: Jeder wisse doch, dass Wilhelm II. Deutschland keinen „Platz an der Sonne" bescherte, sondern für die Höllenfahrt in den Massenmord maßgeblich mitverantwortlich war, als Imperialist, Kriegstreiber und Antisemit – wie könnten da seine Nachkommen auf einen Rechtstitel pochen? Sein Sohn, der erwähnte Kronprinz, unterstützte Hitler in der Tat bereits bei dessen Kandidatur zum Reichspräsidenten 1932 und wirkte beim berüchtigten „Tag von Potsdam" mit; der jüngere Bruder, Prinz August Wilhelm („Auwi"), war gar Mitglied der SA und Wahlredner für die NSDAP. Alles ziemlich unappetitliche Figuren, gewiss. Und das ak-

---

[7] Barbara Stollberg-Rilinger, Editorial, in: Der Staat 59, 2020, S. 155–158.

[8] Vgl. pointiert Jens Gal, Der Erbprinz schießt seinen ersten Bock. Allegorische Überlegungen zu den Hohenzollernforderungen, in: Aus Politik und Zeitgeschichte 70, 2020, H. 41, 5.10. 2020, S. 39–46.

tuelle Haupt des Hauses überzog für eine gewisse Zeit als Prozessführender gehäuft Historiker, Journalisten und andere Beteiligte an der öffentlichen Debatte mit Unterlassungsklagen und einstweiligen Verfügungen (was sein Recht war, aber nicht für seine Sache einnahm). Wenig überraschend trugen öffentliche Kommentare, nicht nur aus dem Munde von Fernsehsatirikern, über die Ansprüche und das Agieren der Hohenzollern bisweilen Züge von generationenübergreifender Sippenhaft, Hassrede und ,gruppenbezogener Menschenfeindlichkeit'. Und wenn der ehemalige Bundestagspräsident Wolfgang Thierse meint, die Forderungen seien schon deshalb abzulehnen, weil sie dem Rechtsempfinden der großen Mehrheit der Deutschen krass widersprächen, so hat diese Ansicht juristisch zwar keinerlei Gewicht, kommt aber weithin gut an. Populistisch ist sie auch in dem Sinne, dass in einer solchen Sicht das ,gesunde Volksempfinden' Wiederauferstehung feiert.

Dennoch gilt: Kein Historiker, der bei Trost ist, wird sich die juristisch verhandelten Forderungen der Hohenzollern zu eigen machen oder den zeitweise auf Einschüchterung zielenden Handlungsstil des ,Hauses' verteidigen wollen! Niemand tut das. Auch der Hinweis, dass die Bundesrepublik immer noch ein Rechtsstaat ist, in dem Gerichte nach Recht und Gesetz über Forderungen entscheiden, kommt nicht exklusiv Historikern zu.

Erkennbar steht der Rechtsstreit um Entschädigung, Restitution oder Mitbestimmung bei künftigen Ausstellungen nur als Platzhalter auf der Bühne. Das zeigt schon der Blick auf die Einigungen, die im Laufe der Zeit relativ geräuschlos mit den Nachkommen anderer deutscher Fürstenhäuser getroffen wurden. Der Fall Preußen ist dagegen sehr speziell. So stellte der kulturpolitische Sprecher der Partei Bündnis 90/Die Grünen unmissverständlich klar: In der Frage der Vorschubleistung durch den Kronprinzen gehe es um mehr als um die Entschädigungsansprüche der Familie Hohenzollern – es gehe „um deutsche Geschichte und um historische Verantwortung. […] Die Umbettung der Kaisers [sic], der Wiederaufbau des Stadtschlosses mit historischer Fassade, die Wiederherstellung der Garnisonkirche in Potsdam – offenbar geht derzeit die kritische Distanz zum Preußentum zunehmend verloren."[9] Umso wichtiger sei es, diese Debatte im öffentlichen Raum zu führen.

Und an dieser *geschichtspolitischen* Schnittstelle melden sich nun auch wiederum Historiker zu Wort, wie beim „Historikerstreit" von 1986/87 zunächst primär auf dem publizistischen Feld. Den Takt vorzugeben suchte ein langer Artikel in der „Süddeutschen Zeitung" vom 3. März 2020 unter dem Titel „Da ist sie wieder, die konservative Revolution. Der Sachverständige der CDU im Hohenzollernstreit ist offenbar Teil eines neurechten Netzwerks

---

9 Erhard Grundl, Würde, Anspruch und Anmaßung. Im Hohenzollernstreit hat die Unwürdigkeitsklausel besonderes Gewicht, in: F.A.Z., 29.9.2020, S. 9.

in den Geisteswissenschaften". Hier wird – wie eine Generation zuvor gegen die „Viererbande"[10] – der besagte Sachverständige in der Bundestagsanhörung, der Historiker Benjamin Hasselhorn, Universität Würzburg, als Teil eines neu-rechten Vorstoßes skandalisiert und mit dem Vorwurf überzogen, die Interpretation der deutschen Geschichte in einem reaktionären Sinn verschieben zu wollen. Das behauptete Netzwerk, dem er angehöre, reiche von konservativen Universitätshistorikern über rechtsnationalistische Medien und Institutionen wie das „Institut für Staatspolitik" bis zur AfD. Muster: Wer einmal an der ‚falschen' Stelle vorgetragen oder ein bestimmtes Buch ‚falsch' rezensiert hat, lädt damit eine Kontaktschuld auf sich und ist beinahe schon ein Fall für den Verfassungsschutz. Der Verfasser des SZ-Artikels, Niklas Weber, wird dort seinerseits als „Historiker und derzeit Doktorand am Institut für Kulturwissenschaft der HU Berlin" vorgestellt; dass er, der die „Frage nach rechten Strukturen in der Wissenschaft" diskutiert sehen möchte, Autor im „Neuen Deutschland" und Stipendiat der Rosa-Luxemburg-Stiftung ist, hat die Zeitung wohl übersehen, als sie diesem infamen Versuch einer Rufzertrümmerung von linksaußen sechs Spalten einräumte.

Konnte man diesen Artikel noch als mediokres Machwerk eines präpotenten Agitators abtun, wog die nächste Eskalation wesentlich schwerer. Am 9. September 2020 veröffentlichte Eva Schlotheuber, seit 2016 Vorsitzende des Historikerverbandes (VHD), zusammen mit dem Marburger Neuzeithistoriker Eckart Conze einen langen Artikel unter dem – wohl wie üblich von der Redaktion formulierten – Titel „Die Ehre der Familie. Diese Sache geht uns alle an: Wie das ‚Haus' Hohenzollern seine Familienerinnerung mit juristischen Mitteln gegen deutsche Historiker verteidigt."[11] Wie die Überschrift schon andeutet, wenden sie sich – darin dankenswerterweise und mit vollem Recht – gegen die Einschüchterungsversuche durch den klagenden Hohenzollernchef und bezeichnen eine freie wissenschaftliche wie öffentliche Diskussion als unantastbare Grundlage eines demokratisch verfassten Gemeinwesens. Damit sprechen sie zweifellos im Sinne aller Historiker und genießen im erwähnten, gewiss nervenzehrenden juristischen Beschuss durch das Haupt des Hauses Hohenzollern die Solidarität der Zunft.

Umso überraschender erklären sie eine wissenschaftliche Debatte um die in Rede stehende Frage jedoch wenig später im Text für überflüssig: Mit Blick auf den Kronprinzen sprächen alle Evidenzen „für eine massive, substantielle und anhaltend wirksame Unterstützung des Nationalsozialismus insbesondere in den späten Jahren der Weimarer Republik sowie in der Früh-

---

[10] Gemeint sind Ernst Nolte, Andreas Hillgruber, Klaus Hildebrand und Michael Stürmer.

[11] F.A.Z., 9.9.2020, S. 9.

phase der nationalsozialistischen Herrschaft"; diese Gewissheit sei auch in den beiden dem Gericht vorliegenden anderslautenden Gutachten nicht erschüttert worden. In summa: „Es gibt keinen neuen Historikerstreit, die Forschung ist sich in dieser Frage einig."

Als Mediävistin und Spezialistin für mittelalterliche Klöster weiß die Verbandsvorsitzende sicher, was der Satz „Roma locuta, causa finita" bedeutet. Nur ist ein wissenschaftlicher Fachverband nicht die Katholische Kirche, dessen Vorsitzende nicht der Papst (oder die Päpstin) – und Eckart Conze nicht der Präfekt der Kongregation für Glaubensfragen. Zudem stellt sich die Frage: Aus welcher fachlichen Kompetenz heraus dekretiert Frau Schlotheuber in einer *zeitgeschichtlichen* Sachfrage? Und wer hat Herrn Conze ermächtigt, eine Position des VHD zu formulieren?[12]

In ihrem Bestreben, die Sache für entschieden zu erklären, erwähnen Schlotheuber und Conze auch die „Argumentation des den Hohenzollern nahestehenden ‚Experten' bei der Anhörung im Kulturausschuss des Bundestages im Januar 2020". Wer mit der Debatte halbwegs vertraut war, musste wissen, dass damit (der im Artikel nicht namentlich genannte) Benjamin Hasselhorn gemeint ist.[13] Dass dieser den Hohenzollern nahestehe, ist eine Unterstellung; ihn als „Experten" in Anführungsstrichen zu apostrophieren, stellt eine Herabsetzung dar, die angesichts der gegenwärtig überwiegenden Debattenkultur geeignet sein kann, die berufliche Existenz eines noch nicht etablierten Nachwuchswissenschaftlers zu vernichten.

Der Artikel der VHD-Vorsitzenden steht erkennbar in einem Zusammenhang mit der auf dem Münsteraner Historikertag 2018 verabschiedeten „Resolution"[14]; er setzt den (von mehreren Akteuren betriebenen) Versuch fort, den Verband zu politisieren und abweichende Ansichten oder auch nur nachdenkliche Fragen als nicht länger akzeptabel zu stigmatisieren. Gegen die neuerliche Instrumentalisierung des VHD und die Beschädigung eines Kollegen haben sich in einem Schreiben an die Vorsitzende die Historiker Peter Hoeres, Ronald Asch, Jörg Baberowski, Hans-Christof Kraus, Frank-

---

[12] Die Co-Autorschaft ließ keinen anderen Schluss zu, als dass auch Conze im Namen des Verbandes schrieb.

[13] Seine Begründung, warum er in der Causa Hohenzollern in wissenschaftlicher Sicht noch offene Fragen sieht, ist im Wortlaut unter http://www.geschichte.uni-wuerzburg.de/institut/neueste-geschichte/personal/hasselhorn/ zu finden (zuletzt abgerufen: 23.3.2021).

[14] Dazu mit weiteren Hinweisen Gerrit Dworok, Rückkehr zur Streitgeschichte? Anmerkungen zur „Resolution des Verbandes der Historikerinnen und Historiker Deutschlands zu gegenwärtigen Gefährdungen der Demokratie", in: Ders./Thomas Exner (Hgg.), Komplexität und Wahrheit. Wissenschaft im Spannungsfeld von Beschreibung, Deutung und Verzerrung, Baden-Baden 2019, S. 215–230.

Lothar Kroll, Sönke Neitzel, Andreas Rödder, Rainer F. Schmidt, Michael Sommer, Uwe Walter und Michael Wolffsohn verwahrt.[15]

Eine ganz andere Frage stellt sich einem außenstehenden Beobachter und gelegentlichen Besucher von Ausstellungen: Falls, wie es von avantgardistischen Vertretern verschiedener Fachdisziplinen (darunter der Geschichtswissenschaft) schon länger postuliert wird, auch Dinge „agency" haben: Wie können dann die Herrscherinsignien einer Verbrecherfamilie, die durch und durch militaristischen Heerführerporträts und Schlachtengemälde oder die Schnupftabakdose Friedrichs II., der Preußens Großmachtstatus durch einen Krieg gegen Österreich begründete, von ihren einstigen Besitzern und dem Ungeist, für den diese standen, so säuberlich getrennt werden und als „nationale Kulturgüter" gelten, die vor dem Zugriff der genannten Familie oder gar dem Ausverkauf gerettet werden müssen? Warum ist dieser logische Widerspruch noch niemandem aufgefallen? In die glücklich erreichte Demokratie, die sogar ‚falsche' Straßennamen auszulöschen bestrebt ist und koloniales Raubgut lieber heute als morgen loswerden möchte, passt doch solch toxischer Plunder ganz und gar nicht mehr. Aus den Vitrinen und weg damit, auf den Markt, nach Japan! Dieses Zeug ist im schönen Neuen Deutschland die Arbeitszeit auch nur eines einzigen pommerschen Gerichtsschreibers nicht wert!

---

[15] Vgl. Reinhard Müller, Ein neuer Historikerstreit? Der Streit um die Rolle der Hohenzollern spitzt sich zu, in: F.A.Z. v. 16. Sept. 2020, S. 8. Dort ist der kurze Brief in seinen Kernaussagen wörtlich zitiert. – Der auf Wunsch der gfh-Chefredakteure zunächst formulierte Zusatz lautete: „Dieser kurze Artikel stellt zunächst den Versuch dar, Dinge, die in der Diskussion bisweilen durcheinandergehen, analytisch sauber zu trennen. Überdies ist mir aber auch die Art und Weise, wie Historikerinnen und Historiker miteinander umgehen, ein Anliegen. Dissense müssen dabei benannt, Fehlleistungen kritisiert werden dürfen. Es liegt mir indes fern, die VHD-Vorsitzende persönlich zu attackieren oder gar das gute Einvernehmen zwischen VHD und VGD stören zu wollen."

Die Geschichte als Strafgericht?

Eine kurze Analyse des geschichtswissenschaftlichen Aktivismus

Von *Thomas E. Schmidt*, Berlin

Die seit ungefähr zwei Jahren von der deutschen Öffentlichkeit mit Interesse verfolgten Verhandlungen der Familie von Preußen über staatliche Entschädigungszahlungen aus enteignetem immobilem Vermögen sowie über den Verbleib ihrer Kulturgüter in diversen Museen wirken auf den ersten Blick unübersichtlich. Um was geht es dabei genau? Was ist der Kern der Kontroverse? Das Ganze beansprucht Aufmerksamkeit für komplexe juristische und historische Sachverhalte, erlaubt aber trotzdem die rasche und eindeutige Positionierung. Jede und jeder kann zu den Nachfahren der Hohenzollern-Dynastie eine feste Meinung haben – eine Folge des weitgespannten geschichtlichen Horizontes, vor dem der Streit der Familie mit der öffentlichen Hand schwebt. Aus dem rein privatrechtlichen Rahmen weist der Konflikt hinaus und führt in den unspezifischen Bereich geteilter Erinnerungen hinein. Letzterem kann sich jeder zugehörig fühlen, ein jeder kann sein unmittelbares Verhältnis zur nationalen und zur europäischen Geschichte zum Ausdruck bringen, in der die Hohenzollern eine bedeutende Rolle spielten. Der aktuelle Fall bietet sich zur Analogiebildung an, er wird zum Wiederholungs-, genauer zum Fortschreibungsfall der Historie, und zwar zu einem sehr heutigen und emotional anregenden. Er wird zu einem weiteren Akt in der schwierigen Auseinandersetzung des demokratischen Deutschlands mit seinem ehemaligen Kaiserhaus, ja mit der schwierigen deutschen Vergangenheit überhaupt.

Allerdings folgt das mit der Chiffre „Preußen" verbundene Aufrühren historischer Gefühle und Reflexionen keiner Zwangsläufigkeit. In den vergangenen Jahren spielte der Preußenkomplex im Zusammenhang deutscher Geschichtsaufarbeitung nur eine untergeordnete Rolle. Die Aktualisierung der Möglichkeit, die Hohenzollern noch einmal als zentrales historisches Streitobjekt zu installieren, setzt ein strategisches geschichtspolitisches Kalkül voraus, vor allem aber den geeigneten Zeitpunkt. Die historische Kontroverse ist auf bestimmte Umstände angewiesen, sonst zündet sie nicht, und weil auch sie diese Umstände verändert, ist ihr Verlauf nicht vorherbestimmt – es sei denn, ihre Determination ist selbst Teil des Kalküls. Die Hohenzollern

eignen sich also nicht an sich und immer zur Instrumentalisierung, aber wenn
der Versuch glückt, verfügt der Name über ein hohes Streitpotenzial. Das
Potenzial erhöht die Wahrscheinlichkeit, dass dem Fall, so eng umrissen er
sei, eine paradigmatische Bedeutung zuwächst, indem sich Diskurse und Interessen an ihn knüpfen, die an sich nur in einer indirekten oder zufälligen
Beziehung zu ihm stehen, denen aber durch diese Kopplung ihrerseits Relevanz und Legitimität zufallen. Man könnte von einer parasitären Mehrdimensionalität sprechen. Ab einem bestimmten Zeitpunkt erfolgt dieser Kopp-
lungsprozess autologisch, wird aber intentional angeregt und weiter befördert.
Der Fall selbst begünstigt diesen Mechanismus sogar: Sobald die Familie
Preußen ihre eigentumsrechtlichen Interessen wahrnimmt, hat das meistens
eine regionale Bedeutung, weil lokale öffentliche Belange betroffen sind.
Darüber hinaus und auf ganz andere Weise wird diese Bedeutung jedoch
akzentuiert, wenn die Familie in dieser Interessenwahrnehmung in der Rolle
historischer Akteure rückwirkend politisiert wird. Dann ist Geschichte auf
einen Schlag gegenwärtig, im Vollzug begriffen, und die juristischen, kulturellen, sozialen, stadt- und parteipolitischen Nebenaspekte des Falls ordnen
sich in ein Tableau von hoher gesellschaftlicher Brisanz ein. Dann ist auch
die Frage der „richtigen" Fortschreibung von Geschichte aufgerufen, also
eine Entscheidungssituation hergestellt.

Was die Struktur des Falles, also seine Potenzialität betrifft, ist an Folgendes zu erinnern: Wie viele Familien, stellte auch diejenige von Preußen
nach Verabschiedung des Entschädigungs- und Ausgleichsleistungsgesetzes
(EALG) 1994 einen Antrag auf Kompensation ihres von der DDR enteigneten Eigentums. Ämter für offene Vermögensfragen in drei Ost-Bundeslän-
dern erklärten diesen Anspruch für berechtigt. Die Zahlung der Entschädi-
gungssumme hielt der brandenburgische Finanzminister 2019 mit Verweis
auf die inzwischen berühmt gewordene Klausel des Gesetzes zurück, wonach derjenige nicht entschädigt werden dürfe, der dem Funktionieren der
Regime des Nationalsozialismus oder der DDR „erheblichen Vorschub" geleistet habe. Dies war als Begünstigter der Kronprinz Wilhelm, dessen Verstrickungen in die Vorgeschichte von Hitlers Machtübernahme nun in den
Vordergrund rückten. Bisher gelangte die Vorschub-Klausel nur einmal explizit zur Anwendung, im Fall Hugenberg. Aus Mangel an Präzedenzfällen
kann von einem belastbaren juristischen Kriterium zur Feststellung einer
„erheblichen Vorschubleistung" kaum die Rede sein, noch immer handelt es
sich um einen unbestimmten Rechtsbegriff. Die (noch) nicht erfolgte Rechtsprechung in Sachen Kronprinz eröffnete stattdessen die Möglichkeit, die
Rolle des Hauses Preußen in den dreißiger Jahren historiografisch neu zu
beleuchten, vor allem: sie nach heutigen ethischen Maßstäben zu beurteilen.
Ab dem Zeitpunkt ihrer öffentlichen Bekanntmachung 2019 wurde die verwaltungsrechtliche Frage nach einer Entschädigungsberechtigung außerdem

von einer parteipolitischen Zielsetzung überlagert. In diesem Kontext hob die wissenschaftliche Debatte sofort unter dem Vorzeichen einer Polarisierung an und wurde auch in der entsprechenden politischen und gesellschaftsmoralischen Dimensionierung geführt. Die Linkspartei, später auch die Grünen, skandalisierten den Fall im Zeichen des gesunden rechtlichen Volksempfindens. Sinngemäß: Es gehe nicht an, dass eine so schuldbeladene und begüterte Familie vom Staat nachträglich belohnt werde; ein Gericht möge bestätigen, dass sämtliche Eigentumsfragen, Immobilien wie Mobilien betreffend, im Sinne einer Rechtmäßigkeit früherer Enteignungen geklärt seien, beziehungsweise das Gericht möge diese Klärung vor aller Augen noch einmal herbeiführen. In der Öffentlichkeit wird seither der Eindruck erweckt, ein solches Urteil würde endgültig mit den Verstrickungen der Preußen abrechnen und verbindlich ein bestimmtes Geschichtsbild bestätigen.

Leider greift diese Sicht sehr kurz. Sie unterschlägt nicht nur die Unwägbarkeiten des nun anhebenden und wohl langwierigen Prozesses mit Gutachtern, Gegen- und Obergutachtern, nicht nur die eingeschränkte Kompetenz der Gerichtsbarkeit in historischen Deutungsfragen insgesamt, sondern auch die kulturpolitische Dimension der Angelegenheit. Die ist ebenfalls relevant, ruft der Fall doch die Vieldeutigkeit des Vergangenen in ganz unterschiedlichen Facetten in Erinnerung. Seit 2016 verhandelt die Familie Preußen mit staatlichen Stellen über den endgültigen Verbleib von Kunstwerken, von Archivbeständen, Memorabilia und historischen Objekten. Manche davon sind für das kulturelle Gedächtnis Deutschlands von erheblicher Bedeutung. Soweit hat die Familie ein Arrangement über Ankäufe und neue Leihverträge mit einer außergerichtlichen Einigung in der Entschädigungsfrage verknüpft. Sie strebte bisher einen gütlichen Gesamtkompromiss an. Denn was die kulturelle Hinterlassenschaft der Hohenzollern anlangt, fällt nur ein geringer Teil unter die Reichweite des Entschädigungs- und Ausgleichsleistungsgesetzes. Und nur dieser kleinere Teil ist von der Frage nach Rückgabe oder Kompensation betroffen, wenn denn das Gericht letztinstanzlich urteilt, dass die Familie über keine Entschädigungsberechtigung verfügt. Der weitaus größere und bedeutsamere Anteil – er umfasst im Wesentlichen die Bestände des ehemaligen Hohenzollernmuseums – wurde auch nicht von den Behörden der DDR enteignet, sondern von sowjetischen Trophäenkommissionen verbracht. Gegen Ende der fünfziger Jahre ist er stückweise in die DDR zurückgeführt worden. Juristisch handelt es sich um Beutekunst – und die ist im Falle ihres Wiederauftauchens auf dem Gebiet der Bundesrepublik an ihre Eigentümer zu restituieren. Derzeit lagert dieser Bestand in unterschiedlichen öffentlichen Museen. Er könnte zwar durch Anwendung des Kulturgutschutzgesetzes als national bedeutsames Kulturgut eingetragen werden, aber eine solche Listung würde an den Eigentumsverhältnissen nichts verändern. Auch nicht an der Möglichkeit einer Überführung in das private Museum auf Burg

Hohenzollern bei Hechingen. So dass im Sinne der öffentlichen Sichtbarkeit, der Erforschung, aber auch im Sinne der Vollständigkeit von Sammlungen und Ensembles ein Verbleib dieser Kulturgüter in den Museen im öffentlichen Interesse läge. Dieses öffentliche Interesse allerdings steht dem behaupteten Interesse an einer spektakulären geschichtspolitischen Affirmation entgegen. Die museale Sicherung preußischen Kulturerbes hing bisher an einer gütlichen Übereinkunft. Die vermeintliche Klärung in einem Entschädigungsprozess gemäß EALG wird an dieser Stelle neue Unwägbarkeiten erzeugen und weitere gerichtliche Auseinandersetzungen nach sich ziehen. Kulturgut ist dann gerade nicht für die Öffentlichkeit gesichert. Kunst- und Geschichtswissenschaft müssten wahrscheinlich eines Tages eine schwindende Verfügbarkeit von Anschauungsobjekten und Dokumenten beklagen.

Das Erweiterungspotenzial des Falles ist auf das hohe Maß an Unbestimmtheit zurückzuführen, das in ihm erkennbar wird. Diese Unbestimmtheiten ermöglichen eine Vielzahl von Deutungen und erzeugen Entscheidungsbedarf auf unterschiedlichen Ebenen. Die Fragen, ob die Familie von Preußen entschädigungsberechtigt sei und ob das Verhalten des Kronprinzen Wilhelm einen solchen Anspruch ausschließe, markieren nur die öffentlich sinnfällige Seite jener Unschärfe. Die Kritiker der preußischen Position mobilisieren eine aufwändige Debattenregie, um dieser sichtbaren Seite einen exklusiven Status zuzuweisen, suggerierend, ein deutsches Gericht werde am Ende über die richtige Version deutscher Geschichte entscheiden. In Wirklichkeit reicht die Unklarheit tiefer, und erst die Debattenregie lotet diese Tiefe recht eigentlich aus: Über die Beurteilung des Kronprinzen besteht historiografisch keineswegs Einvernehmen, auch nicht über die politische Rolle der Hohenzollern im Nationalsozialismus generell. Vielmehr verstärkte die Debatte selbst die Verwirrung, weil sie die Frage aufwarf, wer ein verbindliches Urteil in der Sache – und damit in Sachen Historie – fällen darf, Richter, Experten oder eine Öffentlichkeit, die soziale Tatsachen schafft? Besteht in einer solchen Gemengelage die Aufgabe der Geschichtswissenschaft darin, für Eindeutigkeit zu sorgen oder sollte sie sich als pluralen, kontroversen Diskurs präsentieren? Ist die Stimme der Familie auch ein Bestandteil dieses Diskurses? Sind die historischen Objekte für einen solchen Diskurs ebenfalls essentiell, und wenn die kulturelle Dimension hier relevant ist: Wie weit reichen die Eigentumsrechte der Familie an diesem Kulturgut genau? Wie wäre dann mit veralteten oder fehlenden Leihverträgen zu verfahren? Gelten dann die Bestimmungen des Vergleiches, den die Familie 1926 mit dem preußischen Staat geschlossen hat? Welche Verpflichtungen ergeben sich daraus für die Museen? Welche Mitsprachrechte erwachsen dem Leihgeber billigerweise bei der Präsentation der Objekte? Und die entscheidende Frage: Wer verfügt über die Kompetenz – und wer hat das Interesse, sich von der Gravitation dieser komplizierten Lage zu befreien und eine unabhängige Position einzunehmen, möglicherweise in der Absicht, eine pragmatische Lösung herbeizuführen?

Recht, Politik, Verwaltung, Wissenschaft und Presse sind involviert, ohne dass hinsichtlich ihrer jeweiligen Interventionen ein verbindliches Schema zur Verfügung stünde. Eine historische Debatte folgt keinem strikten Regelwerk, sie ist kein „Verfahren", aber der Fall selbst verlangt nach einem solchen, während die juristische Entscheidung in diesem Kontext und zu diesem Zeitpunkt nur formell sein kann und in der Sache unzureichend bleiben muss. In Streitfällen dieser Art ist die Hierarchie der Interventionen flüssig. Entscheidungsgewalt wird in ihnen zu einer Sache der Selbstzuschreibung. Das Streitpotenzial steigt, solange die möglichen Protagonisten einer pragmatischen Lösung, die brandenburgische Landesregierung und die Behörde der Bundeskulturbeauftragten, ihre Lösungskompetenz gerade nicht wahrnehmen, indem sie selbst Partei im Streit ergreifen oder den „Ausgang" der Debatte abwarten. Dann fällt der Geschichtswissenschaft die Rolle zu, ein unübersichtliches, aber eindeutig als historisch markiertes Feld zu ordnen. Dieser Aufgabe unterziehen sich manche Vertreter des Faches mit Vehemenz, andere sind zögerlicher und verweisen auf die szientifischen respektive hermeneutisch-narrativen Standards ihrer Disziplin. Die Historik ist mithin in ihrer Eigenschaft als Orientierungswissenschaft aufgerufen, stößt jedoch sofort an die Dezisionskompetenz des Juristischen, die hier ihrerseits limitiert ist und sich mit deutlich artikulierten politischen Erwartungen konfrontiert sieht. Historiker sollen nicht nur die Entscheidung von Richtern anleiten, sondern auch deren Urteile mit wissenschaftlicher Autorität beglaubigen; sie werden damit zu Repräsentanten der angeblich geltenden Gesellschaftsmoral, zu Kontrahenten der Verwaltung und zu Koalitionspartnern der Politik.

Der Streitfall ermuntert zu Engagement, und eine Reihe von volens oder nolens beteiligten Historikern konzentrieren die Geschichte Preußens nun auf einen kurzen Zeitraum und auf wenige Handelnde, und sie beschränken die geschichtswissenschaftliche Stellungnahme auf den Aspekt retrospektiver Normativität. Eine solche Zuspitzung, will sagen ein solcher Verzicht auf das Handwerk der Distanzierung und Differenzierung wäre im Lichte der eigenen Profession allerdings nur zu rechtfertigen, wenn insgesamt eine gesellschaftliche Frage höchster Dringlichkeit zu beantworten steht. Möglich, dass ein akuter Rechtsdrall der deutschen Öffentlichkeit, ein unmittelbar bevorstehender Rückfall in Autoritatismus und Nationalismus legitimen Anlass für die Reduktion sozialer Komplexität auf eine normative Entscheidungsfrage böte. Doch an diesem Punkt endet die Definitionsmacht der Geschichtswissenschaft abrupt. Wer den Ernstfall ausruft, tut es als besorgter Bürger, aber nicht mehr als Wissenschaftler. Die hingenommene oder absichtsvoll erzeugte Unschärfe in der Rolle des Historikers ermuntert zur Aktion. Die parasitäre Mehrdimensionalität historischer Debatten treibt das neue Phänomen des

geschichtswissenschaftlichen Aktivismus hervor. Der geschichtswissenschaftliche Aktivismus von heute unterscheidet sich vom marxistischen der siebziger Jahre. Er will nicht mehr Staat und Kapitalismus abschaffen, sondern
streitet für bestimmte Lesarten des gesellschaftlichen Selbstverständnisses,
die ihrerseits der intellektuellen Pluralität demokratischer Verhältnisse ausgesetzt sind. Allerdings nutzt er Meinungsmacht und Parteipolitik inzwischen
strategisch, um seiner Position Verbindlichkeit zu verschaffen, will also
durchaus soziale Realität gezielt verändern. Die öffentliche Inszenierung
trägt dann ein partikulares Interesse als universalmoralisches Anliegen aus.
Die historische Kontroverse bietet dazu einen geeigneten Anlass, weil ihr
Ausgangspunkt immer ein bestehender Konsens ist, also der Anschein fraglos
geltender Normen. Setzt sie sich durch, hat die siegreiche Partei nichts anderes getan, als den gesellschaftlichen Konsens zu verteidigen und zu bestärken.

Was den Zeitpunkt der Preußen-Debatte betrifft, also die durch sie hervorgerufene Resonanz, ist das Folgende in Erinnerung zu rufen: Zweifellos ist
das Ressentiment, das den Nachfahren des Hauses Hohenzollern heute entge-
genschlägt, nicht denkbar ohne den aggressiven Tonfall, der sich in den Sozialen Medien verbreitet hat, sicher auch nicht ohne die gezielte Emotionali-
sierung, die in identitätspolitischen und postkolonialistischen Debatten üblich
geworden ist. Trotzdem ist der Hintergrund ein anderer. Die Entschädigung
nach EALG, ja die Konzentration dieser Causa auf die Eigentumsfrage, wäre
parteipolitisch unergiebig geblieben ohne die augenfällige Analogie zu dem
anderen existierenden, weit bedeutsameren Register der Rückgaben und Entschädigungen. Gemeint ist die Restitutionspraxis, die in der Bundesrepublik
nach Unterzeichnung des Washingtoner Abkommens seit 1998 institutionalisiert wurde. Durch sie erhalten Beraubte ihr Eigentum zurück: ein allgemein
anerkannter Akt der Gerechtigkeit. Die Washingtoner Prinzipien sind bekanntlich kein geltendes Völkerrecht, sie dienten lediglich den ein Jahr später
formulierten Richtlinien für die Provenienzforschung und für die Herausga-
ben durch Museen und Kultureinrichtungen zur Grundlage – auch die Ver-
fahrensregeln der öffentlichen Hand können sich nicht in die Rolle des allgemeinen Rechts mogeln. Gleichwohl stehen die Washingtoner Prinzipien in
direkter Konstellation zum Recht, denn die Bundesrepublik hatte im Zuge
ihrer Politik der „Wiedergutmachung" schon früh einen gesetzlichen Anspruch von Juden auf materielle Entschädigung und auf Herausgabe ihres
geraubten Eigentums begründet. In diesem Zusammenhang erlaubte die Anerkennung der Washingtoner Prinzipien, ein punktuelles und sehr spezifisches
Verfahren einzurichten, mit dem eine eingespielte Restitutions- und Entschä-
digungspraxis fortgeführt werden konnte, ohne dass noch formell zivilrecht-
liche Ansprüche geltend gemacht werden mussten. In den meisten Fällen war
das auch nicht mehr möglich. Das hohe Alter der Geschädigten sowie die im
Rückblick unzulänglichen Verjährungsfristen ließen es angemessen erschei-

nen, an dieser Stelle eine quasi-rechtliche Verpflichtung ohne eine vollständig zureichende zivilgesetzliche Grundlage zu formulieren.

Es verwundert nicht, dass genau diese rechtsstaatliche Komplikation aus guten Gründen in der öffentlichen Wahrnehmung sehr bald ihren Ausnahmecharakter verlor und als generelles Muster für ein ethisches Staatshandeln gewertet wurde. Viele Politiker verstärkten diesen Eindruck. Mittlerweile sind die Washingtoner Prinzipien zu einem Bestandteil der Gesellschaftsmoral geworden, ihre Grundintention hat sich zu einer allgemeinen Maxime im Umgang mit historischen Relikten und Schuldfragen erweitert. Inzwischen verändern sie den Umgang mit Kunst auch im privaten Bereich grundlegend. Spektakuläre Restitutionsfälle vergegenwärtigen die Nazizeit auf eine neue, intensive Weise, nachdem sich die traditionelle Aufarbeitungspraxis mit dem Ableben der Zeitzeugen in historiografische Routine verwandelte. Generell erhöht sich die Bedeutung der Kultur in der historischen Aufarbeitungspraxis, was paradoxerweise aber nicht heißt, Aufarbeitung spiele sich mittlerweile ganz auf dem Felde des Symbolischen ab. Etwas überspitzt gesagt, aber dabei im Blick behaltend, dass Teile der Politik diese Entwicklung nachdrücklich befördern: Die Gesellschaft hält heute Praktiken vor, die begangenes Unrecht auch ohne rechtliche Grundlage auszugleichen ermöglichen, sogar gegen gesetzliche Vorschriften. Und auf solche realen Intermittenzen der rechtstaatlichen Kontinuität kommt es heute an. Zwischen Rechtsstaat und historischer Gerechtigkeit schiebt sich eine schillernde Sphäre sozial verbindlicher Moralität. Sie ist heute der Schauplatz hochsymbolischer Akte einer realen Revision von Geschichte. Und die Realität dieser Revisionsakte kann sich nach Lage der Dinge nur als eine nachträgliche Veränderung von Eigentumsverhältnissen manifestieren. Eigentumsverhältnisse sind das Substitut für Verantwortlichkeit und Strafbarkeit, wo leibseelische Subjekte nicht mehr zur Verfügung stehen. Das Eigentum ist gleichsam zeitenthoben, aber in ihm bleiben historische Schuldverhältnisse gespeichert, und sofern der Rechtsstaat das Eigentum generell schützt, fällt auf ihn der Schatten ethischer Zweideutigkeit. Indem das Recht ein Teil der Geschichte ist, muss eine ethisch vereindeutigende Haltung zur Geschichte dem Recht heute skeptisch begegnen.

In dieser Vorstellung sind Entschädigungen nach EALG ohnehin moralisch prekär, weil sie auch die Nachfahren der Täter begünstigen. Dies wiegt umso schwerer, wenn der Anspruch einer Familie juristisch berechtigt ist, die sich zur Schuldzuschreibung geradezu aufdrängt. Dann ist in dieser Sicht moralisches Unrecht am Werk oder droht zu Werke zu gehen. So fällt selbstverständlich in der Kampagne kein Licht auf die Familie Preußen als Geschädigte des DDR-Regimes, sondern ausschließlich auf die ehemaligen Sympathisanten Hitlers. Eine weitere Übertragung wird ebenfalls erklärbar, selbst wenn sie auf den ersten Blick willkürlich erscheint: Wilhelm II. wird inzwischen nicht nur als ein früher Nazi gebranntmarkt, sondern auch als die eigentlich treibende Kraft des deutschen Kolonialismus. Sicher ist der letzte deutsche Kaiser auch in diese Geschichte verstrickt gewesen, in welcher Weise genau, bleibt zu klären. Als Name eignet er sich aber für diese Übertragung, denn der postkoloniale Diskurs versteht sich als Erweiterung und Fortführung der Nazi-Aufarbeitung. Ein Kind der Washingtoner Prinzipien ist er ohnehin: Völker- und zivilrechtlich ist die Hinterlassenschaft des deutschen Kolonialismus geklärt, und sämtliche dekolonisierenden Praktiken ereignen sich in der Moralsphäre oder müssen nachträglich verrechtlicht werden. Was nicht ausschließt, dass sie das Staatshandeln beeinflussen, vielleicht umso leichter, wenn Verträge und internationales Recht ausgeblendet bleiben. Der Postkolonialismus hat in den vergangenen Jahren dramaturgische Standards für Akte der Schuldübernahme und der Schuldkompensation fest etabliert. Auch dort stehen Restitutionsfragen im Mittelpunkt. Preußen steht in dieser Perspektive am Ursprung der doppelten deutschen Unheilsgeschichte. Wenn es die Möglichkeit einer historischen Revision durch Veränderung von Eigentumsverhältnissen gibt, dann bietet sich diese Familie an, um ein soziales und symbolisches Zeichen zu setzen. Diskursgeschichtlich gelangte die Causa Preußen zum richtigen Zeitpunkt ans Licht. „Preußen" führt beide Stränge der rezenten deutschen Geschichtsmoral zusammen.

An der inszenatorischen Aktualisierung der Vergangenheit beteiligen sich Historiker, Juristen, Journalisten, Abgeordnete, Parteifunktionäre oder Ministeriale, Kunsthistoriker und Museumsleute. Ihr Engagement richtet sich nicht auf ein Gedenken, sondern auf eine Performanz. Das öffentliche Schauspiel ist in ihren Augen der Vollzug eines gesamtgesellschaftlichen Handelns. Die Widerständigkeit gegen geltendes Recht führt dann pars pro toto die Kraft des unbedingten ethischen Willens der Gesellschaft vor. Und dieser Wille drückt sich in einer noch weitgehend protestantisch geprägten Kultur als ein Wunsch nach Selbstreinigung von Schuld aus, als eine „Umkehr". Notwendig muss sie sich auf Historisches richten. Geschichte, so empfunden als das schuldbefrachtete kollektive Selbst in der Zeit, soll umgekehrt werden, soweit dies den Nachgeborenen noch möglich ist. Die soziale Performance ist dann die Form, in der eine Veränderung von faktischen Eigentumsverhältnissen erzwungen wird. Die Verfügung über Eigentum ermöglicht metaphorisch Bestrafung und Entsühnung in einem gewissermaßen zeitkorrektiven Akt. Nur dann ist die Inszenierung hochsymbolisch und sozial real zugleich, und es bezeugt eine verzweifelte historische Ferne, wenn Fälle der Restitution, der vorenthaltenen Restitution oder der Enteignung für die gemeinschaftliche Schuldkorrektur stehen müssen. Die Fokussierung aufs Ökonomische travestiert das Geschichtspathos am Ende doch.

Ein Rest von Verwunderung bleibt, dass sich viele Historiker in diesen Aktualisierungsmechanismus hineinziehen ließen. Es verwundert auch, wenn sie darauf bestehen, sich in der Causa Preußen ausschließlich als Wissenschaftler einzulassen. Diese Historiker camouflieren dann in einer dynamischen Diskurslage ihre Rollenwechsel und setzen ihr Renommee zur Durchsetzung begrenzter politischer Ziele ein. Der Historiker wird dann zum Influencer (im Übrigen ein selbstgewähltes Schicksal, das er mit manchen Journalisten teilt). Er legt es gezielt auf eine Verschleifung beziehungsweise auf eine Ausdehnung seiner gesellschaftlichen Deutungskompetenz an, die doch in der pluralen demokratischen Kultur immer sektoral begrenzt ist. Soll Geschichtswissenschaft die Geschichte korrigieren? Wann wäre das gerechtfertigt und wann die Suche nach geeigneten politischen Alliierten? Welche Instanz befindet über solche Fragen? Die Angelegenheiten der Familie von Preußen, so begrenzt ihre verwaltungsrechtlichen Dimensionen erscheinen mögen, sie stören das Selbstverständnis der historischen Disziplinen in nachdenklich stimmender Weise auf.

III. Kronprinz Wilhelm von Preußen und die Frage der „Vorschubleistung"

Konservative Eliten, Nationalsozialisten und ihre Wähler

Zur Auseinandersetzung um den Ort des Nationalsozialismus in der deutschen Geschichte und über die Frage, was dem Nationalsozialismus erheblichen Vorschub leistete

Von *André Postert*, Dresden

I. Kaiserreich- und Hohenzollerndebatte

Mit einem der härtesten Verrisse der vergangenen Jahre bedachte im März 2020 der Direktor des Instituts für Zeitgeschichte in München, Andreas Wirsching, die Historikerin Hedwig Richter. Er warf ihr vor, mit ihrem im Jahr zuvor publizierten, in den Feuilletons breit besprochenen Buch „Demokratie. Eine deutsche Affäre" wissenschaftliche Standards zu verletzen und unsauber gearbeitet zu haben. Richter hatte zweierlei Frevel begangen: Erstens ein überwiegend positives Bild des 1871 gegründeten Deutschen Kaiserreichs entworfen. Zweitens, nicht weniger gravierend, die NS-Diktatur in ihre Demokratiegeschichte derart eingebaut, dass sich das Jahr 1933 nicht nur als Bruch, sondern in einer Kontinuität zur Weimarer Republik lesen lässt. „Geradezu gruselig wird es […], wenn sich die Autorin mit dem Nationalsozialismus zu befassen beginnt", monierte Wirsching. Weder Problembewusstsein noch begriffliche Schärfe seien erkennbar. Richter schrieb: „Der Nationalsozialismus entstand aus einer Demokratie und aus weit über hundert Jahre alten demokratischen Traditionen".[1] Aus Sicht Wirschings: ein „unsäglicher Satz". Die Autorin spiele „neonationalistischen Kräften in die Hände", reiche ihnen gar direkt die Hand, wenn sie die deutsche Geschichte als gewöhnlichen Fall der Demokratiegeschichte schildere.[2] Wirsching griff damit einen Vorwurf auf, den bereits der Marburger Historiker Eckart Conze verschiedentlich platziert hatte. Je stärker man, argumentiert Conze in seinem Buch über die „Schatten des Kaiserreichs", jenes „vom ‚Dritten Reich'

---

[1] Hedwig Richter, Demokratie. Eine deutsche Affäre. Vom 18. Jahrhundert bis zur Gegenwart, München 2020, S. 325.

[2] Siehe Andreas Wirsching: Rezension Hedwig Richter: Demokratie. Eine deutsche Affäre. Vom 18. Jahrhundert bis zur Gegenwart, München 2020, in: sehepunkte 21 (2021), Nr. 3, 15.03.2021, http://www.sehepunkte.de/2021/03/34995.html.

trennt, desto mehr erscheint der Nationalsozialismus wieder als ‚Betriebsunfall' der deutschen Geschichte". Um den „Aufstieg und die Machtübernahme der Nationalsozialisten" zu erklären, solle man den Blick auf „die deutsche Geschichte des 19. Jahrhunderts und auf das Kaiserreich richten".[3]

Die Debatte über das Kaiserreich ist ein Dauerbrenner in der deutschen Geschichtswissenschaft. Über Jahrzehnte wurde sie in Westdeutschland von Koryphäen der akademischen Zunft geführt; mit Thomas Nipperdey, Hans Ulrich Wehler, Helmuth Plessner, Fritz Fischer oder Jürgen Kocka seien nur einige benannt. Die Debatte kreist – konzeptionelle Zugänge und Fragestellungen haben sich über die Jahre mehrfach geändert – stets darum, wie reformfähig oder unfähig, progressiv oder reaktionär, modern oder antimodern das Kaiserreich gewesen ist. Divergierende Auffassungen haben gravierende historiografische Konsequenzen, weil jeweils der Ort des Nationalsozialismus in der deutschen Geschichte unterschiedlich bestimmt werden muss. Wer die Strukturdefizite oder Defekte des Kaiserreiches herausarbeitet, hebt in der Regel Kontinuitäten hervor, die zu Hitlers Machtübernahme 1933 und zur Etablierung der Diktatur hinüberführen: Antisemitismus, Nationalismus, obrigkeitsstaatliche Verkrustungen, Reformblockaden, antiliberale Verfassung mit fataler Sonderrolle des Heeres, mentale oder kulturelle Dispositionen – oft verkürzt „Untertanengeist" genannt. Diejenigen, die glauben, dass das Kaiserreich „modern" oder wenigstens im internationalen Vergleich kein Sonderfall, nicht außergewöhnlich rückständig oder problembehaftet gewesen sei,[4] werden den Nationalsozialismus zwangsläufig eher auf die Zäsur des Ersten Weltkriegs, auf die Niederlage 1918, auf Hyperinflation und Wirtschaftskrisen oder auf Radikalisierungsprozesse in den 1920er Jahren und ab Ende des Jahrzehnts zurückführen. Die Letzteren haben aktuell jedoch mit besonders vehementer Widerrede zu rechnen. Das mag auch daran liegen, dass diese Debatten, wie schon gesagt, lang und breit geführt, aber prinzipiell zugunsten der Kaiserreich-Kritiker für erledigt gehalten wurden.[5]

Die Heftigkeit, mit der die aktuelle Hohenzollern-Kontroverse geführt wird, ist auch darauf zurückzuführen, dass sie mit dem Disput über das Kaiserreich auf das engste zusammenhängt; schon in Hinblick auf die Beteiligten ist das so. Denn hier trifft die alte Frage nach den Kontinuitäten in der deutschen Geschichte, letztlich um den Ort und Ursprung des Nationalsozialismus, auf die konkreten Personalbestände am Ende der Weimarer Republik.

---

[3] Eckart Conze, Die Schatten des Kaiserreichs. Die Reichsgründung von 1871 und ihr schwieriges Erbe, München 2020, S. 21.

[4] Zuletzt pointiert in diesem Sinne Frank-Lothar Kroll, Geburt der Moderne. Politik, Gesellschaft und Kultur vor dem Ersten Weltkrieg, Berlin 2013.

[5] Hierzu knapp Andreas Wirsching, Bismarck und das Problem eines deutschen „Sonderwegs". In: Aus Politik und Zeitgeschichte, 2015 (13), S. 9–15.

Eckart Conze legte offen: Vordergründig verhandele man zwar darüber, ob Kronprinz Wilhelm dem Nationalsozialismus erheblichen Vorschub geleistet habe. Doch gehe es im Grunde um weit mehr, „um das Bild der Hohenzollern in der deutschen Geschichte, um das Bild Preußens und das Bild des Kaiserreichs".[6] In den Aktivitäten der rechten Eliten, weiten Teilen des Adels und ihrer entsprechenden Netzwerke wird eine jener antiliberalen Persistenzen ausgemacht, die von der wilhelminischen Epoche in die NS-Diktatur führen.

Wieder stehen sich mindestens zwei Positionen gegenüber: Für die einen geht es darum, die im Grunde weithin unbestrittene Verantwortung konservativer Eliten für das Scheitern der Republik festzustellen und auf diese Weise eine Brücke vom Wilhelminismus zur NS-Diktatur zu schlagen. Die anderen melden – mit unterschiedlicher Nuancierung – Bedenken an, dass dies den komplexen Vorgängen, die in den 30. Januar 1933 mündeten, nicht gerecht werden kann. Der Autor dieses Textes sieht es ebenso. Als eine Art „Wurmfortsatz" des Kaiserreichs ist die NS-Diktatur nicht zu begreifen. Und als ein Bündnis der rechten Republikfeinde ist der 30. Januar 1933 zwar an der Oberfläche, aber nicht in der Tiefe erklärt. Im Folgenden soll zweierlei aufgezeigt werden: Erstens, welche autoritären Alternativen und Handlungsmöglichkeiten für die Akteure 1932 existierten, um zweitens zu argumentieren, dass es weder geschichtswissenschaftlich unseriös noch geschichtspolitisch anrüchig ist, den Nationalsozialismus auch aus der Demokratie heraus erklären zu wollen.

II. Die autoritären Alternativen

Die SPD-geführte Regierung von Hermann Müller, die letzte mit einer parlamentarischen Mehrheit, zerbrach Ende März 1930 an parteipolitischen Differenzen über kleinste Details bei der Reform der Arbeitslosenversicherung. Eine Wiederauflage der „Großen Koalition" stieß selbst bei den dafür infrage kommenden Parteien auf wenig Gegenliebe: SPD und Zentrum, auf deren Kompromissfähigkeit es angekommen wäre, trugen einander den Koalitionsbruch nach. Im linken Lager waren die Sozialdemokraten und Kommunisten einander spinnefeind. Rechts der Mitte hatten die radikalisierten Deutschnationalen unter Alfred Hugenberg Brücken zum katholischen Zentrum abgebrochen.[7] Werner Conze hielt den Übergang in die Präsidialherr-

---

[6] Conze, Schatten, S. 16.

[7] Zur Geschichte der DNVP siehe jüngst Larry Eugen Jones, The German Right 1918–1930. Political Parties, Organized Interests, and Patriotic Associations in the Struggle against Weimar Democracy, Cambridge 2020; Thomas Mergel, Das Schei-

schaft für „nicht zwingend, so doch naheliegend".[8] Gleichwohl gilt, was Karl
Dietrich Bracher gegen pauschale Kritik an den Parteien eingewandt hat: ihr
guter Wille wurde nach 1930 nicht mehr ernsthaft auf die Probe gestellt. Die
Parteien sahen sich der Verpflichtung und des „Zwangs zum Kompromiss
und zur Bildung arbeitsfähiger Mehrheiten enthoben".[9] Entscheidend: Das
Büro des Reichspräsidenten, von „Staatsumbauplänen" träumend, wollte die
SPD um jeden Preis von einer Regierung fernhalten. Reichspräsident Hindenburg war nur gewillt, ein Kabinett des nationalen Lagers in Erwägung zu
ziehen. Heinrich Brüning, der von März 1930 über gut zwei Jahre hinweg
auf das Regieren mittels Notverordnungen angewiesen war, trug mit seiner
Politik dazu bei, die politisch-kulturell vergiftete Demokratie institutionell
weiter zu demontieren. Moderate Konservative wie Kuno Graf von Westarp
und Gottfried Treviranus, die sich von der radikalen Opposition der Deutschnationalen abwandten und dem Kanzler mit neuen Mitte-Rechts-Parteien
eine breitere parlamentarische Basis und Verankerung schaffen wollten, waren bei der Reichstagswahl 1930 chancenlos geblieben.[10] Die Weichen für
Verhandlungen mit den Nationalsozialisten stellte dann ab Frühjahr 1932 der
General Kurt von Schleicher, engster Berater Hindenburgs. Die NSDAP
sollte für ein neues Rechtskabinett gewonnen werden. Brüning, bei Hindenburg in Ungnade gefallen, wurde gestürzt. Danach kam der weithin unbekannte ehemalige Zentrums-Politiker Franz von Papen zum Zuge, der am
1. Juni 1932 durch Hindenburg zum Kanzler ernannt wurde. Schleicher, der
im neuen Kabinett Reichswehrminister wurde, arbeitete mit Papen auf eine
Tolerierung von Seiten der Nationalsozialisten hin. Mit der Aufhebung des
SA- und SS-Verbots sowie mit dem Ausrufen von Neuwahlen machte die
Papen-Regierung folgenschwere Konzessionen.

Die Reichstagswahl am 31. Juli 1932 besiegelte das Ende der Weimarer
Demokratie: SPD und Zentrum/Bayerische Volkspartei erreichten immerhin

---

tern des deutschen Tory-Konservatismus. Die Umformung der DNVP zu einer rechtsradikalen Partei 1928–1932. In: HZ, (276) 2003 (1), S. 323–268.

[8] Werner Conze, Die Krise des Parteienstaates in Deutschland 1929/30. In: HZ,
(178) 1954 (1), S. 74.

[9] Karl Dietrich Bracher, Die deutsche Diktatur. Entstehung Struktur Folgen des
Nationalsozialismus, Köln 1993, S. 187. Entgegengesetzte Auffassung beispielhaft
niedergelegt bei Peter Blomeyer, Der Notstand in den letzten Weimarer Jahren, Berlin
1999, S. 431: „Die Parteien wurden dem der Verfassung zugrundeliegenden Anspruch
an ihre Funktion, durch Kompromiss im Parlament die politischen Probleme des Landes praktischen Lösungen zuzuführen, nur unzureichend gerecht. Dies traf zu insbesondere für die Flügelparteien der Großen Koalition, DVP und SPD".

[10] Zum gescheiterten Projekt einer neuen konservativen, pragmatischen Samm-
lungsbewegung jenseits der DNVP siehe nach wie vor gültig: Erasmus Jonas: Die
Volkskonservativen 1928–1933. Entwicklung, Struktur, Standort und politische Zielsetzung, Düsseldorf 1965.

rund 37 Prozent. Die moderat-konservativen und liberalen Parteien rutschten jedoch in die Bedeutungslosigkeit ab. Die drei dezidierten Republikfeinde – KPD, NSDAP, DNVP – erlangten 57,5 Prozent. Aus diesem Reichstag stand eine Verteidigung des Parlamentarismus nicht mehr zu erwarten. Reichspräsident Hindenburg wurde umso mehr zum Entscheider über die Zukunft. Für das Papen-Kabinett war die Wahl im Desaster gemündet: Die kraftstrotzende NSDAP dachte nicht länger daran, die Regierung zu tolerieren. Hitler drängte auf die Kanzlerschaft. Und die radikalisierte DNVP unter Alfred Hugenberg – ideologisch und in Hinblick auf ihre Klientel noch am ehesten mit Papen auf Kurs – hatten die Wähler beim Urnengang zur marginalen Größe degradiert. Das überwiegend adelig besetzte Papen-Kabinett – wahlweise als „Kabinett der Barone" oder „Herrenklub-Regierung" sowohl von der Linken als auch von Nationalsozialisten und Völkischen unter Dauerfeuer gesetzt – agierte unter miserablen Voraussetzungen. Denn die alte Elite, die Papen mit seiner Regierung repräsentierte, verfügte über keine sie stützende Massenpartei, also auch nicht über eine Hausmacht im Reichstag.

Ende Juli 1932 sahen sich die Entscheider in eine Lage manövriert, die nur noch drei denkbare Wege zuließ: Erstens die Übergabe der Kanzlerschaft an Hitler als dem Vertreter der stärksten Partei; zweitens die Beteiligung der NSDAP in einem konservativ geführten Präsidialkabinett; drittens die Fernhaltung der Nationalsozialisten von der Macht, um einem rechtsautoritären Staat oder einer monarchischen Restauration den Weg zu ebnen. Für die dritte Option, die eine in Reinform antiparlamentarische war, stand nunmehr die Figur Franz von Papen.

III. Die Option der Reichstagsausschaltung

Die Diktatur-Alternative, die sich mit dem neuen Kanzler bot, stand für die eigentliche, fundamental antidemokratische Lösung. Denn sie war nur gegen Hitlers NSDAP als stärkster Kraft, außerdem gegen den Reichstag insgesamt und folglich gegen den erklärten Willen der meisten Wählerinnen und Wähler möglich. Am ehesten, obgleich Voraussetzungen und Folgen andere waren, lässt sich diese Option mit dem Vorgehen des christsozialen Kanzlers Engelbert Dollfuß in Österreich vergleichen, der im März 1933 den Nationalrat entmachtete und ihn nicht mehr zusammentreten ließ. Als Theoretiker des Papen-Kabinetts fungierte Walther Schotte, ein Staatsrechtler, Historiker und Publizist, der sich in der jungkonservativen Bewegung einen Namen gemacht hatte. Seine Ideen wiesen zumindest vage den Weg in die Zukunft. In seinem Hauptwerk „Der Neue Staat", das Papen mit einem Vorwort zum Manifest seines Kabinetts weihte, meinte Schotte: „Allerlei liberalistischer und demokratischer Schnick-Schnack hat dem Volk den Begriff der

Herrschaft verdorben."[11] Dem demokratischen Wahlprinzip stellte Schotte ein angeblich gesünderes „Berufungsprinzip" gegenüber, das in der Form eines „Oberhauses" zur praktischen Verwirklichung gebracht werden sollte. Während die Abgeordneten des Reichstags gewählt wurden, sollten die Mitglieder dieses neuen Oberhauses von oben berufen werden.[12] Erhebliche Veränderungen waren wiederum beim Wahlrecht für den Reichstag vorgesehen: das Wahlalter wollte man heraufsetzen und etwa Stimmen von Vätern und Kriegsteilnehmern stärker gewichten.[13] So sollte einerseits ein „konservatives Prinzip" zur Geltung kommen, andererseits die parlamentarische Demokratie gebändigt und der Reichstag in seine Schranken gewiesen werden. Heinrich Herrfahrdt, ein weiterer Jurist, der sich im Nahfeld des Papen-Kabinetts bewegte, hoffte auf einen „Staatsumbau", der politische Entscheidungen auf die kommunale Ebene verlagerte, der die Parteien überwand und stattdessen auf Berufsverbänden aufbaute; ein Ständestaat, in welchem berufene Persönlichkeiten, „unbeeinflusst von Partei- und Sonderinteressen im Dienste des Ganzen" Gesetze verantworteten. Der Reichstag, hoffte Herrfahrdt, werde nur einmal im Jahr zusammentreten.[14]

Zu den Jungkonservativen – eine von Akademikern, Adeligen und bürgerlichen Eliten getragene, lose durch Vereine, Klubs und Zeitschriften verbundene Bewegung – ist ebenfalls Papens späterer, 1934 ermordeter Redenschreiber Edgar Julius Jung zu zählen. Er hatte sich mit seinem Hauptwerk Ende der 1920er Jahre als Ideengeber für autoritäre Staatsentwürfe empfohlen. Aus Jungs Sicht führten Parteien zur „Herrschaft der Minderwertigen" – so auch der Titel des Buches –, weil sich in der parlamentarischen Demokratie angeblich nur mit Geld, Vulgarität und Demagogie, nicht aber mit Geist und Vernunft Wahlsiege einfahren ließen. Wie bei Jungkonservativen generell verbreitet, hoffte auch Jung auf einen „aristokratischen Staat", der die sogenannte „Herrschaft der Besten", einen „neuen Adel" zur Geltung und an die Spitze bringen würde. Der Adel, von dem Jung und andere seines Schlages schrieben, meinte aber nicht die alte wilhelminische Elite, sondern eine durch Leistung, Tugenden und Intellekt „organisch gewachsene Oberschicht". So-

---

[11] Walther Schotte, Der neue Staat, Berlin 1932, S. 131; ders., Das Kabinett Papen, Schleicher, Gayl, Leipzig 1932, S. 79–86. Zu Autor, Werk und weit darüber hinaus Rainer Orth, „Der Amtssitz der Opposition?" Politik und Staatsumbaupläne im Büro des Stellvertreters des Reichskanzlers in den Jahren 1933–1934, Köln/Weimar/Wien 2016, S. 70 f.

[12] Schotte, Der neue Staat, S. 133–135.

[13] Otto Kirchheimer, Von der Weimarer Republik zum Faschismus: Die Auflösung der demokratischen Rechtsordnung. Herausgegeben von Wolfgang Luthardt, Stuttgart 1981, 96–98.

[14] Heinrich Herrfahrdt, Der Aufbau des neuen Staates. Vorträge zur Verfassungsreform mit einem Plan für die Übergangsregelung im Reich und in Preußen, Berlin 1932, insbesondere S. 37–39.

weit, so wolkig. Wissend, dass mit restaurativen Forderungen kaum etwas zu gewinnen war, hatte Jung die Hohenzollern auf rund 680 Seiten nicht erwähnt. Monarchie, wie er sie verstand, war ein Ideal, jedoch kein tagesaktuelles Projekt: „Für ein Königtum aus eigenem Recht ist die Zeit wohl vorbei, wenn nicht kollektiver Massenwahn ein Cäsarentum heraufbeschwört. [...] Die Form der Monarchie, die das Mittelalter überliefert hat, gehört der Geschichte an. Jeder Versuch einer Wiederherstellung verriete ungeschichtliche Denkweise.“[15] Papen wiederum liebäugelte zwar mit der Restauration. Allerdings dachte er nicht an Kronprinz Wilhelm.[16]

So prekär Papens Politik, so vage blieben die theoretischen Entwürfe seiner intellektuellen Stichwortgeber. Ihre Forderungen kreisten darum, dass – in Jungs Worten – den Parteien „die Zähne gezogen“ wurden. Besser noch, man würde sie „in ihrer heutigen Form überhaupt vernichten“.[17] Die antidemokratische Konsequenz dieser konservativ-autoritären und neoaristokratischen Planspiele muss man mit Nachdruck betonen. Unschwer ist indes zu erkennen, dass sie mit dem Anspruch der NSDAP auf Dauer nicht harmonisieren konnten, obgleich Konservative und Nationalsozialisten viele ideologische Prämissen teilten. In einem autoritären Staat, wie er mit dem Papen-Kabinett ab Sommer 1932 als Möglichkeit im Raum stand, wäre für den Machtanspruch der NSDAP, schon allein deshalb, weil sie eine Massenpartei war, kaum Platz gewesen. Mit Blick auf die NSDAP artikulierte Kanzler Papen ziemlich unzweideutig: „Im Interesse des Volksganzen lehnen wir den Machtanspruch von Parteien ab, die ihre Anhänger sich mit Leib und Seele verschreiben wollen, und die sich als Partei oder Bewegung an die Stelle der deutschen Nation setzen wollen. Alle diese Schranken der Parteien und Klassen müssen fallen, allen diesen starren Organisationen [...] muss wieder zum Bewusstsein kommen, dass sie Diener des Volkes und nicht seine Herren sein sollen.“[18] Die Parteien sollten dienen. Herrschen sollte eine neue Aristokratenschicht.

Nachdem Hitler die Angebote zur Einbindung seiner NSDAP mit Absagen quittiert hatte, zeigte sich Kanzler Papen für einen entscheidenden Moment bereit, die autoritäre Alternative bis zum Äußersten zu treiben. Seine Kanzlerschaft im letzten Moment zu retten, war sicherlich ein wichtiges Motiv. Vom Reichstag verhöhnt und in der Öffentlichkeit desavouiert, erwog der Kanzler seit Sommer 1932 die Auflösung des Parlaments und die Verschie-

---

15 Jung, Die Herrschaft der Minderwertigen. Ihr Zerfall und ihre Ablösung durch ein Neues Reich, 2. Aufl. Berlin 1930, S. 340 f.

16 Pyta, Hindenburg, S. 748 f.

17 Jung, Herrschaft, S. 344.

18 Für Reich, Staat und Volk. Rede des Reichskanzlers Papen. In: Der Ring. Konservative Wochenschrift, 1932 (42), S. 696–700, hier 699.

bung einer Neuwahl auf unbestimmte Zeit. Das bedeutete: ein kaum verdeckter Verfassungsbruch durch Ausschaltung des Parlaments und den Übergang in einen autoritären Staat, über dessen Konturen freilich noch wenig Klarheit herrschte. Eine politische Eskalation und ein Bürgerkrieg, forciert durch die SA, zog am Horizont drohend auf. Hindenburg ließ sich für dieses Vorgehen zunächst gewinnen. Dann torpedierte der nationalsozialistische Reichstagspräsident Hermann Göring am 12. September den Plan, indem er auf Antrag der KPD über ein Misstrauensvotum gegen den Kanzler abstimmen ließ. Papen hatte sich übertölpeln lassen, weil er versäumte, den Reichstag rechtzeitig aufzulösen; nun musste er zusehen, wie 512 Abgeordnete gegen und nur 42 für seine Regierung votierten.

Papen und seine Minister bekamen kalte Füße. Hindenburg zog seine Zustimmung für den Staatsnotstand mit Stilllegung des Reichstags vorerst zurück. Nach der Wahl am 6. November sah sich die NSDAP zwar leicht geschwächt. Doch das machte die Lage für Papens Kabinett nicht besser. Es führte die Amtsgeschäfte vorerst kommissarisch weiter. Ende November lag erneut die Option der Reichstagsauflösung mit Aussetzung von Neuwahlen auf dem Tisch, zu der Hindenburg am 1. Dezember wiederum seine Zustimmung gab. Papen sollte nochmals als Kanzler berufen werden. Aber nun folgten seine eigenen Minister dem Plan nicht mehr. Zum Zünglein an der Waage wurde Reichswehrminister Schleicher, der seine eigene Strategie verfolgte und Kanzler Papen tags darauf in den Rücken fiel: Die Reichswehr wäre nicht im Stande, ließ er Oberstleutnant Eugen Ott dem Kabinett darlegen, im Falle eines Bürgerkriegs die Außengrenzen zu schützen. Papen blieb nur der Abgang.[19]

Obgleich Schleicher Monate später brüsk zurückwies, Papens Scheitern verursacht zu haben, hatte er dafür gesorgt, dass jene Alternative, die auf eine Ausschaltung des Reichstags und auf die Konfrontation mit NSDAP und KPD zielte, vom Tisch war.[20] Nicht ganz, weil im Januar 1933 diese Karte ironischerweise von Schleicher selbst aus Verzweiflung ein letztes Mal ins

---

[19] Wolfram Pyta, Hindenburg. Herrschaft zwischen Hohenzollern und Hitler. 2. Aufl. München 2009, S. 743–766, hier 764 f.; Hendrik Thoß, Demokratie ohne Demokraten? Die Innenpolitik der Weimarer Republik, Berlin 2008, S. 165–168.

[20] Schleichers Selbstrechtfertigung niedergelegt im Brief an Louis Müldner von Mülnheim vom 28.5.1933, Russisches Staatliches Militärarchiv Moskau, NL Franz von Papen, Bd. 5, Bl. 4–7, hier Bl. 5: „Ich nehme zur Kenntnis, dass auch Herr von Papen nicht bestreitet, dass ich sehr lange für seine Wiederbetrauung als Kanzler eingesetzt habe. Ich halte es aber für eine innerlich unwahre und tendenziöse Äußerung, wenn Herr v. Papen sagt: ‚S.[chleicher] hat mich gestürzt', während er doch genau weiß, dass es mir nur trotz aller Bemühungen bei den Parteien und vor allen Dingen bei einzelnen Kabinettsmitgliedern nicht gelungen ist, die Widerstände gegen seine Wiederberufung zu mildern, geschweige denn aus der Welt zu schaffen."

Spiel gebracht wurde. Gut bekannt: Ex-Kanzler Papen lotete unterdessen mit Billigung Hindenburgs die Hitler-Option aus. Wenn es ohne Hitler nicht funktioniere, so der Gedanke, müsse man dessen Kanzlerschaft mit einem mehrheitlich konservativ besetzten Kabinett einrahmen und entzaubern. Papen spekulierte auf den Posten eines Vizekanzlers, den er am 30. Januar 1933 auch erhielt. Mit seinen jungkonservativen Unterstützern verfolgte er danach den Tagtraum weiter, dass ein autoritärer, von parteilichen Fesseln befreiter Obrigkeitsstaat zu bauen möglich wäre. Auch der Theoretiker Walther Schotte irrte fundamental. Anfang Februar 1933 schrieb er: das Hitler-Kabinett des 30. Januar sei auf eine Weise gebildet worden, dass es eine „einseitige Parteiherrschaft ausschließen" würde.[21] Hitler wäre nur die Übergangslösung zur Zerschlagung des Weimarer Parlamentarismus gewesen, danach hätte die NSDAP zurückgedrängt werden sollen. Nach dem „Tag von Potsdam" am 21. März 1933, den die Nationalsozialisten genutzt hatten, um ihre Partner mit Symbolik zu narkotisieren, lief dieser Selbstbehauptungsversuch schnell ins Leere.

Endgültig scheiterte das Konzept im Sommer 1934. Jene Konservativen, die bislang nicht als „Märzgefallene" auf die NSDAP eingeschwenkt waren, sahen sich jetzt vor die Wahl gestellt. Papen, seit eineinhalb Jahren Vizekanzler, hielt an der Marburger Universität eine Rede, die ihm Edgar Julius Jung in den Mund gelegt hatte: „Die Vorherrschaft einer einzigen Partei", hieß es da unter anderem, „erscheint mir geschichtlich als ein Übergangszustand, der nur so lange Berechtigung hat, als es die Sicherung des Umbruchs verlangt und bis die neue personelle Auslese in Funktion tritt."[22] Jung büßte diesen Papen-Auftritt am 30. Juni mit seinem Leben. Papen musste zurücktreten, arrangierte sich indes erneut mit Hitler und eröffnete so das unrühmlichste Kapitel seines Lebens. Dass sich Konservative derartig überschätzt hatten und die Einrahmungsidee in die Tat umzusetzen versuchten, war und bleibt – wie Joachim Petzold seine Papen-Biographie 1995 betitelte – ein deutsches Verhängnis.[23]

---

21 Walther Schotte, Das neue Kabinett, in: Der Ring, 1933 (5), S. 76.

22 Die Rede des Reichsvizekanzlers Franz von Papen vom 17.6.1934: BArch N1649/1, S. 5; vgl.: André Postert, Das Ende der konservativen Ambitionen. Franz von Papen und die Vizekanzlei im Sommer 1934, in: Historisches Jahrbuch, 134, 2014, S. 340–371; André Postert/Rainer Orth, Franz von Papen an Adolf Hitler. Briefe im Sommer 1934, in: VfZ, (63) 2015 (2), S. 259–288.

23 Joachim Petzold, Franz von Papen. Ein deutsches Verhängnis, München 1995.

IV. Die Straßer-Alternative

Für die zweite Option, die auf die Einbindung der NSDAP ohne Hitler zielte, stand General Kurt von Schleicher. Am 3. Dezember 1932 war er als Kanzler nachgefolgt. Wie der Vorgänger Papen mit den Jungkonservativen, so besaß Schleicher mit dem nationalrevolutionären Tat-Kreis ein eigenes antiliberales Sprachrohr.[24] Deren Markenkern war, mit den treffenden Worten Kurt Sontheimers, der „messianische Glaube an die Einswerdung von Nationalismus und Sozialismus".[25] Der junge Tat-Herausgeber Hans Zehrer drängte auf die Verwirklichung einer „dritten Front", auf die „notwendige Verbindung zwischen NSDAP, Armee und Gewerkschaften". Mit präsidialer Autorität, meinte Zehrer, könne sie geschaffen werden. Die NSDAP müsse jedoch bereit sein, auf die Kanzlerschaft zu verzichten: „Es handelt sich heute um die reibungslose Eingliederung der Partei in den Staat und die Heranziehung ihrer besten und qualifiziertesten Kräfte zur Mitarbeit." Zehrer hatte es genau vor Augen: Hitler sollte seinen Mythos als „Volksführer" pflegen. Berufen zur Mitarbeit waren Gregor Straßer und Wilhelm Frick.[26] Kanzler Schleicher hatte nun die Gelegenheit, die Strategie realpolitisch zu erproben. Das als „Querfront" geläufige Konzept ging nicht auf.

Wolfram Pyta und Rainer Orth haben im April 2021 in der Historischen Zeitschrift die Chancen Schleichers auf Basis neuer Quellen eruiert. Letzte Zweifel, ob Schleicher die „Querfront"-Strategie überhaupt ernsthaft verfolgte, dürften nun ausgeräumt sein.[27] Für die Einbindung der NSDAP ohne Hitler setzte der Kanzler ab Mitte Dezember auf dessen innerparteilichen Konkurrenten, den „Reichsorganisationsleiter" und populären Redner Gregor Straßer, der über eine beachtliche Anhängerschaft verfügte und Brücken zu den Gewerkschaften baute. Das sture Beharren Hitlers auf die Kanzlerschaft hatte in den eigenen Reihen Unmut befördert, weshalb Schleicher kalkulieren konnte, dass eine Einbindung Straßers zur Spaltung der NSDAP führen

---

[24] Beide vertraten unterschiedliche Konzepte. Die Forderung des Tat-Kreises nach parlamentarischer Untermauerung der Regierung durch Schaffung einer sozialistischen Einheitsfront kritisierten Erstere bezeichnenderweise als „von demokratischen Gedankengängen, Mehrheitsberechnungen" geleitet; siehe die Kritik an Zehrer und der Tat. In: Der Ring 1932, 28, S. 468 f.

[25] Kurt Sontheimer, Der Tat-Kreis. In: VfZ, (7) 1959 (3), S. 229–260, hier S. 257. Vgl. auch Gangolf Hübinger, Die Tat und der Tat-Kreis. Politische Entwürfe und intellektuelle Konstellationen. In: Michel Grunewald/Uwe Puschner (Hg.), Das konservative Intellektuellen-Milieu in Deutschland, seine Presse und seine Netzwerke (1890–1960), Bern 2003, S. 407–426.

[26] Hans Zehrer, An der Wende! In: Die Tat. Unabhängige Monatsschrift, (21) 1932 (6), S. 443–451, hier 445, 448.

[27] Siehe etwa Henry Ashby Turner, The Myth of Chancellor von Schleicher's Querfront Strategy, in: Central European History, 41 (2008), S. 673–681.

würde. Spätestens seit der Reichstagswahl im Juli 1932 forderte Straßer Hitler offen heraus. Als ihm Schleicher Mitte Dezember den Eintritt in sein Kabinett als Vizekanzler und Reichskommissar für Preußen offerierte, stimmte Straßer unter der Bedingung zu, dass Wahlen erst im Herbst 1933 abgehalten würden; Straßer glaubte offenbar, seine Stellung bis dahin gefestigt und die Partei unter Kontrolle gebracht zu haben. Mit der Straßer-Option, deuten die Autoren an, sei die „Verhinderung nationalsozialistischer Alleinherrschaft" machbar gewesen. Sie überdehnen ihre These indes mitunter: eine „Revitalisierung des Parlamentarismus" habe in Aussicht gestanden.[28]

Die Straßer-Option wurde aus zwei Gründen nicht Realität: Erstens erlangte Hitler in der sich zuspitzenden Konfrontation die Oberhand, kurz nachdem Schleicher zum Kanzler ernannt worden war. Am 10. Dezember vermerkte Joseph Goebbels: „Straßer ist isoliert. Toter Mann!"[29] Nur Tage zuvor war Straßer von allen Parteiämtern zurückgetreten. Zweitens entschied sich der Reichspräsident schon bald gegen Schleicher, dessen Aussicht auf Erfolg bis Mitte Januar stetig weniger wahrscheinlicher wurde. Fritz Günther von Tschirschky, später ein konservativer Widerständler, erinnerte sich: „An Schleichers Plan, die NSDAP zu spalten, konnten wir nicht glauben. Kein Mensch, der die Verhältnisse im Lande kannte, hielt es für möglich, dass Schleicher einen Hitler überspielen könne. Wir waren nicht bereit, uns lächerlich zu machen, indem wir diesen Kurs als plausibel hinstellten."[30] Pyta und Orth argumentieren anders: Selbst ein aus der NSDAP herausgedrängter, im Führungskreis der Partei isolierter Straßer wäre fähig geblieben, die Spaltung der Partei und ein Herüberziehen eines gewichtigen Teils ihrer Wähler zu leisten. Noch am 6. Januar hatte Hindenburg Straßer empfangen. Diese Unterredung war zur Zufriedenheit verlaufen. Die Kabinettssitzung am 16. Januar, in der Schleicher erneut über „eine breite Basis, vielleicht von Straßer bis zum Zentrum" fabulierte, schien dem Kanzler Rückendeckung zu geben; er selbst äußerte nun aber Zweifel, ob Straßer „viel Anhang mitbringen werde".[31] Schlussendlich präferierte Hindenburg die Hitler-Lösung, weil nur sie eine verfassungsgemäße Neuwahl in Aussicht stellte, während das

---

28 Wolfram Pyta/Rainer Orth, Nicht alternativlos. Wie ein Reichskanzler Hitler hätte verhindert werden können, in: HZ, (312) 2021 (2), S. 400–444, S. 402, 404 u. 427 f.

29 Eintrag vom 10. Dezember 1932, in: Ralf Georg Reuth (Hg.), Joseph Goebbels. Tagebücher. Bd. 2: 1930–1934, München/Zürich 1992, S. 735.

30 Fritz Günther von Tschirschky, Erinnerungen eines Hochverräters, Stuttgart 1972, S. 87.

31 Zitiert nach Niederschrift über die Ministerialbesprechung, 16.1.1933, in: Wolfgang Michalka/Gottfried Niedhart (Hg.), Die ungeliebte Republik. Dokumente zur Innen- und Außenpolitik Weimars 1918–1933, 3. Aufl. München 1984, S. 350–354, hier 352. Vgl. Pyta/Orth, Nicht alternativlos, S. 431.

Duo Schleicher-Straßer jene 60-Tage-Frist überschreiten wollte, die die Verfassung vorschrieb. Wissend, dass sich das Blatt zu seinen Ungunsten gewendet hatte, wollte Schleicher am 28. Januar Hindenburg doch wieder für den Staatsnotstand gewinnen; genau wie Papen zuvor: Auflösung des Reichstags mit Verschiebung von Neuwahlen, Ausrufung des Staatsnotstands mit Absicherung durch Einsatz der Reichswehr. Hindenburg war nicht gewillt, das Wagnis einzugehen. Die Folgen sind bekannt.[32]

Pyta und Orth knüpfen hier stillschweigend an ihr Hohenzollern-Gutachten vom Sommer 2016 an. Darin hatten sie Kronprinz Wilhelm attestiert, dass er „einen überaus aktiven Part bei der Verhinderung einer Kanzlerschaft Hitlers gespielt" und folglich dem Nationalsozialismus „keinen Vorschub geleistet" habe.[33] Obgleich die Autoren diese nicht unwidersprochen gebliebene Einschätzung nicht wiederholen, bleibt der Kronprinz eine zentrale Figur: Wilhelm als wichtiger „Verbindungsmann" mit NSDAP-Kontakten – gemeint ist in erster Linie der SA-Oberführer Franz Ritter von Hörauf, der Wilhelm über Interna informierte – habe Kanzler Papen unentbehrliche „Arkaninformationen" aus dem Innern der Partei zugespielt.[34] Ende des Jahres 1932 sei der Kronprinz, so Pyta und Orth, „ganz auf die Schleicher-Linie" eingeschwenkt.[35] In den Memoiren von Staatssekretär Otto Meissner, Vertrauter und Berater Hindenburgs, las es sich schon 1950 ähnlich: „Schleicher war […] eng befreundet mit dem Kronprinzen, den er in der Hoffnung auf eine kommende Wiederherstellung des deutschen Kaisertums unter der Hohenzollerndynastie bestärkte."[36] Ob Wilhelms Aktivitäten in der kurzen Phase der Schleicher-Kanzlerschaft von ausreichend hoher Relevanz waren, um ihn von jeglicher Vorschubleistung für den Nationalsozialismus freizusprechen, lässt sich mit guten Gründen anzweifeln. Gegenargumente, die vor allem

---

[32] Niederschrift aus dem Büro des Reichspräsidenten über den Empfang des Reichskanzlers durch den Reichspräsidenten vom 28.1.1933, in: Karl Dietrich Erdmann (Hg.), Akten der Reichskanzlei: Weimarer Republik, Das Kabinett von Schleicher. 3. Dezember 1932 bis 30. Januar 1933, Boppard am Rhein 1986, S. 310. Otto Meissner behauptete in seinen Memoiren, sein Einwand, dass das Herausschieben der Neuwahlen mit der Verfassung nicht zu vereinbaren war, habe den Ausschlag gegeben: Otto Meissner, Ebert Hindenburg Hitler. Erinnerungen eines Staatssekretärs 1918–1945, Esslingen/München 1991, S. 246 f.

[33] Wolfram Pyta/Rainer Orth, Gutachten über die politische Haltung und das politische Verhalten von Wilhelm Prinz von Preußen (1882–1951), letzter Kronprinz des Deutschen Reiches und von Preußen, in den Jahren 1923 bis 1945, S. 144, http://hohenzollern.lol/gutachten/pyta.pdf, letzter Abruf 29.3.2021.

[34] Siehe etwa den Brief des Generalmajors a. D. von Hörauf an Wilhelm von Preußen vom 21.12.1932, in: Erdmann (Hg.), Akten der Reichskanzlei. Schleicher, S. 154–156.

[35] Pyta/Orth, Nicht alternativlos, S. 427.

[36] Meissner, Erinnerungen eines Staatssekretärs, S. 249.

Stephan Malinowski in die Waagschale wirft, wiegen zulasten des Kronprinzen schwer.[37]

V. Die Vorschubleistung der Wähler

Dennoch: Während der Staatskrise des Jahres 1932 fuhr eine Vielzahl von Akteuren des rechten Spektrums mehrgleisig. Zur NSDAP als stärkstem Faktor – das kann nicht verwundern – mussten sie sich strategisch verhalten. Die Nationalsozialisten waren Partner gegen die Republik ebenso wie Konkurrenten um die Macht und die Zukunft. Zu den Entscheidungen, die in den 30. Januar 1933 mündeten, existierten Alternativen. Keine hätte die Weimar Republik gerettet, von keiner kann man deshalb guten Gewissens sagen, dass sie wünschenswert gewesen wäre. Mit den Folgen vor Augen bleibt dennoch zu fragen wichtig: Welche Wege existierten, wer stand an den Wegscheiden und hat sich dort wie verhalten?

Aus Sicht der Gegenwart sind alle maßgeblichen und weniger maßgeblichen Akteure des nationalen Lagers für Hitler verantwortlich: von Deutschnationalen, Monarchisten über die konservativen Revolutionäre, Militärs, rechten Industriellen bis hin zur intriganten Kamarilla um Hindenburg – Republikfeinde, Totengräber der Demokratie, folglich auch die Wegbereiter, „Handlanger" und am Ende „Steigbügelhalter" Hitlers.[38] Das alles ist wahr, aber nur eine halbe Wahrheit. Der Vorsitzende des Zentrums, Ludwig Kaas, schrieb Schleicher am 26. Januar 1933 einen Brief. Dem Verfassungsbruch durch Herausschiebung von Neuwahlen erteilte er eine Absage: „Die Illegalität von oben wird die Illegalität von unten in einem Maße Auftrieb bekommen lassen, das unberechenbar ist", lautete das gute Argument. Nur eine verfassungskonforme Nutzung von „Möglichkeiten zur Herbeiführung tragfähiger Regierungskombinationen" führe aus der Krise.[39] Nach Lage der Dinge bedeutet dies jedoch, Hitler den Weg freizumachen. Das zu sagen, muss man sich trauen: Der 30. Januar 1933 ist von allen zerstörerischen Optionen die demokratisch folgerichtige gewesen.

---

[37] Stephan Malinowski, Gutachten zum politischen Verhalten des ehemaligen Kronprinzen (Wilhelm von Preußen, 1882–1951), S. 93–95, http://hohenzollern.lol/gutachten/malinowski.pdf, letzter Abruf 30.3.2021; s. ferner mit breiterem Zuschnitt Stephan Malinowski, Nazis and Nobles. The History of a Misalliance, Oxford 2020.

[38] Siehe etwa Kurt Sontheimer, Antidemokratisches Denken in der Weimarer Republik, in: Frank Grube/Gerhard Richter (Hg.), Die Weimarer Republik, Hamburg 1983, S. 145–150.

[39] Der Vorsitzende der Deutschen Zentrumspartei an den Reichskanzler vom 26.1.1933, in: Erdmann (Hg.), Akten der Reichskanzlei. Schleicher, S. 304 f.

Wer hat, darum geht es ja, dem Nationalsozialismus erheblich Vorschub geleistet? Die konservativen Eliten – wer würde das bestreiten wollen? –, insoweit sie ab 1930 die Destabilisierung des Parlamentarismus forcierten und teils mit der NSDAP paktierten. Ein gewichtiges Argument insbesondere gegen Kronprinz Wilhelm ist seine Wahlempfehlung für Hitler zur Reichspräsidentenwahl 1932. Er hätte, wie Sozialdemokraten und Liberale aus schierer Not, diverse Konservative aus Überzeugung, zur Wiederwahl Hindenburgs aufrufen können. Wer auf diese Weise Verantwortung verteilt und gewichtet, sollte die zeitlichen Phasen, die Handlungsspielräume und die Relevanz von Akteuren berücksichtigen. Über den jungkonservativen Netzwerker Heinrich von Gleichen-Rußwurm urteilte das Bundesverwaltungsgericht Gera im Oktober 2016: Als Unterstützer Papens habe dieser die Republik auszuhöhlen geholfen und in der Folge dem Nationalsozialismus – obgleich nicht intendiert – erheblich Vorschub geleistet.[40] Allerdings war der Gründer des „Deutschen Herrenklubs" – einer geselligen Berliner Plattform für republikfeindliche Eliten aus Adel und Bürgertum – lange nicht als Fürsprecher der Nationalsozialisten in Erscheinung getreten. Noch Mitte Januar 1933 schrieb Heinrich von Gleichen mit Blick auf NSDAP und KPD von einer „beschämenden Übersteigerung des Selbstbewusstseins aufgeblähter Massenbewegungen."[41] Für die Wissenschaft ist das durchaus ein Problem: Lassen sich Abläufe überhaupt noch verstehen und beschreiben, wenn politische Positionen der Akteure, um die es geht, oder Alternativoptionen, die auf sie hinarbeiteten, für die Frage nach etwaiger Vorschubleistung von Akteuren für die Realisierung der Hitler-Option nicht ins Gewicht fallen sollen?

In der um Einzelpersonen oder pauschal um konservative Eliten kreisenden Debatte droht das Wichtigste nicht mehr deutlich genug gesagt zu werden: Der Hitler-Option leisteten 18,3 Prozent der Wählerinnen und Wähler Vorschub, indem sie zur Reichstagswahl 1930 ihr Kreuz bei der NSDAP setzten, dann 37,3 Prozent zwei Jahre später, 33,1 Prozent im November 1932, schließlich 43,9 Prozent im März 1933. Über diejenigen, die der Diktaturoption von links eine Stimme gaben, hat man dann noch nicht einmal geredet. Eigentlich hat es Heinrich August Winkler 1992 treffend gesagt:

---

[40] Zum Fall des „Ring"-Herausgebers Gleichen-Rußwurm siehe Gabriele Körner, Ausschluss von Ausgleichsleistungen – Aktuelle Rechtsprechung zum Unwürdigkeitstatbestand des § 1 Abs. 4 AusgLeistG. In: Neue Justiz. Zeitschrift für Anwalts- und Gerichtspraxis, 2018 (8), S. 314–319. Dokumente zur Tätigkeit Heinrich von Gleichens und des DHK sowie zu seiner Selbstrechtfertigung und der seines Sohnes nach 1945 finden sich im Nachlass Heinz Brauweilers im Stadtarchiv Mönchengladbach. NS-kritische Artikel, die Heinrich von Gleichen als Herausgeber druckte, sowie seine Stellungnahmen gegenüber der NSDAP finden sich in den Ausgaben des „Ring" 1932.
[41] Heinrich von Gleichen, Entgiftung. In: Der Ring, (6) 1933 (2), S. 28.

„Ein simples Zurück zur parlamentarischen Demokratie von 1919 konnte es, nachdem die Mehrheit der Wähler sich gegen dieses System entschieden hatte, nicht mehr geben."[42] Ja, Hitler wurde möglich, weil Konservative ihm die Macht aushändigten – als ihre Alternativen ausgelotet waren und für ausgeschöpft erachtet wurden. Aber: Sie händigten ihm die Kanzlerschaft aus, weil Hitler gewählt worden war. Wer das nicht deutlich genug sagt, leistet der Erinnerung einen Bärendienst. Liest man manche Einwürfe in der Hohenzollern-Debatte, könnte man bisweilen auf den Gedanken kommen, dass das „Dritte Reich" ohne Wähler zustande gekommen sei.

VI. Zwei konkurrierende politische Konzepte

Hier kreuzt sich die Debatte um die Verantwortung des Konservatismus, des Adels und der alten Eliten am Ende der Weimarer Republik mit der schroffen Ablehnung, die Anfang 2021 Hedwig Richter kassierte: Der Nationalsozialismus, so ihr Argument vereinfacht, sei mit und in der Demokratie großgeworden, nicht primär aus politischen Defekten des Kaiserreichs heraus zu erklären oder gar Folge eines spezifischen deutschen Sonderwegs. Als Andreas Wirsching dies vehement zurückwies, reagierte der Hitler-Biograf Thomas Weber spontan, Richter habe „doch vollkommen recht".[43] An anderer Stelle schrieb Richter kürzlich über die, wie sie es nennt, „dunkle Seite der Massendemokratisierung".[44] In der Tat: den Nationalsozialismus und Hitlers Machtübernahme 1933 zu thematisieren, ohne auf die Demokratie und den Parlamentarismus zu sprechen zu kommen, ist schwer durchzuhalten.

So sehr Deutschnationale und Konservative auf der einen Seite und Nationalsozialisten auf der anderen Seite ideologische Prämissen teilten und sich in ihrer Feindschaft gegen die Republik, den Liberalismus, den Marxismus und die Sozialdemokratie Seite an Seite wussten – mithin früh zu Bündnissen wie jenem der „Harzburger Front" 1931 zusammenfanden –, so unterschiedlich gestaltete sich ihr Verhältnis zur parlamentarischen Politik in der Praxis. Die Nationalsozialisten gebärdeten sich als eine revolutionäre Kraft, kein Zweifel. Und sie schreckten vor Terror und Gewalt von Anfang an nicht zurück. Dennoch bekämpften sie die Weimarer Demokratie zunehmend

---

[42] Heinrich August Winkler, Zur Einführung, in: Ders. (Hg.), Die deutsche Staatskrise 1930–1933, München 1992, S. XI.

[43] Zitiert nach Patrick Bahners, Eine umgekehrte Dolchstoßlegende, in: FAZ vom 20.3.2021, https://www.faz.net/aktuell/feuilleton/debatten/masslose-kritik-an-der-historikerin-hedwig-richter-17248489-p7.html, letzter Abruf 6.4.2021.

[44] Hedwig Richter, Aufbruch in die Moderne. Reform und Massenpolitisierung im Kaiserreich, Berlin 2021, S. 15.

unter Zuhilfenahme von parlamentarischen Mitteln und im Übrigen mit demokratischer Rhetorik. Joseph Goebbels schrieb 1928: „Wir gehen in den Reichstag hinein, um uns im Waffenarsenal der Demokratie mit deren eigenen Waffen zu versorgen."[45] Die Nationalsozialisten mit rechtspopulistischen Parteien des 21. Jahrhunderts gleichzusetzen, geht durchaus in die Irre. Dennoch kommt das aktuelle Interesse der Politikwissenschaft nicht von Ungefähr: Die Kritik an politischen Eliten und dem sogenannten System begründeten die Nationalsozialisten, ähnlich wie es radikale Populisten heute tun, mit einem Rekurs auf das Volk und den Volkswillen. Kein Geringerer als der Historiker Martin Broszart schrieb in seinem Essay über die „Historisierung des Nationalsozialismus" 1985, dass sich der Nationalsozialismus am Ende der Republik nicht zuletzt wegen seiner „populistischen Zugkraft" durchgesetzt habe: „Vom Blickpunkt vieler seiner Wähler und Anhänger war er […] eher ein Mittelweg zwischen Demokratie und obsolet gewordenem konstitutionellem Obrigkeitsstaat, zu dem Brüning oder Papen zurücklenken wollten."[46]

Ein Großteil der Konservativen begegnete dem Engagement in Parteien *per se* mit Ablehnung. Der Altkonservative und ehemalige DNVP-Vorsitzende Kuno Graf von Westarp meinte es gewiss nicht als Kompliment, wenn er Anfang 1933 urteilte: „Die nationalsozialistische Bewegung ist zur Partei, ihr Kampf zum Parteikampf, ihre Politik zur parlamentarischen Politik geworden."[47] Gerade jungkonservativen Publizisten im Umfeld der Präsidialkabinette lässt sich im wahrsten Sinne Verachtung für die praktischen Erfordernisse der parlamentarischen Demokratie bescheinigen. Ihr aristokratisches Ideal spiegelte sich in den geläufigen Charakterisierungen dieser Zeit: Hitler galt als „Volkstribun", „Trommler" oder – mit negativer Konnotation – „Volksführer". Im konservativen Lager war die Ansicht verbreitet, dass die NSDAP das hässliche Kind des „Parteienstaats" und Folge gesellschaftlicher „Vermassung" sei. Walter Schotte schrieb: Die Hitler-Bewegung sei „durch den unnatürlichen Zwang unseres Wahlrechts im Rahmen einer parteipolitisch-parlamentarischen Demokratie zur Partei entarte[t]".[48] Edgar Julius Jung bilanzierte Ende 1932 nach Papens Abgang als Kanzler: „Die Entscheidung zwischen Demokratie und Aristokratie ist vorläufig zugunsten jener gefallen. Der Versuch, die Staatsautorität um den letzten großen Edelmann

---

[45] Joseph Goebbels, Was wollen wir im Reichstag? In: Der Angriff vom 30.4.1928.

[46] Martin Broszat, Plädoyer für eine Historisierung des Nationalsozialismus. In: Merkur, (39) 1985 (453), S. 373–385, hier 381.

[47] Kuno Graf von Westarp, Am Grabe der Parteiherrschaft. Bilanz des deutschen Parlamentarismus von 1918–1932, Berlin 1933, S. 104.

[48] Walther Schotte, Der neue Staat, S. 27.

preußischer Prägung zu gruppieren, ist mit dem Kabinett v. Papen endgültig gescheitert."[49]

Dass eine Reihe prominenter und weniger prominenter Konservativer die NSDAP als ein Produkt oder Kind des Parlamentarismus sah, kann natürlich nicht bedeuten, dass die Nationalsozialisten Demokraten waren. Gleichwohl weist es auf Unterschiede bezüglich Zukunftsentwürfen, Modellen und, ganz konkret, in ihrem jeweiligen Verhältnis zu Parteien und Parlament hin. Der rheinische Katholik Carl Werner von Jordans schrieb im September 1932 in einem Brief: wohl fehle es den Präsidialkabinetten an „parlamentarisch-demokratische[r] Grundlage", aber das Papen-Kabinett ermögliche den „Einsatz der Persönlichkeit zum ersten und vielleicht auch zum letzten Mal" gegen den „Popanz Hitlers und seiner Trabanten".[50] Die einzige Hoffnung sei nun die, dass das „parteifreie" Kabinett durchregiere – entweder „bei völliger Ignorierung der Existenz eines ‚Nationalsozialismus' " oder im Zweifel auch über die „Unschädlichmachung der Führer und ihrer Presse".[51] Das Konkurrenzverhältnis zwischen Nationalsozialisten und Rechtskonservativen barg, wie hier explizit ausgesprochen, stets das Potenzial, sich zur echten Gegnerschaft auszuwachsen. Dieses Potenzial wurde indes nicht, oder nach 1933 nur in geringem Maße realisiert. Eine Teilerklärung liegt darin, dass den Konservativen das Versagen ihrer Modelle und, wenn man so will, ihre eigene demokratische Inkompetenz vor Augen geführt wurde. Die „volkskonservativen" Fürsprecher von Kanzler Brüning etwa, wie der Publizist Hermann Ullmann, verstanden sich zwar auf schärfste antiparlamentarische Polemik, konnten aber nie eine hinreichend konkrete Alternative benennen und wussten am Ende kaum Deutlicheres zu sagen, als dass an die Stelle der Weimarer „Parteienherrschaft" eine irgendwie „an Autorität glaubende und dadurch Autorität bildende Führerschicht" treten solle. Auch Ullmann meinte an dieser Stelle übrigens nicht den alten Adel, keine „auf dauernde

---

[49] Edgar Julius Jung, Sinndeutung der deutschen Revolution, Oldenburg 1933, S. 48. Zur Position gegenüber Parteien und speziell der NSDAP Jung im Brief an Erich von Hertz, 27.8.1930, Bayerisches Hauptstaatsarchiv München, NL Edgar J. Jung, Nr. 13: „Ich glaube viel zu wenig an Parteien [...], um in dem Anschluss an eine solche irgendetwas Wesentliches zu erblicken. Ich erkenne auch das Positive der nationalsozialistischen Partei und stehe deshalb mit den Führern von ihr immer in Verbindung. Jedoch lehne ich ein schematisches Denken, derart etwa, diese Bewegung sei alleinseligmachend und wer nicht zu ihr gehöre versäume sein Lebensglück, als unlebendig und ungeistig ab. Das deutsche Volk ist ein gewaltiger Körper und ein Sektor [...] darf sich niemals anmaßen, ihm Rettung bringen zu wollen".
[50] Carl von Jordans an Ferdinand Freiherr von Lüninck vom 14.9.1932, Vereinigte Westfälische Adelsarchive e. V., NL Ferdinand Freiherr von Lüninck, Nr. 819.
[51] Ebd.

Vorrechte gegründete Kaste", schon gar nicht die Rückkehr zur untergegangenen Hohenzollern-Monarchie.[52]

Da sich derlei Zukunftsentwürfe eher im Vagen hielten und überwiegend mit aneinandergereihten Negationen operierten, waren sie kaum geeignet, einen Weg durch die Krise zu weisen oder gar in der Konkurrenz mit den Nationalsozialisten an Deutungshoheit zu gewinnen. Der Büroleiter des Reichspräsidenten, Otto Meissner, musste sich am 23. November 1932 von Hitler süffisant erläutern lassen, warum die Präsidialkabinette von Hindenburgs Gnaden genauso auf parlamentarischen Rückhalt angewiesen seien wie eine durch Parteien und Parteikoalitionen regulär gebildete Regierung. Mehrheiten, schrieb Hitler, würden sich „bei der Art unseres Verfassungslebens immer in Parteien ausdrücken". Die Überparteilichkeit, die sich in der Präsidialherrschaft manifestieren sollte, war konservative Phraseologie und konnte den realpolitischen Praxistest auf absehbare Dauer nicht bestehen.[53] Die Nationalsozialisten machten Anfang der 1930er Jahre gegen die autoritären Alternativen von rechts mobil. Erwähnt sei an dieser Stelle auch der Offene Brief Hitlers an Kanzler Papen vom Oktober 1932. Dessen Regierung führe ein Prinzip des „Gottesgnadentums" fort, kritisierte Hitler angriffslustig. Denn sie spiele die autoritäre Führung gegen das Volk aus: „Allein diese Auffassung […] war bei unseren Monarchien schon überlebt und nicht mehr aufrechtzuerhalten, ist aber in der heutigen Zeit […] einfach absurd."[54] Erneut berief sich Hitler auf die Weimarer Verfassung, nach der es immerhin eine Selbstverständlichkeit sein müsse, die „Nationalsozialisten in der Zukunft mit der Regierungsbildung" zu betrauen.[55]

Das zutreffende Argument, dass die Präsidialkabinette weder über eine Verankerung im Parlament noch in der Breite der Bevölkerung verfügten, wurde in der NS-Bewegung Anfang der 1930er Jahre dauernd in Stellung gebracht. Im ideologischen Eklektizismus der Nationalsozialisten fand die antidemokratische Führerideologie ebenso ihren Platz wie das zwar rassistisch exklusive, zugleich sozial egalitäre Versprechen von „Volksgemeinschaft". Neben der völkischen Forderung nach Schaffung eines neuen „Blutadels" konnte die populistische Kritik an den alten Eliten und der feudalen

---

[52] Hermann Ullmann, Die Rechte stirbt – Es lebe die Rechte!, 2. Aufl. Berlin 1929, S. 49.

[53] Adolf Hitler an Staatssekretär Meissner vom 23.11.1932, in: Karl Dietrich Erdmann (Hg.), Akten der Reichskanzlei: Weimarer Republik. Das Kabinett von Papen. 1. Juni bis 3. Dezember 1932, Bd. 2: September bis Dezember 1932, Boppard am Rhein 1989, S. 994–998, hier 994.

[54] Adolf Hitlers offener Brief an Herrn von Papen. Die Antwort des Führers der NSDAP an den Reichskanzler, Berlin 1932, S. 7.

[55] Ebd. S. 13 f.

Reaktion stehen.[56] Zweifellos wollten sich die Nationalsozialisten in die geschichtliche Kontinuität der Nation eingereiht sehen, indem sie der mythisch überhöhten Reichsidee ebenso ihre Referenz erwiesen wie Friedrich dem Großen oder der Staatgründung Bismarcks.[57] Das Selbstverständnis als grundsätzlich neue, nicht als eine Kraft der Vergangenheit, stellte solche Bezüge allerdings stets unter den Vorbehalt der revolutionären Zukunftsorientierung. Bis zum 30. Januar 1933 – und weit darüber hinaus – agierten NS-Kampfblätter dementsprechend gegen die konservativen Konkurrenten im nationalen Lager. Etwa in der sächsischen Gauzeitung „Der Freiheitskampf", die Mitte Januar 1933 nicht zum ersten Mal davor warnte, dass die „Kreise und Cliquen" der Reaktion „auf dem Rücken der nationalsozialistischen Bewegung wieder [zu] reiten" versuchten: „dass gewisse Angehörige fürstlicher Häuser immer häufiger hervortreten und sich ungeniert öffentlich feiern lassen [...], beweist, dass sie glauben, sich bereits dem Volke als die kommenden Männer präsentieren zu können. [...] Wenn sich der ehemalige Kronprinz immer mehr exponiert, wenn der bayrische Kronprinz gerade jetzt vor bayrischen Bauern spricht, so sind das, einzeln genommen, ‚harmlose' Erscheinungen, wenn sich aber derartige Ereignisse häufen, dann wird damit das Misstrauen, dass wir Nationalsozialisten hegen, nicht beseitigt." Und weiter: „eine hauchdünne Schicht veralteter Reaktionäre" versuche „im luftleeren Raum eine Monarchie" zu bauen. Trage Hitler den Sieg davon, dann sei erst „das Volk" in die Lage versetzt, „sich selbst zu regieren."[58]

VII. Die Nationalsozialisten und die Demokratie

Da in der nationalsozialistischen Ideologie Volk und Führer eine Einheit darstellten oder zur Einheit zusammenwachsen sollten, ist das Jahr 1933 als antidemokratischer Neustart nicht hinreichend beschrieben. Die Reichstagswahl im März 1933 bescherte Hitler 43,9 Prozent, seinen rechtskonservativen Partnern magere 8 Prozent, womit sich das Gewicht der Kräfte endgültig zugunsten der Nationalsozialisten verschob. Obgleich sie noch nicht die Mehrheit der Deutschen hinter sich versammelten, konnte Hitler – nicht ohne Berechtigung – die Wahl als Gründungsakt und revolutionäres Referendum für sich reklamieren.[59]

---

56 Zum Themenkomplex siehe Andrea D'Onofrio, Nationalsozialismus und Populismus, in: Totalitarismus und Demokratie, (9) 2012 (2), S. 257–277.

57 Frank-Lothar Kroll, Geschichte und Politik im Weltbild Hitlers, in: VfZ, (44) 1996 (3), S. 327–354.

58 Was macht der „Reichsverweser"?, in: „Der Freiheitskampf vom 18.1.1933.

59 Otmar Jung, Plebiszit und Diktatur: die Volksabstimmungen der Nationalsozialisten. Die Fälle „Austritt aus dem Völkerbund" (1933), „Staatsoberhaupt" (1934) und „Anschluss Österreich" (1938), Tübingen 1995, S. 14–19; Marcel Stepanek, Wahl-

Die sogenannte nationale Revolution brach nicht in jeder Hinsicht mit der Vergangenheit der Weimarer Republik. Die Zeitgenossen hatten Grund zur Verwunderung: Der Ende Februar niedergebrannte Reichstag sollte wiederaufgebaut werden. Das im März 1933 verabschiedete „Ermächtigungsgesetz" durchbrach die demokratischen Grundprinzipien der Weimarer Republik, hob die Gewaltenteilung auf, legitimierte die Verfolgung der Opposition und konstituierte die Diktatur. Dennoch trat das Parlament in der Kroll-Oper bis 1945 weitere 19 Mal zusammen; drei Mal wurden bis Kriegsbeginn Abgeordnete in den Reichstag gewählt. Mit dem Gesetz vom 14. Juli 1933, das die Neubildung von Parteien verbot, trat zeitgleich das Gesetz über die Volksabstimmung in Kraft. Das plebiszitäre Element sollte dem neuen Staat Legitimität verschaffen. Das Regime stützte sich auf die Akklamation der Massen, wie Carl Schmitt sie 1926 als „unmittelbare Äußerungen demokratischer Substanz" und im „vitalen Sinne [der] unmittelbaren Demokratie"[60] bezeichnet hatte: den Austritt aus dem Völkerbund 1933, die Verschmelzung von Reichskanzleramt mit Reichspräsidentenamt sowie die Rheinlandbesetzung 1934, dann den „Anschluss" Österreichs 1938 segneten die Deutschen – mit überwältigender Mehrheit – per Stimmzettel ab. Zu Wahlfälschungen kam es nach heutigem Kenntnisstand kaum. Mit dem Nürnberger Reichsparteitag setzte die NSDAP überdies eine im Grunde obsolete Tradition aus der „Kampfzeit" fort. Nürnberg diente jetzt als Kulisse für Hitlers „Volksstaat". Ursprüngliche Pläne, die darauf hinausgelaufen wären, die Parteiorganisation aufzugeben, hatte man längst als unpraktikabel erkannt. Stattdessen wuchsen Partei und Staat zu einer konfliktreichen Ehe zusammen.[61]

Die neuere wissenschaftliche Forschung wird nicht müde zu betonen – und es fügt sich gut zum Gesagten: Hitler selbst sprach im Rückblick auf das Jahr 1933 bevorzugt von einer Machtübernahme oder einer Übergabe der Macht, aber eben nicht von einer „Machtergreifung". Die Legalität seiner Kanzlerschaft sollte auf diese Weise ebenso herausgestellt werden wie der

---

kampf im Zeichen der Diktatur: Die Inszenierung von Wahlen und Abstimmungen im nationalsozialistischen Deutschland, Leipzig 2014.

[60] Carl Schmitt, Der Gegensatz von Parlamentarismus und moderner Massendemokratie (1926), in: Ders., Positionen und Begriffe im Kampf mit Weimar – Genf – Versailles 1923–1939, 4. Aufl. Berlin 2014, S. 61–68, hier 66.

[61] Hierzu Markus Urban, The Self-Staging of a Plebiscitary Dictatorship: The NS-Regime Between „Uniformed Reichstag", Referendum and Reichsparteitag, in: Ralf Jessen/Hedwig Richter (Hg.), Voting for Stalin and Hitler. Elections Under 20th Century Dictatorships, Frankfurt/New York 2011, S. 39–58; Frank Omland, Plebiszite in der Zustimmungsdiktatur. Die nationalsozialistischen Volksabstimmungen 1933, 1934 und 1938: das Beispiel Schleswig-Holstein, in: Jahrbuch für direkte Demokratie 2009, Baden-Baden 2010, S. 131–160.

breite Konsens, der ihn vermeintlich von Anfang an stützte.[62] Mit Wahlen, Referenden, Massenspektakeln und inszeniertem Getöne im Rumpfparlament generierte das Regime Zustimmung bei den Massen und setzte sich mit einem vorherrschenden Volkswillen in eins.

Der liberale Historiker Thomas Nipperdey war kein Freund von Kontinuitätshistorien, sondern nahm das Gebot ernst, eine jede Epoche aus ihrer prinzipiellen Zukunftsoffenheit heraus zu betrachten. Die alten Eliten rechnete er zu den Ermöglichern Hitlers – selbstverständlich. Als eine historische Grundbedingung des Nationalsozialismus nannte Nipperdey unter anderem aber auch: „die totalitäre und anti-institutionelle Tendenz der radikalen Demokratie (auch sie gehört zu dem, woran der Nationalsozialismus anknüpft, selbst wenn viele das heute nicht wahrhaben wollen).“[63] Das Volk bildete für die Nationalsozialisten das Subjekt ihrer Ideologie, und insofern zählen sie – bei allen Vorbehalten, die man dem Begriff gegenüber hegen kann – zu den Protagonisten der Moderne. Wenigstens kann man sagen, dass sie um ein Erhebliches moderner als ihre rechtskonservativen Konkurrenten waren.[64] Soll man hinter diese Erkenntnis zurück? „Die Nationalsozialisten ließen keinen Zweifel daran“, so sieht es Hedwig Richter, „dass sie sich für wahre Demokraten hielten. […]. Die Vision der ‚Volksgemeinschaft‘ stand für eine Volksherrschaft mit einer zugespitzten Form der Rousseau'schen Konsensforderung – ohne Freiheit.“[65] Weiter urteilt Richter: „Es ist kein Zufall, dass die Massenideologien des Nationalsozialismus, des Faschismus und des Sozialismus mit der Demokratisierung der Gesellschaft aufgestiegen sind.“[66] Was soll eigentlich falsch daran sein? Es heißt nicht, die Diktatur mit der liberalen Demokratie zu verwechseln, wohl aber anzuerkennen, dass die Nationalsozialisten auf der Klaviatur der Demokratie spielten, die sie erlernt hatten – und mit der sie zur Macht gekommen waren.

---

[62] Siehe etwa Norbert Frei, „Machtergreifung". Anmerkungen zu einem historischen Begriff, in: Michael Kißener (Hg.), Der Weg in den Nationalsozialismus 1933/34, Darmstadt 2009, S. 38–49.

[63] Thomas Nipperdey, 1933 und Kontinuität der deutschen Geschichte, in: Paul Nolte (Hg.), Thomas Nipperdey. Kann Geschichte objektiv sein? Historische Essays, München 2013, S. 253–279, hier 257, Erstabdruck in: HZ, (227) 1978, S. 86–111.

[64] Zur Debatte um die „Modernität" des Nationalsozialismus, die an dieser Stelle nicht vertieft werden kann, vgl. die beeindruckende Synthese von Riccardo Bavaj, Die Ambivalenz der Moderne im Nationalsozialismus. Eine Bilanz der Forschung, München 2003.

[65] Richter, Demokratie, S. 234; im Zusammenhang s. Richter/Hubertus Buchstein, Eine neue Geschichte der Wahlen. Eine Einleitung, in: dies. (Hg.), Kultur und Praxis der Wahlen. Eine Geschichte der modernen Demokratie, Wiesbaden 2017, S. 1–27, hier 8.

[66] Ebd. S. 235.

VIII. Der geschichtspolitische Vorwurf

In den Debatten um Kaiserreich und Hohenzollern wird mit harten geschichtspolitischen Bandagen gekämpft. Rasch wird der Vorwurf in den
Raum gestellt, man wolle die Grenze zwischen liberaler Demokratie und
Diktatur, zwischen Antidemokraten und Demokraten verwischen. Oder: Man
wolle Totengräber der Republik rehabilitieren. Gesellt sich am Ende gar der
karrierebremsende Vorwurf hinzu, man reiche „Neonationalisten" die Hand?

Kaiserreich- und Hohenzollern-Debatten kreisen um die Frage, was oder
wer in die NS-Diktatur geführt hat und wo deren Wurzeln liegen. Historikerinnen und Historiker müssen sie verfolgen dürfen, ohne mit dem geschichtspolitischen Hammer traktiert zu werden. Im Kaiserreich wurden – von den
meisten unbestritten – Grundlagen gelegt, auf die der Nationalsozialismus
aufbaute. Dass das Kaiserreich deshalb die „Vorgeschichte" der Diktatur sein
soll, kann kritisieren, wer sozialen und technischen Fortschritt oder politische
Integrationsleistungen aus heutiger Sicht kontextualisiert. Der Nationalsozialismus mag ohne Prädispositionen, konkrete Vorläufer und völkische Vordenker im Kaiserreich schwer zu erklären sein. Ohne Demokratie ist er es aber
auch nicht.

Den gehörigen Anteil konservativer Eliten für das Scheitern der Republik
haben die wenigsten Beteiligten in Abrede gestellt. Allerdings wird man in
der Hohenzollern-Debatte mit Fug und Recht Bedenken anmelden dürfen,
wenn komplexe Vorgänge auf ein simples Ja oder Nein reduziert werden
sollen. Schuldzuweisungen an Einzelpersonen, ob berechtigt oder nicht, drohen die Funktion einer kollektiven Selbstentlastung zu übernehmen. Zumindest in der öffentlichen und politischen Debatte ist ein populistischer Zun-
genschlag mit irritierend adelsfeindlicher Polemik zu bemerken. Wissenschaft, wenn sie den Weg in die Diktatur auch über das Jahr 1933 hinaus
aufzeigen will, sollte die gesamtgesellschaftlichen Zusammenhänge und die
Verantwortung der Vielen hervorheben. Vielleicht erklärt sich die Schärfe des
Konflikts nicht – oder wenigstens nicht nur – mit geschichtspolitischem
Lagerdenken. Möglicherweise beruht sie auch auf Missverständnissen: Wer
sagt, der Nationalsozialismus sei (auch oder gerade) einer Demokratie ent-
wachsen, will damit vielleicht gar nicht die konservativen und adeligen Eliten reinwaschen, die Weimarer Republik verächtlich machen oder Ge-
schichtsrevisionismus betreiben. Man weiß doch, was Mahner sagen: der
radikale Populismus ist eine Bedrohung für die liberale Ordnung der Gegenwart. Das stimmt gewiss. Diese Gefahr umso deutlicher zu erkennen, indem
man den Blick zurückwirft, kann nicht verwerflich sein – es ist schon gar
nicht „neonationalistisch".

Deutschlands doppelte Niederlage und die Hohenzollern

Von *Hans-Christof Kraus*, Passau

„Der Besiegte schreibt die Geschichte; der Gescheiterte ist der Gescheitere" – das hat Carl Schmitt im Jahr 1951 einmal notiert[1], und so illustre Historiker unter seinen Schülern wie Reinhart Koselleck und Christian Meier sind ihm hierin gefolgt. Das widerspricht einer früheren Erfahrung, nach der in der Regel ausschließlich die Sieger die Geschichte schreiben, und dies ist bekanntlich auch immer wieder geschehen. Man sehe sich nur einmal die sogar mit dem Nobelpreis gekrönten Geschichtswerke eines Winston Churchill an, seine vielbändigen Geschichten des Ersten und Zweiten Weltkriegs ebenso wie sein Spätwerk, „A History of the English-Speaking Peoples", letzteres eine literarisch glanzvolle Selbstfeier des historischen Aufstiegs und der nach 1945 nun vermeintlich endgültigen Weltdominanz der angelsächsischen „great democracies"[2]. Im Lichte der neuesten weltpolitischen Entwicklungen erscheint diese selbstbewusste Perspektive der ewigen Sieger schon einige Jahrzehnte später als geradezu gigantischer Anachronismus.

Man sollte also eher auf Koselleck hören, der einmal den „Erfahrungssatz" formulierte, „dass die Geschichte kurzfristig von den Siegern gemacht, mittelfristig vielleicht durchgehalten, langfristig niemals beherrscht wird". Denn die Besiegten müssen nun einmal, ob sie wollen oder nicht, von der Primärerfahrung ausgehen, „dass alles anders gekommen ist als geplant oder erhofft". Deshalb sind sie auch gezwungen, die Lage, in der sie sich jetzt befinden, genauer und gründlicher zu durchdenken, sie müssen neben den kurz- und mittelfristigen Ursachen des Geschehens auch die langfristigen in den Blick zu bekommen versuchen. Insofern hat nach Koselleck die Hypothese manches für sich, dass gerade den „Erfahrungsgewinnen" der Verlierer am Ende bestimmte „Einsichten entspringen, die von längerwährender Dauer und damit größerer Erklärungskraft zeugen. Mag die Geschichte – kurzfristig – von Siegern gemacht werden, die historischen Erkenntnisgewinne stammen – langfristig – von den Besiegten". Während die Sieger sich noch wei-

---

[1] Carl Schmitt: Glossarium. Aufzeichnungen aus den Jahren 1947 bis 1958. Erweiterte, berichtigte und kommentierte Neuausgabe, hrsg. v. Gerd Giesler/Martin Tielke, Berlin 2015, S. 253: Aufzeichnung vom 11.9.1951.

[2] Winston S. Churchill: A History of the English-Speaking Peoples, Bde. I–IV, London 1956–1958 u.ö.

terhin als die Größten und Besten selbst feiern können und dies in den meisten Fällen auch tun, haben die Besiegten, sofern sie über ein gewisses Maß an Klugheit und Bereitschaft zur Selbstkritik verfügen, bereits „jene nicht austauschbare Urerfahrung aller Geschichten gemacht, dass sie anders zu verlaufen pflegen als von den Betroffenen intendiert". Es war denn auch kein anderer als der wohl größte Historiker der Griechen, Thukydides, der eben diese Erfahrung machen musste und sie in seinem großen Geschichtswerk über den Peloponnesischen Krieg „methodisch maximal genutzt"[3] hat.

Diese Einsicht hatte natürlich Folgen für den Umgang mit der eigenen Geschichte der jüngsten Vergangenheit. Die Deutschen als die doppelt Besiegten von 1918 und 1945 waren nach der schlimmsten Niederlage ihrer Geschichte gezwungen, von alten Überzeugungen, Deutungsmustern und historiographischen Glaubenssätzen radikal Abstand zu nehmen und sich fundamental neu zu orientieren. Das galt gerade auch für eine Analyse der längerfristigen Ursachen der „deutschen Katastrophe". Die marxistische Variante lieferte seinerzeit der kommunistische Funktionär und spätere Kulturminister der DDR, Alexander Abusch, mit seiner in der Emigration geschriebenen Abrechnung „Der Irrweg einer Nation" (1945), die liberalen und konservativen Versionen wiederum die Fachhistoriker Friedrich Meinecke mit dem klassischen Büchlein „Die deutsche Katastrophe" (1946) und Gerhard Ritter mit seiner Bestandsaufnahme „Europa und die deutsche Frage" (1948). Allen gemeinsam war eine konsequente, gelegentlich radikal-kritische Infragestellung bisheriger Überzeugungen und Grundannahmen über Ursachen und Verlauf der jüngeren deutschen Geschichte[4].

Ein Zurück zu den Gewissheiten der vermeintlich bruchlosen nationalen Erfolgsgeschichte vom „deutschen Aufstieg" konnte es also nicht mehr geben. Zwei Wege, die auch bald schon beschritten wurden, blieben offen: Zum einen die konsequente, auf Differenzierungen bewusst verzichtende Abrechnung mit der Vergangenheit, die Verwerfung aller wesentlichen Entwicklungen der deutschen Geschichte seit mindestens Mitte des 19. Jahrhunderts, und zum anderen – im Sinne eines *reflektierten Lernens aus der Niederlage* – eine differenzierte, sachlich und vergleichend vorgehende, gele-

---

[3] Die Zitate: Reinhart Koselleck: Erfahrungswandel und Methodenwechsel. Eine historisch-anthropologische Skizze, in: derselbe: Zeitschichten. Studien zur Historik, Frankfurt a.M. 2000, S. 27–77, hier S. 67–69, zum Problem umfassend: Marian Nebelin/Sabine Graul (Hrsg.), Verlierer der Geschichte. Von der Antike bis zur Moderne, Berlin 2008.

[4] Alexander Abusch: Der Irrweg einer Nation. Ein Beitrag zum Verständnis deutscher Geschichte, Berlin 1946; Friedrich Meinecke: Die deutsche Katastrophe. Betrachtungen und Erinnerungen, Wiesbaden 1946; Gerhard Ritter: Europa und die deutsche Frage. Betrachtungen über die geschichtliche Eigenart des deutschen Staatsdenkens, München 1948.

gentlich, wenn notwendig, auch scharf kritische, aber jede Form einer totalen „Abrechnung" vermeidende historische Analyse. Beispielhaft hierfür wurde für die deutsche Geschichte des 19. und beginnenden 20. Jahrhunderts das seit den 1970er Jahren entstandene, bis heute zu Recht gerühmte Monumentalwerk Thomas Nipperdeys, dessen Deutungen und Thesen auch deshalb überwiegend noch immer Bestand haben[5].

Genau diesen *doppelten* Aspekt, diese *beiden* Möglichkeiten muss man im Auge behalten, um die seit 2019 geführte Kontroverse um die Hohenzollerndynastie und deren Rolle in der jüngeren deutschen Geschichte verstehen zu können. Trifft der Vorwurf tatsächlich zu, die 1918 entthronte frühere deutsche Herrscherfamilie habe um 1932/33 einer nationalsozialistischen Machtübernahme „erheblichen Vorschub" geleistet? Gerade in der Gegenwart ist die Versuchung zur rigorosen Abrechnung mit den Verantwortlichen für das Desaster von 1933 zwar noch immer sehr groß, wie sich etwa anhand der bis heute andauernden Umbenennungen der vielen Hindenburgstraßen und -plätze in Deutschland hinlänglich zeigen lässt. Aber ein solches Vorgehen entspricht nicht dem, was eine kritische Geschichte aus der Perspektive der Besiegten eigentlich leisten könnte und müsste: eben gerade nicht „abzurechnen", sondern das Faktische sachlich und – soweit irgend möglich – unvoreingenommen zu ermitteln, zu differenzieren, zu durchleuchten und nach den eigentlichen, besonders auch den langfristigen Ursachen vergangener Fehlentscheidungen zu fragen, die dann am Ende zu den bekannten fatalen Konsequenzen und schließlich zur Katastrophe führten.

Wenn man gerade nicht nur richten, aburteilen und in diesem Sinne mit dem Vergangenen abrechnen möchte, dann muss man – Christian Meier hat 2012 in einem Interview darauf hingewiesen – in gleicher Weise sowohl die Perspektiven der Handelnden als auch die der Leidenden, die der Entscheider und derjenigen, die anschließend die Folgen dieser Entscheidungen zu tragen hatten, berücksichtigen. Denn hierdurch tun sich, so Meier, „zwischen kleiner und großer Geschichte ungeahnte Differenzen auf, die sich nur beurteilen lassen, wenn man die Perspektive ex post ein gutes Stück weit ausblendet. Jedenfalls ist es notwendig, den damaligen Generationen von Deutschen gerecht zu werden. [...] Aber das ist wahnsinnig schwierig, jedenfalls zweifellos eine Aufgabe gerade auch der Historiographie"[6]. Nimmt man dieses Postulat einer Historie der Besiegten ernst, dann sollte auch das Verhalten

---

[5] Thomas Nipperdey: Deutsche Geschichte 1800–1866. Bürgerwelt und starker Staat, München 1983; ders.: Deutsche Geschichte 1866–1918, Bde. I und II, München 1990 und 1993.

[6] Stephan Schlak: Vom Nutzen der Niederlage für den Historiker. Ein Gespräch mit Christian Meier, in: Zeitschrift für Ideengeschichte VI/1 (2012), S. 17–31, hier S. 30.

der Hohenzollern und speziell des Kronprinzen um 1932/33 differenzierter betrachtet und in die damaligen Kontexte präziser eingeordnet werden.

Nun kann es keinem Zweifel unterliegen, dass sich der Kronprinz und ebenfalls sein jüngerer Bruder August Wilhelm den Nationalsozialisten auf eine fatale Weise angebiedert haben[7]; sie stehen damit zwischen den Habsburgern und den Wittelsbachern einerseits und einigen wenigen ehemals regierenden Häusern, etwa den Sachsen-Coburgern, von denen der letzte regierende Herzog wesentlich tiefer in das NS-Regime verstrickt war, andererseits. Kronprinz Rupprecht von Bayern – um an dieser Stelle nur ihn als Erben und Repräsentanten der einst zweiten Dynastie im deutschen Kaiserreich zu nennen – musste Ende der 1930er Jahre ins italienische Exil gehen und überlebte dort die Monate nach dem Attentat auf Hitler vom 20. Juli 1944 nur in einem Versteck, während Frau und Töchter die Zeit bis Kriegsende im Konzentrationslager verbringen mussten[8]; das Beispiel belegt, dass auch Angehörige der bis 1918 regierenden fürstlichen Häuser in Deutschland zu den Verfolgten des NS-Regimes zählten.

Sieht man im Vergleich hierzu die bekannten Bilder des Hohenzollern-Kronprinzen Wilhelm mit Hitler und Göring, dann wirken sie noch heute fatal. Und dennoch sollte man sich von diesen Eindrücken nicht überwältigen lassen, sondern ernsthaft nach deren Aussagekraft und auch nach dem damaligen Rang und dem öffentlichen Ansehen des Prinzen fragen: Wie umfangreich und bedeutend konnte denn, modern gesprochen, das „symbolische Kapital" sein, das die frühere Herrscherfamilie um 1932/33 – in einer Zeit, in der die meisten Deutschen im Zeichen der schweren Wirtschaftskrise mühsam gegen den drohenden sozialen Abstieg ankämpfen mussten – noch aufbringen konnte? Schon vor dem Ersten Weltkrieg war das Ansehen der Hohenzollern im Vergleich zu den Jahren nach der Reichsgründung gesunken; die Anhänger der seit 1912 stärksten deutschen Partei, der Sozialdemokratie, gehörten gewiss nicht zu ihren Bewunderern, und die SPD-Reichstagsfraktion weigerte sich sogar, an den Parlamentseröffnungen im Berliner Schloss mit der üblichen Thronrede des Kaisers teilzunehmen – selbst noch nach Kriegsbeginn am 4. August 1914.

Der spätere kurzzeitige sozialdemokratische Reichskanzler Philipp Scheidemann hat in seinen Memoiren hierzu eine bezeichnende Anekdote überliefert. Es wurde nämlich kurz nach der Reichstagseröffnung im Hohenzollernschloss erzählt, „man habe dem Kaiser fälschlich berichtet, *alle* Parteien seien vertreten. Darüber soll der Kaiser so glücklich gewesen sein, daß er auf

---

[7] Zu den politischen Aktivitäten des letzteren siehe Lothar Machtan: Der Kaisersohn bei Hitler. Zu August Wilhelm von Preußen (1887–1949), Hamburg 2006.

[8] Vgl. Dieter J. Weiß: Kronprinz Rupprecht vom Bayern (1869-1955). Eine politische Biografie, Regensburg 2007, S. 311 ff.

einen Abgeordneten mit den Worten zustürzte: ‚Es freut mich besonders, daß auch Sie erschienen sind, Herr Scheidemann!' Der Abgeordnete, den er irrtümlicherweise für einen Sozialdemokraten gehalten hatte, war ein bekannter Bürgersmann"[9]. Sollte diese Anekdote nicht gut erfunden sein (was immerhin möglich sein mag), so bleibt es doch sehr aufschlussreich, wie sich hier die frühere Perspektive der Bismarckzeit und der Ära der Sozialistengesetze der 1880er Jahre drei Jahrzehnte später in ihr Gegenteil verkehrt hatte: Nunmehr freute sich der Kaiser, dessen Großvater die Partei noch hatte verfolgen lassen, einem sozialdemokratischen Parteiführer einmal persönlich zu begegnen – und dies am Ende auch noch vergeblich.

Die diversen außenpolitischen Fehltritte des Kaisers, von der „Krüger-Depesche" (1896) über die gegen die Chinesen gerichtete „Hunnenrede" (1900) bis hin zur Daily-Telegraph-Affäre (1908), schadeten seinem Ansehen noch vor dem Krieg immens, nicht zuletzt auch im bürgerlich-liberalen Lager. Gerade der letztgenannte Skandal löste in großen Teilen des deutschen Bürgertums Entsetzen aus; bekannt und aufschlussreich ist ein Brief, den Max Weber am 12. November 1908 an Friedrich Naumann richtete, und in dem es heißt, diese Affäre habe gezeigt, dass in Deutschland jetzt „ein *Dilettant* ... die *Fäden* der Politik in der Hand" halte, und das gelte „für den Oberbefehl im Kriege wie für die Leitung der Politik im Frieden. Consequenz: so lange das dauert, *Unmöglichkeit* einer ‚Weltpolitik' ". Die Hohenzollerndynastie kenne eben „nur die *Corporals*-Form der *Macht*: Commando, Parieren, Strammstehen, Renommage"[10]. Und mit diesem vernichtenden Urteil dürfte der Staatswissenschaftler und Soziologe damals nicht allein gestanden haben.

Auch der älteste Sohn und Thronfolger des Kaisers, Kronprinz Wilhelm, hatte bereits vor dem Ersten Weltkrieg mehr als nur einen öffentlichen Skandal von politischer Dimension verursacht, womit er seinem Ansehen bei großen Teilen der deutschen Bevölkerung schweren Schaden zufügte. Zwei dieser Affären seien hier erwähnt: Im November 1911 kam es über den Ausgang der zweiten Marokkokrise im Reichstag zu einer äußerst heftigen und kontroversen außenpolitischen Debatte. Erstmals wurde der Reichskanzler Theobald von Bethmann Hollweg – und mit diesem zugleich indirekt der Kaiser, dessen Vertrauen der Kanzler besaß – vom Vorsitzenden der Deutschkonservativen Partei, Ernst von Heydebrand und der Lasa, im Parlament scharf angegriffen; gleichzeitig wurde Großbritannien in dieser Rede als der Hauptfeind Deutschlands bezeichnet. Erregte diese Rede bereits an sich

---

[9] Philipp Scheidemann: Memoiren eines Sozialdemokraten, Bd. I, Dresden 1928, S. 259.

[10] Die Zitate: Max Weber: Gesamtausgabe, Bd. II/5: Briefe 1906–1908, hrsg. v. M. Rainer Lepsius/Wolfgang J. Mommsen, Tübingen 1990, S. 694, 696.

größtes Aufsehen, so wurde sie nach einem späteren Bericht „zur Sensation besonders dadurch, daß der Kronprinz – damals 29 Jahre alt – von einer Hofloge aus seinem Beifall durch Händeklatschen Ausdruck gab, was umso mehr auffiel, als das Händeklatschen im Reichstag nicht nur formell als unzulässig galt, sondern damals auch tatsächlich nicht üblich war"[11].

Und die bekannteste Berliner Salonière, die Baronin Hildegard von Spitzemberg, notierte in ihrem Tagebuch: „Allgemeine Empörung besteht über das unqualifizierbare Benehmen des Kronprinzen, der beim Herausgehen zu Lerchenfeld[12] sagte: ‚Heydebrands Rede war doch famos!' worauf dieser erwiderte: ‚K[aiserliche] H[oheit], es war eine Wahlrede!' "[13]. Im Münchner „Simplizissimus" – der bekanntesten deutschen Satirezeitschrift der damaligen Zeit – erschien auf der Titelseite eine großformatige Karikatur des Kronprinzen mit der Unterschrift: „Junger Mann, zwingen Sie uns nicht jetzt schon zur Satire"! Dieser Vorgang war, vor allem wegen seiner Wirkung auf die deutsche Öffentlichkeit, an Peinlichkeit kaum zu überbieten, auch wenn die nachfolgende Zurechtweisung des ältesten Kaisersohnes durch seinen Vater erst später bekannt werden sollte.

Noch unerfreulicher wirkte das Verhalten des deutschen Thronfolgers während des deutschen Fest- und Feierjahres 1913, hier beim mehr oder weniger inszenierten Skandal um Gerhart Hauptmanns Breslauer „Festspiel in deutschen Reimen", das damals anlässlich der Hundertjahrfeier des Beginns der Befreiungskriege gegen die Herrschaft Napoleons in der eigens neu errichteten Breslauer Jahrhunderthalle aufgeführt wurde[14]. Auf Bitten des Magistrats der schlesischen Hauptstadt hatte Kronprinz Wilhelm die Schirmherrschaft über die Breslauer Feierlichkeiten übernommen, doch als an Hauptmanns „Festspiel" öffentliche Kritik geübt und der Vorwurf erhoben wurde, es handele sich um ein „unpatriotisches" und deshalb dem Jubiläumsanlass nicht gerecht werdendes Stück, mischte sich der deutsche Thronfolger, der an keiner Aufführung teilgenommen hatte, sofort in die Angelegenheit ein: Das „Festspiel" habe, wie es in einem Telegramm des Kronprinzen wörtlich heißt,

---

11 [Kuno] Graf Westarp: Konservative Politik im letzten Jahrzehnt des Kaiserreiches, Bd. I: Von 19087 bis 1914, Berlin 1935, S. 157.

12 Gemeint ist Hugo Graf von und zu Lerchenfeld-Köfering (1843–1925), der Gesandte des Königreichs Bayern in Berlin.

13 Rudolf Vierhaus (Hrsg.), Das Tagebuch der Baronin Spitzemberg, geb. Freiin von Varnbühler, Deutsche Geschichtsquellen des 19. und 20. Jahrhunderts, 43, 3. Aufl. Göttingen 1963, S. 538, Eintrag vom 11.11.1911.

14 Hierzu und zum Folgenden Hans-Christof Kraus: Literatur und Politik im späten Kaiserreich – Der Streit um Gerhart Hauptmanns „Festspiel in deutschen Reimen" (1913), in: Klaus Hildebrandt/Stefan Rohlfs (Hrsg): Gerhart Hauptmann – Neue Studien zu seinem Werk, Berlin 2014, S. 37–57.

„umgehend zu verschwinden"[15], andernfalls werde er das Protektorat über die Jubiläumsveranstaltungen sofort niederlegen. Auch diese Einmischung in den Streit um Hauptmanns „Festspiel", dessen Aufführung kurz darauf nach einer persönlichen Intervention des Kaisers tatsächlich abgesetzt wurde, blieb der Öffentlichkeit nicht verborgen; sie dürfte die Unpopularität des Thronfolgers in weiten Kreisen des deutschen Bürgertums verstärkt haben.

Schließlich war es die Flucht des Kaisers nach Holland im November 1918, die ihr Übriges tat, um das Ansehen der Dynastie auch bei vielen der bisher überzeugten liberalen und konservativen Monarchisten zu ruinieren. Einer von ihnen, der Historiker Fritz Hartung, notierte schon Ende November 1918, dass nach seiner Auffassung eine Wiederherstellung der soeben sang-und klanglos zusammengebrochenen Monarchie nicht mehr möglich sei – „der Nimbus des Gottesgnadentums ist endgültig dahin"[16]. Und so dachte vermutlich die große Mehrheit der damaligen Deutschen; eine Restauration der Monarchie stellte zu keiner Zeit mehr eine politische Option dar, nicht vor 1933 und schon gar nicht danach. Vielleicht hätte sie es sein können, wäre der vormalige deutsche Kronprinz eine Persönlichkeit von Format gewesen – wie etwa der erwähnte Rupprecht von Wittelsbach. Aber dies war der älteste Kaisersohn eben nicht; sein Ansehen war nun einmal denkbar gering und deshalb hatte er – auch wenn einige wenige eingefleischte Monarchisten dies zeitweilig noch anders sehen mochten – auch kein nennenswertes symbolisches Kapital zu vergeben, das Hitler und den Nationalsozialisten irgend hätte von Nutzen sein können. Das erklärte Feindbild der NSDAP hieß nach Ausweis einer bekannten Zeile ihrer Parteihymne, des Horst-Wessel-Liedes, „Rotfront und Reaktion". Und mit der letzteren waren die Repräsentanten des von Hitler so tief verachteten, ja gehassten „alten Deutschlands" gemeint, und damit eben auch die Hohenzollern.

In diesem Kontext lohnt es sich allerdings, einmal im Modus des historischen Irrealis zu fragen, unter welchen Bedingungen und mit welchen Mitteln, im Rahmen welchen Szenarios der frühere Kronprinz Wilhelm denn tatsächlich der Hitlerschen Machtübernahme „erheblichen Vorschub" hätte leisten können? Hier hilft vielleicht zuerst ein historischer Vergleich mit Italien, das im Juni 1946, ein Jahr nach der endgültigen Kriegsniederlage, mittels einer relativ knapp ausfallenden Volksabstimmung (54,3 gegen 45,7 Pro-

---

15 Zitat aus dem Telegramm Kronprinz Wilhelms an den preußischen Innenminister von Dallwitz, 16.6.1913, ebenda, S. 51.

16 Hans-Christof Kraus (Hrsg.), Fritz Hartung – Korrespondenz eines Historikers zwischen Kaiserreich und zweiter Nachkriegszeit (Deutsche Geschichtsquellen des 19. und 20. Jahrhunderts, 76), Berlin 2019, S. 143: Fritz Hartung an Richard Fester, 20.11.1918.

zent) seine Monarchie abschaffte[17]. Die Tatsache, dass immerhin mehr als 45 Prozent der erwachsenen Italiener an der Monarchie als Staatsform hatten festhalten wollen, führte zur Begründung einer neuen politischen Partei, die das Ziel einer Wiedereinführung der Monarchie zum ersten Programmpunkt erhob. Der 1946 gegründete „Partito Nazionale Monarchico" spielte während des ersten Nachkriegsjahrzehnts noch eine nicht unbedeutende Rolle in der neuen Republik Italien, nicht zuletzt als Mehrheitsbeschaffer. Bei den Parlamentswahlen von 1953 erhielten die Monarchisten noch fast 7 Prozent der Stimmen, 1958 immerhin noch knapp 5 Prozent[18]; ihre Schwerpunkte lagen in Süditalien. Danach folgte der Abstieg: Wahlniederlagen, Spaltung und am Ende der Anschluss an die Partei der Neofaschisten (MSI).

Ganz anders verliefen die Dinge in Deutschland nach dem Ende der Monarchie von 1918. Hier bildete sich gerade keine spezifisch monarchische Partei, obwohl es durchaus noch – und vielleicht gar nicht so wenige – Monarchisten in Deutschland gab, die dem Kaiser und den Hohenzollern oder auch einem der anderen einstigen regierenden Häuser hinterher trauerten. Zwar könne kein Zweifel daran bestehen, schrieb Friedrich Meinecke Ende November 1918, „daß die überwältigende Mehrheit des deutschen Volkes noch heute monarchistisch empfindet. Aber die Monarchie selber hat dieser Empfindung den Todesstoß versetzt durch die unwürdige Art ihres Endes, durch das völlige Versagen ihres letzten Trägers im Reiche". Er selbst, fuhr Meinecke fort, bleibe aus diesem Grund „Herzensmonarchist und werde, der Zukunft zugewandt, Vernunftrepublikaner"[19] sein. Eine Wiederherstellung der Monarchie sei indessen weder möglich noch wünschbar, denn jeder Versuch dieser Art „würde fortan mit innerster Notwendigkeit behaftet sein mit der Tendenz zur Wiederherstellung auch der überlebten militaristischen Form der Monarchie und des konservativen Klassenstaats. Das Beispiel der restaurierten Stuarts und Bourbonen schreckt ab. [...] Es gilt für uns heute, was von Frankreich nach 1871 galt. Die Republik ist heute diejenige Staatsform, die uns am wenigsten trennt"[20].

Was der Berliner Historiker hier kurz nach der Niederlage von 1918 auf den Begriff brachte, dürfte wohl auch der entscheidende Grund dafür gewesen sein, dass es während der Weimarer Republik keine nennenswerte monarchistische Bewegung und auch keine politische Partei mit dem vorrangigen Anliegen einer monarchischen Restauration gegeben hat. Als einzige der

---

17 Rudolf Lill: Geschichte Italiens in der Neuzeit, 4. Aufl. Darmstadt 1988, S. 390.
18 Vgl. ebenda, S. 405.
19 Friedrich Meinecke: Verfassung und Verwaltung der deutschen Republik (1919, geschrieben November 1918), in: derselbe, Werke, Bd. II: Politische Schriften und Reden, hrsg. v. Georg Kotowski, Darmstadt 1958, S. 280–298, hier S. 281.
20 Ebenda, S. 281 f.

führenden Parteien im neuen Staat vertrat lediglich die 1919 gegründete Deutschnationale Volkspartei in ihren 1920 veröffentlichten „Grundsätzen" das Anliegen einer Wiederherstellung der Monarchie. In Punkt 4 heißt es: Da die monarchische Staatsform „der Eigenart und geschichtlichen Entwicklung Deutschlands" entspreche, erstrebe die Partei „die Erneuerung des von den Hohenzollern aufgerichteten deutschen Kaisertums"; die deutschen Einzelstaaten (von denen ja fast alle bis 1918 monarchisch verfasst gewesen waren) sollten „freie Entschließung über ihre Staatsform haben"[21]. Doch die Partei, die immerhin an mehreren der Weimarer Koalitionsregierungen beteiligt war, unternahm in den folgenden Jahren keine nennenswerten Anstrengungen, dieses Ziel, etwa auf dem Weg einer Verfassungsänderung oder mittels eines Referendums, zu erreichen. Deshalb wird niemand die DNVP im Rückblick als politischen Arm einer monarchistischen Bewegung in Deutschland zwischen 1918 und 1933 ansehen können.

Nimmt man – alternativgeschichtlich gedacht – einmal an, es hätte während der Weimarer Republik, ähnlich wie in Italien nach 1946, eine monarchistische Partei mit Reichstagswahlergebnissen zwischen 5 und 7 Prozent gegeben, die als das „Zünglein an der Waage", also als parlamentarischer Mehrheitsbeschaffer für die bürgerlichen oder die Rechtsparteien hätte dienen können, nimmt man zweitens an, der frühere deutsche Kronprinz und weitere prominente Angehörige der Familie der Hohenzollern hätten sich, vielleicht sogar als Wahlkandidaten, an die Spitze einer solchen Partei gestellt, und nimmt man drittens an, diese Partei hätte um 1932/33 den parlamentarischen Mehrheitsbeschaffer für eine von Hitler angeführte Koalitionsregierung gespielt, dann allerdings – aber *nur* in diesem Fall – könnte ernsthaft die Auffassung vertreten werden, die ehemals regierende Dynastie der Hohenzollern habe einer nationalsozialistischen Machtübernahme „erheblichen Vorschub geleistet".

Jeder weiß aber, dass es dieses skizzierte Szenario im damaligen Deutschland *nicht* gegeben hat. Die Weimarer Republik scheiterte nicht daran, dass der Kronprinz Wilhelm bei einigen Gelegenheiten öffentlich neben Hitler auftrat oder sich einige Male mit ihm zu diskreten Gesprächen getroffen hat. Damit fügte er dem Ansehen und dem Ruf seiner Familie, sicher ohne es zu wollen, schwersten Schaden zu. Aber Wilhelm verfügte als öffentliche Persönlichkeit ohne Ansehen und als – wie man wohl sagen muss – politisches Fliegengewicht über keinerlei nennenswertes Potential, das er zugunsten Hitlers und der Nationalsozialisten überhaupt in die Waagschale hätte legen können. Vage Hoffnungen auf eine eventuelle monarchische Restauration

---

21 Grundsätze der Deutschnationalen Volkspartei (1920), in: Wolfgang Treue (Hrsg.): Deutsche Parteiprogramme seit 1861 (Quellensammlung zur Kulturgeschichte, 3), Göttingen 1954, S. 120–127, hier S. 121.

unter einem Regiment Hindenburg-Hitler, verbunden mit naiver Selbstüberschätzung und schwer nachvollziehbarem politischem Kalkül, mögen den Kaisersohn zu seiner zeitweiligen Annäherung an Hitler und dessen Partei veranlasst haben. Dass Wilhelm stets einflusslos war und blieb, keiner politischen Partei als Gallionsfigur diente und über keinerlei Macht verfügte, steht vollkommen außer Frage.

Man sollte also der naheliegenden Verlockung einer gnadenlosen Abrechnung mit dem letzten deutschen Kronprinzen und seiner Familie widerstehen, sondern vielmehr zur sachlichen, die Vorgänge und die Kontexte der überaus komplexen politischen Entwicklung in Deutschland um 1932/33 genauestens rekonstruierenden und analysierenden Betrachtung zurückkehren.[22] Wenn der Gescheiterte wirklich die Chance ergreifen möchte, der Gescheitere sein zu können, dann sollten auch gegenwartspolitische Einflüsse soweit wie irgend möglich aus der wissenschaftlichen Analyse ferngehalten werden, so schwierig dies im einzelnen sicher sein mag. Die Juristen mögen und werden in absehbarer Zeit klären, wessen Ansprüche, die des Landes Brandenburg oder die des Hauses Hohenzollern, im Rahmen der geltenden Verträge und bestehenden Gesetzeslage berechtigt sind oder nicht. Der Sachlichkeit und vor allem der Unvoreingenommenheit historischer Forschung sollte dies allerdings keinen Abbruch tun.

---

[22] Als Beispiel hierfür – auch mit neuen Informationen zur Rolle des Kronprinzen um den Jahreswechsel 1932/33 – siehe neuerdings Wolfram Pyta/Rainer Orth: Nicht alternativlos. Wie ein Reichskanzler Hitler hätte verhindert werden können, in: Historische Zeitschrift 312 (2021), S. 400–444.

Symbolisches Kapital

Überlegungen zum „Hohenzollern-Charisma" nach 1918[1]

Von *Benjamin Hasselhorn*, Würzburg

I. Charisma und symbolisches Kapital

In der geschichtswissenschaftlichen Debatte über die politische Rolle der Familie Hohenzollern zwischen 1918 und 1945 wurde mehrfach die These vertreten, die Hohenzollern im Allgemeinen und der vormalige Kronprinz Wilhelm von Preußen im Besonderen hätten nach dem Ende der Monarchie zwar über keine realpolitische Macht mehr verfügt, seien aber aufgrund ihres „symbolische[n] und charismatische[n] Potential[s]"[2] für die Machtübernahme der Nationalsozialisten von erheblicher Bedeutung gewesen. Durch Aktionen wie die Wahlwerbung für Hitler zum Reichspräsidenten im April 1932 oder die Teilnahme am „Tag von Potsdam" im März 1933 habe der Kronprinz die „dem preußischen Thronanwärter zur Verfügung stehenden symbolpolitischen Ressourcen"[3] in den Dienst des nationalsozialistischen Regimes gestellt und bestehende konservative Vorbehalte gegen Hitler beseitigt: „Das symbolische Kapital, das der Kronprinz [...] einbrachte, – er verkörperte die monarchische Tradition –, war für die Nationalsozialisten von außerordentlichem Wert."[4] Kritisch eingewendet wurde gegen diese These,

---

[1] Wichtige Anregungen für diesen Aufsatz gab Prof. Dr. Lothar Machtan. Die Recherchen wurden gefördert von der Brougier-Seisser-Cleve-Werhahn-Stiftung. Unterstützt wurden die Recherchen von Theresa Valta, Etienne Hees und Christian Onnen. Ihnen allen sei herzlich gedankt.

[2] Stephan Malinowski, Gutachten zum politischen Verhalten des ehemaligen Kronprinzen (Wilhelm von Preußen, 1882–1951), S. 79 (http://hohenzollern.lol/gutachten/malinowski.pdf).

[3] Malinowski, Gutachten, S. 93. Vgl. auch ebd., S. 44.

[4] Heinrich August Winkler, „Der Kronprinz war ein reaktionärer Opportunist", in: Die Zeit, 12. Dezember 2019, S. 23. Genauso argumentieren auch Jacco Pekelder, Joep Schenk und Cornelis van der Bas: „In dem komplizierten Spiel um die Macht, das sich ab 1930 [...] entsponnen hatte, nahm Wilhelm eine kleine, aber wichtige Rolle ein. Wichtig, weil seine Stellung als (Ex-)Kronprinz des ehemaligen Herrscherhauses gerade im rechten Spektrum einen hohen symbolischen Wert besaß. Noch sehr viel mehr als im Falle seines Bruders August Wilhelm konnte seine öffentliche Unterstützung der Legitimität dessen, der die Führung der Rechten für sich beanspruchte,

dass die behauptete symbolpolitische Bedeutung des Kronprinzen kaum zu-
verlässig zu ermessen sei; seine Unbeliebtheit in weiten Teilen des deutschen
Volkes spreche eher gegen eine solche Annahme.[5]

Da die Beurteilung des „Hohenzollern-Charismas" beziehungsweise des
„symbolischen Kapitals" der Hohenzollern für die aktuelle Debatte eine zentrale Rolle spielt, ist es geboten, beide Begriffe genau in den Blick zu nehmen. Charismatisches oder symbolisches „Kapital" ist keine klar quantifizierbare Größe. Die These vom hohen Stellenwert eines Hohenzollern-Charismas und einem damit verbundenen symbolischen Kapital muss daher,
wenn sie tragfähig sein soll, sowohl analytisch als auch empirisch überprüft
werden; das heißt es muss geklärt werden, was genau mit Charisma und
symbolischem Kapital gemeint ist, und es muss sich ein solches Charisma
und symbolisches Kapital an den Quellen nachweisen lassen. Beides wird im
Folgenden versucht. Anregungen für eine solche Analyse bietet die einschlägige Forschung zur symbolischen Politik des Adels im 19. und frühen
20. Jahrhundert.[6] Die hier entscheidende Frage danach, wie sich Charisma
und symbolisches Kapital nach dem Ende der Monarchie fassen lassen und
inwiefern die Bedeutung des Kronprinzen damit zutreffend beschrieben werden kann, wurde dabei allerdings bislang noch gar nicht aufgeworfen. Um
eine fundierte Debatte zu gewährleisten, werden daher zunächst die zentralen
Überlegungen Max Webers zur charismatischen Herrschaft und Pierre Bour-

---

einen enormen Impuls geben. Vor allem für Hitler, den Außenseiter mit seiner rohen
völkischen Bewegung, war das interessant: Eine Unterstützung des Kronprinzen
konnte dazu beitragen, ihm bei Hindenburg und anderen Vertretern der alten Elite
Respektabilität zu verschaffen." (Jacco Pekelder/Joep Schenk/Cornelis van der Bas,
Der Kaiser und das „Dritte Reich". Die Hohenzollern zwischen Restauration und
Nationalsozialismus, Göttingen 2021, S. 80; vgl. ebd., S. 117).

5 Wolfram Pyta/Rainer Orth, Gutachten über die politische Haltung und das politische Verhalten von Wilhelm Prinz von Preußen (1882–1951), letzter Kronprinz des
Deutschen Reiches und von Preußen, in den Jahren 1923 bis 1945, S. 49–50 (http://
hohenzollern.lol/gutachten/pyta.pdf); Christopher Clark, Hat Kronprinz Wilhelm dem
nationalsozialistischen System erheblichen Vorschub geleistet?, S. 10 (http://hohen
zollern.lol/gutachten/clark.pdf).

6 Stephan Malinowski verweist zur Begründung seiner These von der Bedeutung
der „symbolischen" und „kommunikativen Ebene", auf denen der Kronprinz agiert
habe, auf diese einschlägige Forschung zur symbolischen Politik des Adels im 19. und
frühen 20. Jahrhundert: vgl. Malinowski, Gutachten, S. 51, mit Verweis auf Johannes
Paulmann, Pomp und Politik. Monarchenbegegnungen in Europa zwischen Ancien
Régime und Erstem Weltkrieg, Paderborn u. a. 2000; Daniel Schönpflug, Die Heiraten
der Hohenzollern. Verwandtschaft, Politik und Ritual in Europa 1640–1918 (Kritische
Studien zur Geschichtswissenschaft 207), Göttingen 2013; Eckart Conze/Monika
Wienfort (Hg.), Adel und Moderne. Deutschland im europäischen Vergleich im
19. und 20. Jahrhundert, Köln u. a. 2004; Heinz Reif, Adel im 19. und 20. Jahrhundert
(Enzyklopädie deutscher Geschichte 55), München 1999.

dieus zum symbolischen Kapitel vorgestellt und auf die Frage nach dem Hohenzollern-Charisma nach 1918 angewendet.

Charismatische Herrschaft ist einer von drei Idealtypen, die Max Weber zur Klassifizierung legitimer Herrschaft vorgeschlagen hat. Ausgangspunkt seiner Überlegungen ist die Idee, dass jede Form von Herrschaft darauf angewiesen sei, in den Beherrschten „Legitimitätsglauben" zu wecken, weshalb sie „Gründe ihrer ‚Legitimität' " angeben müsse.[7] Nur drei Idealtypen solcher Legitimitätsbegründungen gebe es: die „legale Herrschaft", die auf ihre Funktionalität verweise; die „traditionelle Herrschaft", die auf der Unantastbarkeit der Überlieferung basiere; und die „charismatische Herrschaft", die auf „affektueller Hingabe an die Person des Herrn" beruhe.[8] Die charismatische Herrschaft, so Weber, sei am reinsten in den Typen des Propheten, des Kriegshelden und des Demagogen ausgeprägt: „Ganz ausschließlich dem Führer rein persönlich um seiner persönlichen, unwerktäglichen Qualitäten willen wird gehorcht, nicht wegen gesatzter Stellung oder traditionaler Würde. Daher auch nur, solange ihm diese Qualitäten zugeschrieben werden: sein Charisma sich durch deren Erweise *bewährt*. Wenn er von seinem Gotte ‚verlassen' oder seiner Heldenkraft oder des Glaubens der Massen an seine Führerqualität beraubt ist, fällt seine Herrschaft dahin."[9] Allerdings neige auch charismatische Herrschaft zur Institutionalisierung; eine Variante davon sei die Idee eines „Erbcharismas": „Der Glaube gilt dann nicht mehr der Person rein als solcher, sondern dem ‚legitimen' Erben der Dynastie: Der rein aktuelle und außeralltägliche Charakter des Charisma [!] ist sehr stark traditionalisierend umgewandelt [...]. Von persönlichen Qualitäten ist der Herrenanspruch dann *völlig* unabhängig."[10] In der Praxis freilich beruhe das „charismatische Legitimitätsprinzip [...] auf der Anerkennung der konkreten *Person* als der charismatisch Qualifizierten und Bewährten durch die Beherrschten",[11] sodass auch eine erbcharismatisch legitimierte Person von ihrem Erfolg und ihrer Akzeptanz abhängig sei.

„Symbolisches Kapital" wiederum gehört in den Zusammenhang von Pierre Bourdieus Konzept des sozialen Raums. Diesem Konzept entsprechend kann

---

[7] Max Weber, Die drei reinen Typen der legitimen Herrschaft [1922], in: Max Weber, Soziologie – Weltgeschichtliche Analysen – Politik, Stuttgart ²1956, S. 151–166, Zitat: S. 151; außerdem: Max Weber, Wirtschaft und Gesellschaft (Grundriß der Sozialökonomik, Abt. III), Tübingen ¹1922, S. 124, 140–148, 155–158; Tomas Kroll, Max Webers Idealtypus der charismatischen Herrschaft und die zeitgenössische Charisma-Debatte, in: Edith Hanke/Wolfgang J. Mommsen (Hg.), Max Webers Herrschaftssoziologie. Tübingen 2001, S. 47–72.

[8] Weber, Die drei reinen Typen, S. 151–159, Zitat S. 159.

[9] Ebd., S. 159.

[10] Ebd., S. 165. Vgl. dazu auch Kroll, Max Webers Idealtypus, S. 48.

[11] Weber, Die drei reinen Typen, S. 165.

sozialer Einfluss nur geltend gemacht werden, wenn ein Akteur – als „Verfügungsmacht" verstandenes – Kapital besitzt. Bourdieu unterscheidet zwischen
ökonomischem, kulturellem und sozialem Kapital und nennt schließlich viertens als quasi-übergeordnete Größe das „symbolische Kapital", mit dem er
Wahrnehmung und Anerkennung der anderen drei Kapitalsorten bezeichnet,
also das „Prestige, Renommee usw."[12] Symbolisches Kapital „ist Kapital, das
als selbstverständliches erkannt und anerkannt ist".[13] Die Pointe des Kapital-
begriffs ist dabei die Idee, dass durch Handlungen im sozialen Raum symbolisches Kapital aufgebaut oder aufgezehrt werden kann. Außerdem könne
symbolisches Kapital institutionalisiert werden; Bourdieu nennt in diesem Zusammenhang ausdrücklich Adelstitel als Beispiel.[14]

Verbindet man beide Konzepte als historische Analysekategorien miteinander, so könnte man sagen, dass das Charisma einer Person, aber auch das
„Erbcharisma" einer Dynastie, symbolisches Kapital aufbauen, das durch das
Handeln der Vertreter der Dynastie vermehrt, verringert oder gegebenenfalls
auch ganz aufgebraucht werden kann. Wie hoch symbolisches Kapital in einer bestimmten historischen Situation zu veranschlagen ist, ist – gerade in
prädemoskopischer Zeit – schwer zu ermitteln. Mit Hilfe der verfügbaren
Quellen – vor allem der Selbstaussagen der Zeitgenossen und der Presseerzeug-
nisse – müsste es aber möglich sein, den sozialen Raum der Weimarer Republik zu vermessen. Es geht darum, zu ermitteln, welche Bedeutung den Hohenzollern innerhalb der politischen und sozialen Teilbereiche dieses sozialen
Raums zugeschrieben wurde. Eine solche systematische Untersuchung des
Hohenzollern-Charismas und ihres darauf aufbauenden symbolischen Kapitals nach 1918 fehlt bislang. Daher ist eine zuverlässige Beurteilung der
These vom symbolischen Kapital der Hohenzollern, das der Kronprinz
1932/33 zugunsten des nationalsozialistischen Regimes habe einsetzen können, noch kaum möglich. Es gibt aber durchaus eine Reihe von Arbeiten, auf
die sich eine solche Untersuchung stützen könnte, und die Anhaltspunkte für
die Stichhaltigkeit der These bieten.

Im Folgenden sollen daher erste Überlegungen dazu vorgestellt werden,
wie hoch aufgrund der bisherigen Forschungslage das symbolische Kapital
der Hohenzollern nach 1918 zu veranschlagen ist. Gefragt wird dazu erstens
nach dem Kapital, das vor 1918 im Zusammenhang einer „Charismatisierung" der traditionellen Monarchie aufgebaut wurde, zweitens nach den
Folgen des Zusammenbruchs der Monarchie im November 1918 und der

---

[12] Pierre Bourdieu, Sozialer Raum und „Klassen". Leçon sur la leçon. Zwei Vorle-
sungen, Frankfurt am Main ³1985, S. 11; vgl. außerdem Pierre Bourdieu, Soziologie
der symbolischen Formen, Frankfurt am Main 1974.

[13] Bourdieu, Sozialer Raum und „Klassen", S. 22.

[14] Ebd., S. 26–27.

anschließenden Öffentlichkeitsarbeit von Kaiser und Kronprinz, drittens nach der Bedeutung, die den Hohenzollern in der Öffentlichkeit der Weimarer Republik in den 1920er Jahren zugeschrieben wurde, und viertens nach ihrer Relevanz angesichts der „Staatskrise"[15] seit Beginn der 1930er Jahre. Auf diese Weise können Anhaltspunkte dafür gewonnen werden, ob erstens der Kaiser und der Kronprinz nach 1918 über ein persönliches Charisma verfügten, und ob zweitens nach 1918 ein nennenswertes „Erbcharisma" der Hohenzollern vorhanden war. Beide Fragen zusammen bieten möglicherweise Aufschluss darüber, wie hoch das symbolische Kapital der Hohenzollern nach 1918 tatsächlich zu veranschlagen ist.

II. Die „Charismatisierung" der Monarchie vor 1918

1902 meldete sich Wilhelm II. in einer Debatte über die Geltung der biblischen Offenbarung zu Wort, die durch einen Vortrag über die babylonischen Einflüsse auf das Alte Testament ausgelöst worden war.[16] Wilhelm erklärte, er „unterscheide zwei verschiedene Arten der Offenbarung: eine fortlaufende, gewissermaßen historische und eine rein religiöse". Die „historische" Offenbarung äußere sich darin, dass Gott einzelne Menschen in besonderer Weise begabe und fördere: „Hammurabi war einer, Moses, Abraham, Homer, Karl der Große, Luther, Shakespeare, Goethe, Kant, Kaiser Wilhelm der Große. – Die hat Er ausgesucht und Seiner Gnade gewürdigt, für ihre Völker auf dem geistigen wie physischen Gebiet nach seinem Willen Herrliches, Unvergängliches zu leisten."[17]

Diese Auffassung des Kaisers war von einer traditionellen Begründung dynastischer Legitimität weit entfernt. Sie entsprach eher dem, was sich im Laufe des 19. Jahrhunderts jenseits des klassischen Konservatismus entwickelte; dem, was Thomas Carlyle 1841 unter dem Stichwort „Heldentum" verhandelte oder was Heinrich von Treitschke meinte, wenn er von den gro-

---

[15] Heinrich August Winkler (Hg.), Die deutsche Staatskrise 1930–1933, München 1992.

[16] Vgl. zum Folgenden Benjamin Hasselhorn, Königstod. 1918 und das Ende der Monarchie in Deutschland, Leipzig 2018, S. 56–59. Zur Einordnung in den theologiegeschichtlichen Zusammenhang vgl. Benjamin Hasselhorn, Politische Theologie Wilhelms II. (Quellen und Forschungen zur Brandenburgischen und Preußischen Geschichte 44), Berlin 2012, S. 163–185.

[17] Wilhelm II. an Friedrich von Hollmann, 15. Februar 1903: GStA, BPH Rep. 53 Nr. 235. Abgedruckt u.a. in: Wilhelm II., Ereignisse und Gestalten aus den Jahren 1878–1918, Leipzig und Berlin 1922, S. 183–186, sowie: Johannes Penzler (Hg.), Die Reden Kaiser Wilhelms II. in den Jahren 1901 – Ende 1905. Dritter Teil, Leipzig o. J., S. 146–147.

ßen „Männern" sprach, die die Geschichte bestimmten.[18] Entscheidend für Macht und Autorität war in dieser Perspektive nicht die Herkunft und die Bindung an das Amt, sondern die individuelle Leistung und die Bindung an die Person. In der Terminologie Max Webers hieße das, dass die traditionelle Herrschaftsbegründung in den Hintergrund rückte und die charismatische Herrschaftsbegründung in den Vordergrund.

Die neueren Forschungen zu Wilhelm II. zeigen tatsächlich, dass man in Bezug auf den letzten deutschen Kaiser zwar nicht von einem realpolitischen „persönlichen Regiment"[19] sprechen kann, aber durchaus von einer „Charismatisierung" der Monarchie.[20] Wilhelms Versuch, das „monarchische Prinzip" dazu zu nutzen, als „Herr der Mitte"[21] die nationale Integration zu befördern, erhöhte die Bedeutung seiner persönlichen Autorität und Authentizität und machte die Legitimität seiner Herrschaft nicht zuletzt von seinem politischen Erfolg abhängig. Um seine Rolle auszufüllen, bediente der Kaiser sich in erster Linie eines extensiven „kommunikativen Handelns"[22] mit Hilfe von Reden und symbolpolitischen Handlungen. Dazu gehörte auch eine gezielte Verbreitung politischer Mythen, verstanden als sinnstiftende Narrationen, zur bildlichen Verdichtung der Einheit von Kaiser und Reich. Die wichtigsten politischen Mythen Wilhelms II. waren die symbolpolitische (nicht rechtliche) Anknüpfung an die Reichstradition, eine diffuse Betonung

---

[18] Thomas Carlyle, Über Helden, Heldenverehrung und das Heldenthümliche in der Geschichte [1841], Berlin 1853, S. 347–453; Heinrich von Treitschke, Deutsche Geschichte im neunzehnten Jahrhundert, Bd. 1, Leipzig 1879, S. 28: „Dem Historiker ist nicht gestattet, nach der Weise der Naturforscher das Spätere aus dem Früheren einfach abzuleiten. Männer machen die Geschichte. Die Gunst der Weltlage wird im Völkerleben wirksam erst durch den bewußten Menschenwillen, der sie zu benutzen weiß."

[19] Zur Debatte über das „persönliche Regiment" Wilhelms II.: Isabel V. Hull, „Persönliches Regiment", in: John C. G. Röhl (Hg.), Der Ort Kaiser Wilhelms II. in der deutschen Geschichte (Schriften des Historischen Kollegs, Kolloquien 17), München 1991, S. 3–23; außerdem: Christopher Clark, Wilhelm II. Die Herrschaft des letzten deutschen Kaisers, München 2008, S. 121; Wolfgang J. Mommsen, War der Kaiser an allem schuld? Wilhelm II. und die preußisch-deutschen Machteliten, München 2002, S. 257–264.

[20] Dazu u. a. Clark, Wilhelm II., S. 210–218; Thomas Benner, Die Strahlen der Krone. Die religiöse Dimension des Kaisertums unter Wilhelm II. vor dem Hintergrund der Orientreise 1898, Marburg 2001, S. 360–364; Michael A. Obst, „Einer nur ist Herr im Reiche". Kaiser Wilhelm II. als politischer Redner (Otto-von-Bismarck-Stiftung Wissenschaftliche Reihe 14), München u. a. 2010, S. 423–426; Hasselhorn, Politische Theologie Wilhelms II.

[21] Nicolaus Sombart, Wilhelm II. Sündenbock und Herr der Mitte, Berlin ²1997. Vgl. dazu Hasselhorn, Politische Theologie Wilhelms II., S. 78–86.

[22] Martin Kohlrausch, Einleitung, in: ders. (Hg.), Samt und Stahl. Wilhelm II. im Urteil seiner Zeitgenossen, Berlin 2006, S. 7–32, hier S. 30.

„germanischer" Traditionen sowie die Verehrung Wilhelms I. als des eigentlichen Reichsgründers, ja als „Wilhelm der Große".[23]

Am Beispiel des „Wilhelm-der-Große-Mythos" wird allerdings auch erkennbar, dass die politische Mythologie Wilhelms II. sich innerhalb von Mythenkämpfen behaupten musste und dabei zuweilen den Kürzeren zog. Die Propagierung des Großvaters als des eigentlichen Reichsgründers war als direkter Gegenmythos gegen den Bismarck-Mythos gerichtet, der seit der Entlassung des Reichskanzlers 1890 zu einer Bedrohung für die Legitimität der Hohenzollernmonarchie wurde.[24] In dieser Auseinandersetzung erwies sich der Bismarck-Mythos letztlich als stärker, während die „Hohenzollern-Legende"[25] immer wieder angezweifelt wurde.

Wilhelms Projekt einer „Charismatisierung" der Monarchie war aber dennoch durchaus erfolgreich. Dass es ihm immer wieder gelang, „zum Fluchtpunkt nationaler Identitätsbedürfnisse"[26] zu werden, wurde im August 1914 besonders evident. Keine relevante gesellschaftliche oder politische Gruppe verweigerte sich der Mobilisierung, und der Kaiser brachte mit seinem „Aufruf an das deutsche Volk"[27] eine übergreifende nationale Stimmung zum Ausdruck. An der „Geltung des Kaisertums als politisches Symbol der Einheit der Nation"[28] zu diesem Zeitpunkt kann kaum ein Zweifel bestehen. Schon sechs Jahre zuvor, 1908, hatte der Wohnungsreformer Paul Busching in den damals noch liberalen *Süddeutschen Monatsheften* prognostiziert, dass sich aller berechtigten Kritik zum Trotz im Ernstfall die Nation selbstverständlich hinter dem Kaiser versammeln werde: „Wenn die Not des Reiches es gebietet, dann wird kein einziger fehlen an seiner Stelle, die ihm zugewiesen worden ist. Jeder wird dem Kaiser die Treue halten, weil er unser Kaiser ist. Wir werden ihn bewundern, wenn er das Glück an sich fesselt, und seiner Erfolge ehrlich froh sein, wie wir ein Unglück des Reiches getrost mit ihm tragen würden."[29]

---

23 Ausführlich dazu: Hasselhorn, Politische Theologie Wilhelms II., S. 189–231.

24 Vgl. Hasselhorn, Politische Theologie Wilhelms II., S. 191–198; Robert Gerwarth, Der Bismarck-Mythos. Die Deutschen und der Eiserne Kanzler, München 2007, S. 23–24; Lothar Machtan, Bismarck, in: Etienne François/Hagen Schulze (Hg.), Deutsche Erinnerungsorte II, München 2001, S. 86–104, bes. S. 88–91; Lothar Machtan, Bismarcks Tod und Deutschlands Tränen. Reportage einer Tragödie, München 1998, bes. S. 84–93.

25 Max Maurenbrecher, Die Hohenzollern-Legende. Kulturbilder aus der preußischen Geschichte vom 12. bis zum 20. Jahrhundert, 2 Bde., Berlin o.J. [1906].

26 Kohlrausch, Einleitung, S. 19.

27 Wilhelm II., Aufruf „An das deutsche Volk", 6. August 1914: Schulthess' Europäischer Geschichtskalender NF 30 (1914), S. 388.

28 Obst, Einer nur ist Herr, S. 355.

29 Paul Busching, Der Kaiser [1908], in: Martin Kohlrausch (Hg.), Samt und Stahl. Kaiser Wilhelm II. im Urteil seiner Zeitgenossen, Berlin 2006, S. 183–202, hier S. 202.

Allerdings traf diese Prognose, entsprechend der Leistungsabhängigkeit des charismatischen Herrschers, nur für den Erfolgsfall zu. Die Kriegsniederlage und der Zusammenbruch Deutschlands im November 1918 sowie die Flucht des Kaisers nach Holland führten zu einer mehr oder weniger sofortigen Aufkündigung der „Treue". Schon zuvor, während der Kriegsjahre, war das Ansehen Wilhelms II. stark gesunken, da er sich hauptsächlich im Hintergrund hielt und sich kaum als jener militärische Führer erwies, als der er sich in den Friedensjahren präsentiert hatte.[30] An diese Stelle traten andere, insbesondere Generalfeldmarschall Paul von Hindenburg. So wie seit 1890 der Bismarck-Mythos eine Bedrohung für das Hohenzollern-Charisma bedeutete, so wurde seit 1914 das Ansehen der Hohenzollern durch den nach der Schlacht bei Tannenberg sehr rasch entstehenden Hindenburg-Mythos in Frage gestellt.[31] Als im Oktober 1918 aufgrund der Wilsonschen Noten die Frage einer Abdankung des Kaisers auf der Tagesordnung stand, wurde diese Frage „mit erstaunlicher Nüchternheit"[32] diskutiert. Dieser Befund bestätigt die Annahme Christopher Clarks, dass es vor allem der Erste Weltkrieg war, der das symbolische Kapital des Kaisers verschlang: „Beträchtliche (wenn auch nicht genau quantifizierbare) Reserven des ‚kaiserlich-royalistischen Kapitals' bestanden immer noch in der deutschen Gesellschaft. Die gesellschaftlichen und politischen Unruhen eines Weltkriegs waren nötig, um sie ganz zu beseitigen."[33]

Zu diesem Kapitalverlust trug außerdem die Tatsache bei, dass Wilhelm II. auch schon vor 1914 seine eigene charismatische Autorität regelmäßig durch öffentliche Fehltritte untergrub. 1908, im selben Jahr, als Paul Busching noch die Treue der Deutschen zu „ihrem" Kaiser beschwor, führte die Daily-Telegraph-Affäre zu einer „diskursiven Demontage des Kaisers"[34] in der Presse. Das Ansehen Wilhelms II. wurde dadurch so stark beschädigt, dass sich selbst die Reichstagsfraktion der Konservativen zu einer moderaten Distanzierung gezwungen sah, und dass in der Reichstagsdebatte die Person des

---

[30] Vgl. Bernd Sösemann, Der Verfall des Kaisergedankens im Ersten Weltkrieg, in: John C. G. Röhl (Hg.), Der Ort Kaiser Wilhelms II. in der deutschen Geschichte (Schriften des Historischen Kollegs. Kolloquien 17). München 1991, S. 145–170; Obst, Einer nur ist Herr, S. 370–403; Clark, Wilhelm II., S. 312–315.

[31] Vgl. Jesko von Hoegen, Der Held von Tannenberg. Genese und Funktion des Hindenburg-Mythos (Stuttgarter Historische Forschungen 4), Köln u. a. 2007, S. 177–192; Wolfram Pyta, Hindenburg. Herrschaft zwischen Hohenzollern und Hitler, Berlin 2007, S. 106–114; Clark, Wilhelm II., S. 313–315.

[32] Martin Kohlrausch, Der Monarch im Skandal. Die Logik der Massenmedien und die Transformation der wilhelminischen Monarchie (Elitenwandel in der Moderne 7), Berlin 2005, S. 313.

[33] Clark, Wilhelm II., S. 242.

[34] Kohlrausch, Monarch im Skandal, S. 243–3257, Zitat S. 252.

Kaisers erstmals „zum direkten Gegenstand der Verhandlungen" wurde.[35]
Der Philosoph Theobald Ziegler vertrat in diesem Zusammenhang die Auffassung, dass der politische Zickzackkurs der Regierungen nach Bismarck zu
einem massiven Autoritäts- und Vertrauensverlust geführt habe, „und so war
das Kapital rasch aufgezehrt, das Bismarck und sein alter Herr beim deutschen Volk für Kaiser und Reich erworben hatten". Die Debatte im Reichstag
über die Person des Kaisers angesichts der Daily-Telegraph-Affäre sei im
Grunde eine logische Konsequenz dieses Vorgangs; man müsse sie als „Abrechnung über die Höhe des aufgezehrten Kapitals" verstehen.[36]

Auch Kronprinz Wilhelm von Preußen scheint vor 1918 kein symbolisches
Kapital aufgebaut zu haben, im Gegenteil. Zwar erhielt er öffentliches Lob,
als bekannt wurde, dass er 1907 den Kaiser von den Anschuldigungen gegen
dessen Entourage um Philipp von Eulenburg informiert hatte.[37] Aber dennoch war der Kronprinz nicht erst seit November 1918 „äußerst umstritten".[38]
1911 zog er öffentlichen Unmut auf sich, weil er als Zuhörer im Reichstag
demonstrativ für die Kritik am Einlenken der Regierung in der Marokko-
Krise applaudierte.[39] Ansonsten trug zu seiner Unbeliebtheit im Wesentlichen
sein als unangemessen empfundener Lebenswandel bei – die „Frauen, die
Jagd, der Sport, der Automobilismus, der Schmuck, die Hunde, die Garde-
robe".[40] Hinzu kam, dass er während des Ersten Weltkriegs als Oberbefehls-

---

[35] Ebd., S. 252.

[36] Theobald Ziegler, Die geistigen und sozialen Strömungen im 19. und 20. Jahrhunderts bis zum Beginn des Weltkrieges, Berlin [7]1921, S. 465–466; vgl. dazu auch
Kohlrausch, Monarch im Skandal, S. 305; außerdem Martin Kohlrausch, Die Flucht
des Kaisers – Doppeltes Scheitern adlig-bürgerlicher Monarchiekonzepte, in: Heinz
Reif (Hg.), Adel und Bürgertum in Deutschland II. Entwicklungslinien und Wende-
punkte im 20. Jahrhundert (Elitenwandel in der Moderne 2), Berlin 2001, S. 65–101,
insbes. S. 67–75.

[37] Vgl. Kohlrausch, Monarch im Skandal, S. 205–206.

[38] Ebd., S. 318.

[39] Vgl. Fortschreitende Zersetzung, in: Vorwärts vom 10. November 1911, S. 1–2;
Die entlarvte Demagogie, in: Vorwärts vom 11. November 1911, S. 1.

[40] So heißt es über den Kronprinzen in dem 1921 erschienenen Roman des
Schweizer Schriftstellers Louis Dumur: Louis Dumur, Le boucher de Verdun, Paris
1921, S. 174 (Übersetzung von Dr. Christian Mühling): „Les femmes, la chasse, les
sports, l'automobilisme, les bijoux, les chiens, la toilette…". Die Eskapaden des
Kronprinzen waren ein offenes Geheimnis: vgl. Klaus W. Jonas, Der Kronprinz Wilhelm, Frankfurt am Main 1962, S. 133, 153–156; Pyta, Hindenburg S. 183–184. Auch
Harry Graf Kessler erfuhr 1919, wie bekannt die Frauengeschichten des Kronprinzen
während des Krieges offenbar waren, und gibt den entsprechenden Bericht Peter
Pfeiffers wieder: „Er [Pfeiffer] habe dann selbst eine Photographie aufgenommen,
wie die Geliebte des Kronprinzen, Selma Kahn aus Esch in Luxemburg, morgens aus
dem Zimmer des Kronprinzen in einem rosa Negligé die aus dem Schützengraben
heimkehrenden Feldgrauen beobachtete. Da sei sein dynastisches Gefühl erstorben,

haber einer eigenen Heeresgruppe für die enormen Verluste in Verdun persönlich „mit haftbar gemacht wurde",[41] gegen Kriegsende „zunehmendes Drückebergertum"[42] beklagte und Verlustzahlen von beinahe der Hälfte der Soldaten „durchaus noch erträglich"[43] fand. „Diese Unsensibilität", so resümiert Holger Afflerbach in seiner Studie über die deutsche Kriegsniederlage 1918, „war auch einer der Gründe, weswegen sich der Kronprinz allgemein so verhasst machte, dass niemand ihn im Herbst 1918 auf dem Thron sehen wollte, als sein Vater die Krone verwirkt hatte."[44]

III. Der November 1918 und die Selbstdemontage der Hohenzollern

„O Tannenbaum, o Tannenbaum,
Der Kaiser hat in Sack gehau'n.
Auguste die muß hamstern geh'n,
Der Kronprinz muß die Orgel dreh'n.
O Tannenbaum, o Tannenbaum,
Der Kaiser hat in Sack gehau'n."[45]

Solche und ähnliche Spottlieder wurden zu Weihnachten 1918 auf den Berliner Straßen gesungen. Sie fingen eine Stimmung ein, die sich in verschiedenen politischen Lagern und Gesellschaftsschichten nachweisen lässt, und die sich seit Ende 1918 verbreitete. Sowohl die liberale *Vossische Zeitung* als auch der sozialdemokratische *Vorwärts* widmeten dabei anfangs der Abdankung von Kaiser und Kronprinz, ihrer Flucht und ihrem weiteren Schicksal noch eher geringe Aufmerksamkeit und berichteten über die Vorgänge nüchtern-distanziert; selbst in der konservativen Presse wurde der Kaiser, wohl aus „Enttäuschung über den Abdankungsentschluß", wenig erwähnt.[46] Bezeichnend ist der Bericht des *Vorwärts* über eine Berliner Lehre-

---

sagt Pfeiffer." (Harry Graf Kessler, Tagebücher 1918–1937, Frankfurt am Main 1961, Eintrag vom 13. August 1919, S. 194–195).

[41] Pyta, Hindenburg, S. 184.

[42] Zit. nach Holger Afflerbach, Auf Messers Schneide. Wie das Deutsche Reich den Ersten Weltkrieg verlor, München 2018, S. 323.

[43] Ebd., S. 326.

[44] Ebd., S. 328. Vgl. dazu auch Frank Lorenz Müller, Die Thronfolger. Macht und Zukunft der Monarchie im 19. Jahrhundert, München 2019, S. 368.

[45] Wolfgang Steinitz, Deutsche Volkslieder demokratischen Charakters aus sechs Jahrhunderten, Bd. I und II, Berlin 1979, Nr. 296, S. 576; dort auch weitere Textvarianten und andere Spottlieder auf Wilhelm II., etwa auf S. 579: „Es braust ein Ruf wie Donnerhall,/Kaiser Wilhelm sitzt im Schweinestall".

[46] Der Kaiser in Holland, in: Vossische Zeitung vom 11. November 1918, S. 1; Die Flucht des Königs von Bayern, in: Vossische Zeitung vom 11. November 1918, S. 3; Kaiser Wilhelm in Holland, in: Vossische Zeitung vom 12. November 1918, S. 1; Georg Bernhard, Demokratie, in: Vossische Zeitung vom 13. November 1918,

rin, die kurz nach der Abdankung ihre Klasse zum Bekenntnis für den Kaiser aufforderte, woraufhin aber nur acht Schüler für den Kaiser Partei ergriffen, was der *Vorwärts* folgendermaßen kommentierte: „Mögen sie [die Königstreuen] ihren Schmerz daheim im stillen Kämmerlein ausweinen, unsere Kinder aber sollen sie uns in Ruhe lassen!"[47]

Die Tatsache der kaiserlichen Flucht nach Holland wurde allerdings schon bald zu einem Stein des Anstoßes. Vor allem bei vielen Konservativen hatte Wilhelm II. es sich durch die Flucht verscherzt. Lothar Freiherr Hugo von Spitzemberg, Kabinettssekretär der Kaiserin, äußerte im Dezember 1918: „Das Verhängnis liegt aber in des Kaisers Abreise, die ihm die Herzen unzähliger Königstreuer so furchtbar entfremdet hat."[48] In großen Teilen des Adels wurde das Verhalten von Kaiser und Kronprinz im November 1918 „als unverzeihliches Versagen" gewertet und hatte eine „innere Abwendung von der Person des Kaisers" zur Folge.[49] Stephan Malinowski folgert daraus sogar, dass mit der Abkehr von der Person des Kaisers auch eine Abkehr von der monarchischen Staatsform insgesamt einhergegangen sei und „große Teile des politisch handelnden Adels die Bindung an die Monarchie innerlich verloren hatten".[50] Im nichtpreußischen Adel sei die Distanz zu den Hohen-

---

S. 1–32; Der Kronprinz in Holland, in: Vossische Zeitung vom 13. November 1918, S. 2; Theodor Bitterauf, Thronentsagungen, in: Vossische Zeitung vom 16. November 1918, S. 2; Der deutsche Exkaiser in Holland, in: Vorwärts vom 11. November 1918, S. 2; Englische Anklage gegen Wilhelm II., in: Vorwärts vom 14. November 1918, S. 2; Die Verantwortung für den Krieg, in: Vorwärts vom 17. November 1918, S. 7. Zur konservativen Presse vgl. Karin Herrmann, Der Zusammenbruch 1918 in der deutschen Tagespresse. Politische Ziele, Reaktion auf die Ereignisse und die Versuche der Meinungsführung in der Zeit vom 23. September bis 11. November 1918, Diss. Münster 1958, S. 152–153.

[47] Die „Königstreue" sucht Trost bei Schulkindern, in: Vorwärts vom 13. November 1918, S. 3.

[48] Zit. nach Lothar Machtan, Die Abdankung. Wie Deutschlands gekrönte Häupter aus der Geschichte fielen, Berlin 2008, S. 263. Vgl. die gleichlautenden Äußerungen Harry Graf Kesslers: Kessler, Tagebücher, S. 26, 32–33. Vgl. außerdem Fritz Hartung an Richard Fester, 20. November 1918, in: Hans-Christof Kraus (Hg.), Fritz Hartung. Korrespondenz eines Historikers (Deutsche Geschichtsquellen des 19. und 20. Jahrhunderts 76), Berlin 2019, S. 143: „Als Politiker haben wir meiner Überzeugung nach keine andere Wahl als die Umwälzung anzuerkennen. Ich halte es nicht für möglich, die Monarchien wieder herzustellen, die sang- und klanglos zusammengebrochen sind. Der Nimbus des Gottesgnadentums ist endgültig dahin, u. den Glauben, daß die Monarchie die stärkste Staatsform für Deutschland darstelle, kann ich auch nicht mehr aufbringen."

[49] Stephan Malinowski, Vom König zum Führer. Sozialer Niedergang und politische Radikalisierung im deutschen Adel zwischen Kaiserreich und NS-Staat (Elitenwandel in der Moderne 4), Berlin ³2003, S. 228, 238.

[50] Malinowski, Vom König zum Führer, S. 247. Vgl. dazu auch Clark, Wilhelm II., S. 339.

zollern ohnehin immer groß gewesen; nun habe sich auch der preußische Adel vom Kaiser abgelöst – ein Prozess, der „durch kein Mitglied der Hohenzollernfamilie kompensiert werden konnte".[51]

Wie Martin Kohlrausch festgestellt hat, wurde die Flucht des Kaisers nach Holland in der Weimarer Republik intensiv debattiert; die Flucht entwickelte sich zur „Chiffre im symbolischen Bürgerkrieg der Weimarer Republik",[52] und die Debatte wurde in gewisser Weise zur Ersatzdebatte über die Monarchie. Besonders aufschlussreich ist dabei, dass man sich in der Beurteilung der kaiserlichen Flucht lagerübergreifend erstaunlich einig war. Konservative Monarchisten wie Joachim von Stülpnagel sahen durch die Flucht des Kaisers die Monarchie diskreditiert; in der radikalen Rechten wurde die Auffassung vertreten, der Kaiser habe sich als zu schwach erwiesen, weshalb nun ein anderer Herrscher her müsse; der „Vorwurf der Desertion des Obersten Kriegsherrn" war vor allem im Offizierkorps verbreitet.[53] Auch die politische Linke kritisierte scharf, dass der Kaiser mit seiner Flucht den eigenen Maßstäben nicht genügt habe. Und besonders bürgerliche Liberale wie Johannes Ziekursch warfen Wilhelm II. vor, das aus ihrer Sicht Naheliegende nicht getan zu haben, nämlich im November 1918 den „Königstod" an der Front zu suchen.[54] Im 1930 erschienenen dritten Band seiner Geschichte des Kaiserreichs schrieb Ziekursch: „Den auf der Walstatt gefallenen Kaiser hätten die Deutschen im Kyffhäuser beigesetzt und dann, in den Jahren der Schmach, mit zusammengebissenen Zähnen gewartet, bis sich der Berg wieder auftat und der Kaiser zurückkehrte, um das Reich in aller Größe, Pracht und Herrlichkeit von neuem aufzubauen. Als der Kaiser nach Holland ging, tötete er die Monarchie in Deutschland."[55]

Dieser Vorwurf wirkte so stark, dass der Kaiser sich genötigt sah, öffentlich darauf zu antworten: In seinen 1922 publizierten Memoiren nahm Wilhelm II. ausdrücklich zum Vorwurf der Feigheit Stellung.[56] Er erklärte, dass er sich nach langem Ringen zur Flucht entschlossen habe, und zwar nicht aus

---

51 Malinowski, Vom König zum Führer, S. 249.

52 Kohlrausch, Monarch im Skandal, S. 334. Vgl. Martin Kohlrausch, Die Deutung der Flucht Wilhelms II. als Fallbeispiel der Rezeption des wilhelminischen Kaisertums, in: Wolfgang Neugebauer/Ralf Pröve (Hg.), Agrarische Verfassung und politische Struktur. Studien zur Gesellschaftsgeschichte Preußens 1700–1918 (Innovationen. Bibliothek zur Neueren und Neuesten Geschichte 7), Berlin 1998, S. 325–347; Kohlrausch, Die Flucht des Kaisers.

53 Kohlrausch, Monarch im Skandal, S. 349–3351, dort auch die Quellenbelege; Zitat S. 351.

54 Ebd., S. 351–353, dort auch die Quellenbelege.

55 Johannes Ziekursch, Politische Geschichte des neuen deutschen Kaiserreiches. Dritter Band: Das Zeitalter Wilhelms II. (1890–1918), Frankfurt am Main 1930, S. 443.

56 Dieser Absatz folgt Benjamin Hasselhorn, Nach dem Königstod. Zum Umgang Wilhelms II. mit seinem Erbe nach 1918, in: Thomas Biskup/Jürgen Luh/Truc Vu Minh

Feigheit, sondern aus Verantwortung gegenüber dem deutschen Volk, denn unter allen denkbaren Optionen sei dies noch die beste gewesen. Eine Rückkehr nach Berlin an der Spitze seiner Truppen, so der Kaiser, hätte den drohenden Bürgerkrieg endgültig entfacht und so hunderttausende von Menschen das Leben gekostet. Ein Selbstmord hätte wie ein Schuldeingeständnis gewirkt und sei aufgrund seiner christlichen Überzeugung ohnehin nicht in Frage gekommen. Der Königstod an der Front wiederum hätte den von der Obersten Heeresleitung gewünschten Waffenstillstand unmöglich gemacht. So sei ihm nur als letzte Option die Flucht geblieben, um den Bürgerkrieg zu verhindern und günstige Friedensbedingungen zu ermöglichen: „Ich brachte bewußt meine Person und meinen Thron zum Opfer in der Meinung, dadurch den Interessen meines geliebten Vaterlandes am besten zu dienen. Dieses Opfer ist umsonst gewesen."[57]

Diese Selbstrechtfertigungsstrategie, die auch von einzelnen Kaisertreuen wie Edgar von Schmidt-Pauli vertreten wurde, verfing aber nicht.[58] Der Verweis auf die eigenen guten Absichten und die Erfolge der Regierungszeit wirkte schwach angesichts des desaströsen Eindrucks, den Wilhelms Verhalten in den letzten Kriegstagen hinterlassen hatte, und die Deutung der Flucht als „Opfer" schien offenkundig vorgeschoben.[59] Die *Vossische Zeitung* verwies nach Erscheinen der Memoiren des Kaisers darauf, dass dessen Vorbild Friedrich der Große selbstverständlich im Falle einer militärischen Niederlage den Tod gesucht hätte.[60] Der *Vorwärts* spottete über die Schilderung des Kaisers, „wie er beinahe ein Held geworden wäre".[61] Schon vor der Publikation der Memoiren hatte der *Vorwärts* geschrieben: „Man sieht daraus, daß sich die bekannte Vorliebe des letzten deutschen Kaisers für den Heldentod anderer sogar bis auf den eigenen Vater erstreckt hat. Er selbst hat freilich die günstige Gelegenheit, die sich ihm vier Jahre lang bot, unausgenutzt gelassen und zuletzt nach einem ‚inneren Kampf', dessen Schilderung brave Untertanen nur mit Tränen in den Augen lesen können, den gedeckten Rückzug auf neutralen Boden angetreten."[62]

(Hg.), Preußendämmerung. Die Abdankung der Hohenzollern und das Ende Preußens (Kulturgeschichte Preußens – Colloquien 8), Heidelberg 2019, S. 39–51, hier S. 41.

57 Wilhelm II., Ereignisse und Gestalten, S. 245.

58 Vgl. dazu Kohlrausch, Monarch im Skandal, S. 355–361.

59 Ausführlicher zu diesem Zusammenhang: Hasselhorn, Königstod, S. 41–59.

60 J. L., Friedrich II. und Wilhelm II., in: Vossische Zeitung vom 4. Januar 1923, S. 3.

61 Wilhelm II. und der edle Gallier. Beinahe eine Heldengeschichte, in: Vorwärts vom 21. Oktober 1922 (Abendausgabe), S. 2, vgl. auch: Er wollte niemanden opfern, in: Vorwärts vom 20. Oktober 1922 (Abendausgabe), S. 2.

62 Wilhelm II. und der Heldentod, in: Vorwärts vom 21. April 1922 (Abendausgabe), S. 2, zit. bei Kohlrausch, Monarch im Skandal, S. 366, dort auch weitere Pressestimmen.

Auch die weiteren Veröffentlichungen des Kaisers aus dem Exil – von den „Erinnerungen an Korfu" (1924) über „Meine Vorfahren" (1929) bis zu „Das Königtum im alten Mesopotamien" (1938) – trugen wenig zu einem positiven Bild Wilhelms II. bei.[63] Zwar übte er beispielsweise in „Meine Vorfahren" durchaus differenziertere Kritik an den Hohenzollernherrschern und relativierte in „Das Königtum im alten Mesopotamien" die während seiner Regierungszeit von ihm noch betonte Sakralität der preußischen Monarchie stark, wenn er sie nicht gar ablehnte.[64] Aber seine Publikationen machten doch eher einen skurrilen Eindruck und trugen am ehesten dazu bei, das Bild zu verstärken, er pflege in Doorn die „grandseigneurale Existenz eines Gutsherrn"[65] mit etwas ausgefallenen kulturhistorischen Privatinteressen.

Noch ungünstiger für das öffentliche Bild der Hohenzollern dürften sich die ebenfalls 1922 erschienenen Erinnerungen des Kronprinzen ausgewirkt haben.[66] Schon während des Ersten Weltkriegs scheint der Kronprinz die Differenzen zu seinem Vater in einer Weise zum Thema gemacht zu haben, dass er ihn im Generalstab „nachgerade demontierte".[67] In den Erinnerungen erklärte er in Bezug auf den Kaiser, „es haben in der Tat früh schon und vielfach Meinungsverschiedenheiten bestanden, und es ist gelegentlich auch zu Aussprachen hierüber gekommen".[68] Ausdrücklich kritisierte er die mangelnde Menschenkenntnis Wilhelms II., eine verfehlte Erziehungskonzeption, betonte die eigene Verehrung für den scharfen Wilhelm-Kritiker Bismarck und behauptete, gegen die deutsche „Vogel-Strauß-Politik" vor dem Ersten Weltkrieg opponiert zu haben.[69] Die Deutung der kaiserlichen Flucht als Opfer bestätigte der Kronprinz zwar – zumal er selbst ja ebenfalls ins Exil

---

[63] Wilhelm II., Erinnerungen an Korfu, Berlin und Leipzig 1924; Wilhelm II., Meine Vorfahren, Berlin 1929; Wilhelm II., Das Königtum im alten Mesopotamien, Berlin 1938.

[64] Dazu ausführlicher: Hasselhorn, Politische Theologie Wilhelms II., S. 72–78.

[65] Frank-Lothar Kroll, Wilhelm II. (1888–1918), in: ders. (Hg.), Preußens Herrscher. Von den ersten Hohenzollern bis Wilhelm II., München 2000, S. 290–310, Zitat S. 308.

[66] Karl Rosner (Hg.), Erinnerungen des Kronprinzen Wilhelm. Aus den Aufzeichnungen, Dokumenten und Gesprächen, Stuttgart und Berlin 1922. Pressestimmen u. a.: Der Ex-Kronprinz über den 9. November, in: Vorwärts, 5. Mai 1922, S. 2; Die Kronprinzen-Memoiren, in: Vorwärts, 5. Mai 1922 (Abendausgabe), S. 2; Der Wieringer schreibt, in: Freiheit, 7. Mai 1922, S. 3; Kronprinz Wilhelm über die Marneschlacht, in: Deutsche Reichs-Zeitung vom 5. Mai 1922, S. 1 (Fortsetzung: 6. Mai 1922, S. 1); Der 9. November, in: General-Anzeiger für Bonn und Umgegend, 5. Mai 1922, S. 1; Aus den „Erinnerungen", in: Vossische Zeitung, 5. Mai 1922, S. 4; General Groener und der Kronprinz, in: Vossische Zeitung, 7. Mai 1922, S. 2.

[67] Lothar Machtan, Die Abdankung, S. 101.

[68] Rosner, Erinnerungen des Kronprinzen, S. 15.

[69] Ebd., S. 19, 25–26, 28, Zitat S. 128.

gegangen war –, machte jedoch deutlich, dass er in den Tagen vor der Flucht den Kaiser von seinem Plan habe abbringen wollen, und verband seine Schilderung der Ereignisse vom November 1918 mit einer vergifteten Verteidigung seines Vaters: „Alle Schuld an unserem Unglück hat das Volk auf seinen alten Kaiser gehäuft. Als Sohn, der niemals ein blinder Bewunderer gewesen ist, muß ich hier Gerechtigkeit im Urteil über meinen Vater fordern. Seit drei Jahren wird er mit Schmähungen überhäuft – von den Parteien der gegenwärtigen Reichsregierung, die jeden Mißerfolg immer noch dem Schuldkonto des alten Regimes und im besonderen dem Kaiser zuschrieben, von den Helden zur äußersten Linken und – auch von rechts. Das ist menschlich und geschichtlich, aber nicht gerecht. Auch mein Vater war ein Mensch, auch er war mürbe geworden. Haben nicht Stärkere in diesem Kriege ihre schwache Stunde gehabt?"[70]

Die Erinnerungen des Kronprinzen sind – so wie seine weiteren publizistischen Vorstöße[71] in dieser Zeit – nur zu verstehen vor dem Hintergrund seines Versuchs, wieder nach Deutschland zurückkehren zu dürfen – eine Bitte, die ihm 1923 durch die Unterstützung des Reichskanzlers Gustav Stresemann gewährt wurde.[72] In diesen Zusammenhang gehört vor allem ein 1922 publizierter Brief des Kronprinzen an seinen ehemaligen Lehrer, den Bonner Kirchen- und Staatsrechtler Philipp Zorn, in dem der Kronprinz sich zum Prinzip der Volkssouveränität und zur Legitimität der republikanischen Staatsform bekannte; jedenfalls spiele die Frage nach Republik oder Monarchie keine Rolle mehr, seit „sich die vom deutschen Volk gewählte Nationalversammlung durch Mehrheitsbeschluß zur republikanischen Staatsform bekannt" und mit der Weimarer Reichsverfassung eine „Tatsache" geschaffen habe.[73] Umso erstaunlicher ist, dass der Kronprinz in seinen Erinnerungen eine andere Auffassung andeutete: Zwar erklärte er ebenfalls, dass die „Einigkeit" der Nation wichtiger sei als die Frage, ob die Republik oder die Monarchie die richtige Staatsform sei, und dass eine Restauration insofern

---

70 Ebd., S. 310.

71 Zu den publizistischen Vorstößen im Sinne des Kronprinzen sind auch Ehrenrettungsversuche von Freunden zu zählen: Carl Lange, Der Kronprinz und sein wahres Gesicht, Leipzig 1921; Hermann von François, Der Deutsche Kronprinz: Der Soldat und Heerführer, Leipzig 1926; Georg Freiherr von Eppstein, Der Deutsche Kronprinz: Der Mensch/der Staatsmann/der Geschichtsschreiber, Leipzig 1926.

72 Vgl. Karl Heinrich Pohl, Gustav Stresemann. Biografie eines Grenzgängers, Göttingen 2015, S. 280–284.

73 Der Kronprinz über den Wiederaufbau Deutschlands, in: Der Tag vom 1. Februar 1922, S. 1. Vgl. Der ehemalige Kronprinz als Demokrat, in: Berliner Tageblatt vom 1. Februar 1922 (Abendausgabe), S. 2. Vgl. außerdem Christian Lüdtke, Hans Delbrück und Weimar. Für eine konservative Republik – gegen Kriegsschuldlüge und Dolchstoßlegende (Schriftenreihe der Historischen Kommission bei der Bayerischen Akademie der Wissenschaften 99), Göttingen 2018, S. 146–150.

nicht auf der Tagesordnung stehe. Er ließ aber doch keinen Zweifel daran, dass er prinzipiell bereitstehe, „dem Ruf zu folgen, wenn er jemals aus dem Willen der Mehrheit an ihn ergehen sollte".[74]

IV. Die Bedeutung der Hohenzollern in den 1920er Jahren

Eine solche Option war allerdings in der Weimarer Republik niemals realistisch. Wie groß der Anteil der Befürworter einer monarchischen Staatsform in der Weimarer Republik war, lässt sich mangels demoskopischer Daten zwar nicht sicher fassen. Die verfügbaren Informationen deuten allerdings sehr klar darauf hin, dass die Monarchisten in der Minderheit waren, und dass die Verbundenheit mit dem Haus Hohenzollern nachließ, wenn sie nicht gar weitgehend verschwand. Diese Hypothese wird jedenfalls durch eine Analyse von 141 zwischen 1918 und 1939 publizierten Autobiographien und zwei Dutzend historischen Darstellungen bestätigt, die Marc von Knorring durchgeführt hat, und die zeigt, dass während der Weimarer Republik ein kritisch-distanzierter Blick auf Kaiserreich und Kaiser dominierte.[75] Ergänzend dazu sei auf eine Analyse von Vornamensstatistiken verwiesen, die Michael Wolffsohn und Thomas Brechenmacher durchgeführt haben, und die sich vor allem auf die Einwohnerregister der Stadt München bezieht. Darin haben sie gezeigt, dass die „preußischen" Vornamen Friedrich und Wilhelm seit 1916 einen „beispiellosen Niedergang"[76] erlebten: „Die Hohenzollern-Nostalgie hielt sich bei ‚den Deutschen' (oder sagen wir doch: den Einwohnern Münchens aus allen deutschen Landen) in erkennbaren und sehr engen Grenzen. Langsam, doch stetig verblaßte Wilhelms Anziehungskraft. 1945 war sie auf ein mageres Prozent geschrumpft."[77] Wolffsohn und Brechenmacher nehmen diese Zahlen als Indikatoren für eine „Verbürgerlichung beziehungsweise Entmonarchisierung der Deutschen – allem Gerede um die Rückkehr zum kaiserlichen ‚Schwarz-Weiß-Rot' zum Trotz".[78]

---

[74] Rosner, Erinnerungen des Kronprinzen, S. 343. Auf die Diskrepanz zwischen den sonstigen öffentlichen Äußerungen des Kronprinzen und den Erinnerungen machte auch der Vorwärts, 5. Mai 1922, uter dem Titel „Der Ex-Kronprinz über den 9. November" aufmerksam: „Erwähnung verdient, daß der Herr aus Wieringen, der es neuerdings liebt, sich der Welt als aufgeklärten, liberalen Zeitgenossen zu präsentieren, in diesem Buche sich selber ganz anders gibt: als typischen Vertreter der verknöcherten reaktionären Weltanschauung."

[75] Marc von Knorring, Die Wilhelminische Zeit in der Diskussion. Autobiographische Epochencharakterisierungen 1918–1939 und ihr zeitgenössischer Kontext (Historische Mitteilungen – Beihefte 88), Stuttgart 2014.

[76] Michael Wolffsohn/Thomas Brechenmacher, Die Deutschen und ihre Vornamen. 200 Jahre Politik und öffentliche Meinung, München und Zürich 1999, S. 193.

[77] Ebd., S. 193.

[78] Ebd., S. 201.

Auch Friedrich Hiller von Gaertringen hat die Annahme einer klaren und mehrheitlichen Verbundenheit der Deutschen mit der Hohenzollern-Monarchie nach 1918 in Frage gestellt. Befürchtungen wie die vom Herbst 1918, dass weite Teile des Offizierkorps im Falle einer Abdankung Wilhelms II. aus monarchistischer Treue den Dienst quittieren würden, erfüllten sich jedenfalls nicht: „Wie viel schwieriger war in einer republikanischen Umwelt abzuschätzen, ob die ‚Anhänglichkeit' an das ‚angestammte Fürstenhaus', ob die Bindung an den ehemaligen Obersten Kriegsherrn, insbesondere nach seinem Verhalten im November 1918, politisch noch bedeutsam waren."[79] Der Mitgründer und spätere Vorsitzende der DNVP, Kuno von Westarp, versuchte sogar, die politischen Ambitionen von Kaiser und Kronprinz möglichst zu unterdrücken, um die „Monarchie vor ihren Verderbern zu schützen – den potenziellen Throninhabern selbst".[80] Denn auch wenn Westarp die Hohenzollern zu Beginn der 1920er-Jahre öffentlich in Schutz nahm, so war er privat doch zu der Ansicht gelangt, dass ein politisches Engagement von Kaiser und Kronprinz „kaum wieder gut zu machende[n] Schade[n] für die monarchische Zukunft"[81] bedeutete. Ganz in diesem Sinne bekannte sich die DNVP in ihrem Programm 1919 zwar grundsätzlich zum Monarchismus, aber nicht zu einer Wiedereinsetzung der Hohenzollern.[82] In der Parteispitze überwog vielmehr die gegenteilige Überzeugung, dass man keine Restauration der Hohenzollern-Monarchie fordern solle.[83]

Untersuchungen zum Monarchismus in der Weimarer Republik deuten darauf hin, dass die Zahl der politisch organisierten Monarchisten klein, aber nicht marginal war, dass sie jedoch – abgesehen von Bayern (und dort auf die Wittelsbacher bezogen) – über keinen nennenswerten politischen Einfluss verfügten.[84] Diese strukturelle Schwäche hing mit einer Reihe von Faktoren

---

[79] Friedrich Freiherr Hiller v. Gaertringen, Zur Beurteilung des „Monarchismus" in der Weimarer Republik, in: Gotthard Jasper (Hg.), Tradition und Reform in der deutschen Politik. Gedenkschrift für Waldemar Besson, Frankfurt am Main u. a. 1976, S. 138–186, hier S. 150.

[80] Ebd. S. 215.

[81] Kuno Graf von Westarp an Johannes Kriege, handschriftlicher Entwurf, 1.1.1920, zit. nach Daniela Gasteiger, Kuno von Westarp (1864–1945). Parlamentarismus, Monarchismus und Herrschaftsutopien im deutschen Konservatismus (Quellen und Darstellungen zur Zeitgeschichte 117), München 2018, S. 215.

[82] Gasteiger, Kuno von Westarp, S. 165.

[83] Ebd., S. 152.

[84] Weitgehend übereinstimmend hierzu: Arne Hofmann, Obsoleter Monarchismus als Erbe der Monarchie. Das Nachleben der Monarchie im Monarchismus nach 1918, in: Thomas Biskup/Martin Kohlrausch (Hg.), Das Erbe der Monarchie. Nachwirkungen einer deutschen Institution seit 1918, Frankfurt am Main 2008, S. 243–3247; Malinowski, Vom König zum Führer, S. 258–259; Arne Hofmann, „Wir sind das alte Deutschland, Das Deutschland, wie es war …". Der „Bund der Aufrechten" und der

zusammen; der wichtigste dieser Faktoren dürfte die Tatsache gewesen sein, dass es keinen geeigneten Thronprätendenten gab, über den sich das Lager der Monarchisten einig gewesen wäre. Kaiser und Kronprinz galten nahezu überall als indiskutabel. Als repräsentativ für die Haltung gerade unter Konservativen erscheint die Äußerung des Konservativen und Monarchisten Ewald von Kleist-Schmenzin, er werde der erste Republikaner in Deutschland sein, wenn man den Kronprinzen zum Monarchen mache.[85] Einzig der Herausgeber der alldeutschen *Deutschen Zeitung*, Reinhold Wulle, unternahm im Herbst 1919 einen (schnell gescheiterten) Versuch, für den Kronprinzen als Monarchen zu werben.[86] Die Konkurrenz zwischen Vater und Sohn sowie den weiteren Söhnen diskreditierte den Legitimitätsgedanken zusätzlich. Darüber hinaus gab es ja noch weitere Fürstenhäuser, die einen Anspruch auf den Thron hätten erheben können. Überhaupt stand die Frage im Raum, wie im Falle einer Restauration der nationalen Monarchie eigentlich mit den ehemaligen Landesmonarchien verfahren werden sollte. Auch deshalb wurde keinerlei hinreichend konkretes Restaurationskonzept entwickelt. Und schließlich hatte der Monarchismus ein „erhebliches Nachwuchsproblem"[87]; selbst im bayerischen Adel bezeichneten sich 1926 nur noch fünf Prozent der Befragten als überzeugte Monarchisten.[88]

Das Nachwuchsproblem des deutschen Monarchismus wurde endgültig offenbar, als 1928 ein offener Streit innerhalb des deutschnationalen Lagers über das Bekenntnis zur Monarchie ausbrach. Auslöser war ein Artikel des DNVP-Abgeordneten Walther Lambach, der am 4. Juni 1928 in der *Politi-*

Monarchismus in der Weimarer Republik (Moderne Geschichte und Politik 11), Frankfurt am Main u.a. 1998, bes. S. 21–34; jetzt neu und in den Schlussfolgerungen den hier angestellten Überlegungen entsprechend: Lothar Machtan, Der Kronprinz und die Nazis. Hohenzollerns blinder Fleck, Berlin 2021, S. 38–44.

[85] Bodo Scheurig, Ewald von Kleist-Schmenzin. Ein Konservativer gegen Hitler, Hamburg/Oldenburg 1968, S. 102; vgl. dazu auch Hans Blüher, Werke und Tage. Geschichte eines Denkers, München 1953: „Meine politischen Freunde, der Kreis um Heinrich v. Gleichen und der ‚Deutsche Herrenklub', waren, das versteht sich von selbst, durchweg Monarchisten; doch niemand dachte dabei an eine Restauration unter Wilhelm II. Der aber sagte kategorisch: ‚Nur einer kann es machen!' und mit diesem einen meinte er sich. Aber er hatte verzichtet. Er hatte genau das getan, was Bismarck von ihm vorausgesagt hatte: er hatte nicht unter Einsatz seines Lebens für den Thron gekämpft. Er hatte – eine durch nichts gerechtfertigte Vermutung – geglaubt, Deutschland würde einen günstigeren Frieden bekommen, wenn er verzichtete. Er hielt ‚das Volk' für wichtiger als die Monarchie, und das war der letzte große Fehler seines Lebens. Er war demokratischen Vorstellungen in die Falle gegangen." (S. 147–148).

[86] Susanne Meinl, Nationalsozialisten gegen Hitler. Die nationalrevolutionäre Opposition um Friedrich Wilhelm Heinz, Berlin 2000, S. 33–34.

[87] Malinowski, Vom König zum Führer, S. 258.

[88] Ebd., S. 257.

schen Wochenschrift erschien.[89] Lambach plädierte für eine „volkskonservative"[90] Öffnung der DNVP als Sammelbecken sowohl der monarchistischen als auch der republikanischen Rechten. Die nach 1905 Geborenen hätten gar keinen Bezug mehr zur Erbmonarchie, und sie hätten für den „Kyffhäusertraum"[91] der Älteren umso weniger Verständnis, als niemand in der Lage sei, konkrete Restaurationspläne vorzulegen. Die heftige Kritik, die Lambach nach der Veröffentlichung seines Artikels entgegenschlug, und die sogar zu einem (einen Monat später wieder aufgehobenen) Parteiausschluss führte,[92] hatte ihre Ursache nicht etwa darin, dass man seine Diagnose nicht teilte, sondern wohl eher darin, dass er sie offen aussprach. Es gibt keine Anzeichen dafür, dass innerhalb der DNVP jemand 1928 noch an eine baldige Restauration glaubte,[93] sodass einiges für die These Manfred Dörrs spricht, dass Lambachs Artikel in erster Linie einen Aufhänger für einen „sozialpolitischen Machtkampf der Parteiflügel"[94] innerhalb der DNVP bot, der am Ende zu einer Durchsetzung des radikalen Flügels unter Alfred Hugenberg führte.[95]

Für die Frage nach dem Hohenzollern-Charisma sind drei Bemerkungen Lambachs aufschlussreich: Zum einen hätten die rasche Wiederverheiratung des Kaisers 1922 sowie die „Eheskandale seiner Familienangehörigen" „Millionen treuer Monarchisten [...] zu verbissenen Republikanern gemacht",[96] zum anderen habe die Volksabstimmung über die Fürstenenteignung 1926 „das Sterben des monarchischen Gedankens"[97] gezeigt, und drittens sei mit der Wahl Hindenburgs zum Reichspräsidenten 1925 „der Monarchismus zu

---

[89] Walther Lambach, Monarchismus, in: Politische Wochenschrift IV/24 vom 4. Juni 1928, abgedruckt in: Manfred Dörr, Die Deutschnationale Volkspartei 1925–1928, Diss. Marburg 1964, S. 554–556.

[90] Ebd., S. 556.

[91] Ebd., S. 555.

[92] Vgl. Thomas Mergel, Das Scheitern des deutschen Tory-Konservatismus. Die Umformung der DNVP zu einer rechtsradikalen Partei 1928–1932, in: Historische Zeitschrift 276 (2003), S. 323–368, hier S. 342–345.

[93] „Kein Mensch unter uns ist so töricht, die unmittelbare Wiederherstellung der Monarchie als eine Aufgabe der Gegenwart anzusehen [...]": Kuno Graf von Westarp, Deutschnationale Innenpolitik in der Regierungsfraktion, Flugschrift 292, zit. n. Dörr, Die Deutschnationale Volkspartei, S. 396. Auch das DNVP-Mitglied Georg Quabbe meinte 1926, dass es auf Dauer aussichtslos sei, „bloß mit Elsaß-Lothringen und Wilhelm II. zu operieren ...", siehe dazu: Georg Quabbe, Tar a Ri, Berlin 1927, S. 108.

[94] Dörr, Die Deutschnationale Volkspartei, S. 398.

[95] Vgl. Mergel, Das Scheitern des deutschen Tory-Konservatismus, S. 345–359.

[96] Lambach, Monarchismus, S. 554.

[97] Ebd., S. 555.

Grabe getragen worden".[98] In der Tat wurde die Heirat Wilhelms II. mit Hermine von Reuß ä. L., verwitwete Schoenaich-Carolath, stark kritisiert, nachdem nur ein Jahr zuvor Auguste Viktoria gestorben war. Die Beisetzung der letzten deutschen Kaiserin in Potsdam im April 1921 wurde ebenso stark besucht wie diskutiert. Max Maurenbrecher, der 1906 noch als Sozialdemokrat mit großer Schärfe in einem zweibändigen Werk versucht hatte, die „Hohenzollern-Legende"[99] zu widerlegen, im Ersten Weltkrieg jedoch eine scharfe politische Wendung nach rechts vollzogen hatte, schlug anlässlich des Todes der Kaiserin eine „freiwillige Landestrauer"[100] vor und traf damit nicht nur die Stimmung der konservativen, sondern auch vieler liberaler Zeitungen.[101] Gerade die Heftigkeit, mit der etwa der *Vorwärts* auf eine solche „Gefühlsprostitution"[102] reagierte und betonte, dass es sich bei der Trauerfeier um eine reine „Privatangelegenheit des Hauses Hohenzollern"[103] handle, spricht dafür, dass es 1921 durchaus noch Reste eines Hohenzollern-Charismas gab, das bei einer Person, die sich nicht durch eigenes Verhalten sichtbar diskreditiert hatte, beträchtliche Wirkung entfalten konnte. Doch das anschließende Verhalten des Kaisers war nicht dazu geeignet, daran anknüpfend wieder symbolisches Kapital aufzubauen – eher im Gegenteil.

Auch das erfolgreiche Volksbegehren und die anschließend gescheiterte Volksabstimmung über die Fürstenenteignung 1926 deuten eher auf eine verbreitete Ablehnung der Monarchie hin, und zwar sowohl wegen des Abstimmungsverhaltens als auch wegen der begleitenden öffentlichen Debatte.[104] Der *Vorwärts* gab als Parole aus: „Kein Pfennig den fürstlichen Erpressern!"[105] Aber auch die katholische *Deutsche Reichszeitung* erklärte es für eine „Frage der Gerechtigkeit und der Moral", dass die ehemals regierenden Familien angesichts der wirtschaftlichen Notlage Deutschlands einen Beitrag leisteten,[106] und die liberale *Vossische Zeitung* präsentierte eine Stel-

---

[98] Ebd., S. 554.

[99] Maurenbrecher, Die Hohenzollern-Legende.

[100] Das abgesagte Vergnügen, in: Vorwärts, 13. April 1921, S. 3.

[101] Zur Trauerfeier für Auguste Viktoria und der Presseberichterstattung vgl. Randy Fink, Auguste Viktoria. Die letzte deutsche Kaiserin, Wiesbaden 2021, S. 184–192.

[102] Das abgesagte Vergnügen, in: Vorwärts vom 13. April 1921, S. 3.

[103] Die ehemalige Kaiserin gestorben, in: Vorwärts vom 11. April 1921, S. 3.

[104] Zu diesem Zusammenhang vgl. Ulrich Schüren, Der Volksentscheid zur Fürstenenteignung 1926. Die Vermögensauseinandersetzung mit den depossedierten Landesherren als Problem der deutschen Innenpolitik unter besonderer Berücksichtigung der Verhältnisse in Preußen, Düsseldorf 1978, bes. S. 189–241.

[105] Gegen den Fürstenraubzug, in: Vorwärts vom 5. März 1926 (Abendausgabe), S. 3.

[106] Fürstenvermögen und Privateigentum, in: Deutsche Reichs-Zeitung vom 4. März 1926, S. 1.

lungnahme, nach der die Fürsten aus Gründen der „Staatsräson"[107] auf ihren Besitz verzichten sollten. Die Hohenzollern wiederum versuchten, die öffentliche Stimmung zu ihren Gunsten zu beeinflussen und dabei vor allem die Unantastbarkeit des Privateigentums zu betonen.[108] Dass am Ende beim Volksentscheid – trotz Boykottaufrufen unter anderem der DNVP und beider Kirchen – von den knapp 40 Millionen Wahlberechtigten 15,6 Millionen ihre Stimme abgaben und 14,5 Millionen für die Enteignung stimmten, kommentierte Wilhelm II. in einer offenbar als Sammelbrief an Unterstützer konzipierten Stellungnahme mit den Worten: „15 Millionen Canaillen!"[109] Für SPD und KPD waren in der Reichstagswahl anderthalb Jahre zuvor vier Millionen Stimmen weniger abgegeben worden, sodass wohl auch eine große Zahl bürgerlicher und konservativer Wähler für die Enteignung votierte.[110] In jedem Fall war mit dem Abstimmungsergebnis deutlich geworden, wie stark die Distanz eines großen Teils der Deutschen zur monarchischen Tradition angewachsen war. Als im Oktober 1926 die SPD-geführte preußische Landesregierung einen Vermögensvergleich mit dem Haus Hohenzollern abschloss – eine Reihe von SPD-Abgeordneten hatte vor der Abstimmung den Sitzungssaal verlassen, um den Vergleich nicht mittragen zu müssen[111] –, kommentierte der *Vorwärts*, es bleibe „nur zu hoffen, daß die Hohenzollern mit diesem Vermögen ebenso rasch und gründlich fertig werden, wie sie es ihrer politischen Machtstellung quitt zu werden so meisterhaft verstanden haben. In dieser Beziehung darf man zu Wilhelm Vater, Sohn und Enkel immerhin ein starkes Vertrauen hegen."[112]

---

[107] Alfred Vierkandt, Staatsräson und Recht. Ein unbefangenes Wort zur Fürsten-Abfindung, in: Vossische Zeitung vom 6. März 1922, S. 1–2, Zitat S. 2.

[108] Vgl. dazu das Aktenkonvolut zur Volksabstimmung über die Fürstenenteignung in: Hausarchiv des vormals regierenden preußischen Königshauses, Bisingen/Hechingen, Burg Hohenzollern (HABHZ), Rep. 7a Vermögensauseinandersetzung ab 1922.

[109] Im Hohenzollernschen Hausarchiv haben sich zwei solcher maschinenschriftlicher Schreiben erhalten; in einem ist der Satz maschinenschriftlich notiert und handschriftlich eingeklammert, im anderen ist der Satz handschriftlich notiert: An Generalmajor v. Dommes, Potsdam, 23. Juni 1926; An Meinen Generalbevollmächtigten Wirklichen Geheimen Rat v. Berg, Exzellenz, Berlin, 22. Juni 1926, in: HABHZ, Rep. 7a. Vgl. auch die Aufzeichnung Sigurd von Ilsemanns, nach der Wilhelm II. das Abstimmungsergebnis mit den Worten kommentierte: „Also gibt es 14 Millionen Schweinehunde in Deutschland." Vgl. Sigurd von Ilsemann, Der Kaiser in Holland. Aufzeichnungen des letzten Flügeladjutanten Kaiser Wilhelms II., hrsg. von Harald von Koeningswald, Bd. 2, München 1968, Aufzeichnung vom 20. Juni 1926, S. 40.

[110] Vgl. Schüren, Der Volksentscheid, S. 229–234.

[111] Vgl. ebd., S. 258.

[112] Der Hohenzollern-Vergleich, in: Vorwärts vom 7. Oktober 1926, S. 2–3, Zitat S. 3.

Der schwerste Schlag für jeden Versuch, ein Hohenzollern-Charisma politisch zur Geltung zu bringen, war allerdings, wie Lambach völlig richtig feststellte, die Wahl Hindenburgs zum Reichspräsidenten. Hindenburg, der schon während des Ersten Weltkriegs zur symbolischen Gegenfigur gegen den Kaiser geworden war, wurde nun definitiv zum wichtigsten Träger jenes symbolischen Kapitals, das mit dem wilhelminischen Deutschland verbunden war. Lambach schrieb in diesem Sinne: „Der hinter dem Reichspräsidenten aufragende Schatten des Kaisers und Königs, der jeden anderen überragt hätte, überragte einen Hindenburg nicht mehr. Im Gegenteil, Wilhelm II. verschwand hinter dem großen, frommen alten Herrn, der jetzt das Reich repräsentiert. Selbst, wenn die Erinnerung bis zur Edelmannsgestalt Wilhelm I. zurücktastete, verkleinerte sich das Bild Hindenburgs nicht, – einen Funktionär und Platzhalter hatte man gewählt und einen Träger eigener Größe hatte man zum Reichspräsidenten bekommen. Neben seiner Größe sank der Nimbus der lebenden Hohenzollern in sich zusammen. Nicht sie, sondern Hindenburg erhielt im Volksgefühl den Platz neben Wilhelm I.".[113]

Auch der liberalkonservative Historiker Hans Delbrück wertete die Wahl Hindenburgs nicht etwa als Votum für eine Restauration, sondern als gelungenen Integrationsakt der „Herzensmonarchisten"[114] in die Republik und als Versöhnung des „alten" mit dem „neuen" Deutschland durch einen Repräsentanten des „alten": „Es liegt in der Natur der Dinge, daß Monarchisten sich eher mit einer Republik abfinden können, an deren Spitze ein Feldmarschall des alten Kaiserreichs steht, als ein Sozialdemokrat, wie es Ebert war."[115] Die mit großem Aufwand betriebene Propaganda für den „Retter" und „Staatsmann" Hindenburg trug dazu bei, dass Hindenburg als Reichspräsident nicht etwa zum Platzhalter für die Hohenzollern wurde, sondern selbst derjenige war, der das „alte Deutschland"[116] symbolisch repräsentierte.[117] Für Anhänger einer Hohenzollern-Monarchie war die Wahl Hindenburgs insofern ein „Pyrrhus-Sieg".[118]

---

113 Lambach, Monarchismus, S. 554.

114 Friedrich Meinecke, Verfassung und Verwaltung der deutschen Republik [1919], in: ders., Werke, Bd. 2: Politische Schriften und Reden, München 1958, S. 280–298, Zitat S. 281.

115 Hans Delbrück, Der Zwang zur Mäßigung, in: Leipziger Tageblatt, 3. Mai 1925, zit. nach: Lüdtke, Hans Delbrück und Weimar, S. 155.

116 Thomas Nipperdey, 1933 und Kontinuität der deutschen Geschichte, in: Historische Zeitschrift 227 (1978), S. 86–111, hier S. 95.

117 Vgl. Hoegen, Der Held von Tannenberg, S. 260–305; Kohlrausch, Die Flucht des Kaisers, S. 95–97.

118 Hofmann, „Wir sind das alte Deutschland", S. 23; Hoegen, Der Held von Tannenberg, S. 320–331.

V. Die Hohenzollern und die „Staatskrise" der Weimarer Republik

Als die Weimarer Republik seit 1930 in eine Staatskrise geriet, da angesichts der Wahlerfolge der KPD und vor allem der NSDAP deutlich wurde, dass es ein „simples Zurück zur parlamentarischen Demokratie von 1919 […], nachdem die Mehrheit der Wähler sich gegen dieses System entschieden hatte, nicht mehr geben"[119] konnte, wurde allerdings plötzlich wieder mehr oder weniger ernsthaft über eine Restauration diskutiert. Folgt man Heinrich Brünings 1970 postum veröffentlichten Memoiren, so warb dieser seit 1929 bei mehreren Gesprächspartnern für die Idee einer Restauration der Hohenzollern-Monarchie und setzte sich während seiner Reichskanzlerschaft auch dafür ein – allerdings sollte weder der Kaiser noch der Kronprinz als Monarch installiert werden, sondern einer der Söhne des Kronprinzen. So schreibt Brüning über ein Gespräch, das er Ende 1931 mit Hindenburg geführt habe: „Ich erklärte ihm, ich sei stets Monarchist gewesen und geblieben, und glaube nun allmählich die politische Konstellation so weit vorangetrieben zu haben, daß die Wiederherstellung der Monarchie in den Bereich des Möglichen rücke. Allerdings – das bemerkte ich bei einem zweiten Vortrag – glaubte ich nicht, daß es außenpolitisch möglich sei, den Kaiser zurückzuberufen. Auch die Einsetzung des Kronprinzen scheine mir schwierig und könne zu Komplikationen führen, die die Stellung der Monarchie auf ein Jahrzehnt hinaus erschwere, ja unmöglich mache. Dagegen sei vielleicht die Kombination möglich, daß er mit einer Zweidrittelmehrheit des Reichstages und des Reichsrates als Reichsverweser die Regentschaft für einen der Söhne des Kronprinzen übernehme."[120]

Allerdings ist nicht nur der Quellenwert von Brünings Memoiren außerordentlich umstritten, sondern es findet sich auch kein zeitgenössischer Beleg dafür, dass Brüning während seiner Kanzlerschaft tatsächlich für solche Restaurationspläne warb.[121] Dennoch spielte in der chaotischen politischen Situation des Jahres 1932 die Idee einer Rückkehr zur Monarchie eine schwer kalkulierbare Rolle. Das erklärt auch, weshalb Vertreter des Hauses Hohen-

---

[119] Heinrich August Winkler, Zur Einführung, in: ders. (Hg.), Die deutsche Staatskrise 1930–1933, München 1992, S. XI.

[120] Heinrich Brüning, Memoiren 1918–1934, Stuttgart 1970, S. 453.

[121] Vgl. Andreas Rödder, Dichtung und Wahrheit. Der Quellenwert von Heinrich Brünings Memoiren und seine Kanzlerschaft, in: Historische Zeitschrift 265 (1997), S. 77–116, bes. S. 91–99; vgl. außerdem: Herbert Hömig, Brüning. Kanzler in der Krise der Republik. Eine Weimarer Biographie, Paderborn u. a. 2000, S. 489–491. Ob die seit 2009 begonnene Neuedition der Memoiren Brünings an der Beurteilung des Quellenwertes etwas ändern wird, bleibt abzuwarten: https://www.ngzg.geschichte. uni-muenchen.de/personen/ls_wirsching/volkmann_peer/bruening_memoiren/index. html.

zollern nun eine gewisse politische Aufmerksamkeit erhielten. Vor allem der Kronprinz versuchte 1932 diese Aufmerksamkeit zu nutzen, um politischen Einfluss zu gewinnen. In erster Linie schien es ihm dabei darum zu gehen, für eine einheitliche „nationale Front" der Rechtsparteien unter Einschluss der Nationalsozialisten zu werben, mit Hilfe einer solchen Formation eine Restauration zu erreichen und sich selbst als Monarch ins Spiel zu bringen.[122] Zuerst sondierte er eine Kandidatur bei den Wahlen zum Reichspräsidenten 1932; als dieser Plan scheiterte, rief er im April 1932 bei der Stichwahl zwischen Hindenburg und Hitler zur Wahl Hitlers auf.[123] Im selben Monat setzte er sich bei Reichswehrminister Wilhelm Groener für eine Aufhebung des SA-Verbotes ein. Als Hitler sich nach den Reichstagswahlen vom Juli 1932 weigerte, sich als Juniorpartner an einer Rechtskoalition zu beteiligen, versuchte der Kronprinz, Hitler dazu zu bewegen, sich in die „nationale Front" einzureihen, was dieser aber schroff ablehnte.[124] Ab Herbst 1932 unterstützte der Kronprinz hinter den Kulissen die auf eine „Querfront" unter Ausschluss Hitlers zielenden politischen Pläne Kurt von Schleichers, indem er diesen mit Insiderinformationen aus der NSDAP versorgte.[125] Nach der Ernennung Hitlers zum Reichskanzler am 30. Januar 1933 suchte der Kronprinz allerdings rasch wieder die Nähe zur NS-Führung, nahm im März 1933 als Gast am „Tag von Potsdam" und an anderen Veranstaltungen teil und veröffentlichte einige Artikel in der internationalen Presse, in denen er das neue Regime verteidigte.[126]

---

[122] Grundlegend für jede künftige Beschäftigung mit dem politischen Verhalten des Kronprinzen in der Endphase der Weimarer Republik ist die quellengestützte Studie von Lothar Machtan: Machtan, Der Kronprinz und die Nazis. Zum Kronprinzen vgl. außerdem: Paul Herre, Kronprinz Wilhelm. Seine Rolle in der deutschen Politik, Beck, München 1954; Jonas, Der Kronprinz Wilhelm; Clark, Gutachten; Malinowski, Gutachten; Pyta/Orth, Gutachten; Peter Brandt, Gutachten zur politischen Einstellung und zum politischen Verhalten des ehemaligen preußischen und reichsdeutschen Kronprinzen Wilhelm, vgl. http://hohenzollern.lol/gutachten/brandt.pdf.

[123] Vgl. Wolfgang Stribny, Der Versuch einer Kandidatur des Kronprinzen Wilhelm bei der Reichspräsidentenwahl 1932, in: Ernst Heinen/Hans Julius Schoeps (Hg.), Geschichte in der Gegenwart. Festschrift für Kurt Kluxen, Paderborn 1972, S. 199–210; Pyta, Hindenburg, S. 674–679.

[124] Wilhelm von Preußen an Adolf Hitler, 25. September 1932: GStA PK, BPH, Rep. 54, Nr. 137; Friedrich Wilhelm Prinz von Preußen, Die Hohenzollern und der Nationalsozialismus, Diss. München 1983, S. 147–162.

[125] Vgl. Wolfram Pyta/Rainer Orth, Nicht alternativlos. Wie ein Reichskanzler Hitler hätte verhindert werden können, in: Historische Zeitschrift 312 (2021), S. 400–444, bes. S. 424–437.

[126] Eine Auflistung der Veranstaltungsteilnahmen und Presseartikel des Kronprinzen gibt Malinowski, Gutachten, S. 24–39; ergänzend dazu: Jürgen Luh, Düsseldorf 1933. Der 3. Waffentag der deutschen Kavallerie oder Wie die alten Soldaten in den „neuen Staat" überführt wurden, in: Texte des RECS #40, 18/03/2021, URL: https://recs.hypotheses.org/6279. Außerdem erschien 1934 eine Neuauflage von Carl Langes

Welche Bedeutung dem Kronprinzen – und neben ihm den anderen Hohenzollern, in erster Linie dem Kaiser sowie dem 1930 in die NSDAP eingetretenen Kaisersohn August Wilhelm („Auwi")[127] – in der Endphase der Weimarer Republik tatsächlich zugemessen wurde, ist schwer zu ermitteln. In der Staatsspitze jedenfalls gab es niemanden, der dem Kronprinzen großes politisches Gewicht beimaß. Reichspräsident Hindenburg hatte ohnehin ein „angespannte[s] persönliche[s] Verhältnis sowohl zu Kaiser wie Kronprinz"[128] und lehnte bei aller wohlfeilen Betonung seiner prinzipiell monarchischen Gesinnung doch alle konkreten Restaurationsideen ab. Franz von Papen, Nachfolger Heinrich Brünings als Reichskanzler, sah als Katholik den bayerischen Kronprinzen Rupprecht als denkbaren Kandidaten für den Thron an, aber nicht die Hohenzollern.[129] Kurt von Schleicher, letzter Kanzler vor Hitler, war mit dem Kronprinzen befreundet und nutzte ihn für seine politischen Pläne; dass er ihn aber selbst als politisch bedeutsam oder für ein Amt geeignet eingeschätzt hätte, ist nicht bekannt und auch nicht wahrscheinlich.[130]

Doch traf der Eindruck der US-Schriftstellerin Martha Dodd, die sich in den 1930er Jahren in Deutschland aufhielt, den Kronprinzen möge „die große Mehrheit der Deutschen nicht"[131], überhaupt noch zu? Der Sozialdemokrat Kurt von Reibnitz meinte 1933, der Kronprinz sei „ein vergnügter Welt- und

---

Buch über den Kronprinzen; in der Bearbeitung wurde vor allem dessen Nähe zum NS-Staat betont: Carl Lange, Der Kronprinz (Schlieffen-Bücherei: Geist von Potsdam 3), Berlin 1934. Dazu: Jürgen Luh, Carl Lange und „Der Kronprinz", in: Texte des RECS #42, 11/05/2021, URL: https://recs.hypotheses.org/6381.

[127] Zu „Auwi": Lothar Machtan, Der Kaisersohn bei Hitler, Hamburg 2006.

[128] Pyta, Hindenburg, S. 678.

[129] Pyta, Hindenburg, S. 747.

[130] In den politischen Gestaltungsvorstellungen Schleichers spielte der Kronprinz jedenfalls keine Rolle: vgl. Irene Strenge, Kurt von Schleicher. Politik im Reichswehrministerium am Ende der Weimarer Republik (Zeitgeschichtliche Forschungen 29), Berlin 2006, bes. S. 15–35 und S. 198–219. Strenge referiert Brünings Memoiren über dessen angebliche Restaurationspläne, äußert allerdings Skepsis, ob Schleicher derartige Ideen ernstgenommen habe: ebd., S. 85–389.

[131] Martha Dodd, Nice to meet you, Mr. Hitler! Meine Jahre in Deutschland 1933 bis 1937, Frankfurt am Main 2005, S. 87; ebd., S. 89: „Was die Problematik einer Restauration der Monarchie in Deutschland betrifft, habe ich nie einen vernünftigen Menschen, schon gar keinen Nazi, kennengelernt, der sich das tatsächlich hätte vorstellen können. Selbst wenn man die Zustimmung der Nazis, die Hohenzollern wieder einzusetzen, voraussetzt, was sich ebenfalls niemand, der bei Verstand ist, vorstellen kann, wäre der Kaiser immer noch sehr unpopulär, zu alt, und käme, gesetzlich gesehen, nicht in Frage; auch den Kronprinzen mag die große Mehrheit der Deutschen nicht; und seine Söhne sind zu jung, zu unberechenbar oder zu inkompetent, um ernsthaft in Erwägung gezogen zu werden."

Lebemann", der „nicht die geringste Fühlung mit der breiten Masse" habe.[132] Dagegen steht der Jubel, der dem Kronprinzen laut Presseberichten bei Veranstaltungen wie dem Waffentag der deutschen Kavallerie im Juli 1933 in Düsseldorf entgegengebracht wurde.[133] Der Kronprinz selbst behauptete später, sein Wahlaufruf für Hitler im April 1932 habe diesem zwei Millionen Stimmen eingebracht.[134] Damit führte er den Gesamtstimmenzuwachs Hitlers gegenüber dem ersten Wahldurchgang allein auf seinen Einfluss zurück.[135] Das öffentliche Echo auf den Wahlaufruf macht diese Annahme allerdings sehr unwahrscheinlich.[136] Zufrieden war nämlich vor allem die linke Presse, die den Wahlaufruf schadenfroh als „Stempel für Hitler"[137] bezeichnete. Die liberale *Vossische Zeitung* kritisierte den Wahlaufruf ebenfalls und stellte ihn als Bruch des „Ehrenwortes" des Kronprinzen dar, sich nicht politisch zu betätigen.[138] Die konservative *Tägliche Rundschau* kritisierte die Aktion des Kronprinzen als „Selbstvernichtung des Monarchismus".[139] Und der Bayern-Korrespondent des *Berliner Tageblatts* meinte, der Kronprinz sei durch seinen Wahlaufruf ein „unfreiwilliger Wahlhelfer Hindenburgs" geworden: „Bis heute hat man hier [in Bayern] (während man der einheimischen Dynastie Wittelsbach bis weit in die politische Linke hinein weder menschliche Teilnahme noch traditionellen Respekt versagt) für das Haus Hohenzollern nur kalte Uninteressiertheit oder spöttische Antipathie übrig gehabt. Besonders dem ehemaligen preußischen Kronprinzen, dessen spielerische Unreife den

---

132 Freiherr Kurt von Reibnitz, Im Dreieck Schleicher, Hitler, Hindenburg. Männer des deutschen Schicksals, Dresden 1933, S. 208.

133 Vgl. Luh, Düsseldorf 1933.

134 Wilhelm von Preußen an Lord Rothermere, 20. Juni 1934, in deutscher Übersetzung abgedruckt in: Franz zu Hohenlohe, Stephanie. Das Leben meiner Mutter, Wien und München 1991, S. 100–106.

135 Vgl. Heinrich August Winkler, Der Weg in die Katastrophe. Arbeiter und Arbeiterbewegung in der Weimarer Republik 1930 bis 1933, Berlin und Bonn ²1990, S. 528–529. Winkler verweist darauf, dass in den acht Wahlkreisen, in denen der DNVP-Kandidat Duesterberg im ersten Wahlgang ein Ergebnis von mehr als zehn Prozent erzielt hatte, im ersten Wahlgang Hitler in einem Wahlkreis vor Hindenburg lag, während es im zweiten Wahlgang vier Wahlkreise waren; das spreche dafür, dass eine Mehrzahl der Duesterberg-Wähler im zweiten Wahlgang für Hitler optiert habe. Zugleich macht Winkler plausibel, dass auch eine erhebliche Wählerwanderung von Thälmann zu Hitler stattfand.

136 Vgl. dazu Machtan, Der Kronprinz und die Nazis, S. 98–100; vgl. außerdem die von der Pressestelle des Reichslandbundes erstellte Presseausschnittssammlung im Bundesarchiv Berlin: BAB R 8034 II 8547.

137 Der richtige Mann für Hitler, in: Vorwärts vom 3. April 1932, S. 2.

138 Das Ehrenwort des Exkronprinzen, in: Vossische Zeitung vom 3. April 1932, S. 1.

139 Die Selbstvernichtung des Monarchismus, in: Tägliche Rundschau vom 5. April 1932.

im Krieg zu vielen Tausenden in seine Armee kommandierten Bayern nicht
verborgen blieb und der damit zu der ernsten Figur Rupprecht einen höchst
unvorteilhaften Kontrast bildete, war man in Bayern niemals gewogen. /
Heute nun aber, nach dem offiziellen Bündnis des Kronprinzen mit Hitler,
hat er hier völlig ausgespielt, und die bisher nur latente antihohenzollersche
Stimmung Bayerns tritt ins volle Tageslicht."[140]

Im Herbst 1932 wurde der Kronprinz noch einmal zum Gegenstand der
Presseberichterstattung, als angebliche Restaurationspläne der Regierung
Papen unter Beteiligung des Kronprinzen diskutiert wurden.[141] Diese Idee
erschien offenbar kurzfristig realistisch; so trat die DNVP plötzlich ganz offen für eine Restauration „im Sinne jener Hohenzollern, die sich mit Stolz
‚Könige der Armen' nannten",[142] ein. Dann allerdings wurde der Brief des
Kronprinzen an Reichswehrminister Wilhelm Groener wegen des SA-Verbots
auszugsweise im *Vorwärts* veröffentlicht und die Regierung öffentlich aufgefordert, sich von dem als hochverräterisch deklarierten „Treiben des
Exkronprinzen"[143] zu distanzieren. Daraufhin war dieser definitiv diskreditiert und mit ihm die Idee einer monarchischen Restauration.[144]

Und welche Bedeutung maß die NSDAP-Führung den Hohenzollern zu?
Im Geschichtsbild Hitlers, Goebbels' etc. hatte, wie Frank-Lothar Kroll
gezeigt hat, als einziger Hohenzoller Friedrich der Große einen positiven
Platz,[145] während das wilhelminische Kaiserreich als Negativfolie dien-

---

[140] Werner Richter, Bayern und Hohenzollern, in: Berliner Tageblatt, 11. April
1932.

[141] Umtriebe des Exkronprinzen, in: Vorwärts, 11. Oktober 1932, S. 1; Die Reichs-
regierung erklärt: Umtriebe des Exkronprinzen sind reine Phantasieprodukte, in: Vor-
wärts, 12. Oktober 1932, S. 1; Alarmruf zum Kampf! Breitscheid gegen Papens
Drohungen – Die Umtriebe des Exkronprinzen, in: Vorwärts, 14. Oktober 1932, S. 1;
Rechtsradikale gegeneinander, in: Vossische Zeitung, 7. Oktober 1932, S. 3; Friedrich
Meinecke, Ein Wort zur Verfassungsreform, in: Vossische Zeitung, 12. Oktober 1932,
S. 1–2; „Das Reich in seiner alten Herrlichkeit". Bayern ist freundlich zu Papen, in:
Vossische Zeitung, 12. Oktober 1932, S. 3; Wer will die Monarchie?, in: Reichswart,
15. Oktober 1932, S. 1; außerdem: Adolf Kimmel, Der Aufstieg des Nationalsozialis-
mus im Spiegel der französischen Presse 1930–1933, Bonn 1969, S. 110. Zu den
Hintergründen vgl. Machtan, Der Kronprinz und die Nazis, S. 127–146.

[142] P. Bang/R. G. Quaatz (Hg.), Das Freiheitsprogramm der Deutschnationalen
Volkspartei, Berlin 1932, S. 9.

[143] Umtriebe des Exkronprinzen, in: Vorwärts vom 11. Oktober 1932, S. 1. Veröffentlichung des Kronprinzenbriefes an Groener: Der Exkronprinz an Groener. Unver-
schämte Einmischungen der Hohenzollern, in: Vorwärts vom 15. Oktober 1932, S. 1.

[144] Vgl. Machtan, Der Kronprinz und die Nazis, S. 137–155.

[145] Frank-Lothar Kroll, Friedrich der Große, in: Etienne François/Hagen Schulze
(Hg.), Deutsche Erinnerungsorte, Bd. III., München 2001, S. 620–635; ders., Fried-
rich der Große als Gestalt der europäischen Geschichtskultur, in: Brunhilde Wehinger
(Hg.), Geist und Macht: Friedrich der Große im Kontext der europäischen Kulturge-

te.[146] Dennoch scheint Hitler die Bedeutung der Hohenzollern für die Deutschen als relativ hoch eingeschätzt zu haben. Das gilt besonders für die Phase der Machtübernahme: Im Juni 1932 notierte Goebbels über ein Gespräch mit Hitler in sein Tagebuch: „Hitler überschätzt die Hohenzollerninstinkte im Volk. Meint, er würde in einem Kampf zwischen Kronprinzen und Hitler unterliegen. Ausgeschlossen! Dafür ist er zu tief im Volk verwurzelt."[147] Zwei Tage später fügte Goebbels hinzu: „Schätzt den Kronprinzen hoch ein. Ein Lichtblick! Nur nicht Auwi!"[148] Goebbels selbst hatte den Kronprinzen noch 1930 als „Affen" bezeichnet, der „bei seinen Judenweibern bleiben" solle.[149] Aber auch er fand im März 1933, dass der Kronprinz „[k]lug und ein Filou" sei und bezeichnete die publizistische Schützenhilfe des Kronprinzen als hilfreich.[150] Schon ab Sommer 1933 war dieses Wohlwollen allerdings wieder vorbei.[151]

Hitler scheint also tatsächlich eine gewisse Sorge vor der Wirkung eines Erbcharismas der Hohenzollern gehabt zu haben. Das erklärt – gemeinsam mit dem Wunsch, das rechtskonservative Lager zu spalten – seine zustimmenden Signale zu einer Kandidatur des Kronprinzen als Reichspräsident im April 1932[152] ebenso wie die Hinhaltetaktik Hitlers gegenüber allen Familienmitgliedern der Hohenzollern in Bezug auf eine monarchische Restauration. Auch die Teilnahme des Kronprinzen am „Tag von Potsdam" am

---

schichte, Berlin 2005, S. 185–198; ders., Preußenbild und Preußenforschung im Dritten Reich (2006), wiederabgedruckt in: ders., Totalitäre Profile. Zur Ideologie des Nationalsozialismus und zum Widerstandspotential seiner Gegner, Berlin 2017, S. 207–288, inbes. S. 210 ff.

[146] Frank-Lothar Kroll, Utopie als Ideologie. Geschichtsdenken und politisches Handeln im Dritten Reich, Paderborn/München/Wien/Zürich, 2. Aufl. 1999, S 34 ff., S. 81 f.

[147] Die Tagebücher von Joseph Goebbels, hrsg. von Elke Fröhlich, Teil 1. Aufzeichnungen 1923–1941, Band 2/II: Juni 1931 bis September 1932, München 2004, Eintrag vom 1. Juni 1932, S. 294.

[148] Ebd., Eintrag vom 3. Juni 1932, S. 295.

[149] Ebd., Band 2/I: Dezember 1929 bis Mai 1931, München 2005, Eintrag, 17. November 1930, S. 284.

[150] Ebd., Band 2/III: Oktober 1932 bis März 1934, München 2006, Eintrag, 16. März 1933, S. 148; Eintrag, 25. März 1933, S. 155.

[151] Ebd., Eintrag vom 5. August 1933, S. 241: „Unterredung Kronprinz. Frage Monarchie. Die glauben alle an ihre Restaurierung. Ich habe keinen Hehl gemacht. Wäre unsere größte Dummheit. Wir sind Arrivisten und müssen das bleiben."

[152] Stribny, Der Versuch einer Kandidatur; vgl. auch den öffentlichen Dank Hitlers für den Wahlaufruf im Daily Express, 6. April 1932, verbunden mit dem Hinweis, er habe keinerlei Konzessionen im Hinblick auf eine Restauration gemacht: Klaus A. Lankheit (Hg.), Hitler, Reden, Schriften, Anordnungen. Februar 1925 bis Januar 1933, Band V: Von der Reichspräsidentenwahl bis zur Machtergreifung, April 1932 – Januar 1933, Teil 1: April 1932–September 1932, München u. a. 1996, Nr. 12, S. 28.

21. März 1933 fügt sich in dieses Erklärungsmuster. Allerdings spielten der
Kronprinz oder sein jüngerer Bruder August Wilhelm, „Auwi", bei diesem
symbolpolitischen Akt nur eine untergeordnete Rolle.[153] Unbestreitbare
Hauptperson war vielmehr Hindenburg, der eben längst als der eigentliche
Repräsentant des „alten Deutschlands" galt. Tatsächlich setzte Hitler in erster
Linie auf „das alte Zugpferd"[154] Hindenburg, um konservative Vorbehalte
gegen die Nationalsozialisten abzubauen. Aber natürlich wollte Hitler sich
auch der potentiellen Reste eines Hohenzollern-Charismas für die Phase der
Etablierung des NS-Staates bemächtigen. Kein Vertreter des Hauses Hohenzollern hat dagegen opponiert. Die Erinnerungen an den „Tag von Potsdam",
die der Kronprinz in seinem unveröffentlicht gebliebenen Memoirenmanu-
skript kurz nach Ende des Zweiten Weltkriegs niederschrieb, sprechen dafür,
dass vor allem seine eigenen Vorbehalte gegenüber den „proletarischen"
Nationalsozialisten durch Hitlers Auftritt in der Garnisonkirche vorübergehend beseitigt wurden: „Ich entsinne mich des Tages in Potsdam. Hitler war
gerade Reichskanzler geworden und hielt eine lange historische Rede in der
Garnisonkirche. Ich habe selten in meinem Leben eine so schöne und durch-
dachte Darstellung der deutschen Geschichte gehört. Er schloss seine Rede
mit der Versicherung, dass er jede Hand ergreifen wolle, aus welchem politischen Lager sie auch kommen möge, zum gemeinsamen Wiederaufbau unseres Vaterlandes. Die Begeisterung über diese programmatische Rede war
allgemein, und der Eindruck, den die Potsdamer Bevölkerung damals hatte,
war, dass die Wiederherstellung der Monarchie das Ziel Adolf Hitlers wäre.
Bei einem späteren Besuch Hitlers in unserem Hause Cecilienhof sagte er
vor einem größeren Kreise wörtlich: ‚Die Krönung seines Werkes sehe er in
der Wiederherstellung eines einigen deutschen Kaiserreiches unter der Führung eines Hohenzollerns'. Ob er dies damals selbst noch glaubte oder dies
nur ein großes Täuschungsmanöver zur Gewinnung der Rechtskreise im
deutschen Volke war, ist schwer zu beurteilen. Sehr bald aber zeigte es sich,

---

[153] Zum „Tag von Potsdam" vgl. Christoph Raichle, Hitler als Symbolpolitiker,
Stuttgart 2014, S. 80–99. Martin Sabrow widerspricht der gängigen Deutung des
„Tags von Potsdam" als einer NS-Inszenierung zur Versöhnung der Konservativen
mit dem Nationalsozialismus, sondern deutet die Entstehung, Durchführung und anschließende propagandistische Nutzung des Ereignisses als Ergebnis eines symbolpolitischen Machtkampfes, den nicht die Nationalsozialisten, sondern die Konservativen
für sich entschieden hätten: vgl. Martin Sabrow, Der „Tag von Potsdam". Zur doppelten Karriere eines politischen Mythos, in: Christoph Kopke/Werner Treß (Hg.), Der
21. März 1933 und die Errichtung der nationalsozialistischen Diktatur, Europäisch-
jüdische Studien, Beiträge 8, Berlin/Boston 2013, S. 47–86.

[154] Kurt G. W. Luedecke, I knew Hitler. The Story of a Nazi who escaped the
Blood Purge, Plymouth 1938, S. 413. Vgl. dazu auch Raichle, Hitler als Symbolpolitiker, S. 80–82.

dass seine Handlungen mit diesen Worten nichts Gemeinsames mehr hatten."[155]

Nach 1933 spielten die potentiellen Reste des Hohenzollern-Charismas im deutschen Konservatismus noch zweimal eine gewisse Rolle. Das erste Mal beim politischen Testament Paul von Hindenburgs 1934, das zweite Mal während des Zweiten Weltkriegs. Im Falle Hindenburgs war es der durch seinen Mitarbeiter Edgar Julius Jung gedrängte Franz von Papen, der vorschlug, Hindenburg solle in seinem politischen Testament die Wiedereinführung der Monarchie empfehlen. In einer Besprechung im März 1934 zwischen Papen und Hitler zeigte letzterer sich – offenbar aus taktischen Gründen – nicht abgeneigt. Das Haus Hohenzollern schien beiden weiterhin grundsätzlich geeignet, allerdings kämen weder der Kaiser noch der Kronprinz in Frage, sondern allenfalls einer der Söhne des Kronprinzen.[156] Hindenburg ließ sich zwar entsprechend überreden, trennte aber die Empfehlung zur Restauration aus dem eigentlichen politischen Testament heraus und machte sie zum Inhalt eines persönlichen Briefs an Hitler, der nie veröffentlicht wurde.[157]

Eine bleibende Bedeutung der Hohenzollern bei gleichzeitiger Ablehnung von Kaiser und Kronprinz ist auch in den verschiedenen Gruppen des konservativen Widerstands während des Zweiten Weltkriegs zu beobachten. In den Staatsstreichplänen der Verschwörer des 20. Juli 1944 gab es die Überlegung, dass der Kronprinz die Regierung übernehmen, die Regierungsgewalt dann aber sofort an seinen Sohn Louis Ferdinand abtreten solle.[158] Letzterer führte 1942 und 1943 mehrere Gespräche mit Angehörigen des Widerstands wie Jakob Kaiser und Carl Goerdeler.[159] Einige Jahre zuvor spielte der äl-

---

[155] HABHZ, Rep. 14 A Kronprinz Wilhelm, Memoiren SKH Kronprinz Wilhelm 1910–1945: Kronprinz Wilhelm von Preußen, 35 Jahre Deutscher Geschichte 1910–1945, maschinenschriftliches Manuskript, S. 23.

[156] Horst Mühleisen, Das Testament Hindenburgs vom 11. Mai 1934, in: Vierteljahreshefte für Zeitgeschichte 44 (1996), S. 355–371, hier S. 356.

[157] Ebd., S. 360–361. Vgl. die Darstellung in: Franz von Papen, Der Wahrheit eine Gasse, München 1952, S. 368–378.

[158] Gerhard Ritter sah im Nachlass Goerdelers den Entwurf eines entsprechenden Aufrufs, den der Kronprinz nach erfolgreichem Staatsstreich erlassen sollte, ein; abgedruckt in: Gerhard Ritter, Carl Goerdeler und die deutsche Widerstandsbewegung. Mit einem Brief Goerdelers in Faksimile, Stuttgart 1954, Anhang IV, S. 567–568.

[159] Vgl. Ritter, Carl Goerdeler, S. 291–292, 505; außerdem Jonas, Der Kronprinz Wilhelm, S. 273–275. Ritter meint, der Kronprinz habe Louis Ferdinand die Beteiligung am Widerstand erfolgreich ausgeredet, und verweist dazu auf dessen eigene Lebenserinnerungen: Prinz Louis Ferdinand von Preußen, Als Kaiserenkel durch die Welt, Berlin 1952, S. 358–368. Vierzig Jahre später hat Louis Ferdinand allerdings in einem Interview behauptet, sein Vater habe ihn nicht von einer Beteiligung abgehalten: „Er wollte davon nichts wissen; er hat mich aber auch nicht zurückgehalten."

teste Sohn des Kronprinzen, Prinz Wilhelm von Preußen, eine Rolle für die „Septemberverschwörung" um Friedrich Wilhelm Heinz. Dieser plante angesichts des drohenden Krieges infolge der Sudetenkrise 1938, Hitler zu töten und nach einem gelungenen Staatsstreich Prinz Wilhelm von Preußen zum Monarchen zu machen. Dieser war offenbar in die Pläne eingeweiht, wenn auch nicht in alle Details, und er war zu einer Übernahme der Regierung bereit. Die Pläne kamen allerdings wegen der friedlichen Lösung der Krise auf der Münchener Konferenz nicht zur Ausführung.[160]

Gerade an Prinz Wilhelm von Preußen zeigt sich, dass auch über das konservative Milieu im engeren Sinne hinaus noch ein Hohenzollern-Charisma wirksam war, das aber nach dem Verlust des persönlichen Charismas von Kaiser und Kronprinz nur von „unbelasteten" Familienangehörigen zur Geltung gebracht werden konnte: Als Wilhelm im Mai 1940 in Frankreich schwer verwundet worden und im Lazarett gestorben war, kamen in Potsdam 50.000 Menschen zum Trauerzug zusammen. Hitler verkündete daraufhin den sogenannten Prinzenerlass, der es Mitgliedern regierender Fürstenhäuser verbot, an Fronteinsätzen teilzunehmen.[161] Der Theologe und Schriftsteller Jochen Klepper, der Ende 1942 gemeinsam mit seiner jüdischen Frau und seiner Stieftochter Selbstmord beging, weil sie deportiert werden sollten, notierte anlässlich der Todesnachricht Wilhelms in sein Tagebuch: „Es ist wie die Entsühnung der Flucht des Kaisers im November 1918. Und so bewegt es auch die Menschen sehr. Welch gesteigerter Ernst liegt nun über den kommenden Gedenktagen des Hauses Hohenzollern, dem 31. Mai! – Dieser Prinz – der nahe bei Beuthen und Glogau als Rittergutsbesitzer und Reserveoffizier lebte – wäre in einer deutschen Monarchie der Kaiser meiner Generation geworden!"[162] Und nach der Beisetzung, bei der Klepper anwesend

---

Vgl. dazu: „Es war ein Betriebsunfall". Prinz Louis Ferdinand von Preußen über Preußens Rolle in der Geschichte, in: Spiegel Spezial 2/1993, S. 16–21, Zitat S. 20. In diesem Zusammenhang sind auch die Tagebücher des Widerständlers Hermann Kaiser interessant, vor allem eine im Zusammenhang schwer deutbare Gesprächsnotiz vom 26. Juli 1943, es habe „lange gedauert, bis der Kronprinz verzichtet habe." In: Peter M. Kaiser (Hg.), Mut zum Bekenntnis. Die geheimen Tagebücher des Hauptmanns Hermann Kaiser 1941/1943, Berlin 2010, Eintrag vom 26. Juli 1943, S. 623. Die Rolle, die die Angehörigen des Hauses Hohenzollern im und für den Widerstand spielten, ist jedenfalls bislang nicht erschöpfend erforscht; vgl. dazu auch Eberhard Schmidt, Kurt von Plettenberg. Im Kreis der Verschwörer um Stauffenberg. Ein Lebensweg, München 2014, S. 219–221.

[160] Meinl, Nationalsozialisten gegen Hitler, S. 268–297. Vgl. dazu Ritter, Carl Goerdeler, S. 189–190.

[161] Vgl. Thomas Stamm-Kuhlmann, Die Hohenzollern, Berlin 1995, S. 228–229; Gutachten Malinowski, S. 73; Ritter, Carl Goerdeler, S. 290.

[162] Jochen Klepper, Unter dem Schatten deiner Flügel. Aus den Tagebüchern der Jahre 1932–1942, Stuttgart 1964, Eintrag vom 27. Mai 1940, S. 886.

war, stellte er in seinem Tagebuch eine Art Ahnentafel auf: „1640 der Regie-
rungsantritt des Großen Kurfürsten, 1740 der Friedrichs des Großen, 1840
der Friedrich Wilhelms IV., 1940 die Entsühnung der Flucht Kaiser Wilhelms II. durch den wahrhaften Heldentod seines von der Thronfolge ausgeschlossenen ältesten Enkelsohnes. Er fiel allein als deutscher Oberleutnant."[163]

VI. Fazit

Die hier angestellten Überlegungen können die bislang fehlende systematische Untersuchung eines Hohenzollern-Charismas nach 1918 nicht ersetzen.
Hierzu müssten insbesondere umfassende Auswertungen der Presseerzeug-
nisse der Weimarer Republik sowie der erhaltenen Ego-Dokumente und
Briefe erfolgen. Was bislang bekannt ist, spricht dafür, dass das Verhalten
von Kaiser und Kronprinz während des Krieges und vor allem im November
1918 das symbolische Kapital der Familie Hohenzollern aufgebraucht, ihr
persönliches Charisma stark vermindert und dem familiären Erbcharisma erheblichen Schaden zugefügt hatte. Und dennoch konnten die Reste dieses
Charismas in politischen Ausnahmesituationen und vor allem bei anderen
Familienangehörigen eine gewisse Wirkung entfalten.

Was vom Hohenzollern-Charisma nach 1918 noch übrig blieb, lässt sich
daher wohl am ehesten als monarchische „Phantomschmerzen"[164] verstehen.
Diese wirkten noch bis in die frühe Bundesrepublik nach, wo man wieder
über den verpassten Königstod 1918 diskutierte[165] und wo sich laut einer
Allensbach-Umfrage noch etwa ein Drittel der Deutschen für die Wiedererrichtung der Monarchie aussprach.[166] Das Potential für symbolisches Kapi-

---

[163] Ebd., Eintrag vom 29. Mai 1940, S. 887.

[164] Machtan, Die Abdankung, S. 16.

[165] 1962 entspann sich in Reaktion auf die Untersuchungen des Historikers Sieg-
fried A. Kähler zum Kriegsende 1918 eine öffentliche Debatte über den verpassten
Königstod, an der sich Wilhelm Michaelis, der Sohn des früheren Reichskanzlers
Georg Michaelis, und der konservative Publizist Paul Sethe beteiligten. Vgl. Hasselhorn, Politische Theologie Wilhelms II., S. 254–255.

[166] „Den Kaiser oder König wiederhaben will etwa ein Drittel der westdeutschen
Bundesbürger. Zu diesem Ergebnis kam das Institut für Demoskopie in Allensbach
durch eine Repräsentativ-Umfrage bei 2000 Personen im maßgerechten Bevölke-
rungsquerschnitt. Nur in den Jahrgängen über 60 wünschte sich mehr als die Hälfte
die Rückkehr der deutschen Monarchie." (Der Spiegel, 2. März 1954: https://www.
spiegel.de/politik/auf-initiative-verzichtet-a-ecd013d8-0002-0001-0000-000028955
357); vgl. auch Hans-Christof Kraus, Eine Monarchie unter dem Grundgesetz? Hans-
Joachim Schoeps, Ernst Rudolf Huber und die Frage einer monarchischen Restauration in der frühen Bundesrepublik, in: ders./Heinrich Amadeus Wolff (Hg.), Souverä-
nitätsprobleme der Neuzeit. – Freundesgabe für Helmut Quaritsch anlässlich seines
80. Geburtstages, Berlin 2010, S. 43–69.

tal der Hohenzollern bestand insofern durchaus auch nach 1918 noch, und im deutschen Konservatismus spielte das Hohenzollern-Charisma eine zwar nicht quantifizierbare, aber doch auch nicht zu unterschätzende Rolle. Es war aber gepaart mit einer zum Teil sehr scharfen Ablehnung von Kaiser und Kronprinz, weshalb es sich kaum politisch nutzen ließ. Das symbolische Kapital der Familie war aufgebraucht, und es gab nach 1918 niemanden, der in der Lage gewesen wäre oder die Gelegenheit nutzte, neues Kapital aufzubauen. Grund dafür waren in erster Linie der Kaiser und der Kronprinz.

Auf der Suche nach einem gerechten Urteil

Zur Person des Kronprinzen Wilhelm von Preußen

Von *Rüdiger von Voss*, Berlin

I.

Eine Besonderheit der Debatte um das Restitutionsbegehren der Familie Hohenzollern ist die Frontstellung zwischen Anklägern und Verteidigern der Hohenzollern im Kontext der Machtergreifung der Nationalsozialisten und der hieraus erwachsenen totalitären Diktatur 1933 bis 1945.[1]

Als Protagonist der Ankläger kann man den Historiker Eckart Conze benennen, der die Hohenzollern als Ganzes und den Kronprinzen Wilhelm in Sonderheit dafür verantwortlich macht, den Nationalsozialisten, sprich Adolf Hitler, im erheblichen Maße bei der Erringung der Macht Vorschub geleistet zu haben – mit der nach der Gesetzeslage hieraus erwachsenden Folge, dass das Restitutionsbegehren der Familie Hohenzollern grundsätzlich aus Rechtsgründen abzuwehren ist. Die „Unwürdigkeitsklausel" des Ausgleichsleistungsgesetzes (EALG) von 1994 wird damit zur politischen Sperrklausel deklariert, die jede Art von Vergleichsverhandlungen mit dem Bund und den Ländern Berlin und Brandenburg unmöglich machen soll.

Hierbei bezieht sich Conze auf die diese These stützenden gutachtlichen Äußerungen von Stephan Malinowski, Karina Urbach, Winfried Süß und generell auf den britischen Historiker Richard Evans mit dessen Aussage, dass „der Kronprinz Wilhelm und allgemein die Hohenzollern durch die öffentliche Unterstützung für Hitler und die Stärkung des Verhältnisses zwischen dem ‚Führer' und Hindenburg die Errichtung der Hitlerdiktatur im erheblichen Maße förderten".[2]

Ergänzt wird dieses Zitat durch die apodiktische Feststellung Conzes, dass es keinen neuen Historikerstreit über diese hier beschriebene „politische Schuldzuweisung" gebe, die Forschung insgesamt sich in dieser Frage einig sei. Auffallend ist hierbei, dass Conze bei dieser Selbstvergewisserung die

---

[1] Vgl. Eva Schlotheuber und Eckart Conze, Die Ehre der Familie, in: Frankfurter Allgemeine Zeitung (künftig: FAZ), 9. Sept. 2020, Nr. 210, S. 9.

[2] Vgl. ebd. 5 Spalte, 1. Absatz.

einschlägigen Gutachten des australischen Historikers Christopher Clark und der beiden Historiker Wolfram Pyta und Rainer Orth nicht erwähnt, die gleichermaßen bestritten haben, dass der Kronprinz Wilhelm oder „die Hohenzollern" in erheblichem Maße der Machtergreifung Hitlers Vorschub geleistet hätten.

Conze hat sich nicht auf Christopher Clarks bedingte Revision seiner Auffassung zur Rolle des Kronprinzen in der Zeit von 1931 bis 1932 stützen können, bei der sich dieser auf ein Dossier von Lothar Machtan berief, in dem nunmehr klar geworden sei, dass der Kronprinz „zu einem wichtigen politischen Akteur" in der Endphase der Weimarer Republik geworden sei.[3] Wobei Clark auch noch offen lässt, von welchen bedeutsamen politischen Aktionen hier die Rede sein soll. Dem ersten – sehr gründlichen – Gutachten Clarks ist damit substantiell nichts hinzuzufügen. „Viel Lärm um Nichts" ist das Ergebnis, im Kern sind die Tatsachenbewertungen, die den Kronprinz entlasten, nicht zu beanstanden.[4] Anzumerken ist zudem, dass der Kronprinz Wilhelm nach Clark's neuen Erkenntnissen in dem Prozess, der Hitler Anfang 1933 ins Amt brachte, dann keine Rolle mehr spielte. Die hieran anschließenden Ausführungen zeigen, dass der Kronprinz schon im November 1932 von den Nationalsozialisten desavouiert, nach und nach in der politischen Bedeutungslosigkeit versank.[5]

In einem Interview mit dem FAZ-Journalisten Andreas Kilb wird Clark mit der Frage nach dem Meinungsstreit unter deutschen Historikern und mit der Frage über die wahre Rolle und Bedeutung des Kronprinzen konfrontiert.[6] Hierauf antwortete Clark mit der sibyllinischen Aussage, dass weder die eine noch die andere Seite wirklich recht habe: „Immer wieder wird behauptet, die Historiker wüssten schon seit vielen Jahren um die Mitschuld Wilhelms an der NS-Machtergreifung. Das stimmt keinesfalls, unter anderem deshalb, weil man sich vor Beginn der Restitutionsdebatte mit dieser Persönlichkeit kaum beschäftigt hatte. Gerade deshalb war die Quellenlage bis vor kurzem relativ ungeklärt. In der Geschichtsschreibung gibt es nie einen Endstand, ein komplettes Bild, sie ist ein fortschreitender Wissenshorizont." Clark wiederholt anschließend seine Auffassung, mit einer umgangssprach-

---

[3] Christopfer Clark, Wilhelm wollte Hitler nicht zähmen, in: FAZ, 4. Nov. 2020, Nr. 257, S. 11.

[4] Christopher Clark: Hat Kronprinz Wilhelm dem nationalsozialistischen System erheblichen Vorschub geleistet? Gutachten, Cambridge 2019; vgl. ders., Von Zeit und Macht. Herrschaft und Geschichtsbild vom großen Kürfürsten bis zu den Nationalsozialisten, München: DVA, 3. Aufl., 2018 [keine Erwähnung des Kronprinzen], ders., Wilhelm II., Die Herrschaft des letzten Deutschen Kaisers, München: DVA, 2000 [keine Erwähnung des Kronprinzen].

[5] FAZ, 4. Nov. 2020; ebd. 2. Spalte, 1. Absatz.

[6] FAZ, 4. Nov. 2020; ebd. 3. Spalte, 2. Absatz.

lichen nicht judikativen Formulierung, dass der Kronprinz eine „Flasche",
also politisch unbedeutend gewesen sei. Auf dem Hintergrund der inzwischen
zu tage geförderten Quellen müsse er heute sagen, dass Wilhelm vollkommen unfähig gewesen sei, ein politisches Programm zu entwickeln. Er sei –
so die Behauptung Clarks – ein „Rohr im Winde" gewesen, wie es der bayerische Kronprinz Rupprecht ausgedrückt habe.[7] Mit dem Namen Hohenzollern aber sei er als „Symbol" sehr ernst genommen worden. Der Name Hohenzollern, die Familie, habe heute noch Gewicht.[8] Politisch bewertet, ist
diese Behauptung eine glatte Übertreibung.[9] Christopher Clark resümiert
schließlich in dem Interview, dass der Kronprinz in der entscheidenden Zeit
des Scheiterns der Weimarer Republik intellektuell „nicht im Stande war, ein
eigenes operatives politisches Konzept, eine eigne Agenda zu entwickeln".[10]

Die auf die realpolitische Lage der Weimarer Republik 1932/1933 bezoge-
nen Bewertungen des Kronprinzen und der Rolle der Familie Hohenzollern
als politische Faktoren im Parteienspektrum und im Kampf um die Macht
können bei ruhiger Betrachtung nur zu dem Ergebnis führen, dass von einer
politisch ausschlaggebenden Rolle der Hohenzollern als „Steigbügelhalter"
Hitlers und der NSDAP als politischer Partei mit sozialrevolutionärem Charakter kaum gesprochen werden kann.

Nicht zu bestreiten ist, dass Erkenntnisse der Vergangenheit, immer wieder
im Licht neuer Erkenntnisse überprüft werden sollten. Es sei hier zumindest
darauf hingewiesen, dass es in keiner der bedeutenden Hitler-Biographien
Ausführungen zu einer politisch bedeutenden Rolle oder zu Mitwirkungen
des Kronprinzen oder gar der Familien Hohenzollern als politischen Macht-
faktoren im Prozess der Machtergreifung gibt.[11] Erwähnt sei auch, dass keinerlei Ausführungen dieser Art bei den Historikern Heinrich August Winkler,

---

[7] Vgl. Dieter J. Weiß, Kronprinz Rupprecht von Bayern (1869–1955), Eine politische Biographie, Regensburg: Friedrich Pustet, 2007.: Hier finden sich keine abfälligen Bemerkungen über den Kronprinzen Wilhelm.

[8] FAZ, 4. Nov. 2020; ebd. 4. Spalte, 1. Absatz.

[9] Bei Übertreibungen oder bei Vereinfachungen sollte man eine Warnung von Golo
Mann beachten, der schon 1941 schrieb: „Vereinfachung ist der Tod aller geschichtlichen Wahrheiten und der Historiker, der ihr nachgibt unter dem Druck gegenwärtiger Not, ist kein Historiker mehr, sondern ein Pamphletist." Vgl.: Golo Mann, Missbrauch der Geschichtswissenschaft [1941], in: ders., Geschichte und Geschichten,
Frankfurt a. M.: S. Fischer, 1961, S. 57 ff.

[10] Clark, FAZ, 2. Nov. 2020, ebd., 6. Spalte, 1. Absatz: siehe auch: Peter Brandt,
Gutachten zur politischen Einstellung und zum politischen Verhalten des ehemaligen
preußischen und reichsdeutschen Kronprinzen Wilhelm, Hagen, 20. Aug. 2014, inbes.
S. 56 ff., zusammenfassende Würdigung: „Kronprinz nur eine Randfigur des Geschehens?".

[11] Vgl. zur Auswahl: Joachim Fest, Hitler, Eine Biographie, Frankfurt a. M./Berlin/
Wien, 2. Aufl. 1973, S. 113, 467, 556, 616 [bedeutungslose Erwähnungen zur Bewer-

Hans-Ulrich Wehler, Andreas Hillgruber[12] oder Gordon A. Craig zu finden sind.[13]

Beschäftigt man sich mit den politischen Aktivitäten des Kronprinzen seit seiner Rückkehr von der holländischen Insel Wieringen im Jahre 1923 auf seine Besitzungen Oels in Schlesien oder Schloss Cecilienhof in Potsdam, so kann festgestellt werden, dass er nicht bestrebt war, als „Dynast" wieder in den Vordergrund zu treten, und dass er auch nicht auf die Wiederherstellung der Monarchie hoffte.[14]

Gefolgsleute des Wehrverbandes „*Stahlhelm, Bund der Frontsoldaten*" drängten den Kronprinzen, sich aktiver politisch zu betätigen. Doch er erkannte, dass dieser Weg nicht zum erhofften Ziel führen konnte. Seine Erwartungen, von den Nationalsozialisten politisch ernst genommen zu werden – was im Wesentlichen auf Avancen Görings bei seinen vielfachen Besuchen in Cecilienhof zurückzuführen ist –, wurden bitter enttäuscht. Nicht ausreichend berücksichtigt oder ernst genommen hat er gewiss die Empfehlungen von Gustav Stresemann, sich politisch zurückzuhalten. Ebenso wenig hat er auf die distanzierte Art reagiert, mit der Reichspräsident Paul von Hindenburg ihn behandelte. Hätte er schließlich 1925 die abfälligen, abwertenden Passagen in Adolf Hitlers „Mein Kampf" zu den Hohenzollern und zur Organisation des brandenburgisch-preußischen Staates[15], oder die Vorwürfe Hitlers gegen Kaiser Wilhelm II. aufmerksam zur Kenntnis genommen[16], so hätte er sich jegliche Annäherung an Hitler bzw. die Nationalsozialisten ersparen können. Der Kronprinz, so Joachim von Stülpnagel, der mit ihm eng befreundet war, erkannte sicher zu spät, dass alle seine Bemühungen erfolglos blieben. Wilhelm verfiel dementsprechend auch in eine tiefe Resignation und Depression, die sein persönliches Leben später überschatten sollten.[17]

Bei allem zu Recht kritisierten unklugen und auch opportunistischen Verhalten Wilhelms gegenüber dem NS-Regime zeigt eine genauere Betrach-

---

tung der politischen Bedeutung des Kronprinzen]; John Toland, Adolf Hitler, Bergisch-Gladbach 1977, S. 651 [anderer Kontext].

12 Andras Hillgruber, Die gescheiterte Großmacht, Eine Skizze des Deutschen Reiches 1871–1945, Düsseldorf: Droste, 1980.

13 Vgl. Heinrich August Winkler, Geschichte des Westens, Die Zeit der Weltkriege 1914–1945, München: C. H. Beck, 2011; Hans-Ulrich Wehler, Deutsche Gesellschaftsgeschichte 1914–1949, München: C. H. Beck, 4. Band, 2. Aufl. 2003; Gordon A. Craig, Deutsche Geschichte 1866–1945, München: C. H. Beck, 2. Aufl. 1980.

14 Vgl. die eindringliche Schilderung bei Joachim von Stülpnagel, 75 Jahre meines Lebens, Privatdruck, Oberaudorf am Inn, 1955, S. 383 ff.

15 Erstveröffentlichung 18. Juli 1925, vgl. Adolf Hitler, Mein Kampf, Jubiläumsausgabe, München, 1939, S. 238, 279 ff., 642 ff.

16 Ebd., S. 233, S. 103 ff.

17 Joachim von Stülpnagel, ebd., S. 384.

tung, dass der Kronprinz kein politisch entscheidender Gefolgsmann Hitlers war. Weiterhin wird klar, dass er nur sehr eingeschränkt als Parteigänger der nationalsozialistischen Ideologie gesehen werden kann.

Bewertet man die Bedeutung des Kronprinzen nach seinem politischen Gewicht, so ist es ratsam, politische Erfahrungen mit Wahlaufrufen und anderen ähnlichen Aktivitäten in Wahlkämpfen zu berücksichtigen. Wahlaufrufe von einzelnen Personen ohne bedeutendes Staatsamt, ohne herausragende sonstige Bedeutung oder ohne parteiliche Einbindung sind in der Regel entweder relativ bedeutungslos oder wirkungslos wie ein Streiflicht in der Nacht. Der massiven Wahlpropaganda der NSDAP, die sich schon damals ausgeklügelter und raffinierter Methoden bei der Steuerung von Zeitungen, Rundfunk und Film bediente, konnte eine einzelne Person wenig entgegensetzen.[18] So bleibt der Eindruck, dass dem Kronprinzen *ex post* eine Bedeutung zugeschrieben wird, die er aus keinem Betrachtungswinkel auch nur annähernd ausfüllen konnte.

Liest man Wilhelms Kriegs-Memoiren, so begegnet man einem kommandierenden General als Kriegsberichterstatter.[19] In seinen übrigen Memoiren sehen wir einem Repräsentanten der Hohenzollern, der einem Übergang in eine konstitutionelle Monarchie nach britischem Vorbild wohl nicht im Wege gestanden hätte.[20] Dass dies eine unerfüllbare Illusion war, wissen wir heute. Der schon vor 1918 erfolgte Niedergang der Monarchie in Deutschland hatte den Weg zu einer politischen Neuordnung in diesem Sinne endgültig versperrt.[21]

Der Kaiser hatte schon während des Krieges an Rückhalt verloren und war auch als Oberster Kriegsherr weitgehend außer Funktion gesetzt. Namentlich in den militärischen Kreisen hatte sich die Ansicht festgesetzt, dass er seine

---

[18] Vgl. grundlegend: Fritz Sänger, Politik der Täuschung, Missbrauch der Presse im Dritten Reich, Weisungen, Notizen 1933–1939, Wien: Europaverlag 1975; des Weiteren: NS-Politik im Zeitungswesen, vgl. Peter de Mendelssohn, Zeitungsstadt Berlin, Frankfurt a. M./Berlin/Wien, 1982, S. 233 ff.

[19] Kronprinz Wilhelm, Meine Erinnerungen aus Deutschlands Heldenkampf, Berlin: Mittler, 1923, (Oberkommandierender der Heeresgruppe „Deutscher Kronprinz 1916–1918); vgl. kritische Urteil bei Klaus-Jürgen Müller, Generaloberst Ludwig Beck, Eine Biographie, Paderborn: Schöningh, 2. Aufl., 2009, S. 49 f.

[20] Vgl. Kronprinz Wilhelm Erinnerungen des Kronprinzen Wilhelm, Hrsg. Karl Rosner, Stuttgart/Berlin: Cotta, 1922. In seinen Erinnerungen bekannte er sich zu einer liberalen Politik im Innern und zur politischen Teilhabe der Sozialdemokraten.

[21] Vgl. Frank-Lothar Kroll, Die Hohenzollern, München: C. H. Beck/Wissen Nr. 426, S. 82 ff.; ders., Preußens Herrscher, von den ersten Hohenzollern bis Wilhelm II., München: C. H. Beck, 2. Aufl., 2009; Christopher Clark, Preußen, Aufstieg und Niedergang 1600–1947, München: DVA, 6. Aufl., 2007; ders., Von Zeit und Macht, Herrschaft und Geschichtsbild vom Großen Kurfürsten bis zum Nationalsozialismus, München: DVA, 3. Aufl., 2018.

Funktionen nicht genügend wahrnehmen konnte, zu konzentrierter Arbeit kaum mehr fähig war und nicht selten unter nervösen Krisen und Depressionen litt. Pessimismus und Selbstmitleid trugen zum Autoritätsverlust ebenso bei wie seine irritierenden und zuweilen törichten Ansichten in politischen Fragen ebenso wie zu seiner persönlichen Zukunft. Die Vorstellung einer Regentschaft des Kronprinzen erschienen ebenso wenig als „einladende Perspektive"; vielerorts wurde bereits vor 1918 darüber gestritten, wer von beiden – Kaiser oder Kronprinz – der Törichtere sei.[22]

1922 gab der österreichische Schriftsteller Karl Rosner die Memoiren des Kronprinzen heraus. Und selbst, wenn man dieses Buch als eine taktische Präsentation seines Denkens kritisch bewertet, so ist Wilhelms durchgängige Kritik an den Grundideen und Regierungsmethoden des Kaisers ebenso auffallend wie seine zu Teilen beißende Kritik am deutschen Auftreten in der Welt.[23] Dezidiert sprach der Kronprinz von einer „Vogel-Strauß-Politik", die dank „einer unglaublich blinden Führung unserer äußeren Politik" dazu geführt habe, dass Deutschland in den Weltkrieg „hineingetapert" sei.[24] Dass der Kaiser seinen Sohn gezielt von der Staatspolitik fernhielt, erklärt die kritische Haltung des Kronprinzen zur Politik seines Vaters zusätzlich.

Am Ende seiner Erinnerungen[25] findet man eine politische Äußerung vom September 1921, in der er seine Erwartungen an eine pflichtbewusste Staatsführung ausspricht, an die Fachkenner, gleich ob sie von rechts oder von links kommen, ob sie „Vergangenheiten" haben oder nicht, ob sie Republikaner sind oder Monarchisten, Unternehmer oder Arbeiter, Christen oder Juden, d. h. an Bürger, die das Parteiengezänk begraben, um dem Volk zu dienen. Sein in Holland erklärter Verzicht auf seinen Thronanspruch vom 1. Dezember 1918 zeigt die nötige politische Vernunft und einen Mann, der sich bereitwillig den realen Bedingungen beugte. Auch dieser Aspekt sei genannt, um vor voreiligen Beurteilungen zu warnen.

---

[22] Vgl. Wolfgang J. Mommsen: War der Kaiser an allem schuld – Wilhelm II. und preußisch-deutschen Machteliten, München: Propyläen, 2002, S. 225 f.; John C. G. Röhl: Kaiser, Hof und Staat – Wilhelm II. und die deutsche Politik, München C. H. Beck, 1987, S. 17 ff., 34.; Eberhard Straub, Drei letzte Kaiser, Der Untergang der großen europäischen Dynastien, Berlin: Siedler, 1998, S. 196 ff.; Frank-Lothar Kroll, Preußens Herrscher; von den ersten Hohenzollern bis Wilhelm II., München: C. H. Beck, 2000, S. 290 ff.

[23] Kronprinz Wilhelm, Erinnerungen, Stuttgart/Berlin, 1922; vgl. Passagen S. 68, 76 ff.

[24] Vgl. ebd., S. 128, 139.

[25] Vgl. ebd., S. 340 ff., 344 ff.

II.

Beschäftigt, man sich eingehender mit den politischen Bestrebungen Wilhelms II. nach seinem Sturz und den Absichten und mit Hoffnungen auch des Kronprinzen Wilhelm auf eine Rückkehr nach Deutschland oder zur Wiedererrichtung der Monarchie, so kommt man nicht an den minutiösen Aufzeichnungen seines Flügeladjutanten, Hauptmann Sigurd von Ilsemann, vorbei.[26] Dies gilt insbesondere für den zweiten Band, der unter dem Titel „Monarchie und Nationalsozialismus 1924–1941" publiziert wurde. Ilsemann war von 1918 bis 1941 Adjutant des Kaisers. Er war weit davon entfernt, dem Kaiser „schönzureden" oder ihm Wahrheiten zu verschweigen, wie dies bei anderen in Doorn dienenden „Höflingen" durchaus zu beobachten war.[27]

Ilsemann war ein preußischer Offizier und treuer Gefolgsmann des Kaisers, aber auch ein aufrechter und kritischer Zeitzeuge, nüchtern und politisch klarsichtig. Er sagte von sich selbst: „… ein Chronist, der „für eine spätere Geschichtsschreibung von dieser traurigen Zeit eine wahrheitsgetreue Unterlage übermitteln wollte."[28] Aufmerksamkeit verdienen die Ilsemannschen Aufzeichnungen besonders dort, wo sie das politische Denken des Kaisers und zwangsläufig auch des Kronprinzen und die im Verlauf der Zeit sich entwickelnden Verhältnisse zu Hitler, Göring und zum Nationalsozialismus widerspiegeln. Zunächst ist erstaunlich, wie deutlich Ilsemann den Kaiser in seiner emotionalen Instabilität, seiner geradezu erschreckenden Egomanie und in seiner neurotischen Realitätsverweigerung bis zu seinem Lebensende schildert. Voller Hass auf den Adel, auf die oberen Klassen des Bürgertums, die Generalität insgesamt, in Sonderheit auf Hindenburg und Ludendorff, ergießen sich die Schimpfkanonaden des Kaisers auf den Leser.[29] Darüber hinaus zeugen die Darstelllungen Ilsemanns von einem zutiefst gestörten Verhalten des Kaisers zu seiner Familie, zu allen seinen Söhnen und insbesondere zum Kronprinzen Wilhelm. Es gab immer wieder Konflikte, die kein

---

[26] Sigurd von Ilsemann, Der Kaiser in Holland, Aufzeichnungen des letzten Flügeladjutanten Kaiser Wilhelm II., Herausgegeben von Harald von Königswald, 2 Bd., München: Biederstein 1967/1968. Sigurd von Ilsemann, geb. 19. Feb. 1884 Lüneburg, verst. 6. Juni 1952 in Doorn (Selbstmord). Sohn des späteren preußischen Generalleutnants Karl von Ilsemann (1856–1930) und Ehefrau Thekla Freiin von Hammerstein-Equord (1858–1920). Ilsemann wurde 1918 Flügeladjutanten des Kaisers; 1920 heiratete er Elisabeth Gräfin Bentinck, Tochter des Grafen Bentinck auf Schloß Amerongen, dem ersten Zufluchtsort Wilhelms in seinem Exil (bis 1920). In Doorn wurde er vom Kaiser, der im Exil war, noch zum Major befördert, was rechtlich unwirksam war. Ab 1941 verwaltete er den Besitz Haus Doorn. Sein Sohn, Wilhelm v. Ilsemann, sollte später Marie-Luise v. Stülpnagel heiraten.

[27] Vgl. Harald von Koenigswald, Bd. 1, 3–11 zur Person von Ilsemann.

[28] Vgl. ebd., S. 8.

[29] Vgl. Ilsemann, 2. Bd., S. 72 ff, 75, 89.

Ende finden wollten.[30] Üble Anwürfe wechselten sich mit Rausschmissen und Gesten des Wohlwollens ab; Verhältnisse, an denen jeder familiäre Zusammenhalt auf Dauer nur zerbrechen kann. Man darf vermuten, dass sich das alles auch auf die Psyche des Sohnes Wilhelm und dessen Suche nach Eigenständigkeit und Bedeutung ausgewirkt hat.

Seit seiner Abdankung beherrschte Wilhelm II. die politische Hoffnung auf Wiedereinrichtung der Monarchie und auf seine Rückkehr als Kaiser und König. Mit Ernennungen von Hofchargen, mit militärischen Beförderungen und Ordensverleihungen sowie mit Geldgeschenken an Monarchie-Propagandisten ließ er die Szenerie eines immerwährenden Hofes im Exil entstehen, die zum 70. Geburtstag des Kaisers in gespenstische Feiern einmündete.[31]

Schon 1930 hatte Hitler der sich anbiedernden, intriganten „Kaiserin" Hermine gesagt, dass er den Kaiser[32] und sie selbst nicht nach Deutschland zurückbringen könne.[33] Dennoch glaubte der Kaiser nach dem Wahlausgang 1930 fest an seine Rückkehr als Monarch.[34] Vom 17. Januar bis zum 19. Januar 1931 hielt sich Göring als Gast des Kaisers in Doorn auf und ließ den Eindruck entstehen, dass alle seine Andeutungen zur Wiedererrichtung der Monarchie von Hitler abgedeckt seien. Laut dem Eintrag vom 19. Januar 1931 war Kronprinz Wilhelm darüber verärgert, dass er nicht selbst „seinen Göring" nach Doorn gebracht hatte. Der Schmeichler Göring wurde für derart wertvoll angesehen, dass ihm sogar die Autofahrt von Doorn nach Amsterdam aus der kaiserlichen Haus- und Hofkasse von Oberst Leopold von Kleist bezahlt wurde.[35] Von Kleist erhielt Göring wertvolle Möbel und seidene Vorhänge, die aus dem Besitz des königlichen Hauses stammten. Der Kaiser konnte sich erneut in seinen Illusionen bezüglich einer Unterstützung durch die Nationalsozialisten und einer Rückkehr nach Deutschland bestärkt fühlen.[36]

Hitler selbst hatte dem politisch unbedeutenden kaiserlichen „Hausminister" von Kleist gegenüber von einer Anerkennung des Prinzips der „Legitimität" der Hohenzoller gesprochen, aber darauf hingewiesen, dass weder der

---

[30] Eine Auswahl bei: Ilsemann, 2. Bd., S, 96, 162 ff., 189 ff., 199 ff.

[31] Ilsemann, 2. Bd., S. 113 ff.

[32] Vgl. hierzu: Romedio Galeazzo Graf von Thun-Hohenstein, Der Verschwörer, General Oster und die Militäropposition, Einleitung Golo Mann, Berlin: Severin und Siedler, 1982, S. 39ff.; Viele empfanden das Verhalten der Kaiserin als grobe und politische Geschmacklosigkeit und als charakterlose Anbiederei.

[33] Ilsemann, 2. Bd., S. 134.

[34] Ebd., S. 146.

[35] Ebd., S. 156ff.; J. Daniel Chamier, Ein Fabelwesen unserer Zeit, Zürich/Leipzig/Wien: Amathea Verlag, 1937, S. 131.

[36] Ilsemann, 2. Bd., S. 175 (Eintrag vom 25. 12. 1931).

Kaiser noch der Kronprinz in Frage kämen, da sie von den Massen abgelehnt würden.[37]

Nach der Wahl Hindenburgs zum Reichspräsidenten hoffte der Kaiser erneut, von Hitler zurückgeholt zu werden. Er entwarf die zukünftige Gliederung des Heeres mit seinem Generaladjutanten Generalleutnant August von Cramon.[38] Der Kronprinz ersuchte den Kaiser um Genehmigung, sich als Kandidat für die Präsidentenwahl aufstellen zu lassen. In seiner Antwort kündigte der Kaiser an, den Kronprinzen aus der Familie auszuschließen und fügte drohend hinzu, er selbst habe die Methoden von Lenin und Mussolini studiert.[39] Der Kronprinz suchte Göring am 13. April 1932 wegen des SA-Verbotes auf. Hitler stieß dazu und nannte die Wiedererrichtung der Monarchie als „Ziel". Der Kronprinz tat diesem gegenüber prompt kund, dass die „Legitimität der Hohenzollern" mit dem 9. November 1918 erledigt und sein Vater auf keinen Fall, er selbst aber geeignet sei, um Hindenburg nachzufolgen.[40] Diese Haltung bedeutete einerseits den Bruch mit seinem Vater, andererseits wird aber etwas viel wichtigeres deutlich: Wilhelm, der einstige Kronprinz, hatte offenbar keine Ahnung von den Absichten Hitlers.

Göring besuchte den Kaiser vom 20. bis zum 21. Mai 1932 erneut in Doorn. Kaiser wie „Kaiserin" ließen voller Hoffnung auf eine Rückkehr alle Hemmungen fallen.[41] Von der Planung eines Hitler-Besuches in Doorn war die Rede,[42] dieser sollte allerdings nie stattfinden. Wie absurd sich die Gespräche in Doorn zwischen dem Kaiser und dem Kronprinzen gestalteten, wird deutlich an dem Tagebucheintrag Ilsemanns vom 20. Juli 1932, der zeigt, dass alle Beteiligten in einem Wolkenkuckucksheim zu leben schienen. Ilsemann notierte:

„Das Resultat des Besuches des Kronprinzen hat S. M. in seiner Niederschrift festgehalten, die etwa Folgendes enthält:

1. Bei Aussprache über die Aufstellung des Kronprinzen als Präsidentenkandidat behauptete der Kronprinz, Hitler sei damit einverstanden gewesen, was S. M. aufs Entschiedenste bestritt. Auf Frage des Kronprinzen, wer ihn denn so genau darüber orientiert habe, antwortete S. M.: Göring. Worauf der Herr Sohn sofort einwarf, dass Göring bei Hitler nichts mehr zu sagen habe und daher nicht maßgebend sein könne. S. M. hat nun Kleist beauftragt festzustellen, ob diese Behauptung den Tatsachen entspricht.

---

[37] Ebd., S. 183 (Eintrag vom 13.2.1932).

[38] Ebd., S. 187 (Eintrag vom 8.3.1932). Generalleutnant August von Cramon (1861–1940), Flügeladjutant des Kaisers.

[39] Ilsemann, 2. Bd., S. 192 (Eintrag vom 20.5.1932): Diese Drohung zielte auf persönliche und wirtschaftliche Folgen eines Hinauswurfes.

[40] Ebd., S. 188 ff. (Eintrag vom 17.4.1932).

[41] Ebd., S. 193 ff. (Eintrag vom 21.5.1932).

[42] Ebd., S. 195 (Eintrag vom 21 Mai 1932).

2. Der Vater sagt: Wenn Du diesen Posten übernimmst, so musst Du den Eid auf die Republik schwören. Tust Du das und hälst ihn, so bist Du für mich erledigt, ich enterbe Dich und schmeiße Dich aus meinem Haus heraus. Schwörst Du nur, um den Eid bei Gelegenheit zu brechen, so wirst Du meineidig, bist kein Gentleman mehr und für mich auch erledigt. Hohenzollern brechen ihren Eid nicht. Es ist ein Ding der Unmöglichkeit, dass die Hohenzollern über den republikanischen, roten Ebertschen Präsidentenstuhl wieder zu Macht gelangen. Antwort des Kronprinzen: „Der Eid gelte nicht der Erhaltung der Republik, sondern nur der Innehaltung der Verfassung, die auch Hindenburg schon wiederholt gebrochen habe." Die Bedenken des Kaisers teile der Kronprinz nicht.

3. Der Kronprinz habe erzählt, dass in der heutigen Regierung vor allem Gayl und Papen nicht viel taugten, daher würden sie sich nicht lange halten und voraussichtlich bald einer Militärdiktatur Platz machen müssen. Es sei sehr wohl möglich, dass es demnächst zum Bürgerkrieg in Deutschland komme. Deshalb bliebe auch sein Bruder Prinz Adalbert so lange in der Schweiz. Er warte darauf, dass seine Brüder von der Revolution umgebracht seien, um dann als letzter in Erscheinung zu treten. Dies scheint der Kronprinz aber mehr im Scherz gesagt zu haben. Der Papa schrieb daneben: „Sehr gut."

4. Der Kaiser schloss diesen Bericht, dass die Aussprache in absolut friedlicher Form vor sich gegangen sei, sehr zu seiner Zufriedenheit. Zunächst sei doch nun für den Augenblick Klarheit geschaffen.

Mülder wurde beauftragt, eine Abschrift dieser kaiserlichen Niederschrift persönlich an die Kaiserin zu bringen. Außerdem solle sie Göring und Sell vorgelesen werden."[43]

Dieses Szenario beschreibt nicht nur die politische Irrfahrt des Kaisers, sondern es steckt auch die Rolle des Kronprinzen ab, der von Anfang an als Kronprätendent nicht in Frage kam und der politisch keinerlei selbständige Handlungsvollmacht besaß.

Ab September 1932 änderte der Kaiser seine Meinungen und Erwartungen an die Nationalsozialisten und über Hitler und Göring. Er erkannte, dass er auf ein falsches Pferd gesetzt hatte.[44] Dies sollte aber nicht lange anhalten. Ausgelöst durch die Feierlichkeiten des vielbeschworenen „Tag von Potsdam" am 21. März 1933, an denen der Kronprinz als „Statist" teilnahm, ohne eingeladen worden zu sein, erwartete der Kaiser einen neuen Schwung zur Förderung seiner Rückkehr und verfasste eine „Denkschrift zur politischen Lage", die er an den Kronprinzen weiterversenden ließ.[45]

Offenbar war beiden, dem Kaiser wie dem Kronprinzen, das Zeitungsinterview Hitlers im britischen „Sunday-Express" vom 12. Februar 1933 entgan-

---

[43] Ebd., S. 199/299 (Eintrag vom 20.7.1932).

[44] Ilsemann, 2. Bd., S. 204 ff. (Eintrag v. 3. Okt. 1932).

[45] Vgl. Joachim Fest, Hitler, Frankfurt a. M., Berlin, Wien, 2. Aufl., 1973, zum Tag von Potsdam: S. 555 f.

gen, in dem er eine Wiedereinführung der Monarchie strikt abgelehnt hatte.[46] Die Nachricht, dass Hitler am 23. März 1933 bei der Sitzung des Reichstages in der „Krolloper" in Anwesenheit des Kronprinzen erklärt habe,[47] dass die Wiedereinführung der Monarchie indiskutabel sei, nahm man in Doorn ebensowenig auf wie die Nachricht, dass Hitler die „Nachlauferei" des Kronprinzen unsympathisch fand.[48] Hitler hatte überdeutlich gesagt, die Reichsregierung sehe „die Frage einer monarchistischen Restauration schon aus dem Grunde des Vorhandenseins dieser Zustände zur Zeit als indiskutabel an. Sie würde den Versuch einer Lösung dieses Problems auf eigene Faust in einzelnen Ländern als Angriff gegen die Reichseinheit ansehen müssen und demgemäß ihr Verhalten einrichten." Spätestens zu diesem Zeitpunkt mussten dem Kaiser und seiner Ehefrau Hermine wie auch dem Kronprinzen klar sein, dass alle Hoffnungen auf eine Rückkehr und Wiedereinrichtung der Monarchie obsolet waren.

Auffallend bleibt, dass es laut Ilsemanns Notizen offenbar zu keiner Zeit substantielle Gespräche zur Politik über die Zukunft Deutschlands zwischen dem Kaiser und seinem Sohn gegeben hat, obgleich dazu ausreichende Anlässe und Informationen in den täglichen Pressebulletins zur Verfügung gestanden hätten. Eingekeilt von seinen „Hausministern" und „Flügeladjutanten" und umschmeichelt von „Hofschranzen" jeder Art taumelte der Kaiser durch die Flure seiner Luftschlösser. Selbst die Besuche des eitlen, selbstsüchtigen und sich schlecht benehmenden Göring änderten nichts an der Traumkulisse vergangener Herrlichkeiten. Von den Zielen Hitlers zur Errichtung einer totalitären Diktatur, seinen Kriegsplänen, seinen Plänen zur Eroberung von „Lebensraum" im Osten, seinem Rassenwahn und der drohenden Vernichtung der Juden war zu keinem Zeitpunkt die Rede. Andererseits bezeugen Tagebucheintragungen, die Goebbels machte, blanke Verachtung für die Hohenzollern – allen Schmeicheleien und Lügen zum Trotz.

Der Kaiser hielt seinen Sohn für einen „Frondeur" und damit zu keiner Zeit für seinen bevollmächtigten Nachfolger: „Der Kronprinz und ich sind fertig miteinander, er glaubt bei allem, dass nur er Recht hat und will sich mir nicht fügen. Nein, wir kommen nie zusammen."[49] Die Zerwürfnisse im Hause Hohenzollern waren Hitler bekannt und wurden von ihm voller Ver-

---

[46] Vgl. Wolfgang Stresemann, „Wie konnte es geschehen", Hitlers Aufstieg in der Erinnerung eines Zeitzeugen, Berlin/Frankfurt a. M.: Ullstein, 2. Aufl., 1987, S. 65.

[47] Ilsemann, 2. Bd., S. 216 (Eintrag vom 25. März 1933). vgl. 2. Bd., S 216 (Eintrag vom 25. März 1933). Rede Hitlers anlässlich der Tagung des Reichstages in der Krolloper am 23.3.1933, in: http:www.royallibrary.sakura.ne.jp/ww2/text/Hitlerwels1.utml.; vgl. W. Stresemann, ebd., S. 79, 83, 92.

[48] Ilsemann, Bd., 2, S. 216 f.

[49] Ebd., S. 244 (Eintrag vom 8. Dezember 1933).

achtung kommentiert. Alle Monarchistischen Verbände wurden 1934 aufgelöst:[50] „Der arme hohe Herr leidet seitdem ganz unsagbar", schrieb Ilsemann am 1. Februar in sein Tagebuch. Es gibt keinen Hinweis darauf, dass Hitler sich jemals für die Hilfe oder Wahlkampf-Unterstützung der Hohenzollern und für vorauseilende Angebote des Kronprinzen zu bedanken gedachte. Goebbels hatte am 17. November 1930 in seinem Tagebuch mit Blick auf die Gespräche von Schleicher, Seeckt und dem Kronprinzen über eine eventuelle Reichswehr-Diktatur vermerkt: „Eine Reichswehrdiktatur Schleicher-Seeckt-Kronprinz steht vor der Türe. Wir müssen auf der Hut sein [....]. Das geht alles gegen uns und für die Tributpolitik [....]. Was will der Affe [gemeint ist der Kronprinz] überhaupt in der Politik? Soll bei seinen Judenweibern bleiben [...]!"[51]

Blickt man auf die letzten Lebensjahre des Kaisers in Doorn und liest man die ab 1936 immer spärlicher werdenden Ilsemannschen Tagebucheintragungen, so wird man zum Zuschauer eines in sich gekrümmten Spiegels von Wahrnehmungen des Kaisers über die Politik des nationalsozialistischen Regimes. Der Kaiser zeigte sich nun immer unversöhnlicher gegenüber Hitler und dessen Machenschaften. Ilsemann schrieb: „Ganz gleichgültig, wer auch der Führer des deutschen Volkes sein möge, der Kaiser wird den Betreffenden niemals anerkennen, sondern ihn für seinen persönlichen Feind halten. Der Kaiser schwankt in vielem, er wechselt oft von heute auf morgen seine Ansicht, hier aber wird er sich niemals ändern."[52]

Die einsetzenden Judenverfolgungen wurden von Wilhelm II. als „Schande" bezeichnet; er verstand nicht, warum die Armee nicht eingriff.[53] Öffentlich wurde diese Haltung indes nicht. Nur Prinz August Wilhelm billigte die Pogrome. Der Kronprinz wiederum hielt Hitler zunehmend für geistig nicht mehr normal.

Hitlers wahre Einstellung zu Kaiser Wilhelm II. als höchstem Repräsentanten der Hohenzollern und damit als zentrale Figur der sich damals noch offen zur Monarchie bekennenden Kreise wurde signifikant deutlich an dem Verbotserlass an die Presse, den 80. Geburtstag des Kaisers am 27. Januar 1939 zu erwähnen. Noch bemerkenswerter wurde die Einstellung zu den Hohenzollern an einem nahezu grotesken Ereignis, das den Kronprinzen ebenso

---

[50] Ebd., S. 250.

[51] Die Tagebücher vom Joseph Goebbels, Datenbank/De Gruyter/, Abruf 27. Juli 2012.

[52] Ilsemann, 2. Bd., S. 288 (Eintrag vom 22. April 1936); vgl. auch a. a. O. S. 259, Eintrag vom 23. April zur Vernehmung des Prinzen August Wilhelm durch den Polizeipräsidenten Potsdams, Graf Helldorf, zu seinem Verhältnis zu internen Verhältnissen im kaiserlichen Haus.

[53] Ebd., S. 313 (Eintrag vom 14. November 1938).

betraf wie den General der Infanterie Joachim von Stülpnagel.[54] Am 27. August 1939 war dieser zum Oberkommandierenden des Ersatzheeres berufen worden und damit in eine zu dieser Zeit bedeutende Position in der Befehlshierarchie der Wehrmacht aufgerückt, die mit besonderen Vollmachten der vollziehenden Gewalt im Inland nach Art. 48 der Reichsverfassung ausgestattet war.[55] Diese Ernennung hatte ihm General Friedrich Fromm als Chef des Wehramtes im Reichswehrministerium mitgeteilt. Am 28. August übernahm Stülpnagel die Geschäfte und versammelte die Amtschefs und Inspekteure des Oberkommandos des Heeres und beriet sich ausführlich mit Admiral Erich Raeder, dem Oberkommandierenden der Marine. Laut einer notariellen Eidesstattlichen Erklärung Stülpnagels vom 19. Januar 1949 rief ihn der Kronprinz am 27. August von Cecilienhof aus in seinem Haus in Babelsberg an, um ihm zu dieser Ernennung zu gratulieren.[56] Dieses kurze Telefonat mit dem Kronprinzen war von der Gestapo abgehört worden. Am 31. August hatte sich Stülpnagel zum Vortrag und zur Aussprache beim Oberbefehlshaber des Heeres, Generaloberst Walter von Brauchitsch angemeldet. Stülpnagel hatte die Absicht, diesem seine militärpolitischen Besorgnisse hinsichtlich des drohenden Ausbruchs eines Mehrfronten-Krieges zu erläutern. Dieser Schritt geschah in Übereinstimmung mit dem am 30. Januar 1939 aus dem Amt geschiedenen Reichsbankpräsidenten Hjalmar Schacht (1877–1970) und in Abstimmung mit seinem Vetter, dem Oberquartiermeister I im Generalstab des Heeres Carl Heinrich von Stülpnagel (1886–1944).[57] In Gegenwart des Chefs des Heeres, Generaloberst Wilhelm Keitel, teilte Brauchitsch Stülpnagel abrupt – ohne Beachtung der sonst üblichen formellen Meldung – mit: „Ich komme soeben vom Frühstück beim Führer. Sie sind von ihm entlassen, weil Sie am 29. mit dem Kronprinzen telefoniert haben!" Stülpnagel antwortete empört: „Der Kronprinz ist mir seit meiner Jugend gut bekannt. Er ist wie ich General a.D., und wir haben nur rein persönlich kurz miteinander gespro-

---

54 Joachim von Stülpnagel, Erinnerungen, S. 370 ff.

55 Ebd., S. 369 f.

56 Notarielle Eidesstattliche Erklärung vom 19. Januar 1949 (im Archiv von Voss), vgl. auch Joachim von Stülpnagel, Erinnerungen, ebd., S. 370; Rüdiger Schönrade, General Joachim von Stülpnagel und die Politik. Eine biographische Skizze zum Verhältnis von militärischer und politischer Führung in der Weimarer Politik, Berlin: C. H. Miles, 2007, S. 138.

57 Heinrich Bücheler, Carl-Heinrich von Stülpnagel, Soldat – Philosoph – Verschwörer, Berlin: Ullstein 1989; Johannes Hürter, Hitlers Heerführer. Die deutschen Oberbefehlshaber im Krieg gegen die Sowjetunion 1941/42, München: Oldenbourg 2006; Gerhard Ringshausen, Widerstand und Antisemitismus, in: Kirchliche Zeitgeschichte/Coutemporary Church History 27 (2014); Babara Koehn, Carl-Heinrich von Stülpnagel und Widerstandskämpfer. Eine Verteidigung (Zeitgeschichtliche Forschungen) Nr. 34, Berlin 2008. Stülpnagel wurde am 30. August 1944 in Plötzensee ermordet.

chen. Da unser Gespräch abgehört sein muss, bitte ich um Vorlage der Aufnahme des Gesprächs!" Diese Bitte wurde nicht erfüllt.

Stülpnagel schrieb Brauchitsch einen Brief und kündigte ihm an, ihn nach
Ende des Krieges wegen dieses ehrverletzenden Verhaltens zur Verantwortung zu ziehen. Drei Wochen später teilte Keitel Stülpnagel im Auftrag von
Brauchitsch mit, dass dieser den Vorfall bedauere, jedoch versuchen wolle,
dem Führer eine anderweitige militärische Verwendung Stülpnagels vorzu-
schlagen. Dieses Ansinnen lehnte Stülpnagel indes ab.

In seinen Erinnerungen vermutete Stülpnagel, dass Hitler und Himmler
seine Berufung in das Amt des Oberbefehlshabers des Ersatzheeres – und
damit in eine auch innenpolitisch wichtige Stellung – verspätet erfahren und
umgehend die Rückgängigmachung[58] ausgelöst hätten. General Friedrich
Fromm[59] wurde Stülpnagels Nachfolger. Ein Mann, der Hitler vorbehaltlos
zu dienen bereit war und der später, am 20. Juli 1944, die Ermordung von
Oberst Graf Stauffenberg, General Friedrich Olbricht, Oberleutnant Albrecht
Mertz von Quirnheim und Oberleutnant Werner von Haeften befehlen sollte.

Stülpnagel weist in seiner notariellen Eidesstattlichen Erklärung ausdrücklich darauf hin, dass Generaloberst Ludwig Beck – im Ersten Weltkrieg zum
Ende des Jahres 1916 als Hauptmann im Generalstab des Oberkommandos
der Heeresgruppe Deutscher Kronprinz tätig, persönlich mit dem Kronprinzen befreundet war und bis zum 20. Juli 1944 mit diesem in enger Fühlung
stand. Stülpnagel betont, dass der Kronprinz die Vorstellungen und Ziele
Becks kannte und diese gebilligt habe.[60]

Diese Momentaufnahme aus dem Zentrum der politischen und militärischen Macht ist nicht nur ein Hinweis auf die Einschätzung Hitlers von
Stülpnagels politischer Haltung, gegen seine Kriegspläne, sondern sie zeigt
vor allem, wie isoliert der Kronprinz damals war und wie er politisch gesehen wurde. Er stand offenbar auch unter Verdacht! In diesem Zusammenhang
muss daran erinnert werden, dass der Kronprinz Wilhelm und möglicherweise auch andere Mitglieder der Familie Hohenzollern schon sehr frühzeitig
von der Geheimen Staatspolizei abgehört wurden. Nachgewiesen ist dies

---

[58] Stülpnagels Gegnerschaft gegen die Kriegspläne Hitlers war sicher der Anlass
dieser Absetzung gewesen, vgl. Stülpnagel, Erinnerungen, S. 371; Schönrade, ebd.,
S. 138, Interview in Spiegel 1933.

[59] Vgl.: Bernhard R. Kroener, Der starke Mann im Heimatkriegsgebiet – Generaloberst Friedrich Fromm, Eine Biographie, Schöningh-Verlag, Paderborn 2005.

[60] Klaus-Jürgen Müller, Generaloberst Ludwig Beck – Eine Biographie, Schöningh, 2. Aufl., Paderborn 2009, S. 50 ff.; siehe auch zum engen Verhältnis Stülpnagels zu Beck: Brief zum Ausscheiden aus dem Amt vom 1. Nov. 1938, in: Magnus
Pahl und Armin Wagner, Der Führer Adolf Hitler ist tot, Attentat und Staatsstreich-
versuch am 20. Juli 1944, Katalog zur Ausstellung in Dresden, S. 124.

durch diverse persönliche Aussagen und Dokumente spätestens seit 1938 wie z. B. des ehemaligen Potsdamer Regierungspräsidenten Gottfried Graf von Bismarck-Schönhausen.[61] Bismarck wurde im September 1938 bei seiner Amtsübernahme von der NS-Gauleitung und der Geheimen Staatspolizei davon in Kenntnis gesetzt, dass von höchster Stelle angeordnet worden sei, Schloss Cecilienhof streng zu überwachen, da der begründete Verdacht bestehe, dass sich der Kronprinz selbst, in Sonderheit im Kontakt mit Angehörigen der Wehrmacht, in „antifaschistischer" Weise betätige. Bezeugt wurden die Überwachungen des Kronprinzen auch von Martin Niemöller in einer Erklärung vom 18. Mai 1949,[62] von Achim Oster in einer Erklärung vom 19. April 1949[63] und von August Winnig in einer Erklärung vom 1. April 1949.[64] Ganz sicher haben die „Herrenabende" des Kronprinzen im Schloss Cecilienhof, die seit 1924 in losen Abständen insbesondere Vertreter aus Politik, Wissenschaft und Wirtschaft zusammenbrachten[65], dazu geführt, dass die Zweifel an der politischen Haltung des Kronprinzen stetig zunahmen und auch die Spitzen des NS-Staates erreichten. Die Gefahren der telefonischen Überwachung waren den zentralen Personen des Widerstandes spätestens seit 1939 bekannt.[66]

Abgesehen von den Abhör-Aktivitäten der Gestapo wird von Zeitzeugen weiter davon berichtet, dass es Weisungen an die Offiziere gegeben habe, Kontakte mit den Hohenzollern, insbesondere Besuche in Schloss Cecilienhof, zu vermeiden.[67] In den Tagebüchern von Sigurd von Ilsemann findet man unter dem 13. März 1939 den nachfolgenden Eintrag, der zeigt, wie mit den Hohenzollern und den fürstlichen Häusern von Hitler und seiner Gefolgschaft umgegangen wurde.[68]

---

[61] Vgl. Schreiben Gottlieb Graf von Bismarck, 28. März 1949, in: Generalverwaltung vormals regierender Preußischen Königshaus (GV), Haus Doorn, Nr. 3.

[62] GV Haus Doorn Nr. 3.

[63] Ebd.

[64] Ebd.

[65] Auch erwähnt bei: Joachim von Stülpnagel, Erinnerungen, S. 383.

[66] Vgl. Friedrich Hiller Frhr. v. Gaertringen (Hrsg.), Die Hassell-Tagebücher 1938–1944, München: Goldmann 1991, S. 358 (Eintrag vom 25. März 1943, so auch: v. Kleist, v. Plettenberg, Ulrich Graf Schwerin v. Schwanefeld, Fritz-Dietlof Graf v. der Schulenburg, Fabian v. Schlabrendorff.

[67] GV Haus Doorn Nr. 3, Schreiben von Gersdorff vom 6. Mai 1949; Sigurd von Ilsemann (19.2.1884–6.6.1952) wurde 1918 Flügeladjutant von Kaiser Wilhelm II. und gehörte nach der Abdankung des Kaisers 1918 zu dessen Gefolge im Exil in den Niederlanden. Nach dem Tode des Kaisers 1941 übernahm er die Verwaltung des Exilsitzes Haus Doorn. Ilsemann nahm sich im Torhaus von Haus Doorn das Leben.

[68] Sigurd von Ilsemann, Der Kaiser in Holland, Aufzeichnungen des letzten Flügeladjutanten Kaiser Wilhelm II., Hrsg. von Harald von Koeningswald, hier: 2. Bd., Monarchie und Nationalsozialismus 1924–1941, München: Biederstein, 1968, S. 319.

„Auffallend ist der verschärfte Kampf gegen die Gebildeten, und besonders gegen das Haus Hohenzollern und die Person des Kaisers. Nicht genug damit, dass es verboten wurde bzw. erschwert, S.M. zum 80. Geburtstag zu gratulieren, so müssen jetzt auch seine Bilder aus den Kasinos verschwinden. Postkartenbilder mit Fürst-lichkeiten mussten plötzlich aus allen Schaufenstern entfernt und dürfen nicht mehr verkauft werden. Eine neue Verordnung, die ich selbst gelesen habe, wurde erlas-sen, nach der den Offizieren der Verkehr in fürstlichen Häusern fast völlig verboten wird, die kronprinzliche Familie findet dabei besondere Erwähnung. In das Photo-haus Sandau, „Unter den Linden" kamen, wie mir die Besitzerin persönlich erzähl-te, Beamte der Geheimen Staatspolizei, um die Bilder des Kaisers und seiner Fami-lie zu beschlagnahmen und zu verbieten, dass weitere Abzüge angefertigt und ver-kauft würden. Und was ist das Resultat von alledem – wenigstens wie ich es immer wieder feststellen konnte? Man spricht wieder vom Kaiser und seiner Familie, man vergisst, was man ihm noch vor zehn Jahren alles vorgeworfen hat und findet, dass er doch ein ganz tüchtiger Herrscher gewesen und man überlegt, wer demnächst einmal den Thron besteigen soll. Da allerdings, ist die Ansicht nach wie vor recht geteilt. Kaiser und Kronprinz werden kaum noch genannt, wohl aber einer der Kronprinzensöhne und auch das Haus Braunschweig. Na, mit der Monarchie hat es noch gute Weile, aber als Symptom ist diese Stimmung doch interessant. Sie zeitigt auch bereits ihre Folgen. Sowohl bei der Kronprinzessin, wie bei I. M., die jetzt auch in Berlin war, habe ich festgestellt, dass beide wieder große Hoffnung haben."

Erwähnt sei in diesem Zusammenhang der geheime Führererlass, genannt „Prinzenerlass", aus dem Frühjahr 1940.[69] Dieser wurde durch den Tod des am 23. Mai 1940 an der Westfront bei Valenciennes verwundeten Sohnes des Kronprinzen Wilhelm und seinen drei Tage später eintretenden Tod ausge-löst. Am 29. Mai 1940 fand die feierliche Beisetzung des Prinzen Wilhelm im Antikentempel im Park von Sanssouci unter Beteiligung von rund 50.000 Menschen statt. Diese Massenveranstaltung wurde von Hitler als politische Demonstration des Adels und ebenso als eine Bekundung antinationalsozia-listischer Haltungen empfunden.[70] Erbost untersagte er den Fronteinsatz von Mitgliedern der ehemals regierenden Fürstenhäuser an Kampfhandlungen. Am 19. Mai 1943 schloss Hitler dann generell alle Angehörigen der ehemals regierenden Fürstenhäuser aus der Wehrmacht aus.

Es mag eine Geschmacksfrage sein, die genannte große Demonstration bei der Beerdigung des Prinzen Wilhelm lediglich als „potenzielles Gegen-Cha-risma" der Hohenzollern (S. Malinowski) abzutun. Unbestreitbar ist hingegen

---

[69] Thomas Stamm-Kuhlmann, Die Hohenzollern, Berlin: Siedler, 1995, S. 228 f.; Gerd Heinrich, Geschichte Preußens. Staat und Dynastie, Frankfurt a. M.: Ullstein 1984, 515 f.; Stephan Malinowski, Die Hohenzollern und Hitler, Cicero online vom 30. Juni 2005, 30. Nov. 2013; ausführlicher Bericht bei Willibald Gutsche, Ein Kaiser im Exil, Der letzte Kaiser Wilhelm II. in Holland, Eine kritische Biographie, Mar-burg: Hitzeroth, 1991, S. 203 f.

[70] Vgl. Joachim von Stülpnagel, Erinnerungen, S. 376: Er nahm auf Einladung des Kronprinzen teil.

bei näherer Kenntnis der damaligen Verhältnisse, dass die Beerdigung des Prinzen eine Demonstration gewesen ist, die Hitler zutreffend als ein politisches Fanal potentieller Gegnerschaft gegen seine Politik und zugleich als eine Sympathiebekundung für die Familie Hohenzollern verstand. Zu berücksichtigen ist ferner, dass erst am Vortag der Beisetzung eine kurze Bekanntmachung in den Potsdamer und Berliner Zeitungen veröffentlicht werden durfte.[71] Es waren damit allein die Bürger dieser beiden Städte, die von dem überaus populären Prinz Abschied nahmen.[72]

Eine Bilanz der hier dargestellten Vorgänge wird zu dem Schluss gelangen, dass die NS-Verfolgungsbehörden den Kronprinzen und die Hohenzollern als Repräsentanten des Adels sicher nicht als zuverlässige politische Gefolgschaft sondern als potentielle politische Gegner gesehen haben.[73]

III.

Beschäftigt man sich eingehender mit der Geschichte des deutschen Widerstandes, so ist auf die akribisch recherchierte Darstellung zur Rolle der Hohenzollern in Peter Hoffmanns grundlegendem Werk zum Staatsstreich vom 20. Juli hinzuweisen.[74]

Im Kontext der Staatsstreichplanungen vom September 1938 gab es in der Gruppe um Ludwig Beck, von Dohnanyi, Oster, v. d. Schulenburg, Heinz, Brücklmeier, Kordt und zeitweise auch bereits Goerdeler Vorschläge, die ernsthaft eine „entschiedene Demokratie unter einem über den Parteien stehenden monarchischen Staatsoberhaupt" anstrebten. Genannt wurden neben Prinz Rupprecht von Bayern auch Prinz Wilhelm, der Enkel des Kaisers, der 1940 als Soldat fallen sollte, sowie Prinz Louis Ferdinand.[75] Letzterer er-

---

[71] Jörg Kirschstein, Kronprinzessin Cecilie, Berlin 2002, S. 89.

[72] Klaus W. Jonas, Der Kronprinz Wilhelm, München 1962, S. 264.

[73] Vgl. Hinweise auf den Kronprinzen in den Vernehmungs-Protokollen der Gestapo in: Spiegelbild einer Verschwörung. Die Opposition gegen Hitler und der Staatsstreich vom 20. Juli 1944 in der SD-Berichterstattung, geheime Dokumente aus dem ehemaligen Reichssicherheitshauptamt, Hrsg. von Hans-Adolf Jacobsen Stuttgart: Seewald, 1984, 1. Bd., S. 352, 446.

[74] Peter Hoffmann, Widerstand – Staatsstreich – Attentat, Der Kampf gegen Hitler, München: Piper, 3. Aufl. 1969/1970; Stichworte Monarchien, S. 984; vgl. auch Hans Rothfels, Die deutsche Opposition gegen Hitler. Eine Würdigung, Zürich, 1994, S. 210; Frank-Lothar Kroll, Die Hohenzollern, München: C. H. Beck/Wissen No. 2426, 2008, S. 114 f.; ders. Preußens Herrscher, ebd. S. 309: vgl. Friedrich Wilhelm Prinz von Preußen, Das Haus Hohenzollern 1918–1945, München. Wien: Langen-Müller, 1985, Teil II, S. 59 ff., Teil III, S. 253 ff.

[75] Bei Hoffmann, S. 123, ein Hinweis auf: Sir John W. Weeler-Benett, The Nemesis of Power, The German Army in Politics 1918–1945, New York, 2. Aufl. 1964; vgl. auch Friedrich Prinz von Preußen, Das Haus Hohenzollern 1918–1945, München/

klärte sich dann 1939/1940 gegenüber Beck bereit, an den Umsturzplanungen aktiv mitzuwirken.[76] Insbesondere in den innenpolitischen Plänen Goerdelers des Jahres 1944 spielte der Gedanke an eine Monarchie eine Rolle.

Klaus Bonhoeffer und Otto John brachten in dieser Phase der Konzeptionen Prinz Louis Ferdinand von Preußen ins Gespräch, der mit Jakob Kaiser, Wilhelm Leuschner, Josef Wirmer sowie Ewald von Kleist-Schmenzin und Ulrich von Hassell in Verbindung stand. Peter Hoffmann weist aber darauf hin, dass der Kronprinz selber eine Kandidatur für das höchste Staatsamt abgelehnt und sich auch sein Sohn, Prinz Louis Ferdinand, aus Gründen der „Legitimität" und mit Rücksicht auf seinen Vater seit Anfang 1943 aus diesem Umfeld zurückgezogen habe.[77] Es ist davon auszugehen, dass dieser Rückzug aus der aktiven Teilnahme am Widerstand mit dem Kronprinzen abgesprochen war. Ähnlich haben sich der bayerische Kronprinz Rupprecht und Erbprinz Albrecht gegenüber den bayerischen Widerstandsgruppen verhalten, um sie nicht zu unbesonnenem Handeln zu ermutigen und dadurch ein befürchtetes Blutvergießen auszulösen.[78] Ein aktiver Part im Widerstand kam daher für alle in Frage kommenden Prätendenten nicht in Betracht. Wie begründet solche Sorgen waren, zeigte sich an der Verfolgung des Kronprinzen Rupprecht und seiner ganzen Familie, insbesondere nach dem 20. Juli 1944.[79] Auch Kronprinz Wilhelm verzichtete am 20. Juli 1944 vorsorglich auf die „Betriebsführung" der Familiengüter zugunsten seines Bruders, Prinz Oskar – eines ausgewiesenen NS-Gegners –, was nach den Regeln des Erbhofgesetzes einer Selbstenteignung gleichkam.[80]

Die Überlegungen zu einer etwaigen Wiedereinrichtung einer Monarchie tauchten schließlich erneut in den Kontakten von Vertretern des Widerstandes mit dem britischen Außenministerium auf, um die sich Schönfeld und

---

Wien, 1985, S. 268 ff.; Dieter J. Weiß, Kronprinz Rupprecht von Bayern, Eine politische Biographie, Regensburg: Pustet 2007, S. 249 ff., 273 ff.

[76] Ebd., S. 169. Vgl. auch Klemens von Klemperer, Die verlassenen Verschwörer, Der deutsche Widerstand auf der Suche nach Verbündeten 1938–1945, Berlin: Siedler, 1994, S. 140.

[77] Peter Hoffmann, S. 245, siehe auch Darstellung in dem Kapitel zu den Aktivitäten des Leiters des Berliner Büros der Associated Press Louis P. Lochner, der im Kontakt mit Prinz Louis Ferdinand stand, vgl. S. 263/264.

[78] Vgl. Dieter J. Weiß, Kronprinz Ruppert, ebd., S. 297.

[79] Vgl. die Einzelheiten bei Dieter J. Weiß, Rupprecht von Bayern, ebd., S. 309 ff.

[80] GStA BPH, Rep. 54, Nr. 38, Brief des Kronprinzen an seine Frau, die Kronprinzessin Cecilie, vom 19. Juli 1944: „(...) dass die ganze Angelegenheit ein durchsichtiges Manöver (sei), um an unseren Besitz heranzukommen. Und dieses Manöver werden wir ihnen durchkreuzen, indem ich aus Gesundheitsgründen zeitweilig Oskar mit meiner Vertretung beauftragen werde." Einen Tag später verzichtete der Kronprinz zugunsten seines Bruders auf den Besitz (ebd.).

Bonhoeffer bemüht hatten.[81] Prinz Louis Ferdinand wird in der Geschichte des Widerstandes bis in das Jahr 1944 wiederholt genannt, sei es als unterstützender Gesprächspartner oder als ein sich anbietender Mitwirkender. Bei besserem Wissensstand der Gestapo nach dem 20. Juli 1944 wäre er gewiss nicht schadlos davongekommen. Er selbst hat nach dem Zweiten Weltkrieg, anders als andere Zeitgenossen, nicht den Status als „Widerstandskämpfer" für sich reklamiert, sondern Zurückhaltung geübt – ganz so, wie dies auch Joachim von Stülpnagel in seinen Erinnerungen tat, der nach dem 20. Juli 1944 am 16. August 1944 von Beamten des Sicherungshauptamtes verhaftet und danach bis um 2. November 1944, unter erbärmlichen Bedingungen, in dem Konzentrationslager Fürstenberg/Ravensbrück festgehalten wurde.[82]

Versucht man die Aktivitäten des Kronprinzen im Kontakt mit den Repräsentanten des Widerstandes gegen Hitler und den NS-Staat zu bewerten, so wird man zu dem Urteil kommen, dass er trotz seiner zeitweise engen Kontakte zum konservativen Flügel des Widerstandes nicht als aktiv gestaltendes Mitglied des Widerstands bezeichnet werden kann.[83] Unbestritten spielte er indes in den Planungen des zivilen und militärischen Widerstandes vom Juli 1941 bis Juli 1943 gerade auf der Seite des konservativen Flügels des Widerstandes eine Rolle als eventueller „Reichsverweser". 1941 erklärte er sich bereit, „notfalls in die Bresche zu springen" – er war insoweit offenbar vertraut mit den Plänen zu einem Staatsstreich.[84] Dies gilt insbesondere für Überlegung von Ludwig Beck, Carl Goerdeler, Johannis Popitz, die die Wiedererrichtung der Monarchie als eventuelle Staatsform zeitweise nicht ausgeschlossen hatten. Diese Vorstellung fand aber auf der Seite der jungen Mitglieder des Widerstandes keine Zustimmung, und so spielten solche Konzepte ab Ende 1943 keine Rolle mehr.

Insbesondere spielte das Privatleben des Kronprinzen bei der Ablehnung seiner Person eine besondere Rolle wie z. B. bei Kritikern wie Fritz Dietlof von der Schulenburg.[85] Der ganzen Wahrheit kommt man eher näher, wenn man dem Urteil von Sebastian Haffner folgt: Die Restauration der Monarchie scheiterte zu jedem Zeitpunkt immer daran, dass „es keinen geeigneten und

---

[81] Peter Hoffmann, S. 272, 311, 841.

[82] Stülpnagel, Erinnerungen, S. 395–401; Ermordet wurde sein Vetter Carl Heinrich von Stülpnagel in Plötzensee am 30. August 1944.

[83] Vgl. Klaus W. Jones, ebd., S. 271ff., insbes. 277.

[84] Vgl. Klaus-Jürgen Müller, Generaloberst Ludwig Beck – Eine Biographie, S. 431; Hassell-Tagebücher, S. 261, Eintrag vom 13. Juli 1941.

[85] Vgl. hierzu interessante Notizen bei Hermann Kaiser, Eintrag vom 26. Juli 1943, in: Peter M. Kaiser, Mut zum Bekenntnis – Die geheimen Tagebücher des Hauptmanns Hermann Kaiser 1941/1943, Berlin: Lukas Verlag, 1.Aufl, 2010, S.623; vgl. auch Klaus W. Jonas, ebd., S. 213 ff.

einleuchtenden Kandidaten gab".[86] Die unterschiedliche historische Quellenlage lässt jedenfalls offen, ob der Kronprinz einer Rolle im Widerstand erst
zugestimmt[87], diese dann abgelehnt, resigniert oder sogar zugunsten seines
Sohnes Prinz Louis Ferdinand verzichtet habe.[88]

Auch im Restitutionsverfahren verdient ein Hinweis Beachtung: Folgt man
dem bedeutenden Richter des Obersten Gerichtshofes der Vereinigten Staaten, Benjamin Nathan Cardozo, der von 1870 bis 1938 lebte, so muss der
Richter in Präzedenzfällen das zugrunde liegende Prinzip, die *ratio deci-
dendi*, freilegen, dann muss er über die Richtung entscheiden, in der sich das
Prinzip entwickeln und bewegen soll, wenn man es nicht welken und sterben
lassen will.[89]

Das Urteil über das politische und soziale Handeln eines Menschen muss
sodann dem Geist unseres Rechts und dem Gefühl für Gerechtigkeit entsprechen.[90] Diejenigen, die sich um eine gerechte Beurteilung auch der Fehler
und Irritationen des Kronprinzen Wilhelm im politischen Geschehen seiner
Zeit bemühen, verdienen – nach Cardozo – ein besonderes Gehör,[91] fernab
vom Gezänk derjenigen, die sich von Vorurteilen und voreiligen Urteilen
oder Vorverurteilungen treiben lassen. Die eigentliche Tragik der Hohenzollern, verkörpert durch Wilhelm II. und den Kronprinzen Wilhelm, hat der
Dichter Reinhold Schneider gesehen. Beide waren auch Opfer ihrer Zeit und
damit Teilhaber des Versagens gegenüber dem Ansturm der Gewalt. „Sie
sind auf der Suche nach dem Effekt ins Leere gelaufen. […] Beide waren zu
kleine Gestalten in einem für sie viel zu großen, riesenhaften Raum."[92]

---

[86] Sebastian Haffner, Anmerkungen zu Hitler, München: Kinder, 7. Aufl. 1978,
S. 74, 76.

[87] Gerhard Ritter, Carl Goerdeler und die deutsche Widerstandsbewegung, Stuttgart: Deutsche Verlags-Anstalt 1955, S. 505, Anm. 36 zu Seite 292; vgl. auch Friedrich Wilhelm Prinz von Preußen, Das Haus Hohenzollern 1918–1945; ebd., S. 287:
Ablehnung durch den Kronprinzen und Rat an Prinz Louis Ferdinand sich nicht einzumischen. Prinz Louis Ferdinand hat diese Aussage in einem Interview ein Jahr vor
seinem Tod revidiert. „Es war ein Betriebsunfall. Prinz Louis Ferdinand von Preußen
über Preußens Rolle in der Geschichte", in: Spiegel-Spezial Nr. 2/1993, S. 20: Danach habe der Kronprinz von der Sache nichts wissen wollen, „er hat mich aber auch
nicht zurückgehalten".

[88] Peter M. Kaiser (Hrsg.), Mut zum Bekenntnis. Die geheimen Tagebücher des
Hauptmanns Hermann Kaiser 1941/1943, Berlin 2010, S. 623.

[89] Benjamin Nathan Cardozo, Ausgewählte Schriften, Frankfurt am Main 1957,
S. 102.

[90] Ebd. S. 107.

[91] Frank Lothar Kroll, FAZ, 22. Oktober 2020, Nr. 246, S. 6; Gutachten von Wolfram Pyta, Michael Wolffsohn, Hans Christof Kraus und Dieter Langewiesche.

[92] Vgl. Reinhold Schneider, Der Verhüllte Tag, Köln/Olten: Hegner, 1955, S. 91 ff.,
108 ff.

IV. Das Kaiserreich in der Diskussion – neue Interpretationen

Das Kaiserreich und sein letzter Kaiser in der Kontroverse

Von *Peter Hoeres*, Würzburg

Nachdem in den letzten Jahren der Turnierplatz des Forschungsfeldes Kaiserreich etwas weniger frequentiert worden und eher in Randzonen umkämpft war, ist das Deutsche Kaiserreich wieder in der wissenschaftlichen und vor allem, erstaunlicherweise, politischen Debatte angekommen. Zur ersteren spornten Arbeiten der Historikerin Hedwig Richter an, die ein von Fortschrittlichkeit und Reformen bestimmtes Bild des Kaiserreiches zeichnete, zur letzteren eine wilde Polemik von Eckart Conze und einige verunglückte Statements des Bundespräsidenten. Die Hohenzollernmonarchie geriet zudem vor allem wegen der Verhandlungen des Hauses Hohenzollern mit dem Bund und den Ländern Berlin und Brandenburg über Restitutionen des von den Sowjets enteigneten Besitzes in den Strudel einer heftigen politischen Debatte, an der viele Unzuständige und Unsachverständige teilnahmen.[1] Der Kaiser, insbesondere der letzte, Wilhelm II., und sein Reich waren schon bei den Zeitgenossen Gegenstand erregter Debatten und starker Emotionen. Im Folgenden soll die Geschichte dieser Debatten skizziert und bilanziert sowie ihre neue Aktualität kritisch betrachtet werden.

I. Ambivalenz, Apologie und Polemik:
Der Kaiser und sein Reich bis 1918

Die Reichsgründung im Spiegelsaal von Versailles am 18. Januar 1871 war für viele Deutsche der glücklich erlangte Endpunkt des langen, beschwerlichen und umkämpften Weges zum Nationalstaat. Für kleindeutsch orientierte Historiker wie Heinrich von Sybel und Heinrich von Treitschke, Zeithistoriker *avant la lettre*, bildete die gelungene Nationalstaatsgründung einen Fluchtpunkt ihrer Geschichtsschreibung. Reserven gab es dagegen bei den Katholiken, Sozialisten und bei intellektuellen Außenseitern wie Friedrich Nietzsche, der die *„Exstirpation des deutschen Geistes zu Gunsten des*

---

[1] Eine abgewogene Darlegung der Punkte, um die es in dieser erhitzten Debatte geht, bietet Thomas E. Schmidt, Kein Herz und eine Krone, in: Die Zeit 3.12.2020, S. 60.

deutschen Reiches" nicht konstatierte, wie es häufig heißt, aber doch befürchtete.[2] Das war aber, wie Nietzsche selbst feststellte, gegen die öffentliche Meinung gesprochen. In der Geschichte des Kaiserreiches war es dann
eher so, dass auch die Skeptiker und zwischenzeitlichen „Reichsfeinde" den
Weg der Integration in den Staat beschritten. Die Katholiken wurden dabei
durchaus vom obersten Kirchenherrn der evangelischen Kirche in Preußen,
Wilhelm II., tatkräftig unterstützt.[3]

Als Deutscher Kaiser hatte der preußische König im Verfassungssystem
eine Vorrangstellung, die allerdings weder absolut war noch eine besondere
Machtfülle auf sich vereinigte. Das erst nachträglich so genannte Kaiserreich
war von Bismarck als Fürstenbund zu seinen Diensten konzipiert worden.[4] In
der Verfassung des Deutschen Reiches kam dem preußischen König das Präsidium des Bundes zu (Art. 11), er vertrat es völkerrechtlich. Schon bei der
Erklärung des Krieges musste aber der Bundesrat mitwirken – 1914 war der
Reichstag in der politischen Praxis wegen der Gewährung der Kriegskredite
dann wesentlich wichtiger. Die Gesetzgebung lag beim Bundesrat und beim
Reichstag (Art. 5), Anordnungen und Verfügungen des Kaisers bedurften der
Gegenzeichnung des Reichskanzlers (Art. 17), der allerdings vom Kaiser
berufen und entlassen werden konnte. In der Verfassungswirklichkeit war das
ein durchaus komplexer Vorgang, bei dem zunehmend Rücksicht auf die
Parteien und im Krieg auf die Oberste Heeresleitung (OHL) zu nehmen war.
Auch mit der monarchischen Kommandogewalt (Art. 63 und 64) war es in
der Praxis im Ersten Weltkrieg nicht allzu weit her; hier schob sich die OHL
als zentrale Instanz vor den Kaiser. Freilich wurde das Kaisertum nach der
Zeit, welche Bismarck ganz beherrscht hatte, in der Gestalt Wilhelms II. zu
dem symbolischen Repräsentanten des gesamten deutschen Staates, der sich
einiger Beliebtheit erfreute, wegen vieler Fauxpas und Skandale aber auch
Zielscheibe heftiger Kritik und beißenden Spotts in Deutschland wurde.[5]

Im Ausland war das Bild des Kaiserreiches wie auch dasjenige des Kaisers
ebenfalls ambivalent. Das neue Reich wurde wie sein Monarch als Parvenü

---

[2] Friedrich Nietzsche, Unzeitgemäße Betrachtungen. Erste Stück: David Strauss,
der Bekenner und Schriftsteller, in: ders., Die Geburt der Tragödie. Unzeitgemäße
Betrachtungen I–IV. Nachgelassene Schriften 1870–1873, Kritische Studienausgabe,
Bd. 1, hg. von Giorgio Colli/Mazzino Montinari, München 1988 (zuerst 1873),
S. 160.

[3] Benjamin Hasselhorn, Königstod. 1918 und das Ende der Monarchie in Deutschland, Leipzig 2018, S. 92 f.

[4] Oliver Haardt, Bismarcks ewiger Bund. Eine neue Geschichte des Deutschen
Kaiserreichs, Darmstadt 2020.

[5] Chronologie der Skandale bei Martin Kohlrausch, Der Monarch im Skandal. Die
Logik der Massenmedien und die Transformation der wilhelminischen Monarchie,
Berlin 2005, S. 520–524.

angesehen, seine Dynamik, seine Wirtschaftskraft und sein Bildungssystem wurden ebenso wie die Errichtung eines Sozialstaates bewundert und bestaunt, besonders in Großbritannien. Im Zeichen zunehmender deutsch-britischer außenpolitischer Konfrontation vor dem Ersten Weltkrieg wanderte die politischen Affinität zum Kaiserreich in Großbritannien von der politischen Rechten zur Linken und zur Arbeiterschaft, die in Opposition zur britischen Deutschlandpolitik geriet.[6] In den USA lagen die Sympathien von Öffentlichkeit und Regierung im deutsch-französischen Krieg zunächst ganz auf deutscher Seite; nach der Abdankung Napoleons III. trübte sich das Bild dann ein. In einer von einigen Krisen geprägten wirtschafts- und außenpolitischen Lage verfestigte sich um die Jahrhundertwende, fleißig von einer entsprechenden Lobby geschürt, das Bild der „Deutschen Gefahr". Entspannungsbemühungen Wilhelms II., wozu auch eine positiv verlaufende USA-Reise seines Bruders Prinz Heinrich im Jahr 1902 gehörte, konnten das Blatt nicht dauerhaft wenden, da Präsident Theodore Roosevelt das Reich als politischen, seestrategischen und ökonomischen Hauptkonkurrenten ansah und ihm das Gespenst der „Deutschen Gefahr" gelegen kam.[7] Im revanchistisch gestimmten Frankreich wurde die deutsche Leistungsbilanz eher gefürchtet und beneidet, wobei die deutsche Sozialgesetzgebung viel diskutiert und eigenständig adaptiert wurde.[8]

Das Bild des viel beachteten Kaisers war bei den britischen „Vettern" vor dem Weltkrieg keineswegs eindeutig. Phasen der Erregung wie nach der Krüger-Depesche 1896 wechselten mit lebhafter Zustimmung, wie anlässlich der Beerdigung von Königin Victoria, als Wilhelms Besuch in London zu einem „wahren Triumphzug" geriet, so dass „der Kaiser also nicht nur die englische Presse völlig für sich eingenommen hatte, sondern das britische Volk".[9] Auch die für die Propaganda im Ersten Weltkrieg so folgenreiche „Hunnenrede" oder die *Daily-Telegraph*-Affäre fanden nicht ein so großes und negatives Echo in Großbritannien, wie man es *ex post* annehmen könnte.

---

6 Karl Rohe, Von „englischer Freiheit" zu „deutscher Organisation"? Liberales Reformdenken in Großbritannien an der Schwelle zum 20. Jahrhundert und deutsche politische Kultur, in: ders. (Hg.), Englischer Liberalismus im 19. und frühen 20. Jahrhundert, Bochum 1987, S. 269–292, und Günter Hollenberg, Englisches Interesse am Kaiserreich. Die Attraktivität Preußen-Deutschlands für konservative und liberale Kreise in Großbritannien 1860–1914, Wiesbaden 1974.

7 Yannik Mück, Die „Deutsche Gefahr". Außenpolitik und öffentliche Meinung in den deutsch-amerikanischen Beziehungen vor dem Ersten Weltkrieg (= Medienakteure der Moderne, Bd. 2), Tübingen 2021.

8 Mareike König/Élise Julien, Verfeindung und Verflechtung. Deutschland und Frankreich 1870–1918, Darmstadt 2019, S. 97 f.

9 Lothar Reinermann, Der Kaiser in England. Wilhelm II. und sein Bild in der britischen Öffentlichkeit, Paderborn u.a. 2001, S. 236–243, Zitat S. 238.

1907 noch erhielt der Kaiser in Oxford die Ehrendoktorwürde.[10] Vielen Zeitgenossen galt Wilhelm II. als „Friedenskaiser"; Militärs wie der bellizistisch gestimmte Erich von Falkenhayn kritisierten ihn dafür.[11] Tatsächlich war die Zeitspanne zwischen Reichsgründung und Erstem Weltkrieg ja eine ungewöhnlich lange Periode des Friedens.[12]

Das ambivalente Bild vom Kaiser vereindeutigte sich dann schlagartig mit dem deutschen Bruch der belgischen Neutralität, dem harten Vorgehen der deutschen Truppen dort und dem britischen Kriegseintritt, der in Großbritannien zunächst sehr umstritten war. Die Bildpropaganda der alliierten und assoziierten Westmächte stilisierte den Kaiser zum blutrünstigen Hunnen und Barbaren. Der verhasste Kaiser und der deutsche Soldat verschmolzen mit den *Atrocities* zu einem visuellen Erinnerungsort. Die britischen Karikaturisten, die auch in der Vorkriegszeit schon stark auf den Kaiser fixiert gewesen waren – auch in deutschen „Witzblättern" wurde vor dem Krieg ziemlich viel Kritik an ihm geübt, die Spottgedichte von Frank Wedekind und die Zeichnungen Olaf Gulbranssons im *Simplicissimus* sind nur die Spitze dieses Eisberges –, stilisierten Wilhelm II. nun zu dem bösen Deutschen schlechthin.[13] In Russland deutete man den Krieg ebenfalls als Kampf, teilweise religiös konnotiert, gegen die deutschen Barbaren und als Auseinandersetzung zwischen Slawentum und Germanentum. Damit nahm man auch Abschied von einer Orientierung am deutschen Wissenschaftsmodell und suchte stärker den Kontakt zu den britischen und französischen Universitäten.[14]

Die Weltruhm genießenden deutschen Gelehrten und Schriftsteller fühlten sich zur Verteidigung bemüßigt und deklamierten im berühmten Aufruf „An die Kulturwelt!": „Es ist nicht wahr, daß Deutschland diesen Krieg verschuldet hat. Weder das Volk hat ihn gewollt noch die Regierung noch der Kaiser. Von deutscher Seite ist das Äußerste geschehen, ihn abzuwenden. Dafür liegen der Welt die urkundlichen Beweise vor. Oft genug hat Wilhelm II. in

---

[10] Wolfgang J. Mommsen, War der Kaiser an allem schuld? Wilhelm II. und die preußisch-deutschen Machteliten, Berlin 2002, S. 138.

[11] Holger Afflerbach, General der Infanterie Erich von Falkenhayn, in: Lukas Grawe (Hg.), Die militärische Elite des Kaiserreichs, Darmstadt 2020, S. 63–77, hier S. 65.

[12] Christopher Clark, Wilhelm II. Die Herrschaft des letzten deutschen Kaisers, aus dem Englischen von Norbert Juraschitz, München 2008 (zuerst 2000), S. 201; Hasselhorn, Königstod, S. 105 f.

[13] Peter Hoeres, Der Krieg der Ideen und Bilder, in: Dirk Reitz/Hendrik Thoß (Hg.), Sachsen, Deutschland und Europa im Zeitalter der Weltkriege, Berlin 2019, S. 75–95; Jost Rebentisch, Die vielen Gesichter des Kaisers. Wilhelm II. in der deutschen und britischen Karikatur (1888–1918), Berlin 2000.

[14] Vgl. die entsprechenden Beiträge bei Trude Maurer (Hg.), Kollegen – Kommilitonen – Kämpfer. Europäische Universitäten im Ersten Weltkrieg, Stuttgart 2006.

den 26 Jahren seiner Regierung sich als Schirmherr des Weltfriedens erwiesen; oft genug haben selbst unsere Gegner dies anerkannt. Ja, dieser nämliche Kaiser, den sie jetzt einen Attila zu nennen wagen, ist jahrzehntelang wegen seiner unerschütterlichen Friedensliebe von ihnen verspottet worden."[15]

In der angelsächsischen Welt wurden der unübersetzt und damit hart klingende Schibboleth „Kaiser" und der „Kaiserism" aber zum festen, zentralen Bestandteil des Feindbildes. Um nur ein Beispiel herauszugreifen: Der vom Priester zum Freidenker gewandelte englische Publizist Joseph McCabe sah als Voraussetzung für eine Wiedereingliederung Deutschlands in Europa die Entfernung Wilhelms II. an. Neben Treitschke war er für McCabe der Hauptschurke der Deutschen. McCabes Monographie über den deutschen Kaiser sollte eine ruhige, kritische Betrachtung von Wilhelms Lebens werden. Sie geriet ihm jedoch zu einer Degenerationsgeschichte des Kaisers, dessen Charakter erst schrittweise entartet sei. Die deutsche Degenerationsgeschichte wird also in der Biographie des Kaisers gespiegelt. Das bis heute andauernde britische Interesse am Kaiser führt auch bei McCabe zu einer Überschätzung der kaiserlichen Machtfülle: „Undeniably he opened this appalling struggle in Europe: and just as undeniably he is responsible for the infamous policy pursued by his troops."[16]

Kritik und Polemik gegen den Kaiser verkannten, dass seine Macht, die im Geflecht des Verfassungsgefüges des Reiches immer stark beschränkt und geringer als die des späteren Reichspräsidenten war,[17] im Krieg hinter der OHL, der Reichsleitung und dem Reichstag fast zum Verschwinden gebracht wurde. Die vom amerikanischen Präsidenten Wilson geforderte Demokratisierung und die implizit erzwungene Abdankung Wilhelms,[18] vor allem aber Wilhelms Flucht in die Niederlande – als Alternative hatte der Königstod an der Front zur Debatte gestanden – zehrten endgültig sein symbolisches Kapital auf.[19] Eine Rückkehr auf den Thron war keine realistische Option. In den Worten eines Zeitgenossen, des Historikers Johannes Ziekursch, ausgedrückt, hieß das: „Als der Kaiser nach Holland ging, tötete er die Monarchie in Deutschland."[20]

---

[15] Der Aufruf der 93 „An die Kulturwelt!" (1914), in: Themenportal Europäische Geschichte, 2006, www.europa.clio-online.de/quelle/id/q63-28308, abgerufen am 24.3.2021.

[16] Joseph McCabe, The Kaiser. His Personality and Career, London 1915, Zitat S. VII.

[17] So zu Recht Haardt, Bismarcks ewiger Bund, S. 829 f.

[18] Klaus Schwabe, Deutsche Revolution und Wilson-Frieden, Düsseldorf 1971, S. 197 f.

[19] Kohlrausch, Der Monarch im Skandal, S. 302–385.

[20] Johannes Ziekursch, Politische Geschichte des Neuen Deutschen Kaiserreiches, Bd. 3: Das Zeitalter Wilhelms II. (1890–1918), Frankfurt am Main 1930, S. 443.

II. Hegemoniale und revisionistische Deutungen
in der Zwischenkriegszeit

In der Weimarer Republik beherrschte die Wiederlegung des „Kriegs-
schuldartikels" des Versailler Vertrages mit seiner impliziten Behauptung der
deutschen Alleinschuld die Köpfe der Historiker, die wie ihre Landsleute
allgemein durch die Wucht des Versailler Regimes erneut in eine Defensiv-
stellung gedrängt wurden.[21] Das Kaiserreich und insbesondere die wilhelminische Epoche wurden durchaus in Teilen kritisch gesehen, zu einer grundlegenden methodischen oder inhaltlichen Revision der „Zeitgeschichte" kam es
aber nicht. Neben der Orientierung an Staat und Nation wirkte das Objektivitätsideal des Historismus fort. Der Verfassungshistoriker Fritz Hartung
schrieb ein viel gelesenes und immer wieder neu aufgelegtes Buch über das
Kaiserreich aus einer konservativen Perspektive, auf die strikt getrennten
Felder der Außen- und Innenpolitik konzentriert und von grundsätzlicher
Wertschätzung Bismarcks durchdrungen.[22] Insgesamt positiv würdigten Bismarcks Reichsgründung etwa auch Hans Delbrück, Günther Franz, Hans
Rothfels oder Adalbert Wahl.[23] Es gab aber eine ganze Reihe von neuen
kritischen und revisionistischen Stimmen in der Zunft der Historiker. So
behandelte der linksliberale Historiker Johannes Ziekursch, Mitglied der
Deutschen Demokratischen Partei (DDP) und ein Kritiker Hartungs, in seiner
rein politikhistorischen Trilogie das Kaiserreich, die Reichsverfassung, Wilhelm II., aber auch Bismarck sehr kritisch: „Das Einigungswerk Bismarcks
war vollendet, mit zahllosen Lorbeerkränzen der Bau geschmückt, aber er
war nicht nach den Wünschen der Mehrheit des deutschen Volkes oder wenigstens der führenden politischen Schichten aufgeführt worden, sondern die
im alten Preußen herrschenden Mächte, der Adel, das Offizierskorps und das
Beamtentum, hatten im Bunde mit der Dynastie zunächst in Preußen ihre
Stellung behauptet und dann ihre Hand auf Kleindeutschland gelegt. Im Inneren bestanden daher arge Spannungen und von außen drohte die Mißgunst
der Deutschland umringenden Völker."[24] Auch die Dissertation von Eckart
Kehr bestand aus einer kritischen Neuinterpretationen des Flottenbaus und

---

[21] Peter Hoeres, Im Schatten von Versailles, in: Historisches Jahrbuch 140 (2020),
S. 7–21.

[22] Fritz Hartung, Deutsche Geschichte 1871 bis 1914, Bonn 1920; vgl. auch die
vielfach aufgelegte, die Wende zum Völkischen im Dritten Reich nicht mitvollzie-
hende Verfassungsgeschichte Hartungs: Deutsche Verfassungsgeschichte vom
15. Jahrhundert bis zur Gegenwart, Leipzig/Berlin 1914.

[23] Bernd Faulenbach, Ideologie des deutschen Weges. Die deutsche Geschichte in
der Historiographie zwischen Kaiserreich und Nationalsozialismus, München 1980,
S. 214–218.

[24] Johannes Ziekursch, Politische Geschichte des Neuen Deutschen Kaiserreiches,
3 Bde.; Bd. 1: Die Reichsgründung, Zitat dort S. 328 f., Bd. 2: Das Zeitalter Bis-

Imperialismus unter dem Primat der Innenpolitik.[25] Die psychologisierende kritische Biographie „Wilhelm der Zweite" des Sachbuchautors Emil Ludwig stieß auf scharfe Ablehnung in der Zunft.[26] Man kann dies alles als Literatur von Außenseitern einordnen, es waren aber zum Teil doch beachtete, auch von Professoren stammende, und in den 1960er und 1970er Jahren teilweise wieder aufgenommene Perspektiven.[27]

Im Dritten Reich überwog eine gänzlich anders motivierte Kritik am Kaiserreich, welches bei aller Vorbildfunktion von Bismarck, den man wie Friedrich den Großen gewaltsam in die eigene Ahnenreihe aufnahm, den Nationalstaat nur unvollständig geschaffen habe und nicht wehrhaft genug in den Krieg gegangen sei, zudem an der Propagandafront verheerende Fehler begangen habe und letztlich von Sozialisten und Juden in der Heimat zu Fall gebracht worden sei. Eine anspruchsvollere Deutung des Kaiserreiches legte 1934 der Staatsrechtler Carl Schmitt in seiner Schrift „Staatsgefüge und Zusammenbruch des zweiten Reiches" vor. Er sah es als verhängnisvoll an, dass nach dem Verfassungskonflikt und den gewonnenen Einigungskriegen nicht die Gunst der Stunde genutzt worden und ein wehrhafter Staat geschaffen worden sei. Stattdessen sei die Machtfrage in der Bismarck'schen Reichsverfassung nicht klar beantwortet worden, was der schleichenden Aushöhlung, des Sieges des Konstitutionalismus und damit eben auch des Parlamentarismus, des Bürgers über den Soldaten – die Schmitt als antithetische Idealtypen entwarf – mit den drei markanten Daten Indemnitätsgesuch, Bethmann Hollwegs Entschuldigung für die Invasion Belgiens und Oktoberverfassung Vorschub geleistet habe. Im Ergebnis konstatierte Schmitt eine Kapitulation vor den Liberalen, die das Reich wehrlos gemacht und mit einer ganz unzureichenden Heeresrüstung in dessen Untergang geführt habe. Schmitt stellte das Dritte Reich damit in die Tradition des preußischen Soldatenstaates, der durch den bürgerlichen Konstitutionalismus zerstört worden sein. Schmitt versuchte mit dieser Schrift einiges bei den Nationalsozialisten gut zu machen, mit seiner vorherigen Zentrumsnähe, seiner Unterstützung des „Preußenschlages" und seiner Mitarbeit am Staatsnotstandplan 1932, was beides zur Fernhaltung der Nationalsozialisten von der Macht gedacht

---

marcks (1871–1890), Bd. 3: Das Zeitalter Wilhelms II. (1890–1918), Frankfurt am Main 1925–1930.

25 Eckart Kehr, Schlachtflottenbau und Parteipolitik, 1894–1901. Versuch eines Querschnitts durch die innenpolitischen, sozialen und ideologischen Voraussetzungen des deutschen Imperialismus, Berlin 1930.

26 Emil Ludwig, Wilhelm der Zweite, Berlin 1925; Ewald Frie, Das deutsche Kaiserreich. Darmstadt 2013² (zuerst 2004) S. 70–72.

27 Weitere Beispiele bei Faulenbach, Ideologie des deutschen Weges, S. 213–248; Ewald Grothe, Zwischen Geschichte und Recht. Deutsche Verfassungsgeschichtsschreibung 1900–1970, München 2005, S. 130 f.

war, und der Nähe zur Reichswehr hatte er sich ebenso wie mit seinen jüdischen Freunden verdächtig gemacht, was dann auch zu seinem Sturz 1936 führte.[28]

Schmitts Deutung stieß auf dezidierte Kritik in der geschichtswissenschaftlichen Zunft, etwa seitens des bereits genannten Verfassungshistorikers Fritz Hartung und der Bismarck-Experten Werner Frauendienst und Egmont Zechlin. Hartung erkannte in Schmitts Antagonismus einen Scheingegensatz, auf selektiv ausgewählte Belege gestützt. Während Hartung an Rankes Objektivitätsideal dezidiert festhielt, sah er in Schmitts „Art, Geschichte zu schreiben", gar eine „Gefahr für die politische Bildung der heranwachsenden Generation".[29] In vielen Korrespondenzen erhielt Hartung für diese Kritik Zustimmung von juristischen wie Historikerkollegen, darunter von so prominenten Vertretern des Fachs wie seinem Lehrer Otto Hintze oder HZ-Herausgeber Friedrich Meinecke.[30] Auch sein Schüler Ernst Rudolf Huber distanzierte sich vorsichtig schon 1935 von Schmitts harscher Kritik an der Bismarckverfassung, was in „Staat und Heer" von 1938 und später in seiner Verfassungsgeschichte deutlich zum Ausdruck kam. Die Wendung zum Niedergang verortete Huber erst in den Jahren 1888/90 und mit Wilhelm II.[31] Die Frage, ob die Reichsverfassung eine adäquate Verfassungslösung *sui generis* der Zeit oder ein „dilatorischer Formelkompromiss"[32] gewesen sei und damit die Aufgabe einer Verfassung, eine „grundlegende politische

---

[28] Carl Schmitt, Staatsgefüge und Zusammenbruch des zweiten Reiches. Der Sieg des Bürgers über den Soldaten, hg. von Günter Maschke, Berlin 2011 (zuerst 1934). In den Vorworten und dem umfangreichen Anmerkungsapparat berichtet der Herausgeber über die Rezeption der Schrift. Zum zeithistorischen Kontext von Schmitts Schrift vgl.: Vorwort des Herausgebers in der genannten Edition, S. XXIII–XLVI; Lutz Berthold, Carl Schmitt und der Staatsnotstand am Ende der Weimarer Republik, Berlin 1999; Gabriel Seiberth, Anwalt des Reiches. Carl Schmitt und der Prozess „Preußen contra Reich" vor dem Staatsgerichtshof, Berlin 2001.

[29] Fritz Hartung, Staatsgefüge und Zusammenbruch des zweiten Reiches, in: HZ 151 (1935), S. 528–544. Zitat S. 544. Vgl. dazu: Hans-Christof Kraus, Soldatenstaat oder Verfassungsstaat? Zur Kontroverse zwischen Carl Schmitt und Fritz Hartung über den preußisch-deutschen Konstitutionalismus (1934/35), in: Jahrbuch für die Geschichte Mittel- und Ostdeutschlands 45 (1999), S. 275–310.

[30] Vgl. die entsprechenden Briefe in Kraus, Soldatenstaat oder Verfassungsstaat?, S. 305–310 sowie in: ders. (Hg.), Fritz Hartung. Korrespondenz eines Historikers zwischen Kaiserreich und zweiter Nachkriegszeit, Berlin 2019; vgl. ferner Grothe, Zwischen Geschichte und Recht, S. 270–286.

[31] Ernst Rudolf Huber, Heer und Staat in der deutschen Geschichte, Hamburg 1943[2] (zuerst 1938). Vgl. Grothe, Zwischen Geschichte und Recht, S. 270–286; zu den nicht nur in dieser Frage auseinandergehenden Positionen der beiden Staatsrechtler vgl. auch Ewald Grothe (Hg.), Carl Schmitt – Ernst Rudolf Huber. Briefwechsel 1926–1981, Berlin 2014.

[32] Carl Schmitt, Verfassungslehre, Berlin 2017[11] (zuerst 1928), S. 54.

Entscheidung"[33] zu treffen, nicht geleistet habe, wie es Schmitt schon in seiner Verfassungslehre von 1928 ausgeführt hatte, wurde nach 1945 wieder aufgerollt. Nun nahm unter anderen politischen Vorzeichen Ernst-Wolfgang Böckenförde den Schmitt'schen Ansatz gegen Huber auf, der in seiner Verfassungsgeschichte seine Deutung, ideologisch entschlackt, wiederholte. Im Endeffekt hat sich eher die Schmitt-Böckenförde-Linie in dieser Frage durchgesetzt.[34]

Insgesamt gab es auch im Dritten Reich in der etablierten Historikerzunft die Tendenz, Bismarcks Indemnitätsvorlage und sein (zeitweiliges) Bündnis mit den Liberalen zu verteidigen und die Fehler in der wilhelminischen Ära zu verorten, wie überhaupt die Zwischenkriegszeit von Bismarckverehrung und Kritik am Personal des Wilhelminismus geprägt war.

III. Ritters Kritik am wilhelminischen Militarismus und Hubers Würdigung der Verfassung

Im Schatten der Katastrophe kam der ehemalige Widerständler Gerhard Ritter ziemlich bald nach dem Zweiten Weltkrieg in seinem großen vierbändigen Werk über „Staatskunst und Kriegshandwerk"[35] zu einem erstaunlich kritischen Urteil über die unheilvolle Rolle der Dominanz des Militarismus im Kaiserreich, die allerdings erst im Wilhelminismus eingesetzt habe, als der Staatslenker Otto von Bismarck vom neuen Kaiser Wilhelm II. aufs Altenteil geschickt worden war. Ritter warf der Politik nach Bismarck eine Unterordnung unter die Pläne von Tirpitz und Schlieffen vor, die zu unguten politischen Konsequenzen geführt habe, nämlich einer Verschärfung der internationalen Spannungen. Mit der Flottenrüstung habe man sich England zu einem Feind gemacht,[36] mit dem Schlieffenplan den Zweifrontenkrieg provoziert. Bei Ritter konnte man bereits ein hohes Maß an Selbstkritik, nämlich Kritik

---

[33] Schmitt, Verfassungslehre, S. 23.

[34] Kraus, Soldatenstaat oder Verfassungsstaat?, S. 302–305.

[35] Gerhard Ritter, Staatskunst und Kriegshandwerk. Die Probleme des „Militarismus" in Deutschland, Bd. 1: Die altpreußische Tradition (1740–1890), München 1954; ders., Staatskunst und Kriegshandwerk. Die Probleme des „Militarismus" in Deutschland, Bd. 2: Die Hauptmächte Europas und das wilhelminische Reich (1890–1914), München 1960; ders., Staatskunst und Kriegshandwerk. Die Probleme des „Militarismus" in Deutschland, Bd. 3: Die Tragödie der Staatskunst: Bethmann Hollweg als Kriegskanzler (1914–1917), München 1964; ders., Staatskunst und Kriegshandwerk. Die Probleme des „Militarismus" in Deutschland, Bd. 4: Die Herrschaft des deutschen Militarismus und die Katastrophe von 1918, München 1968.

[36] Die Bedeutung der Flottenrüstung für die deutsch-englischen Beziehungen wird in der neueren Forschung wieder relativiert, vgl.: Dominik Geppert/Andreas Rose, Machtpolitik und Flottenbau vor 1914. Zur Neuinterpretation britischer Außenpolitik im Zeitalter des Hochimperialismus, in: HZ 293 (2011), S. 401–437.

seiner Generation, erkennen. Theodor Schieder sprach 1966 von „schonungslose[r] Kritik"[37]. Allerdings wehrte sich Ritter im Streit um die Thesen Fritz
Fischers, der der Reichsleitung einen „Griff nach der Weltmacht"[38] und dann
eine seit 1912 zielgerichtete Kriegspolitik vorwarf, entschieden gegen eine
„Selbstverdunkelung deutschen Geschichtsbewusstseins"[39].

Mit Ernst Rudolf Hubers umfangreichem Band zum Kaiserreich im Rahmen seines monumentalen Unternehmens einer Deutschen Verfassungsgeschichte seit 1789 erschien in den 1960er Jahren eine Würdigung der Struktur des Kaiserreiches, welche manche als apologetisch empfanden, gerade
im damaligen (wissenschafts)politischen Klima. Huber sah den deutschen
Konstitutionalismus nicht als dilatorischen Formelkompromiss wie Carl
Schmitt und Ernst-Wolfgang Böckenförde, sondern als eine für diese Zeit
„stilgerechte Lösung der deutschen Verfassungsfrage"[40] beziehungsweise als
eine Aufhebung des Gegensatzes zweier Strukturprinzipien, von Absolutismus und Parlamentarismus. Der absolute Staat wirkte im monarchischen
Prinzip im „System existentieller Vorbehalte"[41] weiter: Der Monarch behielt
erstens die Prärogative in Verwaltung, Diplomatie und Kommandogewalt
(diese ohne Gegenzeichnung und Ministerverantwortlichkeit), zweitens das
Veto-Recht (im Kaiserreich lag das beim Bundesrat, dessen Mitglieder von
ihren Regierungen instruiert wurden) und drittens blieb ihm das Recht zur
Parlamentsauflösung und die Ausrufung des Belagerungs-, und Kriegszu-
standes (mit Zustimmung des Bundesrates außer bei einem Angriff auf das
Bundesgebiet). Viertens bestand eine Auslegungsvermutung für den Monarchen, das war in Bismarcks „Lückentheorie" von 1863 expliziert worden,
und schließlich wirkte die monarchische positive Neutralität als Autoritäts-,
Macht- und Integrationsfaktor. Freilich war das Parlament als Integrationsfaktor dem Monarchen gleichwertig und besaß eben die Gesetzgebungskom-
petenz.[42] Gegen den Reichstag zu regieren, wurde nach 1890 „zunehmend

---

[37] Theodor Schieder, Rez. von Staatskunst und Kriegshandwerk III: Die Tragödie
der Staatskunst, Bethmann Hollweg als Kriegskanzler (1914–1917), in: HZ 202
(1966), S. 389–398, Zitat S. 396.

[38] Fritz Fischer, Griff nach der Weltmacht. Die Kriegszielpolitik des kaiserlichen
Deutschland 1914/18, Düsseldorf 1971[4] (zuerst 1961).

[39] Gerhard Ritter, Eine neue Kriegsschuldthese? Zu Fritz Fischers Buch „Griff
nach der Weltmacht", in: HZ 194 (1962), S. 646–668, Zitat S. 668.

[40] Ernst Rudolf Huber, Deutsche Verfassungsgeschichte seit 1789, Bd. III: Bismarck und das Reich, Stuttgart 1963, S. 11.

[41] Ebd. S. 16.

[42] Vgl. dazu Peter Hoeres, Repräsentation und Zelebration. Die Symbolisierung
der Verfassung im ausgehenden 19. und im 20. Jahrhundert, in: Der Staat 53 (2014),
S. 285–311.

unmöglich"[43] und die Reichsleitung – Reichskanzler wie die Staatssekretäre der Reichsämter – stimmten sich zunehmend, den Bundesrat ignorierend, mit Parlamentariern ab. Huber sah im Deutschen Konstitutionalismus jedenfalls eine der Zeit angemessene Verfassung.[44] Den hegelianischen Zug seines Ansatzes kann man nicht übersehen.

IV. Wehlers Kaiserreich und die Folgen

Huber war als Jurist und als Verfassungshistoriker Vertreter einer konservativen Zunft. In der Geschichtswissenschaft hatte sich der Wind unterdessen längst gedreht. Mit Fritz Fischer war tatsächlich ein Paradigmenwechsel eingeleitet worden. Der ehemalige Nationalsozialist Fischer war befangen in einem methodischen Nationalismus, dessen normativen Gehalt er nun ins Negative wendete. In fortschreitender Radikalisierung konstruierte er eine verhängnisvolle Kontinuität vom Kaiserreich zu Hitler. Diese negative Sonderwegsthese fand ihren reinsten Ausdruck dann im 1973 publizierten Buch Hans-Ulrich Wehlers über das Deutsche Kaiserreich, das mit allen Konventionen und Traditionen brach. Ausgehend von Eckart Kehrs „Primat der Innenpolitik" und unter Nutzung des methodischen Arsenals von Marxens und Max Webers Soziologie konstruierte Wehler einen „verhängnisvollen Sonderweg[s] der Deutschen", seit „den Revolutionen des ausgehenden 18. Jahrhunderts".[45]

Wehler markierte eine spezifisch deutsche Kontinuitätslinie, die von der aggressiven Verteidigung der Machtstellung der herrschenden Schichten, dem Sozialkonservatismus mit all seinen Konsequenzen wie Sozialimperialismus, negative Integration und Fortführung absolutistischer Herrschaftspraxis bestimmt gewesen sei und damit die Bedingungen für die Zeit nach 1933 geliefert habe. Die Disparität zwischen rascher sozialökonomischer Modernisierung und fehlender politischer Entwicklung, sprich ausbleibender Demokratisierung, trug nach Wehler zwangsläufig den Keim kriegerischer Auseinandersetzung in sich.

Trotz dieser negativen Auffassung vom Kaiserreich wies Wehler die Thesen Fischers über den Kriegsausbruch zurück und sprach sogar von der

---

[43] Thomas Nipperdey, Deutsche Geschichte Bd. 2, 2: 1866–1918: Machtstaat vor der Demokratie, München 1992, S. 474.

[44] Ernst Rudolf Huber, Deutsche Verfassungsgeschichte seit 1789, Bd. III: Bismarck und das Reich, Bd. IV: Struktur und Krisen des Kaiserreiches, Stuttgart u. a. 1963 und 1982² (zuerst 1969).

[45] Hans-Ulrich Wehler, Das Deutsche Kaiserreich 1871–1918, Göttingen 1994⁷ (zuerst 1973), S. 11.

„Diskontinuität in Gestalt des Krieges"[46]. Statt der Kriegsrhetorik zu Frie-
denszeiten und den ökonomisch motivierten Annexionsgelüsten hielt Wehler
eine Krisenstimmung der Führungsschichten für ausschlaggebend, die durch
konjunkturelle Störungen, vor allem aber durch den wachsenden Emanzipa-
tionsdruck im Inneren ausgelöst worden sei. Der Weg in den Krieg war daher
eine Flucht nach vorne, das heißt ein Präventivkrieg gegen den inneren Pro-
blemstau.

Wehlers polemisches Buch erfuhr viel Kritik, im Methodischen – an seiner
deduktiven Methode, seinem Verständnis von Außenpolitik als bloßer Funktion der Innenpolitik, seinem Ausblenden der Individuen – wie an seinen
Thesen, etwa denjenigen des „autokratischen, halbabsolutistischen Schein-
konstitutionalismus"[47] und des Bismark'schen Bonapartismus sowie an seiner
Degradierung von Wilhelm II. zu einer polternden Attrappe vor dem Hintergrund von „anonymen Kräften der autoritären Polykratie"[48]. Vor allem lieferte sein Gegenspieler Michael Stürmer einen programmatischen Gegenentwurf in bildungsbürgerlichem und nationalen Gewand – sein Buch „Das
ruhelose Reich" erschien in Leinen gebunden in Siedlers Reihe „Die Deutschen und ihre Nation" und machte nicht nur die Akteure, sondern auch die
geopolitische Betrachtung der Mittellage wieder stark. Zugleich zeigte sich
Stürmer als intellektueller Generationsgenosse Wehlers, indem er vor dem
Drama zunächst eine Strukturgeschichte des Deutschen Reiches schaltete, in
welcher Bildungs-, Sozial- und Wirtschaftsgeschichte sowie die politische
Kultur zu ihrem Recht kamen.[49]

Der bedeutendste Gegenentwurf zu Wehler stammte aber von Thomas
Nipperdey, der in seiner dreibändigen Deutschen Geschichte dem Kaiserreich
seine Offenheit und Vielgestaltigkeit wiedergab und, im Vergleich zu Wehler,
die Kultur wie die Außenpolitik in die Sphäre der Geschichtsschreibung zu-
rückholte. Jede Epoche, also auch die des Kaiserreiches, war für Nipperdey
zunächst autonom, das war die Übersetzung von Rankes „unmittelbar zu
Gott", sie durfte nicht als bloße Vorgeschichte aufgefasst werden und schon
gar nicht als bloßes Glied einer linearen Unheilsgeschichte.[50]

Und so entfaltete Nipperdey ausgehend von seinen berühmten ersten Sät-
zen „Am Anfang war Napoleon" bzw. für das Kaiserreich „Am Anfang war

---

[46] Wehler, Kaiserreich, S. 194.
[47] Wehler, Kaiserreich, S. 63.
[48] Wehler, Kaiserreich, S. 72.
[49] Michael Stürmer, Das ruhelose Reich. Deutschland 1866–1918, Die Deutschen
und Ihre Nation, Bd. 3, Berlin 1983.
[50] Thomas Nipperdey: 1933 und die Kontinuität der deutschen Geschichte. In: HZ
227 (1978), S. 86–111.

Bismarck" ein Panorama der Lebenswelt des 19. Jahrhunderts, das seinesgleichen sucht. Es reichte von den Grundbedürfnissen des Menschen, Nahrung und Kleidung, bis hin zu seiner geistigen Welt, Kultur, Musik, Kunst, Literatur, Wissenschaft und Philosophie, und nicht zuletzt zur Kirche und einer „vagierende[n] Religiösität". Das war ein Paradefeld des religiös so musikalischen Bruders von Dorothee Sölle, der über „Positivität und Christentum in Hegels Jugendschriften" in der Philosophie promoviert worden war. Die Beschäftigung mit der Religion fand zu einer Zeit statt, als Religion als Großthema der Geschichtswissenschaft noch nicht wiederentdeckt worden war und im ideologiekritischen Geist weitgehend unter Aberglaube abgebucht wurde. Nipperdeys Variationen des Proömiums des Johannesevangeliums waren auch insofern programmatisch. Nipperdey würdigte die Spitzenleistungen in Wissenschaft und Kultur, die Verbesserungen des Lebensstandards, die zunehmende politische Beteiligung immer größerer Gruppen, die Anpassungsleistungen an die Moderne. Am Ende des Bandes über die Kulturgeschichte des Kaiserreiches skizzierte er dennoch „Schattenlinien", als sei ihm sein Panorama einer „leuchtenden Welt der Kultur" fast etwas unheimlich geworden.[51]

Nicht nur Nipperdey, sondern auch die Frankfurter, vor allem aber die eigene Bielefelder Großforschung zum Bürgertum[52] sowie britische Kritiker[53] überzeugten Wehler schließlich, dass es in Deutschland kein „Defizit an Bürgerlichkeit" gegeben habe; am Mangel an „bürgerlicher Herrschaft" hielt

---

[51] Thomas Nipperdey, Deutsche Geschichte 1800–1866. Bürgerwelt und starker Staat, München 1983; ders., Deutsche Geschichte 1866–1918, Bd. 1: Arbeitswelt und Bürgergeist, München 1990, Zitate S. 527 und S. 834; ders., Deutsche Geschichte 1866–1918, Bd. 2: Machtstaat vor der Demokratie, München 1995³. Vgl. zur windungsreichen Entstehungsgeschichte dieses Opus Magnum: Paul Nolte, Lebens Werk. Thomas Nipperdeys Deutsche Geschichte. Biographie eines Buches, München 2018. Vgl. auch die dritte große Synthese zum Kaiserreich, die sich in der Anlage als politische Sozialgeschichte eher an Wehler orientierte, gleichwohl der Kultur ein Eigenrecht, auch darstellerisch, zumaß: Wolfgang J. Mommsen, Das Ringen um den nationalen Staat. 1850–1890, Propyläen Geschichte Deutschlands, Bd. 7/1, Berlin 1993; ders. Bürgerstolz und Weltmachtstreben. Deutschland unter Wilhelm II. 1890 bis 1918, Propyläen Geschichte Deutschlands, Bd. 7/2, Berlin 1995.

[52] SFB 177 „Sozialgeschichte des neuzeitlichen Bürgertums: Deutschland im internationalen Vergleich", Bielefeld 1986–1997 und Leibniz-Projekt „Stadt und Bürgertum im 19. Jahrhundert" in Frankfurt am Main.

[53] David Blackbourn/Geoff Eley. The Peculiarities of German History, Oxford/New York 1984. Diese englische Ausgabe stellt eine ergänzte, und um eine Antwort an Kritiker erweiterte Übersetzung der deutschen Originalfassung dar. Vgl.: dies., Mythen deutscher Geschichtsschreibung. Die gescheiterte bürgerliche Revolution von 1848, Frankfurt am Main/Berlin/Wien 1980.

er jedoch fest.[54] Im dritten Band seiner groß angelegten Gesellschaftsgeschichte holte Wehler also seine Kampfschrift von 1973 ein. Die deutsche wie angelsächsische Kritik an seinen Positionen der siebziger Jahre und der Fortgang der Forschung bewogen ihn zu grundlegenden Revisionen: Vom „Sonderweg" sprach er nur noch in Anführungszeichen, lieber führte er nun „Sonderbedingungen" für den deutschen Weg in die Moderne an. Bismarck fasste er nun als charismatischen Herrscher, nicht mehr in Tradition der marxistischen Bonapartismustheorie als einen installierten, dann sich verselbständigenden Repräsentanten der „herrschenden Klasse"[55]. Statt wie Hans Rosenberg eine große Depression konstatierte er nunmehr eine „große Deflation" für die Jahre nach dem Gründerboom, statt einem „organisiertem Kapitalismus" sprach er jetzt von „Korporativismus"[56]. Wilhelm II. blieb bei Wehler freilich eine Randfigur, eingequetscht zwischen den übermächtigen charismatischen Herrschern Bismarck und Hitler.

Sah Wehler sich gezwungen, an seinem hermetischen Bild des Kaiserreichs Abstriche und Modifikationen vorzunehmen, so führte die intensive vergleichende internationale Forschung dazu, dass das Konzept des Sonderweges endgültig seine Plausibilität einbüßte.[57] Man sah nun, dass Nipperdeys „Schattenlinien" in anderen Ländern wesentlich kräftiger ausgeprägt waren, oder man kam zum Ergebnis, dass es den paradigmatischen Pfad in die Moderne gar nicht gebe, stattdessen habe man es mit einer Vielzahl von „Sonderwegen" in Europa zu tun. Transnationale und globale Perspektiven ersetzen nun die nationale Meistererzählung des Sonderweges.[58] Auch die gegen Bielefeld geäußerte Auffassung, einzig das Dritte Reich bzw. Hitler bildeten einen Sonderfall,[59] ist in dieser Pauschalität angesichts der Verbreitung von

---

[54] Hans-Ulrich Wehler, Deutsche Gesellschaftsgeschichte. Dritter Band: Von der „Deutschen Doppelrevolution" bis zum Beginn des Ersten Weltkrieges 1849–1914, München 1995, S. 1288–1290.

[55] Wehler, Kaiserreich, S. 65.

[56] Wehler, Gesellschaftsgeschichte III, S. 664 f.

[57] Interessanterweise hat mittlerweile auch die Geschichtswissenschaft die Konstruktion eines spanischen Sonderwegs in die Moderne, der ebenfalls von einem Defizit an Liberalismus im 19. Jahrhundert geprägt worden sei, weitgehend aufgegeben, auch hier ist von einem Mythos die Rede und die spanische Entwicklung gilt nun als „eine Variante des gemeineuropäischen Modernisierungsprozesses". Walther L. Bernecker, Spaniens Übergang von der Diktatur zur Demokratie. Deutungen, Revisionen, Vergangenheitsaufarbeitung, in: VfZ 52 (2004), S. 693–710. Zitat S. 707. Die auch für andere Exempla, nicht zuletzt das Modell Großbritannien, proklamierten Sonderwege, sollten skeptisch gegenüber diesem beliebten Konzept stimmen.

[58] Sven Oliver Müller/Cornelius Torp (Hg.), Das Deutsche Kaiserreich in der Kontroverse, Göttingen 2009.

[59] Klaus Hildebrand, Der deutsche Eigenweg. Über das Problem der Normalität in der modernen Geschichte Deutschlands und Europas, in: Manfred Funke/Hans-Adolf

autoritären und totalitären kommunistischen Diktaturen als Standardregierungssystemen der späten 1920er und 1930er in Europa kaum mehr zu halten, hier bilden tatsächlich Großbritannien oder Frankreich große Ausnahmen. Der Beginn eines echten Sonderwegs wäre dann mit der Initiierung des Holocaust und der Vernichtungspolitik anzusetzen.

V. „War der Kaiser an allem Schuld?"

Aber wo war Kaiser Wilhelm II., der immerhin dem Wilhelminismus seinen Namen gegeben hatte, unterdessen geblieben? Der Strukturgeschichte war er verlorengegangen, doch es gab ihn noch. Golo Mann, der auch in Zeiten der Hegemonie der Sozialgeschichte dem Erzählen und den historischen Individuen verpflichtet blieb, zeichnete etwa 1964 in einem glanzvollen Essay ein recht freundliches Porträt des letzten deutschen Kaisers. Er billigte ihm, dem polyglotten Herrscher, Bildung und Wissbegierde zu, Selbstkritik und vor allem einen grundsätzlich guten Charakter. Vor allem sah er ihn als „friedliebend" an: „Aus Menschenfreundlichkeit und Frömmigkeit oder weil der Friede ihm selber ungleich mehr Vergnügungen brachte, als der Krieg im besten Fall bringen konnte, aus Furcht vor dem Unbekannten, Gefährlichen, gleichviel, er war es, und ließ die Gelegenheiten, bei denen Deutschland den Krieg mit einem vergleichsweise geringen Risiko hätte haben können, zumal die Situation des russisch-japanischen Krieges tatenlos vorübergehen." Gleichwohl hielt Golo Mann ihn zum Herrschen nicht gut geeignet und sah eher im Ruhestand im holländischen Exil seine Persönlichkeit gedeihen denn auf dem Kaiserthron.[60]

Ebenfalls eine große, ja übergroße Bedeutung maß später John Röhl dem Kaiser zu. Wilhelm II. machte Röhl mit Hilfe der von Norbert Elias entliehen Figur des „Königsmechanismus" zum Zentralgestirn einer monumentaler, dreibändigen Biographie. Freilich fällt sein Urteil ganz anders aus als dasjenige Golo Manns. Über viertausend Seiten wandte der deutsch-britische Historiker auf, um die Unfähigkeit, Selbstherrlichkeit und die Bösartigkeit Wilhelms zu untermauern. Dafür sammelte er alle belastenden Belege, derer er für seine einzigartige Anklage Wilhelms habhaft werden konnte.[61] Zu die-

---

Jacobsen/Hans-Helmuth Knütter/Hans-Peter Schwarz (Hg.), Demokratie und Diktatur. Geist und Gestalt politischer Herrschaft in Deutschland und Europa. Festschrift für Karl Dietrich Bracher, Bonn 1987, S. 15–34. Auch in diesem Aufsatz klingen aber an *diesem* Sonderweg Zweifel an: „In seinem historischen Kontext und mit fortschreitender Zeit aber erscheint selbst der Sonderfall Hitler zunehmend allgemeiner [...].", ebd., S. 31.

60 Golo Mann, Wilhelm II., München/Bern/Wien 1964.

61 John Röhl, Wilhelm II., Bd. 1: Die Jugend des Kaisers: 1859–1888, München 1993; ders., Wilhelm II. Bd. 2: Der Aufbau der persönlichen Monarchie: 1888–1900,

ser Deutung gibt es zwei prominente monographische Gegenentwürfe. 2002 fragte Wolfgang J. Mommsen rhetorisch „War der Kaiser an allem schuld?" und sah den Kaiser bei wichtigen außenpolitischen Entscheidungen weniger verantwortlich. Vielmehr sei er etwa von Reichskanzler Bülow instrumentalisiert worden, den Krieg habe er gescheut und er sei von Natur aus zögerlich gewesen. Mommsen sah viel eher die „preußisch-deutschen Machteliten" in der Verantwortung als „Guillaume le timide".[62] Ein insgesamt positiveres Bild Wilhelms II. als Medienkaiser und Förderer von Wissenschaft und Technik zeichnete dann 2008 Christopher Clark, wobei auch er die problematischen außenpolitische Interventionen und einen zunehmenden Machtverlust konstatierte.[63]

Christopher Clarks Verdienst war es, neben der ruhigeren differenzierten Art der Auseinandersetzung mit umstrittenen Personen und Gegenständen, die sich bereits bei seinem Preußen-Buch bewährt hatte, dass er endgültig mit dem hierzulande lange Zeit vorherrschenden methodischen Nationalismus brach und in seiner Vorgeschichte des Ersten Weltkrieges dieser Ära ihre internationale Dimension zurückgab, ja das Reich hinter anderen Akteuren, insbesondere serbischen, österreichischen, französischen, russischen und britischen, hintanstellte. Er führte dabei die Spezialforschung zusammen, die für verschiedene Länder jeweils eine besondere Verantwortung in der Julikrise von 1914 herausgearbeitet hatte.[64] Der Kaiser spielte in Clarks Vorgeschichte des Ersten Weltkrieges nur noch eine ganz untergeordnete Rolle als *Cunctator* und Störfaktor der Mobilmachungsmaschine.

Was die vergleichende gesellschaftliche und innenpolitische Ebene betraf, so relativierten oder verneinten zahlreiche Studien die Annahme eines deut-

---

München 2001; ders., Wilhelm II. Bd. 3: Der Weg in den Abgrund: 1900–1941, München 2008.

[62] Mommsen, War der Kaiser an allem schuld?, Berlin 2002.

[63] Clark, Wilhelm II.; ähnlich Frank-Lothar Kroll, Wilhelm II., in: ders. (Hg.), Preußens Herrscher. Von den ersten Hohenzollern bis Wilhelm II., 4. Aufl. München 2009, S. 290–310, 340–343.

[64] Vgl. Jürgen Angelow, Der Weg in die Urkatastrophe. Der Zerfall des alten Europa 1900–1914, Berlin 2010; Günther Kronenbitter, Diplomatisches Scheitern. Die Julikrise 1914 und die Konzertdiplomatie der europäischen Großmächte, in: Bernhard Chiari/Gerhard P. Groß (Hg.), „Am Rande Europas? Balkan – Raum und Bevölkerung als Wirkungsfelder militärischer Gewalt", München 2009, S. 55–66; ders., „Krieg im Frieden". Die k.u.k. Armee und die Großmachtdiplomatie Österreich-Ungarns 1906–1914, München 2003; Sean McMeekin, The Russian Origins of the First World War, Cambridge/Mass. 2011; Andreas Rose, Zwischen Empire und Kontinent. Britische Außenpolitik vor dem Ersten Weltkrieg, München 2011; Stefan Schmidt, Frankreichs Außenpolitik in der Julikrise 1914. Ein Beitrag zur Geschichte des Ausbruchs des Ersten Weltkriegs, München 2009.

schen Sonderweges.[65] Auch in Synthesen – etwa jenen von Frank-Lothar Kroll oder von Hedwig Richter – wurde diese Revision zuletzt überdeutlich.[66] Das Kaiserreich erscheint nun vornehmlich als widersprüchliche Epoche, voller Aufbrüche und Modernisierung, aber auch Belastungen und Aggressionen. „Wilhelm der Plötzliche", wie man zeitgenössisch spöttelte, war insofern ein passender Repräsentant dieser nervösen Epoche.

VI. Rückkehr des Sonderweges?

Totgesagte leben allerdings bekanntermaßen länger. Schon die unzeitgemäß wirkende Meistererzählung von Heinrich August Winkler „Der lange Weg nach Westen" belebte am erreichten Forschungsstand souverän vorbei die für obsolet gehaltene Sonderwegsthese neu.[67] Das Problem war nur, dass es das „normative Projekt des Westens" lange Zeit nur im Reich der Wolken gegeben hat und auch die Paradenationen der USA, Großbritanniens und Frankreichs einen langen verschlungenen Weg der Annäherung gehen mussten, was derzeit im Zeichen des Postkolonialismus überscharf konturiert wird.

Zum 30. Jahrestag der Wiedervereinigung, die den Bismarck'schen Nationalstaat in stark verkleinerter Form restauriert hatte, hörte man dann historisch Merkwürdiges von Bundespräsident Frank-Walter Steinmeier. Juden hätten im Deutschen Kaiserreich als „Reichsfeinde" gegolten, sie seien „verfolgt, ausgegrenzt, eingesperrt" worden.[68] Nicht nur Zeitgenossen wie der

---

[65] Vgl. Margaret Lavinia Anderson, Ein Demokratiedefizit? Das Deutsche Kaiserreich in vergleichender Perspektive, in: GG 44 (2018), S. 367–398; dies., Lehrjahre der Demokratie. Wahlen und politische Kultur im Deutschen Kaiserreich, aus dem Englischen von Sibylle Hirschfeld, Stuttgart 2009; Peter Hoeres, Krieg der Philosophen. Die deutsche und die britische Philosophie im Ersten Weltkrieg, Paderborn u. a. 2004; König/Julien, Verfeindung und Verflechtung; Hedwig Richter, Moderne Wahlen. Eine Geschichte der Demokratie in Preußen und den USA im 19. Jahrhundert, Hamburg 2017.

[66] Frank-Lothar Kroll, Geburt der Moderne. Politik, Gesellschaft und Kultur vor dem Ersten Weltkrieg, Berlin 2013; Hedwig Richter, Aufbruch in die Moderne. Reform und Massenpolitisierung im Kaiserreich, Berlin 2021; dies., Demokratie. Eine deutsche Affäre, München 2020.

[67] Heinrich August Winkler, Der lange Weg nach Westen Bd. 1: Deutsche Geschichte vom Ende des Alten Reiches bis zum Untergang der Weimarer Republik, München 2000; ders., Der lange Weg nach Westen Bd. 2: Deutsche Geschichte vom „Dritten Reich" bis zur Wiedervereinigung, München 2000.

[68] Rede von Bundespräsident Frank-Walter Steinmeier beim Festakt zum Tag der Deutschen Einheit am 3. Oktober 2020, https://www.bundespraesident.de/Shared Docs/Reden/DE/Frank-Walter-Steinmeier/Reden/2020/10/201003-TdDE-Potsdam. html, abgerufen am 23.2.2021.

jüdische Philosoph Hermann Cohen wussten es besser. Er stilisierte das Kaiserreich wegen der gesicherten Rechtslage der Juden in Deutschland gar zum „Mutterland der abendländischen Judenheit"[69]. Als „Reichsfeinde" galten vorübergehend bekanntlich Katholiken und Sozialisten, doch nach der Beendigung des Kulturkampfes und der Aufhebung der Sozialistengesetze gelang die Integration, im Falle der Katholiken gut, im Falle der Sozialdemokraten war sie auf einem recht guten Weg. Zu bedenken ist dabei, dass die Sozialisten in heutiger Terminologie „Verfassungsfeinde" waren und sich selbst in der Ära Kautsky weitgehend als solche verstanden. Noch auf dem Parteitag von 1910 drohte man der badischen Landesorganisation mit Ausschluss, weil sie im Landtag dem Budget zugestimmt hatte. 1913 stimmte die Fraktion im Reichstag dann freilich einem Steuerpaket zur Finanzierung des Heeresausbaus zu.[70] Für all das war in einer politisierenden Geschichtsdeutung, wie sie die Redenschreiber des Bundespräsidenten verfolgen, kein Raum.

Die Rolle eines Geschichtsdeuters unter dem Primat gegenwärtiger Politinteressen hatte als Stichwortgeber bereits Eckart Conze eingenommen. Sein Buch „Schatten des Kaiserreiches" ist motiviert von der tatsächlich unironisch im Stil einer Zensurbehörde geäußerten Sorge über eine „Erosion eines geschichtspolitischen Konsenses".[71] Conze hatte viel zu beklagen, die Sicht auf das Kaiserreich war in der Forschung zu differenziert und komplex geworden, um sie politisch vernutzen zu können. Neben dem Überhang überkommener Strukturen und Umgangsformen, neben Militarismus und in manchen Teilen der Gesellschaft leider auch Antisemitismus standen das, gerade im Vergleich mit Großbritannien, modernste Wahlrecht und die demokratischste Wahlpraxis der Zeit,[72] weltweit führende und Vorbild gebende Bildungs- und Wissenschaftsinstitutionen, eine Flut von Nobelpreisen, ein weltanschaulicher Pluralismus, ein sehr ausdifferenziertes Parteiensystem, wegweisende Schöpfungen der Literatur, Kunst und Architektur, eine florierende expansive Wirtschaft, der Aufbau eines stetig expandierenden Sozialsystems und die aufblühende plurale Medienlandschaft.

---

[69] Hermann Cohen, „Du sollst nicht einhergehen als ein Verläumder" Ein Appell an die Juden Amerikas (1914/15), in: Werke, Bd. 16: Kleinere Schriften V. 1913–1915, bearbeitet und eingeleitet von Hartwig Wiedebach, im Auftrag des Hermann-Cohen-Archivs am Philosophischen Seminar der Universität Zürich und des Moses-Mendelssohn-Zentrums für Europäisch-Jüdische Studien, Universität Potsdam, hg. von Helmut Holzhey/Julius H. Schoeps/Christian Schulte, Hildesheim/Zürich/New York 1997, S. 301–310, Zitat S. 310.

[70] Nipperdey, Deutsche Geschichte 1866–1918, Bd. 2, S. 494 f.

[71] Eckart Conze, Schatten des Kaiserreichs. Die Reichsgründung von 1871 und ihr schwieriges Erbe, München 2020, S. 249; vgl. auch ders., Wilhelms Reich in neuem Glanz, in: Die Zeit 7.1.2021, S. 17.

[72] Anderson, Ein Demokratiedefizit?

Nipperdey frustra docuit! Conze sah nämlich überall nur Nationalismus, wobei er den radikalen Nationalismus des kleinen Alldeutschen Verbandes mit der Position der Konservativen ungeachtet des Widerstands von dessen Parteiführer Ernst von Heydebrand und der Lasa gegenüber einem ausufernden Annexionismus und revolutionären Nationalismus umstandslos zu einer Position „des nationalistischen Lagers"[73] – ein in jede Richtung gänzlich unscharfer und damit ungeeigneter Begriff – verrührte. Conze versteifte sich auf das Schlagwort vom Autoritarismus, wobei seine wenigen Gewährsleute aus der Zeit gerade die Kritikfähigkeit der Gesellschaft demonstrierten und ihre Kritik nicht einfach als autoritativ reproduziert werden kann. Conze führte dann den semantischen Trick vor, die Sonderwegstheorie dem Begriff nach abzulehnen, inhaltlich aber genau zu ihr und damit in die siebziger Jahre des 20. Jahrhunderts zurückzukehren.

Wo Conze gar nicht mehr anders konnte, als die Leistungsbilanz des Kaiserreiches anzuerkennen, führte er aus, diese sei gegen das politische System erkämpft worden. Man braucht nicht Thomas Manns „machtgeschützte Innerlichkeit" zu bemühen, auch ein britischer Staatsdenker wie Bernard Bosanquet, Zeitgenosse des Kaiserreiches, sprach vom Staat als „hindrance of hindrances"[74], was formelhaft ziemlich genau die Rolle des Deutschen Reiches für die Entfaltung von Wirtschaft, Wohlstand, Kultur und Technik beschreibt. Das Verfassungssystem, der politische Ordnungsrahmen, ermöglichte die Differenzierung und Modernisierung dieser Bereiche. Eine Dichotomisierung von politischem System und sozioökonomischer respektive kultureller Entwicklung reproduziert die Zwei-Deutschland-Theorien der Weltkriegszeit, ist konzeptionell aber zum Scheitern verurteilt, da der Staat in zunehmendem Maße die Daseinsvorsorge, Rechtssicherheit und Regulierung (wie bspw. Patent- und Markenschutz) garantierte und die dadurch hervorgerufene Egalisierung und Emanzipation die sozialkonservativen Intentionen überholten.[75]

Conzes die historischen Kontexte und Herausforderungen der Zeit ignorierendes Bestreben, ein dunkles Gegenbild des Kaiserreiches mit dem Ist-Zustand der Jetztzeit zu kontrastieren und das Kaiserreich aus der Traditionslinie der Bundesrepublik herauszuschneiden, geht darüber hinaus allein schon deshalb fehl, weil die Bundesrepublik in direkter völkerrechtlicher und natio-

---

[73] Conze, Schatten, S. 218; Nipperdey, Deutsche Geschichte 1866–1918, Bd. 1, S. 541.

[74] William Sweet (Hg.), The Collected Works of Bernard Bosanquet, Bd. 5: The Philosophical Theory of the State, Bristol 1999 (Reprint: London 1923⁴), Erstveröffentlichung 1899, S. 182.

[75] Nipperdey, Deutsche Geschichte 1866–1918, Bd. 2, S. 471.

nalstaatlicher Kontinuität zum Deutschen Reich von 1871 steht.[76] Aber Conzes unhistorische und statische Perspektive blendet auch den Föderalismus, die Rolle des Parlaments als Integrationsmaschine der Nation, die Sozial- und Rechtstaatlichkeit einschließlich der Verabschiedung des BGB, den Wirtschaftsinterventionismus „als Produkt einer autonomen Politik"[77] und die kulturelle Moderne aus – alles Errungenschaften, die im Kaiserreich grundgelegt oder konsolidiert wurden und die heute zu den Grundtatsachen des sozialen und politischen Lebens gehören. In mancher Hinsicht kann man sogar fragen, ob die staatliche Interventionen in Familien, Geschlechterverhältnisse und Wirtschaftsleben wie die Regulierung des politischen Wettbewerbs heute im Vergleich zum Kaiserreich nach Aufhebung der Kulturkampf- und Sozialistengesetze nicht übergriffiger und freiheitsgefährdender sind.

Das Bemühen um eine internationale Perspektive, die Besonderheiten wie Ähnlichkeiten des deutschen Modernisierungspfades erst identifizierbar und die Taxierung der Außenpolitik des Kaiserreiches erst möglich macht, wertet Conze, der sich nationalistisch auf Deutschland konzentriert und beschränkt, als gefährliche Relativierung des lieb gewonnenen düsteren Bildes. Und so konnte er Kollegen, die eine internationale Perspektive auf den Ausbruch des Ersten Weltkrieges in Vorarbeit oder im Anschluss an Christopher Clark einnahmen, argumentativ außer lange obsoleten Erklärungsmustern wie der „Flucht nach vorn" zwar wenig entgegensetzen. Dafür war er schnell mit politischen Unterstellungen zur Hand, die er wiederholt zur Diskreditierung der führenden Weltkriegs- und Kaiserreichshistoriker bemühte.

Conze ist auch im politischen Kampf gegen die Entschädigungsansprüche der Hohenzollern an vorderster Front zu finden, ein Thema, das die brandenburgische Linkspartei für ihren Wahlkampf im September 2019 skandalisiert hatte.[78] Dabei geht es um die Frage, ob das ehedem den deutschen Kaiser stellende Haus nach dem Ausgleichsleistungsgesetz von 1994 Ansprüche auf Entschädigung für sowjetische Enteignungen besitzt oder diese verwirkt hat, weil Hohenzollern wie Kronprinz Wilhelm dem Nationalsozialismus „erheblichen Vorschub" geleistet hätten. Die Frage wird von Historikern ganz unterschiedlich beantwortet. In den Standardwerken zur Endphase der Weimarer Republik taucht der Kornprinz mangels ihm zugebilligten Einflusses meist eher randständig auf.[79] Die Unterstützung des Monarchisten

---

[76] Christian Hillgruber, Der Deutsche Nationalstaat – ein völkerrechtliches Kontinuum, in: Tilman Mayer (Hg.), 150 Jahre Nationalstaatlichkeit in Deutschland. Essays, Reflexionen, Kontroversen, Baden-Baden 2021, S. 53–70.

[77] Nipperdey, Deutsche Geschichte 1866–1918, Bd. 2, S. 474.

[78] Schmidt, Kein Herz und eine Krone.

[79] Eine Ausnahme bildet interessanterweise das nach Erscheinen heftig diskutierte, mittlerweile klassische Werk von Karl Dietrich Bracher, Die Auflösung der Weimarer

und Sohns des geflohenen Kaisers scheint dem Führer der nationalsozialistischen Arbeiterpartei eher peinlich gewesen zu sein. Der Hindenburg- und Hitler-Biograph Wolfram Pyta arbeitete zudem gemeinsam mit Rainer Orth die Rolle des Kronprinzen als Zuträger und Vermittler beim Versuch des Generals Kurt von Schleicher heraus, Hitler durch die Bildung einer „Querfront", die von Gregor Straßer bis zum Zentrum reichen sollte, doch noch zu verhindern.[80] Das Ziel der autoritären Transformation der Republik und dasjenige der Errichtung einer Herrschaft des Nationalsozialismus sind zwei ganz unterschiedliche Politikentwürfe, einzelne Akteure können aber durchaus je nach Lage zwischen beiden Optionen wechseln (so wie das etwa Carl Schmitt tat). Andere Historiker erkennen ebenso wie ein lautstarker Teil in der Publizistik demgegenüber eine maßgebliche Mitverantwortung von Kronprinz Wilhelm für die Machtübertragung auf Hitler. Einigkeit besteht darin, dass der Kronprinz die Weimarer Republik überwinden wollte; wie weit sein Bündnis mit Hitler reichte, der seinen Restaurationsplänen ja entgegenstand – das ist noch nicht abschließend geklärt. Genau diese Klärung wird aber durch die Zusammenschaltung des Wissenschafts-, Politik- und Rechtssystem behindert.

In diesen Streit schaltete sich Conze im vermeintlichen Besitz der definitiven Wahrheit mit schriller Stimme ein. Die Forschung sei sich in der Frage einig, es gebe keinen Historikerstreit. Einen ihm nicht genehmen jungen Historiker titulierte Conze, der für die letzten beiden Dekaden selbst eine magere Archivbilanz vorzuweisen hat, als einen „Experten" in Anführungszeichen.[81] Conze stützte sich für die an mehreren Stellen publizierte Diffamierung seiner Kontrahenten auf sehr trübe Quellen, unter anderem auf den Artikel eines Doktoranden der Rosa-Luxemburg-Stiftung, der für das *Neue Deutschland* schreibt.[82] Bei allem geht es also nicht um die Sache, sondern um politische Geländegewinne. Nicht nur der Forschungsstand, auch die Ideologiekritik entstammt vergangenen Zeiten. Conze bleibt auf dem Weg zum Kaiserreich also schlicht in den siebziger Jahren stecken.

Republik. Eine Studie zum Problem des Machtverfalls in der Demokratie, Königstein/Ts. 1978[5] (zuerst 1955), S. 103, 124, 351, 394, 405, 420–421, 433, 479–480, 506, 597, 624–625.

[80] Wolfram Pyta/Rainer Orth, Nicht alternativlos. Wie ein Reichskanzler Hitler hätte verhindert werden können, in: HZ 312 (2021), S. 400–444.

[81] Eva Schlotheuber/Eckart Conze, Die Ehre der Familie, in: FAZ 9.9.2020, S. 9. Leider setze auch die Vorsitzende des Historikerverbandes, Eva Schlotheuber, ihren Namen unter diesen Kollegen diffamierenden Artikel, ein beispielloser Vorgang in der Verbandsgeschichte; dazu direkt Frank-Lothar Kroll, Das Recht der Hohenzollern, in: FAZ 22.10.2020, S. 6.

[82] Conze, Schatten, S. 249, 272.

Bei Betrachtung des Einsatzes solch grober Mittel beschleicht den Beobachter der Gedanke, ob nicht in einer Hinsicht doch etwas an dem von Conze entworfenen monochromen Bild des Autoritarismus „dran" ist. Gibt es gar eine bestimmte Traditionslinie des Autoritarismus, die vom Kaiserreich bis heute reicht, wenn ein nordhessischer Ordinarius Zensuren verteilt, Nachwuchshistoriker mit anderen Sichtweisen drohend zurechtweist und Kollegen mit politischen Verdächtigungen wie dem Unterstellen einer „neonationalistische[n] Agenda"[83] verfolgt?

Eine nicht nur zu Conze, sondern auch zur – lange Zeit etablierten – Lehre von einer Trennung einer „guten" Bismarck-Zeit von einem problematischen oder gar verhängnisvollen Wilhelminismus alternierende Sichtweise vertritt Hedwig Richter, die gerade in der Zeit um 1890 einen Aufbruch zu mehr Partizipation, Massenpolitisierung und Reform erkennt. Das verknüpft sie nicht mit einer Rehabilitation Wilhelms II., sondern mit einer durch die mehrdimensionalen Phänomene des Kapitalismus und Nationalismus bedingten Politisierung und Emanzipation breiter Schichten wie der Arbeiter und Frauen im gesamten „nordatlantischen Raum".[84] Markant für diese Perspektive ist, dass sie die deutsche Geschichte in die Geschichte des Westens einbettet und Reform und steigende Partizipation wie Aggression und Exklusion als Bestandteil der westlichen Demokratisierungsgeschichte versteht. Auffällig ist sodann, dass Richter in ihrem Essay den Bereich, der lange Zeit das zentrale Narrativ der Darstellungen des Kaiserreiches bildete, weitgehend eskamotiert: die Außenpolitik mit den Komplexen von Ein- und Selbstauskreisung.[85]

Das Kaiserreich stimuliert also auch heute wieder zur Stellungnahme, zum Nachdenken über die deutsche Identität. Mit ihm wurde der Nationalstaat geschaffen, der einmal zerstört, häufig totgesagt wurde, nach 1945 von vielen gerne überwunden worden wäre, nun aber immer noch existiert. Von hier führen einige, aber nicht alle dort begonnenen Traditionsstränge zur Jetztzeit. Viele unserer Zeitgenossen kannten noch Großeltern, die im Kaiserreich sozialisiert worden waren und Teile der Prägungen, des bürgerlichen Wertehimmels und des Pflicht- und Leistungsethos in die Bundesrepublik mitgenommen hatten. Unkritisch sollte man der Epoche nicht begegnen. Die Arbeits- und Wohnwelten des Industrieproletariats, die Engstirnigkeit und

---

[83] Conze, Wilhelms Reich in neuem Glanz.

[84] Richter, Aufbruch in die Moderne, S. 8, 16.

[85] Richter, Aufbruch in die Moderne, S. 84–87. Dieser Bereich ist aber natürlich in der Geschichtswissenschaft weiter präsent, wie Christopher Clark (der mit den „Sleepwalkers" bei Richter keine Beachtung findet) öffentlichkeitswirksam demonstriert hat. Siehe nun die neue Studie von Rainer F. Schmidt, Kaiserdämmerung. Berlin, London, Paris, St. Petersburg und der Weg in den Untergang, Stuttgart 2021.

Doppelmoral, die jedem Fontane-Leser bekannt sein dürften, der häufig auch sexualisierte Umgang mit Dienstmädchen, das protzende Renommiergehabe – all das fordert zur Kritik heraus. Aber mehr als 100 Jahre nach Ausrufung der Republik und der Abdankung Wilhelms II. sollte man ein abgewogeneres Urteil und eine ruhigere Argumentation finden als diejenigen, die derzeit die wissenschaftliche und politische Debatte prägen. Das wäre uns allen zu wünschen.

Von Missverständnissen und Kontinuitäten

Verfassungsgeschichtliche Überlegungen im Jubiläumsjahr der Reichsgründung

Von *Oliver F. R. Haardt*, Berlin

Im 150. Jahr der Gründung des Deutschen Reiches überlagern sich gleich mehrere geschichtspolitisch aufgeladene Debatten über die deutsche Vergangenheit. Einerseits ist da die Jubiläumsdebatte selbst. Soll man überhaupt an die Reichsgründung erinnern? Wenn ja, wie? Was für ein Staat war dieses Kaiserreich? Und was verbindet die Bundesrepublik mit ihm? Sogar Bundespräsident Frank-Walter Steinmeier hat zu diesen Fragen in einer umstrittenen Rede Anfang 2021 Stellung genommen.[1] Auch Bundestagspräsident Wolfgang Schäuble hat sich dazu geäußert. Im Rahmen eines längeren Gastbeitrages in einer großen Wochenzeitung erinnerte er an die erste Sitzung des gesamtdeutschen Reichstags.[2] Historikerinnen und Historiker haben darüber hinaus pünktlich zum Jubiläum einen beachtlichen Korpus an neuer Kaiserreichsliteratur produziert. Dieser besteht sowohl aus Monographien zur Reichsgründung im Speziellen als auch zum Deutschen Reich im Allgemeinen.[3]

---

[1] Rede online verfügbar unter https://www.bundespraesident.de/SharedDocs/Reden/DE/Frank-Walter-Steinmeier/Reden/2021/01/210113-150Jahre-Reichsgruendung.html (letztmals abgerufen 13.5.2021).

[2] Schäuble, Wolfgang. „Wir haben die Freiheit". Die Zeit 12/2021, 18.3.2021. Online verfügbar unter: https://www.zeit.de/2021/12/deutscher-reichstag-demokratisierung-parlament-geschichte-gegenwart (letztmals abgerufen 13.5.2021).

[3] Wichtigste Beiträge: Haardt, Oliver F. R.: Bismarcks ewiger Bund. Eine neue Geschichte des Kaiserreichs. Darmstadt 2020. Richter, Hedwig: Aufbruch in die Moderne. Reform und Massenpolitisierung im Kaiserreich. Berlin 2021. Conze, Eckart: Schatten des Kaiserreichs. Die Reichsgründung von 1871 und ihr schwieriges Erbe. München 2020. Nonn, Christoph: 12 Tage und ein halbes Jahrhundert. Eine Geschichte des Deutschen Kaiserreiches 1871–1918. München 2020. Jahr, Christoph: Wie Preußen Deutschland erzwang. München 2020. Bendikowski, Tillmann: 1870/71. Der Mythos von der deutschen Einheit. München 2020. Epkenhans, Michael: Der Deutsch-Französische Krieg 1870/1871. Ditzingen 2020. Jäger, Jens: Das vernetzte Kaiserreich. Die Anfänge von Modernisierung und Globalisierung in Deutschland. Ditzingen 2020. Einziger englischsprachiger Beitrag bisher das populärwissenschaftliche Buch von Hoyer, Katja: Blood and Iron. The Rise and Fall of the German Empire 1871–1918. Cheltenham 2021. Übersicht über die Debatte in Haardt, Oliver F. R.:

Andererseits gibt es momentan eine Reihe von Debatten, die sich entweder auf einen bestimmten Aspekt der Geschichte des Kaiserreichs beziehen oder dessen Bedeutung für den weiteren Verlauf der deutschen Geschichte in den Blick nehmen. Der Postkolonialismus hat das öffentliche Interesse vor allem durch die Diskussion um einen Völkermord an den Herero und Nama und den Umgang mit Raubkunst aus Afrika und Asien auf die Kolonialgeschichte des Kaiserreiches gelenkt. Welche Rolle spielten die Kolonien im Kaiserreich? Wie sind die Verbrechen der deutschen Machthaber gegen die indigenen Völker historisch einzuordnen? Und wie soll die Bundesrepublik mit dem kolonialen Erbe der Kaiserzeit umgehen?[4]

Zugleich gewinnt eine Debatte immer mehr an Intensität, die – angestoßen durch Hedwig Richters Thesen zur „Affäre" der Deutschen mit der Demokratie – nach dem Ort des Kaiserreiches in der deutschen Demokratiegeschichte fragt.[5] Wie sind die demokratischen Aufbrüche zu bewerten, die es innerhalb des autoritären Regimes des Kaiserreiches gab? Welche Bedeutung haben sie für die deutsche Geschichte insgesamt? Und wie verändern sie unseren Blick auf das Kaiserreich? Im Rahmen dieser Debatte kommt verstärkt wieder die Frage nach dem vermeintlichen deutschen Sonderweg auf und verbindet sich mit einer Diskussion darüber, wie sich die Vorstellung einer spezifisch deutschen Entwicklung der Geschichte auf die Politik auswirkt und welche Folgen eine Revision unseres traditionellen Bildes vom Kaiserreich für die Erinnerungskultur an den Nationalsozialismus hat.[6]

„Für den Zweifel". Süddeutsche Zeitung Nr. 27/2021, 3.2.2021. Online verfügbar unter: https://www.sueddeutsche.de/kultur/kaiserreich-debatte-deutscher-sonderweg-eckart-conze-hedwig-richter-150-jahre-1.5193263?reduced=true (letztmals abgerufen 13.5.2021).

[4] Siehe z. B. Sandkühler, Thomas/Eppler, Angelika/Zimmerer, Jürgen (Hrsg.): Geschichtskultur durch Restitution? Ein Kunst-Historikerstreit. Göttingen 2021. Savoy, Bénédicte: Afrikas Kampf um seine Kunst. Geschichte einer postkolonialen Niederlage. München 2021. Zimmerer, Jürgen/Rothberg, Michael: „Enttabuisiert den Vergleich!". Die Zeit Nr. 14/2021, 31.3.2021. Online verfügbar unter: https://www.zeit.de/2021/14/erinnerungskultur-gedenken-pluralisieren-holocaust-vergleich-globalisierung-geschichte (letztmals abgerufen 13.5.2021).

[5] Richter, Hedwig: Demokratie. Eine deutsche Affäre. München 2020.

[6] Siehe z. B. Richter, Hedwig/Ulrich, Bernd: „Die Angst vor dem Volk". Die Zeit Nr. 15/2021, 8. 4.2021. Online verfügbar unter https://www.zeit.de/2021/15/demokratie-deutschland-geschichte-nationalsozialismus-hedwig-richter?utm_referrer=https%3A%2F%2F (letztmals abgerufen 13.5.2021) und die Reaktion von Morina, Christina/Süß, Dietmar: „Deutscher Frühling". Süddeutsche Zeitung Nr. 86/2021, 15.4.2021. Online verfügbar unter https://www.sueddeutsche.de/kultur/geschichtspolitik-nationalsozialismus-demokratie-sonderweg-debatte-zeitgeschichte-1.5264866?reduced=true (letztmals abgerufen 13.5.201). Losgelöst von der Richter-Kontroverse der Sammelband von Braune, Andreas/Dreyer, Michael/Lang, Markus/Lappenküper,

Zu guter Letzt kommt noch die Debatte um die Rolle des preußischen Kronprinzen beim Aufstieg der Nationalsozialisten hinzu. Hat Kronprinz Wilhelm letzterem „erheblichen Vorschub" geleistet oder nicht? Spätestens seitdem der Satiriker Jan Böhmermann die Gutachten publik gemacht hat, die vier renommierte Historiker zu dieser Frage im Rahmen des Rechtsstreits um die Entschädigungsforderungen der Hohenzollern gegenüber der Bundesrepublik abgegeben haben, und seitdem der Chef des ehemals regierenden königlich-kaiserlichen Hauses gegen mehrere kritische Geschichtswissenschaftler juristisch vorgeht, steht diese Kontroverse ganz besonders im Fokus der Öffentlichkeit.[7]

Mittlerweile ist eine recht unübersichtliche Gemengelage entstanden, in der die einzelnen Debatten parallel zueinander weiterlaufen, sich gleichzeitig aber auch vermischen. Ganz besonders energisch geht es in den Feuilletons und auf Twitter zu. Geschichtspolitik und Geschichtswissenschaft werden dabei nicht selten bewusst miteinander vermengt. Eckart Conzes Buch zu den „Schatten des Kaiserreichs" bezeichnet sich etwa als „historische Analyse und geschichtspolitische Intervention".[8] In dem so durch die verschiedenen Diskussionszweige erzeugten Diskurs über die moderne deutsche Geschichte kommen relativ häufig ganz verschiedene Seiten auch auf die Verfassungsordnung des Kaiserreiches zu sprechen. Es ist immer wieder die Rede von der Monarchie, dem Reichstag, Wahlen, dem Verhältnis zwischen Zivil- und Militärgewalt, Parteien, Gewerkschaften und Verbänden. Das ist nicht weiter überraschend, geht es doch vor allem in den Debatten über die Reichsgründung und die deutsche Demokratiegeschichte nicht zuletzt darum, das ambivalente Wesen des Kaiserreichs zwischen Autoritarismus und Fortschritt auszuloten.

Aus Sicht eines Verfassungshistorikers fallen hinsichtlich dieses sehr heterogenen Geschichtsdiskurses jedoch zwei Dinge auf. Erstens gibt es allerlei ganz grundsätzliche Missverständnisse über die Verfassung von 1871 und deren Entwicklung bis zur Revolution von 1918. Einige davon dienen explizit als Argumente, andere sind in ausgetauschten Positionen impliziert. In beiden Fällen werden sie beharrlich wiederholt und haben nicht selten eine lange Vorgeschichte in der deutschen Historiographie. Zweitens wird das

---

Ulrich (Hrsg.): Einigkeit und Recht, doch Freiheit? 150 Jahre Deutsches Kaiserreich. Stuttgart voraussichtlich Herbst 2021.

[7] Gutachten verfügbar unter der von Böhmermann eingerichteten Webseite http://hohenzollern.lol/. Ausführliche Zusammenfassung des Hohenzollernstreits im Kontext des Jubiläumsjahres bei Evans, Richard: „The German history wars". New Statesman, 12.5.2021. Online verfügbar unter: https://www.newstatesman.com/world/europe/2021/05/german-history-wars (letztmals abgerufen 13.5.2021).

[8] Conze, Eckart: Schatten des Kaiserreichs. Die Reichsgründung von 1871 und ihr schwieriges Erbe. München 2020, Vorbemerkung „Über das Buch".

Verhältnis zwischen Kaiserreich und Bundesrepublik zwar immer wieder auch mit Blick auf die jeweiligen Verfassungsordnungen diskutiert. Zumeist wird dabei jedoch sehr allgemein von der Tradition geredet, in der die Bundesrepublik vermeintlich steht beziehungsweise eben nicht steht. Systematische Betrachtungen zu konkreten verfassungsgeschichtlichen Entwicklungslinien und -brüchen sind eher die Ausnahme als die Regel.

Auf einige Missverständnisse und Kontinuitäten möchte ich im Folgenden eingehen. Dabei handelt es sich um eine Auswahl von Punkten, die für die genannten Debatten deswegen besonders interessant sind, weil sie die Möglichkeit bieten, deren jeweilige Themen in einem anderen Licht zu betrachten. Bei der Vorstellung dieser verschiedenen Aspekte liegt mein Ansinnen nicht darauf, diese in aller Ausführlichkeit zu analysieren. Vielmehr möchte ich durch die Konzentration auf das Wesentliche dazu anregen, über die Verfassungsgeschichte des Kaiserreiches und unseren Blick darauf neu nachzudenken. Zu diesem Zweck werde ich thesenartig vorgehen und auf weitergehende Ausführungen und Angaben überwiegend verzichten. Alle dahingehenden Einzelheiten finden sich in meinem kürzlich veröffentlichten Gesamtwerk zur Verfassungsgeschichte des Kaiserreiches, auf das ich alle interessierten Leserinnen und Leser verweisen möchte.[9]

I. Missverständnisse

1. Die Reichsgründung war ein Ereignis.

Diese vielen Einschätzungen zur Geburt des ersten deutschen Nationalstaates zugrunde liegende Annahme verkennt die temporale Dimension der Reichsgründung. Die föderale Verfassungsordnung, die das Reich begründete, wurde nicht auf einen Schlag im Winter 1870/71 geschaffen. Vielmehr entstand sie in mehreren Schritten, die sich von der Auflösung des alten Deutschen Bundes im Sommer 1866 bis zur Annahme der finalen Version der Reichsverfassung durch den Reichstag im April 1871 hinzogen. Dementsprechend war die Reichsgründung kein einmaliges Ereignis, sondern ein sich über mehrere Jahre erstreckender Prozess.

Dieser Prozess bestand aus zwei grundlegenden Teilen: der Einrichtung einer Bundesverfassung und der Gründung eines gesamtdeutschen Bundesstaates. Diese Aufgliederung ergab sich aus Bismarcks Ansatz, das Kernproblem der Umwandlung des Deutschen Bundes in eine engere Staatsordnung unter preußischer Führung in mehrere, leichter zu erreichende Teile aufzu-

---

9 Haardt, Oliver F. R.: Bismarcks ewiger Bund. Eine neue Geschichte des Kaiserreichs. Darmstadt 2020.

splitten und diese nacheinander in einer „Politik der Geduld, der kleinen
Schritte und des Abwartens" zu lösen, wie es einst Thomas Nipperdey nannte.[10] 1866 beschränkte sich Bismarck nach dem preußischen Sieg über Österreich auf die Schaffung einer neuen Bundesverfassung, die nur die norddeutschen Einzelstaaten umfasste. Allen Rufen nach einer sofortigen Vereinigung
von Nord und Süd, die vor allem aus der Ecke der Liberalen laut erschallten,
erteilte er eine Absage. Er räumte also der verfassungsrechtlichen Konsolidierung des gerade auf dem Schlachtfeld errungenen preußischen Führungs-
anspruchs Vorrang vor dessen geographischer Ausdehnung ein. Das Resultat
dieses Vorgehens war die Einrichtung des Norddeutschen Bundes. 1870/71
folgte im Zuge des Krieges gegen Frankreich die nationale Vereinigung.
Diese vollzog sich im Prinzip durch einen vertraglich geregelten Beitritt der
süddeutschen Staaten zur Verfassungsordnung des Norddeutschen Bundes.
Letztere wurde dabei zwar vor allem durch die Gewähr von einigen Sonder-
rechten in mehreren kleineren Details verändert. Die Substanz der Verfassung
blieb aber die gleiche. Daran änderte auch die Umbenennung des ehemaligen
Bundespräsidiums in ein Kaisertum nichts. Das, was gemeinhin als Reichsgründung bezeichnet wird, war also im Kern nichts anderes als die Ausweitung der norddeutschen Bundesverfassung auf einen neuen, alle Einzelstaaten
in Nord- und Süddeutschland umfassenden und deshalb zum „Deutschen
Reich" deklarierten Bundesstaat.

Verfassungsgebung und Staatsgründung fielen somit – anders, als immer
wieder vorschnell angenommen wird – mitnichten zusammen. Das Gegenteil
war der Fall: Sie fielen auseinander. Deshalb konstituierten sie auch kein
Ereignis, sondern einen Prozess. Die vielbeschworene Gleichzeitigkeit der
Probleme, unter der die Reichsgründung angeblich litt, gab es folglich gar
nicht, zumindest nicht hinsichtlich der beiden Hauptaufgaben, die gelöst
werden mussten, um den Nationalstaat aus der Taufe zu heben. Das eigentliche Problem des Zeitrahmens, in dem sich die Reichsgründung vollzog,
war vielmehr die zeitliche Trennung von Verfassungsgebung und Staatsgründung. Diese führte nämlich dazu, dass die föderalen Verfassungsstrukturen
des neuen Reiches in vielen Teilen äußerst widersprüchlich waren. Schließlich zwängte der Beitritt der süddeutschen Staaten zur Verfassung des Norddeutschen Bundes 25 Staaten in eine politische Ordnung, die ursprünglich
nur von und für 21 gemacht worden war. Im Norddeutschen Bund musste die
Verfassung die Großmacht Preußen, 19 mehr oder weniger kleine Fürsten-
tümer und den Mittelstaat Sachsen koordinieren. Im vereinigten Deutschland
war die Aufgabe ungleich schwieriger, da vier zusätzliche Mittelstaaten – die
beiden Großherzogtümer Hessen und Baden sowie die mächtigen Königrei-

---

10 Nipperdey, Thomas: Deutsche Geschichte 1866–1918. Bd. 2. München 1995,
S. 28.

che Bayern und Württemberg – das ohnehin undurchsichtige föderale Gefüge noch weiter verkomplizierten, wie dies die süddeutschen Sonderrechte dokumentierten. Aus den so zurechtgezimmerten föderalen Verfassungsstrukturen erwuchsen denn auch bald nach der Reichsgründung zahlreiche Koordinationsprobleme, die den neuen deutschen Gesamtstaat sein ganzes Leben lang begleiten sollten.

2. Das Reich war eine Kriegsgeburt.

Diese im Jubiläumsjahr häufig auftauchende Charakterisierung verzerrt das Verhältnis und die relative Bedeutung von Zivil- und Militärgewalt in der Reichsgründung. Die drei Einigungskriege waren zweifellos wichtige Katalysatoren in diesem Prozess. Schließlich waren sie es, die erst die politischen Umstände schufen, unter denen die preußische Monarchie im europäischen Machtgefüge die Möglichkeit erhielt, die deutschen Einzelstaaten in Nord und Süd von der staatenbündisch-dualistischen Ordnung des Deutschen Bundes in einen engeren, hegemonialen Bundesstaat zu überführen. Alleine haben die Kriege aber keinen Staat und schon gar keine Verfassung gemacht, ja sie spielten in den konkreten Vorgängen zur Einrichtung derselbigen noch nicht einmal eine Hauptrolle, auch wenn der einzige offizielle Gründungsakt des neuen Reiches – die durch und durch militärisch geprägte Kaiserproklamation in Versailles – etwas anderes suggerieren mag.

Die Verfassung und der durch diese geschaffene Staat wurden nicht auf dem Schlachtfeld, sondern in Ministerialbüros, diplomatischen Konferenzräumen und parlamentarischen Sitzungssälen geboren. Sie gingen aus einem komplexen politischen Verhandlungsprozess hervor, der von den militärischen Operationen getrennt war und unter der Kontrolle ziviler Stellen stand. Der Entwurf der Verfassung ging auf Bismarcks Putbuser Diktate und diverse andere Vorarbeiten zurück, die dieser bei verschiedenen preußischen Ministerialbeamten und ideologisch ganz unterschiedlich ausgerichteten externen Beratern nach dem militärischen Triumph Preußens über Österreich in der Schlacht von Königgrätz in Auftrag gegeben hatte. Anfang Dezember 1867 passierte der Entwurf mit einigen kleineren, zumeist das Militärwesen betreffenden Änderungen das preußische Kabinett. Danach folgten mehrmonatige Verhandlungen auf einer Konferenz der Regierungen der norddeutschen Einzelstaaten, bei der letztere diverse kleinere Amendements vornahmen. Die so feinjustierte Vorlage ging daraufhin im April 1867 in den extra zu diesem Zweck gewählten konstituierenden Reichstag, der eine Reihe ganz fundamentaler Änderungen durchsetzte. Anschließend stimmten die einzelstaatlichen Regierungen dem finalen Entwurf noch einmal zu und legten ihn – mit Ausnahme der Braunschweiger Regierung – ihren jeweiligen Landtagen zur Bestätigung vor. Als dreieinhalb Jahre später im Zuge des erfolgreichen

Feldzuges gegen Frankreich die Vereinigung von Nord und Süd aufs Tableau kam, verhandelten die süddeutschen Regierungen mit der Führung des Norddeutschen Bundes auf Grundlage von dessen Verfassung im November 1870 die Einigungsverträge. Letztere wurden in den folgenden zwei Monaten sowohl von den süddeutschen Landtagen als auch vom norddeutschen Reichstag bestätigt. Der erste gesamtdeutsche Reichstag verabschiedete schließlich im April 1871 auf Vorschlag des Bundesrates noch eine Neuredaktion der Verfassung. Diese überarbeitete Finalversion beschränkte sich darauf, die in den Einigungsverträgen vorgesehenen Sonderrechte und sonstigen Anpassungen in das ursprüngliche Verfassungsdokument einzupflegen.

Militärs spielten in diesem mehrstufigen Prozess der Verfassungsgebung nur eine sehr begrenzte Rolle. Zum einen waren die Kriegsminister wie alle anderen Minister Teil der jeweiligen Staatsregierungen, die – häufig über diplomatische Unterhändler – an der Konferenz der einzelstaatlichen Regierungen Anfang 1867 und an den Novemberverhandlungen 1870 in Versailles teilnahmen. Zum anderen gab es eine kleine Zahl hochrangiger Militärs, die sich in den konstituierenden Reichstag wählen ließen, um dort direkt an den Verfassungsverhandlungen teilzunehmen. Die prominentesten waren der preußische Kriegsminister Albrecht von Roon, der Chef des Generalstabes Helmuth von Moltke und der General Eduard Vogel von Falckenstein. Natürlich übten die Militärs hinter den Kulissen teilweise beachtlichen Einfluss aus, vor allem bei der Verhandlung über die Ausgestaltung des künftigen Militärwesens. Außerdem fanden alle Verfassungsberatungen stets unter dem Eindruck der Einigungskriege statt. Das änderte aber nichts daran, dass die Zivilgewalt in dem konkreten Prozess, der den neuen Gesamtstaat einrichtete, ganz klar die Oberhand hatte. Das Reich als bloße Kriegsgeburt zu bezeichnen, geht daher aus verfassungshistorischer Sicht an der historischen Realität vorbei. Akkurater ist es, das Reich als Ergebnis eines komplexen Verhandlungsprozesses zu beschreiben, der durch die Einigungskriege möglich gemacht wurde.

3. Die Reichsverfassung wurde in einer „Revolution von oben" oktroyiert.

Die besonders durch die Arbeiten von Hans-Ulrich Wehler zum vermeintlichen deutschen Sonderweg geprägte Interpretation der Reichsgründung als Revolution von oben ist genauso populär wie irrtümlich.[11] Sie speist sich aus dem Kontrast zur gescheiterten Revolution von 1848/49. Bei diesem ersten großen Versuch zur Schaffung eines deutschen Nationalstaates war der zentrale Akteur in Gestalt der Paulskirche eine gewählte Volksvertretung, die

---

11 Siehe z. B. Wehler, Hans-Ulrich: Deutsche Gesellschaftsgeschichte. Bd. 3. München 1995, S. 251 ff.

von der Ausarbeitung bis zur Verabschiedung für die Verfassung verantwortlich war. Dieses Modell eines aus demokratischen Vertretern zusammengesetzten Verfassungskonventes kennen wir auch aus der Gründungsgeschichte anderer (Bundes-)Staaten, nicht zuletzt aus derjenigen der USA. In den Vorgängen der Reichsgründung zwischen 1866 und 1871 lagen die Dinge zweifellos anders. Hier ging der Entwurf der Verfassung nicht auf eine parlamentarische Versammlung, sondern auf monarchische Regierungsvertreter zurück, allen voran auf Bismarck. Parlamentarische Instanzen waren in dem oben beschriebenen Prozess der Verfassungsgebung zwar eingebunden, hatten aber keine mit der Paulskirchenversammlung vergleichbare Funktion. Die verfassungsgebende Gewalt, die *pouvoir constituante*, lag bei den gekrönten Häuptern der Einzelstaaten, die mit dem Reich eine monarchische Allianz beziehungsweise einen Fürstenbund schlossen.

Dennoch ist es falsch, den Prozess der Verfassungsgebung und damit die Reichsgründung als vollkommen undemokratischen Oktroyierungsakt zu charakterisieren. Denn diese Einschätzung verkennt sowohl die strategische Rolle der liberalen Nationalbewegung als auch die Bedeutung der am Zustandekommen der Verfassung beteiligten parlamentarischen Institutionen. Bismarck inkludierte mit dem konstitutiven Reichstag ganz bewusst eine nach dem allgemeinen Männerwahlrecht der Paulskirche gewählte Volksvertretung in den Prozess der Verfassungsgebung. Diese Konzession demokratischer Teilhabe sollte dazu dienen, die liberale Volksbewegung, die sich im Deutschen Nationalverein ein mächtiges Sprachohr geschaffen hatte, zur Gründung des neuen Gesamtstaates heranzuziehen und dadurch den politischen Druck auf die monarchischen Regierungen der Einzelstaaten so weit zu erhöhen, dass sich diese trotz aller Widerspenstigkeit dazu bereit finden würden, einen Teil ihrer Souveränität abzugeben und sich der preußischen Hegemonie zu beugen. Diese Strategie kam aber zu einem Preis. Da angesichts der parlamentarischen Kräfteverhältnisse im preußischen Abgeordnetenhaus und den anderen Landtagen schon vor der Wahl des konstituierenden Reichstages abzusehen war, dass eine Verfassungsvorlage diesen nur würde passieren können, wenn sie zusätzlich zu den Stimmen der Konservativen auch die Unterstützung zumindest eines Teils der gemäßigten Liberalen bekommen würde, gestaltete Bismarck den Entwurf von Anfang an so, dass er diesen zwar viel abverlangte, eine Zustimmung aber immerhin möglich machte. So umfasste bereits der Entwurf einige wichtige Elemente, die progressive Kräfte seit Jahren gefordert hatten, allen voran ein nationales Parlament, ohne dessen Zustimmung kein Bundesgesetz – also auch der jährlich zu bewilligende Haushalt des neuen Reiches – nicht würde verabschiedet werden können: den Reichstag.

Die Beteiligung parlamentarischer Institutionen war aber mehr als ein strategisches Manöver. Das galt gleich in doppelter Hinsicht. Erstens prägte der konstitutive Reichstag von 1867 die Gestalt der Verfassung entscheidend mit. Auch wenn es den Liberalen nicht gelang, viele ihrer zentralen Forderungen – wie zum Beispiel einen Grundrechtskatalog, ein Bundesgericht oder eine unitarische Organisation des neuen Gesamtstaates – durchzusetzen, konnten sie doch mehrere fundamentale Veränderungen am Entwurf bewirken. Insgesamt gab es über neunzig Amendements, die eine Mehrheit fanden und von Bismarck im Namen der verbündeten Regierungen nach harten Verhandlungen akzeptiert wurden. Am wichtigsten war wohl die nach einem der nationalliberalen Parteiführer benannte Lex Bennigsen, die durch die Einführung der Gegenzeichnungspflicht des Kanzlers dessen Funktion im Verfassungsgefüge komplett veränderte: aus dem Vorsitzenden des Bundesrates, auf den Bismarcks Entwurf die Funktion des Kanzlers beschränkt hatte, um zu verhindern, dass der Reichstag einen eigenständigen Exekutivposten als Angriffsstelle für liberale Forderungen nach einer Ministerverantwortlichkeit haben würde, machte das Amendement den einzigen Minister des Bundespräsidiums beziehungsweise des Kaisers, der für dessen Verordnungen und Verfügungen zwar nicht parlamentarisch, aber immerhin politisch verantwortlich war. Anders gesagt: Der Reichstag legte mit der Annahme des Lex Bennigsen einen zarten Keim von Ministerverantwortlichkeit in die Verfassung, von dem die Nationalliberalen hofften, dass er mit der Zeit aufgehen und sich fortentwickeln werde.

Zweitens war die Beteiligung der Volksvertretungen nicht nur inhaltlich, sondern auch prozessual von enormer Bedeutung. 1870/71 wurden genau wie schon 1866/67 alle entscheidenden Schritte zur Umwandlung Deutschlands in einen Bundestaat parlamentarisch gebilligt – und das sowohl auf nationaler als auch auf einzelstaatlicher Ebene. 1867 wurde die Verfassung zunächst vom konstitutiven Reichstag verhandelt und verabschiedet und dann von den Landtagen aller norddeutschen Einzelstaaten außer dem Braunschweigs bestätigt. 1870/71 stimmten alle süddeutschen Landtage den jeweiligen Einigungsverträgen und damit auch der Verfassung, auf die sie sich bezogen, zu. Der Reichstag genehmigte wiederum mit der oben bereits erwähnten Neuredaktion der Verfassung indirekt auch die Einigungsverträge, da deren Bestimmungen ja die Grundlage für die Überarbeitung bildeten. Kurzum: Sowohl die Verfassungsgebung von 1867 als auch die Staatsgründung von 1871 vollzogen sich auf der Basis parlamentarischer Zustimmung auf Bundes- und Landesebene.

Das machte die Parlamente zwar nicht zum Urheber, aber immerhin zum Geburtshelfer des gesamtdeutschen Bundesstaates. Dessen Gründung war daher mitnichten ein rein undemokratischer Akt der einzelstaatlichen Monarchien unter Führung des preußischen Obrigkeitsstaates. Im Gegenteil: Die

Reichsgründung gestand den Parlamenten eine wichtige Legitimitätsfunktion bei der Formierung der neuen Ordnung zu. Bedenkt man, dass nach dem monarchischen Prinzip allein die Fürsten und nicht das Volk als souverän galten, erscheint die Einbindung des Reichstages und der Landtage in die Bildung eines Bundes zwischen eben diesen Souveränen umso bemerkenswerter. Was dadurch entstand, war, wie schon Ernst Rudolf Huber hervorgehoben hat, eine „vereinbarte Verfassung" zwischen den monarchischen Regierungen und dem Volk.[12] Auch wenn Erstere bei dieser Übereinkunft klar am längeren Hebel saßen, ist es doch verfehlt, die Reichsgründung als Revolution von oben und die Verfassung als oktroyierte Zwangsordnung abzutun.

4. Das Reich war praktisch nichts anderes als die geographische Ausdehnung des preußischen Machtstaates.

Diese immer wieder auftauchende Einschätzung ist eine Simplifizierung der historischen Verhältnisse, die sowohl die föderale Substanz als auch den bündischen Schein der Verfassung ignoriert. Letztere sicherte die preußische Hegemonie zwar durch allerlei strukturelle Vorkehrungen ab. Sie beschränkte sich aber nicht darauf. Vielmehr richtete sie ein komplexes Gefüge föderaler Entscheidungsfindung ein, das von einer ausgeklügelten Hierarchie zwischen Hegemonialstaat, Mittelstaaten und Kleinstaaten und dem Nebeneinander von unitarischen und partikularistischen, bündischen und hegemonialen, monarchischen und parlamentarischen Elementen geprägt war. In diesem Gefüge hatte die preußische Regierung eine absolut herausgehobene Stellung. Auf sich alleine gestellt konnte sie das Reich aber nicht dirigieren. Dazu war sie auf die Kooperation der anderen einzelstaatlichen Regierungen angewiesen. Nirgends zeigte sich das deutlicher als im zentralen Vertretungsorgan der einzelstaatlichen Regierungen: dem Bundesrat. Preußen hatte hier mit 17 Stimmen ein deutliches Übergewicht, verfügte aber aus eigener Kraft über keine Mehrheit. Um eine solche zu erreichen, benötigte die preußische Vertretung mindestens dreizehn Stimmen von anderen Staaten.

Diese Stimmverteilung war von Bismarck bewusst so angelegt worden. Bei der Ausarbeitung des norddeutschen Verfassungsentwurfs entschied er sich nach langem Hin und Her dafür, die Stimmverteilung aus dem Bundestag des alten Deutschen Bundes zu übernehmen. Dabei schlug er Preußen zwar die Stimmen jener Bundesglieder zu, die die Hohenzollernmonarchie

---

12 Huber, Ernst Rudolf: Die Bismarcksche Reichsverfassung im Zusammenhang der deutschen Verfassungsgeschichte. In: Deuerlein, Ernst/Schieder, Theodor (Hrsg.): Reichsgründung 1870/71. Tatsachen, Kontroversen, Interpretationen. Stuttgart 1970, S. 167.

1866 im Zuge des militärischen Triumphs gegen die von Österreich ange-führte Koalition annektiert hatte (Hannover, Kurhessen, Holstein, Nassau und Frankfurt).[13] Er verzichtete aber darauf, die Stimmverteilung, die die Deutsche Bundesakte von 1815 auf Grundlage der damaligen Einwohnerzahl der einzelnen Staaten festgelegt hatte, an die aktuellen Bevölkerungsverhält-nisse anzupassen, da dann „die anderen Regierungen neben Preußen voll-ständig mundtot gemacht" worden wären, wie er in seinen Putbuser Diktaten erklärte. Mehr als an einem maximalen Ausbau der preußischen Hegemonie war ihm bei der Konstruktion des Bundesrates also daran gelegen, ein bün-disches Machtzentrum zu schaffen, das durch die gesammelte Autorität der verbündeten Regierungen ein ausreichendes Gegengewicht bieten würde, um den Reichstag dauerhaft in Schranken zu halten.

Das ist ein Beispiel von vielen, die zeigen, dass das Bauprinzip der Verfas-sung dem Schutz monarchischer Souveränität und damit dem bündischen Zusammenschluss der einzelstaatlichen Regierungen den Vorrang vor der preußischen Hegemonie einräumte. Genau aus dieser Logik heraus lehnte Bismarck 1866 auch alle sowohl von den preußischen Liberalen als auch von vielen Konservativen vorgebrachten Forderungen ab, dass Preußen doch ein-fach ganz Norddeutschland annektieren solle. Die Einverleibung von Hanno-ver, Kurhessen, Holstein, Schleswig, Nassau und Frankfurt hielt er zwar aus verschiedenen machtpolitischen Gründen für angebracht. Eine generelle Ausweitung des preußischen Staates durch eine Absetzung der anderen deut-schen Monarchen hielt er aber für einen Pyrrhussieg, der das monarchische Prinzip so sehr untergraben würde, dass es in dem neuen Reich nicht mehr sicher wäre. Um monarchische Souveränität nachhaltig gegen das Vordrän-gen des Parlamentarismus zu schützen, brauchte es in seinen Augen keine einfache Expansion des preußischen Staates, sondern einen erneuerten, von der Hohenzollernmonarchie angeführten Fürstenbund, in dem die einheit-liche Front aller einzelstaatlichen Regierungen jedweden parlamentarischen Gefahren entgegenstehen würde.

Folglich legte Bismarck beim Zustandekommen der Verfassung denn auch größten Wert darauf, diese in das Gewand eines Fürstenbundes zu hüllen. Das erreichte er schließlich zum einen durch die Beschwörung einer solchen monarchischen Allianz in der Präambel und zum anderen durch diverse strukturelle Arrangements, wie etwa der zentralen Stellung des Bundesrates

---

13 Das Herzogtum Schleswig, das zu der nach dem Deutsch-Dänischen Krieg von 1864 eingerichteten österreich-preußisch geführten Sonderverwaltungszone an der Nordgrenze des Deutschen Bundes gehörte, wurde 1866 zwar ebenfalls von Preußen annektiert, war zu diesem Zeitpunkt aber kein ordentliches Bundesglied und hatte infolgedessen auch kein Stimmrecht im Bundestag, das Preußen sich hätte einverlei-ben können.

als institutionelle Verkörperung des kollektiven Souveräns des Reiches – der Gesamtheit der verbündeten Regierungen – oder der Beschränkung des preußischen Königs in seinem Amt als Deutscher Kaiser auf die Funktion eines *primus inter pares* unter den Bundesfürsten. In ihrer Gesamtheit richtete die Verfassung jedoch ganz eindeutig keine staatenbündische Union monarchischer Souveräne, sondern einen föderalen Bundesstaat mit teils stark unitarischen Zügen ein. Mit dem Kaiser und dem Reichstag hatten zwei Organe, die die gesamte Nation und nicht einzelne Staaten vertraten, eine besonders prominente Stellung in der Exekutive beziehungsweise der Legislative. Das Reich genoss außerdem weitaus mehr Rechte gegenüber den Einzelstaaten, als es jemals für die Zentralgewalt des Deutschen Bundes der Fall gewesen war. Dazu kamen noch die zahlreichen hegemonialen Privilegien Preußens. Bereits durch diese herausstechenden Merkmale – von den strukturellen Details ganz zu schweigen – schuf die Verfassung in vielerlei Hinsicht genau das Gegenteil von einem politischen System, das als gleichberechtigtes Bündnis zwischen gekrönten Häuptern von nach wie vor souveränen Staaten hätte gelten können. Kurzum: Der Fürstenbund war nur ein Schein, in den Bismarck das neue Reich hüllte.

Gleichwohl war die Legende vom Fürstenbund ein überaus wichtiger Teil der Verfassungswirklichkeit. Sie erfüllte nämlich gleich mehrere bedeutende Funktionen. Erstens war sie ein Beruhigungsmittel, das den einzelstaatlichen Regierungen die Unterordnung unter das hegemonial geprägte Reich erleichtern sollte. Zweitens war sie gleichzeitig auch ein Druckmittel, das die preußische Reichsführung verwenden konnte, um die einzelstaatlichen Regierungen auf Linie zu bringen. Schließlich gab sie der preußischen Regierung in jedem Konflikt mit anderen einzelstaatlichen Regierungen die Möglichkeit, damit zu drohen, die gemeinsame Allianz zu verlassen, sprich: das Reich als einen Rumpf aus Mittel- und Kleinstaaten zurückzulassen, der dann sowohl dem europäischen Ausland als auch allen Vorstößen zur Liberalisierung der bestehenden Ordnung ohne den militärischen und politischen Beistand der mit Abstand mächtigsten deutschen Monarchie weitgehend schutzlos ausgeliefert wäre. Drittens und letztens war die Legende vom Fürstenbund ein wirksames Schutzmittel gegen den Reichstag. Denn sie gab den verbündeten Regierungen die Möglichkeit, bei allzu weitgehenden parlamentarischen Vorstößen jederzeit damit zu drohen, den Fürstenbund aufzulösen, also die Verfassung zu annullieren und damit den Reichstag kaltzustellen. Wäre das Reich eine bloße Erweiterung des preußischen Machtstaates gewesen, hätte es dieses scharfe Schwert zur Verteidigung monarchischer Souveränität nicht gegeben. Jedes Mal, wenn Bismarck diese Waffe zog – und er tat dies in den Jahrzehnten nach der Reichsgründung ausgesprochen häufig –, machte er damit also auch deutlich, dass das Reich in seiner föderalen Komplexität viel mehr war als nur ein Großpreußen.

5. Das Reich war eine Monarchie mit dem Kaiser an der Spitze.

So selbstverständlich diese Aussage auf den ersten Blick auch scheint: Sie ist dennoch nur teilweise richtig. Die Verfassung schuf nämlich keine Reichsmonarchie. Eine solche entstand erst im Laufe der Jahrzehnte im Zuge mehrerer struktureller Wandlungsprozesse, die maßgeblich von einer steten Zentralisierung föderaler Kompetenzen angetrieben wurden.

Infolge der Legende vom Fürstenbund verortete die Verfassung die Souveränität des Reiches bei der Gesamtheit der verbündeten Regierungen. Das formell höchste Organ des Reiches war daher nicht der Kaiser, sondern die Versammlung der Vertreter der einzelstaatlichen Regierungen: der Bundesrat. Statt dem Kaiser die Position eines Reichsmonarchen zu geben, machte die Verfassung ihn nur zu einer Art Vorsitzenden der Gemeinschaft der Fürsten, der diese international repräsentierte und in ihrem Namen einige konkrete Aufgaben wahrnahm, die ein Kollektiv von Souveränen schwerlich erledigen konnte, wie etwa die Eröffnung des Reichstages oder die Durchführung von Strafmaßnahmen gegen einen verfassungsbrüchigen Einzelstaat (Reichsexekution). Dem Kaiser fehlten von Hause aus denn auch allerlei Kompetenzen, die für Monarchen im Konstitutionalismus – so, wie man ihn etwa in den deutschen Einzelstaaten fand – eigentlich typisch waren. Im Gegensatz zum Verfassungsentwurf der Paulskirche gab die Reichsverfassung dem Kaiser weder ein Vetorecht noch die Befugnis, Gesetze zu initiieren. Auch das allgemeine Verordnungsrecht, also die Befugnis, Verwaltungsverordnungen zur Durchführung der Reichsgesetze zu erlassen, gestand sie ihm nicht zu. Dieses monarchische Vorrecht legte sie vielmehr in den Schoß des Bundesrates.

Folglich war die Bezeichnung „Kaiser" nur ein Titel, der mit keiner eigenständigen, vom preußischen Königtum unabhängigen monarchischen Substanz einherging. Das Amt hätte genauso gut auch als „Präsidium" bezeichnet werden können – was im Norddeutschen Bund, dessen Verfassung das Reich 1871 ja unter Hinzufügung der süddeutschen Sonderrechte übernommen hatte, auch der Fall gewesen war. Die Umbenennung des Amtes ging mit keinerlei Änderung oder Erweiterung der substantiellen Rechte einher, die mit diesem verbunden waren. Monarchisch war das Reich in der Form, in der es 1871 geschaffen wurde, also nur insofern, als dass bis auf die drei Hansestädte alle 25 Mitgliedsstaaten Monarchien waren und deren Regierungen im Bundesrat das oberste Entscheidungsgremium des Gesamtstaates bildeten. Mit anderen Worten: Das Rückgrat monarchischer Souveränität im Reich waren die Einzelstaaten.

Die kontinuierliche Zentralisierung föderaler Kompetenzen, die gleich nach Annahme der Verfassung schon im Norddeutschen Bund einsetzte, veränderte allerdings sowohl den symbolischen Gehalt als auch die strukturelle

Position des Kaiseramtes. Zum einen sorgte die Verlagerung des Schwerpunktes staatlicher Machtausübung weg von den Einzelstaaten und hin zum Reich dafür, dass sich die Nation mit dem Kaiser aufgrund seiner herausgehobenen Position als einziger konkreter Person, die das Reich in seiner Gesamtheit verkörperte, zunehmend identifizierte. Dadurch wurde der Kaiser immer weniger als *primus inter pares* unter den Bundesfürsten und immer mehr als unitarischer Reichsmonarch verstanden, wie Elisabeth Fehrenbach in ihrer Studie zu den „Wandlungen des deutschen Kaisergedankens" eindrucksvoll gezeigt hat.[14] Spätestens im Wilhelminischen Reich war diese ideelle Aufwertung des Kaiseramtes komplett.

Zum anderen veränderte die Zentralisierung des Reiches parallel zu dieser symbolischen Verschiebung auch die Kompetenzen, die dem Kaiser im föderalen Entscheidungsprozess zur Verfügung standen. Er gewann sowohl das Recht, Gesetze zu initiieren, als auch die Befugnis, sie aus inhaltlichen Gründen zu blockieren, gewohnheitsrechtlich hinzu. Das lag nicht zuletzt daran, dass es keine Instanz – wie etwa einen Verfassungsgerichtshof – gab, der ihn hätte hindern können, diese umstrittenen Kompetenzen für sich zu beanspruchen und dann auch auszuüben. Außerdem wurden die allermeisten der zahllosen Verordnungsbefugnisse, die die stark expandierende Reichsgesetzgebung im Lauf der Jahre schuf, auf ihn statt auf den Bundesrat übertragen, da er im Gegensatz zu letzterem in der Lage war, ohne langwierige Verhandlungsprozesse notwendige Maßnahmen zur Durchführung der Reichsgesetze zu treffen. Darüber hinaus bildete sich angesichts des sich stetig erweiternden Zuständigkeitsbereiches des Reiches eine beachtliche Zahl oberster Reichsbehörden heraus, deren oberster Dienstherr der Kaiser war, weil er laut Verfassung der Reichsverwaltung vorstand. Durch sein Vorrecht, neben dem Kanzler auch die Chefs dieser Reichsämter zu ernennen und zu entlassen, rückte er so in die Position des Oberhauptes einer von der Verfassung gar nicht vorgesehenen kaiserlichen Reichsregierung.

Aufgrund dieser zahlreichen Kompetenzgewinne wurde der Kaiser im Laufe der Verfassungsentwicklung sowohl in der Legislative als auch in der Exekutive zum Ausgangs- und Endpunkt der wichtigsten staatlichen Funktionen des Reiches – und somit zum Reichsmonarch. Unabhängig davon, ob Wilhelm II. mit seinen Versuchen, ein persönliches Regiment zu errichten, erfolgreich war oder nicht, hatte er mit dieser Entwicklung des von ihm bekleideten Amtes wenig zu tun. Denn selbige war bei seiner Thronübernahme 1888 bereits weitgehend abgeschlossen. Tatsächlich war sein Anspruch auf persönliche Regierung eher kontraproduktiv für die Machtfülle des Kaiseramtes. Die anderen Reichsorgane gingen angesichts seiner unberechenbaren

---

[14] Fehrenbach, Elisabeth: Wandlungen des deutschen Kaisergedankens 1871–1918. München 1969.

Interventionen in den politischen Prozess nämlich ab der Jahrhundertwende vermehrt dazu über, wichtige Kompetenzen, die die Reichsgesetzgebung neu einrichtete, vom Kaiser fernzuhalten. Wie die gesamte Entwicklung des föderalen Verfassungssystems seit der Reichsgründung zeigt auch diese Einhegung des Kaiseramtes, dass die Frage nach der Natur und dem Ausmaß monarchischer Macht im Reich sehr viel komplexer war als es reflexartige Charakterisierungen des Reiches als Reichsmonarchie oft annehmen.

6. Das Zentrum der Verfassung war eine kaiserliche Reichsregierung um den Kanzler.

Auch diese Vorstellung, die durch die erdrückende Dominanz Bismarcks als erstem und prägendem Inhaber des Kanzleramtes leicht entsteht, unterschätzt die Komplexität des von ihm ersonnenen föderalen Verfassungssystems beträchtlich. Eine Reichsregierung gab es laut der Verfassung von 1871 nicht. Letztere sah weder ein Reichskabinett noch irgendwelche reichseigenen Behörden vor, die als Ministerien hätten dienen können. Lediglich der Kanzler hatte infolge der oben bereits erläuterten Lex Bennigsen die Stellung eines kaiserlichen Ministers inne. Gleichzeitig gehörte er aber wegen seiner Funktion als Vorsitzender des Bundesrates auch zu dessen Dunstkreis. Wer angesichts dieses Fehlens einer klar definierten Regierung ministerielle Funktionen für das Reich übernehmen sollte, ließ die Verfassung offen. Bismarck plante dafür ursprünglich wohl die Ausschüsse des Bundesrates ein, also jene Gremien, die gemäß der Idee des Fürstenbundes als Ausführungsorgane des kollektiven Reichssouveräns gelten konnten.

Als Verkörperung eben dieses Souveräns war der Bundesrat das eigentliche Zentrum der Verfassung. Seine Kompetenzen erstreckten sich auf alle drei Zweige der Staatsgewalt. Zusammen mit dem Reichstag bildete er die nationale Legislative. Ohne seine Zustimmung konnte kein Reichsgesetz verabschiedet werden. Auch in der Exekutive gab die Verfassung ihm eine bedeutende Position. Er teilte sich mit dem Kaiser, der als *primus inter pares* dem Fürstenbund gewissermaßen vorstand, die Regierungsgewalt des Reiches. Wie bereits erwähnt, entfielen dabei auf den Bundesrat als Vertretungsorgan des Kollektivsouveräns des Reiches einige exekutive Vorrechte, die typischerweise einem Monarchen zustanden, wie zum Beispiel das Verordnungsrecht oder die Befugnis, in Form der sogenannten Reichsexekution eine Intervention gegen einen Einzelstaat zu verhängen, der seine verfassungsmäßigen Pflichten verletzte. Schließlich hatte der Bundesrat auch wichtige Aufgaben im Justizwesen inne. Die Reichsverfassung schuf keinen Verfassungsgerichtshof, sondern eine Reihe alternativer Konfliktlösungsmechanismen. An diesen war der Bundesrat stets in der einen oder anderen Form beteiligt. Für Streitigkeiten zwischen verschiedenen Einzelstaaten war er sogar ganz allein zuständig.

Diese eigentümlichen Strukturen – der Verzicht auf eine ordentliche Reichsregierung und die zentrale Position des Bundesrates – hatten einen ganz bestimmten Grund: Sie schützten die wichtigsten exekutiven Entscheidungsstellen vor möglichen Zugriffen durch das Parlament. Wo es keine Reichsregierung gab, bot sich dem Reichstag auch keine Angriffsfläche, die es ihm erlaubt hätte, zu versuchen, konkrete Minister zur Verantwortung zu ziehen. Gleichzeitig war der Bundesrat eine Art Schutzschirm, der eine antiparlamentarische Blockierfunktion besaß. Als institutionelle Verkörperung des Fürstenbundes bestand er aus Gesandten, die allein ihren jeweiligen Heimatregierungen in den Einzelstaaten gegenüber verantwortlich waren und daher nominell gar nicht zur Reichsebene gehörten. Folglich konnten sie auch nicht vom nationalem Parlament belangt, geschweige denn zur Rechenschaft gezogen werden. Das galt auch für den Reichskanzler, da die Verfassung diesen zum Vorsitzenden des Bundesrates, das heißt zum Präsidialgesandten Preußens erklärte. Als Ersatz für eine offizielle Reichsregierung waren der Bundesrat und alle Stellen, die – wie der Kanzler – in seinen Schutzbereich eingepflegt waren, gegenüber dem Reichstag somit unangreifbar. Anders gesagt: Die Verzahnung der unterschiedlichen Regierungsebenen des monarchischen Bundesstaates im Knotenpunkt Bundesrat stellte strukturell sicher, dass eine Parlamentarisierung des föderalen Verfassungsgefüges in der Gestalt, in der es 1871 geschaffen wurde, zunächst überhaupt nicht möglich war.

Wie bereits mehrfach angesprochen, änderte sich eben diese Gestalt in den Jahrzehnten nach der Reichsgründung jedoch fundamental. Zu den großen strukturellen Wandlungsprozessen, die von der Zentralisierung föderaler Kompetenzen angestoßen wurden, gehörte auch die Entstehung einer reichseigenen Regierung um den Kanzler. Da es für Letzteren trotz der anfänglichen Amtshilfe der preußischen Ministerien in praktischer Hinsicht unmöglich war, alle ministeriellen Aufgaben in dem rasch wachsenden Zuständigkeitsbereich des Bundes – allen voran die Ausarbeitung von Gesetzesentwürfen – ohne reichseigenen Ministerialapparat zu erfüllen, blähte sich die ihm angegliederte Geschäftsstelle, das Kanzleramt, nach der Gründung des Norddeutschen Bundes schnell zu einer immer größer werdenden Zentralbehörde auf. Ab 1870 wurden aus dieser Mutterbehörde daher Schritt für Schritt zahlreiche Abteilungen ausgegliedert und als eigenständige Reichsämter errichtet. Im Laufe des nächsten Jahrzehnts entstanden so das Auswärtige Amt, das Reichseisenbahnamt, das Reichsjustizamt, das Reichsschatzamt und eine Behörde für Elsaß-Lothringen. Das dadurch um zahlreiche Aufgabenbereiche verkleinerte Kanzleramt wurde 1879 in Reichsamt des Innern umbenannt. In den folgenden Jahrzehnten kamen noch das Reichspostamt (1880), das

Reichsmarineamt (1889) und das Reichskolonialamt (1907) hinzu. Während des Ersten Weltkrieges entstanden darüber hinaus das Reichswirtschafts-, das Reichsarbeits- und das Reichsernährungsamt. Bereits 1878 ermöglichte das sogenannte Stellvertretergesetz den Chefs der Reichsämter, den sogenannten Staatssekretären, in ihren jeweiligen Geschäftsbereichen anstelle des Kanzlers Verordnungen und Verfügungen des Kaisers gegenzuzeichnen. *De facto* war damit innerhalb nur eines Jahrzehnts nach der Reichsgründung eine funktional ausdifferenzierte Reichsregierung entstanden, die von den Ministerien der Einzelstaaten, insbesondere von denen des Hegemonialstaates Preußen, institutionell unabhängig war.

Um die bündischen Schutzvorkehrungen zu erhalten, die die Reichsgewalt vom Reichstag fernhielten, wurde diese Reichsleitung bis zu den Oktoberreformen von 1918 nie offiziell in den Rang einer Reichsregierung erhoben. Insbesondere erhielten die Staatssekretäre bis dahin nicht den Status von Ministern. Auf regelmäßige Kabinettssitzungen verzichtete man bis in den Ersten Weltkrieg hinein. Außerdem ernannte der König von Preußen – das *alter ego* des Kaisers – alle Staatssekretäre routinemäßig zu preußischen Bundesratsgesandten, um sie so hinter die Schutzmauern der Länderkammer zurückzuziehen und für den Reichstag unangreifbar zu machen. Im Wilhelminischen Reich emanzipierte sich die Reichsleitung allerdings zusehends vom Bundesrat, den sie zum einen durch die geschickte Manipulation seiner inneren Zusammensetzung unter ihre Kontrolle brachte und zum anderen durch die verstärkte direkte Auseinandersetzung mit dem Reichstag immer tiefer in ein Schattendasein drängte. Durch ihre bloße Existenz stellte die Länderkammer gleichwohl weiterhin einen gewissen antiparlamentarischen Grundschutz für den Kanzler und die Staatsekretäre zur Verfügung. Dieser wurde mit der Zeit jedoch immer stärker aufgeweicht. Vollends verschwand er schließlich unter dem Druck der strukturellen Veränderungen, die der Ausbruch des Weltkrieges mit sich brachte.

Die Details dieser sich verändernden Dreiecksbeziehung zwischen Bundesrat, Reichsleitung und Reichstag waren noch sehr viel komplizierter. Der entscheidende Punkt dürfte aber auch so klar geworden sein: Will man den Aufstieg des Reichstages und die mannigfaltigen damit verbundenen Krisen in der politischen Geschichte des Reiches verstehen, darf man die über die gesamte Lebensspanne des Reiches sich hinziehende und immer wieder wechselnde Dynamik der Verfassungsentwicklung nicht dadurch übersehen, dass man die komplexen Regierungsstrukturen, die im Laufe der Zeit um den Kanzler herum entstanden, auf die Reichsgründung vordatiert. Vielmehr muss man für jeden Zeitpunkt neu bestimmen, welche Form das Verfassungssystem gerade annahm, wer in seinem Zentrum stand, welche Kräfteverhältnisse zwischen den Reichsorganen daraus resultierten und wer infolgedessen gerade die Schalthebel der Macht kontrollierte.

7. Die Verfassung war ein starres Institutionengefüge, das sich
spätestens am Vorabend des Ersten Weltkrieges überholt hatte
und in einer Dauerkrise steckte.

Dass diese Sichtweise mit der historischen Realität wenig zu tun hatte,
haben die vorangegangenen Ausführungen bereits sehr deutlich gemacht.
Dennoch lohnt es, abschließend noch einmal kurz die Dynamik der Verfassungsentwicklung zwischen Reichsgründung und Revolution zusammenfassend zu beleuchten.

Die Gründung des Kaiserreiches war im Prinzip Bismarcks Versuch, die
Zeit einzufrieren. Unter seiner Anleitung überführte der Einigungsprozess die
Kräftekonstellation eines ganz bestimmten historischen Moments in einen
vermeintlich – wie es in der Präambel der Reichsverfassung hieß – „ewigen
Bund", nämlich jenes Moments, in dem die Kriege gegen Dänemark, Österreich und Frankreich einerseits den preußischen Heereskonflikt zwischen
Krone und Parlament zugunsten der Monarchie und andererseits den Dualismus zwischen dem Habsburgerreich und dem Hohenzollernstaat zugunsten
Preußens entschieden hatten. Das Medium dieses Prozesses war die Reichsverfassung. Aus diesem Grund standen deren föderale Strukturen von Anfang
an im Zentrum des Widerstreits jener unitarischen und bündischen, hegemonialen und partikularistischen, monarchischen und parlamentarischen Kräfte,
die durch das spezielle strukturelle Gefüge des ersten deutschen Bundesstaates eigentlich ausgeglichen werden sollten.

Die Entwicklung, die dieses Verfassungssystem in den Jahrzehnten nach
der Reichsgründung nahm, war denn auch maßgeblich davon bestimmt, dass
die wichtigsten politischen Akteure die föderalen Strukturen des Reiches als
bloßes Machtmittel ansahen, das sie zur Förderung ihrer jeweiligen Ziele
nach Belieben manipulieren konnten. Die daraus resultierenden Konflikte
beförderten vier grundlegende Wandlungsprozesse, die dafür sorgten, dass
die seltsame, in den Schein eines Fürstenbundes gehüllte Mischordnung der
Anfangsjahre im Laufe der Zeit zu einer Reichsmonarchie heranwuchs. Zwei
davon sind wir schon mehrmals in diesem Aufsatz begegnet, nämlich der
allen anderen großen Strukturveränderungen zugrundeliegenden Zentralisierung staatlicher Kompetenzen und der Monarchisierung des Kaiseramtes.
Die anderen beiden waren – auch wenn sie an dieser Stelle nur kurz angedeutet werden können – nicht weniger wichtig. Zum einen schaffte es die
sich mit der Zeit immer stärker verselbständigende Reichsregierung, wie
bereits kurz angedeutet, den Bundesrat durch die Übernahme der preußischen
Vertretung und die Unterwerfung der kleinstaatlichen Delegationen zu ihrem
Satellitenorgan zu machen, sprich: die Länderkammer zu nationalisieren.
Zum anderen sah die Verfassungsordnung – nicht zuletzt weil die Kräftever-
schiebung zwischen bundesrätlicher und kaiserlicher Exekutive die antiparla-

mentarischen Föderalstrukturen allmählich auflöste – einen spektakulären Aufstieg des Reichstages, der schon in den Anfangsjahren des Reiches begann und in der zweiten Hälfte des Ersten Weltkrieges in eine Parlamentarisierung der Reichsgewalt mündete.

Da sich die föderalen Entscheidungsstrukturen im Zuge dieser vier Wandlungsprozesse über die gesamte Lebensspanne des Reiches hinweg fortwährend umformten, kam das Verfassungssystem nie zur Ruhe. Politische Macht flackerte ständig zwischen den verschiedenen Regierungsorganen und -ebenen hin und her. Ein starres Institutionengefüge gab es zu keiner Zeit. Alles war immer im Fluss. In der ersten Lebenshälfte des Reiches gab die überragende Figur Bismarcks diesem unruhigen System Halt. Als der zentrale Strippenzieher abtrat, häuften sich die Koordinationsprobleme. Die Föderalordnung war durch die kontinuierliche Erweiterung und Verflechtung ihrer Strukturen aber mittlerweile derart etabliert, dass der Bundesbau auch in der Wilhelminischen Ära trotz mehrerer schwerer Verfassungskrisen (Daily-Telegraph-Affäre, Scheitern einer preußischen Wahlrechtsreform, Zabern-Affäre) und zahlreicher politischer Konflikte nicht einstürzte. Am Vorabend des Ersten Weltkrieges gab es längst zahlreiche, über die Jahrzehnte entstandene Verhandlungsforen, in denen die verschiedenen Akteure miteinander ringen und zu Kompromissen kommen konnten. Besonders wichtig waren in diesem Zusammenhang zahllose Spezialkommissionen, vermittels derer die Reichsregierung neben Vertretern der Landesregierungen auch Experten aus Wissenschaft und Wirtschaft bereits in die Entwurfsphase von Gesetzesvorlagen einband, und die Reichstagsausschüsse, in denen die Vertreter der großen Fraktionen, der Reichsregierung und der einzelstaatlichen Regierungen direkt miteinander verhandeln konnten.

Angesichts des integrierten Systems, das durch das dichte Netz solch alternativer Entscheidungsmechanismen entstanden war, kann von einer Dauerkrise der Verfassung am Vorabend des Ersten Weltkrieges keine Rede sein. Im Gegenteil: Die Verfassungsordnung besaß gegen Ende des ersten Jahrzehnts des 20. Jahrhunderts quer durch alle Politikfelder einheitliche und professionalisierte politisch-administrative Abläufe, sie koordinierte die verschiedenen Machtzentren auf Bundes- und Landesebene durch zahllose institutionelle Verflechtungen, und sie erwies sich trotz aller punktueller Krisen als relativ stabil. Es vollzogen sich zwar nach wie vor in ihrem Inneren zahlreiche strukturelle Wandlungsprozesse. Das Gesamtsystem war aber robust.

Gleichzeitig baute es die Barrieren, die einer Parlamentarisierung der Reichsgewalt im Wege standen, ein ganzes Stück weit ab. Das lag vor allem an der zunehmenden Marginalisierung des Bundesrates, durch die sich die Reichsregierung nur noch mehr schlecht als recht hinter dessen nun viel niedrigeren bündischen Schutzmauern vor dem Reichstag verstecken konnte. Bevor die Schüsse von Sarajevo die Umstände föderalen Regierens komplett veränderten, standen daher alle Anzeichen darauf, dass der sich seit der Reichsgründung vollziehende Umbau der Verfassung verstärkt in Richtung einer konstitutionellen Reichsmonarchie mit einer von der Kooperation des Parlamentes abhängigen Reichsregierung weitergehen würde. Anders gesagt: Die Verfassungsordnung hatte sich nicht überholt, sondern war nach wie vor ausgesprochen dynamisch und entwicklungsfähig. Erst unter dem Druck der Niederlage im Ersten Weltkrieg fiel sie in sich zusammen.

II. Kontinuitäten

Im Rahmen der verschiedenen geschichtspolitischen und geschichtswissenschaftlichen Debatten im Jubiläumsjahr der Reichsgründung 2021 widmen sich Historiker, Politiker und Journalisten regelmäßig der Frage, inwiefern die heutige Bundesrepublik in der Tradition des Kaiserreiches steht. Mit Blick auf die Verfassung greifen sie dabei in den meisten Fällen relativ wahllos einige Punkte heraus, um zu belegen, wie viel beziehungsweise wie wenig der deutsche Staat von heute mit dem ersten vereinigten Deutschland zu tun hat. Häufig zeigt diese Diskussion zudem ein Muster, das einer ganz bestimmten politischen Logik zu folgen scheint: Diejenigen, die sich eher links der politischen Mitte verorten, heben die Unterschiede hervor. Das bürgerlich-konservative Lager verweist dagegen stärker auf die Gemeinsamkeiten. Auf beiden Seiten werden derweil kaum Versuche unternommen, sich der historischen Beziehung von Kaiserreich und Bundesrepublik systematisch zu nähern. Stattdessen versacken die verschiedenen Argumente nicht selten in einer Auseinandersetzung mit der eigentlich schon lange totgeglaubten Sonderwegsthese.

Diese Art der Diskussion kann der Komplexität der Frage nach dem Verhältnis zweier Staatsordnungen, zwischen denen zwei Weltkriege, zwei Diktaturen und die Einbettung in ein supranationales europäisches Einigungsprojekt liegen, nicht gerecht werden. Dazu ist es vielmehr notwendig, die mannigfaltigen rechtlichen, politischen, wirtschaftlichen, sozialen und kulturellen Entwicklungslinien, die vom Kaiserreich ausgingen, sorgsam auseinander zu halten und zu bestimmen, wie weit sie jeweils in die Zukunft reichten beziehungsweise noch immer reichen. Eine solche Untersuchung sprengt unwillkürlich den Rahmen, der in Aufsätzen, Feuilletonartikeln und öffentlichen Ansprachen zur Verfügung steht. Auch das ist sicherlich ein Grund für die Oberflächlichkeit des Jubiläumsdiskurses. Schließlich verlangt eine derartige Untersuchung eine analytische Tiefe, der nur eine eigenständige Monographie zum *longue durée* der deutschen Geschichte genügend Raum geben kann.

Was man allerdings auch auf wenigen Seiten tun kann, ist, das Erbe des Kaiserreiches differenziert zu betrachten. Im Hinblick auf die Verfassungsgeschichte bietet es sich an, zu diesem Zweck zwischen verschiedenen Formen von Staatlichkeit zu unterscheiden, wie zum Beispiel Nationalstaatlichkeit, Bundesstaatlichkeit, Rechtsstaatlichkeit oder Sozialstaatlichkeit. Die beiden erstgenannten Varianten sind besonders interessant, weil das Kaiserreich sowohl der erste deutsche Nationalstaat als auch der erste gesamtdeutsche Bundesstaat war. In Anbetracht dessen soll im Folgenden auf diese beiden Dimensionen der Verfassungsordnungen des Kaiserreiches und der Bundesrepublik kurz näher eingegangen werden.

Als Nationalstaat teilen das Deutschland von damals und heute vor allem zwei hervorstechende Merkmale, die eine gewisse Kontinuität zwischen den beiden Verfassungsordnungen herstellen. Ein historisch gewachsenes Charakteristikum, das sich der deutsche Nationalstaat seit dem Kaiserreich bewahrt hat, ist eine bestimmte territoriale Grundbeschaffenheit. Trotz aller Grenzverschiebungen und Gebietsänderungen, zu denen es im Zuge der Weltkriege kam, umfasst die Bundesrepublik seit der Wiedervereinigung genau wie das Kaiserreich alle deutschsprachigen Staaten außer Österreich, Liechtenstein und die germanophonen Kantone der Schweiz. Der Nationalstaat erfüllt also nach wie vor die Grundfunktion, die ihm die Reichsgründung einst gab, nämlich ein gemeinschaftliches staatliches Dach für alle Deutschen zwischen Nordsee und Alpen zu bilden. Und diese Funktion erfüllt er genau wie sein imperialer Vorgänger nicht durch Homogenisierung, sondern durch Einheit in Vielfalt, indem er die Länder als eigenständige politische Einheiten innerhalb seiner selbst bewahrt. Diese Gemeinsamkeit mag auf den ersten Blick banal erscheinen, sie ist es aber ganz und gar nicht. Denn die Kontinuität des deutschen Nationalstaates manifestiert sich nicht zuletzt in dessen heterogenem Charakter. Alle Bestrebungen, letzteren durch eine unitarische Verschmelzung der Einzelstaaten zu nivellieren, sind trotz der großen historischen Umbrüche, die Deutschland seit der Kaiserzeit erlebt hat, gescheitert. Die Binnenvielfalt des deutschen Nationalstaates ist also eine besonders starke Traditionslinie, die von der Reichsgründung bis in die Gegenwart reicht.

Das andere herausragende Strukturmerkmal des deutschen Nationalstaates, das auf das Kaiserreich zurückgeht, ist das Verfassungsorgan, das die Nation als Ganzes politisch vertritt: das Bundesparlament. Genau wie heute der Bundestag wurde schon der Reichstag im Kaiserreich nach dem allgemeinen Wahlrecht gewählt, wobei damals freilich die Frauen noch ausgeschlossen waren. Außerdem konnte bereits im Kaiserreich kein Bundesgesetz ohne Zustimmung des Reichstages in Kraft treten. Das galt auch für den jährlich auf legislativem Weg festzulegenden Bundeshaushalt. Den imperialen Vorgänger des heutigen Bundestages als bloßes parlamentarisches Feigenblatt eines monarchischen Obrigkeitsstaates abzutun wird dieser herausgehobenen Stellung nicht gerecht. Das gilt umso mehr, wenn man den spektakulären Aufstieg berücksichtigt, den der Reichstag innerhalb des Verfassungssystems im Laufe der Kaiserzeit erlebte und den Mehrheitsparteien schließlich unter dem Druck des verlorenen Weltkrieges die Übernahme der Regierungsgewalt ermöglichte. Selbstverständlich ist der deutsche Nationalstaat von heute viel stärker parlamentarisch geprägt als er es zu Zeiten der Monarchie jemals gewesen ist. Das ändert aber nichts daran, dass das Kaiserreich trotz aller autoritärer Strukturen dem Parlamentarismus in Form des Reichstages zum ersten Mal dauerhaft eine nationale Arena gab, die schon allein durch das Einüben parlamentarischer Verhaltensweisen auf nationaler Ebene wichtige Grundlagen für die langfristige Parlamentarisierung und Demokratisierung des Nationalstaates legte.[15]

Auch wenn die gesamtdeutsche Volksvertretung und die Binnenvielfalt des deutschen Nationalstaates also zwei deutliche Kontinuitätslinien sind, so gilt dennoch: Insgesamt gesehen überwiegen zwischen dem Kaiserreich und der Bundesrepublik, was die Nationalstaatlichkeit betrifft, klar die Unterschiede, die die großen historischen Brüche des 20. Jahrhunderts erzeugt haben. Der Nationalstaat des Kaiserreiches war monarchisch. Sein heutiges Pendant ist dagegen eine republikanische Demokratie. Außerdem war der Nationalstaat, den die Reichsgründung hervorbrachte, stark militaristisch geprägt. Man muss das Militär im Kaiserreich nicht zwangsweise als Staat im Staate sehen. An seiner Sonderrolle, die sich in zahlreichen Verfassungsvorschriften wie etwa der Exemtion des Militärbudgets von der jährlichen parlamentarischen Haushaltsbewilligung niederschlug, herrscht aber kein Zweifel. Demgegenüber steht heute ein deutscher Nationalstaat, der nach den Erfahrungen zweier Weltkriege, der NS-Herrschaft und des Kalten Krieges pazifistisch ausgerichtet ist und die Militär- strikt der Zivilgewalt unterstellt, ja die Bundeswehr sogar zu einer Parlamentsarmee gemacht hat. Zudem findet sich ein ähnlich aggressiver Nationalismus wie derjenige, der spätestens in der Wilhelminischen Epoche den ersten deutschen Nationalstaat prägte, nur noch am rechten Rand des politischen Spektrums. Nach den Schrecken, die der aggressive deutsche Nationalismus im 20. Jahrhundert über Deutschland, Europa und die Welt brachte, hat die Bundesrepublik im Laufe der Zeit eine andere Form von nationalem Selbstbekenntnis entwickelt, die sich maßgeblich aus der Übernahme historischer Verantwortung, Verfassungspatriotismus und einem starken Bezug zum europäischen Einigungsprojekt speist. Kurzum: Auch wenn es einige wenige, aber wichtige Traditionslinien gibt, die man weder übersehen noch verleugnen sollte, hat der Nationalstaat der Bundes-

---

[15] Dazu auch Kroll, Frank-Lothar: Geburt der Moderne. Politik, Gesellschaft und Kultur vor dem Ersten Weltkrieg. Berlin 2013, S. 35–67.

republik mit dem des Kaiserreiches im Großen und Ganzen sowohl strukturell als auch ideologisch eher wenig gemein.

Ganz anders stellt sich die Lage dar, wenn man die Bundesstaatlichkeit betrachtet, die die deutsche Verfassungsordnung mit der Ausnahme der NS-Herrschaft seit der Reichsgründung prägt. Hier sind die Kontinuitäten zwischen Kaiserreich und Bundesrepublik besonders stark und zahlreich. Neben diversen Parallelen bei der Kompetenzverteilung zwischen Bund und Ländern – man denke nur an die traditionelle Bildungshoheit der letzteren – haben sich vor allem drei organisatorische Grundprinzipien der Föderalordnung, die 1867 beziehungsweise 1871 begründet wurde, bis heute erhalten. Erstens nehmen die einzelnen Mitgliedsstaaten des Bundes genau wie im Kaiserreich am nationalen Willensbildungsprozess vermittels einer Länderkammer teil, die aus den Vertretern ihrer jeweiligen Regierungen besteht: dem Bundesrat. Dieses bis auf den Bundestag des alten Deutschen Bundes von 1815 zurückgehende Arrangement stärkt die Regierungen gegenüber den Parlamenten der Länder. Es ist das Herzstück eines Exekutivföderalismus, in dem die Landesregierungen die internen Beziehungen des Bundes dominieren. Dieses System ist typisch deutsch. In anderen Bundesstaaten werden die Mitglieder des Vertretungsorganes der Länder auf Bundesebene entweder von den einzelstaatlichen Parlamenten bestimmt – wie etwa in Österreich –, oder direkt vom Volk gewählt – wie zum Beispiel in Australien. Das Wahlverfahren für den US-amerikanischen Senat veränderte sich 1913 durch den 17. Verfassungszusatz gar von ersterer zu letzterer Methode.

Der Exekutivföderalismus ist in gewisser Hinsicht weniger demokratisch als diese alternativen Varianten. Denn er beteiligt weder die Bevölkerung noch die Volksvertretungen der Einzelstaaten direkt an der Politikgestaltung in der Herzkammer des Föderalismus. Zudem untergräbt er die Gewaltenteilung. Da er die Landesregierungen vermittels des Bundesrates am Gesetzgebungsverfahren des Bundes beteiligt, verflicht er über die verschiedenen Ebenen des Bundesstaates hinweg die Exekutive mit der Legislative. Dieser gewaltenverbindende statt gewaltentrennende Aufbau des Föderalsystems ist das zweite zentrale Strukturprinzip, das die Bundesrepublik vom Kaiserreich geerbt hat. Ein solches Prinzip hat den Vorteil, einen hohen Verflechtungsgrad zwischen Bund und Ländern sicherzustellen und dadurch besser zu gewährleisten, dass die Länder die Gesetze des Bundes auch umsetzen. Der große Nachteil liegt hingegen darin, dass eine derart enge institutionelle Verbindung der verschiedenen Gewalten und Ebenen des Bundesstaates deren gegenseitige Kontrollfunktion schwächt.

Drittens und letztens überlässt das Grundgesetz, genau wie es die Bismarcksche Reichsverfassung tat, das Recht zur Implementierung von Gesetzen generell den Ländern. Im Kaiserreich war diese dezentrale Organisation des Gesetzesvollzuges eine unumgängliche Notwendigkeit, gab es laut der Verfassung doch weder eine offizielle Reichsregierung noch einen größeren bundeseigenen Verwaltungsapparat. Die Bundesrepublik hat dagegen stets eine große Anzahl an nationalen Ministerien und Behörden gehabt. Die Trennung von Gesetzgebung und Gesetzesvollzug besteht gleichwohl weiter. Sie ist zu einem Grundprinzip des deutschen Föderalismus geworden. Während heute die große Mehrheit an Gesetzen vom Bund und von der Europäischen Union verabschiedet wird, werden die allermeisten davon nach wie vor von den Ländern umgesetzt. In der Tat hüten letztere ihre Verwaltungshoheit mit genauso scharfen, wenn nicht sogar noch schärferen Argusaugen als zur Kaiserzeit, liegt in der Umsetzung „vor Ort" doch ein wesentlicher Teil ihrer Existenzberechtigung in einer politischen Ordnung, die sich zunehmend mit supranationalen und globalen Problemen auseinanderzusetzen hat.

In Gestalt dieser Parallelen hat der „ewige Bund", den die deutschen Fürsten beziehungsweise Staaten laut der Präambel der Reichsverfassung vor anderthalb Jahrhunderten unter Bismarcks Ägide schlossen, zum Teil bis heute überlebt. Insofern ist die strukturelle Kontinuität zwischen den beiden föderalen Ordnungen des Kaiserreichs und der Bundesrepublik nicht zu leugnen. Allerdings hat der Föderalismus heute eine ganz andere inhaltliche Funktion als im ersten deutschen Bundesstaat. Die föderalen Strukturen des Kaiserreichs dienten in erster Linie dem Schutz monarchischer Souveränität. Sie machten die Monarchien der Einzelstaaten zum Rückgrat des politischen Systems und schützten auf Reichsebene durch zahlreiche antiparlamentarische Schranken – vor allem durch das Bollwerk „Bundesrat" – die wichtigsten exekutiven Entscheidungsstellen vor dem Zugriff des Reichstages. Der Föderalismus der Bundesrepublik ist dagegen ein elementarer Bestandteil der republikanischen Ordnung. Im Bundesrat sitzen heute die Vertreter parlamentarisch verantwortlicher Landesregierungen. Und die machtteilenden Strukturen zwischen Bund, Ländern und Gemeinden sind nach dem Prinzip der Subsidiarität organisiert, um eine größtmögliche Selbstbestimmung und Eigenverantwortung von Individuen beziehungsweise volksnahen politischen Einheiten zu gewährleisten. Kurzum: Das föderale Erbe des Kaiserreiches in der Bundesrepublik ist strukturell stark, inhaltlich aber neu, nämlich demokratisch, ausgerichtet.

Die Kategorie der Bundes- zeigt also genauso wie die der Nationalstaatlichkeit schon bei einer relativ kurzen Betrachtung, wie komplex die Kontinuitäten und Diskontinuitäten sind, die die Verfassungsordnungen des Kaiserreiches und der Bundesrepublik miteinander verbinden beziehungsweise voneinander trennen. Diese Komplexität verbietet jede eindimensionale Schwarz-Weiß-Malerei. Stattdessen hält sie uns dazu an, die Grautöne der historischen Entwicklung in all ihren Schattierungen heller auszuleuchten.

III. Verfassungsgeschichte als Kulturgeschichte

Wie können die Geschichtsdebatten, die wir gerade im 150. Jahr der Reichsgründung erleben, die beschriebenen Missverständnisse über die Reichsverfassung vermeiden und die Kontinuitäten, die von dieser ausgingen und
teilweise bis in die Gegenwart reichen, historisch einordnen? Ich glaube,
sowohl die geschichtswissenschaftliche als auch die geschichtspolitische
Diskussion muss dafür ihr Verständnis von dem, was die Reichsverfassung
überhaupt war, grundlegend ändern. Noch immer dominiert die traditionelle,
bis auf den Labandschen Rechtspositivismus des 19. Jahrhunderts zurückgehende Sicht, dass die Reichsverfassung in erster Linie ein fest definiertes
normatives Gerüst zur Festlegung staatlicher Gewaltausübung war. Das ist
natürlich *per se* nicht falsch. Aber die Reichsverfassung war – wie jede andere Verfassung der Moderne – in ihrem größeren historischen Kontext eben
sehr viel mehr als nur ein einmal geschaffener, sich danach nie mehr verän-
dernder Grundrissplan des politischen Systems. Um das zu erkennen, müssen
wir konventionelle Ansätze der Verfassungsgeschichte überwinden und letztere stattdessen als Kulturgeschichte betreiben.

Bis heute findet allerdings eine Übertragung der in den vergangenen Jahrzehnten entwickelten beziehungsweise gewonnenen Methoden und Erkenntnisse der Kulturgeschichte auf die Analyse der komplexen Verfassungsstrukturen des Kaiserreichs – so, wie es etwa die Frühneuzeithistorikerin Barbara
Stollberg-Rilinger für das Heilige Römische Reich getan hat – kaum statt.[16]
Es gibt zwar immer wieder vereinzelte Studien zur Verfassungskultur des
Reiches, die etwa die Symbolik der Parlaments- und Regierungsgebäude
oder die Bedeutung solcher Zeremonien wie der Reichstagseröffnung und
der Begräbnisse der Kaiser untersuchen. Der strukturelle Kern der Verfassung, das heißt das von dieser vorgegebene Gefüge zwischen den verschiedenen Organen und Regierungsebenen des Bundesstaates, wird aber weiterhin zumeist entweder als ein politisches oder als ein rechtliches, nicht aber
als ein ganzheitliches kulturelles Phänomen betrachtet. Dieses vorherrschende
Verständnis ist überaus problematisch. Statt die Verfassung als einen Teil der
dynamischen Kultur des Kaiserreiches zu betrachten, trennt es sie nämlich
von dieser ab. Dadurch filtert es unseren Blick auf das Regierungssystem
quasi vor, da die Verfassung so zwangsweise als starres Rechtsgefüge erscheinen muss. Die komplexen, sich ständig verändernden Strukturen der

---

16 Stollberg-Rilinger, Barbara: Des Kaisers alte Kleider. Verfassungsgeschichte
und Symbolsprache des Alten Reiches. München 2012, sowie dies.: Verfassungsgeschichte als Kulturgeschichte. In: Zeitschrift der Savigny-Stiftung für Rechtsge-
schichte, Germanistische Abt. (2010), S. 1–32.

Verfassung kann man so folglich gar nicht verstehen und in den größeren Strom der deutschen Geschichte einordnen.

Wie können wir dieser Verzerrung vorbeugen? Anders gefragt: Was konkret bedeutet es, die Verfassungsgeschichte des Reiches als Kulturgeschichte zu untersuchen? Statt die Reichsverfassung als eine bloße juristische Paragraphensammlung zu sehen, die die Funktionen der einzelnen Elemente des föderalen Regierungssystems sowie die diversen prozessualen Abläufe zwischen ihnen regulierte, müssen wir sie dazu als eine textgewordene intellektuelle Anstrengung verstehen, die sowohl in ihrer Gesamtheit als auch in ihren Teilen ganz bestimmte Absichten verfolgte. Es gilt also, von der Prämisse auszugehen, dass die Verfassung die politische Kultur, in der sie entstand, einfing, und dass sie dieser einen strukturellen Rahmen gab, der sich anschließend zusammen mit eben jener politischen Kultur weiterentwickelte. Kurzum: Wir müssen die Reichsverfassung als ein Kulturartefakt der Reichsgründungszeit begreifen, das sich zusammen mit der politischen Umgebung, in der es existierte, ständig wandelte. Konkret bedeutet das, sie als einen Speicher von Erkenntnissen, Erinnerungen und Erwartungen zu untersuchen, der in ein dichtes, die Grenzen der deutschen Einzelstaaten und mitunter sogar des Reiches überschreitendes Ideennetz eingebunden war und mit seiner Umwelt fortwährend in einer engen Wechselbeziehung stand.

Der erste umfassende Versuch, die Verfassungsgeschichte des Kaiserreiches auf diese Art und Weise zu beleuchten, liegt seit Ende 2020 in Form meines Buches „Bismarcks ewiger Bund“ vor.[17] Man muss den dortigen Thesen, Argumenten und Schlussfolgerungen nicht inhaltlich zustimmen. Der beschriebene Ansatz eröffnet jedoch viele verschiedene Blickwinkel, die vielfältige Interpretationen und ganz unterschiedliche Schwerpunktsetzungen zulassen. Genau dieses Potential zu erkennen und zu nutzen würde den Geschichtswissenschaften gut tun, da sich dadurch ganz neue Sichtweisen sowohl für die Verfassungsgeschichte im Allgemeinen als auch für die Kaiserreichsforschung im Speziellen ergeben können. Auch für die Debatten, die das Jubiläumsjahr der Reichsgründung prägen, verspicht ein kulturgeschichtliches Verständnis der Verfassung zahlreiche neue, interessante Perspektiven. Ob die Diskutanten freilich die nötige Neugier aufbringen, um diese Blickwinkel freizulegen und dadurch neue Einsichten zu gewinnen, bleibt abzuwarten.

---

[17] Haardt, Oliver F. R.: Bismarcks ewiger Bund. Eine neue Geschichte des Kaiserreichs. Darmstadt 2020.

Ein Schattenwurf in der deutschen Geschichte?

Eine Auseinandersetzung mit den Thesen von Eckart Conze zum Kaiserreich[1]

Von *Rainer F. Schmidt*, Würzburg

Der Todeskampf wurde in einer kalten und düsteren Oktobernacht einge-
läutet. Gleich in seiner ersten Amtshandlung warf der neu bestallte, letzte
Kanzler des Kaiserreiches das Handtuch. Inmitten der um sich greifenden
Katastrophenstimmung, die die Nachrichten von der Kriegsfront in Berlin
ausgelöst hatten, richtete Max von Baden eine Note an Präsident Wilson und
bat um die Vermittlung eines sofortigen Waffenstillstands.[2] Es war der verzweifelte Versuch, zu retten, was nicht mehr zu retten war.

Entsprechend euphorisch reagierte man in Paris auf diese Entscheidung,
die wegweisend für die nächsten Jahrzehnte werden sollte. „Endlich!", so
jubelte Georges Clemenceau. „Der Tag ist gekommen, auf den ich ein halbes
Jahrhundert gewartet habe. Der Tag der Revanche ist da! Wir werden ihnen
Elsass-Lothringen wieder entreißen. Wir werden Polen neu entstehen lassen.
Wir werden die Boches zwingen, uns zehn, zwanzig, fünfzig Milliarden zu
zahlen. Und: ist das genug? Nein! Wir werden ihnen eine Republik ver-
passen."[3] In Berlin dagegen herrschte Weltuntergangsstimmung. Vizeadmiral
Albert Hopmann, der als langjähriger Mitarbeiter von Tirpitz einer der Protagonisten des Geschehens gewesen war, gab ihr in einer vernichtenden Abrechnung die Kontur. „Es ist gekommen, wie ich vorausgesehen, nicht nur in
den letzten Wochen, sondern lange, lange vorher", so vertraute er seinem
Tagebuch an. Und dann griff er, um der Dramatik des Augenblicks ihren

---

[1] Eckart Conze: Schatten des Kaiserreichs. Die Reichsgründung von 1871 und ihr
schwieriges Erbe, München 2020. Die in den vorliegenden Artikel einfließende Rezension dieses Buches wurde nach erfolgter Autorisation und Fertigstellung der
Druckfahnen zwei Tage vor dem in Aussicht genommenen und avisierten Publika-
tionstermin durch die Zeitschrift „HSozKult" gestoppt und unterbunden. Eine zureichende inhaltliche Begründung wurde hierfür nicht vorgelegt.

[2] Erste deutsche Note an Wilson, 3.10.1918, Vorgeschichte des Waffenstillstandes.
Amtliche Urkunden, hg. im Auftrage des Reichsministeriums im Auftrage der Reichskanzlei, Berlin 1919, Nr. 34, S. 41.

[3] Zit. bei Bernhard von Bülow in: Denkwürdigkeiten, hg. von Franz von Stock-
hammern, Berlin 1931, Bd. 3, S. 302.

bedeutungsschweren Sinn zu verleihen, zu einem Zitat aus Friedrich Schillers Gedicht über die „Resignation". Genau wie dort die Seele eines Verstorbenen sich beim Gang über die Brücke in die Ewigkeit gegenüber der strafenden Nemesis Rechenschaft ablegt, fühlte sich auch Hopmann berufen, zu einem Strafgericht anzusetzen, jetzt, wo alles zu Ende ging.

> „Die Weltgeschichte ist das Weltgericht. Was Deutschland in den letzten drei Jahrzehnten gesündigt hat, muß es büßen. Es war politisch erstarrt durch das blinde Vertrauen, die sklavische Unterordnung unter den Willen eines in Eitelkeit und Selbstüberschätzung strotzenden Narren. [...] Politisch haben wir seit 3 Jahrzehnten nicht gekämpft, sondern nur gespielt, gespielt wie die Kinder in Illusionen und Selbsttäuschungen. Daher sind wir politisch Kinder geblieben, keine Männer geworden und haben keine Männer hervorgebracht. Nun kommt die bittere Enttäuschung des Kindes, das sich plötzlich der harten grausamen Welt gegenübersieht. Alle unsere militärisch eigentlich unüberwindliche Kraft, unser Fleiß, unsere Arbeit, unsere Volkskraft sind nutzlos vergeudet, das herrliche, schier unerschöpfliche Kapital, das Bismarck uns vererbt hat, ist verloren."[4]

Hopmanns bittere Abrechnung mit dem unfähigen Personal und der verfehlten Politik des wilhelminischen Kaiserreichs hat seither Karriere gemacht. Die Vorwürfe, die bis heute vorgebracht werden, sind ebenso gravierend wie verbreitet. Die Auflistung der unübersehbaren Defizite und Schwächen des Hohenzollernreiches beherrscht die Bücher und die Bibliotheken. Die Beschwörung der Hypotheken und Lasten, die dieser Staat den nachfolgenden Generationen aufbürdete, dominiert die Medien und die offizielle Erinnerungskultur.[5] Und die Munitionsfabrik, die Argumente produziert, mit denen man das Kaiserreich als Hort von Neoabsolutismus, von Militarismus, von Aggression nach innen wie nach außen brandmarkt, läuft auf Hochtouren.[6]

---

[4] Zit. bei Michael Epkenhans (Hg.): Das ereignisreiche Leben eines „Wilhelminers". Tagebücher, Briefe, Aufzeichnungen 1901 bis 1920 von Albert Hopman, 1865–1942, München 2009, S. 1129.

[5] Vgl. Bundespräsident Frank-Walter Steinmeier beim Festakt zum Tag der Deutschen Einheit am 3.10.2020 in Potsdam sowie die Rede zum 150. Jahrestag der Gründung des Deutschen Reiches im Schloss Bellevue am 13.1.2021, www.bundespräsident.de (aufgerufen am 23.2.2021).

[6] So u.a. bei Hans-Ulrich Wehler: Das deutsche Kaiserreich 1871–1918, Göttingen 1988; ders.: Deutsche Gesellschaftsgeschichte, Bd. III: Von der „Deutschen Doppelrevolution" bis zum Beginn des Ersten Weltkrieges 1849–1914, München 1995; Volker Ullrich: Die nervöse Großmacht 1871–1918. Aufstieg und Untergang des Deutschen Kaiserreichs, Frankfurt a.M. 1999; Nils Freytag: Das Wilhelminische Kaiserreich 1890–1914, Stuttgart 2018.

I. Schattenlinien des Kaiserreichs?

Der Marburger Historiker Eckart Conze hat ihr jüngst in einer monoperspektivischen und polemischen Fundamentalkritik neuen Auftrieb verliehen.[7] In eindimensionaler Selektion der anatomischen Strukturen und zielorientierter Extrapolation der dort herrschenden Verhältnisse setzt er den Hohenzollernstaat auf die Anklagebank der Geschichte. Er verfährt wie im Plädoyer eines historischen Staatsanwalts, der den Delinquenten eines kapitalen Vergehens überführen will. Unaufhörlich beschwört er „jene Defizite an Freiheit und Demokratie, die das in Versailles proklamierte Reich charakterisierten", brandmarkt er „ein aggressiv-expansives Potential" und sieht er „die Persistenz autoritärer Strukturen" in der nachfolgenden Geschichte am Werk: „die anhaltende soziale Fragmentierung, den aggressiven Militarismus, einen brutalen, zum Teil völkermörderischen Kolonialismus und die sozialdarwinistisch unterfütterte Ideologie nationaler Machtstaatlichkeit".[8] Die Kontinuität dieser Faktoren, so sein Verdikt, machten der Weimarer Republik den Garaus und bildeten die Vorstufe für die „Machtergreifung", den Völkermord und den Vernichtungskrieg des Nationalsozialismus.[9]

Das Tribunal ohne Verteidiger, das Conze inszeniert, läuft auf drei Argumentationsschienen ab. Auf jeder einzelnen steht das Urteil von vornherein fest. Von reflektierter, abwägender und ergebnisoffener Untersuchung kann keine Rede sein. Conze diskutiert nicht, er deklamiert. Er analysiert nicht, sondern klagt an. Und er begründet nicht, sondern er behauptet. Im ersten Teil zeichnet er in einer methodisch verengten, rein deutschen Nabelschau den „Weg zum Nationalstaat" nach, den er mit „Nationalismus und Franzosenhass" gepflastert sieht.[10] Dabei blendet er das komplizierte Wechselspiel von Aktion und Reaktion in der internationalen Politik einfach aus und unterschlägt die aggressiven Akte Frankreichs in der „Rheinkrise" von 1840 bzw. die erpresserischen Forderungen Napoleons III. im Reichsgründungsjahrzehnt sowie das eigenmächtige Vorgehen Dänemarks gegen Schleswig von 1848 und 1863.

Den Kern seiner Vorwürfe erreicht Conze im zweiten Abschnitt. Hier fräst er wie mit der Kettensäge durch die politische Landschaft der, wie er sie nennt, „Kriegsgeburt"[11] und legt mit dieser Holzfällertechnik das gesamte Sündenregister des Kaiserreichs frei: sein „strukturelle[s] Demokratiedefizit" und seinen „politischen Autoritarismus"; das Übergewicht Preußens im Reich

---

[7] Conze: Schatten des Kaiserreichs (wie Anmerkung Nr. 1).

[8] Ebenda, S. 102 u. 20.

[9] Ebenda, S. 13 u. 134.

[10] Ebenda, S. 69.

[11] Ebenda, S. 62.

und dessen Dreiklassenwahlrecht; den Primat der monarchisch bestimmten
Exekutive und deren frei schwebende Kommandogewalt; „die konstitutionelle Schwäche des Reichstags" und die fehlende Regierungsbildung aus
dem Parlament; den radikalen Nationalismus mit der Ausgrenzung von
Reichsfeinden und dessen antisemitische Eruptionen; den genozidalen Imperialismus sowie die aggressionslüsterne Außenpolitik, wobei er als elementa-
res Versäumnis beklagt, nicht den Versuch unternommen zu haben, eine
„langfristig tragfähige europäische Ordnung" anzustreben.[12]

Das ist für sich genommen nicht falsch, aber einseitig und krass überzeich-
net. Tatsächlich gewinnen all diese Phänomene nur im internationalen Zugriff
Kontur und Bedeutung, Relation und Gewicht. Denn Conze klammert nicht
nur gegenläufige Tatsachen aus, er rezipiert auch den inzwischen erreichten
Forschungsstand einer internationalen Einbettung der angeblich rein deutschen Spezifika nicht. Wie wenig er mit der jüngsten vergleichenden Forschung zur Vorgeschichte des Weltkriegs vertraut ist oder sie einfach nicht
zur Kenntnis nehmen will, zeigt sich im fachlichen Tiefpunkt des Buches,
das sich mit dem Kriegsausbruch und dessen Ursachen beschäftigt.[13] Hier
müssten nach der ganzen Anlage von Conzes Beweisführung die herausprä-
parierten Einzelstränge gebündelt und zu einer schlüssigen These verdichtet
werden. Aber was macht Conze? Auf dürftigen sechseinhalb Seiten erschöpft
sich seine Erklärung in rein binnenfundamentierten Pauschalargumenten: im
Drängen des „wilhelminische[n] politische[n] Establishment[s] [...] in Richtung Krieg", in der „Überzeugung von der Unvermeidlichkeit eines Krieges"
und im „Bestreben des national-bellizistischen Lagers, diesen Krieg eher
früher als später zu führen".[14] Kein einziges Wort verliert er darüber, dass die
Einkreisungsängste Berlins von den anderen Mächten bis zum Siedepunkt
angeheizt wurden,[15] keines darüber, welch komplexe Strategie man in der
Wilhelmstraße verfolgte, deren primäres Ziel nicht die Auslösung eines Welt-
brands war, sondern die Lokalisierung des Konflikts zwischen Wien und
Belgrad. Und er unterschlägt, dass keine einzige beteiligte Macht, wie die
Forschung gezeigt hat, dem großen Krieg aus dem Wege gehen wollte.[16]

---

[12] Ebenda, S. 105/106, 126 ff., 164 ff.

[13] Ebenda, S. 190 ff.

[14] Ebenda, S. 157 u. 195.

[15] Siehe dazu Rainer F. Schmidt: „Revanche pour Sedan?" – Frankreich und der
Schlieffenplan. Militärische und bündnispolitische Vorbereitung des Ersten Weltkriegs, in: HZ 303,2 (2016), S. 393–425; ders.: Frankreich und die Entfesselung des
Ersten Weltkriegs; zur Widerlegung von Robert C. Moore: „Die Legende vom ‚auf-
gezwungenen Verteidigungskrieg' 1914, in: HZ 310,2 (2020), S. 387–408.

[16] Zuletzt bei Christopher Clark: Die Schlafwandler. Wie Europa in den Ersten
Weltkrieg zog, München 2013.

Eine ausgewogene Analyse der internationalen Situation vom Sommer 1914 und der für Berlin so prekären Dichotomie von defensiver Machtbehauptung auf der einen und dem erpresserischen Bedrohungskalkül durch Frankreich und Russland auf der anderen Seite kann somit nicht entstehen. Ebenso wenig ergibt sich ein zutreffendes Bild des Kaiserreiches in seiner Doppelgesichtigkeit von Beharrung und Fortschritt. Man fühlt sich stattdessen an das erinnert, was Hans Mommsen einst über Conzes Abrechnung mit dem Auswärtigen Amt im Dritten Reich konstatierte: „Das Amt" habe erhebliche „methodische Mängel" und „die Tendenz […], bei pauschalen Urteilen stehen zu bleiben".[17]

Was Conze tatsächlich umtreibt, wird im dritten Teil seines Buches deutlich. Hier wird sein Blick in den Rückspiegel zum Reflektor der Gegenwart. Denn die Abrechnung mit der Vergangenheit gerät zum geschichtspädagogischen Menetekel, zum selbst konstruierten Bedrohungsszenario und zum alarmierenden Weckruf. In der Rolle eines selbsternannten Exorzisten, der der Geschichtswissenschaft den Diskurs austreiben will, besorgt sich Conze um das nach seiner Ansicht bedrohte Deutungsmonopol der Sonderwegsfetischisten, die die Entwicklung seit 1871 als Autobahn zu Hitler begreifen. Mit einer herrischen Attitüde, die dem Leser zunächst Stirnrunzeln verursacht und dann Zornesfalten ins Gesicht reibt, stigmatisiert er in nicht akzeptablem Diffamierungsstil Hedwig Richter, Christopher Clark und andere namhafte Kollegen als „Neonationalisten" und als „Kronzeugen" des „Revisionismus".[18] Er degradiert abweichende Positionen als „politisch gefährlich", ohne sich damit inhaltlich differenziert auseinanderzusetzen oder sie gar zu widerlegen. Und die gegenwärtig geführte Debatte um die Restitution der Hohenzollernschen Güter begreift er als Beleg eines sich „verändernden geschichtspolitischen Klimas" und als von sinistren, demokratiefeindlichen Kräften gesteuerten „Versuch, ein kritisches Bild des Kaiserreichs zu entsorgen".[19]

II. Kontinuität oder Kausalität?

Im Folgenden soll deshalb der Versuch unternommen werden, die von Conze und anderen vertretene Position der Aburteilung des Kaiserreichs als „autoritärer Nationalstaat"[20] kritisch zu hinterfragen und das Verdikt zu überprüfen, dass die Hypotheken des Hohenzollernstaates die weitere Geschichte des deutschen Nationalstaates unheilvoll konditionierten, „die politische

---

[17] Hans Mommsen: Vergebene Chancen. „Das Amt" hat methodische Mängel, in: Süddeutsche Zeitung, 27.12.2010, S. 29.
[18] Conze: Schatten des Kaiserreichs (wie Anmerkung Nr. 1), S. 236.
[19] Ebenda, S. 249 f.
[20] Ebenda, S. 19.

Kultur der Weimarer Republik vergifteten und zum Aufstieg des National-sozialismus entscheidend beitrugen [...]."[21]

Zunächst: War es nicht in der Tat wegweisend, dass der furchteinflößende Machtapparat der Hohenzollerndynastie als Ergebnis dreier Kriege ins Leben trat und in einem großen Krieg wieder verschwand? Lag nicht in dem Um-stand ein tieferer Sinn, ja, ein Kassandraruf verborgen, dass das Kaiserreich eben an jenem Ort aus der Taufe gehoben wurde, wo es nicht einmal ein halbes Jahrhundert später wieder beerdigt werden sollte: im Spiegelsaal von Versailles? Verläuft nicht eine lange und direkte Heerstraße von 1871 nach 1945, gepflastert mit imperialem Anspruch, nationalistischer Anmaßung, Antiparlamentarismus und Antisemitismus? Warum bedurfte es eines noch-maligen mörderischen Weltkriegs, um die letzten verbliebenen Reste dieses unheilschwangeren Gebildes endlich aus den Köpfen zu tilgen und zumindest in großen Teilen von der Landkarte zu radieren? Barg Bismarcks „Kriegsge-burt" (Conze) und trugen dessen Fundamente, Ideen und Kräfte nicht von Beginn an den Keim des Verfalls, des Scheiterns, ja, des Unglücks in sich?

Wenn man all dem folgen würde, dann war das karikatureske Zerrbild, das Heinrich Mann 1914 vom „Untertan" im Kaiserreich entworfen hatte, keine satirische Übertreibung. Es war die Wirklichkeit im „Deutschland Wil-helms II.", wie der Untertitel des Buches lautete. Sein Autor deckte die Wahrheit auf, die hinter der trügerisch glänzenden Fassade lauerte. Der Pro-tagonist des Romans, Diederich Heßling, war der archetypische Sozialcha-rakter, der diesen autoritären Machtstaat bevölkerte. In ihm verdichteten sich in idealtypischer Manier dessen Struktur- und Mentalitätsdefekte. Heßling hatte es sich mit seiner kritiklosen Anbetung der Macht in der Schleimspur der Mächtigen des Reiches bequem gemacht. Er war die Verkörperung jenes „lackierten Plebejers", von dem Max Weber einst gesprochen hatte: mit sei-ner sklavischen Obrigkeitshörigkeit und Kaiserverehrung, mit seiner Tyran-nei gegen Schwächere und seinem Katzbuckeln nach oben, mit seinem infan-til-überschießenden Nationalstolz, seiner rassistischen Attitüde und seiner hohlen Begeisterung über die Weltmachtaspirationen der Wilhelminer. Ja, Heßling war geradezu der personifizierte deutsche Sonderweg auf zwei Bei-nen. Sie trugen ihn hinweg von der Kultur einer zivilisierten abendländischen

---

21 Ebenda, S. 134; ähnlich bei Freytag: Wilhelminisches Kaiserreich (wie Anmer-kung Nr. 6), S. 249: „Das Wilhelminische Reich gehört zur Vorgeschichte des Natio-nalsozialismus und des Holocausts" sowie bei Heinrich August Winkler: Bürgerliche Emanzipation und nationale Einigung. Zur Entstehung des Nationalliberalismus in Preußen, in: Helmut Böhme (Hg.): Probleme der Reichsgründungszeit 1848–1879, Berlin 1968, S. 226–237, hier S. 237: „Die Abweichung Deutschlands von dem säku-laren und normativen Prozess der Demokratisierung" legte den „Grund zu den Kata-strophen des 20. Jahrhunderts".

Gesellschaft und ließen ihn schnurstracks in die Arme Adolf Hitlers und seines „Dritten Reiches" laufen.

Ist dies aber wirklich ein realistisches Bild, ein zutreffender Befund jener Epoche und ihrer Folgen? Natürlich gibt es ins Auge stechende Parallelitäten und heikle Konstanten, die sich in der Geschichte des deutschen National-staats ausmachen lassen. An erster Stelle ist der im Kaiserreich aufkeimende, völkisch grundierte Antisemitismus zu nennen. Er nahm seinen sinistren Ausgang in der „Gründerkrise" des Reiches, erfuhr einen mächtigen Auftrieb durch die Kriegsniederlage und deren Begleitumstände und wurde ab 1933 zum Motor eines bis dahin unvorstellbaren Zivilisationsbruchs. Zugleich aber gilt es festzuhalten, dass der Antisemitismus bis zur Umbruchssituation des Kriegsendes ein randständiges Phänomen blieb. In Artikel 3 der Reichs-verfassung war das „gemeinsame Indigenat" der deutschen Staatsbürger festgeschrieben, womit auch der jüdischen Bevölkerung die volle Emanzipa-tion und die staatsbürgerlichen Rechte garantiert wurden. Staat und Behörden blieben immer auf Gesetz und Ordnung verpflichtet. Sie schritten gegen an-tijüdische Unruhen ein, sie brachten antisemitische Demagogen hinter Gitter und sie ahndeten Verleumdungen, Aufrufe zum Judenhass sowie Gewalt ge-gen Juden.

Hitler gelangte nicht etwa deshalb in die Reichskanzlei, weil er ein ausge-wiesener und maliziöser Judenfeind war. Die antijüdische Komponente in der NS-Weltanschauung hatte in den großen und erfolgreichen Wahlkämpfen der NSDAP ab 1930 so gut wie keine Rolle gespielt. Und Hitler konnte sich nach 1933 nicht wegen, sondern trotz seiner antisemitischen Maßnahmen an der Macht halten. Entscheidend war die schier unglaubliche Erfolgssträhne, die der politische Amateur in der Außenpolitik bis 1938 auf der Habenseite verbuchen konnte. Sie führte den in Versailles verwundeten Nationalstolz in neue Höhen. An ihr entzündete sich ein Taumel kollektiver Begeisterung. Sie brachte das Herz der Patrioten und Chauvinisten zum Entflammen. Diese außenpolitische Erfolgsgeschichte war die wichtigste Integrationsklammer des NS-Regimes. Sie ließ die Zweifler und Beckmesser verstummen. Sie machte für die Masse der Deutschen die Verbrechen im Innern, allen voran den Antisemitismus, zu unliebsamen Begleiterscheinungen, vor denen viele einfach die Augen verschlossen. Sie hob den Führermythos in messianische Dimensionen. Sie setzte die bürgerlich-konservativen Eliten der deutschen Gesellschaft, die Hitler und seinen braunen Rabauken nicht nahegestanden hatten, unter Gleichschaltungsdruck und Solidarisierungszwang. Und sie ließ Planspiele entstehen, wie man sich diese neue Kraft zunutze machen konnte, um sich eine Massenbasis zu verschaffen.

Im Kaiserreich gab es zweitens auch schon die Vision eines Ostimperiums, die ihre Impulse aus der „Mitteleuropakonzeption" bezog, sich im Ausgang

des Weltkriegs zur Chimäre eines semikolonialen Ergänzungsraumes ver-
dichtete und dann in der Lebensraumideologie der Nationalsozialisten mit all
ihren schrecklichen Begleitumständen gipfelte. Die sozialdarwinistisch und
imperialistisch durchtränkte Weltanschauung der Alldeutschen und Radikal-
nationalisten war einer der wichtigsten Vorläufer und eine geistige Inspira-
tionsquelle des NS-Gedankengutes. Zugleich aber gilt, ähnlich wie beim
Antisemitismus: Bestimmenden Einfluss auf Politik und Parteien, auf Kultur
und Gesellschaft konnten diese kruden Glaubenssätze im Kaiserreich nie erlangen. Sie blieben eine lautstarke Randerscheinung im politischen Betrieb,
sozusagen eine Leiche im Keller des Kaisers, der die Nationalsozialisten, als
ihnen die Macht zugefallen und der neuerliche Krieg da war, neues Leben
einhauchten.

Die ins Auge springende, bis in die Formulierung reichende Identität der
Formeln, Theoreme und Ziele von Alldeutschen und Nationalsozialisten ist
freilich nur eine Konstante auf den ersten Blick. Denn Hitler knüpfte an
diese Ideen an und ging doch zugleich weit darüber hinaus. Rassistisch ver-
wurzelte Volkstumsideologie und egalitär ausgerichtete Volksgemeinschaft –
das war es, wofür er mit seinem fundamentalen Neuansatz stand. Gerade die
überwölbende Synthese des traditionellen Gegensatzpaares von Nationalismus und Sozialismus, die die NS-Bewegung propagierte und als zugkräftiges
Etikett im Namen führte, besaß kein wirkungsmächtiges Vorbild im Kaiserreich. Das war etwas Singuläres, etwas Neues und Revolutionäres: eine
Fortführung, aber zugleich ein qualitativer Bruch mit dem, wofür die Radi-
kalnationalisten im Kaiserreich gestanden hatten. Das Rassenimperium, das
Hitler vorschwebte, ersetzte und zerstörte den Begriff der Reichsnation.

Zu den echten Kontinuitäten gehört drittens die von der Geographie fest-
gezurrte geostrategische Mittellage Deutschlands in Europa, die die Gefahr
von Umstellung, von Mehrfrontenbedrohung und einer Invasion durch das
Fehlen natürlicher Abwehrbarrieren in sich trug. Auf diesen Umstand musste
jede denkbare Außenpolitik zwischen 1871 und 1945 eine Antwort finden.
Diese Antwort konnte defensiv oder offensiv ausfallen. Die Mittellage barg
die ständige Versuchung, aus dem Gefängnis in der Mitte auszubrechen, sich
mit Gewalt und Krieg freien Aktionsraum zu verschaffen, oder sich zu der
Einsicht bekehren zu müssen, dass sich die Türe, die ins Herz des Kontinents
führte, nicht militärisch-expansiv, sondern nur politisch, mit Bündnissen und
kluger Diplomatie, geschlossen halten ließ.

Aber dieses kardinale Dilemma war weder ein Erzeugnis noch ein Erbe
des Kaiserreichs. Es war das Ergebnis der deutschen Grenzenlosigkeit seit
dem Mittelalter. Es war die Folge der Urangst vor Chaos, Anarchie und Ver-
heerung auf deutschem Boden im Dreißigjährigen Krieg, jener ersten deutschen Urkatastrophe, die sich tief und nachhaltig in die Köpfe der Gesell-

schaft und der Eliten eingebrannt hatte. Und es war die Konsequenz des Umstandes, dass die deutschen Nachbarmächte von jeher ein Mitspracherecht bei der staatlichen Gestaltung der europäischen Mitte für sich reklamierten und Frankreich, vor allen anderen, dieses selbst angemaßte Recht mit Drohung und Ränkespiel, mit Aggression und Krieg durchzusetzen versuchte, was den deutschen Nationalismus in der Abwehr dieser Bedrohung so ungemein befruchtete. Die von der Mittellage ausgehende persistente Dynamik resultierte somit nicht nur aus den deutschen Befindlichkeiten. Sie wurde auch durch die agonale Mächtestruktur auf dem Kontinent und von außen angeheizt und als maßgebender Einflussfaktor auf die Politik virulent gehalten.

Ein vierter Parameter der Konstanz waren die autoritär gebürsteten Eliten des Kaiserreichs in Adel, Militär, Bürgertum und hoher Bürokratie, die den gesellschaftlichen Wandel zu blockieren suchten und sich dem Fortschritt in die egalitäre Moderne entgegenstemmten. Sie übten in der Weimarer Republik ohne Zweifel eine destabilisierende Wirkung aus und betrachteten die Herrschaft des Parlaments als „undeutsch". Aber jetzt gab es eben auch ein neues Element, das im Kaiserreich nur eine marginale Rolle gespielt hatte: die marxistische, moskauhörige, linksextremistische Arbeiterbewegung als kollektives Feindbild. Unter den Bedingungen des Kaiserreichs hatte sich diese Kraft nur in Ansätzen entfalten können. Von der SPD, wo sie eine Minderheit darstellte, war sie eingehegt worden. Ja, die Genossen begannen nach der Jahrhundertwende sukzessive, dem Umsturz abzuschwören und sich zur Reform des Bestehenden zu bekehren. Eduard Bernstein hatte ihnen am britischen Beispiel demonstriert, dass man Shakespeares „Macbeth" auch ohne einen Königsmord inszenieren konnte.

Mit der Oktoberrevolution in St. Petersburg, mit Kriegsniederlage, Revolution, Bürgerkrieg und Anarchie in den Geburtswehen der Republik aber änderte sich dies fundamental. Jetzt wurde die Spartakusgruppe als KPD zum bedrohlichen Massenphänomen. Alimentiert, aufgestachelt und angefeuert von Lenin und seinen Genossen, unternahm sie immer wieder den gewaltsamen Anlauf zu einem „deutschen Oktober": mit dem sogenannten „Spartakusaufstand" vom Januar 1919, der ein Rätesystem nach sowjetischem Vorbild etablieren und die demokratische Wahl einer Nationalversammlung auf Biegen und Brechen verhindern sollte; mit einer ganzen Serie nachfolgender Putschversuche und Insurrektionen, die die Republik an den Rand ihrer Existenz brachten und ihre konservativen Ränder stärkten; sowie mit einer unüberwindlichen und scharfen Frontstellung gegen die SPD, die noch intakt war, als Hitler schon ante portas stand.

Die SPD um Ebert und Scheidemann quittierte diese Todfeindschaft der KPD gegenüber dem neuen demokratischen Staat durch einen Schulterschluss mit Militär und alten Eliten, was ihr das Stigma von „Verrätern" und „Arbeitermördern" einbrachte und jedwede Koalitionsmöglichkeit nach links verstellte. Die bürgerlichen Schichten reagierten auf die von der KPD propagierten Vernichtungsparolen ihrer Existenz und ihrer vertrauten Welt mit Furcht und Entsetzen. Und der Nationalsozialismus gelangte, je mehr die rote Gefahr anwuchs, je stärker sich Hitler als Garant des Antimarxismus profilieren konnte und je breiter seine Massenbasis ab 1930 wurde, in eine Schlüsselposition. Sie rückte ihn in den Fokus der konservativen Eliten, die mit seiner Hilfe glaubten, die Macht zurückerobern und der ungeliebten, abgewirtschafteten Republik den Garaus machen zu können. Mit der These vom todbringenden Erbe des Kaiserreiches lässt sich dieser komplexe Kausalzusammenhang nicht erklären. Hier waren Kräfte und Konstellationen, Überlegungen und Hasardspiele am Werk, die von einer gänzlich neuen Rahmensituation gelenkt und bestimmt wurden.

Ähnliches gilt fünftens für die Dominanz des militärischen Sektors im Kaiserreich und die immer wieder beschworene Traditionslinie, die angeblich von 1871 nach 1945 reichte. Unzweifelhaft ragte in der Sonder- und Immediatstellung des Militärs in Staat und Gesellschaft ein Relikt des Absolutismus aus der preußischen Vormoderne in die Verfassung des Hohenzollernreiches hinein. Die institutionell abgesicherte Trennung von Militärverwaltung und Kommandoebene, die aus den Tagen der Revolution von 1848 in das Kaiserreich hinübergerettet worden war, stellte eine extrakonstitutionelle Sphäre dar. Sie machte die Armee zum Machtinstrument des Kaisers, zu seiner exklusiven Domäne, und sie führte nach dem Abgang Bismarcks zum unaufhebbaren, verderblichen Dualismus zwischen Regierung und Armee. Wilhelm II. war nie in der Lage oder auch nur willens, diese getrennten Gewalten konstruktiv zu bündeln oder gar zu koordinieren. Und dem Reichstag gelang es, trotz seines Budgetrechts und ungeachtet von Einzelerfolgen, wie im Ausgang der Zabernaffäre, niemals, seinen Einfluss dauerhaft geltend zu machen und substantiell in die militärische Kronprärogative einzubrechen. In den Julitagen 1914 sollte sich die mangelnde Abstimmung zwischen diesen beiden Pfeilern der Macht verhängnisvoll auswirken.

Aber bei näherem Hinsehen gilt auch hier: Die freischwebende Maison Militaire und deren von allen politischen Erwägungen abgelösten Planungen für den Ernstfall waren zwar eine Wurzel von Übel und ein Misstand, jedoch keineswegs fatal oder gar ruinös. Zum einen war das Kaiserreich kein bis an die Zähne bewaffneter, den Nachbarmächten Furcht einflößender Militärstaat. Der internationale Vergleich vor 1914 in Assentierungsgrad, Armeestärke und Militärausgaben in Proportion zur Kopfzahl der Bevölkerung belegt dies mit aller Deutlichkeit. Zum anderen erlangten die Militärs bis 1914 niemals direkten oder gar prägenden Einfluss auf den Gang der Politik und deren Weichenstellungen. Auch der Tirpitz'sche Schlachtflottenbau stellte diesen Primat nicht in Frage. Erst im unmittelbaren Vorfeld des Krieges, als drei Dinge feststanden, gelangte der Generalstab in die Vorhand: Der Einkreisungsring um das Reich war im Begriff, sich zu schließen; die Lokalisierungsstrategie der Reichsleitung in der Julikrise war gescheitert; und die Pressionsstrategie Poincarés hatte die Falle von Zeitdruck, Zweifrontenkrieg und Kriegsauslösung zuschnappen lassen.[22] Erst als man in Berlin vor der Alternative von Demütigung und Unterordnung unter den Willen der Entente stand oder aber die Flucht nach vorne anzutreten und zur sofortigen Mobilmachung zu schreiten, wurden die Militärs zu Herren der Situation.

Aber von einer unheilvollen Fernwirkung des militärischen Sektors auf den weiteren Gang der Entwicklung kann keine Rede sein. Hindenburg und Ludendorff schoben zwar im Weltkrieg Kaiser und Politik fast gänzlich zur Seite und fällten selbstherrlich die Entscheidungen. Dieser de facto „Staatsstreich" wuchs sich jedoch nicht zur Konstante aus und machte nicht Schule. Mit seinen Entwaffnungsbestimmungen und Kontrollmechanismen reduzierte der Versailler Vertrag das Gewicht der militärischen Komponente in der deutschen Politik ganz erheblich. Und die neue Republik nahm die Reichswehr durch einen Minister, in dessen Hand sich Militärverwaltung und Militärkommando vereinigten, an die Kandare von Parlament und Regierung. Wenn die Reichswehr trotzdem einen Rest an Souveränität behalten konnte und ein Staat im Staate blieb, dann war dies dem allgemein verbreiteten Revanche- und Revisionssyndrom gegenüber Versailles zuzuschreiben. Obschon die bewaffnete Macht nicht in eine verlässliche Protektorrolle gegenüber der Republik hineinwuchs, so lag doch immer ein Putsch gegen die Regierung oder gar eine Militärdiktatur außerhalb jeder Betrachtung. Ja, der Chef der Reichswehr, General Hans von Seeckt, setzte mit seiner ausführenden Gewalt 1923 sogar ein zweijähriges Verbot der NSDAP durch.

Auch in den Todesjahren der Weimarer Republik und der nachfolgenden NS-Diktatur stand die Reichswehr immer dem zur Verfügung, der über die Macht gebot und diese auch handhabe. Ihr unerwarteter Spielraum ab 1930 ergab sich aus dem Umstand, dass das parlamentarische System abgewirtschaftet hatte; dass der Reichstag nicht mehr willens war, eine Regierung auf die Beine zu stellen, obwohl er es gekonnt hätte; dass die Militärs, mit Kurt von Schleicher an der Spitze, meinten, jetzt in die Bresche springen zu müssen, und weil die Auffassung Allgemeingut war, so wie bisher könne es nicht mehr weitergehen. Signifikanterweise spielten die Militärs, wenn man von dem greisen Hindenburg und von Werner von Blomberg einmal absieht, nur eine marginale Rolle im Umfeld der Machinationen Ende Januar 1933, bei

---

[22] Dazu ausführlich Rainer F. Schmidt: Kaiserdämmerung. Berlin, London, Paris und St. Petersburg und der Weg in den Untergang, Stuttgart 2021 (im Druck bei Klett-Cotta).

denen die Zivilisten um Franz von Papen hinter den Kulissen die Drähte zogen. Der Faktor Militarismus und Dominanz des Militärs in der Endphase Weimars hatte somit ganz eigene Rahmenbedingungen und folgte einer situationsbezogenen Logik, die sich einer schlichten Kontinuitätsthese widersetzen.

Ein analoger Befund gilt für die Zeit nach 1933. Jetzt ließen sich die Militärs mit der Eidesleistung auf Hitler, der Einführung des „Arierparagraphen" und der Tolerierung der Aktion „Kolibri" gegen die SA-Führung willig und botmäßig gleichschalten. Sie begehrten auch nicht auf, als sich Hitler 1938 mit einer Intrige die Wehrmacht unterwarf. Stattdessen distanzierten sie sich in der Sudetenkrise von Becks Widerstandsplänen und boykottierten in ihrer großen Mehrheit Halders Putschbestrebungen im Vorfeld des Münchener Abkommens. Damit lieferten sie sich und ihr Ethos ganz dem Nationalsozialismus aus, der sie zu Handlangern und Exekutoren des Weltanschauungskrieges degradierte.

Nicht anders steht es sechstens mit dem immer wieder angeführten Argument des Antiparlamentarismus, der angeblich wie ein Alp auf der weiteren deutschen Geschichte ruhte. In diesem zentralen Vorwurf einer Unfähigkeit der Deutschen zur Demokratie, was gemeinhin mit dem „langen Weg nach Westen" (Heinrich August Winkler) umschrieben wird, zieht sich ein ganzes Bündel von Vorhaltungen gegenüber dem Kaiserreich zusammen. Die hier grundgelegte Disposition der Deutschen für den kritiklosen Blick nach oben erzeugte, so wird argumentiert, eine lange fortwirkende verhängnisvolle Sehnsucht nach einem charismatischen Führer. Die von Bismarck konzipierte Verfassung, in der die kaiserliche Gewalt allein die Exekutive beherrschte, hielt die demokratisch legitimierten Parteien des Reichstags im Vorhof der Macht fest, so dass sie nur reagieren, aber nicht gestalten konnten. Denn im Hohenzollernreich gab es, anders als in England und Frankreich, keine Regierung aus dem Parlament. Diese mangelnde Erfahrung im Umgang mit der direkten Macht, so wird postuliert, sollte sich in Weimar mit seinen ständigen Regierungskrisen als unüberwindbare Hypothek aus der Vergangenheit erweisen.

Hinzu traten, so heißt es weiter, die Ausgrenzung und Stigmatisierung großer Teile der Bevölkerung als „Reichsfeinde". Das führte zur Polarisierung der Gesellschaft und verhinderte die Gewöhnung der Wähler an die demokratischen Usancen und Rituale: an den Kompromiss, die Koalitionsbildung und die zeitraubende Prozedur parlamentarischer Entscheidungsfindung. Damit gingen die Deutschen in dem Bewusstsein ins zwanzigste Jahrhundert, dass der ganze parlamentarische Betrieb suspekt sei, dass dessen mühsames, zeitraubendes Ringen um den richtigen Weg, um den Brückenschlag zwischen widerstreitenden Interessen und antagonistischen Kräften

„undeutsch" sei. Statt die Kraft zum Konsens im Sinne des Staatsganzen aufzubringen, igelten sich die Parteien lieber auf eisern festgeklopften, programmatischen Positionen ein und praktizierten den parlamentarischen Stellungskrieg in Permanenz. Und statt sich gemeinsam für die Demokratie zu engagieren und der Gefahr einer Diktatur zu trotzen, nahmen die Deutschen die „Machtergreifung" der Nationalsozialisten sehenden Auges hin.

Auch diese auf den ersten Blick so zwingend anmutende These einer Untertanenmentalität, die Bismarck und Wilhelm II. den Deutschen angeblich eingeimpft hatten, bedarf der Relativierung. Gewiss rangierte im Bewusstsein der breiten Masse seit der Reichsgründung die Akzeptanz der von oben eingerichteten Ordnung über der einer Durchsetzung der individuellen bürgerlichen Freiheiten um jeden Preis. Das war anders als in den USA, in der Schweiz oder auch in Frankreich. Die Liberalen hatten dies schon im Reichsgründungsjahrzehnt einsehen müssen, als sie manche ihrer hehren Vorsätze auf dem Altar der Bismarck'schen Erfolgspolitik opferten und die Freiheit hinter die Einheit stellten. Aber im Kaiserreich konnte sich ungeachtet dieses Umstandes eine plurale, differenzierte, lebendige und bunte Gesellschaft entfalten.[23] Sie war ein Tummelplatz für Ideen und Initiativen und, trotz der immer wieder von der Regierung getroffenen Schutzzollmaßnahmen, das Treibhaus einer Konsum- und Marktwirtschaft, die atemberaubende Wachstumszahlen und nie gekannten Wohlstand produzierte. Hier fielen die Einkommensunterschiede der breiten Masse viel geringer aus als in allen vergleichbaren Ländern. In der Wilhelminischen Ära stieg das reale Volkseinkommen pro Kopf binnen zwanzig Jahren um nicht weniger als 30 Prozent. Die Nominallöhne wuchsen um das Zweieinhalbfache und die Reallöhne um fast das Doppelte. Es kam mithin nicht von ungefähr, wenn eine Berliner Zeitung in einer „Bilanz des Jahrhunderts" 1899 ermittelte, dass die große Mehrheit der Leute die Kaiserzeit für die glücklichste Periode in der deutschen Geschichte hielt.

All dies war den weitgehend zwanglosen staatlichen Rahmenbedingungen zu verdanken: der freien Betätigung der industriellen Eliten wie der Gewerkschaften und nicht zuletzt dem Reichstag, dessen Reformimpulse von der Liberalisierung des Aktienrechts und des Bankensektors bis hin zu einer gerechteren Verteilung der Steuerlasten und zum Bürgerlichen Gesetzbuch reichten. Im Deutschland Wilhelms II. gab es eine freie, diversifizierte Presselandschaft mit mehr als sechstausend Zeitungen, die – wenn sie keine Majestätsbeleidigung begingen – unbehelligt von der staatlichen Zensur die Regierung kritisieren konnten. Die Gewerkschaften zählten nach Millionen von Mitgliedern. Eine differenzierte Vielfalt von Verbänden und Interessen-

---

[23] Darüber neuerdings Frank-Lothar Kroll: Geburt des Nationalstaats. Politik, Gesellschaft und Kultur vor dem Ersten Weltkrieg, Berlin 2013, insbes. S. 68–96.

gruppen artikulierte die Anliegen der Gesellschaft. Innovative Bewegungen aller Couleur ließen das gesellschaftliche Leben pulsieren und konnten sich frei entfalten: von der Reformpädagogik bis hin zur Frauenemanzipation, vom Vegetarismus bis hin zu einer künstlerischen Avantgarde in Literatur, Malerei, Musik und Theater. Ja, das Kaiserreich war geradezu ein Laboratorium der Moderne, dessen Impulse nicht nur aus der Mitte der Gesellschaft kamen. Auch der Staat leistete seinen Beitrag. Sein Sozialsystem und seine Arbeitsschutzgesetzgebung waren weltweit die erste offizielle und von oben organisierte Antwort auf die überall drängende Soziale Frage. Mit den neu installierten Technischen Hochschulen, den Forschungseinrichtungen und zahlreichen Infrastrukturprojekten, von denen wir heute noch zehren, wurden die Grundlagen des Wohlstands für die nachfolgenden Generationen gelegt.

Ein weiterer Einwand. Die Methode, auf dem Umweg über die Außenpolitik Konformitätsdruck im Innern zu erzeugen, war keine deutsche Besonderheit. Bismarck hatte sie seit 1862 erfolgreich angewandt, und sie blitzte in seiner Kolonialpolitik erneut auf. Aber dieses Werkzeug entstammte dem Arsenal der zeitgenössischen Realpolitik. Sein Zweck war, innere Problemlagen zu umgehen, den Status quo abzusichern, zu konservieren und Massengefolgschaft zu generieren. Damit hatten Napoleon III., Cavour, Andrássy und Disraeli operiert. Wenn Bismarcks Nachfolger mit der Welt- und Flottenpolitik dieses Versatzstück politischen Handelns wieder in Anschlag brachten, dann schwammen auch sie im Strom der Zeit. Delcassé in der französischen Kolonialpolitik, Chamberlain mit seinem Schutzzolltarif im Empire, Grey und Asquith in der Beschwörung der deutschen Gefahr, Aehrenthal auf dem Balkan und die russischen Entscheidungsträger in Asien und in der Meerengenpolitik, sie alle gründeten ihre Politik auf ein plebiszitäres Fundament. Sie versuchten, ihren Zielen populären Widerhall und Rückenwind zu verschaffen und damit dem bestehenden System neue Legitimationsquellen zu erschließen. Bis heute ist diese Strategie ein Mittel der Politik geblieben.

Für die Eindämmung und Abwehr des Radikalismus, wie immer man ihn staatlicherseits definierte, lässt sich Vergleichbares sagen. Auch das war kein Spezifikum des Kaiserreichs, zumal die Sozialisten von damals keine Sozialdemokraten waren, wie wir sie heute kennen. Sie waren lange Zeit Extremisten, die mit dem Gedankengut von Marx die bestehende Ordnung beseitigen wollten. In halb Europa kamen repressive Instrumente zur Anwendung, die sich gegen Anarchismus, Syndikalismus, sozialen Umsturz oder die katholische Dominanz über den säkularisierten, modernen Staat richteten. Das Sozialistengesetz und der Kulturkampf schlugen der deutschen Gesellschaft zwar tiefe Wunden, aber sie brachten kein dauerhaftes Unheil.

Schon in der späten Bismarckära schwenkte das Zentrum auf eine konstruktive Mitarbeit in der Reichspolitik ein und wurde, trotz fortdauernder

Friktionen, noch vor der Jahrhundertwende zu einer gouvernementalen Partei. Bei der SPD deutete sich nach dem Ende des Sozialistengesetzes 1890 unter dem Einfluss des pragmatischen Gewerkschaftsflügels und des Revisionismus eine analoge Entwicklung an. Obschon die Partei an ihrer Fundamentalopposition zu Regierung und Monarch festhielt, stand sie in ihrer übergroßen Mehrheit fest zum Burgfrieden von 1914. Und nach dem Ende des Kaiserreichs wurden die ehemaligen „Reichsfeinde", trotz der einstigen Verfolgung und Diskriminierung, zu den hauptsächlichen Stützen von Staat und Gesellschaft.

Der Vorwurf einer dauerhaften Vergiftung des politischen Klimas durch die Markierung von „Reichsfeinden", durch einen obrigkeitsstaatlichen Würgegriff und eine schicksalhafte Spaltung der Gesellschaft trägt auch deshalb nicht weit, weil die Deutschen, trotz Kriegsniederlage, trotz Hungerwinter, trotz Revolution und anarchischem Aufruhr, der neuen Republik in ihrem Anfangsjahr ein überwältigendes Vertrauensvotum ausstellten. Bei den Wahlen zur Nationalversammlung im Januar 1919, mit einer Wahlbeteiligung von 83 Prozent der Stimmberechtigten, votierten mehr als drei Viertel der Wähler für die republiktreuen Parteien: die sogenannte „Weimarer Koalition" aus SPD, Zentrum und der linksliberalen Deutschen Demokratischen Partei. Die vermeintlich so autoritären Strukturen im Kaiserreich hatten die Deutschen keineswegs der demokratischen Praxis entwöhnt.

Und noch ein weiterer Umstand ist augenfällig: In der so hoffnungsvoll gestarteten Republik wurden weder das Zentrum noch die SPD ihrer staatspolitischen Verantwortung gerecht, jetzt, da den einstigen „Reichsfeinden" die Aufgabe zugefallen war, der Demokratie mit Handlungs- und Problemlösungskompetenz zum Gedeihen zu verhelfen. Das Zentrum blieb zwar bis 1930 ständig in der Regierung. Aber es war, indem es sich mit allem und jedem arrangierte, ein politisches Chamäleon, dem Opportunismus über alles ging, das selbst vor einem Arrangement mit den Nationalsozialisten nicht zurückschreckte und dessen Präsidialkanzler Heinrich Brüning die Republik zugunsten einer Neuaufrichtung der Monarchie beerdigen wollte.[24] Die SPD, die tragende und bis 1932 stärkste Partei der Republik, war nur in acht von 16 parlamentarisch gebildeten Kabinetten überhaupt vertreten. Und von diesen acht Regierungen brachte sie nicht weniger als fünf zu Fall, weil sie ohne Blick für das Ganze aus parteitaktischen Motiven ihre Minister aus der Regierung abzog. Bis in den Juli 1932 hinein besaßen die republiktreuen Parteien Weimars die Mehrheit im Reichstag. Aber sie wandelten sie nicht in politische Macht und systemerhaltenden Konsens um, um dem Radikalismus

---

[24] Dazu Rainer F. Schmidt: Der Untergang einer Republik. Weimar und der Aufstieg des Nationalsozialismus (1918–1933), Bonn 2020, S. 458 ff.

von rechts und links zu trotzen. Das war fatal und sollte katastrophale Auswirkungen haben.

In der abwägenden Analyse einer obrigkeitsstaatlichen Disposition muss noch auf zwei weitere Punkte verwiesen werden, die den vorgeblich so dunklen Schlagschatten des Kaiserreichs zwar nicht gänzlich aufhellen, aber doch erheblich relativieren: auf den zeitgenössischen internationalen Kontext und auf die Abkehr von der so gescholtenen dualistisch ausgelegten Verfassung des Kaiserreichs in der neuen Republik. Zum einen: Nahezu überall auf dem Kontinent befand sich die Demokratie in der Zwischenkriegszeit in einer existentiellen Krise. Ursächlich dafür war vor allem die in Versailles aus der Taufe gehobene neue Ordnung mit ihrer territorialen Labilität und ethnischen Inhomogenität, mit ihrer mangelnden Akzeptanz und mit dem zweischneidigen Schwert des installierten Selbstbestimmungsrechts. Betrachtet man die politische Landkarte auf dem Kontinent im Jahr 1919, dann gab es 25 demokratisch verfasste Staaten. Zwanzig Jahre später waren davon nur noch 11 übriggeblieben. Der mächtige faschistisch-autoritäre Trend der Epoche hatte sich nahezu flächendeckend durchgesetzt. Es ist eine schreckliche Erkenntnis, aber zugleich ein Faktum: Der Faschismus war auch in seiner deutschen Ausprägung, dem Nationalsozialismus, ein epochales Phänomen. Die Oktoberrevolution in Russland und die Pariser Friedenskonferenz hatten daran einen entscheidenden Anteil. Der Triumph Hitlers war deshalb keineswegs ein deutsches Alleinstellungsmerkmal. Er lässt sich nicht mit der Perspektive einer deutschen Nabelschau erklären und schon gar nicht aus der Vorprägung der deutschen Gesellschaft durch die Hypotheken des Kaiserreichs herleiten.

Zum anderen: Gerade unter den Bedingungen des Kaiserreichs hätte eine populistisch und zerstörerisch agierende, ja, revolutionär ausgerichtete Bewegung wie der Nationalsozialismus keine Chance gehabt, die politische Macht zu erringen und in einem Gleichschaltungsprozess binnen weniger Monate alle staatlichen Institutionen zu kapern. Die Erfolgsbarrieren, die einem solchen Siegeszug entgegenstanden, hatten die Weimarer Verfassungsväter alle zur Seite geräumt: das absolute Mehrheitswahlrecht, die unüberwindbare personelle Schranke zwischen Legislative und Exekutive sowie vor allem den notwendigen Konsens zwischen der vom Kaiser berufenen Regierung und dem durch Volkswahl beschickten Parlament, um staatliches Handeln zu ermöglichen. Vor diesem Parlamentsabsolutismus, vor der wankelmütigen öffentlichen Stimmung und vor dem Absolutheitsanspruch einer einzigen Partei hatten die liberalen Vordenker im 19. Jahrhundert immer gewarnt. In Weimar wurde ihr Menetekel zu Wirklichkeit, zumal die neue Verfassung kein Parteiverbot kannte, sie das Fortleben der Republik der Entscheidung der Mehrheit unterwarf und der Auffassung huldigte, dass man staatsfeindliche Überzeugungen nicht verbieten, sondern nur im öffentlichen Diskurs widerlegen könne. Der Grundrechtskatalog, der, anders als in der Verfassung des Kaiserreichs, in der Weimarer Verfassung vorhanden war, bot hier keinen Schutz, wie die Reichstagsbrandverordnung vom Februar 1933 schlagend unter Beweis stellte.

Wenn man alles zusammennimmt, muss die Schlussfolgerung daher lauten: Bismarck und seine Epigonen hatten der Nation nicht das demokratische Rückgrat gebrochen und die staatspolitische Verantwortung der Parteien abgetötet. Man kann es auch kürzer sagen. Das Argument einer schädlichen und dauerhaften obrigkeitsstaatlichen Mentalitätsstruktur als Vermächtnis des Kaisers an die Nachwelt reicht schon deshalb nicht hin, weil die Weimarer Republik nicht nur von ihren Feinden zerstört wurde. Sie ging auch an sich selbst zugrunde.[25]

Ein letzter und siebter Punkt. Einer der kardinalen Vorwürfe, die gegen das Kaiserreich erhoben werden, ist die Behauptung von dessen Unverträglichkeit mit der Statik der europäischen Machtbalance. Demnach stellte die Machtzusammenballung in der Mitte des Kontinents durch den 1871 neu entstandenen deutschen Nationalstaat eine Revolution der Staatenwelt dar. Sie zerstörte den von den fünf Großmächten auf dem Wiener Kongress gemeinsam festgelegten Status quo ante durch Krieg und Gewalt. Sie schuf eine respektable staatliche Einheit, die sich als leistungsfähiger und potenter erwies als all ihre Nachbarn. Und dieses neue Gebilde entbehrte, anders als 1815 und 1990, eines konsensualen internationalen Garantieversprechens, das seinen Territorialbestand absicherte und seine Akzeptanz durch die anderen Staaten verbürgte.

Die Behauptung einer Unvereinbarkeit des deutschen Nationalstaats mit der kontinentalen Machtbalance ist nur stichhaltig, wenn man das Recht der anderen Mächte verabsolutiert, sich in die Belange Mitteleuropas einzuschalten und dort ihre Interessen zur Geltung zu bringen. Es ist valide, wenn man in Rechnung stellt, dass sich Berlin immer vergeblich bemühte, in Paris, Wien oder Sankt Petersburg eine Garantie seiner Kriegsbeute oder seiner Grenzen von 1871 zu erlangen. Und es ist zutreffend, wenn man bedenkt, dass seit der Reichsgründung und ihren kriegerischen Geburtswehen eine große Koalition der Nachbarmächte als Bedrohungsszenario immer am Horizont stand, ein Umstand, der schon Bismarck schlaflose Nächte bereitet hatte und der im unmittelbaren Vorfeld des Weltkriegs dann in Form der Triple-Allianz zwischen Paris, London und Sankt Petersburg zur Realität geworden war. Trotzdem muss man auch gegen diese fast allgemein akzeptierte Sichtweise triftige Einwände artikulieren. Sie erschöpfen sich keineswegs in dem simplen Argument, dass man der deutschen Nationalbewegung nicht das

---

[25] Dazu ebenda, S. 523 ff.

vorenthalten konnte, was die anderen Mächte mit ihren Nationalstaaten schon besaßen. Tatsächlich muss die Kritik tiefer ansetzen.

Zum einen: Das Recht der europäischen Mächte „ihre Finger in unsre nationale Omelette zu stecken"[26], wie Bismarck einst bemerkte, war ein selbst angemaßtes, asymmetrisches Recht. Seit dem Dreißigjährigen Krieg war es gängige Praxis gewesen, die Machtleere der europäischen Mitte zur eigenen Machtausdehnung oder zumindest zur gestaltenden Mitsprache zu nutzen. In ihrem eigenen Macht- und Interessenbereich waren London, Paris und Sankt Petersburg jedoch keinesfalls bereit, anderen Staaten ein adäquates Recht zuzugestehen. Auf jegliche Einmischungsversuche reagierten sie äußerst allergisch, bis hin zur Kriegsdrohung. Dieses selbstgerechte Verhalten legten die Briten in ihrer Irland-, in der Empire-, Asien- und Afrikapolitik ebenso an den Tag, wie die Franzosen in Marokko und in anderen Zonen ihres Kolonialreiches analog verfuhren; von der aggressiven und exklusiven russischen Machtprojektion in Richtung Balkanraum, Osmanisches Reich und der Meerengen bei Konstantinopel ganz zu schweigen.

Zum anderen: Im Unterschied zu Frankreich, Italien und Russland stand das Deutsche Reich fest und unverrückbar auf dem Boden des mit dem Jahr 1871 festgezurrten Territorialbestandes in Europa. Vom Bismarckschen Grundsatz der Saturiertheit auf dem Kontinent wich man auch nach 1890 keinen Deut ab. Es gab in Berlin bis zum Krieg weder Ansprüche noch Begehrlichkeiten, weder eine Politik, die die Nachbarn unmittelbar herausforderte, noch die Ambition, diese in ihrem angestammten Besitzstand zu bedrohen.

Hinzu kommt: Auf dem Kontinent war durch die Reichsgründung nicht etwa eine fundamentale Machtverschiebung eingetreten, sondern eine neue Machtverteilung zwischen Österreich und Preußen einerseits und zwischen Deutschland und Frankreich andererseits etabliert worden. Die traditionelle europäische Pentarchie, mitsamt deren konsensualen Konfliktregularien durch Konferenzen und Kongresse, blieb unverändert bestehen. Der jahrzehntelange deutsche Dualismus zwischen Wien und Berlin war zugunsten des Letzteren entschieden worden. Mit der Amputation Frankreichs durch Elsass-Lothringen hatte man den seit Jahrzehnten bestehenden Pariser Machtgelüsten in Richtung des Rheins einen Riegel vorgeschoben und einer Neuauflage der alten Rheinbundpolitik, die Napoleon III. noch reaktiviert hatte, die gefährliche Spitze abgebrochen. Dieses Ziel war einer der Hauptgründe gewesen, weshalb sich Bismarck für eine Annexion von Elsass-Lothringen ausgesprochen hatte. Denn, wie er sagte, Straßburg sei der

---

[26] Otto von Bismarck: Gedanken und Erinnerungen, Bd. 2, Stuttgart/Berlin 1922, S. 66.

„Schlüssel zu unserem Hause".[27] Vor allem aber hatten die anderen Mächte jetzt keine Handhabe mehr, sich in die Gestaltung der deutschen Angelegenheiten einzumischen. „Deutschland gehörte jetzt", wie man gesagt hat, „den Deutschen allein".[28]

Und schließlich: Die deutsche Nationalstaatsgründung durch einen kriegerischen Akt war beileibe kein extraordinärer Vorgang, der außerhalb der europäischen Norm stand. Alle Nationalstaaten auf dem Kontinent waren in Konvulsionen und Konflagrationen, in Revolutionen und Kriegen entstanden. Sie hatten ihr Territorium mit Gewalt arrondiert und in der Unterwerfung antagonistischer Potenzen zusammengerafft. Das galt im zeitgenössischen Horizont für die vom Osmanischen Reich abgefallenen Balkanstaaten ebenso wie für den neuen italienischen Nationalstaat, der zeitgleich mit dem Deutschen Reich ins Leben getreten war. Die Bismarck'sche Reichsgründung fiel nur insoweit aus dem Rahmen, als sich die „kleindeutsche" Lösung von 1871 gegenüber dem „Großdeutschland" der Paulskirche oder der Schwarzenberg'schen Idee eines „70-Millionen-Reiches" viel bescheidener ausnahm und fortan auch keine Bestrebungen generierte, die Deutschen außerhalb der Grenzen ins Reich zu holen. Mit der von Bismarck ins Werk gesetzten Reichsgründung, die sich im Rahmen der üblichen Modalität einer Staatsbildung bewegte, wurde Europa nicht herausgefordert und war der Weg zum guten Hafen nicht vermint.

III. Was bleibt als Fazit?

Wie bemisst sich das Ergebnis der vorstehenden Analyse? Viele Streifschüsse, aber kein kapitaler Treffer, der die These vom verhängnisvollen Schattenwurf des Kaiserreichs untermauern könnte, der die nachfolgenden Generationen in ihrer Entscheidungsfreiheit lähmte oder gar deren Handlungsspielräume verstellte. Die Zukunft war offen. Sie war weder vorherbestimmt noch konditioniert. In den Jahren nach 1918 war die Wirklichkeit viel zu komplex und zu vielgestaltig, als dass sie sich mit einem eindimensionalen, teleologischen Komplex von Unheil und Unglück erfassen und abbilden ließe. Diese deterministische Sicht der Dinge findet dort ihre Grenze, wo, wie nach Versailles und dem Kriegsende, neue Rahmenbedingungen herrschten, mit eigenen Gesetzen und einer genuin andersartigen sachbezogenen

---

[27] Zit. bei Rainer F. Schmidt: Otto von Bismarck (1815–1898). Realpolitik und Revolution, Stuttgart 2004, S. 186.

[28] So bei Hans-Christof Kraus: War das Deutsche Reich von 1871 ein „Halbhegemon"? Zur Kritik einer umstrittenen Deutung, in: Tilman Mayer (Hg.), 150 Jahre Nationalstaatlichkeit in Deutschland. Essays, Reflexionen, Kontroversen, Baden Baden 2021, S. 223–243, hier S. 232.

Logik der Entscheidungsfindung. Sie hat auch dort ihre Schranke, wo der Zufall Regie führte, wo sich Alternativen und Weggabelungen auftaten, die in die eine oder in die andere Richtung wiesen. Hätte sich die Siegerkoalition in Versailles zu einem gesichtswahrenden Kompromiss mit der neu ins Leben getretenen Republik bereitgefunden, was, angesichts der substantiellen deutschen Angebote,[29] nicht zwingend außerhalb der Vorstellung lag; hätte man sich dem Unterwerfungs- und Diktatfrieden von 1919 nicht alternativlos gebeugt, sondern die Unterschrift verweigert; wären Stresemanns und Briands Blütenträume einer deutsch-französischen Verständigung in Thoiry im Jahre 1928 nicht am Widerstand des Hardliners Poincaré gescheitert; hätte Schleicher mit seiner „Querfrontkonzeption" einer Spaltung der NSDAP um die Jahreswende 1932/33 reüssiert; und hätte sich Hindenburg der Palastintrige Papens zur Berufung Hitlers zum Kanzler wenig später verweigert – all dies waren Kreuzwege und Weichenstellungen, die in einem eigenen Parallelogramm von Kräften und Varianten angesiedelt waren. An diesen kardinalen Eckpunkten, als die Geschichte eine bestimmte Wendung nahm, hätten sich die Dinge so oder anders fortentwickeln können. Es gab keine Einbahnstraße, sondern viele Abzweigungen.

Wer das anders sehen will, huldigt einer Konstruktion des Wünschbaren, einer Idealvorstellung, die die Geschichte nicht kennt. Er tritt in Personalunion in der Rolle eines historischen Staatsanwalts und Richters zugleich auf. Er setzt das Kaiserreich und seine Exponenten auf die Anklagebank der Geschichte, auf der das Urteil schon gefällt ist. Tatsächlich hatte das Kaiserreich weder den Weg zum Nationalsozialismus gewiesen, noch war es der Treppenabsatz, der Hitler in die Reichskanzlei führte. Zu diesem eindimensionalen, grobschlächtigen Schluss kann man nur gelangen, wenn man einem stromlinienförmigen und teleologischen Kontinuitätskonstrukt huldigt. Wenn man alle zwischenzeitlichen Weggabelungen, Einflussfaktoren und Entscheidungssituationen ausklammert. Wenn man die Janusköpfigkeit des Reiches, seine den Modernisierungsfortschritt blockierenden und beschleunigenden Elemente, übersieht. Und wenn man dessen Strukturen und Politik nicht an den damals geltenden, sondern an den heutigen, durch die Erfahrung der Nachlebenden gereiften, moralisierenden Maßstäben misst. Diese aber waren den damaligen Handlungsträgern weder offenbar, noch konnten sie deren Handlungsparameter bestimmen. Die Entwicklung der Geschichte zwischen 1871 und 1945 war offen, und ihr Gang war nicht vorgezeichnet.

„Wir müssen den vergangenen Generationen das zurückgeben, was sie einmal besaßen, so wie jede Gegenwart es besitzt: die Fülle der möglichen Zukunft, die Ungewissheit, die Freiheit, die Endlichkeit, die Widerspruch-

---

[29] Dazu Schmidt: Untergang einer Republik, S. 129 f. (wie Anmerkung Nr. 23).

lichkeit" – so hat es Thomas Nipperdey ausgedrückt, auf den sich Conze ganz zu Unrecht beruft.[30] Auch das Kaiserreich verdient den Anspruch differenzierter Betrachtung, abwägender Analyse und historischer Gerechtigkeit. Es öffnete nicht die Büchse der Pandora, aus der alles künftige Unglück herauskroch. Mit simpler Affirmation oder unkritischer Weichzeichnung der Epoche zwischen 1871 und 1918 hat dies nichts zu tun.

---

[30] Thomas Nipperdey: 1933 und die Kontinuität der deutschen Geschichte, in: ders.: Nachdenken über die deutsche Geschichte, München 1986, S. 186–205, hier: S. 204/205.

V. Vergleichsperspektiven

Hohenzollernrestitution im europäischen Vergleich

Von *Frank-Lothar Kroll*, Chemnitz

Wie nicht selten bei kontrovers ausgetragenen geschichtspolitischen De-
batten in der Berliner Republik handelt es sich bei der Diskussion über die
Restitutionsansprüche der Hohenzollern um einen sehr deutschen Streit.
Keinem der zahlreichen Teilnehmer an dieser mit großer Heftigkeit geführten
Debatte ist es bisher in den Sinn gekommen, den Blick über die deutschen
Grenzen zu richten und den Umgang von Deutschlands europäischen Nach-
barn im Osten mit ihren ehemaligen Herrscherfamilien zu thematisieren. In
Rumänien und Bulgarien, doch auch in Serbien und Albanien, und selbst in
Montenegro hat es seit der Befreiung dieser Länder vom Jahrhundertfluch
des Kommunismus unterschiedliche Übereinkünfte mit den überall in ihre
alten Heimaten zurückgekehrten Dynastien gegeben. In Griechenland und
Italien, die beide nach 1945 von der gewaltsamen Einverleibung in den sowjetischen Machtbereich verschont geblieben sind und insofern als Sonderfälle
gelten können, hat sich auch die Restitutionsproblematik in eine besondere
Richtung entwickelt.

I.

Am weitesten gingen die Restitutionen im kleinen Montenegro, das sich
erst 2006 aus der Verbindung mit Serbien lösen konnte und seitdem als un-
abhängiger Staat firmiert. Ab 1696 hatte dort die Familie der Petrović-Njegoš
das politische Geschehen dominiert, der von 1830 bis 1851 als Fürstbischof
amtierende Peter II. Petrović-Njegoš (1813–1851) gilt mit seinen Dichtungen
als einer der bedeutendsten Repräsentanten der südslawischen Literatur und
als Schöpfer erster staatlicher und administrativer Strukturen im Land. Seinem zweiten Nachfolger, dem seit 1860 regierenden Fürsten Nikola (1841–
1921), war es 1878 gelungen, die Unabhängigkeit des Landes im Kampf
gegen das Osmanische Reich durchzusetzen und 1910 den Königstitel anzunehmen. Obschon das kleine südslawische Königreich zu den Siegermächten
des Ersten Weltkriegs zählte, verlor es seine Souveränität Ende 1918. Es
wurde Opfer großserbischer Annexionspolitik und Teil des neugeschaffenen
Königreichs der Serben, Kroaten und Slowenen, das sich seit 1929 „Königreich Jugoslawien" nannte. Der enttrohnte König Nikola starb 1921 im fran-

Abb. 1: Prinz Nikola von Montenegro

zösischen Exil, sein Sohn, Kronprinz Danilo von Montenegro (1872–1939), verzichtete kurz darauf auf seinen Thronanspruch zu Gunsten seines Neffen Prinz Mihailo von Montenegro (1908–1986), der ihn indes 1929 ebenfalls aufgab. Plänen der ins Land eingedrungenen deutschen und italienischen Besatzungsmächte, ihn nach der gewaltsamen Zerschlagung Jugoslawiens 1941 zum König eines neu installierten montenegrinischen Marionettenstaates zu machen,[1] begegnete er mit Ablehnung, woraufhin die Nationalsozialisten ihn bis 1943 in Gefangenschaft hielten. Auch späteren Versuchen der jugoslawischen Kommunisten, ihn für ihre Zwecke einzuspannen, widerstand er.

Sein 1944 geborener Sohn, Prinz Nikola von Montenegro, machte sich in den 1970er und 1980er Jahren in Frankreich als Architekt einen Namen (Abb. 1). Schon lange vor der Wiederherstellung der Unabhängigkeit des Landes, noch zu Zeiten kommunistischer Herrschaft in Jugoslawien im September 1989, wurden die sterblichen Überreste der ehemaligen montenegrinischen Königsfamilie in einer aufwendig gestalteten halboffiziellen Zeremonie in die alte Königsstadt Cetinje überführt und dort in der kleinen Kirche von Cipur bestattet. Seit 2010 führte die montenegrinische Regierung dann mit dem ins Land seiner Väter zurückgekehrten Prinzen Nikola Verhandlungen über einen Vermögensausgleich mit der fast ein Jahrhundert zuvor depossedierten Dynastie, die im Juli 2011 zu einem bemerkenswerten Abschluss geführt werden konnten. Ein vom montenegrinischen Parlament mit großer Mehrheit gebilligtes Gesetz über die Stellung der Nachkommen der Dynastie

---

[1] Dazu ausführlich Jozo Tomasevich: War and Revolution in Yugoslavia, 1941–1945. Bd. 1: The Chetniks. Stanford 1975; Bd. 2: Occupation and Collaboration. Stanford 2001.

Petrovič-Njegoš[2] verlieh dem ehemaligen Königshaus offizielle Funktionen im Dienst einer Stärkung der nationalen Identität des kleinen Landes, die vor allem durch Beförderung kultureller Aktivitäten erreicht werden soll. Prinz Nikola handelt seitdem in der Öffentlichkeit als Vertreter der montenegrinischen Regierung, mit allen damit verbundenen protokollarischen Rechten. Er erhält ein monatliches Gehalt, das jenem des montenegrinischen Präsidenten entspricht und besitzt Wohnrecht im früheren Königspalast der historischen Residenz in Cetinje sowie eine eigene kleine Residenz in der jetzigen Hauptstadt Podgorica. Als Kompensation für die nach 1918 eingezogenen Besitzungen erhielt die königliche Familie über sieben Jahre hinweg 4,3 Millionen Euro, die größtenteils in die „Petrović-Njegoš-Stiftung" (*Fondacija Petrović Njegoš*)[3] eingebracht wurden. Die Stiftung fördert humanitäre, ökologische und kulturelle Projekte, engagiert sich im Tierschutz und im Umweltschutz, im schulischen Bereich und auf dem Bildungssektor und unterstützt Forschungen zu innovativen Technologien.

II.

Einen vergleichbaren Weg versuchte man in Rumänien zu gehen, ohne ihn dann allerdings konsequent bis zum Ende zu beschreiten. Während die Montenegriner ihr regierendes Königshaus schon 1918 eingebüßt hatten, verlor Rumänien die hier sehr populäre monarchische Staatsform als letztes der von der Roten Armee besetzten und vergewaltigten Länder des europäischen Südostens. Dem 1866 vom Bukarester Parlament zum Fürsten von Rumänien gewählten, 1881 als Carol I. zum König aufgestiegenen Prinzen Karl von Hohenzollern-Sigmaringen (1839–1914), dem Schöpfer des modernen Rumänien und rastlos tätigen *nation builder*, war es in seiner fast 50jährigen Regierungszeit gelungen, das damals noch kleine, ungefestigte und als rückständig geltende Land an der Peripherie Europas zu einem international geachteten Staatswesen zu entwickeln.[4]

Angesichts der im staatlichen Alltagsleben rasch eintretenden Turbulenzen – Parteienhader und Korruptionsskandale, Wahlrechtskämpfe und Bauernunruhen – erwies sich die rumänische Krone mehr und mehr als stabilisie-

---

2 Government Bill Aims To Rehabilitate Montenegro's Royal Family, 18. April 2011. In: Radio Free Europe/Radio Liberty, URL: https://www.rferl.Org/a/montene gro_bill_rehabilitate_royal_family/4747540.html (Abgerufen am 23. Juli 2021).

3 Hompage der Stiftung: https://fondacija-njegos.org/en/.

4 Vgl. detailliert Edda Binder-Iijima: Die Institutionalisierung der rumänischen Monarchie unter Carol I. 1866–1881. München 2003.

Abb. 2: Königsbesuch in Bukarest 1992

rendes Element in der unruhigen politischen Kultur des jungen Staates.[5] Nach dem unter großen Schwierigkeiten siegreich beendeten Ersten Weltkrieg stieg die Reputation des rumänischen Königtums noch einmal beträchtlich. Seiner nur gelegentlich eingetrübten Erfolgsgeschichte mussten selbst die sowjethörigen Machthaber eine Zeit lang Rechnung tragen. Denn der seit 1940 amtierende König Mihai I. (1921–2017) hatte 1944 den hitlerfreundlichen Diktator Ion Antonescu verhaften lassen und dem nationalsozialistischen Deutschland den Krieg erklärt. Als einziges gekröntes Haupt jenseits des Eisernen Vorhangs wurde Mihai I. in den Folgejahren zur Integrationsfigur aller antikommunistischen und demokratischen Kräfte seines Landes. Erst in der Silvesternacht 1947 entsagte er unter Todesandrohung und gegen den überwältigenden Mehrheitswillen der rumänischen Bevölkerung seines Thrones und wurde unter entwürdigenden Bedingungen ins Exil getrieben.

Nach dem Zusammenbruch der stalinistischen Tyrannei im Dezember 1989 besuchte er mehrfach seine Heimat, wurde jedoch 1992 nach einer Massendemonstration in Bukarest, an der mehr als eine Million Teilnehmer seine Wiedereinsetzung als regierender König – und damit faktisch die Restauration der Monarchie – forderten (Abb. 2), von der postkommunistischen Staatsführung, wiederum unter entwürdigenden Begleitumständen, des Landes verwiesen. Erst 1997, beim Amtsantritt des monarchiefreundlichen Präsidenten Emile Constantinescu, erhielt er die ihm entzogene rumänische Staatsbürgerschaft zurück und durfte hinfort ungehindert in sein Heimatland reisen.

---

[5] Dazu instruktiv Edda Binder-Iijima: Skizzierung des Begriffs „Verfassung" in seinem historisch-politischen Kontext in Rumänien. In: Vasile Dumbrava (Hrsg.): Geschichte politisch-sozialer Begriffe in Rumänien und Moldova. Leipzig 2010, S. 146–170.

Abb. 3: Schloss Peleş in Sinaia

In den Folgejahren wurde der Königsfamilie dann ein Teil ihrer von den Kommunisten geraubten Liegenschaften und Schlösser schrittweise restituiert, die endgültige Rückübertragung regelte ein im Mai 2005 vom rumänischen Parlament verabschiedetes Gesetz,[6] das nicht nur als finanzielle Wiedergutmachung gedacht war, sondern ausdrücklich eine Art moralische Rehabilitation angesichts der historisch unbestrittenen Verdienste der Dynastie beim Auf- und Ausbau des modernen rumänischen Nationalstaates[7] sein sollte.

Während das bekannteste und architektonisch bedeutendste Schloss Peleş in Sinaia (Abb. 3) – erbaut zwischen 1873 und 1914 als Sommerresidenz und Musenhof für König Carol I. und seine literarisch ambitionierte Gattin, die

---

[6] Eugen Tomiuc: Romania: Former Monarch Wins Restitution Claim, 30. Juni 2005. In: RadioFreeEurope, URL: https://www.rferl.org/a/1059599.html.

[7] Vgl. Edda Binder-Iijima/Heinz-Dietrich Löwe/Gerald Volkmer (Hrsg.): Die Hohenzollern in Rumänien 1866–1947. Eine monarchische Herrschaftsordnung im europäischen Kontext. Köln/Weimar/Wien 2010; ferner Edda Binder-Iijima/Silvia Irina Zimmermann: Das erste Königspaar von Rumänien Carol I. und Elisabeta. Aspekte monarchischer Legitimation im Spiegel kulturpolitischer Symbolhandlungen. Stuttgart 2015.

dichtende Königin Carmen Sylva (1843–1916)[8] – nach der Rückübertragung weiterhin öffentlich zugänglich ist und museal genutzt wird, dienen andere Gebäude als private Residenzen der Königsfamilie. Zu ihnen zählen Schloss Săvârşin im Kreis Arad, das erst 1943 durch Kauf in den Besitz König Mihais I. gelangt und von Nicolae Ceauşescu als Jagdsitz zweckentfremdet worden war, sowie der Elisabeth-Palast (*Palatul Elisabeta*) in Bukarest, 1936 für die geschiedene ehemalige Königin von Griechenland, Prinzessin Elisabeth (1894–1956), Tante König Mihais I., errichtet und während der kommunistischen Herrschaft völligem Verfall preisgegeben. Hier, in den ausgedehnten Anlagen des Schlossparks, veranstaltet die Königsfamilie alljährlich am 10. Mai eine von zahlreichen hochrangigen Gästen besuchte Gartenparty, die sich mittlerweile als fester Bestandteil im gesellschaftlichen Leben der Hauptstadt etabliert hat. Auch zu Weihnachten und Ostern, oder zu speziellen Jubiläen, öffnet der Bukarester Palast seine Tore für Besucher.

Überhaupt besitzt das rumänische Königshaus unterhalb der staatlich-politischen Ebene eine wieder weithin anerkannte öffentliche Stellung im Land. Dazu hat vor allem die integre Persönlichkeit des letzten Königs beigetragen, der im ersten Jahrzehnt nach dem Sturz Ceauşescus vielen rumänischen Bürgern als symbolische Gegenfigur und glaubwürdige Verkörperung einer demokratischen Alternative zur weiterhin stark von den Seilschaften des berüchtigten Geheimdienstes *Securitate* dominierten postkommunistischen Staatsführung galt.[9] Sein zeitlebens bescheidenes Auftreten bot einen glaubwürdigen Kontrast zum selbstherrlichen Gebaren vieler Politiker im neuen Rumänien. Bei seinem Tod – Mihai I. war nach längerer Krankheit Anfang Dezember 2017 im Alter von 96 Jahren in seinem Schweizer Wohnort Aubonne gestorben – wogte noch einmal eine Welle royaler Sympathien durch das Land (Abb. 4).[10] Hunderttausende, zumeist junge Rumänen bekundeten

[8] Vgl. dazu den instruktiven Sammelband von Silvia Irina Zimmermann/Edda Binder-Iijima (Hrsg.): „Ich werde noch vieles anbahnen". Carmen Sylva, die Schriftstellerin und erste Königin von Rumänien im Kontext ihrer Zeit. Stuttgart 2015; ferner Silvia Irina Zimmermann: Die dichtende Königin. Elisabeth, Prinzessin zu Wied, Königin von Rumänien, Carmen Sylva (1843–1916). Selbstmythisierung und prodynastische Öffentlichkeitsarbeit durch Literatur. Stuttgart 2010; dies.: „Die Feder in der Hand bin ich eine ganz andre Person". Carmen Sylva (1843–1916). Leben und Werk. Mit einem Vorwort von I. D. Isabelle Fürstin zu Wied. Stuttgart 2019.

[9] Dazu Edda Binder-Iijima: Der oppositionelle Diskurs über die Monarchie in Rumänien nach 1989. In: Dies./Romanita Constantinescu/Edgar Radtke/Oliva Spiridon (Hrsg.): Gedächtnis der Literatur. Erinnerungskulturen in den südosteuropäischen Ländern nach 1989. Ludwigsburg 2010, S. 242–259.

[10] Vgl. dazu ausführlich den beeindruckenden Bildband von Camelia Csiki: Regele Mihai I. Loial Tuturor. Bukarest 2018.

Abb. 4: Königsbegräbnis in Bukarest 2017

bei den über drei Tage hinweg mit immensem Aufwand inszenierten Begräbnisfeierlichkeiten Trauer und Respekt für ihren toten König.[11]

---

[11] Zur aktuellen Präsenz der Monarchie im öffentlichen Leben Rumäniens vgl. Alexandru Muraru: Cum Supravieţuieşte Monarhia într-o Republicâ? Regele Mihai, Românii şi Regalitatea dupâ 1989. Bukarest 2015.

Es war dieses hohe Ansehen des Königshauses, das die seinerzeitigen Vorsitzenden der beiden Kammern des rumänischen Parlaments im November 2017, noch zu Lebzeiten Mihais I., dazu veranlasst hatte, ein Gesetzesprojekt in Vorschlag zu bringen, um die Königsfamilie nach dem bereits in Montenegro erfolgreich praktizierten Vorbild offiziell in das politische Leben des Landes einzubinden: die *Familia Regala* sollte als eine vom Staat finanzierte Einrichtung den Status einer juristischen Person erhalten, damit sie als eine Art Imageträger für die im In- und Ausland nicht unbedingt hohe Reputation des rumänischen politischen Establishments wirken könne.[12] Dazu ist es allerdings nicht gekommen, das rumänische Königshaus hat eine solche Vereinbarung abgelehnt, weil es dadurch – wohl zu Recht – um sein eigenes Ansehen und um den Verlust seiner strikt eingehaltenen politischen Neutralität fürchtete.

Prinzessin Margareta (geboren 1949), die älteste Tochter König Mihais I., und nach dessen Tod als „Hüterin der Krone Rumäniens" (*Custodele Coroanei a române*) Oberhaupt der königlichen Familie, ist stattdessen sehr darum bemüht, dieses Ansehen durch Übernahme zahlreicher *Charity*- Verpflichtungen zu intensivieren (Abb. 5). Dies geschieht nicht zuletzt vermittelst der von ihr bereits 1990 geschaffenen „Prinzessin Margareta-Stiftung" (*Fundatia Regală Margareta a României*),[13] die durch ihre weitstrahlenden humanitären und caritativen Aktivitäten große Anerkennung gefunden hat. Die Stiftung unterstützt Projekte im Bereich der Kinder- und Jugendarbeit, der Familien- und Seniorenfürsorge und verleiht Stipendien an junge musikalische und künstlerische Nachwuchstalente. Auf diese Weise kommt ein großer Teil der dem Königshaus restituierten Vermögenswerte der Erziehung zu zivilgesellschaftlichem Engagement zugute,[14] dessen Nichtvorhandensein im Land auch mehr als 30 Jahre nach dem Ende des Kommunismus noch immer vielfach beklagt wird.

III.

Im Nachbarland Bulgarien war die Monarchie im September 1946 nach der Farce einer von den sowjetischen Besatzern erzwungenen und manipulierten „Volksabstimmung" abgeschafft worden. Die Mitglieder der Königs-

---

[12] Anett Müller: Ein Deal mit einem sterbenden Ex-König, 20. November 2017. In: MDR.DE, URL: https://www.mdr.de/heute-im osten/rumänien-bukarest-monarch-koenig-mihai-100.html.

[13] Homepage der Stiftung: https://www.frmr.ro.

[14] Dazu speziell Joachim Pranzl: Politisches Korrektiv. Aufstieg und Wandel der Zivilgesellschaft in Rumänien. In: Osteuropa. Durchblick. Politik und Gesellschaft, 69. Jg., Heft 6–8. Wien 2019, S. 261–272.

Abb. 5: König Mihai I. und Prinzessin Margareta von Rumänien 2013

familie – das waren der noch minderjährige Zar Simeon II. (geb. 1937), seine Schwester Prinzessin Maria Luisa (geboren 1933) und ihrer beider Mutter, Königin Giovanna (1907–2000) – mussten daraufhin das Land binnen Tagesfrist verlassen. Bereits zuvor, im Februar 1945, war Simeons II. Onkel, Prinz Kyrill von Bulgarien (1895–1945), der für seinen kleinen Neffen die Regentschaft führte, zusammen mit den beiden anderen Mitgliedern des Regentschaftsrates, auf Geheiß der sowjetischen Okkupanten erschossen worden. Das gleiche Schicksal teilten damals mehr als die Hälfte aller Abgeordneten des bulgarischen Parlaments sowie Hunderte prominenter Repräsentanten der administrativen, militärischen, wirtschaftlichen, geistlichen und intellektuellen Elite des Landes, das damit vieler seiner fähigsten Köpfe beraubt war.

Im Unterschied zu den rumänischen Hohenzollern zählten die Ernestinischen Wettiner aus der Coburg-Gothaischen Linie in der Person des ab 1887 in Sofia zunächst als Fürst, dann von 1908 bis 1918 als Zar amtierenden Ferdinand I. (1861–1948) zu den Verlierern des Ersten Weltkriegs.[15] Doch hatte der seit 1918 anstelle seines rechtzeitig abgedankten Vaters regierende

---

[15] Vgl. als guten Überblick Thomas Nicklas: Das Haus Sachsen-Coburg. Europas späte Dynastie. Stuttgart 2003, S. 123–143.

Abb. 6: Zar Simeon II. von Bulgarien bei der Rückkehr aus dem Exil 1996

Zar Boris III. (1894–1943) die angeschlagene Reputation der Dynastie wiederherzustellen vermocht und bei großen Teilen der bulgarischen Bevölkerung erhebliche Popularität erlangt. Es waren nicht zuletzt die bulgarischen Juden, die seinem persönlichen Einsatz ihre Rettung vor dem vom ungeliebten deutschen Bündnispartner betriebenen Holocaust verdankten.[16] Bis heute wird darüber spekuliert, ob ihn dieser Einsatz das Leben gekostet hat.[17] Zar Boris III. starb, 49jährig, völlig überraschend kurz nach der Rückkehr von einer Zusammenkunft mit Adolf Hitler, in deren Verlauf er dem deutschen Diktator seinen Entschluss mitgeteilt hatte, „seine" bulgarischen Juden nicht zur Deportation in die Vernichtungslager freizugeben.

Von dem auch und gerade in den dunkelsten Zeiten der bolschewistischen Barbarei fortstrahlenden Ruf des „guten Zaren Boris", dessen Grab von den 1946 zur Macht gelangten Kommunisten eingeebnet, und dessen Gebeine heimlich an einem bis heute unbekannten Ort verscharrt worden sind, konnte über ein halbes Jahrhundert später sein Sohn Simeon II. bei seiner Rückkehr aus dem Exil in die alte Heimat profitieren. Ähnlich wie im Falle König Mihais I. von Rumänien wenige Jahre zuvor, applaudierten ihm im Mai 1996 überall begeisterte Menschenmassen und forderten seine Wiedereinsetzung als bulgarischen König (Abb. 6). Im Gegensatz zu Rumänien wären damals in Bulgarien die gesellschaftlichen Voraussetzungen für eine Restauration der monarchischen Staatsform wohl gegeben gewesen.[18] Doch Simeon II. wählte

---

[16] Vgl. Michael Bar-Zohar: Beyond Hitler's grasp. The heroic rescue of Bulgaria's Jews. Avon, MA 1998.

[17] Dazu die ältere Studie von Helmut Heiber: Der Tod des Zaren Boris. In: Vierteljahrshefte für Zeitgeschichte 9 (1961), S. 384–416.

[18] Zur Diskussion dieser Frage vgl. Rossen Vassilev: Why was the Monarchy Not Restored in Post-Communist Bulgaria? In: East European Politics and Societies 24

Abb. 7: Vrana-Palast in Sofia

einen anderen Weg. Er gründete eine politische Partei (*Nationale Bewegung Simeon II.*) und wurde nach deren überwältigendem Wahlsieg im Juli 2001 (bis 2005) Premierminister Bulgariens. Mit der damit verbundenen Eidesleistung auf die republikanische Verfassung des Landes wurde jeder Gedanke an eine mögliche Rückkehr des Königtums gegenstandslos.

Zudem hatte Simeon II. mit Übernahme der bulgarischen Ministerpräsidentschaft die für einen potenziellen konstitutionellen Monarchen unerlässliche Neutralität aufgegeben und die Arena tagespolitischer Auseinandersetzungen betreten. Davon blieb auch die Frage nach einer Restitution der 1946 von den Kommunisten enteigneten Besitzungen der Königsfamilie nicht unbeeinflußt. Seit den ausgehenden 1990er Jahren – das bulgarische Verfassungsgericht hatte 1998 die kommunistischen Enteignungen als Unrecht gebrandmarkt – waren dem damals noch sehr populären Zaren Simeon II. zahlreiche frühere Liegenschaften zurückgegeben worden – allen voran der zwischen 1898 und 1914 am Stadtrand von Sofia erbaute Vrana-Palast (Abb. 7), der bis heute als Wohnsitz der Königsfamilie dient. Auch kleinere Komplexe – so die im Rila-Gebirge gelegenen Jagdhäuser und Sommerresidenzen Sitnyakovo (erbaut 1904), Saragyol (erbaut 1912–1914) und Tsarska Bistritsa (erbaut 1898–1914) – fielen damals unter die Restitutionen.

(2010), S. 503–519; ders.: The Failure to Restore the Monarchy in Post-Communist Bulgaria. In: Romanian Journal of Political Science 2009, S. 47–58.

Dann jedoch änderten sich die allgemeine Aufbruchstimmung und das durchaus monarchiefreundliche Klima im Land. Denn rasch wurde deutlich, dass Simeon II. die hohen Erwartungen und Hoffnungen, die er mit seiner Ministerpräsidentschaft verknüpft hatte, nicht erfüllen konnte. Überdies war mit dem in seiner Amtszeit 2004 erreichten EU-Beitritt des Landes ein wesentliches Etappenziel im postkommunistischen Bulgarien erreicht. Nun, nachdem die von der EU eingeforderten eigentumsrechtlichen Auflagen und Standards erfüllt worden waren, begann der Versuch einer schleichenden Rückgängigmachung der kurz zuvor noch großzügig zugestandenen Besitzübertragungen an das ehemalige Königshaus. 2009 beschloss das jetzt wieder mehrheitlich von Monarchiegegnern bestückte bulgarische Parlament ein Moratorium für die restituierten Güter, woraufhin ein langjähriger, bis heute andauernder Rechtsstreit entbrannte, in dessen Verlauf Simeon II. 2018 sogar den Europäischen Gerichtshof für Menschrechte in Straßburg um Vermittlung bat.[19] Im Falle von Tsarska Bistritsa entschied das bulgarische Obergericht im Herbst 2020 zu Gunsten des Zaren.[20] Hingegen wurden die Güter Saragyol und Sitnyakovo wieder zu Staatseigentum erklärt und der Verfügungsmacht des Königshauses entzogen.[21] Seit 2018 fordert die bulgarische Regierung auch Simeons II. Recht auf seine Residenz Vrana zurück, deren ausgedehnte Parkanlagen er 1998 der Stadt Sofia zur öffentlichen Nutzung übereignet hatte. Der darüber geführte Rechtsstreit dauert an[22] – ein von Simeon II. unlängst vorgelegtes außergerichtliches Einigungsangebot wurde von dem im Juli 2021 abgewählten damaligen bulgarischen Ministerpräsidenten Boyko Borisov – einem ehemaligen Leibwächter des Zaren – mit dem fragwürdigen, weil kaum mehr nachprüfbaren Argument verworfen, das Schloss sei seinerzeit nicht mit persönlichen Finanzmitteln der Krone, sondern mit Staatsgeldern errichtet worden.

---

[19] Martin Dimitrov: Strasbourg Court to Probe Bulgarian Ex-King's Property Claim, 12. April 2018. In: BalkanInsight, URL: https:// balkaninsight.com/2018/04/12/ echr-to-look-into-bulgarian-ex-king-simeon- sakskoburggotski-s-property-complaints-04-12-2018/.

[20] Svetoslav Todorov: Bulgarian Ex-Tsar Simon II Wins Palace Ownership Case, 13. Oktober 2020. In: BalkanInsight, URL: https://balkaninsight.com/2020/10/13/ bulgarian-ex-tsar-simeon-ii-wins-palace- ownership-case/.

[21] Marieta Welinowa: Simeon Saxe-Coburg also lost vrana, 23. August 2018. In: newsbeezer, URL: https://newsbeezer.com/bulgariaeng/simeon-saxe-coburg-also-lost-vrana/.

[22] Frank Stier: Bulgariens Zar verklagt sein Land, 7. September 2018. In: MDR. DE, URL: https://www.mdr.de/heute-im-osten/bulgariens-zar-simeon-verklagt-sein-land-100.html.

IV.

Weitaus weniger konfrontativ als in Bulgarien verlief das royale Restitutionsgeschehen in Albanien, obgleich es hier nach 1990 zunächst zu erheblich stärkeren Turbulenzen gekommen war als in den meisten anderen postkommunistischen Staaten.

Das Königreich Albanien war die jüngste, letzte und kurzlebigste monarchische Staatsgründung im europäischen Südosten.[23] Hier hatte sich der einflussreiche Stammesführer Ahmed Muhtar Bey Zogolli (1895–1961) – von 1922 bis 1924 Ministerpräsident, von 1925 bis 1928 Präsident des Landes – 1928 als Zogu I. zum König der Albaner proklamiert und sein schwach entwickeltes Land mit wechselndem Erfolg an europäische Standards anzunähern versucht.[24] Die enge außenpolitische Bindung an das faschistische Italien wurde ihm dann allerdings zum Verhängnis. Italienische Truppen drangen im April 1939 in Albanien ein und erklärten das Land zum Protektorat des Königreichs Italien.[25] König Zogu I. begab sich ins Exil und starb 1961 in Paris, ohne seine Heimat jemals wiederzusehen.

Sein zwei Tage vor der italienischen Invasion geborener Sohn Kronprinz Leka Zogu (1939–2011) kehrte 1993 in die Heimat zurück. Ein 1997 veranstaltetes Referendum über die Wiedereinführung der Monarchie in Albanien scheiterte. Kronprinz Leka Zogu musste das Land nach einer darauf folgenden bewaffneten Auseinandersetzung zwischen seinen Anhängern und Gegnern fluchtartig verlassen, wurde jedoch 2002 vom albanischen Parlament ausdrücklich zur Rückkehr aufgefordert (Abb. 8) und lebte, seit 2006 vom politischen und öffentlichen Leben weitgehend Abstand haltend, bis zu seinem Tod zurückgezogen in Tirana.

Schon kurz nach der endgültigen Rückkehr der königlichen Familie in die Heimat der Dynastie[26] verabschiedete das albanische Parlament 2003, ähnlich wie in Montenegro, ein Gesetz, das den Mitgliedern des ehemaligen Königshauses einen besonderen Status verlieh. In den Jahren 2005 und 2007

---

[23] Vgl. zusammenfassend Bernd J. Fischer: Albania as Political Laboratory – the Development of the Albanian State during the 20th Century. In: Österreichische Osthefte 45 (2003), S. 177–193.

[24] Dazu ausführlich Michael Schmidt-Neke: Entstehung und Ausbau der Königsdiktatur in Albanien (1912–1939). München 1987; beste Biografie von Jason Tomes: King Zog. Self-made Monarch of Albania. New Baskerville 2003.

[25] Vgl. ausführlich Bernd J. Fischer: Albania at war, 1939–1945. West Lafayette 1999.

[26] Dazu sehr ausführlich: Patrice Najbor: Histoire de l'Albanie et de sa Maison Royale 1443-2007, Bde. 1–5, hier Bd. 4: Le Retour de la Famille Royale en Albanie 2002–2007. Paris 2008.

Abb. 8: Kronprinz Leka Zogu bei seiner Rückkehr nach Albanien 2002

sprach die staatliche Landkommission der Familie einen aus den späten
1920er Jahren stammenden Gebäude- und Gartenkomplex im Zentrum der
Hauptstadt zu, der heute als offizielle Residenz der Familie dient. 2007
wurde die 1937 vollendete frühere königliche Sommerresidenz (*Vila Mbrë-
terore*) in der Hafen- und Badestadt Durrës restituiert (Abb. 9). Ansprüche
auf den ehemaligen Königspalast in Tirana (*Pallati i Brigadave*), 1939 im
Stil der Neuen Sachlichkeit errichtet, konnten nicht durchgesetzt werden, der
Palast dient seit 1992 als Sitz des Präsidenten der Republik Albanien. Allerdings ist es der Königsfamilie gestattet, den Palast für offizielle Verpflichtungen und Veranstaltungen zu nutzen. So war er zur Jahrhundertfeier der Unabhängigkeit des Landes im November 2012 Schauplatz eines Staatsaktes
anlässlich der feierlichen Überführung der sterblichen Überreste des in
Frankreich gestorbenen Königs Zogu I. in das für diesen Anlass wiederher-
gestellte Mausoleum der albanischen Königsfamilie. Und auch die Hochzeit
von Prinz Leka Zogu II. (geb. 1982) – Familienoberhaupt seit dem Tod des
Vaters 2011 – mit der albanischen Schauspielerin und Sängerin Elia Zaharia
(geboren 1983) im Oktober 2016[27] wurde mit großem royalen Aufwand im
Präsidentenpalast begangen (Abb. 10).

Abb. 9: Sommerresidenz der albanischen Königsfamilie in Durrës

In jüngster Zeit wurde das gegenwärtige Oberhaupt der Königsfamilie mehrfach in offizielle Funktionen der Republik Albanien eingebunden. Leka Zogu II. arbeitete im albanischen Innenministerium und war Ratgeber sowohl des albanischen Außenministers Lulzim Basha als auch des albanischen Präsidenten Bujar Nishani. Zum wiedergewonnenen Ansehen der Königsfamilie im Land hat nicht zuletzt die 2012 gegründete „Königin Geraldine-Stiftung" (*Queen Geraldine Foundation*)[28] beigetragen. Benannt nach der ersten (und bisher einzigen) albanischen Königin – König Zogu I. hatte 1938 die ungarische Gräfin Geraldine Apponyi de Nagy-Apponyi (1915–2002), Großmutter des jetzigen Hauschefs, geheiratet –, betreibt die Stiftung unter dem Vorsitz von Prinzessin Elia Zogu ausgedehnte caritative und wohlfahrtspflegerische Unternehmungen, deren Portfolio jenem der „Prinzessin Margareta-Stiftung" in Rumänien ähnelt. Die Stiftung unterstützt den Bau von Kindergärten und Sonderschulen, Hospitälern und Waisenhäusern, Asylantenheimen und Armenunterkünften vor allem im sozial stark fragmentierten Norden des Landes. Darüber hinaus hat sie sich durch ambitionierte Projekte zum Umweltschutz und zur Gleichstellung einen Namen gemacht.

---

[27] Fatjona Mejdini: Albania Prepares for Historic Royal Wedding, 5. Oktober 2016. In: BalkanInsight, URL: https://balkaninsight.com/2016/10/05/albania-prepares-for-prince-leka-wedding-10-04-2016/.

[28] Homepage der Stiftung: https://queengeraldinefoundation.org.

Abb. 10: Royale Hochzeit in Albanien 2016

V.

Wurde die albanische Monarchie 1939 durch das Imperialstreben der italienischen Faschisten zerstört, so fiel das Königtum in Jugoslawien zwei Jahre
später dem Eroberungsfuror des nationalsozialistischen Deutschlands zum
Opfer. Nachdem in Belgrad eine Gruppe englandfreundlicher Offiziere ge-
putscht und vom Beitritt des Landes zum Dreimächtepakt zwischen Deutschland, Italien und Japan Abstand genommen hatte, befahl Adolf Hitler die
Zerschlagung Jugoslawiens und die Vernichtung seiner Hauptstadt. Daraufhin
legten Geschwader der deutschen Luftwaffe Belgrad ohne vorherige Kriegs-
erklärung am 6. und 7. April 1941 in pausenloser Bombardierung in Schutt
und Asche, darunter auch den Königspalast.[29] Der erst 17-jährige König
Peter II. (1923–1970) (Abb. 11) – nach der Ermordung seines Vaters, König
Alexanders I. (1888–1934) unter Regentschaft seines Onkels, des Prinzen
Paul von Jugoslawien (1893–1976), stehend –, floh mit der jugoslawischen
Regierung ins Exil nach London. Dort wurde, nach der Eheschließung mit

---

[29] Vgl. ausführlich Klaus Olshausen: Zwischenspiel auf dem Balkan. Die deutsche
Politik gegenüber Jugoslawien und Griechenland von März bis Juli 1941. Stuttgart
1973.

Abb. 11: König Peter II. von Jugoslawien 1941

Prinzessin Alexandra von Griechenland (1921–1993),[30] 1945 sein einziger Sohn, Kronprinz Alexander, geboren. Nach der Befreiung von den deutschen und den italienischen Invasoren und Wiederherstellung der jugoslawischen Unabhängigkeit verhinderten die mit sowjetischer Unterstützung zur Macht gelangten Kommunisten die Rückkehr des Königs und erklärten das Land Ende November 1945 zur Volksrepublik. König Peter II. starb nach einem rastlosen und weithin unglücklich verbrachten Leben 1970 in den USA.

Das jugoslawische Königtum war in Serbien tief verwurzelt, dort hatte der Dynastiegründer Dorde Petrović Karađorde (1768–1817) im Ersten Serbischen Aufstand gegen die Osmanen für die Unabhängigkeit seines Landes gekämpft und dafür den Tod erlitten. Sein Enkel Peter I. (1844–1921) war 1903 in Serbien durch einen blutigen Offiziersputsch zur Macht gelangt und nach dem Sieg über Österreich-Ungarn im Ersten Weltkrieg zum Herrscher des neugeschaffenen Königreichs der Serben, Kroaten und Slowenen proklamiert worden, das seit 1929 als „Königreich Jugoslawien" firmierte. In Serbien populär, hatte die Karađordević-Dynastie in anderen Landesteilen, besonders in Kroatien, schon in den 1930er Jahren wegen ihrer allzu starken Betonung serbischer Dominanz zunehmend an Rückhalt verloren. So war es wohl kein Zufall, dass König Peters II. Sohn, Kronprinz Alexander, erst nach dem Austritt Kroatiens und Sloweniens aus dem jugoslawischen Staatsver-

---

[30] Das Königspaar hat jeweils Memoiren verfasst; vgl. A King's Heritage. The Memoirs of *King Peter II of Yugoslavia*. London 1955; For a King's Love. The Intimate Recollections of *Queen Alexandra of Yugoslavia*. London 1956.

Abb. 12: Königliches Schloss auf dem Dedinje in Belgrad

band 1991 erstmals die Heimat seiner Väter besuchte, endgültig ließ er sich
im Jahr 2000, nach dem Sturz des Diktators Slobodan Milošević, in Belgrad
nieder. Bereits ein Jahr später erhielt er durch einen Parlamentsbeschluss die
jugoslawische Staatsbürgerschaft. Im gleichen Jahr wurde die Rückgabe persönlichen Besitzes an die Königsfamilie eingeleitet, der ihr unter der kommunistischen Herrschaft geraubt worden war. Darunter fiel das zwischen 1934
und 1937 für die königlichen Prinzen errichtete Weiße Schloß (*Beli Dvor*) bei
Belgrad, dessen wertvolle Gemäldesammlung für die Öffentlichkeit zugänglich ist. Das 1921 fertiggestellte Königliche Schloß auf dem Dedinje (*Kral-
jevski Dvor*) in Belgrad (Abb. 12) nutzt die serbische Königsfamilie seit 2001
als private Residenz. Seine Rückerstattung steht weiterhin aus.

   Kronprinz Alexander und seine Frau Kronprinzessin Katherine (geb. 1943)
sind in zahlreiche wohlfahrtspflegerische Initiativen eingebunden und betrachten ihre caritativen Verpflichtungen als Hauptaufgabe royalen Engage-
ments in der Republik Serbien. Bereits 1993 hatte Kronprinzessin Katherine
die *Lifeline Humanitarian Organization* gegründet, mit Niederlassungen in
New York, Toronto, London und Athen, damals gedacht als Hilfsorganisation
für die von Krieg und Bürgerkrieg geplagte Bevölkerung Jugoslawiens. 2001
wurden solche Aktivitäten in der *Crown Princess Katherine Foundation*[31]
gebündelt. Die Stiftung kümmert sich in singulärer Weise um vernachlässigte
Roma-Kinder im Land, unterstützt Flüchtlinge und Gestrandete mit Kleider-

---

[31] Homepage der Stiftung: https://www.lifelineaid.org.

Abb. 13: Kronprinz Alexander und Kronprinzessin Katherine von Serbien (Mitte)
bei einer Charityveranstaltung 2020

und Essensspenden, versorgt Hospitäler und Kliniken mit medizinischer
Ausrüstung und veranstaltet, im Zusammenwirken mit nationalen Ministerien
und internationalen Organisationen, jährlich mehrere Benefizveranstaltungen
für Bedürftige und in Not Geratene (Abb. 13). Die 2006 ins Leben gerufene
Crown Prince Alexander Foundation for Education and Culture[32] wiederum
fördert die Karrierewege begabter serbischer Studentinnen und Studenten
durch Stipendienvergaben, Sommerschulen und Finanzierung von Auslands-
aufenthalten, um das akademische Ausbildungsniveau im Land durch Inter-
nationalisierung zu beleben.

Solche Vorhaben dienen nicht nur dazu, Serbien näher an die Standards
der Europäischen Union heranzuführen. Sie tragen darüber hinaus dazu bei,
Stellung und Ansehen der Königsfamilie in der serbischen Gesellschaft zu
festigen. Als einziges von allen im Gefolge des Zweiten Weltkriegs depossedierten Herrscherhäusern strebt die Karađođević-Dynastie aktiv nach einer
Restauration der monarchischen Staatsform in ihrem Land. Kronprinz Alexander, mit vielen europäischen Fürstenhäusern verwandt – die heutige britische Königin Elisabeth II. (geb. 1926) firmierte 1945 als eine seiner Tauf-
patinnen – empfiehlt diesen Weg als einen weiteren Beitrag zur dringend
gebotenen Verwestlichung des Landes und erblickt in der Krone einen über-
parteilichen Stabilitätsanker für die zerklüftete politische Landschaft Ser-
biens. Die solchen Vorstellungen entgegengebrachte Resonanz ist allerdings
nicht besonders hoch. Von den drei untereinander heillos zerstrittenen politischen Parteien, die offen für eine Erneuerung der Karađordević-Monarchie
eintreten, ist derzeit nur die „Serbische Erneuerungsbewegung" (*Srpski
Pokret Obnove, SPO*) mit drei (von 250) Sitzen im serbischen Parlament
vertreten.

---

[32] Homepage der Stiftung: https://www.pafond.rs.

VI.

In Griechenland ist es erst nach langen und zum Teil sehr kontrovers geführten Auseinandersetzungen zu einer Restitution royaler Vermögenswerte
gekommen. Anders als in den übrigen Ländern des europäischen Südostens,
die nach 1945 allesamt dem „Frost der Russifizierung"[33] anheimfielen, blieb
Griechenland von diesem trüben Schicksal verschont. Zwar wurde das Land,
wie zuvor schon das Königreich Albanien, ab Oktober 1940 ein Opfer italie-
nischer und später auch deutscher militärischer Aggression und Besatzung.[34]
Der griechische König Georg II. (1890–1947) ging mit seiner Regierung ins
Exil nach London, konnte aber im September 1946 in seine Heimat zurückkehren. Ein daraufhin bis 1949 zwischen Royalisten und Kommunisten ge-
führter Bürgerkrieg endete mit dem Sieg des königstreuen Lagers. Der seit
1947 amtierende neue König Paul I. (1901–1964) vermochte im Unterschied
zu seinem unbeliebten Bruder und Vorgänger erhebliche Popularität bei der
Bevölkerung zu gewinnen und die Stellung der griechischen Monarchie noch
einmal zu stabilisieren.[35] Doch sein Sohn und Nachfolger König Konstantin II. (geb. 1940) verspielte diesen Ansehensgewinn durch sein hilfloses und
unglückliches Agieren beim Putsch rechtsgerichteter Militärs gegen die griechische Demokratie 1967 und verlor nach einem Referendum über die Frage
der Beibehaltung oder Abschaffung der Monarchie 1974 Thron und Krone
(Abb. 14). 70 Prozent der Griechen sprachen sich damals für die republikanische Staatsform aus, und auch heute ist die Unterstützung für die ehemalige Königsfamilie im Land denkbar gering.

So mochte es nicht sehr verwundern, dass der griechische Staat lange Zeit
keine Bereitschaft für ein finanzielles Arrangement mit dem im Londoner
Exil lebenden Monarchen erkennen ließ. Die neugewählte sozialistische Regierung des Linkspopulisten Andreas Papandreou beschloß 1994, 20 Jahre
nach Abschaffung der Monarchie, nicht nur die schon unter der Militärdiktatur 1973 angebahnte Konfiskation allen mobilen und immobilen Eigentums
des Königshauses, sondern entzog König Konstantin II. mit fragwürdigen
Argumenten auch die griechische Staatsbürgerschaft. Gegen dieses weithin
als schikanös empfundene Vorgehen regte sich breite internationale Kritik.
Das Königshaus appellierte an den Europäischen Gerichtshof für Menschen-
rechte, der im Jahr 2000 die Konfiskation des königlichen Eigentums als

---

[33] So treffend aus eigenem Erleben der Schriftsteller Edzard Schaper: Erbe und
Auftrag bei der politischen Gestaltung Osteuropas. In: Ders.: Erkundungen in Gestern
und Morgen. Zürich 1956, S. 35–69, hier S. 57.

[34] Dazu kompetent Maria Teresa Giusti/Elena Aga Rossi: Una guerra a parte. I
militari Italiani nei Balcani 1940–1945. Bologna 2011.

[35] Beste diesbezügliche Darstellung von Costas M. Stamatopoulos: Monarchy in
Modern Greece. Athen 2017, S. 80–94.

Abb. 14: König Konstantin II. und Königin Anne Marie von Griechenland 2019

rechtswidrig verurteilte. Die griechische Regierung sah sich daraufhin zum Einlenken genötigt. Sie verweigerte jedoch weiterhin jede Rückgabeleistung und verfügte 2003 auf Basis einer außergerichtlichen Einigung lediglich eine finanzielle Kompensationszahlung, deren Höhe indes nur einen kleinen Bruchteil des tatsächlichen Schätzwertes der beschlagnahmten Immobilien und Wertgegenstände betrug. Zudem sollten die dafür aufzubringenden Gelder einem speziellen staatlichen Unterstützungsfond für Erdbebengeschädigte entnommen werden, sodass man der Königsfamilie Bereicherung auf Kosten der Armen und Hilfsbedürftigen vorwerfen konnte. König Konstantin II. trat solchen unlauteren Machenschaften entgegen, indem er die ihm zugewiesenen Gelder vollständig in die nach seiner Frau, Königin Anne-Marie (geb. 1946), einer Schwester der amtierenden dänischen Königin Margarethe II. (geboren 1940) benannte *Anna Maria Foundation*[36] überführte, die sich ih-

---

36 Homepage der Stiftung: https://www.greekroyalfamily.gr/en/anna-maria-foundation.html.

Abb. 15: Palastanlage von Tatoi bei Athen im aktuellen Zustand 2015

rerseits um die Opfer von Naturkatastrophen in Griechenland kümmert und dabei eine erfolgreiche Zusammenarbeit mit lokalen und regionalen Amtsträgern praktiziert.

Die von der Regierung einbehaltenen königlichen Anwesen sind unterdessen weitestgehendem Verfall ausgesetzt.[37] Lediglich das auf der Insel Korfu gelegene kleine Schlösschen Mon Repos wurde vom Staat mittlerweile in ein Museum umgewandelt. Hingegen befinden sich die beiden anderen in Staatsbesitz übergegangenen Krongüter, Polydendri und vor allem Tatoi (Abb. 15), in einem bejammernswerten Zustand. Diese in Dekeleia an den Ausläufern des Parnitha-Gebirges nördlich von Athen gelegene Palastanlage, ein relativ schlichter villenartiger Gebäudekomplex im Landhausstil aus den 1870er und 1880er Jahren, diente der Königsfamilie als Sommerresidenz, Begräbnisstätte und zuletzt als Hauptwohnsitz, nachdem das repräsentative Königsschloß im Zentrum der Hauptstadt 1957 aus Gründen der Kostenersparniß aufgegeben worden war. Die meisten Gebäude in Tatoi sind zerstört oder durch Vandalismus irreparabel beschädigt. Erst Anfang 2020, nach über vier Jahrzehnten ruinösen Verfalls und politischer Gleichgültigkeit, gab das griechische Kul-

---

[37] Christiane Schlötzer; Ein Schloss im Schlaf. In: Süddeutsche Zeitung vom 19. Januar 2018.

turministerium Restaurationsarbeiten für Tatoi in Auftrag,[38] die das Haupthaus in ein Museum zur Geschichte der Königsfamilie umgestalten sollen. Für andere Gebäude ist eine Nutzung als Luxushotel geplant.

VII.

Und Italien? Wie in Griechenland wurde auch hier die Monarchie durch eine Volksabstimmung abgeschafft. Ein Referendum brachte am 2. Juni 1946 einen – allerdings relativ knappen und überdies umstrittenen – Sieg für die Republik.[39] Anders als die 1863 in Athen zur Herrschaft gelangten griechischen Könige aus der dänischen Linie des Hauses Schleswig-Holstein-Sonderburg-Glücksburg hatte sich die in Italien seit den 1860er Jahren herrschende Dynastie der Savoyer weitaus stärker zum Symbol nationalen Aufstiegs profiliert und bis in die späten 1930er Jahre erhebliche Popularität für sich zu verbuchen vermocht.[40] Der erste italienische König Vittorio Emanuele II. (1820–1878) galt, zusammen mit Giuseppe Garibaldi, als militärischer Held und liberal gesinnter Einiger der Nation und genoß als „Vater des Vaterlandes" allgemeine Verehrung. Sein Enkel Vittorio Emanuele III. (1869–1946) hatte Italien 1915 in den Ersten Weltkrieg hinein- und 1918 siegreich, wenn auch territorial unbefriedigt, wieder hinausgeführt. Dann jedoch, in der Krise der ersten Nachkriegsjahre, hatte er den Faschistenführer Benito Mussolini 1922 zum Ministerpräsidenten ernannt und dessen Herrschaft über 20 Jahre lang mitgetragen. Er hatte sich von ihm zusätzlich 1936 zum Kaiser von Äthiopien und 1939 auch noch zum König der Albaner erheben lassen, den Diktator allerdings 1943, angesichts der sich abzeichnenden Kriegsniederlage Italiens, seines Amts enthoben und verhaften lassen. Den ramponierten Ruf des Königtums konnten indes weder seine allzu späte Abdankung noch die Thronbesteigung seines weitaus populäreren Sohnes und Nachfolgers König Umbertos II. (1904–1983) Anfang Mai 1946 wieder-

---

[38] Restoring the former Tatoi Royal Estate is an „act of democracy", says President, 1. Februar 2021. In: greekcitytimes, URL: https://greekcitytimes.com/2021/02/01/tatoi-royal-estate-act-democracy/.

[39] Bei hoher Wahlbeteiligung (90 Prozent) hatten sich 54 Prozent der Wähler für die republikanische Staatsform ausgesprochen, 46 Prozent votierten für die Beibehaltung der Monarchie. Regional war das Land dabei zutiefst gespalten. Der Norden stimmte mehrheitlich für die Republik, der Süden für die Monarchie – in Neapel waren es fast 90 Prozent. Zudem waren mehrere als „königstreu" geltende Gebiete – Südtirol, Triest, Gorizia (Görz) – vom Wahlgeschehen ausgeschlossen. Vgl. ausführlich Franco Malnati: La grande frode. Come l'Italia fu fatta Repubblica. Bari 1998.

[40] Dazu die sehr gute Darstellung bei Denis Mack Smith: Italy and its monarchy. New Haven/London 1989.

Abb. 16: Kronprinz Vittorio Emanuele von Italien 2017

herstellen.[41] Ohne formal abzudanken, ging Umberto II. nach der für die Monarchie verlorenen Volksabstimmung ins Exil, zunächst nach Ägypten, später nach Portugal und in die Schweiz, wo er die ihm noch verbleibenden 37 Jahre seines Lebens verbrachte, ohne sein Heimatland jemals wiedersehen zu können.

Denn eine Zusatzvorschrift der im Dezember 1947 verabschiedeten Verfassung der Republik Italien entzog den Mitgliedern und männlichen Nachkommen des Königshauses ausdrücklich nicht nur das passive und aktive Wahlrecht sowie die Möglichkeit zur Übernahme öffentlicher Ämter, sondern untersagte ihnen auf unbefristete Zeit auch den Eintritt ins Land und überführte alle königlichen Güter in Staatsbesitz. Erst 2002 erlaubte ein Gesetz, das Verfassungsrang besitzt, den Angehörigen der Königsfamilie die Rückkehr in ihre alte Heimat. Die seinerzeit erfolgte Konfiskation des königlichen Eigentums wurde allerdings nicht wieder rückgängig gemacht.

Daraufhin betrat der in Genf lebende Kronprinz Vittorio Emanuele (geb. 1937), der seit dem Tod seines Vaters, König Umbertos II. 1983, als Oberhaupt des Hauses Savoyen firmiert (Abb. 16), im Dezember 2002 nach 56 Jahren erstmals wieder italienischen Boden. Zuvor hatte er mehrfach öf-

---

41 Über ihn jetzt die neuen Biographien von Ludovico Incisa Di Camerana: L'ultimo Re. Umberto II di Savoia e l'Italia della Luogotenenza. Mailand 2016, und Maria Enrica Magnani Bosio: Umberto II. O' Rey. Baldissero d'Alba 2017; vgl. ferner die grundlegende und gelehrte Darstellung der historischen Zusammenhänge bei Elena Aga Rossi: Una nazione allo sbando. L'amistizio italiano del settembre 1943 e le sue conseguenze. Bologna 1993.

Abb. 17: Prinz Emanuele Filiberto von Savoyen als Varietétänzer 2009

fentlich versichert, seine Familie hege keinerlei Ansprüche auf den verlorenen Besitz,[42] die republikanische Verfassung Italiens könne seiner Loyalität
sicher sein.[43] In den Jahren und Jahrzehnten zuvor war der Prinz mehrfach
durch unschöne Skandale und moralisch fragwürdige Verhaltensweisen in die
Schlagzeilen geraten. In seinen frühen Jahren als Bankier und Händler von
Militärflugzeugen tätig, wurde er nicht nur wegen unerlaubten Schusswaffen-
besitzes verurteilt, sondern saß auch kurzzeitig in Untersuchungshaft, weil
man ihm die Verwicklung in illegale Spielbankgeschäfte, verbunden mit Be-
stechung, Korruption und Kuppelei, zur Last legte. Sein Sohn, Prinz Emanuele Filiberto (geb. 1972), erlangte vor allem durch Auftritte als Tänzer in
Varietéshows, als Fernsehkommentator von Fußballspielen und als Darsteller
in Werbeclips einige Bekanntheit (Abb. 17).

Vor solchem Hintergrund trafen die von ihm und seinem Vater seit 2007
erhobenen Restitutionsansprüche in der italienischen Öffentlichkeit auf eine
denkbar schlechte Resonanz. Die ehemalige Königsfamilie fordert nicht nur
alle 1946 vom Staat eingezogenen Besitzungen der Krone zurück, sondern
verlangt darüber hinaus eine Wiedergutmachung in Höhe von 260 Millionen Euro für die durch das erzwungene Exil angeblich entstandenen „moralischen Schäden". Man kann nur darüber spekulieren, was den Prinzen Vittorio Emanuele und seinen Sohn Emanuele Filiberto zu diesem in seiner
Maßlosigkeit vollkommen illusionären und juristisch fragwürdigen Schritt
bewogen haben mochte. Politisch unklug war er allemal, und er hat selbst in

---

[42] Philip Willan: Exiled Italian royals go home, 24. Dezember 2002. In: The
Guardian, URL: https://www.theguardian.com/world/2002/dec/24/italy.philipwillan.

[43] Vittorio Emanuele di Savoia: „Fedeltà alla Costituzione", 3. Februar 2002. In: la
Repubblica.it, URL: https://www.repubblica.it/online/politica/savoia/fedeli/fedeli.html.

monarchietreuen Kreisen, die es in Italien weiterhin gibt,[44] für Kopfschütteln und Kritik gesorgt. Auch die Ankündigung, daß die Familie im Falle einer erfolgreich vollzogenen Rückerstattung die dabei freigesetzten Gelder in eine wohltätige Stiftung einzubringen beabsichtige, hat die Wogen allgemeiner Empörung über das als vermessen empfundene Ansinnen der italienischen Royals nicht zu glätten vermocht.

VIII.

Die in Form und Ausmaß durchaus unterschiedliche Aufarbeitung royaler Restitutionsansprüche in den nach 1945 ihrer Königshäuser verlustig gegangenen europäischen Ländern gibt einigen Aufschluß über den dort vorherrschenden Grad an Souveränität im Umgang mit einer zwar überwundenen, doch keineswegs abgelegten und erst recht nicht aus dem geschichtskulturellen Gedächtnis ausgegliederten Epoche der jeweiligen Nationalgeschichte. In allen genannten Staaten – mit Ausnahme Griechenlands – hatten die Königshäuser von der Mitte des 19. Jahrhunderts bis zum ersten Drittel des 20. Jahrhunderts einen konstitutionellen Rahmen zur Formierung moderner Staatlichkeit geleistet[45] und dabei nicht nur die Herausbildung nationaler Identitäten befördert,[46] sondern auch zur kulturellen Kräfteformierung in der Region beigetragen.[47] Dies alles geschah keineswegs immer reibungslos, die allge-

---

[44] Dabei handelt es sich um die 1972 gegründete *Alleanza Monarchica*, die jedoch weder zu Parlamentswahlen auf nationaler Ebene antritt noch überhaupt eine gewisse Bedeutung im politischen Leben Italiens besitzt.

[45] Dazu weiterführend Edda Binder-Iijima: Monarch und Konstitution: Die monarchische Herrschaft in Griechenland, Rumänien und Bulgarien im 19. Jahrhundert. In: Maria A. Stassinopoulou/Ioannis Zelepos (Hrsg.): Griechische Kultur in Südosteuropa in der Neuzeit. Wien 2008, S. 45–63; ferner dies./Ekkerhard Kraft: Making of States: Constitutional Monarchies in the Balkans. In: Wim P. van Meurs/Alina Mungiu-Pippidi (Hrsg.): Ottomans into Europeans. State and Institution-Building in South-Eastern Europe. London 2010, S. 1–29.

[46] Vgl. Frank-Lothar Kroll: Zwischen europäischem Bewusstsein und nationaler Identität. Legitimationsstrategien monarchischer Eliten im Europa des 19. und frühen 20. Jahrhunderts. In: Hans-Christof Kraus/Thomas Nicklas (Hrsg.): Geschichte der Politik. Alte und neue Wege. München 2007, S. 353–374, sowie ders.: Monarchische Modernisierung. Überlegungen zum Verhältnis von Königsherrschaft und Elitenanpassung im Europa des 19. und frühen 20. Jahrhunderts. In: Ders./Martin Munke (Hrsg.): Hannover – Coburg-Gotha – Windsor. Probleme und Perspektiven einer vergleichenden deutsch-britischen Dynastiegeschichte vom 18. bis in das 20. Jahrhundert/Problems and perpectives of a comparative German-British dynastic history from the 18th to the 20th century. Berlin 2015, S. 201–242.

[47] Vgl. beispielhaft den wichtigen Sammelband von Reinhard Lauer/Hans Georg Majer (Hrsg.): Höfische Kultur in Südosteuropa. Bericht der Kolloquien der Südosteuropa-Kommission 1988 bis 1990. Göttingen 1994, mit Beiträgen über Griechenland

mein europäische Schwäche der Demokratie in den 1930er Jahren verführte auch die Könige im Südosten des Kontinents dazu, parlamentarischen Regierungssystemen zu mißtrauen und nach autoritären Lösungen für einen mehr oder weniger praktikablen Weg aus der Krise zu suchen.[48] Doch abgesehen vom italienischen Sonderfall hielten alle Königshäuser Distanz zu Faschismus und Nationalsozialismus und wurden entweder, wie in Albanien, Jugoslawien und vorübergehend auch Griechenland, Opfer der von Italien und Deutschland ausgehenden Aggressionen, oder sie erlagen, wie in Bulgarien und Rumänien, der Vergewaltigung ihrer Länder durch die Tyrannei des Stalinismus.

Trotz (oder vielleicht gerade wegen) der während der kommunistischen Gewaltherrschaft überall betriebenen *damnatio memoriae* royaler Vergangenheiten blieb die Erinnerung an die Zeiten der Könige und an deren mannigfache Aufbauleistung im kulturellen Gedächtnis der betroffenen Nationen lebendig. Sie wird heute, wenn auch oftmals nostalgisch verklärt, entsprechend gepflegt, und die Restitutionen des königlichen Eigentums sind ein Teil dieser geschichtskulturellen Rückversicherungsarbeit.

Mit monarchischen Restaurationsbestrebungen hat all das wenig zu tun. Nirgendwo, auch nicht in Rumänien, wo das Königshaus wohl am stärksten im öffentlichen Leben des Landes präsent ist, denkt man ernsthaft an eine Änderung der Staatsform. Die Pflege royaler Traditionen ist weitgehend unpolitisch, und sie wird von den betreffenden Königshäusern in der Regel bewusst auch so verstanden und praktiziert. Die ehemaligen Königsfamilien leben ausnahmslos wieder in ihren alten Heimatländern, in Republiken, die ihre „Royals" nicht nur tolerieren, sondern ihnen mit Achtung und Respekt begegnen, sie in das öffentliche Leben einbeziehen und das wiedererlangte symbolische Kapital der Monarchie zur Stärkung nationaler Identität und zur Beförderung internationaler Reputation zu nutzen wissen. In Rumänien, Albanien, Serbien und Montenegro vermittelt royaler Flair überdies willkommene Bezugspunkte gesellschaftlichen Lebens – Leitbilder des Benehmens, des Geschmacks und der Etikette in einer von solchen Tugenden jahrzehntelang entwöhnten Welt realsozialistischer Tristesse.

Die aus ihren Heimatländern vertriebenen Königshäuer haben ihrerseits durch die Etablierung wohltätiger Stiftungen und das damit verbundene soziale Engagement erheblich zu diesem Ansehenszuwachs beigetragen. Ein

---

(S. 253–281), Serbien (S. 282–304), Rumänien (S. 305–338), Bulgarien (S. 339–354) und Albanien (S. 355–373).

[48] Dazu den knappen Überblick von Holm Sundhaussen: Die Königsdiktaturen in Südosteuropa: Umrisse einer Synthese. In: Erwin Oberländer (Hrsg.): Autoritäre Regime in Ostmittel- und Südosteuropa 1919–1944. Paderborn/München/Wien/Zürich 2001, S. 337–348.

derart verantwortetes Engagement besaß im Übrigen eine lange Tradition in
der europäischen Monarchiegeschichte. Schon im 19. Jahrhundert ließen
zahlreiche Herrscherhäuser in fast allen europäischen Ländern – unabhängig
vom offiziellen Engagement staatlicher Stellen – beträchtliche Summen dynastischen Privatvermögens in den Bau von Schulen, Krankenhäusern und
Seniorenheimen einfließen, gründeten wohltätige Stiftungen, übernahmen
Schirmherrschaften caritativer Vereinigungen, kümmerten sich um Bedürftige und förderten allgemeine Lehr- und Bildungsinstitutionen im Dienst der
Volkswohlfahrt. Die britische Monarchie pflegt diese lobenswerte Tradition
noch heute in beträchtlichem Ausmaß und weiß sie im Übrigen publikums-
wirksam zu inszenieren.[49] Doch auch das preußische Königtum hatte sich
nicht erst im 19. und frühen 20. Jahrhundert durch rege, in diese Richtung
zielende Aktivitäten ausgezeichnet[50] – die umfangreichen sozialen Unternehmungen der letzten preußischen Königin und deutschen Kaiserin Auguste
Viktoria (1858–1921) waren und sind bis heute keine Ausnahme.[51] Im Jahr
1952 gründete der damalige Chef des Hauses Hohenzollern, Prinz Louis
Ferdinand von Preußen (1907–1994), gemeinsam mit seiner Gattin, Prinzessin Kira von Preußen (1909–1967), die nach ihr benannte *Prinzessin Kira
von Preußen Stiftung*,[52] die seitdem in der Jugendfürsorge aktiv ist. Sie ermöglicht Kindern aus sozial benachteiligten Schichten kostenfreie Ferien-
aufenthalte auf der Burg Hohenzollern.

Im Unterschied zu fast allen Staaten im Osten wie im Westen des Kontinents tut man sich in Deutschland weiterhin schwer damit, das Erbe der
Monarchie in die offiziell gepflegte Erinnerungskultur zu inkludieren.[53] Hier
wurden die – auch auf landesstaatlicher Ebene – weit über ein Jahrtausend
lang prägend wirkenden royalen und imperialen Vergangenheiten, anders als
beispielsweise im republikanischen Frankreich, nicht wirklich überwunden,
sondern weitgehend verdrängt und nach ihrem ruhmlosen Untergang 1918

---

[49] Grundlegend dazu Frank Prochaska: Royal Bounty. The Making of a Welfare
Monarchy. New Haven/London 1995.

[50] Darüber Umfassendes bei Frank-Lothar Kroll: Die Idee eines sozialen Königtums im 19. Jahrhundert. In: Ders./Dieter J. Weiß (Hrsg.): Inszenierung oder Legitimation?/Monarchy and the Art of Representation. Die Monarchie in Europa im
19. und 20. Jahrhundert. Ein deutsch-englischer Vergleich. Berlin 2015, S. 111–140.

[51] Über sie jetzt die beiden Biographien von Randy Fink: Auguste Viktoria. Die
letzte deutsche Kaiserin. Wiesbaden 2021, und Jörg Kirschstein: Auguste Victoria.
Portrait einer Kaiserin. Berlin 2021.

[52] Homepage der Stiftung: https://kira-stiftung.de.

[53] Für den Zusammenhang Thomas Biskup/Martin Kohlrausch (Hrsg.): Das Erbe
der Monarchie. Nachwirkungen einer deutschen Institution seit 1918. Frankfurt/New
York 2008.

nur allzu oft verspottet oder verächtlich zu machen versucht.[54] Unabhängig von aktuellen Restitutionsansprüchen und nutzlosem Gezänk über vermeintliche oder tatsächliche Vorschubleistungen einzelner Prinzen für die Etablierung des nationalsozialistischen Herrschaftssystems, stünde es der demokratischen politischen Kultur der Berliner Republik nicht übel zu Gesicht, wenn manch einer ihrer tonangebenden Repräsentanten die Furcht vor der Mumie überwinden und dabei etwas mehr Gelassenheit und etwas weniger Empörungsbereitschaft im Umgang mit dem Thema „Monarchie" an den Tag legen würde. Der Blick auf Deutschlands südöstliche Nachbarn verdeutlicht allemal, dass ehemalige Königshäuser auch in republikanisch verfassten und demokratisch regierten Staatswesen gute Dienste für das Wohl des gesellschaftlichen Ganzen leisten können.

---

[54] Gegenläufige Akzente setzten hierzu unlängst einige jubiläumsbedingte Publikationen und Ausstellungsprojekte; vgl. beispielhaft Benjamin Hasselhorn: Königstod. 1918 und das Ende der Monarchie in Deutschland. Leipzig 2018, bes. S. 145–168; Stefan Gerber (Hrsg.): Das Ende der Monarchie in den deutschen Kleinstaaten. Vorgeschichte, Ereignis und Nachwirkungen in Politik und Staatsrecht 1914–1939. Wien/Köln/Weimar 2018; Frank-Lothar Kroll: Möglichkeiten und Grenzen dynastischer Netzwerkbildung im 19. und frühen 20. Jahrhundert. In: Stefan Gerber/Maren Goltz (Hrsg.): Herzog Bernhard III. von Sachsen-Meiningen (1851–1928). Zwischen Erwartung und Realität. Wien/Köln/Weimar 2021, S. 17–38; Margot Hamm/Evamaria Brockhoff/Linda Brüggemann/Andreas Scherrer/Manuel Schwarz (Hrsg.): Götterdämmerung II. Die letzten Monarchen. Augsburg 2021.

Vom wahren Wert der Kunst

Von *Hans Ottomeyer*, München

Die am häufigsten gestellte Frage, wenn es um Kunstwerke, im Besonderen um historische Artefakte geht, ist und bleibt: „Was ist denn das eigentlich wert?" Denn es gilt die Annahme, dass es einen objektiven pekuniären Wert gibt, den man präzis benennen kann. Zur Festlegung interpoliert ein Wertgutachter dann Motiv, Qualität und Bedeutung mit objektiv erzielten Verkäufen im Kunsthandel, auf öffentlichen Auktionen, selten von Privat an Privat, und ermisst danach den Marktwert. Doch dieser ist ganz unterschiedlich zu anderen Werten: dem Liebhaberwert, dem Sammlerwert, Schätzwert, Zeitwert, Verkehrswert, dem oberen und unteren Limitwert, Versicherungswert, Ankaufswert, Verkaufswert oder Wiederbeschaffungswert und schließlich dem Materialwert. Dies wird oft verwechselt und verkannt. Es gilt: Dasselbe Kunstwerk erzielt zu verschiedenen Zeitpunkten und an unterschiedlichen Orten ganz verschiedene Preise.

Kunstwerke haben Konjunkturen; ihre Preise steigen und fallen in einem Dezennium um ein Vielfaches. Bis auf wenige Spitzenwerke verschwanden Arbeiten des Ancien Régime, der Spätrenaissance und des Historismus vom Markt. Möbel, Zinn und Fayencen stürzten in den Orkus und es stiegen Klassische Moderne, Hochrenaissance, Klassizismus und alles, was signiert, datiert oder dokumentiert und namhaft war, in atemberaubende Höhen. Die Tendenzen sind schwer abzusehen. Nicht Märkte diktieren die Preise, sondern Lebensstile, Moden des Geschmacks und vorgefasste Meinungen. Kurz: Es gibt keinen objektiven Wert. Was nicht erkannt wird, wird oft entsorgt. Was vermutet wird und dann Hypothesen nach sich zieht, entwickelt wilde Erwartungen über den Wert. Der Aufstieg und Fall der Kunstwerke ist eklatant. Der Wert ist immer eine Hypothese ohne jede Gewissheit, bestenfalls eine Momentaufnahme der Hoffnung.

I.

Die Deutschen haben es mit ihrer ambivalenten Geschichte und der Darstellung von Geschichte und Geschichtlichkeit sehr schwer. Die föderalen Systeme des Deutschen Bundes, der zahlreichen Teilstaaten oder Länder des Reiches, der Weimarer Republik und der beiden Nachkriegsrepubliken schu-

fen disparate Systeme, die sich ihre entsprechend disparaten Geschichtsauf-
fassungen zu eigen machten – mit dem Resultat, dass wachsend Geschichts-
müdigkeit, ja blanker Geschichtshass um sich griff und „Geschichte als
Mördergrube" in Verruf geriet. Diese Ablehnung von Geschichte in Folge
von gewaltsamer Feudalherrschaft, Unterdrückung, grausamer Kriege und
des Massenmords fand ihre Begründung im Verlauf des 19. und 20. Jahrhunderts und ihre Umsetzung im Hass auf die Herrscher, die Politiker, das Militär und alle Handlanger der Regierenden.

Die 48 Bände von Karl Eduard Vehse (1802–1870), die „Geschichte der
deutschen Höfe seit der Reformation", erschienen von 1851 bis 1858, fanden
Aufmerksamkeit und Beifall eines größeren bürgerlichen Publikums. Hatte er
doch mit der Unterstellung von Anmaßung, Dummheit und Skandalen ein
anekdotisches Geschichtsbild der Aristokratie gezeichnet, das in vielen bear-
beiteten, nacherzählten und gekürzten Hofgeschichten weiter Geschichte
machte. Als zurückgekehrter Auswanderer besaß Vehse die Nähe und skeptische Distanz zum Sujet seiner Hassliebe. Er war ein Autor des Vormärz.
Anders Franz Mehring (1846–1919), der den preußischen Militärstaat als die
Quelle des Unheils scharf verurteilte und in seinen Schriften eine Kausal-
kette von der Monarchie der Hohenzollern über den Militärstaat bis zum
Ersten Weltkrieg, der Katastrophe des 20. Jahrhunderts, zog.

Ausweg aus alledem waren eine grundsätzlich neue moderne Lebenskultur
und ein rigoroser Bruch mit den Traditionskulten der Landesgeschichte, die
in Rückbezügen ihre Legitimation suchten. Die Ablehnung von Geschichte
entwickelte sich zum Konsens der Moderne. Eine Zeit ohne Kompromisse
zog herauf und duldete keine anderen Götter neben sich. Golo Mann konstatierte, dass wir Geschichte in einer so furchtbaren Weise erfahren hätten, dass
wir nicht länger bereit seien, frühere historische Zustände mit irgendeinem
moralischen Wert zu versehen.

Die deutsche Verdammung von Geschichte als Flucht aus der Vergangenheit manifestierte sich in der Verachtung und Zerstörung historischer Denkmäler und Bauten, in der Aufgabe des Geschichtsunterrichts zugunsten einer
an den Schulen obligatorisch angebotenen „Gemeinschaftskunde" in den
meisten Bundesländern sowie in der Umorientierung von geschichtlich orien-
tierten Landes- bzw. Nationalmuseen hin zu kunsthandwerklichen Schau-
sammlungen. Bis 1980 wurden in beiden deutschen Republiken denkmalge-
schützte Bauten, Denkmäler, Stadtviertel und ganze Ensembles abgerissen,
um Platz für Neubauten zu schaffen. Rekonstruktionen wurden „gebrochen",
um sie modern zu überformen. Die Geschichte verschwand, ganze Epochen
gerieten in völlige Vergessenheit.

Die Historischen Museen, welche neuerdings gegründet wurden, um der
eklatanten Unkenntnis von Geschichte abzuhelfen, haben sich nicht darauf

eingelassen, eine lange Geschichte darzustellen, die mit vorhandenen schriftlichen Überlieferungen und frühen historischen Relikten beginnt, sondern sich für eine „relevante" kurze Geschichte entschieden, welche sich wie selbstverständlich auf die Spanne von 1800 bis 2000 beschränkt – so das „Österreichische Haus der Geschichte" oder das „Haus der Bayerischen Geschichte". Auch die Geschichtsdarstellung des „Deutschen Historischen Museums" hat sich in der Dauerausstellung nach 2012 des Mittelalters entledigt, um erst mit der Frühen Neuzeit um 1500 zu beginnen. Jetzt, 2021, schließt es, weil nun ein neuer, nicht chronologischer, sondern diachroner Themenkatalog im Vordergrund stehen soll.

Große historische Ausstellungen waren ein temporärer Zwischenschritt, um auf Landesebene in Deutschland und Österreich die großen Epochen in einer Aufarbeitung zu präsentieren und ein wachsendes Publikum lernbegierig einzubeziehen und zu begeistern. Diese Länder- und Epochenausstellungen dominierten vier Jahrzehnte und haben wohl ihr Ende mit der Institutionalisierung der Ausstellungshäuser und der von der Politik bestimmten Zeitgeschichte gefunden, welche den Verbrechen der Geschichte größten Raum zubilligt, um darüber als Schuld zu richten und sich zu empören.

Es gilt die Auffassung, dass Geschichte für immer Vergangenheit bleibt, nur die Gegenwart real ist und wirklich existiert, um die Zukunft zu gestalten und bestimmen zu können. Ungeachtet bleibt, dass wir in den überdauernden Relikten einer zweitausendjährigen gemeinsamen materiellen Vergangenheit leben, welche sich in ihren Bauten, historischen Zeugnissen, Artefakten, Schriften, Ideen und Vorstellungen manifestiert und gelesen und verstanden werden kann.

Zugegeben, „Geschichte spricht nicht", aber sie kann explizit und implizit erkannt und auch begriffen werden. Ein deutsches Laster ist es, im Übermaß entweder geschichtsbesessen oder aber geschichtsvergessen zu sein. Es gibt das totalitäre „Alles oder Nichts" und die Annahme von „alles", „immer", „gar nicht", „nur", „total" und „100 Prozent", in der Jugendsprache „100 pro" oder „voll total". Das für jedwede Reflexion so wesentliche Prinzip „Sine ira et studio" des Geschichtsschreibers Tacitus – „Ohne Zorn und Eifer" – scheint wie ein vergessenes Prinzip der Historiographie, das der eifernde Moralist nicht mehr kennen will. Es gilt demgegenüber der Wahn, wir seien aufgerufen, eine rückwirkende Gerechtigkeit auszuüben und moralische Vorstellungen von heute in das Gestern hineinzutragen, d.h. über historische Persönlichkeiten und gesellschaftliche und soziale Verhältnisse den Stab zu brechen.

II.

Das Ende des Ersten Weltkriegs bewirkte einen Grabenbruch der politischen Kultur. Galt vordem, dass Besitz, Macht und Erbansprüche auf dem Ancienitätsanspruch beruhten, also das Erbe an den ältesten und nächsten Blutsverwandten überging, was das hierarchische Prinzip der Monarchie begründete, so stand die Gesellschaftsordnung binnen weniger Jahre nicht mehr auf dem Kopf, sondern auf den Füßen. Das alte Erbrecht galt ansatzweise noch im privaten Bereich, aber nicht mehr für die politische Ordnung und den Besitz der Territorien.

Es blieben die Sitze der Macht erhalten, mit denen Monarchen um Rang und Distinktion konkurrierten, und damit eine Fülle von Residenzen, Schlössern, festen Häusern, Burgen mit ihren Jagdwäldern, Seen, Fluren, Grundstücken und daran geknüpften Rechten, Prärogativen, Regalien und Privilegien, ebenso die Insignien der Macht – Schatzkunst, feste und bewegliche Habe und überdies auch die historischen Sammlungen aus dem alten Besitz der fürstlichen Häuser.

Wie sollte das gehen? Die ehemals souveränen Fürstenstaaten gelangten zu jeweils anderen, teils konträren Lösungen. Es waren noch alte Fideikommis-Regelungen überliefert, in denen ein Teil des Besitzes aus dem Erbgang, aus Erbteilungen, Verkäufen und anderen Verfügungen herausgenommen war. Auch hatten einzelne Fürstenhäuser im 19. Jahrhundert historische Landesmuseen gegründet, um die Dynastiegeschichte und die jeweilige „Nationalgeschichte" sinnfällig *ad personam* chronologisch darzustellen und dazu Kunstwerke beigesteuert.

Nach der Novemberrevolution 1918 wurden die Fürstenhäuser entmachtet, ihr Besitz wurde beschlagnahmt. Daraus resultierten Schadensersatzforderungen, welche die Gerichte durchaus bestätigten. Kommunisten und Sozialdemokraten organisierten ein Volksbegehren zur entschädigungslosen Enteignung der ehemals regierenden Dynastien im Jahr 1926 durch ein direktes Plebizit.

Die Republik Österreich enteignete hingegen sofort. Die deutschen Länder suchten unterschiedliche Wege unter der Prämisse der Unverletzlichkeit des Privateigentums. Verhandlungen scheiterten meist wegen offener Fragen des immensen Land- und Forstbesitzes.

Im offenen Parteienstreit fanden nur wenige gütliche Vereinbarungen statt. Der Volksentscheid am 20. Juni 1926 fiel mit 14,5 Millionen gegen 0,59 Millionen Stimmen gegen die ersatzlose Enteignung aus. Danach war die Fürstenenteignung nicht mehr Sache der Republik, sondern wurde eine Sache der Länder. In vielen Fällen gingen Schlösser, Parks, Sammlungen, Theater, Museen, Bibliotheken und Archive in Stiftungen ein oder an den Staat über.

Der kulturelle Reichtum der heutigen Bundesrepublik Deutschland beruht originär auf den kulturellen Schwerpunkten und Schätzen der alten Residenzstädte und der in den Jahrhunderten angelegten Institutionen, Archiven und Sammlungen, welche die Mitte Europas so unvergleichlich auszeichnen.

III.

Der Verkauf von Kunstwerken aus dem verbliebenen privaten Vermögen der Fürstenhäuser, der dazu diente, die durch die Beschlagnahmungen erlittenen Einkommensverluste zu kompensieren, fiel auf einen sehr unglücklichen Zeitpunkt. Die historischen Kunstwerke waren nicht viel wert. Ähnlich wie die durch die Säkularisation von Kirchen- und Klostergütern ausgelöste Inflation an Kirchenschätzen, Bibliotheken und Sammlungen nach 1803, wurden in den 1920er Jahren die Märkte damit überschwemmt. Die Preise sanken oft auf den Materialwert und Verkäufe brachten keine Kapitalerträge. Die von der Börse in New York ausgehende Weltwirtschaftskrise von 1929 bis 1932 mit ihrer gespenstischen Inflation hatte die Folge, dass der stets ephemere Kunsthandel vollends aus den Fugen geriet. Kunstwerke gewinnbringend zu verkaufen und den Gewinn anzulegen, war kaum mehr möglich.

Opfer waren z. B. 82 Stücke aus dem Welfenschatz, der zerschlagen und größtenteils nach Cleveland und Chicago verkauft wurde. Weitere 42 Werke konnten schließlich durch Vermittlung der Dresdner Bank für 4,25 Millionen vom preußischen Staat erworben werden.

In diese Turbulenzen geriet auch der Leitstein der Bayerischen Krone, ein Diamant mit dem Namen „Blauer Wittelsbacher". Im früh gefertigten und rechtzeitig abgeschlossenen Vertrag zwischen dem Haus Wittelsbach und dem Freistaat Bayern hatten sich beide Parteien in Verhandlungen seit 1923 gütlich geeinigt. Dazu wurde der Wittelsbacher Ausgleichfonds als Stiftung des öffentlichen Rechts gegründet, um in Zukunft mit seinen Erträgen der Versorgung der Wittelsbacher zu dienen, sowie die Wittelsbacher Landesstiftung für Kunst und Wissenschaft als Hüterin der vor 1804 erworbenen Sammlungen des Hauses Wittelsbach.

Eine einzige Klausel betraf den seltenen Diamanten der Schatzkammer. Hier wurde verfügt, dass er im Falle einer etwaigen Notlage wieder an die Wittelsbacher fallen solle und veräußert werden könne. 1931 wurde der seltene Stein von 35,7 Karat auf einer Auktion bei Christie's angeboten, aber die Gebote blieben aus. Das Juwel wurde nicht verkauft und fiel an den Verkäufer zurück, wo der Stein bis 1951 verblieb. Er lief danach – erst unbekannt, dann durch seinen Schliff als historisch identifiziert – durch den Antwerpener, Luzerner und Hamburger Kunsthandel, bevor er über die „Kaufhauskönigin" Heidi Horten und Christie's schließlich an den Diamantenhändler Graff geriet, der ihn vor kurzem umschliff und an die Herrscherfamilie von Kuweit verkaufte. Der historische Stein, dessen Wert allen anderen Insignien und Preziosen der Schatzkammer gleichgestellt wurde, hat dabei seine historische Gestalt verloren, aber an pekuniärem Wert um ein Vielfaches gewonnen. Der Preis wurde nicht konkret bekannt, zuletzt aber bei 80 Millionen Pfund vermutet.

Immer, wo es keine gütliche Einigung zwischen Bundesland und Fürstenhaus gab oder es nicht gelang, eine Landesstiftung im Einvernehmen zu errichten, kam es in der Nachkriegszeit zu dramatischen, weil endgültigen Verlusten von Artefakten und Sammlungen zur Dynastie- und Landesgeschichte. Notverkäufe, bedingt durch Erbschaftssteuern, Spekulationsverluste oder drohende wirtschaftliche Krisen, haben zu öffentlichen Versteigerungen geführt, die ohne den Vorlauf einer objektiven Bestandserfassung beachtliches Patrimonium der Landesgeschichte verschleuderten. Der Bund gründete das Deutsche Historische Museum nicht zuletzt, um bedeutende Werke durch Ankäufe zu sichern.

Die so genannte „Blaue Liste" – ein Verzeichnis von Werken von nationaler Bedeutung – war von Anfang an ein zahnloser Tiger. Seit 1919 existiert eine von den Ländern gefertigte Zusammenstellung von Kunstwerken, die 1955 fortgeführt und per Gesetz abgesichert wurde – aller Kunstwerke, die als unveräußerliches Patrimonium Deutschlands gelten und deren Export ins Ausland streng untersagt ist. Dieses „Verzeichnis national wertvollen Kulturguts" wurde in Form von Zeileneinträgen ohne Beschreibungen und ohne Abbildungen in den Kunst- und Wissenschaftsministerien der 16 Bundesländer durch Sachbearbeiter und Referenten geführt. Eine Kontrolle der unausgewogenen Nennungen ohne Besitzernamen, Ortsangaben und Maße wurde nicht durchgeführt. Niemand wusste, wo sich diese Hauptobjekte historischer Kultur gerade befanden und wer sie besaß. So kam es, dass ein silberner Schwenkkessel aus der Silbergarnitur der Welfen aus der Marienburg bei Christie's in New York 1997 versteigert wurde, ohne dass jemand merkte, dass dieses Staatssilber der Welfen auf der Liste stand. So hieß es einfach: „09907-09/Schwenkbecken Angewandte Kunst/Unbekannt/Augsburg Hannover London Barock/1701/1800/Silbermobiliar/Georg II./[Literatur]". Wer denkt sich dabei etwas?

Deutschland war ein Abverkaufsland geworden. Die umfängliche Novellierung des „Kulturschutzgesetzes" 2016 hat keine Verbesserung gebracht. Die innereuropäischen Grenzen sind offen und die Definitionen vage. Was nationales Kulturgut ist, weiß keiner so genau. Wert und Alter sind keine Kriterien. Zahlreiche Kunsthändler gründeten Dependancen außerhalb Deutschlands, um sich den Kontrollen und drakonischen Strafmaßnahmen zu entziehen.

Bei alledem bilden die zollfreien Freeports im Umfeld der Häfen und Flughäfen die Totentürme hochwertiger Kunst. In Safe-Räumen mit hohen Klimastandards und Sicherheitsschleusen dämmern die gehorteten Kunstwerke, meist anonym unter Chiffren eingeliefert, ihrem Jüngsten Tag entgegen und bilden ein Schattenreich des Kapitals in Entsprechung zu anonymen Nummernkonten dieser Welt.

Die Folgen des „Kulturschutzgesetzes" sind dramatisch. So beklagte das Museum in Solnhofen z. B. das Verschwinden einer Leihgabe aus seiner Dauerausstellung: „Der Eigentümer wird uns dieses Exponat wegen der zu erwartenden Gesetzesänderung nicht mehr zur Verfügung stellen und aus Deutschland abziehen."

Es waren der Abdruck und das Skelett eines großen Raubfisches, der an der Wasseroberfläche einen kleinen Flugsaurier geschnappt hatte. Scherz, Ironie oder tiefere Bedeutung?

IV.

Dass die deutschen Museen nicht die Möglichkeiten zum Ankauf von historischen Kunstwerken haben, ist bekannt: „Museen und Sammlungen der öffentlichen Hand verfügen meist nicht mehr über ausreichende Mittel zum Erwerb von hochrangigen Objekten, was in der Konsequenz bedeutet, dass wertvolle Kulturgüter zunehmend in nicht öffentlichen Privatsammlungen verschwinden", so G. Pieke 2015 in den ICOM Mitteilungen. Um national bedeutende Artefakte zu erwerben und der Öffentlichkeit zu erhalten, werden keine entsprechenden Etats bereitgestellt. Die ehemals gewährten Ankaufsmittel zum Kauf von historisch bedeutsamen Kunstwerken sind größtenteils wieder eingesammelt und dienen heute ganz anderen Zwecken der Kulturförderung. Was soll mit Werken geschehen, die der Gesetzgeber im Lande halten will?

Die dem Deutschen Historischen Museum satzungsgemäß zum Ankauf von Exponaten mit geschichtlicher Bedeutung bereitgestellten Ankaufsmittel von 1,4 Millionen Euro sind weitgehend gestrichen, der Etat der Kulturstiftung der Länder zum Ankauf von Kunst wurde in Schritten gekürzt.

Den Museen stehen somit keine wesentlichen Ankaufsmittel mehr zur Verfügung, um der deutschen Öffentlichkeit Kulturschätze zu sichern. Nur durch die gemeinsamen Anstrengungen von Kulturstiftungen, Finanzinstituten und privatem Mäzenatentum können einzelne Ankäufe *à la longue* gelingen.

V.

Die Ankäufe aus großen Auktionen aus dem Besitz der großen Fürstenhäuser Deutschlands sind unter den genannten Prämissen denkbar unglücklich verlaufen, aber oft auch gewollt unglücklich geendet.

Das Auktionshaus Sotheby's eröffnete den Reigen der großen Auktionen mit Kunstwerken aus dem Besitz vormals herrschender Häuser im Jahre 1993 mit der Thurn- und Taxis-Auktion im Schloss Regensburg. Die fürstliche Residenz hatte bis dahin noch im Stil des Ancien Régime funktioniert. Auf den Fluren standen livrierte Lakaien, die Apartments blieben nach dem Tod eines Fürsten oder einer Fürstin unverändert erhalten. Fürstliche Ämter und Dienststellen sorgten für geräuschlose Abläufe. Mittags standen die Armen vor der Armenküche.

Mit dem Tod von Fürst Johannes 1990 wendete sich das Blatt. Eine Erbschaftssteuer von 65 Millionen D-Mark war Anlass, die Schlosseinrichtung, Juwelen, Sammlungen und Depotschätze zu verkaufen. Die Auktionen erbrachten 25.863.930 D-Mark. Für 44 Millionen gingen verrechnete Artefakte in den Besitz des Freistaats über. Dennoch wurden damals undokumentiert die weiteren historischen Bestände und Mobilien aufgelöst, Paradestücke von ihrem Platz genommen und Raumensemble geplündert. Heute tauchen die Stücke auf kleinen Auktionen und im Kunsthandel wieder auf. Der damals angebrachte Schlagstempel macht die zahlreichen Möbel leicht identifizierbar.

Die damals von Bietern überfüllte Reitermanege zeigt heute – *fashionable* überarbeitet – ein Filialmuseum des Bayerischen Nationalmuseums, mit welchem Bayern besondere Schätze aus Thurn und Taxis-Besitz auffing und vor Ort erhielt. Eine seltene Konstruktion, die damals dem Generaldirektor Reinhold Baumstark gelang.

Die gesamte Finanzoperation erregte großes Aufsehen, und zwei Jahre später folgte 1995, wie zuvor auch von Christoph Graf Douglas in die Wege geleitet, die nächste Sotheby's-Auktion. Sie brachte die Kunstwerke der Markgrafen und Großherzöge von Baden in Baden-Baden zur Auktion. Das Trauerspiel nahm aber einen anderen Verlauf: Ursache war ein Schuldenberg von 264 Millionen D-Mark. 25.000 Erbstücke brachten 38.387.805 D-Mark in zwei Wochen, und es gelang eine teilweise Entlastung. Prinz Bernhard von Baden kommentierte: „Jedes Jahrhundert hat seine Katastrophe." Es gab erste Bemerkungen zu den kulturellen Verlusten und dem unwiederbringlichen Ausverkauf von ganzen Teilen der badischen Landesgeschichte. Aber der Baden-Württembergische Wirtschaftsminister Dieter Spörri hatte ein Machtwort gesprochen, die in Diskussion stehenden Kulturgüter schlicht als „Fürstennippes" bezeichnet und ein weitgehendes finanzielles Engagement des Landes rundweg abgelehnt. „Keine Mark dem Markgrafen" tönte die SPD. Das Landesmuseum in Karlsruhe konnte gezielte Ankäufe für 45,5 Millionen D-Mark tätigen, nachdem allerdings das ganze Konvolut dem Land für insgesamt 80 Millionen D-Mark angeboten worden war. Seltene Kunstkammerunikate gingen an amerikanische Museen, vieles Erlesene an Sammler, das meiste in den hochqualifizierten internationalen Kunsthandel. Der traumhafte „Ludwigsburger Markt" mit seinen Porzellanminiaturen kam an das Württembergische Landesmuseum – ein großer Glücksfall. Im Ministerium hatte man über „Verbringungsverbote" nachgedacht, doch gedankenreich, aber tatenarm sind die Deutschen. „Das Land hat eine Chance vertan" befand sogar Christoph Graf Douglas, der selbst aus dem Haus Baden abstammte und langjähriges Vorstandsmitglied bei Sotheby's war.

Diese spektakulären Auktionen aus Schlossbesitz wurden von der bundesdeutschen Presse nahezu einhellig mit Spott, Hohn und Ironie kommentiert.

VI.

Der dritte Akt im Abverkauf von Zeugnissen der deutschen Geschichte war das Schloss Marienburg, im Wald über der Leine gelegen. Dort hatten die Welfen historisches Patrimonium der Frühen Neuzeit und des 16. bis 19. Jahrhunderts zusammengezogen. Dazu kamen noch die Bestände aus den Rüstkammern des Zeughauses der Blankenburg und der Residenz in Hannover sowie alles, was überflüssig und verzichtbar erschien. 2005 war die Sotheby's-Auktion der Bestände angesetzt. Einiges von der „Blauen Liste" war allerdings schon einzeln und vorab verkauft worden. Das Land Niedersachsen stellte eine „vernünftige" Summe für einige gezielte Ankäufe zur Verfügung. Aber sonst ließ Niedersachsen zu, dass erst einmal alles in die Niederlande in angemietete Lagerhallen zur Inventarisierung und zum Abfotografieren für den Katalog verbracht wurde. 20.000 Objekte kamen unter den Hammer. Das Bietergefecht dirigierte Herzog Philipp von Württemberg als Geschäftsführer des Auktionshauses. Diese Auktion erbrachte 6.278.630 Euro, mehr als erwartet. Tagelang waren bei der Vorbesichtigung Zahnärzte, Anwälte, Waffennarren, Kunsthändler, Sammler und Aristokraten an den Stücken vorbei gegangen.

Viele fanden den Verkauf des Welfen-Erbes unrühmlich. Der Bruder des Herzogs Prinz Heinrich gehörte zu ihnen genauso wie die Redaktionen der Hannoverschen Allgemeinen Zeitung und Museumsleute in Hannover und Braunschweig. Mit den angebotenen Stücken hätte man im geschichtsvergessenen Niedersachsen leicht ganze Abteilungen des Landesmuseums und der verschiedenen Stadtmuseen glanzvoll ausstatten können. Doch nein, das Ministerium des Landes für Wissenschaft und Kunst war strikt dagegen und unterstützte nur wenige Erwerbungen aus seinen Mitteln. Die zuständige Staatsekretärin hatte zuvor in Baden-Württemberg die badische Auktion ermöglicht und alles getan, um die Ankaufsinteressen der niedersächsischen Museen möglichst gering zu halten.

Bei der Auktion wurden auch die originären Ausstattungen der historischen Räume in großem Umfang aus den historischen Zusammenhängen herausgenommen und versteigert, damit fehlten später integrale Teile des Gesamtkunstwerks Marienburg. Dies konterkarierte die Absicht, die Burg zur touristischen Attraktion auszubauen. Die Ausgestaltung der Schauräume geriet zum Stückwerk.

Der Gewinn sollte in eine Familienstiftung fließen, der anstehenden Renovierung der Marienburg dienen und zugleich den beiden Söhnen von Ernst-August von Hannover aus erster Ehe als Versorgung zur Verfügung stehen. Das Konstrukt mit seinen vielen Zwecken hat sich heute zerschlagen und die Beteiligten prozessieren gegeneinander. Alle haben verloren. Die Überführung in eine Stiftung 2020 kam zu spät.

Damals ersteigerte ich in meiner damaligen Funktion als Generaldirektor des Deutschen Historischen Museums z. B. eine von zwei Fahnen der *Deutschen Legion*, die als „King's German Legion" in den Napoleonischen Kriegen 1803–1816 in Spanien gegen die Franzosen kämpfte. Ich kannte die schwarze Fahne, die gut erhalten in der Fahnenhalle der Marienburg hing. Als das Stück dann im Museum eintraf, war das Seidentuch zerfetzt und hatte die Fotokampagne und die Transporte nicht überstanden, weil der Draht, an dem sie ehemals in der Halle hing, um den Fahnenmast geschlungen war und so das Exponat zerrissen hatte.

Damit sind nur die großen Liquidationen deutscher Geschichte gestreift. Viele andere Beispiele der Auflösung von Zeugnissen deutscher Geschichte als Resultat der Nachkriegsgeschichte wären zu nennen und verliefen analog, aber doch mit besserem Erfolg als die beschriebenen Schlossauktionen. Die großen historischen Zusammenhänge wurden jedoch für immer zerrissen und gewachsene Ensembles unwiederbringlich aufgehoben.

VII.

Geschichte wird durch Bilder und historische Zeugnisse wahrgenommen, die genauso wirksam und eindrücklich sind wie Quellentexte und historische Erzählungen. Deswegen hat es immer Sinn gemacht, auch die nicht verbalen Zeugnisse zur Darstellung der gemeinsamen Geschichte heranzuziehen. Eine reiche Tradition der Dinge ermöglicht es, sowohl die Geschichte der Personen als auch die der Geschehnisse zum Sprechen zu bringen. Diese Zeugnisse sind bewusst über Generationen hinweg aufbewahrt worden und wur-

den weitergegeben, um erlebte Geschichte und historische Wirklichkeit darzustellen und zu bezeugen. Es waren keine geldwerten Schätze, die verwahrt
wurden, sondern es wurden historische Artefakte geschaffen, um als Relikte
Geschichte lesbar und erlebbar zu machen. Es bleibt ein gravierender Unterschied zwischen Glaubenmachen und Geschichte in Zeugnissen zu erleben.
Echtheit ist dabei eine entscheidende Überzeugungsstrategie, welche nicht
durch Abbilder, Reproduktionen oder Repliken ersetzt werden kann. Das
Vertrauen von Millionen von Besuchern, ihr Sicheinlassen auf Ausstellungen
und die Darlegungsweise von Schauräumen in Burgen, Schlössern und Residenzen bedeuten auch, dass die Exponate und Raumensembles authentisch
und echt sind, damit sie durch ihre Authentizität eine Überzeugungskraft
entwickeln, die für die Erfahrung von historischen Relikten und das Lesen
von Bildinhalten ganz entscheidend ist. Alles spricht dagegen, Baudenkmäler
und ihr historisches Inventar auseinanderzureißen und in ihre Teile zu zerle-
gen. Worte oder virtuelle Rekonstruktionen können nicht wieder zusammen-
fügen, was das Erleben von authentischen Zusammenhängen und räumlicher
Nähe leistet. Die Indizien oder die dinglichen Beweise legen ein unmittelbares Zeugnis dafür ab, was wirklich war.

Viele sahen es kommen, dass das Unausweichliche bald geschehen würde.
Dies war mitten in Deutschland die Auflösung der Kunstsammlungen und
Museen der Landgrafen von Hessen, die mit allen protestantischen Dynastien
Europas verschwägert und verwandt waren und in der Geschichte Deutschlands ihre besondere Rolle spielten. Ein Erbvertrag zwischen den Häusern
Hessen-Darmstadt und Hessen-Kassel wurde beim Tod Margret von Hessens
und bei Rhein 1997 fällig. Sie war die letzte ihrer Linie, denn die meisten
männlichen Verwandten waren 1937 bei einem Flugzeugabsturz umgekom-
men. Damit fielen die Schlösser, das Inventar und die Sammlungen der Linie
Kassel-Rumpenheim zu, und die Erbschaftssteuer wurde fällig. Eine Auktion
der historischen Sammlungen schien bevorzustehen. Zu alledem starb der
Erbe Moritz Landgraf von Hessen sechs Jahre später 2013. Er war von seiner
Tante 1960 adoptiert worden. Er brachte einen großen Teil des Familienerbes
in die Hessische Hausstiftung von 1878 und 1928 ein, die aus einem älteren
Familienfideikommiss hervorgegangen war, den sich allerdings 1866 die
Krone Preußens angeeignet hatte. In der Nachkriegszeit verkaufte die kur-
hessische Hausstiftung Philippsruhe, das Kasseler Palais Bellevue und
Schloss Rumpenheim. Durch Verhandlungen mit dem Land Hessen wurde
das Entgelt der Erbschaftssteuer durch den Verkauf der Darmstädter Ma-
donna von Hans Holbein finanziert. Sie fiel, statt an das Land Hessen zu
gehen, an den Industriellen Reinhold Würth zu einem Betrag von 50 Millionen Euro und wird heute in seinem öffentlichen Museum der Alten Meister
in der Johanniterkirche in Schwäbisch-Hall gezeigt. Die Museen und Schlösser der Hessischen Hausstiftung blieben ungeschmälert erhalten. Diese kluge

und vorausschauende Konstruktion erhielt ohne großen Schaden das historische Erbe, dessen Zusammenhänge sichtbar blieben.

So falsch wie fatal, so richtig wie glücklich sind die Übergänge von Monarchien zu Republiken erfolgt. Als politische Ideale sind sie in ihren kompromisslosen Positionen gescheitert, aber mit Konzilianz von beiden Seiten gelangen auch durchaus verträgliche Lösungen.

In Württemberg ist dies gelungen, auch in Sachsen, Sachsen-Weimar, Schwerin, Reuß und Schleswig-Holstein und im Ansatz in Preußen, wenn nicht die Enteignungen der DDR alles in Frage stellten. Ohne Stiftungen kann es nicht gehen. Ohne Unterscheidungen zwischen Eigentum und Besitz – wie in der Wittelsbacher Hausstiftung – sind nur schwierigere Lösungen möglich.

Ein Bruch mit der Geschichte ist schwer möglich, ohne großen Schaden anzurichten. Historische Kunstwerke sind da am wirksamsten, wo sie von den meisten gesehen werden und nicht nur ihre ästhetische Wirkung entfalten, sondern zum Erkennen und Begreifen verleiten. Das „Tafelsilber" ist rasch verkauft, aber der Verlust ist endgültig. Der Wert der Kunst entsteht durch Wahrnehmung der Kunstwerke im Kontext ihrer Zusammenhänge. Die Relation zu Dingen im Vergleich schärft die Sinne und erlaubt der Kunst einen Wert zuzumessen. Zerschlägt man das Umfeld, dann wird die Kunst reduziert. Je mehr Menschen ein Kunstwerk sehen, um so mehr entfaltet es seine Wirkung als seinen eigentlichen Wert.

Dynastisches Kulturerbe
in der demokratischen Gesellschaft

Die Sicherung des Schlosses Marienburg für die Öffentlichkeit

Von *Björn Thümler*, Berne

Die Niedersächsische Verfassung enthält mit Artikel 72 eine „Traditionsklausel". Dort heißt es: „Die kulturellen und historischen Belange der ehemaligen Länder Hannover, Oldenburg, Braunschweig und Schaumburg-Lippe sind durch Gesetzgebung und Verwaltung zu wahren und zu fördern". Verfassungsgeschichtlich geht diese Norm auf die Entstehungszeit des Landes Niedersachsen in den Jahren 1945 und 1946 zurück. Das neue Staatswesen setzte sich aus vier Vorgängerländern zusammen, die jeweils auf eine jahrhundertelange Eigenstaatlichkeit zurückblicken konnten. Diese Eigenstaatlichkeit hatten die alten Länder nur wenige Monate vor der Gründung des Landes Niedersachsen durch die Verordnung Nr. 55 der britischen Besatzungsmacht vom 8. November 1946 zurückerlangt. Daher war es gerade für Oldenburger und Braunschweiger nicht einfach, nach den Jahren der „Gleichschaltung" durch die Nationalsozialisten ihre wiedergewonnene Eigenständigkeit direkt wieder abzugeben.

I.

Für den größten Vorgängerstaat, das Land Hannover, war es von höchster symbolischer Bedeutung, dass es zumindest für einige Wochen noch einmal bestanden hatte, bevor es im größeren Niedersachsen aufging: Am 23. August 1946 lag der Prager Frieden von 1866 auf den Tag genau 80 Jahre zurück. Damals war der von Bismarck ausgehandelte Friedensschluss zwischen Preußen und Österreich-Ungarn in Kraft getreten. Dadurch wurden die Ergebnisse der Niederlage Kaiser Franz Josephs I. und seiner Verbündeten gegen das überlegene preußische Heer völkerrechtlich legitimiert. Zu den schwerwiegendsten Folgen dieses Vertrags gehörte die staatsrechtliche Anerkennung der Auflösung des Deutschen Bundes und der preußischen Annexionen in Norddeutschland. Damit endete die Existenz des welfischen Königreichs Hannover.

Obwohl dieser Staat in seiner letzten Gestalt erst seit 1814 bestand und bis
1837 von den britischen Königen in Personalunion von London aus regiert
worden war, markiert das Datum doch einen tiefen Einschnitt in der politischen Geschichte Norddeutschlands. Die Welfen galten als ältestes Fürstenhaus Europas, ihr nachweisbarer Ursprung reicht in das 8. Jahrhundert zurück. In Norddeutschland etablierten sie sich um die Wende vom 11. zum
12. Jahrhundert, als Heinrich der Schwarze und Heinrich der Stolze durch
ihre Ehen das Erbe der sächsischen Stammesherzöge übernahmen. Der neben
Queen Victoria vielleicht bis heute bekannteste Welfe, Heinrich der Löwe,
verlor zwar 1180 die alten Stammesherzogtümer Sachsen und Bayern im
Streit mit seinen staufischen Verwandten auf dem Kaiserthron. Doch gelang
es ihm und seinen Nachkommen, ihren Eigenbesitz in Norddeutschland weitgehend zu halten und daraus das neue Territorialherzogtum Braunschweig-
Lüneburg zu formen. Damit blieben die Welfen bis 1866 in Nordwestdeutsch-
land der wichtigste dynastische Faktor. Nachdem das Haus sich jahrhunder-
telang durch exzessive Erbteilungen selbst geschwächt hatte, gelang es im
17. Jahrhundert sowohl der Wolfenbütteler Linie als auch der seit 1636 in
Hannover residierenden Linie Calenberg-Göttingen, an die historische Größe
anzuknüpfen. Nicht zuletzt befördert durch die intellektuelle Öffentlichkeits-
arbeit des Universalgelehrten Gottfried Wilhelm Leibniz rückte Herzog Ernst
August 1692 in den Kreis der Kurfürsten des römisch-deutschen Reichs auf.
Mit der Thronbesteigung seines Nachfolgers Georg Ludwig als König Georg
I. von Großbritannien und Irland war nach dem Hochmittelalter der zweite
Gipfelpunkt weltweiter Bedeutung des Welfenhauses erreicht. 1837 endete
die britisch-hannoversche Verbindung mit der Thronbesteigung Victorias in
London und Ernst Augusts in Hannover. Dessen Sohn Georg V., im doppel-
ten Sinne blind, verkannte die geopolitische Stellung seines Landes innerhalb
Deutschlands. Eingekeilt zwischen die neuen preußischen Westprovinzen
Rheinland und Westfalen auf der einen Seite sowie die altpreußischen Lan-
desteile im Osten konnte Hannover sich eine Konfrontation mit dem weitaus
stärkeren Hohenzollernstaat nicht mehr erlauben. Bis 1837 hatte die Zugehö-
rigkeit zum britischen Empire einen Schutzschirm geboten, der preußische
Begehrlichkeiten abwehrte. Königin Victoria ließ es jedoch ohne ernsthaften
Protest geschehen, dass ihr Vetter Georg V. durch dessen Vetter Wilhelm I.
seines Thrones beraubt wurde. Dabei mag eine Rolle gespielt haben, dass die
letzte Welfin auf dem britischen Thron die Nachfolge des Herzogs von Cumberland als König von Hannover als unglückliche Entwicklung wahrgenommen hatte. Victoria selbst folgte ihrem Onkel Wilhelm IV. nur im Vereinigten
Königreich nach, nicht in den welfischen Stammlanden. Dort galt ein anderes
Erbfolgerecht: Die hannoversche Krone fiel nicht wie die britische unabhängig von deren Geschlecht den Kindern des nächstjüngeren, erbberechtigten
Bruders eines verstorbenen Königs zu. Der nächste erbberechtigte Prinz, in

diesem Fall Eduard, Herzog von Kent, war bereits vor seinem älteren Bruder gestorben und hatte außer Victoria keine weiteren Kinder hinterlassen. Daher musste in Hannover auf den wiederum nächstjüngeren Bruder und dessen Nachkommen zurückgegriffen werden. Daher folgte auf den liberalen „Sailor King" Wilhelm IV. in Hannover sein hochkonservativer Bruder Ernst August, Herzog von Cumberland. Dieser beseitigte 1837 gegen den Protest der „Göttinger Sieben" das hannoversche Staatsgrundgesetz und machte Hannover damit zum Sinnbild eines freiheitsfeindlichen Neoabsolutismus. Auch sein Sohn Georg V. war als konservativer Hardliner ein Ärgernis für liberale Monarchen wie Victoria und ihren Mann Prinz Albert. Die Queen könnte es sogar mit einer gewissen Genugtuung empfunden haben, dass durch die preußische Annexion Hannovers die Nachfolge der Linie des Herzogs von Cumberland als eine Art „Betriebsunfall" rückgängig gemacht wurde. Schließlich konnte sie davon ausgehen, dass nun ihre älteste Tochter, die preußische Kronprinzessin und spätere 100-Tage-Kaiserin Victoria und deren Nachkommen künftig über die welfischen Stammlande herrschen würden. Aus dieser Perspektive wurde durch die Vertreibung Georgs V. doch noch der Weg frei für die weibliche Erbfolge in Victorias eigener Linie auch in Hannover. Der Erste Weltkrieg machte nicht nur diese dynastische Erwartung zunichte.

Gut möglich also, dass die Regierung von Victorias Urenkel Georg VI. die britische Inkaufnahme der Annexion von 1866 als einen historischen Fehler von ungeahnter Tragweite rückgängig machen wollte, als sie genau 80 Jahre später die bisherige preußische Provinz Hannover als selbständiges Land wiederherstellte. Der Ablauf dieses 23. Augusts 1946 war symbolisch stark aufgeladen: In der Kuppelhalle des Neuen Rathauses eröffnete der Sozialdemokrat Hinrich Wilhelm Kopf als Ministerpräsident des neuen Landes den eben zusammengetretenen Landtag. Auf dem Treppenabsatz dem Geschehen präsidierend, saß als Abgesandter des britischen Königs Generalleutnant Sir Brian H. Robertson. Geschmückt war die Kuppelhalle mit einer kolossalen Flagge des Königreichs Hannover, unter der als Ehrengäste des Staatsakts Herzog Ernst August von Braunschweig, der Sohn des letzten Kronprinzen von Hannover sowie seine Ehefrau, die Kaisertochter Viktoria Luise und sein Nachfolger Ernst August Prinz von Hannover Platz genommen hatten. Der „rote Welfe" Hinrich Wilhelm Kopf und die britische Besatzungsmacht stellten also den neuen Staat ganz bewusst und für jeden Beobachter klar erkennbar in die Tradition des welfischen Herzogtums, Kurstaates und Königreichs.

II.

Ein Jahr zuvor, im Sommer 1945, hatte die britische Besatzungsmacht schon einmal bewiesen, dass die alte Verbindung zum Haus Hannover nie ganz abgerissen war: Kurz vor der Übergabe von Blankenburg im Harz an die Rote Armee, wohin der Herzog von Braunschweig und Prinz von Hannover seinen deutschen Hauptsitz verlegt hatte, sorgten die Briten dafür, dass nahezu der gesamte bewegliche Besitz der Familie in die britische Besatzungszone transportiert werden konnte. Auf diese Weise gelangte hochwertiges Kulturgut in beispielloser Dichte auf die Marienburg bei Hannover.

Dieses Schloss war nach wie vor Privateigentum des früheren Königshauses und symbolisierte seit 1866 wie kein anderes Gebäude im Land die Wunde, als welche die Annexion von vielen Hannoveranern noch immer angesehen wurde. Die verlassene Sommerresidenz war zu einer Art Pilgerstätte welfentreuer Landeskinder geworden, deren Wunsch nach Wiederherstellung ihrer verlorenen Selbstständigkeit sich in dem Gebäude materialisierte.

Die Entstehung des Schlosses Marienburg zwischen 1857 und 1869 war eine mittelbare Folge der Personalunion zwischen Hannover und Großbritannien und ihres Endes 20 Jahre zuvor. Die welfischen Herrscher residierten von 1714 bis 1837 zunächst vorwiegend, ab Georg III. ausschließlich auf der britischen Insel. Daher wurde der Zustand der Residenzlandschaft in und um Hannover für mehr als ein Jahrhundert auf dem Stand des Hochbarock eingefroren. Für die Nachwelt ist dieser Umstand ein Glück, denn ihm verdankt sich die nach wie vor barocke Gestalt eines der wichtigsten französischen Gärten in Deutschland, des Großen Gartens in Herrenhausen. Für die zurückgekehrten Welfenkönige war er aber eine Herausforderung, denn der neue Hof stand nun vor der Aufgabe, einen zeitgemäßen Rahmen für Funktion und Repräsentation zu finden. Dieser Rahmen musste dem Anspruch eines der fünf Königreiche innerhalb des Deutschen Bundes gerecht werden. Die Königin, Marie von Sachsen-Altenburg (1818–1907), wünschte sich einen ländlichen Sommersitz, der eine ähnliche Funktion im Hofleben haben sollte wie das schottische Balmoral: Sommerlicher Rückzugsort für die königliche Familie, deren Hauptresidenz, das Leineschloss in Hannover, mitten im Getriebe des bürgerlichen Stadtlebens stand. Die traditionelle Sommerresidenz Herrenhausen entsprach schon lange nicht mehr den Ansprüchen an ein modernes Wohnschloss für das Königshaus.

Neben der Funktion als Sommersitz kam als zusätzlicher Anspruch die Idee eines Denkmalschlosses hinzu, wie sie andere Dynastien gleichzeitig verfolgten und umsetzten. Zu nennen ist in diesem Zusammenhang vor allem die Burg Hohenzollern, die parallel zum Bau der Marienburg als Denkmalschloss wiederaufgebaut wurde – weitere Beispiele sind die Wartburg, die Albrechtsburg in Meißen, das ältere Hohenschwangau, Schloss Stolzenfels am Rhein, das dänische Denkmalschloss Frederiksborg oder Chantilly in Frankreich. Ähnlich wie die bayerischen Königsschlösser dieser Zeit und im Unterschied zur Hohenzollernburg oder Wartburg wählten die Welfen jedoch kein überkommenes Stammhaus ihrer Dynastie zu diesem Zweck. Dabei hätten mit Schloss Herzberg, der alten Festung Calenberg oder der Burg Grubenhagen durchaus geeignete Orte zur Verfügung gestanden. Wichtiger als die historische Authentizität war dem Königspaar offenbar der ästhetische Effekt, die leichte Erreichbarkeit von der Hauptstadt aus und eine zeitgemäße Nutzbarkeit des neu zu errichtenden Schlosses. Der Charakter des Denkmalschlosses sollte durch künstlerische Gestaltung und Ausstattung erreicht werden, um den Mangel an „historischer Echtheit" auszugleichen.

Ein weiterer wichtiger Ansatz von Königin Marie und König Georg V. beim Bau der neuen Sommerresidenz war ihr Ziel, diese zu einem paradigmatischen Meisterstück des heimatlichen Kunsthandwerks zu machen. Um das zu erreichen, wurde für den Innenausbau des Schlosses 1864 der jüdische Architekt Edwin Oppler berufen, dessen Anspruch es war, die Burg in jedem Ausstattungs- und Gestaltungsdetail zu einem „Best-Practice-Beispiel" für die Raumkunst des norddeutschen Historismus auf höchstem handwerklichen Niveau zu machen. Dieser ehrgeizige Plan hatte in Verbindung mit stetig steigenden Kosten schließlich die Folge, dass der Innenausbau sich immer weiter verzögerte und in Teilen zum Zeitpunkt der Annexion des Königreichs durch Preußen unvollendet war.

Anders als der nach Wien geflohene König Georg V. blieb die Königin nach der Niederlage noch etwa ein Jahr im Land. Davon versprach der König sich eine Verbesserung seiner Verhandlungsposition. Während dieser Zeit machte Marie das Schloss zu ihrem dauernden Aufenthaltsort, da es seit 1858 ihr Privateigentum war und als solches vom preußischen Staat geachtet wurde. Die Inneneinrichtung wurde provisorisch fertiggestellt, um diese Wohnnutzung durch einen Resthofstaat von etwa 40 Personen zu ermöglichen. So wurde die Marienburg zum „hannoverschen St. Helena."

III.

Im Sommer 1867 verließ auch Königin Marie das Land in Richtung Österreich. In der Folge wurden noch bis 1869 die notwendigsten Arbeiten an Schloss und Garten beendet. Fortan wurde die Anlage nur noch von einem Kastellan bewohnt und unterhalten. Auch nach der Aussöhnung zwischen Hohenzollern und Welfen dauerte dieser Zustand an. Sie erfolgte 1913 durch die Heirat zwischen dem gleichnamigen Sohn des früheren Kronprinzen

Ernst August, der jetzt seinen britischen Titel Herzog von Cumberland führte, und der einzigen Tochter Kaiser Wilhelms II., Prinzessin Viktoria Luise von Preußen. Was nun geschah, ist in der Rückschau auch für viele historisch interessierte und gebildete Niedersachsen verwirrend: 1884 war der kinderlose Herzog Wilhelm von Braunschweig gestorben. Mit ihm erlosch das „Neue Haus Braunschweig", die ältere der beiden bis dahin noch blühenden Linien des Welfenhauses. Nachfolgeberechtigt im Herzogtum Braunschweig war damit die jüngere, königliche Linie, das „Neue Haus Lüneburg". Weil der Herzog von Cumberland jedoch nicht bereit war, seinen Verzicht auf den hannoverschen Thron zu erklären, blieb ihm als „Reichsfeind" die Thronfolge in Braunschweig verwehrt. Das Herzogtum wurde von Regenten und einem Regentschaftsrat verwaltet, bis 1913 der Herzog von Cumberland zugunsten seines Sohnes verzichtete und dieser daraufhin gemeinsam mit der Kaisertochter als Herzogspaar in Braunschweig einziehen konnte. Diese letzte monarchische Herrschaft der Welfen währte indessen nur bis 1918, als Herzog Ernst August infolge der Novemberrevolution als erster deutscher Bundesfürst dem Thron entsagte.

In der Folge stand die Welfenfamilie nun auch im Braunschweiger Land vor der Aufgabe, eine vertragliche Regelung mit dem nunmehrigen Freistaat über die Aufteilung des bisher nicht klar getrennten Privat- und Staatsvermögens zu finden. In Hannover war dies bereits nach 1866 erfolgt. Dabei war ein Umstand von Bedeutung, der weit in die Frühe Neuzeit zurückreichte: Die Finanzierung landeshoheitlicher Ausgaben aus Steuermitteln war im Alten Reich noch unüblich. Die Fürsten waren zunächst verpflichtet, die Ausgaben, die mit der Landeshoheit einhergingen, aus eigenen Mitteln zu decken. Diese Mittel stammten im Wesentlichen aus den Domänen, also aus dem fürstlichen Grundbesitz. Steuern für zusätzliche Aufgaben mussten von den Ständen auf Landtagen bewilligt werden. Die verfassungsrechtliche Rückständigkeit Hannovers kam dem früheren Königshaus nun zugute. Das Staatsgrundgesetz von 1831 hatte die Domänenkasse zwar mit der Steuerkasse vereinigt. Der Staatsstreich König Ernst Augusts 1837 hatte jedoch diese Vereinigung wieder aufgehoben und die Kassen blieben bis 1866 getrennt. Mit dem Wegfall der Landeshoheit entfiel aus Sicht der Welfen und ihrer Vertreter daher nach 1866 auch die Pflicht, aus den Erträgen welfischen Grundbesitzes für staatliche Aufgaben aufzukommen. Preußen erkannte das private Eigentumsrecht des entthronten Hauses Hannover an seinem gesamten Domanialvermögen grundsätzlich an. Im Vermögensvertrag zwischen Preußen und Georg V. wurde diesem daher eine Ablösesumme von 16 Millionen Talern zuerkannt, die von Preußen verwahrt und deren Zinsen als Ersatz für die Erträge aus dem Grundbesitz an den früheren König ausgezahlt werden sollten. Darüber hinaus wurden dem früheren Königshaus die Domäne Calenberg in unmittelbarer Nähe der Marienburg sowie die Schlösser und

Gärten in Herrenhausen als Eigentum überlassen, allerdings unter dem Vorbehalt eines förmlichen Verzichts auf das Königreich Hannover, der jedoch
erst 1913 erfolgte.

Von 1868 bis 1892 blieben die genannten Vermögenswerte bis auf die Königin Marie gehörige Marienburg von Preußen beschlagnahmt, da Georg V.
Versuche unternommen hatte, eine „Welfenlegion" aufzustellen, um Hannover zurückzuerobern. Dieses in Wahrheit untaugliche und daher harmlose
Unterfangen diente Bismarck zum Vorwand, um das Welfenvermögen einzu-
behalten und als „Reptilienfonds" zu benutzen, aus dem er zum Beispiel die
Summen nahm, die dazu dienten, König Ludwig II. von Bayern dazu zu bewegen, Wilhelm I. als Deutschen Kaiser zu proklamieren. Daher wird bis
heute gerne kolportiert, der Bau der Schlösser Herrenchiemsee und Neu-
schwanstein sei zu nicht geringem Teil mit Geld aus Hannover finanziert
worden.

Nachwirkungen bis in die Gegenwart hat die damalige preußische Bereitschaft, dem früheren König den gesamten „beweglichen lebenden oder leblo-
sen Inhalt sämmtlicher königlichen Schlösser, Gärten und zur Hofhaltung
bestimmten Gebäude" zu überlassen, „namentlich also auch derjenigen
Schlösser [pp.], welche Allerhöchstdemselben nicht vorbehalten sind." Damit
blieben die königlichen Kunstsammlungen, „alle zur Hofhaltung bestimmten
Inventarien und Ameublements", das Silber, die Juwelen und das königliche
Archiv Privateigentum Georgs V. Dazu gehörten zum Beispiel auch der Welfenschatz und das Evangeliar Heinrichs des Löwen. Im Ergebnis wurde die
komplette mobile Ausstattung des 1866 abgewickelten Hofes verpackt und
nach Österreich gebracht. Dort entstand mit der Zeit ein üppiger Exilhof in
Gmunden am Traunsee. Nach dem Tod Georgs V. 1878 ließ sein Sohn Ernst
August das 1886 fertiggestellte Schloss Cumberland errichten, das mit den
aus Hannover überführten Gegenständen wie ein königliches Residenzschloss
ausgestattet werden konnte und es dem Welfenchef ermöglichte, weiterhin
ein Leben zu führen, das denen der Oberhäupter noch regierender Häuser
ähnlich war.

Zu dem gewaltigen Kunstbesitz der königlichen Linie, der nach 1866 in
Gänze zu bürgerlichem Privateigentum geworden war, trat mit der Nachfolge
im Herzogtum Braunschweig das Privateigentum der älteren Linie hinzu.
Hier wurde es wie in den anderen deutschen Ländern, deren Monarchen
1918 den Thronen entsagt hatten, notwendig, eine „Auseinandersetzung"
vorzunehmen: Dabei mussten die Teile des bisher landesherrlichen Vermögens, die als Staatsbesitz zu gelten hatten, von jenen getrennt werden, die
den vormals regierenden Häusern als Privateigentum zuzugestehen waren.
Dieses Privateigentum wurde ihnen von der Weimarer Reichsverfassung garantiert, wie allen anderen Staatsbürgern auch.

IV.

Nachdem der Herzog von Cumberland 1923 gestorben war, vereinigte sich das Gesamtvermögen des Hauses nun in der Hand des Herzogs von Braunschweig und wurde in der Folge jeweils ungeteilt an den ältesten Sohn weitergegeben.

Die 1920er und 1930er Jahre waren für das Welfenhaus von langwierigen gerichtlichen Auseinandersetzungen über die Trennung von Privat- und Staatsvermögen geprägt. 1921 reichte es eine Klage auf Rückgabe des seit 1918 beschlagnahmten Privatvermögens ein. Nach jahrelangen Vergleichsverhandlungen verabschiedete der Braunschweigische Landtag 1925 das „Gesetz über die Auseinandersetzung zwischen dem Braunschweigischen Staate und dem vormals regierenden Herzoglichen Hause." Dem Herzog wurde durch das Gesetz Folgendes zugesprochen: Schloss Blankenburg im Harz mit sämtlichem Zubehör, eine ganze Reihe von Forstamtsbezirken im Harz sowie fünf Domänen. Schon 1923 hatte das Landgericht Braunschweig die Rückgabe sämtlicher beweglicher Ausstattungsgegenstände der herzoglichen Schlösser an das vormals regierende Haus entschieden. 1926 unternahmen SPD und KPD auf Reichsebene den vergeblichen Versuch, auf dem Wege eines Volksentscheids die vollständige Konfiskation vormals landesfürstlichen Vermögens durchzusetzen. Damit waren der Herzog und seine Erben ab 1926 Eigentümer des gesamten welfischen Kunstbesitzes.

Eine Sonderrolle nahmen die institutionalisierten und seit Langem öffentlich zugänglichen Sammlungen ein, die in eine gemeinsame Stiftung des Landes und des Herzogs eingingen. Die hohen Unterhaltskosten für die Stiftung führten in den Folgejahren immer wieder zu Verkaufsplänen und schließlich 1942 zum Ausstieg des Herzogshauses aus der Beteiligung am Herzog Anton Ulrich-Museum in Braunschweig und an der Herzog August-Bibliothek in Wolfenbüttel.

Schon im Verlauf der Weimarer Jahre verlagerte sich der Schwerpunkt des Welfenhauses von der hannoverschen Exilresidenz Gmunden allmählich in das braunschweigische Blankenburg. 1933/34 erfolgte schließlich die Verlegung des Hauptwohnsitzes von Herzog Ernst August und Herzogin Viktoria Luise nach Blankenburg. Das sehr großzügig angelegte Schloss wurde modernisiert, während Schloss Cumberland als Wohnsitz aufgegeben und der Hauptteil seiner Ausstattung in den Harz gebracht wurde. Schließlich kamen 1943 noch große Teile des Inventars von Schloss Herrenhausen nach Blankenburg, um sie vor der Vernichtung durch Bombenangriffe zu bewahren.

1945 wurde Blankenburg zunächst von amerikanischen Truppen besetzt, die kurz danach von britischen Einheiten abgelöst wurden. Als im Sommer 1945 klar wurde, dass Blankenburg Teil der sowjetischen Besatzungszone

werden würde, erfolgte der eingangs erwähnte Transport von 30 Armeelast-
wagen voller Kunstgut von Blankenburg zur Marienburg. Das Ergebnis war,
dass die Sommerresidenz der letzten Königin von Hannover zu einem unge-
heuren Lagerhaus für den gesamten Kunstbesitz des Welfenhauses wurde. Mit
der bauzeitlichen Originalausstattung vereinigten sich nun Bestände aus dem
Leineschloss, aus Herrenhausen, Braunschweig, Blankenburg und Gmunden.

Es folgten gut zehn Jahre, während derer die Marienburg tatsächlich „Sitz
der Welfen" war, als welcher sie auf der „Touristischen Unterrichtungstafel"
an der A 7 bei Hildesheim bis heute bezeichnet wird. Der letzte regierende
Herzog von Braunschweig und die Tochter des letzten Deutschen Kaisers
modernisierten Teile des Südost- und Ostflügels so weit, dass sie auf dem
Standard der Wirtschaftswunderjahre für sie bewohnbar wurden. Diese kulturhistorisch hochinteressante Zeitschicht ist in den entsprechenden Räumen
bis heute deutlich erkennbar und wird sicherlich in den kommenden Jahrzehnten bei der kuratorischen und wissenschaftlichen Erschließung des
Schlosses und seines Inventars in angemessener Weise berücksichtigt.

1956 musste Herzogin Viktoria Luise die Marienburg verlassen. Bis zu
ihrem Tod 1980 lebte sie in Braunschweig-Riddagshausen und nahm regen
Anteil am gesellschaftlichen und kulturellen Leben in der Stadt Heinrichs
des Löwen. Während Viktoria Luise die Welfen als „die Herzogin" in Braunschweig vertrat, nahm ihr Sohn Ernst August (IV.) demonstrativ und auch in
Abgrenzung zu seiner preußischen Mutter den Hauptnamen „Prinz von Hannover" an. Zu seinem Hauptwohnsitz machte er die 1867 den Welfen über-
lassene Domäne Calenberg, die in unmittelbarer Nähe zur Marienburg im
Pattenser Ortsteil Schulenburg liegt.

V.

Schon kurz nach dem Abschluss der Vermögensauseinandersetzung zwischen Staat und vormals regierendem Haus wurde eine Konfliktlinie erkennbar, die in den folgenden Jahrzehnten bis in die Gegenwart nicht nur mit
Blick auf das Haus Hannover immer wieder akut werden würde: Auf der
einen Seite das bürgerliche Eigentumsrecht und die wirtschaftlichen Bedürf-
nisse des jeweiligen Familienoberhaupts, auf der anderen das öffentliche Interesse am Erhalt der nun privaten Sammlungskomplexe, in denen die Kulturgeschichte Deutschlands und Niedersachsens sich in herausragender Weise
wiederspiegelt. Im Fall des Hauses Hannover waren diese konkurrierenden
Interessen immer wieder konfliktträchtig, weil aufgrund der frühen Privati-
sierung in Hannover und der großzügigen Handhabung in Braunschweig der
Löwenanteil des in Jahrhunderten zusammengetragenen fürstlichen Kunstbesitzes nun Privateigentum war. Damit war ein wichtiger Teil der Landesiden-

tität von Hannover und Braunschweig, später von Niedersachsen, der öffentlichen Verfügungsgewalt entzogen.

Zwar blieb das Haus Hannover zumindest bis zum Tod von Ernst August (IV.) 1987 der Tradition des öffentlichen Zeigens seiner Sammlungen treu und begriff sie als wichtigen Teil seiner öffentlichen Rolle. Darüber hinaus wurden niedersächsische, deutsche und auch internationale Institutionen großzügig mit hochwertigen Leihgaben versehen. Erwähnt seien an dieser Stelle nur die Staatswagen im Historischen Museum in Hannover und die Antiken aus der Wallmoden-Sammlung, die in der Archäologischen Sammlung der Georg-August-Universität in Göttingen öffentlich zugänglich sind.

Gleichzeitig kam es jedoch schon seit den 1920er-Jahren immer wieder zu Verkäufen aus dem Kunstbesitz: Inflation und Weltwirtschaftskrise sorgten in Verbindung mit hohen Pensionsverpflichtungen für frühere Hofbedienstete, Apanagen und den Verpflichtungen gegenüber der braunschweigischen Museums- und Bibliotheksstiftung für Liquiditätsengpässe, denen der Herzog mit Verkäufen von Immobilien sowie von Silber und Schmuck entgegenzuwirken suchte. Nach dem Tod des mit Hannover noch sehr verbundenen Herzogs von Cumberland kündigte Herzog Ernst August in einer Zeit finanzieller Unsicherheit den Leihvertrag mit dem Provinzialmuseum Hannover und bot die gesamte dort aufbewahrte „Fideikommißgalerie" des früheren Welfenmuseums dem Staat zum Kauf an. Dieses Angebot wurde ausgeschlagen und die Provinz Hannover erwarb nur eine Auswahl von 178 der 797 Gemälde des Welfenmuseums für die Landesgalerie im heutigen Niedersächsischen Landesmuseum Hannover. Damit wurde die erste in einer Reihe von Gelegenheiten versäumt, den international bedeutenden und hochwertigen Kunstbesitz der Welfen für Niedersachsen dauerhaft und geschlossen zu sichern. In der Folge wurden eine Reihe von Gemälden aus dem Welfenmuseum auf dem freien Markt veräußert, darunter das Porträt Edwards VI. als Kind von Hans Holbein. Es ging für mutmaßlich 1,25 Millionen Reichsmark an den amerikanischen Sammler Andrew W. Mellon und befindet sich heute in der auf diesen zurückgehenden National Gallery of Art in Washington D.C. Außerdem verließen auf diese Weise Gemälde von Velazquez, del Piombo und van Dyck das heutige Landesmuseum Hannover. Auch ein großer Teil der von Georg V. angekauften Sammlung des hannoverschen Fabrikanten und Mitbegründers des Kunstvereins, Bernhard Hausmann, ging in diesem Zuge für Hannover verloren.

Größeres Aufsehen und bis heute nachwirkende Folgen brachte der Verkauf des sogenannten Welfenschatzes mit sich. Dabei handelt es sich um den Reliquienschatz der Braunschweiger Domkirche St. Blasii, der auf verschlungenen Wegen ebenfalls als seit 1669 unverminderter Bestand Teil des Welfenmuseums in Hannover geworden war. König Georg V. hatte ihn mit ins

österreichische Exil genommen, wo er sich auch 1930 befand, als er durch
den Herzog von Braunschweig an ein Frankfurter Kunsthändlerkonsortium
verkauft wurde. Sowohl die Provinz als auch die Stadt Hannover hätten die
Möglichkeit gehabt, den kompletten Schatz deutlich unter seinem geschätz-
ten Wert in einem Paket zu erwerben, das in unterschiedlichen Modellen
auch Schloss und Gärten in Herrenhausen sowie die Übernahme von welfischen Pensionsverpflichtungen umfasst hätte. Diese Möglichkeit scheiterte
an fehlenden politischen Mehrheiten. In der Folge wurde etwa die Hälfte des
Schatzes in Einzelteilen in verschiedene Richtungen veräußert, bis der verbliebene Rest (42 von ursprünglich 82 Teilen) 1935 an den preußischen Fis-
kus verkauft wurde. Die Umstände dieser Transaktion sorgen bis heute für
Diskussionen, weil bisher nicht abschließend geklärt werden konnte, ob der
damalige Kaufpreis nur unter den Bedingungen der NS-Verfolgung jüdischer
Kunsthändler zustande gekommen war und die Gegenstände somit als „NS-
Raubkunst" zu betrachten wären. Für die niedersächsische Kulturlandschaft
wiegt der Verlust des Welfenschatzes bis heute schwer – kurzfristige politische Opportunitäten hatten somit dazu geführt, dass der Öffentlichkeit ein
bis dahin ungeschmälert überliefertes Kulturgut von Weltrang verlorengegangen ist.

Neben den Kunstverkäufen trennte der Herzog von Braunschweig sich in
den Jahren der Weimarer Republik und der NS-Herrschaft auch von einer
langen Reihe von Immobilien: Schon 1921 kaufte die Stadt Hannover den
Georgengarten und den Welfengarten samt dem Wallmodenschlösschen.
1936 gingen auch der Große Garten ohne das Schloss Herrenhausen selbst
sowie der Berggarten an die Stadt. Ebenfalls nach 1933 verkaufte Ernst August den Forstbezirk Hasselfelde im Harz, das Gestüt Bündheim, die Domänen Gebhardshagen und Lichtenberg sowie das Braunschweiger Schloss
Richmond. Diese Verkäufe dienten vor allem dazu, den Umbau des Schlosses
Blankenburg zur neuen Hauptresidenz des Hauses sowie die weiterbestehen-
den Verpflichtungen und die Aufrechterhaltung eines fürstlichen Lebensstils
zu finanzieren.

VI.

Auch nach dem Zweiten Weltkrieg wurden die Verkäufe schubweise fort-
gesetzt: 1950 kam es in Braunschweig zu einer ersten Auktion, bei der durch
den Verkauf von 550 Gegenständen aller Objektarten ein Ergebnis von ca.
245.000 DM erzielt wurde. Neben dem Beschaffen von Bargeld in der harten
neuen Währung der jungen Bundesrepublik diente dieser Verkauf wohl vor
allem einer gewissen Auslichtung der auf der Marienburg eingelagerten Bestände, um das Schloss überhaupt als Wohnsitz nutzbar zu machen. 1956
endete die kurze Ära der Marienburg als Wohnschloss. Der neue Welfenchef

Ernst August (IV.) nannte sich nun wieder Prinz von Hannover, während sein Vater den Titel des Herzogs von Braunschweig, sein Großvater den britischen Titel des Herzogs von Cumberland als Hauptnamen genutzt hatte. Er verlegte seinen Wohnsitz auf das Hofgut Calenberg in Schulenburg zu Füßen der Marienburg. Gemeinsam mit seiner ersten Frau Ortrud Prinzessin zu Schleswig-Holstein gestaltete er das für seine Urgroßmutter erbaute Schloss zu einem Familienmuseum um, das in reicher Fülle und in der Form wohnlich eingerichteter Schlossräume das Kulturerbe seines Hauses breit präsentierte, ohne einen tieferen didaktischen Anspruch zu verfolgen. Die Überfülle der vielfach sehr hochwertigen Exponate unterstrich den Charakter des Schlosses als „Sammellager" des konzentrierten Kunstbesitzes aus dem Nachlass zweier großer Hofhaltungen des 19. Jahrhunderts.

Ähnlich verfuhr der Prinz von Hannover mit dem Fürstenhaus in Herrenhausen. Seit dem Verkauf des bombenzerstörten Schlossgeländes im Großen Garten ist es der letzte Teil des höfischen Bezirks im Westen der Landeshauptstadt, der sich bis heute im Besitz des vormals regierenden Hauses befindet. Dort wurde mit herausragenden Stücken aus dem Sammlungsbestand der Familie das Fürstenhaus Herrenhausen-Museum eingerichtet. Es bot den Besuchern der Gärten einen Ersatz für das kriegsbedingt verlorene königliche Sommerschloss. Seit 2011 ist es für die Öffentlichkeit nicht mehr zugänglich.

Ernst August (IV.), der von 1953 bis 1987 Oberhaupt der Welfen war, zeigte großes Interesse an der niedersächsischen Geschichte und nahm durch die Einrichtung der Familienmuseen sowie durch umfangreiche Leihgaben an öffentliche Sammlungen die Verantwortung an, die mit dem großen Kunstbesitz auf ihn übergegangen war. Dennoch kam es auch durch ihn sowie durch seine Mutter Viktoria Luise von Preußen wiederholt zu Verkäufen. So erwarb die Deutsche Bank 1983 die Münzsammlung des Welfenmuseums und verkaufte sie 2010 an das Landesmuseum Hannover weiter.

Bei einigen spektakulären Transaktionen war indes zum Zeitpunkt des Verkaufs nicht klar, wann die Gegenstände das Eigentum der Familie verlassen hatten. Das gilt für das 1980 versteigerte Hildesheimer Tafelsilber, weit mehr noch aber für das weltberühmte Evangeliar Heinrichs des Löwen. Es kam 1983 in London bei Sotheby's zum Aufruf und ging für 32,5 Millionen DM an ein Bieterkonsortium aus den Ländern Niedersachsen und Bayern sowie der Stiftung Preußischer Kulturbesitz.

Schon im Vorfeld der Versteigerung kam es im Niedersächsischen Landtag zu lebhaften Debatten. Die oppositionelle SPD warf die Frage auf, ob der Prinz von Hannover in Wahrheit weiterhin Eigentümer des Evangeliars sei und dieses auf rechtswidrige Weise nach Großbritannien ausgeführt habe. Nachdem der Kauf erfolgt war, erlebte der Landtag am 8. Dezember 1983 eine weitere parlamentarische Auseinandersetzung mit dem Thema. Der sozialdemokratische Abgeordnete Bernd Theilen bestand darauf, „daß alle parlamentarischen Mittel ausgeschöpft würden, um die Eigentumsverhältnisse vor dem Ankauf in London zu klären. Es ist nach unserer Auffassung nicht vertretbar, daß unter Umständen das Welfenhaus bis gestern Besitzer oder Teilbesitzer des Evangeliars war und nun 30 Millionen DM Steuergelder direkt oder indirekt in die privaten Taschen ehemaliger Fürstenfamilien fließen. Der sehr hohe Preis ist nur vertretbar, wenn dies ausgeschlossen ist. Es kann ja wohl nicht angehen, daß Eigentum, das unstreitig nationales Kulturgut ist, zur zweiten Fürstenentschädigung nach 1918 bzw. 1926 herhalten muß. [...] Der Gedanke, daß über trickreiche Finanz- und Versteigerungsmanipulationen der öffentlichen Hand von ehemaligen regierenden Häusern das Fell über die Ohren gezogen wird, treibt überzeugten Republikanern die Schamröte ins Gesicht". Der Abgeordnete Freiherr von Wangenheim (CDU) erwiderte darauf, das Evangeliar sei vom Herzog von Cumberland als Privatmann 1890 in seinem österreichischen Exil erworben worden. Von einer Fürstenentschädigung könne daher von vornherein keine Rede sein. Hier irrte sich Wangenheim zwar, denn in Wahrheit war das Evangeliar 1861 von Georg V. privat angekauft und dem Welfenmuseum überlassen worden. Wie oben dargelegt, wurden dessen Bestände jedoch im Zuge der Annexion Hannovers zum bürgerlichen Privateigentum des Königs, so dass Wangenheims Darstellung im Kern zutraf.

Nach 1945 sei es ins „neutrale Ausland" gebracht und verpfändet worden, um nach dem Verlust der meisten Vermögenswerte den finanziellen Neuanfang auf der Marienburg zu ermöglichen. Mit Blick auf die zum Teil heftigen persönlichen Angriffe gegen den Prinzen von Hannover verwies er auf dessen mit Glück überstandene Gestapo-Haft im Herbst 1944 und mahnte an, die Würde der Person gelte für jedermann und nicht nur für diejenigen, die einem politisch opportun erschienen.

Die Auskunft Wangenheims legte nahe, dass das Evangeliar Deutschland bereits 1945 verlassen hatte und an ausländische Verwandte der Eigentümerfamilie verpfändet war. In diesem Zusammenhang war immer wieder die Rede davon, das britische Königshaus sei an entsprechenden Transaktionen beteiligt gewesen, was von dort aus in allgemeiner Form sogar bestätigt worden sein soll.

Nach dem Ankauf des Evangeliars bemühte sich Ministerpräsident Ernst Albrecht im Gespräch mit dem Prinzen von Hannover um die Aufklärung der offenen Fragen. Daraufhin erhielt er von dessen gleichnamigem Sohn (*1953) die schriftliche Zusicherung, das Evangeliar habe sich zum Verkaufszeitpunkt nicht im Eigentum seiner Familie befunden und es stünden ihr auch keine Anteile am Erlös zu. Das legt nahe, dass die Verpfändung auf eine bestimmte

Frist erfolgt war und die Pfandnehmer nach deren Ablauf zur Eigentumsübernahme berechtigte.

Die folgenden Landtagsdebatten kreisten intensiv um die Frage, inwieweit die Nachkommen regierender Häuser legitimes Privateigentum an Vermögensgegenständen erwerben konnten, die bereits vor 1918 in den Händen ihrer Familie waren. Ausgelöst durch spektakuläre Verkäufe wurde (und wird) immer wieder darüber diskutiert, ob der rechtsstaatliche Umgang der Weimarer Republik mit diesen Vermögenswerten ein Fehler war. Die Antwort auf die Frage hängt stark vom jeweiligen Staats- und Gesellschaftsverständnis ab. Während in der von links und rechts bedienten Tradition Hegels gerne gefordert wird, „der Staat" müsse sich von den Schlacken früherer Gesellschaftsformen befreien, um ein geschlossenes System bilden zu können, bestehen die Anhänger Montesquieus und Poppers darauf, dass die freiheitliche, offene Gesellschaft auch das bürgerliche Recht fürstlicher Familien zu garantieren habe, deren Vermögenswerte während der Weimarer Republik auf legitimem, rechtsstaatlichem Weg anteilsweise zu Privateigentum geworden seien.

VII.

Die öffentliche Aufmerksamkeit und die politische Debatte um die spektakuläre Versteigerung des Evangeliars setzten einen Ton für die folgenden Diskurse rund um den Umgang mit fürstlichem Kulturerbe. Es steht außer Frage, dass Ernst August Prinz von Hannover (*1953) dazu durch den Umgang mit seinem ererbten Vermögen einiges beigetragen hat. Etwa ab der Jahrtausendwende zeichnete sich ab, dass langjähriger Substanzverbrauch erheblichen Liquiditätsdruck erzeugt hatte. Daher bot der Prinz von Hannover dem Land Niedersachsen im Jahr 2002 verschiedene Optionen zur Übernahme des Schlosses Marienburg und seines Inventars an. Während er schon damals davon ausging, dass das Schloss selbst lediglich für einen symbolischen Preis den Eigentümer wechseln könne, bewegten sich seine Preisvorstellungen für das Inventar in einem Bereich, der das Land schon nach kurzer Zeit die Gespräche abbrechen ließ

Gleichwohl erwiesen sich diese Vorstellungen in der Folge auf dem Kunstmarkt als nicht völlig unrealistisch: 2004 schenkte Ernst August Prinz von Hannover (*1953) Schloss und Inventar seinem Sohn Ernst August (*1983), der sich heute zur besseren Unterscheidung von seinen vier (!) gleichnamigen Vorgängern Erbprinz von Hannover nennt. Er sah sich aufgrund des desolaten Zustands der väterlichen Finanzen und des vorausgegangenen Scheiterns der Gespräche mit dem Land gezwungen, im Herbst 2005 unter der Ägide des Kunstberaters Christoph Graf Douglas und des Londoner Auktionshauses Sotheby's ca. 20.000 Gegenstände unter großer öffentlicher Aufmerksamkeit im Zuge einer Hausauktion zu versteigern. Das Land Niedersachsen hatte im Vorfeld deutlich gemacht, keine nennenswerten Mittel zur Verfügung stellen zu können, um etwa die wichtigsten Teile des angebotenen Kulturerbes für die Öffentlichkeit zu sichern. Gerade für das alte Land Braunschweig war diese Erfahrung bitter. Durch die verworrenen dynastischen Entwicklungen des 19. und 20. Jahrhunderts war ein großer Teil der höfischen Hinterlassenschaft des Herzogtums Braunschweig auf die hannoversche Marienburg gelangt. Nun nahm man einen Ausverkauf wichtiger Teile des braunschweigischen Kulturerbes durch die Nachkommen der hannoverschen Welfenlinie wahr. Mancher mag dabei zu Recht oder Unrecht den Eindruck gewonnen haben, dafür interessiere man sich in Hannover nur bedingt.

Die Auktion erzielte einen Erlös von 44 Millionen Euro, von denen nach Abzug von Provisionen und Gebühren sowie der väterlichen Verbindlichkeiten eine einstellige Millionensumme verblieb, die vom Erbprinzen in die Sanierung von Teilbereichen des Schlosses Marienburg sowie in dessen touristische Erschließung investiert wurde.

Der unwiederbringliche und zudem weitgehend undokumentierte Verlust vielfach einzigartiger Zeugnisse der Kultur- und Landesgeschichte Niedersachsens durch diese Auktion hat die Bemühungen um eine Gesamtlösung für die Zukunft des Schlosses Marienburg in den Folgejahren verständlicherweise stark belastet. Dazu hat auch beigetragen, dass über die Verwendung der erzielten Erlöse lange Unklarheit herrschte. Ob ein hartnäckigeres Bohren dicker Bretter in den Gesprächen mit den Welfen zu Beginn der 2000er-Jahre einen größeren Teil des 2005 versteigerten niedersächsischen Kulturerbes hätte retten können, lässt sich aus der Rückschau nicht abschließend beurteilen. Jedenfalls hat der tiefe Einschnitt, den die Auktion für die kulturgeschichtliche Identität der alten Länder Hannover und Braunschweig bedeutete, bei Vielen den Wunsch reifen lassen, eine solche Entwicklung nicht ein weiteres Mal gleichgültig hinnehmen zu müssen.

VIII.

Vor diesem Hintergrund begannen etwa 2010 Gespräche zwischen der Niedersächsischen Landesregierung und dem Erbprinzen von Hannover über die Zukunft des Schlosses Marienburg. Die lange Vorgeschichte ist hier zumindest in ihren Grundzügen dargestellt worden, um zu verdeutlichen, welche langen historischen Linien auf die schließlich gefundene Lösung zugeführt haben und dass sich darunter auch eine Reihe von politischen und mentalitätsgeschichtlichen Konfliktlinien befinden.

Anlass für die Wiederaufnahme des Gesprächsfadens bot das bevorstehende 300. Jubliäum des Beginns der Personalunion zwischen Großbritannien und Hannover 2014. Der schottischstämmige Ministerpräsident David McAllister und der in London aufgewachsene Erbprinz kamen schnell überein, dass in dieser Hinsicht ein enges Zusammenwirken der Kulturinstitutionen des Landes mit dem Haus Hannover als wichtigem Leihgeber und Betreiber eines attraktiven Museums auf der Marienburg gegenseitigen Gewinn bringen würde. Erbprinz Ernst August verlagerte seinen Lebensmittelpunkt nach Hannover und nahm durch sein freundliches und bescheidenes Auftreten auch eher skeptische Beobachter für seine Persönlichkeit ein.

Im Mai 2012 unterschrieben Ministerpräsident McAllister und der Erbprinz eine gemeinsame Erklärung, der zu Folge das Schloss Marienburg und seine Ausstattung als „wichtiges […] Symbol der welfisch-niedersächsischen Geschichte" in eine gemeinnützige Stiftung eingebracht werden solle, um das Gesamtkunstwerk als Kulturdenkmal von anerkannt nationaler Bedeutung dauerhaft für die Öffentlichkeit zu erhalten. Gleichzeitig sagte der Erbprinz zu, das symbolische Kapital seiner Familie künftig zur Stärkung der niedersächsischen Identität einzubringen. Ministerpräsident Stephan Weil hat die Zusammenarbeit mit dem Haus Hannover ab 2013 in diesem Sinne weitergeführt. Die Landesausstellung 2014 war ein großer Erfolg, zu dem der Erbprinz wie vereinbart seinen Teil beigetragen hat. Im Dezember 2017 übergab mir der Ministerpräsident die Zuständigkeit für die weiteren Gespräche über die Zukunft der Marienburg als dem fachlich zuständigen Minister für Wissenschaft und Kultur.

Zwischenzeitlich hatte der Druck, zeitnah eine abschließende Lösung zu finden, kontinuierlich zugenommen. 2014 hatte der Erbprinz auf Bitte der Niedersächsischen Staatskanzlei durch ein renommiertes Fachbüro eine umfangreiche Befunduntersuchung des Bauzustands der Marienburg durchführen lassen. Sie hat einen akuten und unabweisbaren Sicherungs- und Sanierungsbedarf ergeben, dessen weiterer Aufschub das Kulturdenkmal in seiner Substanz gefährden könnte. Obwohl das Schloss einen äußerlich gepflegten und intakten Eindruck macht, hat seit 1869 nie eine grundlegende Sanierung stattgefunden. Nicht sichtbare Bauschäden bis hin zum Befall mit dem Echten Hausschwamm, erhebliche statische Mängel, massive Verluste an den kunsthandwerklich herausragenden Raumfassungen und die völlig fehlende Klimatisierung müssen schnellstmöglich behoben werden, um den weiteren Erhalt der historischen Bausubstanz und die öffentliche Zugänglichkeit des Schlosses zu ermöglichen.

Das Ministerium für Wissenschaft und Kultur führte ab 2018 konkrete Verhandlungen mit dem Erbprinzen, wie das öffentliche Interesse am Erhalt und an der öffentlichen Zugänglichkeit von Schloss und Inventar mit seinem

Interesse in Übereinstimmung gebracht werden konnte, das Eigentum an der Immobilie abzugeben.

Für mich als Minister gab es eine Grundvoraussetzung, um zu einer Einigung zu gelangen: Die angestrebte Gesamtlösung durfte nicht nur das Schloss als Gebäude umfassen, sondern musste zwingend auch das gesamte verbliebene Inventar dauerhaft für die Öffentlichkeit sichern. Jetzt ergab sich die Chance, einen weiteren Ausverkauf des nach wie vor auf der Marienburg verwahrten Kulturerbes dauerhaft auszuschließen und es im Gemeinwohlinteresse zu bewahren. Ohne das große Verantwortungsbewusstsein und das Verständnis des Erbprinzen für die beteiligten öffentlichen Belange wäre dieses Ziel nicht zu erreichen gewesen.

Da die Landesverwaltung den Grundsätzen der Sparsamkeit und Wirtschaftlichkeit verpflichtet ist, haben die Landesregierung und der Erbprinz nach einem Modell gesucht, das den größtmöglichen Nutzen für das Kulturdenkmal mit dem geringstmöglichen Aufwand für die öffentlichen Finanzen verbindet. Daher sollte der künftige Eigentümer des Schlosses möglichst eine privatrechtliche juristische Persönlichkeit sein. Schon in einer frühen Phase der Gespräche konnte eine grundsätzliche Einigung herbeigeführt werden: Der Erbprinz war bereit, das Schloss selbst für einen symbolischen Preis abzugeben und Inventargegenstände im Wert von sechs Millionen Euro in eine gemeinnützige Stiftung einzubringen. Im Gegenzug versetzte sich das Land Niedersachsen mit großzügiger Hilfe der Kulturstiftung der Länder, der Ernst von Siemens-Kunststiftung, der Stiftung Niedersachsen, der Sparkassen- und VGH-Stiftung sowie der Landschaftlichen Brandkasse in die Lage, die 143 wichtigsten Gemälde des Bestands im Wert von zwei Millionen Euro für das Landesmuseum Hannover zu erwerben und weiterhin auf der Marienburg zu zeigen. Im November 2018 beschloss der Deutsche Bundestag, dass der Bund 50 Prozent der Sanierungskosten von 27,2 Millionen Euro übernehmen wird.

Die Kritik am Engagement von Bund und Land für den dauerhaften Erhalt und die öffentliche Zugänglichkeit der Marienburg machte sich im Wesentlichen an der irrtümlichen Annahme fest, man entlasse den Erbprinzen als Denkmaleigentümer aus seiner Erhaltungspflicht und stelle ihn damit ungeachtet seines sonstigen Vermögens besser als weniger Prominente in ähnlicher Lage. Das ist aus einem einfachen Grund unzutreffend: Das Denkmalrecht verpflichtet Eigentümer dazu, Denkmale zu erhalten, nicht jedoch, sie zu behalten. Der Erbprinz war für sich zu dem Schluss gekommen, das Schloss nicht länger behalten zu können. Über diese private Entscheidung steht staatlichen Behörden kein Urteil zu. Sie haben aber den eingangs erwähnten Verfassungsauftrag zu erfüllen und deshalb nach Möglichkeit dafür zu sorgen, dass ein Kulturdenkmal von der überragenden Bedeutung der

Marienburg nicht dem Verfall und sein wertvoller Sammlungsbestand nicht dem Ausverkauf in alle Himmelsrichtungen anheimfällt. Der private und der öffentliche Belang sind in solchen Fällen nur durch intensive Gespräche und gegenseitiges Entgegenkommen in Übereinstimmung zu bringen. Das war mit der grundsätzlichen Einigung zwischen dem Land Niedersachsen und dem damaligen Eigentümer der Marienburg im Herbst 2018 gelungen.

Die private Auseinandersetzung zwischen dem Erbprinzen und seinem Vater führte dann ab Dezember 2018 dazu, dass sich die Umsetzung des grundsätzlich vereinbarten Lösungswegs verzögerte. Der Versuch des Vaters, die Schenkungen an seinen Sohn zu widerrufen, machte eine Reihe von Anpassungen an der Gesamtlösung notwendig, um den künftigen Eigentümer des Schlosses vor möglichen Forderungen Dritter zu bewahren. Nachdem dies erfolgt war, beschloss der Niedersächsische Landtag im Dezember 2019, dass das Land Niedersachsen genau wie die Bundesrepublik Deutschland 50 Prozent der Sanierungskosten tragen wird.

Im Ergebnis sind das Schloss sowie sein gesamtes kulturhistorisch wertvolles Inventar seit Januar 2020 Eigentum der gemeinnützigen, privatrechtlichen Stiftung Schloss Marienburg. Vorsitzender ihres Stiftungsrats ist der Stifter Ernst August Erbprinz von Hannover, der diese Stellung gemäß Stiftungssatzung an seine Rechtsnachfolger weitergeben darf und so eine dauerhafte Mitwirkung seiner Familie an den Geschicken des Schlosses sichergestellt hat. Zwei weitere Sitze im Stiftungsrat stehen dem Land Niedersachsen zu, einer der Region Hannover und schließlich kann ein weiterer Sitz durch die Betreibergesellschaft besetzt werden, die den Museums-, Gastronomie- und Veranstaltungsbetrieb auf der Marienburg führt.

IX.

Seit Anfang 2020 werden die Voraussetzungen geschaffen, um im Rahmen eines Zuwendungsbauverfahrens von Bund und Land mit der Sanierung des Schlosses beginnen zu können. Nach dem angestrebten Abschluss der notwendigen Vergabeverfahren Ende 2021 kann voraussichtlich im Jahr 2022 mit den Bauarbeiten begonnen werden.

Parallel hat das Ministerium für Wissenschaft und Kultur in enger Zusammenarbeit und mit Unterstützung der Kulturstiftung der Länder das Projekt „Marienburg 2030" gestartet. Es stellt sich beispielhaft der Frage, wie ein modernes, demokratisches Gemeinwesen die kulturellen Hinterlassenschaften einer vergangenen Gesellschaftsform nachhaltig für die Öffentlichkeit erschließen, erhalten und präsentieren möchte. Projektziel ist es, möglichst gleichzeitig mit der baulichen Sanierung auch die konservatorische, wissenschaftliche und museale Erschließung des mobilen Kulturguts auf einen

Stand zu bringen, der seine dauerhafte Bewahrung und Vermittlung auf hohem musealen Niveau sicherstellt.

Wie oben ausgeführt, geht die Bedeutung des Schlosses über seine Eigenschaft als singuläres und bundesweit wichtiges Baudenkmal des Historismus weit hinaus. Auch nach den Verlusten durch die Auktion von 2005 bewahrt es weiterhin einen einmaligen Kulturbesitz: Die Inventarlisten der Stiftung umfassten bei Beginn der Erfassung ca. 1800 Positionen, darunter nicht wenige, die ihrerseits drei- oder vierstellige Mengen von Einzelobjekten enthalten. Es handelt sich dabei um kulturhistorisch wertvolle Gegenstände verschiedenster Art – neben Möbeln, Gemälden und Kunsthandwerk aus zahlreichen Welfenschlössern zählen dazu beispielsweise Hunderte von Livreen des hannoverschen Königshofs. Hinzu kommen künstlerisch höchstrangige europäische und asiatische Grafiken, Bestände aus dem 1866 geschlossenen Welfenmuseum, Textilien aller Art, Bücher, persönliche Erinnerungsstücke und Fotografien sowie eine Siegelsammlung von enormem Umfang. Weite Teile der Bestände sind unerschlossen und in gefährdetem Zustand.

Dieser fast unüberschaubare Embarras de Richesse ist ein Schatz, dessen konservatorische Betreuung, Pflege und, wo nötig, auch Wiederherstellung das Projekt „Marienburg 2030" zu einer bundesweit beispielhaften Herausforderung machen. Die Kombination aus gemeinnützigem, aber privatrechtlichem Eigentümer, dem Landesmuseum Hannover als Mitnutzer des Schlosses und den verschiedenen bundesstaatlichen Ebenen, die als Haushaltsgesetzgeber die bauliche Sanierung ermöglichen, bietet eine große Chance:

Erfassung, digitale Dokumentation, wissenschaftliche Erschließung und (digitale) Publikation des mobilen Kulturguts kann auf exemplarische Weise umgesetzt werden und auf diese Weise Maßstäbe für vergleichbare Herausforderungen setzen.

Das Projekt nähert sich seinem Ziel auf drei Wegen. Erstens werden nach der systematischen Erfassung und Dokumentation des Gesamtbestands erste umfangreiche Sicherungs- und Restaurierungsarbeiten durchzuführen sein. Zweitens werden die historischen Raumfassungen aus verschiedenen Zeitschichten wissenschaftlich untersucht und im Anschluss konservatorisch und restauratorisch behandelt. Am Ende des Projekts steht die Konzeption einer kulturhistorischen Dauerausstellung in den Schlossräumen, die möglichst weite Teile des mobilen Kulturguts der Marienburg öffentlich sichtbar und dauerhaft zugänglich machen soll.

Die monarchische Staatsform und die ständische Gesellschaft sind mehr als 100 Jahre nach dem Ende des Kaiserreichs weit entfernt. Dennoch sind sie für die Kulturlandschaft in Deutschland nach wie vor in vieler Hinsicht prägend. Die Stiftung Schloss Marienburg und das Projekt Marienburg 2030 sind das Ergebnis eines Aushandlungsprozesses, der beispielhaft zeigen kann,

wie die demokratische Gesellschaft gemeinsam mit den Rechtsnachfolgern
der früheren deutschen Bundesfürsten das Kulturerbe dieser früheren Gesellschaftsformen für alle Bürgerinnen und Bürger fruchtbar machen kann. Es
kann einer offenen, liberalen Gesellschaft aus meiner Sicht nur guttun, wenn
sie dieses Erbe unvoreingenommen annimmt: Kritisch und aufgeklärt – aber
auch dankbar und verantwortungsbewusst. Das ist mit der Gesamtlösung für
Schloss Marienburg mehr als 150 Jahre nach dem Untergang des Königreichs
Hannover und 100 Jahre nach dem Ende des Herzogtums Braunschweig gelungen. Alle Beteiligten stehen nun vor der Aufgabe, den damit verbundenen
Bildungsauftrag mit Leben zu erfüllen und die Identität stiftende Funktion
des Schlosses und seines Inventars nach Kräften zu befördern.

X.

Im dynastischen Kulturerbe materialisiert sich ein wichtiger Teil der Iden-
tität aller Flächenländer der Bundesrepublik. Die föderale und subsidiäre
Struktur Deutschlands geht auf die Fürsten- und Stadtstaaten zurück, deren
Entwicklung im Mittelalter begonnen hat. Diese besondere staatliche Über-
lieferung prägt in ihrer Vielzahl und Buntheit bis in das tägliche Leben hinein
Kultur und Mentalität unseres Gemeinwesens.

Nicht nur Burgen, Schlösser, Gärten und Kunstwerke aller Art geben davon bis heute Zeugnis. Auch unsere ungewöhnlich breit aufgestellte Muse-
ums-, Bibliotheks-, Theater- und Orchesterlandschaft geht vielerorts auf ursprünglich höfische Strukturen zurück. Die Reihe der Beispiele ließe sich
fortführen.

Welchen Wert diese Hinterlassenschaften früherer Staats- und Gesellschaftsformen für den Zusammenhalt und die Stabilität unserer demokratischen Ordnung der Freiheit besitzen, hat die lange Durststrecke gezeigt,
durch die Kunst und Kultur aufgrund der Corona-Maßnahmen während der
Jahre 2020 und 2021 gehen mussten. Der monatelange Wegfall bisher selbst-
verständlicher Formen kreativen menschlichen Austauschs hat gezeigt, wie
essenziell sie sind. Auch sie gehören zu den viel zitierten Voraussetzungen,
von denen ein freiheitlicher, säkularisierter Staat lebt, ohne sie selbst garantieren zu können (Ernst-Wolfgang Böckenförde).

Umso wichtiger ist es, dass der Staat die Rahmenbedingungen schafft und
erhält, unter denen sich diese Voraussetzungen in bürgerschaftlicher Eigenverantwortung entfalten können. Hier stehen wir auch in fiskalischer Hinsicht
nach dem Einschnitt der zurückliegenden „Lockdowns" vor einer großen
Aufgabe. Es sollte dem demokratischen Souverän dabei bewusst sein, dass
der Unterhalt und Erhalt von Kultur nur möglich bleibt, wenn er uns auch

finanziell etwas wert ist. Denn wie in den letzten Monaten bitter zu erfahren war: „Ohne Kunst und Kultur wird's still."

Benutzte Literatur

Arends, Isabel Maria, „Gothische Träume", Die Raumkunst Edwin Opplers auf Schloß Marienburg, Hannover 2005.

Busemann, Bernd (Hg.), Bauen für die Demokratie, Geschichte und Gegenwart des niedersächsischen Parlamentarismus und seiner Bauten, Hannover 2017.

Dylong, Alexander, Hannovers letzter Herrscher, König Georg V. zwischen welfischer Tradition und politischer Realität, Göttingen 2012.

Dylong, Alexander, Marie Königin von Hannover, Die Frau an der Seite König Georgs V., Göttingen 2018.

Heinrich Prinz von Hannover (Hg.), Das millionenteure Buch, Landtagsdebatte, Der Ankauf des Evangeliars Heinrichs des Löwen, Göttingen 2015.

Sbresny, Ulrike, Sammlungen des Adels, Bedeutung, Kulturgüterschutz und die Entwicklung der Welfensammlung nach 1918, Bielefeld 2016.

Steckhan, Peter, Herzog und Kaisertochter, Ernst August von Hannover und Victoria Luise von Preußen, Göttingen 2019.

„In mortuum eum a multis multa sunt dicta"

Geschichtsschreibung und Geschichtspolitik
in der römischen Kaiserzeit

Von *Michael Sommer*, Oldenburg

I.

1894 erschien im Leipziger Verlag Wilhelm Friedrich eine kleine Schrift von nur 20 Seiten. Sie trug den Titel „Caligula. Eine Studie über römischen Cäsarenwahnsinn". Das Büchlein erlebte binnen weniger Monate mehr als 30 Auflagen – und brachte seinem Verfasser eine kurze Gefängnisstrafe ein.

Autor war der Historiker, Publizist und spätere Friedensnobelpreisträger (1927) Ludwig Quidde, ein liberaler Großbürger, 1858 in der Hansestadt Bremen geboren und ab 1890 für kurze Zeit Leitender Sekretär am Preußischen Historischen Institut in Rom. Quidde war Mitglied der linksliberalen Deutschen Volkspartei und trat 1894 der Deutschen Friedensgesellschaft bei, die sich gegen den nicht nur in Deutschland grassierenden Militarismus wandte. Dieser Linie blieb Quidde in der Weimarer Republik treu, indem er die Machenschaften der „Schwarzen Reichswehr" öffentlich machte. Er starb 1941 im Genfer Exil.

Was hat der Autor eines schmalen Werks über den exzentrischen römischen Kaiser Caligula hinter schwedischen Gardinen zu suchen? Quidde ging in der „Studie" der Frage nach, warum gerade Autokraten dem Risiko ausgesetzt sind, den Bezug zu jeder Wirklichkeit zu verlieren. „Die Züge der Krankheit", schreibt Quidde, „Größenwahn, gesteigert bis zur Selbstvergötterung, Mißachtung jeder gesetzlichen Schranke und aller Rechte fremder Individualitäten, ziel- und sinnlose brutale Grausamkeit, sie finden sich auch bei anderen Geisteskranken."[1] Was den Cäsarenwahnsinn vom normalen

---

[1] Ludwig Quidde: Caligula. Eine Studie über römischen Cäsarenwahnsinn, Leipzig ²⁵1894, S. 7. Vgl. Karl Holl/Gerd Fesser/Hans Kloft: Caligula – Wilhelm II. und der Caesarenwahnsinn. Antikenrezeption und wilhelminische Politik am Beispiel des „Caligula" von Ludwig Quidde, Bremen 2001; Hans Kloft: Caligula, Ludwig Quidde und der Cäsarenwahn, in: Bernd Effe/Reinhold F. Glei (Hg.): Genie und Wahnsinn. Konzepte psychischer „Normalität" und „Abnormalität" im Altertum, Trier 2020, S. 179–204.

Wahnsinn unterscheide, seien die grenzenlosen Wirkungsmöglichkeiten des Gewaltherrschers.

Quidde beschreibt durchaus dicht an den lateinischen und griechischen Quellen Caligulas „Prunk- und Verschwendungssucht", seinen „Heißhunger nach militärischen Triumphen", die „an sich sympathische, nur auch wieder ins Krankhafte verzerrte Vorliebe für die See", seine „Disziplin-Marotten". In all dem habe ein „komödiantischer Zug gelegen, der für das pathologische Bild des Cäsarenwahnsinns charakteristisch" sei.[2]

Ein Schelm, wer Böses dabei denkt. Dass sich hinter Quiddes Caligula deutlich die Konturen eines ganz und gar Gegenwärtigen, Kaiser Wilhelms II., abzeichneten, begriffen nach einem entsprechenden Hinweis der „Kreuzzeitung" auch die Bürokraten in der Zensurbehörde, obwohl Quidde augenzwinkernd angemerkt hatte, so etwas wie Cäsarenwahn sei, selbstverständlich, „unter den heutigen Umständen völlig unmöglich".[3] Im wilhelminischen Reich war Majestätsbeleidigung kein Kavaliersdelikt. Quidde wanderte also ins Kittchen, wenn auch nur für wenige Wochen, und selbstverständlich hatten die Kollegen der Historikerzunft, allesamt keine Helden, nichts Eiligeres zu tun, als sich von Quidde zu distanzieren.

II.

Quiddes durchaus auch aus althistorischer Sicht[4] interessanter „Studie" arbeiteten die Quellen auf geradezu kongeniale Weise entgegen: Der Kaiserbiograph Sueton und der bithynische Senator Cassius Dio, Verfasser einer Gesamtgeschichte Roms, lassen übereinstimmend kein gutes Haar an dem nur vier Jahre regierenden dritten Herrscher des julisch-claudischen Kaiserhauses. Dass Caligula auch bei Tacitus nicht besser wegkam, zeichnet sich nur in Umrissen ab. Verloren sind die Bücher 7 bis 10 seiner „Annalen", in denen der bedeutendste Geschichtsschreiber der römischen Kaiserzeit die Regierungszeit des erratischen Monarchen behandelt.

---

[2] Quidde, Caligula, S. 11 f.

[3] Ebd., S. 20.

[4] Als Einführung in die Epoche: Karl Christ: Geschichte der römischen Kaiserzeit von Augustus bis zu Konstantin, München [3]1995; Manfred Clauss (Hg.): Die römischen Kaiser. 55 historische Portraits von Caesar bis Iustinian, München 1997; Michael Sommer: Das römische Kaiserreich. Aufstieg und Fall einer Weltmacht, Stuttgart 2018; Hinweise zur römische Geschichtsschreibung: Dieter Flach: Römische Geschichtsschreibung, Darmstadt [3]1998; Andreas Mehl: Römische Geschichtsschreibung. Grundlagen und Entwicklungen eine Einführung, Stuttgart 2001. Zur Chronologie: Dietmar Kienast: Römische Kaisertabelle – Grundzüge einer römischen Kaiserchronologie, Darmstadt [2]1996.

An Berichten über Caligulas Wahnsinn, die das von Quidde gezeichnete Bild bestätigen, herrscht in den Quellen beileibe kein Mangel. Geradezu notorisch ist sein Plan, das Spitzenpferd „Incitatus" aus dem Rennstall der „Grünen" zum Konsul zu machen. Während er seine Untertanen drangsalierte, ausplünderte und verspottete, gönnte er dem Pferd jedweden Luxus: „Außer einem Stall aus Marmor nebst elfenbeinerner Krippe, purpurnen Decken und mit Edelsteinen besetzten Halsbändern gab er ihm noch einen eigenen Palast mit Dienerschaft und Hausrat, um die in seinem Namen eingeladenen Gäste mit ganz besonderer Pracht empfangen zu können", berichtet Sueton.[5]

Ebenfalls bizarr ist die Schlacht gegen den Meeresgott Neptun, die er seine Soldaten fechten ließ. Das Heer marschierte mitsamt Kriegsmaschinen an der Küste Galliens auf, um nach Britannien überzusetzen. Doch anstatt die Legionäre gegen die britischen Horden zu führen, ließ Caligula sie in Schlachtordnung am Strand antreten und Muscheln sammeln, die sie in ihre Helme füllen sollten. Diese „Beute aus dem Ozean" wollte er in Rom auf einem Triumphzug präsentieren. Er ließ, wie es nach einer gewonnenen Schlacht üblich war, ein Siegesmal errichten – Sueton spricht von einem Leuchtturm – und Geld an seine Soldaten verteilen.[6]

Die dritte Episode tolldreister Narretei führt uns nach Baiae, einen mondänen Küstenort in Kampanien. Im nahen Misenum war die für das westliche Mittelmeer verantwortliche Flotte stationiert. Caligula befahl den Marinesoldaten, eine Schiffsbrücke über die Bucht von Baiae zu schlagen. Für dieses Manöver wurden dem Vernehmen nach so viele Schiffe benötigt, dass keine Transportkapazitäten mehr für den lebenswichtigen Getreidetransport von Nordafrika nach Rom zur Verfügung standen und die hauptstädtische Bevölkerung hungerte. Kaum war die Schiffsbrücke errichtet und mit allem Komfort ausgestattet, überquerte Caligula mit großem Gefolge, mit Kavallerie und Infanterie die Brücke von Baiae bis Puteoli. Dort hielt er Einzug wie ein Eroberer, um am nächsten Tag den Rückweg über die Brücke anzutreten. In der Mitte machte er halt, um eine Ansprache an das Heer zu richten, wie römische Kaiser das nach einem Sieg eben taten. Dann feierte man ein großes Fest, bis tief in die Nacht. Wie aus heiterem Himmel stürzte Caligula viele von den Männern aus seiner Entourage ins Wasser: Einige ertranken, doch die meisten konnten sich retten, obwohl sie sturzbetrunken waren.

Das farbenprächtige Bild von Caligula, dem debilen Despoten, hat die Jahrtausende unbeschadet überdauert, und beherrscht längst nicht nur Quiddes schmale „Studie". Einem bildungsbürgerlichen Publikum noch heute

---

[5] Sueton, Caligula 55.
[6] Ebd., 45.

vertraut ist das skurrile Sittengemälde, das der Schriftsteller und Oxford-Don Robert Graves (1895–1985) in „I Claudius", seiner fiktiven Autobiographie des Kaisers Claudius, von der Epoche gezeichnet hat. Legendär ist die Travestie, mit der Graves' Caligula seinen Größenwahn beglaubigt:

> „Caligula was now publicly Jove. He was not only Latin Jove but Olympian Jove, and not only that but all the other Gods and Goddesses, too, whom he had decapitated and reheaded. Sometimes he was Apollo and sometimes Mercury and sometimes Pluto, in each case wearing the appropriate dress and demanding the appropriate sacrifices."[7]

Fast könnte man glauben, Graves' Caligula sei die Rückspiegelung des Bildes, das man in der britischen Oberschicht von „the Kaiser" pflegte – in die ferne Vergangenheit der römischen Kaiserzeit.

In jüngerer Zeit hat der Althistoriker Aloys Winterling den Versuch unternommen, das einhellig schwarze Caligula-Bild der antiken Quellen zu dekonstruieren und so ein wenig aufzuhellen. Er macht eine „denunziatorische Tendenz" aus, die sämtliche antike Quellen durchzieht, und er kann plausibel darlegen, dass Caligulas vermeintlich erratisches, von Wahnsinn und Brutalität beherrschtes Handeln womöglich einem politischen Projekt des Kaisers untergeordnet war: das, was Egon Flaig den „‚historischen Pakt' des Prinzipates" genannt hat, den Deal mit der senatorischen Aristokratie aufzukündigen, den einst Augustus geschlossen hatte, und den Prinzipat, die spezifische Variante der römischen Monarchie, zu einem autokratischen Regime umzubauen.[8]

III.

Dieser Essay zielt nicht auf eine Ehrenrettung Caligulas ab. Vielmehr fragt er nach den geschichtspolitischen Prismen,[9] durch die sein Bild gebrochen

---

[7] Robert Graves: I, Claudius. From an autobiography of Tiberius Claudius, New York 1934, S. 405.

[8] Aloys Winterling: Caligula. Eine Biographie, München 2003; Egon Flaig: Den Kaiser herausfordern. Die Usurpation im Römischen Reich, Frankfurt am Main [2]2019, S. 71.

[9] Die Verwendung des Begriffs „Geschichtspolitik" erfolgt hier vollkommen wertneutral. Für eine universalisierende Betrachtung, wie sie in diesem Aufsatz versucht wird, bietet sich, um Anachronismen zu vermeiden, ein unspezifischer Geschichtspolitik-Begriff an, auf der Grundlage von Edgar Wolfrums Definition: „Geschichtspolitik" ist „Auseinandersetzung mit der und um die Vergangenheit als politisches Ereignis". Geschichtspolitik ist konfrontativ und selbst geschichtsmächtig. Vgl. Edgar Wolfrum: Nationalstaat und Nationalfeiertag. Gedächtnis und Geschichtspolitik in Deutschland (und Österreich) 1871–1990, in: Historicum Frühjahr (1995), S. 26–29, hier: 26.

wurde, um schließlich zum Archetypus des wahnwitzigen Despoten zu erstarren, der Caligula bis heute ist. Denn es fällt auf, dass nicht nur Caligulas Herrschaft nach seinem Ableben einen einhellig negativen Niederschlag in der zeitgenössischen Historiographie fand, sondern auch die vieler seiner Nachfolger. Betrachtet man die 26 Männer, die zwischen 27 v.Chr. und 235 n.Chr.[10] den Titel Augustus und damit den kaiserlichen Purpur trugen, so fällt auf, dass die meisten von ihnen durch die Hauptquellen – außer Tacitus, Sueton und Cassius Dio für die späteren Kaiser noch Herodian und die Historia Augusta – entweder eindeutig negativ oder eindeutig positiv charakterisiert werden, nur vergleichsweise wenige indes werden differenziert betrachtet:

schlechte Kaiser	eher schlechte Kaiser	neutral	eher gute Kaiser	gute Kaiser
Tiberius		Geta	Galba	Augustus
Claudius			Pertinax	Vespasian
Caligula			Septimius Severus	Titus
Nero				Nerva
Otho				Trajan
Vitellius				Hadrian
Domitian				Antoninus Pius
Lucius Verus				Mark Aurel
Commodus				Severus Alexander
Didius Julianus				
Caracalla				
Macrinus				
Elagabal				

Für alle Kaiser liegen mindestens zwei Zeugnisse in Form von Hauptquellen vor: Für die meisten Kaiser bis Domitian die „Annalen" bzw. „Historien" des Tacitus und für alle Suetons Kaiserviten; für alle Kaiser ab Hadrian die Viten der Historia Augusta, für alle Kaiser ab Mark Aurel zusätzlich die „Historien" des Griechisch schreibenden Historiographen Herodian. Für sämtliche Herrscher der fraglichen Untersuchungsperiode sind – allerdings in

[10] Die Begrenzung des Untersuchungszeitraums bietet sich an, weil mit Maximinus Thrax 335 n.Chr. die Soldatenkaiserzeit beginnt und damit eine Epoche, in der das politische System der römischen Monarchie, des Prinzipats, unter erheblichen Stress gerät und folglich, auch nach dem Konsens der jüngeren Forschung, signifikante Wandlungen durchmacht.

großen Teilen nur fragmentarisch – die entsprechenden Bücher der „Römischen Geschichte" Cassius Dios erhalten. Auch dort, wo große Teile der entsprechenden Werke fehlen, lässt sich stets unschwer die Tendenz erkennen.

In keinem einzigen Fall sind deutliche Abweichungen in der Bewertung eines Kaisers zwischen den Hauptquellen zu erkennen. In allen 26 Fällen erfolgt das Urteil praktisch unisono. Dadurch, dass die Verfasser voneinander abgeschrieben oder aus gemeinsamen Quellen geschöpft hätten, lässt sich der Gleichklang nicht erklären, jedenfalls auf keinen Fall allein. Neun Lichtgestalten stehen in der Historiographie dreizehn vollendete Dunkelmänner gegenüber. Drei Herrscher werden überwiegend positiv dargestellt, einer – der sehr kurz und schon in jungen Jahren von seinem Bruder Caracalla ermordete Geta – neutral und keiner überwiegend negativ. Interessanterweise ergibt sich ein recht ausgewogenes Verhältnis zwischen dreizehn schlechten und dreizehn (eher) guten Kaisern.

Es würde zu weit führen, in diesem Essay die bereits sattsam untersuchten literarischen Topoi noch einmal gründlich auszuleuchten, über die Historiographen jeweils eine negative bzw. positive Charakterisierung der Monarchen erreichen: Schlechte Kaiser sind habgierig, grausam, verschwenderisch, lüstern, unberechenbar, verfressen, ihr Sexualleben ist ausschweifend, ihr Alkoholkonsum unverantwortlich, ihre Hybris kennt keine Grenzen. Es sind diese Ingredienzien, aus denen der wenig appetitliche Cocktail der Tyrannentopik gemischt wird. Ein guter Kaiser ist seinem Sein und Tun nach Punkt für Punkt das Gegenteil des schlechten. Soviel möge genügen.[11]

Fragt man nach dem geschichtspolitischen Umgang mit toten Kaisern, dann schiebt sich ohnehin ein anderer Aspekt in den Vordergrund: Wie wurde die Entscheidung darüber gefällt, ob ein Kaiser als gut oder schlecht zu gelten hatte? Und vor allem: Wie wurde sie kanonisiert? Denn daran, dass Kanonisierung am Werk war, wenn es ums Erinnern verblichener Herrscher ging, kann angesichts der Einmütigkeit der Quellen kein Zweifel bestehen. Wie also wurde kanonisiert und welche Akteure hatten an ihr teil?

Die Entscheidung darüber, wie mit einem toten Kaiser umzugehen war, wurde in Rom unmittelbar nach seinem Tod getroffen, und sie fiel im Senat. Angesichts des hohen Stellenwerts, den rechtliche Verfahren in der römischen Politik und im römischen Alltag hatten, überrascht nicht, dass auch in

---

[11] Zu den literarischen Topoi: Michael Sommer: Elagabal – Wege zur Konstruktion eines ‚schlechten' Kaisers, in: Scripta Classica Israelica 23 (2004), S. 95–110. Über die Morphologie des schlechten Kaisers am Beispiel Elagabals auch: Martijn Icks: The crimes of Elagabalus. The life and legacy of Rome's decadent boy emperor, London 2011.

dieser wichtigen Frage ein formeller Beschluss gefasst wurde, ein *senatus consultum*. Kam der Senat zum Entschluss, dass der Kaiser gut war, dann wurde er als *divus*, Vergöttlichter, unter die römischen Staatsgötter aufgenommen. Senkte man in der Kurie den Daumen über ihn, dann wurde er aus der Geschichte gecancelt: Seine Statuen wurden gestürzt, sein Name aus Inschriften getilgt, seine Gesetze für null und nichtig erklärt.

Den Präzedenzfall für die Vergottung bildete nicht der erste römische Kaiser, Augustus, sondern bereits sein Großonkel und Adoptivvater Gaius Julius Caesar. Er hatte – schon zu Lebzeiten, ab 46 v. Chr. – nach und nach immer umfassendere göttliche Ehren erhalten. Der Grund dafür lag möglicherweise darin, dass dort, wo sich die Alleinherrschaft befand, die Caesar just 46 v. Chr. errungen hatte, in der Verfassung der römischen Republik eine Leerstelle klaffte. Ein König war nicht nur nicht vorgesehen, sondern die Monarchie im politischen Denken der Republik so gründlich perhorresziert, dass eine Proklamation als König für Caesar nicht in Frage kam. Das Gemeinwesen, *res publica*, war in Wahrheit keine Sache der Öffentlichkeit, wie der Name suggeriert, sondern weniger, aber sehr mächtiger Familien: der Nobilität, des engsten Führungszirkels innerhalb der Senatorenschaft, wo man Entscheidungen grundsätzlich im Konsens traf und die Tüchtigsten in der Führung der Staatsgeschäfte abwechselten. Caesar wählte daher den staatsrechtlich ebenfalls nicht unproblematischen Weg über die Diktatur, die eigentlich seit 150 Jahren eingemottet, aber durch Sulla kurzzeitig und wenig erfolgreich exhumiert worden war.[12]

Angesichts der Unmöglichkeit, die faktische Alleinherrschaft Caesars institutionell zu verankern, boten sich göttliche Ehren als den Senatoren noch halbwegs vermittelbare Alternative an. Sie waren weniger schädlich als ein Königtum, denn Caesars Göttlichkeit gab nur der realexistierenden Machtdifferenz zwischen Caesar und seinen Standesgenossen Ausdruck, während eine Monarchie die Karrierepläne der ehrgeizigen Senatoren ein für allemal gedeckelt und damit durchkreuzt hätte. Nach Caesars Ermordung an den Iden des März 44 v. Chr. und der Einigung der Caesarianer Antonius und Lepidus mit dem jungen Caesar im sogenannten Zweiten Triumvirat im Oktober 43 v. Chr. wurde Caesar per *consecratio* unter die Staatsgötter erhoben und ein Kult für ihn eingerichtet. Das entsprechende *senatus consultum* erging vermutlich am 1. Januar 42 v. Chr. Der junge Caesar nannte sich fortan *divi filius*, Sohn des Vergöttlichten. Er selbst war der größte Nutznießer des Senatsbeschlusses, denn etwas von der Göttlichkeit des toten Diktators fiel nun selbstverständ-

---

[12] Zu den göttlichen Ehren für Caesar: Stefan Weinstock: Divus Julius, Oxford 1971, S. 80–132; Ittai Gradel: Emperor worship and Roman religion, Oxford 2002, S. 54–72.

lich auch auf ihn, Caesars Großneffen und Adoptivsohn. Max Weber hätte es „Erbcharisma" genannt.[13]

Die Konsekration Caesars 42 v. Chr. war fortan das Modell für die postume Apotheose aller Herrscher ab Augustus. Nach der Logik des Erbcharismas hatte jeder, der einem toten Kaiser auf reguläre, friedliche Art und Weise nachfolgte, lebhaftes Interesse daran, dass sein Vorgänger unter die Götter aufgenommen wurde. Per Konsekration beglaubigte der Senat, dass der Verblichene ein guter Kaiser war. Weil im Normalfall der Vorgänger seinen Nachfolger designierte und schon zu Lebzeiten an der Herrschaft teilhaben ließ, bekräftigte der Vergöttlichungsakt auch die Legitimität der Sukzession und damit die des amtierenden Kaisers.

Wie viel für einen Kaiser, der gerade erst sein Amt angetreten hatte, von der Entscheidung abhing, illustriert das Beispiel der Vergöttlichung Hadrians, um die nach dessen Tod im Senat heftig gerungen wurde. Das jedenfalls behaupten die beiden Hauptquellen, Cassius Dio und die Historia Augusta. In der Hadrian-Vita der Historia Augusta heißt es: „Vieles wurde gegen ihn nach seinem Ableben vorgebracht. Der Senat vertrat die Ansicht, seine Gesetze sollten für null und nichtig erklärt werden. Er wäre nicht vergöttlicht worden, hätte nicht Antoninus [Pius, sein Nachfolger] einen entsprechenden Antrag gestellt."[14] Lückenhaft ist der Bericht bei Dio. In einem bei Xiphilinos überlieferten Fragment heißt es,

„dass der Senat wegen etlicher Hinrichtungen ausgezeichneter Männer dem verstorbenen Hadrian die göttlichen Ehren verweigern wollte. Antoninus aber soll unter Tränen und Wehklagen viele Worte an die Senatoren gerichtet und seine Erklärungen damit beendet haben: ‚Nun, dann will auch ich nicht euer Kaiser sein, wenn jener euch als Übeltäter, Gegner und Staatsfeind erschien; denn dann werdet ihr offensichtlich auch seine sämtlichen Maßnahmen für ungültig erklären, wozu auch meine Adoption zählt.' Als der Senat dies hörte, verlieh er aus Achtung vor dem Manne, doch auch aus gewisser Angst vor den Soldaten dem Hadrian die Ehren."[15]

---

[13] Weinstock, 386–391. Max Weber: Die drei reinen Typen der legitimen Herrschaft, Weltgeschichtliche Analysen, Politik, Stuttgart 1956, S. 151–166, hier: S. 164.

[14] Historia Augusta, Vita Hadriani 27, 1 f.: *in mortuum eum a multis multa sunt dicta. acta eius irrita fieri senatus volebat. nec appellatus esset divus, nisi Antoninus rogasset.*

[15] Cassius Dio 70, 1, 2 f., Xiphilinos 256, 6–28: καὶ ὅτι μὴ βουλομένης τῆς γερουσίας τὰς ἡρωικὰς τιμὰς δοῦναι τῷ Ἀδριανῷ τελευτήσαντι διά τινας φόνους ἐπιφανῶν ἀνδρῶν, ὁ Ἀντωνῖνος ἄλλα τε πολλὰ δακρύων καὶ ὀδυρόμενος αὐτοῖς διελέχθη, καὶ τέλος εἶπεν 'οὐδὲ ἐγὼ ἄρα ὑμῶν ἄρξω, εἴγε ἐκεῖνος καὶ κακὸς καὶ ἐχθρὸς ὑμῖν καὶ πολέμιος ἐγένετο· πάντα γὰρ δῆλον ὅτι τὰ πραχθέντα ὑπ' αὐτοῦ, ὧν ἓν καὶ ἡ ἐμὴ ποίησίς ἐστι, καταλύσετε.' ἀκούσασα δὲ τοῦτο ἡ γερουσία καὶ αἰδεσθεῖσα τὸν ἄνδρα, τὸ δέ τι καὶ τοὺς στρατιώτας φοβηθεῖσα, ἀπέδωκε τῷ Ἀδριανῷ τὰς τιμάς.

Die Historizität der Senatsdebatte ist nicht ganz über jeden Zweifel erhaben. Man kann bezweifeln, ob Senatoren im 2. Jahrhundert n. Chr. noch die Option hatten, die Konsekration eines toten Kaisers überhaupt zu diskutieren, geschweige denn, sie gegen den erklärten Willen des Nachfolgers zu verweigern. Trotzdem zeigen die Textpassagen, dass es ein Problembewusstsein für die Signifikanz gab, die der Konsekrationsakt für den Nachfolger hatte. Außerdem erfahren wir einiges zur Verfahrensweise bei Senatsbeschlüssen zur Konsekration: Der Nachfolger beantragte die Konsekration seines Vorgängers, der Senat stimmte daraufhin ab.

Recht ausführlich dokumentiert ist die Vergöttlichung des Augustus nach seinem Tod 14 n. Chr. Cassius Dio lässt Tiberius eine lange Rede halten, in der er die Verdienste des verstorbenen ersten Princeps würdigt. Danach fand die Bestattungszeremonie statt, nach der ein ehemaliger Prätor namens Numerius Atticus unter Eid bekundete, er habe den Geist des Augustus in den Himmel aufsteigen sehen. Kurze Zeit später kam der Senat zusammen und beschloss einen Tempel sowie göttliche Ehren für den Toten.[16]

Satirisch gebrochen schildet der Philosoph Seneca, Neros Erzieher, in seiner „Apokolokyntosis", der „Verkürbissung" des Kaisers Claudius, eine Senatssitzung, in der die Konsekration des verstorbenen Claudius debattiert wird. Schauplatz ist nicht die Kurie in Rom, sondern der Götterhimmel, wo unter dem Vorsitz Jupiters die olympischen Götter zu entscheiden, sich bei ihrer Aussprache aber an die Geschäftsordnung des römischen Senats zu halten haben. Unter Ausschluss der Öffentlichkeit, vor allem des frisch gestorbenen Claudius, argumentiert zunächst der Kalendergott Janus, man solle grundsätzlich keine Sterblichen mehr zu Göttern erheben, also auch Claudius nicht. Dagegen wendet der Totengott Dispater ein, immerhin sei Claudius mit Augustus und Livia, also bereits Vergöttlichten, verwandt, außerdem überrage er „alle Sterblichen an Weisheit". Schließlich ist es ausgerechnet Augustus selbst, der in der Debatte den Ausschlag gibt. Wozu habe er die in Bürgerkriegen zerrissene res publica geeint und Frieden gestiftet, wenn dann ausgerechnet ein hergelaufener Massenmörder wie Claudius, der unzählige Menschen auf dem Gewissen habe, zum Gott erhoben würde? Das Argument überzeugt die göttlichen Senatoren, und sie schicken Claudius in die Unterwelt, statt ihn in ihren Kreis aufzunehmen.[17]

---

[16] Tacitus 1, 10, 9: ceterum sepultura more perfecta templum et caelestes religiones decernuntur. Vgl. Degrassi, Fasti Amiternini 510: fer(iae) ex s(enatus) c(onsulto) q(uod) e(o) d(ie) Divo Augusto honores caelestes a senatu decreti; Velleius Paterculus 2, 124, 3: post redditum caelo patrem et corpus eius humanis honoribus, numen divinis honoratum […]. Vgl. Gradel, 274; in der Deutung weniger überzeugend Manfred Clauss: Kaiser und Gott. Herrscherkult im römischen Reich, Stuttgart 1999, S. 74 f.

[17] Seneca, Apocolocnytosis 9 f.

Freilich agierten die olympischen Senatoren mit einer Souveränität, die ihre irdischen Kollegen längst nicht mehr besaßen. Man wird davon ausgehen können, dass die Senatoren ohne kontroverse Aussprache dem Antrag eines amtierenden Kaisers folgten, wenn der die Konsekration seines Vorgängers vor den Senat brachte. Dissentierende Meinungen mag es hinter vorgehaltener Hand gegeben haben, in der Kurie wurden sie sicher nicht laut. Dazu war den Senatoren ihr Leben zu lieb.[18]

Das dürfte auch für den umgekehrten Fall gelten, dass man Gedächtnissanktionen gegen einen verblichenen Herrscher verhängte, die heute häufig mit dem lateinischen Begriff *damnatio memoriae* bezeichnet werden, der aber nicht antik ist und daher anachronistisch. Auch dafür gab es längst Präzedenzfälle aus der Republik. Gaius Gracchus' Name wurde von den Grenzsteinen getilgt, die seine Ackerkommission überall in Italien hatte setzen lassen,[19] Porträts des Rebellen Saturninus wurden aus dem öffentlichen Raum verbannt,[20] Marcus Antonius' Inschriften wurden in Rom gelöscht, nachdem er und der junge Caesar sich 32 v. Chr. entzweit hatten und Antonius durch *senatus consultum* zum *hostis publicus* erklärt worden war.[21]

Das Problem, wie mit dem Gedächtnis an einen bei diversen Bevölkerungsgruppen zutiefst unpopulären Kaiser umzugehen war, stellte sich zum ersten Mal nach Caligulas Ermordung 41 n. Chr. Für seinen Nachfolger Claudius war die Causa insofern ein heißes Eisen, als er selbst der Onkel des Toten war, die Herrschaft also in der Familie bleib. Als Familienunternehmen durfte das julisch-claudische Kaiserhaus sein Mitglied Caligula nicht gänzlich aus dem öffentlichen Gedenken verbannen. Eine Konsekration verbot sich ebenso wie die komplette Tilgung seines Andenkens. Deshalb rang man sich zu Gedächtnissanktionen „light" durch, und auch das erst im Lauf der Jahre: Caligulas Leichnam wurde aus dem eigens für ihn errichteten Grabbau exhumiert und im Augustusmausoleum bestattet, vermutlich ohne sein Grab zu markieren. Die Statuen Caligulas ließ Claudius in einer Nacht- und Nebelaktion unmittelbar nach der Machtübernahme beiseiteschaffen, um unangenehmen Debatten zuvorzukommen.[22] Offenbar waren unmittelbar nach

---

[18] Zur Illustration diene die berühmte erste Senatssitzung unter Tiberius, in der sich der Kaiser aus Bescheidenheit weigerte, als Erster zu sprechen. Die Geste wurde aber von den Senatoren als Versuch missverstanden, sie zu unbedachten, dem Willen des Kaisers widersprechenden Äußerungen zu provozieren (Tacitus, Annalen 1, 74, 5 f.).

[19] Harriet I. Flower: The art of forgetting. Disgrace and oblivion in Roman political culture, Chapel Hill, N.C. 2006, S. 80.

[20] Cicero, Für Rabirius Postumus 24 f.

[21] Strabon 14, 685; Plutarch, Cicero 49, 6 und Antonius 86, 9; Cassius Dio 51, 19, 3; Sueton, Augustus 17, 2.

[22] Flower: 156 f.

dem Mordanschlag im Senat Diskussionen darüber geführt worden, ob man nicht das Gedächtnis an die gesamte Dynastie auslöschen und die Republik restaurieren solle.[23] Solche Meinungsäußerungen konnte Claudius, der um die Stabilisierung seines nicht unumstrittenen Prinzipats rang, nicht gut brauchen. Durchaus bewusst sendete er widersprüchliche Signale aus: Claudius verkündete zwar eine allgemeine Amnestie, von der auch die meisten Verschwörer profitierten, die Caligula auf dem Gewissen hatten, ließ aber die Mörder aus den Kreisen der Prätorianer hinrichten.[24] Der Fall Caligula illustriert, dass die geschichtspolitische Hinterlassenschaft eines Kaisers sehr wohl Debattenstoff war, von keinem Herrscher im Alleingang entschieden werden konnte und im Ergebnis Sache eines unter Umständen auch länger dauernden Aushandlungsprozesses war.

Anders lagen die Dinge im Fall Nero. Claudius' Adoptivsohn wurde, nachdem sich die Prätorianer für den Usurpator Galba ausgesprochen hatten, per Senatsbeschluss zum *hostis publicus* erklärt.[25] Unter Senatoren herrschte ein starker Affekt gegen Nero vor, aber der Kaiser, der sich im Juni 68 n. Chr. das Leben nahm, hatte nach wie vor viele Anhänger unter den Soldaten und in der stadtrömischen Plebs. Weil Neros Nachfolger Galba nur acht Monate regierte und dessen Nachfolger Otho die Kontinuität zu Neros Prinzipat suchte, dürften die Sanktionen gegen den Mann, der sich für einen großen Künstler hielt, erst nach Beendigung des Bürgerkriegs, also ab Ende 69 n. Chr., in vollem Umfang Wirkung gezeigt haben.

Wieder anders gelagert war der Fall Domitians, der erste, zu dem en bloc verhängte und durchgesetzte Gedächtnissanktionen eindeutig überliefert sind. Sueton lässt die Senatoren nach der Ermordung des Kaisers sogleich zur Tat schreiten:

> „Der Senat [...] zeigte solche Freude, dass alle Mitglieder um die Wette in die Kurie strömten und sich nicht enthalten konnten, dem Toten die schmachvollsten und bittersten Beschimpfungen nachzurufen. Man ließ sogar Leitern bringen, die Medaillons mit seinem Porträt vor der Versammlung herunterreißen und an Ort und Stelle auf dem Boden zerschmettern. Zuletzt beschloss man, seinen Namen auf allen Inschriften überall auszukratzen und jede Erinnerung an ihn zu tilgen."[26]

---

23 Sueton, Caligula 60.

24 Ebd., Claudius 11.

25 Sueton, Nero 49,2; Cassius Dio 63,27.

26 Sueton, Domitian 23, 2: *contra senatus adeo laetatus est, ut repleta certatim curia non temperaret, quin mortuum contumeliosissimo atque acerbissimo adclamationum genere laceraret, scalas etiam inferri clipeosque et imagines eius coram detrahi et ibidem solo affligi iuberet, novissime eradendos ubique titulos abolendamque omnes memoriam decerneret.* Dio (68, 1, 1, Xiphilonos 226, 18) berichtet, man habe „aus Hass gegen Domitian" Standbilder eingeschmolzen und Triumphbögen abgerissen.

Insgesamt wurden gegen zwölf Kaiser Gedächtnissanktionen verhängt, darunter gegen Galba,[27] der wenige Monate nach seinem Tod durch Vespasian rehabilitiert wurde, und gegen Commodus, der nach dem Sieg des Septimius Severus im Bürgerkrieg gegen Pescennius Niger und Clodius Albinus unter die Götter aufgenommen wurde.[28] 16 Kaiser wurden konsekriert und mit offiziellen Kulten ausgestattet, darunter für kurze Zeit auch der unter Otho rehabilitierte Nero. Tiberius wurde weder konsekriert noch mit Gedächtnissanktionen belegt:

Gedächtnissanktionen	weder noch	Konsekration
Caligula	Tiberius	Augustus
Nero[29]		Claudius
Galba[30]		Nero[31]
Otho		Vespasian
Vitellius		Titus
Domitian		Nerva
Commodus		Trajan
Didius Julianus		Hadrian
Geta		Antoninus Pius
Macrinus		Lucius Verus
Elagabal		Mark Aurel
Severus Alexander		Commodus[32]

---

27 Plutarch, Galba 5, 3–5.

28 Cassius Dio 76, 7, 4; Historia Augusta, Severus 10,6; 11,4; Aurelius Victor 20,30. Eine bis auf Nerva zurückreichende Ahnenreihe konstruieren verschiedene Inschriften, u.a. CIL 6,1030 (Rom): *Imp(eratori) Caes(ari) divi Marci / Antonini Pii Germ(anici) Sarm(atici) fil(io) / divi Commodi fratri divi / Antonini Pii nep(oti) divi Hadriani / pronep(oti) divi Traiani Parthici / abnep(oti) divi Nervae adnepoti / L(ucio) Septimio Severo Pio / Pertinaci Aug(usto) / Arabico Adiabenico Parth(ico) / maximo pontif(ici) maximo / trib(unicia) potest(ate) VIII imp(eratori) XI / co(n)s(uli) II p(atri) p(atriae) proco(n)s(uli)*; CIL 8,9317 (Sidi Amar, Mauretania Caesariensis): *Imp(eratori) Caes(ari) d[i]vi M(arci) A[n]/tonini Pii Germanici / Sarmatici fili[o] divi Com/[m]odi fratri divi Antoni/[ni Pii] nepoti divi Hadr[i]/[ani pronep]oti [di]vi [Tr] ai[ani] / [Parthici abnep(oti) di]vi [Nervae] / [adnep(oti) L(ucio) Septimio] S[e]ve[ro]*.

29 Unter Otho 69 n.Chr. kurzzeitig aufgehoben.

30 Unter Vespasian 69 n.Chr. aufgehoben.

31 Kurzzeitig unter Otho.

32 195 n.Chr. unter Septimius Severus. Unter Macrinus wurden 217 n.Chr. die Gedächtnissanktionen noch einmal kurz erneuert und ein Jahr später abermals aufgehoben.

		Pertinax[33] Septimius Severus Caracalla[34] Severus Alexander[35]

Die Entscheidung darüber, ob verstorbene Kaiser unter die Götter erhoben oder aus dem offiziellen Gedächtnis getilgt wurden, war also in fast allen Fällen eindeutig. Sie stellte sozusagen die erste Stufe in der Kanonisierung als gute oder schlechte Kaiser dar. Freilich war der Prozess damit noch nicht abgeschlossen, wie die in etlichen Fällen abweichende Bewertung durch die Historiographie zeigt:

Gedächtnissanktionen und schlecht	Gedächtnissanktionen, aber gut	Konsekration, aber schlecht	Konsekration und gut
Caligula	Galba	Claudius	Augustus
Nero	Severus Alexander	Nero	Vespasian
Otho		Lucius Verus	Titus
Vitellius		Commodus	Nerva
Domitian		Caracalla	Trajan
Commodus			Hadrian
Didius Julianus			Antoninus Pius
Macrinus			Mark Aurel
Elagabal			Pertinax
			Septimius Severus
			Severus Alexander

Schlechte Kaiser, über die Gedächtnissanktionen verhängt, und gute, die konsekriert worden waren, sind aus geschichtspolitischer Perspektive vergleichsweise unproblematisch. In den entsprechenden Fällen hat sich die senatorische oder doch vom senatorischen Standpunkt stark beeinflusste Geschichtsschreibung die Entscheidung des Senats zu eigen gemacht, die auf diese Weise zum Kanon wurde. Zu welchem Urteil der Senat gelangte, hing entscheidend von den Bedingungen ab, unter denen die Sukzession stattgefunden hatte. Sie folgte einer politischen, keiner historischen Ratio. Wenn die

---

[33] 193 n. Chr. unter Septimius Severus.
[34] Ob unter Macrinus oder unter Elagabal, ist unklar.
[35] 238 n. Chr. unter Gordian III.

Senatoren kurz nach dem Ableben eines Princeps den Daumen über ihn hoben oder senkten, dann handelten sie so, weil es der Wille des Nachfolgers war und weil dagegen zu verstoßen für sie Konsequenzen gehabt hätte – nicht weil sie sich der Arbeit eines gründlichen Quellenstudiums unterzogen hätten. In den Fällen, in denen das Verdikt des Senats historiographisch kanonisiert wurde, unterwarf sich die Geschichtsschreibung also derselben politischen Logik wie ihre Standesgenossen, die das *senatus consultum* zu treffen hatten. Bisweilen kamen für die senatorischen Geschichtsschreiber persönliche Motive hinzu: Tacitus hatte unter dem später geächteten Domitian eine glänzende Karriere absolviert, war 88 n. Chr. Prätor[36] geworden und 97 n. Chr. Konsul, wobei ihn möglicherweise noch der 96 n. Chr. ermordete Domitian für dieses Amt designiert hatte.[37] Umso mehr lag es in seinem Interesse, Domitian als den Alleinverantwortlichen für die unter seiner Herrschaft begangenen Verbrechen zu brandmarken. In seiner Schrift „Agricola", einer Biographie seines Schwiegervaters, zeigte er, wie es gelingen konnte, ein richtiges Leben im falschen zu führen – und wie Domitian dem so talentierten wie erfolgreichen Befehlshaber in Britannien aus Neid und Missgunst Steine in den Weg legte.[38]

Weil die Alternative zwischen Konsekration und Gedächtnissanktionen politischer Ratio gehorchte, galt für die Entscheidungsfindung im Senat ein faktischer Automatismus: War regulär der vom Vorgänger designierte Nachfolger Kaiser geworden, so stand der Konsekration des toten Princeps in keinem der zehn Fälle (Augustus, Claudius, Vespasian, Titus, Nerva, Trajan, Hadrian, Antoninus Pius, Mark Aurel, Septimius Severus) etwas entgegen. Ähnlich gelagert ist der Fall Lucius Verus, der von seinem Mitkaiser Mark Aurel überlebt und füglich problemlos konsekriert wurde. Der einzige möglicherweise umstrittene Fall, Hadrian, bestätigt die Regel.

---

36 Tacitus, Annalen 11, 11, 1: *nam is [Domitianus] quoque edidit ludos saecularis iisque intentius adfui sacerdotio quindecimvirali praeditus ac tunc praetor* […] („Denn er [Domitian] veranstaltete ebenfalls Säkularspiele und an ihnen hatte ich als Vorsitzender des fünfzehnköpfigen Priesterkollegiums und damals auch als Prätor großen Anteil.").

37 Plinius, Briefe 2, 1, 6: *laudatus est* [Verginius Rufus] *a consule Cornelio Tacito* („gelobt wurde er [Verginius Rufus] vom Konsul Cornelius Tacito").

38 Vor allem Tacitus, Agricola 42: *sciant, quibus moris est inlicita mirari, posse etiam sub malis principibus magnos viros esse, obsequiumque ac modestiam, si industria ac vigor adsint, eo laudis excedere, quo plerique per abrupta, sed in nullum rei publicae usum <nisi> ambitiosa morte inclaruerunt* („Denen, die gewöhnlich das Verbotene bewundern, möge es gesagt sein, dass auch unter schlechten Kaisern große Männer leben können und dass Fügsamkeit und Bescheidenheit, wenn Energie und Kraft zur Seite stehen, bis zu eben der Höhe des Ruhmes emporsteigen, bis zu der die meisten durch Schroffheit, aber zu keinem Nutzen für das Gemeinwesen, mit einem effektvollen Tode berühmt geworden sind").

Analog wurden gegen zehn der elf Herrscher, von denen wir wissen, dass sie gewaltsam den Tod fanden, zumindest einstweilen Gedächtnissanktionen verhängt (Caligula, Nero, Galba, Otho, Vitellius, Domitian, Commodus, Geta, Macrinus, Elagabal, Severus Alexander). Die einzige sicher belegte Ausnahme ist Caracalla, der 217 n. Chr. ermordet, dessen Gedächtnis aber nicht geächtet wurde. Ein möglicher Sonderfall ist Claudius, bei dem sich hartnäckig Gerüchte hielten, er sei im Auftrag seiner Gattin, Neros Mutter Agrippina, vergiftet worden.[39] Sollte es sich so verhalten haben, so ist der Verzicht auf Gedächtnissanktionen leicht zu erklären: In seinem Fall fehlte der Grund, aus dem die Erinnerung an die übrigen gewaltsam gestürzten Kaiser getilgt wurde. Mit Nero war schließlich der designierte Nachfolger im Amt nachgerückt, der deshalb logischerweise kein Interesse hatte, die Statuen seines Vorgängers zu stürzen. Hingegen sah sich Claudius genötigt, gegen Caligula Gedächtnissanktionen zu verhängen, um seinen Prinzipat von den Sünden seines Vorgängers reinzuwaschen.

In allen anderen Fällen gewaltsamen Umsturzes standen die Nachfolger unter noch größerem Druck, sich von ihren Vorgängern zu distanzieren. Das galt zumal bei Dynastiewechseln, wie sie in der Regel nach Umstürzen erfolgten, und damit bei Nero, Domitian, Commodus, Severus Alexander und bei den Kaisern des Vierkaiserjahres 69 n. Chr., die keine Chance hatten, eine Dynastie zu etablieren.

Eine eingehende Betrachtung verdienen die problematischen Fälle, zunächst solche, in denen entweder einmal beschlossene Gedächtnissanktionen, respektive Konsekrationen, keinen Bestand hatten (Nero, Galba, Commodus, Severus Alexander). Diese Kategorie ist gewissermaßen der geschichtspolitische Analogiefall zu Machiavellis Satz, der Feind des Feindes sei stets der Freund. Neros Ächtung durch seinen Nachfolger Galba gehorchte ebenso politischer Logik wie seine Rehabilitierung durch Otho. Schließlich war Rom auch nach dessen Sturz voll von Menschen, die Nero nachtrauerten.[40] Vermutlich waren es unter Galbas strengem Regiment sogar täglich mehr geworden. Nachdem sich sowohl Otho als auch Vitellius gegen Galba erhoben hatten, war es für sie das politisch Nächstliegende, diese Leute zu ihren Verbündeten zu machen und sich in die Kontinuität von Neros Prinzipat zu stellen – so, wie es für Vespasian nach dessen Usurpation alternativlos war, Nero abermals zu verdammen und Galba, wenn nicht zu konsekrieren, so doch zu rehabilitieren. Analog wurde Severus Alexander, der letzte Vertreter

---

[39] Flavius Josephus, Jüdische Altertümer 20, 148 spricht von einem „Gerücht". Als Gewissheit setzen die Ermordung voraus Tacitus, Annalen 12, 67 und Sueton, Claudius 44, Cassius Dio 65, 34.

[40] Sueton, Nero 57 berichtet von vielen Menschen, die regelmäßig frische Blumen zu Neros Grab brachten und sein Bildnis auf der Rednertribüne aufstellten.

der severischen Dynastie, 238 n. Chr. von seinem Nachnachfolger Gordian III. rehabilitiert und konsekriert.[41]

Die zeitverzögerte Konsekration des Commodus zwei Jahre nach seinem Ableben durch Septimius Severus folgte einer ähnlichen Logik. Nachdem der Usurpator und Begründer der severischen Dynastie seine Konkurrenten Pescennius Niger und Clodius Albinus aus dem Feld geschlagen hatte, sicherte er seine Herrschaft geschichtspolitisch ab, indem er sie in die Kontinuität der Antoninen stellte: Er erklärte sich selbst zum Adoptivsohn Mark Aurels und wurde so nachträglich zu Commodus' Adoptivbruder. Die Fiktionalität dieses Konstrukts war zweifellos jedermann bewusst, trotzdem verschaffte es Septimius Severus die notwendige legitimatorische Unterfütterung für seinen usurpierten Prinzipat, in dem er einschneidende Maßnahmen wie die kompromisslose Privilegierung des Militärs durchsetzte.[42] Evident war aber auch der Schönheitsfehler, den das Konstrukt hatte. Commodus' erratischer Prinzipat hatte sozusagen verbrannte Erde hinterlassen. Deshalb konnte der Plan nur aufgehen, wenn Commodus durch Rehabilitierung und nachträgliche Konsekration geschichtspolitisch weißgewaschen wurde.

Nur scheinbar paradox ist, dass Septimius Severus mit Pertinax den Mann, der als Kaiser auf Commodus folgte, aber nur wenige Monate regierte, ebenfalls konsekrieren ließ. Dessen Rehabilitierung war zwingend geworden, nachdem Septimius Severus sich gegen Didius Julianus durchgesetzt hatte, der nach Pertinax' Ermordung unter tumultuarischen Umständen den Prinzipat aus den Händen der Prätorianer empfangen hatte.[43] Im Frühjahr 193 n. Chr., unmittelbar nach seinem Herrschaftsantritt, lautete deshalb des Gebot der Stunde, Gerechtigkeit für Pertinax herzustellen und dadurch Didius Iulianus als illegitimen Gewaltherrscher zu diskreditieren. Zwei Jahre später, nach einem brutalen Bürgerkrieg, hatten sich die Akzente verschoben. Jetzt genoss oberste Priorität, den Anschein von Kontinuität zum als goldenes Zeitalter verklärten antoninischen Prinzipat herzustellen.

Mit Unsicherheit behaftet ist Caracallas Fall. Sollte der Kaiser bereits von seinem direkten Nachfolger Macrinus konsekriert worden sein, dann markiert die Causa eine einsame Ausnahme: Caracalla wäre dann der einzige Kaiser,

---

[41] Kaiser Decius (249–251 n. Chr.) gab eine Serie sogenannter Konsekrationsmünzen aus, die Porträts vergöttlichter Herrscher der Vergangenheit trugen. Eine davon (RIC 97, Decius) zeigt Severus Alexander.

[42] Berühmt geworden ist der von Cassius Dio (77, 15, 2 f.) überlieferte, vermutlich unhistorische, aber charakteristische, an die Söhne des Kaisers gerichtete Ausspruch auf dem Sterbebett: ‚ὁμονοεῖτε, τοὺς στρατιώτας πλουτίζετε, τῶν ἄλλων πάντων καταφρονεῖτε.' („Seid einig, bereichert die Soldaten, lasst alle Anderen unberücksichtigt.").

[43] Die „Versteigerung" des Kaisertums durch die Prätorian beschreiben anschaulich Cassius Dio 2,4–6 und Herodian 2, 6, 4–8.

der auf Veranlassung des für seine Ermordung verantwortlichen Nachfolgers konsekriert worden wäre. Macrinus könnte so versucht haben, seine Mitschuld an Caracallas Tod zu vertuschen und die im Militär noch immer zahlreiche Anhängerschaft des Mordopfers auf seine Seite zu ziehen. Sicher ist das allerdings nicht: Möglicherweise erfolgte die Konsekration auch erst unter Elagabal, der ebenfalls dem severischen Kaiserhaus entstammte und einen guten Grund gehabt hätte, seinen Verwandten vergöttlichen zu lassen.[44]

Einzigartig steht der Fall Tiberius da, der zu Lebzeiten göttliche Ehren strikt abgelehnt hatte und nach seinem Tod weder konsekriert noch aus dem Gedächtnis getilgt wurde. Sein Bild in der Historiographie ist überwiegend finster, obwohl Sueton und Cassius Dio über den jungen Tiberius und seine ersten Jahre im Purpur durchaus Positives zu berichten wissen. Die Darstellung kippt aber bei ihnen mit dem Tod des Germanicus 19 n. Chr. und besonders mit seinem Rückzug nach Capri eindeutig ins Negative,[45] während das von Tacitus gezeichnete Bild seines Prinzipats durchgängig schwarz in schwarz ist.[46] Alle Hauptquellen ziehen sämtliche Register der Tyrannentopik, während die Person des Kaisers im Werk des zeitgenössischen Historiographen Velleius Paterculus noch geradezu euphorisch gefeiert worden war.[47]

Der Umschwung muss bereits unter Caligula und Claudius erfolgt sein. Sueton, Cassius Dio und vor allem Tacitus machen aus Germanicus einen strahlenden Helden, während Tiberius den jugendlichen Feldherrn, ähnlich wie nachmals Domitian den Agricola, am Siegen hindert, wo er nur kann. Dass Germanicus auf dem germanischen Kriegsschauplatz der endgültige

[44] Zeugnis für die Konsekration sind das aus der Regierungszeit des Severus Alexander stammende Feriale Duranum, das den Divus Antoninus Magnus (Caracalla) unter dem 4. Februar verzeichnet (Mary Beard/John North/Simon Price: Religions of Rome, Cambridge 1998, S. Bd. 2, 72) sowie eine Reihe von Inschriften: AE 1977, 515 (Isurium, Britannia); CIL 3, 14416 (Oescus, Moesia inferior); AE 2009,1837 (Rom); CIL 9, 6425 (Telesia, Samnium, Italia).

[45] Sueton, Tiberius 42: *ceterum secreti licentiam nanctus et quasi civitatis oculis remotis, cuncta simul vitia male diu dissimulata tandem profudit* („In der Abgeschiedenheit [von Capri] war Tiberius jetzt jedes Zwanges ledig und gleichsam den Augen des Publikums entrückt. So konnte er denn allen seinen Lastern, die er lange nur mühsam verhehlt hatte, auf einmal völlig freien Lauf lassen"). Cassius Dio 57, 13, 6: Ταῦθ᾽ οὕτω πάντα μέχρι γε καὶ ὁ Γερμανικὸς ἔζη ἐποίει· μετὰ γὰρ τοῦτο συχνὰ αὐτῶν μετέβαλεν („Ein solches [gutes] Verhalten legte Tiberius in allen Dingen an den Tag, solange wenigstens Germanicus am Leben war; nachher ließ er in vielfacher Hinsicht einen Wechsel eintreten").

[46] Bei Tacitus (Annalen 1, 6) beginnt der Bericht über die Regierungszeit des Kaisers mit folgendem Satz: *primum facinus novi principatus fuit Postumi Agrippae caedes* („Das erste Verbrechen des neuen Prinzipats war die Ermordung des Agrippa Postumus"). Der Leser stellt sich so unwillkürlich auf weitere Untaten ein.

[47] Velleius Paterculus (2, 104, 2) lobt Tiberius als *vindicem custodemque imperii*, als „Beschützer und Wächter des Imperiums".

Durchbruch versagt bleibt, kreidet vor allem Tacitus allein der Missgunst und Trägheit des Tiberius an.[48] Germanicus war der Vater Caligulas und Claudius' Bruder. Der Gedanke liegt nahe, die zeitgenössische Geschichtsschreibung könne Tiberius denunziert haben, um vor dieser Folie Germanicus auf einen umso höheren Sockel stellen zu können. Tacitus war solches Material nur allzu willkommen, konnte der verkappte Systemkritiker so doch am Objekt gleich des zweiten Princeps demonstrieren, welch kolossale Konstruktionsfehler der von Augustus geschaffenen Monarchie innewohnten.[49]

Von besonderem Interesse schließlich sind die Fälle, in denen Kaiser trotz Konsekration durch den Senat späterhin durch die Historiographie als schlechte Kaiser bewertet und kanonisiert wurden (Claudius, Nero, Lucius Verus, Commodus und Caracalla). Dass die Historiographie des 2. und 3. Jahrhunderts n. Chr. Nero nicht sonderlich gewogen war, ist wenig überraschend, schließlich war die Überwindung seines Prinzipats und der durch ihn ausgelösten Krisen sowie im Grunde genommen auch eines vollständig degenerierten julisch-claudischen Kaiserhauses so etwas wie der Gründungsmythos der flavischen Dynastie. Weil Vespasian und Titus auch im historischen Gedächtnis der Adoptivkaiserzeit und der nachfolgenden Epochen als uneingeschränkt gute Kaiser galten, gab es keinen Anlass dazu, Nero zu rehabilitieren, nachdem auch die Flavier mit Domitian abgewirtschaftet hatten.

Ebenfalls recht einfach liegen die Dinge bei Claudius. Für Nero und diejenigen, die seine Kaisererhebung betrieben hatten, war die Konsekration des Claudius zwingend, denn schließlich hatte dieser Nero auf Betreiben seiner Gattin schon zu Lebzeiten zum Kaiser designiert. Freilich war Nero in den frühen Jahren seiner Herrschaft ein bei Senatoren, Militär und stadtrömischer Plebs außerordentlich populärer Princeps, in dem viele nach den als bleiern wahrgenommenen Jahren unter Claudius einen großen Hoffnungsträger sahen. Aus dieser Konstellation bezieht Senecas „Apocolocyntosis" ihren Sinn, die dadurch gewissermaßen offiziösen Charakter trug, dass Seneca als Neros Erzieher ab 54 n. Chr. zunächst einer der wichtigen politischen Gestalter war.

---

[48] Tacitus (Annalen 2, 26) ruft Germanicus zurück, bevor er die Früchte seiner – nach Tacitus' Meinung – erfolgreichen Kampagnen in Germanien ernten kann: *sed crebris epistulis Tiberius monebat rediret ad decretum triumphum: satis iam eventuum, satis casuum.* [...] *haud cunctatus est ultra Germanicus, quamquam fingi ea seque per invidiam parto iam decori abstrahi intellegeret* („Tiberius jedoch drängte in wiederholten Schreiben, Germanicus solle zur Feier des bewilligten Triumphes zurückkehren. Es sei schon genug der Erfolge, genug auch der Rückschläge. [...] Nun zögerte Germanicus nicht länger, obwohl er einsah, dass dies Ausflüchte waren und dass er nur aus Eifersucht von der bereits begonnenen Ruhmeslaufbahn abgezogen werden sollte").

[49] Ronald Syme: Tacitus, Oxford 1958, S. Bd. 1, 408–419.

Es ist also anzunehmen, dass die Publizistik der Epoche auch jenseits von Seneca den Versuch unternahm, sich von Claudius zu distanzieren, ohne dass das als Widerspruch zur Konsekration des Toten durch den Senat wahrgenommen wurde.[50] So dürfte sich das Bild eines schwachen Kaisers ins historische Gedächtnis eingebrannt haben, der Wachs in den Händen seiner Frauen und Freigelassenen war, kein Tyrann im eigentlichen Sinn, aber doch ein Princeps, der seinem Job im Grunde nicht gewachsen war. Angesichts der geringen Popularität der julisch-claudischen Dynastie, mit Ausnahme von Augustus, könnte sich die gegen Claudius gerichtete denunziatorische Tendenz bis zu dem Zeitpunkt, als Tacitus und Sueton zur Feder griffen, sogar noch verstärkt haben.

Ohne weiteres lässt sich auch das negative Echo erklären, auf das Lucius Verus in der Historiographie des 3. und 4. Jahrhunderts stieß. Der jüngere Mitkaiser Mark Aurels starb 169 n. Chr., elf Jahre vor seinem Kollegen. Selbstverständlich wurde er unter die Staatsgötter aufgenommen, denn für den entsprechenden Beschluss trug ja schließlich Mark Aurel selbst Sorge. Lucius Verus, der schon zu Lebzeiten an Bedeutung deutlich hinter seinem aktiv die Regierungsgeschäfte führenden Mitkaiser zurückgestanden hatte, wurde von Cassius Dio, Herodian und der Verus-Vita der Historia Augusta auf die Rolle eines Sidekicks des Philosophenherrschers reduziert: politisch und charakterlich unbedeutend, faul und dem Luxus verfallen.[51] Selbst den Partherkrieg, in dem er nominell das Oberkommando führt, lässt er von seinen Generälen gewinnen.[52] Um die Absicht hinter der Darstellung zu entschlüsseln, bedarf es keiner großen Phantasie: Je mehr der Mitkaiser im Schatten verschwand, desto heller strahlte der Glanz, der auf den großen Mark Aurel fiel.

Noch einmal zurückkommen müssen wir auf die Fälle Commodus und Caracalla, denn auch bei diesen beiden Kaisern steht die Kanonisierung als schlechte Kaiser im Widerspruch zu ihrer – wenngleich wenigstens bei Commodus erst mit Verzögerung erfolgten – Konsekration. Für Cassius Dio und Herodian, unsere Hauptgewährsleute, war die Epoche Zeitgeschichte: Cassius Dio, der um 163 n. Chr. das Licht der Welt erblickt hatte, erlebte Com-

---

[50] Diese Vermutung bestätigt Tacitus (Annalen 1, 1, 2): *Tiberii Gaique et Claudii ac Neronis res florentibus ipsis ob metum falsae, postquam occiderant, recentibus odiis compositae sunt* („Die Taten des Tiberius und Caligula sowie des Claudius und des Nero sind zu ihren Lebzeiten aus Furcht gefälscht, nach ihrem Tod mit frischem Hass geschildert worden").

[51] Die Historia Augusta, Lucius Verus 6, 9, beschreibt, wie Lucius Verus bei Freunden ausgelassene Gastmähler feiert, während er sich im Angesicht einer parthischen Offensive im Osten in quälender Langsamkeit durch Italien und Griechenland in Richtung der Kriegszone bewegt.

[52] Ebd., 7, 1.

modus und Caracalla als Erwachsener, der ca. 175 n. Chr. geborene Herodian Commodus als Kind und als Jugendlicher. Beide Autoren verbrachten Teile ihres Erwachsenenlebens in Rom und wussten um viele, aber längst nicht alle Vorkommnisse aus eigener Anschauung. Cassius Dio hatte nach eigener Aussage sein Geschichtswerk bis zu Septimius Severus bis 219 n. Chr. abgeschlossen,[53] die Bücher 78 bis 80, welche die Zeit ab Caracalla zum Gegenstand haben, entstanden demzufolge in den Jahren ab 220 n. Chr. Herodian schrieb sein Geschichtswerk am ehesten in den 240er Jahren, vermutlich erst nach dem Tod Gordians III. 244 n. Chr. Eine große Abhängigkeit Herodians von Cassius Dio für die Zeit bis 228/29 n. Chr., dem Punkt, an dem das Geschichtswerk des Älteren abbricht, wurde früher meist behauptet, lässt sich am Text aber nicht belegen.[54]

Dass Commodus bei Cassius Dio schlecht – und zwar extrem schlecht – abschneidet, ist durchaus überraschend. Dios Vater hatte unter Mark Aurel den Konsulat erreicht.[55] Seine eigene senatorische Karriere begann unter Commodus und gewann unter Septimius Severus an Fahrt. Unter diesem Kaiser erreichte er als noch recht junger Mann ca. 205 n. Chr. seinen ersten Suffektkonsulat,[56] unter Severus Alexander 229 n. Chr., über 20 Jahre später, seinen zweiten, diesmal ordentlichen Konsulat.[57] Er schrieb das 73. Buch seiner „Geschichte", das von Commodus handelte, unter Caracalla, also einem Kaiser, der sich, um der fiktiven Kontinuität zum antoninischen Kaiserhaus Ausdruck zu geben, Marcus Aurelius Severus Antoninus nannte. Stand also Dios Darstellung des Commodus im Widerspruch zur offiziellen Geschichtspolitik unter den späteren Severern?

Einen Hinweis könnte Herodians Behandlung des gleichen Stoffes liefern. Sie ist keinen Deut positiver als die seines älteren Zeitgenossen und deutet an, dass die negative Commodus-Bewertung in den 240er Jahren längst kanonischen Rang beanspruchen konnte.[58] Vorstellbar ist das nur, wenn bereits in der severischen Epoche ein radikales Umdenken über Commodus erfolgt war. Dafür lassen sich tatsächlich gleich mehrere plausible Gründe benennen. Erstens war Septimius Severus als Usurpator an die Macht gekommen, seine Herrschaft war nach zweijährigem Bürgerkrieg zunächst ungefestigt, als er 195 n. Chr. Commodus rehabilitieren und konsekrieren ließ. Zwar blieb das

---

[53] Cassius Dio 72, 23. Vgl. Fergus Millar: A study of Cassius Dio, Oxford 1964, S. 119.

[54] Dagegen mit weiterer Literatur Sommer: Elagabal – Wege zur Konstruktion eines ‚schlechten' Kaisers, S. 95–110.

[55] Cassius Dio 49, 36, 4.

[56] Ebd., 76, 16, 4. Vgl. zur Datierung: Millar: 204–207.

[57] AE 1960, 348. Vgl. ebd.

[58] Etwa Herodian 1, 16, 1.

fiktionale Anknüpfen der Severer an die Antoninen wichtig, wie Caracallas Kaisername zeigt, doch ließ die Bedeutung von Commodus als Bürge direkter Kontinuität in diesem Konstrukt mit den Jahren und mit langsam verblassender Erinnerung an den Bürgerkrieg spürbar nach. Zweitens warb Septimius Severus immer aggressiver um die Gunst der Soldaten, die er vor anderen Gruppen, einschließlich der stadtrömischen Plebs, bei der Commodus besonders beliebt gewesen war, massiv privilegierte. Während also die verbliebenen Commodus-Loyalisten im Laufe der Jahre immer weniger wurden, nahm, drittens, die Zahl derjenigen zu, die von der Herrschaft der Severer profitierten. Die Bevorzugung des Militärs und die Konsolidierung einer severischen Anhängerschaft gewannen unter Caracalla noch an Dynamik, so dass Commodus zu diesem Zeitpunkt für die Legitimierung severischer Herrschaft keine Rolle mehr spielte. Deshalb konnten unter Caracalla ungestraft Narrative kursieren, die Commodus als Tyrannen denunzierten und behaupteten, er sei als Purpurträger in jeder Hinsicht eine Fehlbesetzung gewesen.[59]

Auch Caracalla, Protagonist des 78. und 79. Buches von Dios „Geschichte", hinterlässt bei der Lektüre einen denkbar ungünstigen Eindruck. Der Kaiser ist unbeherrscht, brutal und verschlagen, ein Tyrann wie aus dem Bilderbuch. Auch hier deckt sich die negative Darstellung mit der Parallelüberlieferung bei Herodian. Dios Text entstand in den 220er Jahren und erhielt wohl gegen Ende des Jahrzehnts seine finale Redaktion, also unter Severus Alexander, dem Cousin des unglückseligen Elagabal, mit dem das severische Kaiserhaus 218 n. Chr. nach dem kurzen Intervall des Usurpators Macrinus den kaiserlichen Purpur zurückerobert hatte. Der 222 n. Chr. ermordete Elagabal war ebenso wie Alexander ein Neffe zweiten Grades von Caracalla, und allesamt waren sie mütterlicherseits Sprösslinge der Priesterdynastie aus dem syrischen Emesa.

Auch bei Caracalla stellt sich die Frage, warum es in den 220er Jahren unter einem anderen Serererkaiser opportun sein konnte, ihn in ein schlechtes Licht zu rücken, obwohl er entweder 217 oder 218 n. Chr. konsekriert worden war, also einen Kult als römischer Staatsgott genoss. Das vermeintliche Paradox lässt sich auflösen, wenn man bedenkt, dass die Thronbesteigung Severus Alexanders von der Dynastie in arger Bedrängnis als Neuanfang inszeniert wurde. Nach den übereinstimmenden Berichten Dios, Herodians und der Historia Augusta hatte Elagabal versucht, seinen heimischen Gott aus Syrien in Rom als höchsten Gott des Pantheons zu installieren. Er war als Priesterkönig und nicht als Kaiser aufgetreten und hatte sich so der Senatorenschaft, dem Militär und der stadtrömischen Bevölkerung entfremdet. Er hatte sich mit Wagenlenkern und Mimen umgeben, reihenweise Sena-

---

[59] Anthony R. Birley: Septimus Severus. The African emperor, London ²1988, S. 155–169; Jörg Spielvogel: Septimius Severus, Darmstadt 2006, S. 99–108.

toren ins Jenseits befördert und war, Gipfel der Schande, in Frauenkleidern aufgetreten, soll sich sogar prostituiert haben.[60] Auf dem Tiefpunkt der Popularität angekommen, versuchte der Kaiser sich und seine Herrschaft zu retten, indem er seinen Cousin Alexianus adoptierte und als Nachfolger designierte. Dann jedoch soll er ihm nach dem Leben getrachtet und einen Mordanschlag auf ihn geplant haben.[61]

In diesem Moment setzten die Prätorianer dem unwürdigen Treiben auf dem Palatin ein Ende. Elagabal und seine Mutter wurden ermordet, Alexianus als Severus Alexander zum Kaiser erhoben. Der junge Mann, der jetzt den Purpur trug, und die Leute, die ihn da hineinmanövriert hatten, setzten jetzt alles daran, einen klaren, nach außen sichtbaren Schnitt zum so chaotischen wie blutrünstigen Regime Elagabals zu vollziehen. Severus Alexander trat nicht als orientalischer Priester auf, sondern wie ein echter Römer aus altem Schrot und Korn, er heiratete eine römische Patrizierin und suchte sich gut mit den Prätorianern zu stellen. Vor allem in der Rechtsprechung distanzierte sich Severus Alexander durch ostentativ bewiesene Milde von Elagabal – und nicht nur von ihm, sondern auch von Caracalla.[62]

Offenbar hatte die vierjährige Herrschaft des syrischen Kaisers das severische Kaiserhaus dermaßen diskreditiert, dass sich auch die Sympathien, die einige, vor allem im Militär, zuvor noch für Caracalla gehegt hatten, restlos verflüchtigt hatten. Wollte der neue Mann eigenes Profil als Herrscher gewinnen, dann ging das nur, indem er sich von Elagabal und Caracalla absetzte. Ein erstes Indiz in diese Richtung liefert bereits sein Kaisername. Als Herrscher ließ Alexianus den Namen Antoninus fallen, den Caracalla und Elagabal als Signum einer bis auf Mark Aurel zurückreichenden dynastischen Kontinuität getragen hatten und nannte sich schlicht Severus Alexander: Severus knüpfte an den Dynastiegründer an, Alexander an Alexander den Großen, dessen Sieghaftigkeit der Kaiser, über dessen Prinzipat von Anfang an dunkle Wolken hingen, nur allzu gut gebrauchen konnte.

IV.

Ob Caligula wirklich, wie nicht nur Ludwig Quidde unterstellt hat, ein Opfer des Cäsarenwahns war, werden wir vermutlich nie wissen. Denn so wie Quiddes Schrift im historischen Zusammenhang des Jahres 1894 eminent politisch war, so waren es eben auch die Kaiserbilder, die römische Historiographen von Tacitus über Sueton bis zu Cassius Dio und Herodian

---

[60] Cassius Dio 80, 1–16; Herodian 5, 5 f.
[61] Cassius Dio 80, 17–21; Herodian 5, 7 f.
[62] Ebd., 6, 1.

entwarfen. Sie haben ihren Sitz im Leben der Nachgeborenen. War ein Princeps nach dem Hinscheiden unter die Staatsgötter erhoben worden, so hatte er gewissermaßen die erste Hürde auf dem Weg zur geschichtspolitischen Kanonisierung als guter Kaiser genommen – mehr aber auch nicht. Denn die Konsekration bot keinerlei Garantie dafür, dass der politische Wind hernach nicht drehte und sich die Umstände, die zuvor die Vergöttlichung des Herrschers geboten hatten, in ihr Gegenteil verkehrten. Während etliche Kaiser so also doch noch durchs Sieb der Geschichtsschreibung fielen, gelang es keinem der nach dem Tod von Gedächtnissanktionen betroffenen Herrscher, auf Dauer rehabilitiert zu werden. Kaiser, deren Statuen einmal gestürzt worden waren, landeten für alle Ewigkeit im Staub der Geschichte.

VI. Streitfragen im Gespräch

„Diese Debatte ist absurd"

Von *Horst Möller*, München

Im Gespräch mit Benjamin Hasselhorn

Hasselhorn:

Die liberale Journalistin und langjährige Herausgeberin der ZEIT, Marion Gräfin Dönhoff, nannte drei wesentliche Prinzipien des preußischen Staates: „erstens Toleranz aus Vernunft; zweitens Staatsräson in der hierarchischen Gesellschaft und schließlich drittens [...] Loyalität ohne Willfährigkeit".[1] Verantwortlich für dieses von ihr bewunderte Preußen machte sie in erster Linie die „Reihe genialer Herrscher"[2] aus dem Haus Hohenzollern: den Großen Kurfürsten, Friedrich Wilhelm I. und Friedrich den Großen.

Ist Marion Gräfin Dönhoff der Hohenzollern-Legende aufgesessen?

Möller:

Prinzipiell stimme ich mit diesem positiven Urteil über die genannten Hohenzollern überein. Diese drei Herrscher waren wirklich hochbedeutend. Ich hätte auch kein Problem damit, sie genial zu nennen. Für Friedrich den Großen würde ich das ohnehin sagen, aber auch der Große Kurfürst und Friedrich Wilhelm I. waren Herrscher von hohem Rang. Es ist sogar so, dass der oft sehr kritisch bewertete und als schwach angesehene erste preußische König Friedrich I. unterschätzt wird. Immerhin hat er durchaus viel für die Kultur und die Kunst getan.

Natürlich sind diese Herrscher, allen voran Friedrich Wilhelm I., auch für eine Militarisierung der preußischen Gesellschaft verantwortlich. Friedrich Wilhelm I. hat nicht nur den preußischen Verwaltungsstaat wesentlich aufgebaut, sondern auch das preußische Heer. Otto Büsch hat eindrucksvoll gezeigt, welche Rolle das Militär auch im Zivilleben in Preußen einnahm.[3] Wenn wir allerdings vom Militarismus reden, bedarf der Begriff einer zeit-

---

[1] Marion Gräfin Dönhoff, Preußen. Maß und Maßlosigkeit [1987], Berlin 2009, S. 27.

[2] Ebd., S. 12.

[3] Otto Büsch, Militärsystem und Sozialleben im alten Preußen 1713–1807 (Veröffentlichungen der Historischen Kommission zu Berlin 7), Berlin 1962.

typischen Präzisierung und auch der Erwähnung, dass Friedrich Wilhelm I.
nie Kriege geführt hat.

In der Tat hat Preußen im 17. und 18. Jahrhundert drei ganz überragende
Herrscher gehabt. Glorifizieren muss man die Hohenzollern deshalb trotzdem
nicht, auch nicht im 18. Jahrhundert; denken Sie nur an den Nachfolger
Friedrichs des Großen, Friedrich Wilhelm II., der ein ausgesprochen schwa-
cher und problematischer Herrscher war.

Hasselhorn:

Die positive Bewertung der Hohenzollern des 18. Jahrhunderts ist, man
sieht das ja auch an dem Urteil Marion Gräfin Dönhoffs, stark mit der Aufklärung verbunden. Hier, in der preußischen Aufklärung des 18. Jahrhunderts,
liegt einer Ihrer Forschungsschwerpunkte.[4] Wie würden Sie die preußische
Aufklärung in den gesamteuropäischen Zusammenhang einordnen? Und welche Bedeutung kommt hierbei den Hohenzollern zu? Waren sie Beförderer
der Aufklärung – etwa mit Blick auf eine Politik der Toleranz und beginnen-
der Rechtsstaatlichkeit – oder stellten sie sich solchen Tendenzen eher entgegen?

Möller:

Streng genommen, bezieht sich das Bild der aufgeklärten Hohenzollern
nur auf Friedrich den Großen. Der Große Kurfürst und Friedrich Wilhelm I.
waren sicher keine intentionalen Förderer der Aufklärung. Andererseits folgte
der Aufbau der Staatsverwaltung unter Friedrich Wilhelm I. den Kriterien
der Rationalität des Regierungshandelns, woraus sich große Schnittmengen
zwischen Absolutismus und Aufklärung ergaben. In der Tendenz zur Ratio-
nalisierung des politischen Handelns jedenfalls stehen die genannten Hohen-
zollernherrscher eher für eine Beförderung der Aufklärung.

Was die Frage nach der preußischen Aufklärung im 18. Jahrhundert insgesamt betrifft, so finde ich wichtig, dass Sie nach dem gesamteuropäischen
Kontext fragen. Bis heute nämlich leidet unsere Debatte oft darunter, dass
man bestimmte Negativentwicklungen völlig auf die deutsche beziehungsweise preußische Geschichte reduziert. Die gab es selbstverständlich. Aber
wenn man behauptet, dass sie spezifisch deutsch oder preußisch seien, muss
dies durch einen Vergleich mit anderen europäischen Staaten plausibilisiert
werden. Und da zeigt sich, dass etwa Friedrich der Große in Vielem, was wir

---

4 Vgl. Horst Möller, Aufklärung in Preußen, Berlin 1974; ders., Vernunft und Kritik. Deutsche Aufklärung im 17. und 18. Jahrhundert, 4. Aufl. Frankfurt am Main
1997.

heute negativ beurteilen mögen, ganz den Üblichkeiten seiner Zeit entsprach, sich aber zugleich in anderen Punkten deutlich und positiv davon abhob.

Als Friedrich 1740 den Thron besteigt, wird er nicht zufällig von Voltaire und anderen intellektuellen Größen seiner Zeit ausdrücklich als Aufklärer und als große Hoffnung begrüßt. Diese Hoffnung hat er vorher befördert, etwa durch seinen „Anti-Machiavel" (1740). Hier liegt aber schon eine erste Widersprüchlichkeit vor, denn er ist zwar weltanschaulich ein Anti-Machia-vellist, regiert aber wie ein Machiavellist. Das haben nicht nur andere ihm vorgeworfen, sondern er selbst hat es noch klarer gesehen als alle anderen. Seine Schriften zeigen ihn als Herrscher mit einer eigentlich unglaublichen Selbstdistanz und Selbstkritik, da gibt es im europäischen Maßstab nichts Vergleichbares. Friedrich der Große handelt so, weil er der Staatsräson fol-gen will, und zwar unabhängig davon, ob das den moralischen oder sonstigen Ansprüchen an einen einzelnen Menschen genügt oder nicht. Deshalb die Eroberung Schlesiens und andere territoriale Arrondierungsziele. Einerseits sind das rein militärische, willkürliche Akte, andererseits waren die Kriege des 18. Jahrhunderts bis zur Revolution von 1789 normalerweise dynastische Kriege. Das heißt, Kriege werden durch Erbansprüche begründet, was durch die verwickelte Geschichte der europäischen Dynastien in vielerlei Hinsicht nahe lag. Dabei handelte es sich oft um Vorwände, um Territorien zu arron-dieren, aber es gehörte zur politischen Realität dieser Zeit und war nicht auf die Hohenzollern beschränkt. Denken Sie nur an die „Reunionskriege" des französischen Königs Ludwig XIV. im Elsass und in Lothringen oder später an die drei Teilungen Polens, an denen Habsburg, Russland und Preußen beteiligt waren. Ein relativ neues Phänomen bei Friedrich dem Großen ist übrigens, dass er dabei stärker die öffentliche Meinung beeinflussen will und Juristen (und Historiker) begründen lässt, warum er legitime Ansprüche auf ein bestimmtes Territorium besitzt.

Zu den im zeitgenössischen europäischen Vergleich positiven Charakteris-tika Friedrichs des Großen gehört ohne Zweifel die Entwicklung zur Rechts-staatlichkeit. Nach Amtsantritt 1740 schafft Friedrich der Große sofort die Folter ab, das ist im europäischen Vergleich völlig neu: Als der italienische Aufklärer Cesare Beccaria das 1764 fordert, ist es in Preußen bereits seit 24 Jahren realisiert. Und Friedrich der Große leitet bald nach seiner Thron-besteigung Justizreformen ein, die seine gesamte Regierungszeit begleiten. In puncto Rechtsstaatlichkeit und „Gedankenfreiheit" ist noch hervorzuheben, dass er den von seinem Vater noch verbannten Christian Wolff nach Halle zurückholt, eine der Gründerfiguren der europäischen und besonders der deutschen Aufklärung. Mit Halle, Breslau, Berlin und Königsberg entsteht in Preußen eine ganze Reihe von Zentren der Aufklärung.

Was die Religionstoleranz betrifft, so wird gerne darauf verwiesen, Friedrich der Große sei selbst areligiös gewesen, weswegen seine Religionstoleranz auch keine Tugend gewesen sei. Allerdings ist praktizierte Religionstoleranz für die Betroffenen in jedem Fall ein Vorteil, unabhängig von der Motivlage des Herrschers, der die Toleranz gewährt. Und aus den Schriften Friedrichs des Großen kann man nachweisen, dass es ihm nicht bloß um religiöse Indifferenz ging, sondern dass er aus Prinzip für Religionstoleranz war.[5] Diese war für ihn auch eine Lehre aus den religiösen Bürgerkriegen seit der Reformation. An ihnen erkennt man überhaupt sehr deutlich die riesige Bedeutung religiöser Toleranz, und in der Propagierung von Religionstoleranz entspricht Friedrich der Große ganz den Überlegungen und Forderungen der europäischen Aufklärung. Im europäischen Vergleich war das Preußen Friedrichs des Großen einer der tolerantesten Staaten. Nehmen Sie beispielsweise die Zensur aufklärerischer Schriften in Frankreich. Da war Friedrich Wilhelm II. dann eher im europäischen Durchschnitt, wenn er die Zensur wieder einführte, die sein Vorgänger erheblich eingeschränkt hatte.

Im Hinblick auf die Rechtsreformen ist das Preußen Friedrichs des Großen dann geradezu revolutionär. Das betrifft etwa das Prozessrecht, das Verbot sogenannter königlicher Machtsprüche – auch wenn sich Friedrich im Falle des Müllers Arnold selbst nicht daran gehalten hat. Neben dem Prozessrecht wird dann auch das bürgerliche Recht insgesamt reformiert, und hier ist es ebenfalls revolutionär, dass der Herrscher 1785 aufgrund einer Anregung des Großkanzlers von Carmer eine öffentliche Debatte über das *Allgemeine Landrecht für die preußischen Staaten* anstößt. In keinem anderen europäischen Staat fand 1785 eine öffentliche Debatte über grundlegende Gesetzesvorhaben statt. Nach der Französischen Revolution war das natürlich anders, aber die preußische Debatte fand vier Jahre vorher statt. Und natürlich kann man über die Beurteilung des *Allgemeinen Landrechts* unterschiedlicher Meinung sein, aber es spricht schon viel dafür, dass es sich um eine Art Ersatzverfassung handelte. Es stimmt zwar, dass ständische Privilegien aufrechterhalten wurden, insofern handelt es sich noch um eine ständische Verfassung, aber es hat in bestimmten Rechtsmaterien ein überständisches Recht geschaffen und die absolute Regierungsgewalt rational eingebunden. Das liegt ausschließlich in der Tradition der von Friedrich dem Großen angestoßenen Rechtsreformen. Einer der für die Ausarbeitung des Allgemeinen Landrechts federführenden Juristen, Ernst Ferdinand Klein, meinte, in Preußen bräuchte man nach 1789 keine Revolution, da man bereits eine Reform

---

5 Vgl. Frank-Lothar Kroll, Das Problem der Toleranz bei Friedrich dem Großen (2000). Wiederabgedruckt in: Ders., Das geistige Preußen. Zur Ideengeschichte eines Staates. Paderborn/München/Wien/Zürich 2001, S. 11–30.

gehabt habe. Klein war wie sein Kollege Carl Gottlieb Svarez ein durchaus kritischer juristischer Analytiker, kein blinder Preußenverehrer.

Auch heute noch fragen sich Historiker, warum es in Frankreich eine Revolution gab, in vielen deutschen Staaten aber nicht? Für Preußen lautet eine Antwort auf jeden Fall, dass es durch die Reformen am Ende des 18. Jahrhunderts bereits in Ansätzen ein Rechtsstaat geworden war. Insofern ist dem Diktum Madame de Staëls zuzustimmen, dass Preußen ein Janusgesicht hat: ein kriegerisches und ein aufgeklärtes, philosophisch-literarisch-künstlerisches Gesicht.[6]

Hasselhorn:

An der Hohenzollerndebatte wie an anderen historischen Debatten der Gegenwart, etwa der Diskussion über den Umgang mit historischen Denkmälern, kann man meines Erachtens sehr gut sehen, was passiert, wenn die wesentliche Aufgabe der Geschichtswissenschaft, historische Phänomene in ihren Zeitkontext einzuordnen, vernachlässigt wird: Dann verflacht eine Debatte, weil die Vergangenheit nur noch mit den politischen, rechtlichen oder moralischen Maßstäben der Gegenwart gemessen wird.

Zugleich wäre es doch aber problematisch, wenn man unsere heutigen Maßstäbe ganz ausklammern würde. Gerade an der Denkmaldiskussion scheint mir das ganz evident zu sein: Natürlich kommt ein Denkmal jeweils aus einem spezifischen Zeithorizont und muss historisiert und kontextualisiert werden. Aber zugleich stellt sich – zumal bei einem Denkmal im öffentlichen Raum – die Frage, warum wir heute dieses Denkmal überhaupt an Ort und Stelle stehen lassen wollen. Dafür muss es positive Gründe geben. Ich will damit keinem Denkmalsturm das Wort reden, und ich halte es auch nicht für richtig, Denkmäler immer dann abzureißen, wenn die verehrte Person auch Dinge getan hat, die wir heute negativ beurteilen und von denen wir uns distanzieren. Denn Schwächen, Fehler und Negatives finden Sie bei jeder Person und jedem Ereignis, dann müssten Sie faktisch jedes Denkmal abreißen. Aber es muss ja auch einen positiven Grund geben, warum eine Person oder ein Ereignis heute Teil unserer Erinnerungskultur sein sollte.

Verstehe ich Sie vor diesem Hintergrund richtig, dass natürlich die preußischen Rechtsreformen des 18. Jahrhunderts historisch kontextualisiert gehören und man sie nicht einfach mit den rechtsstaatlichen Maßstäben des 21. Jahrhunderts gleichsetzen kann; dass man aber zugleich als Historiker zeigen kann, inwiefern von einem solchen heutigen Maßstab von Rechtsstaatlichkeit her beurteilt die preußischen Rechtsreformen eine positive Ent-

---

6 Vgl. Bernd Heidenreich/Frank-Lothar Kroll, Macht- oder Kulturstaat? Preußen ohne Legende. Berlin 2002.

wicklung – eben hin zur Rechtsstaatlichkeit – anzeigen? Gehört also, überspitzt gesagt, die positive Seite des preußischen Janusgesichts auch zu unserer
heutigen historischen Erinnerungskultur dazu?

Möller:

Natürlich sind wir Historiker immer auch Kinder unserer eigenen Zeit.
Unsere heutigen Maßstäbe prägen die Art, wie wir Fragen an die Geschichte
formulieren. Aber es bräuchte ja gar keine Geschichtswissenschaft, wenn es
einfach nur unser Ziel wäre, die Vergangenheit zu verurteilen. Wir müssen
prinzipiell versuchen, sie im hermeneutischen beziehungsweise historischen
Sinne zu „verstehen", selbst wenn uns das insbesondere in der Geschichte
des 20. Jahrhunderts immer wieder an Grenzen führt. Im Übrigen bedeutet
„verstehen" nicht, nach heutigen Maßstäben zu billigen.

Wenn wir nur Denkmäler von verehrungswürdigen Personen stehen lassen
würden, dann würde ich beispielsweise alle noch existierenden Hindenburg-
Denkmäler abreißen, denn ich halte Hindenburg für ein wirkliches Verhängnis. Aber Denkmäler sind eben auch Zeitdokumente, sie haben außerdem oft
einen künstlerischen Wert, in jedem Fall eine kulturgeschichtliche Aussagekraft. Selbst wenn Sie Friedrich dem Großen weniger wohlgesonnen wären
als ich, müssten Sie doch anerkennen, dass das Denkmal von Christian Daniel Rauch Unter den Linden in Berlin ein großartiges Kunstwerk ist – wie
überhaupt von den Hochleistungen der preußischen Kunst- und Literaturge-
schichte vom 18. Jahrhundert bis in die Weimarer Republik viel zu wenig in
der aktuellen Debatte die Rede ist. Ohne diese Dimension ist die Geschichte
Preußens (und für bestimmte Epochen auch die der Hohenzollern) aber ver-
fälschend reduziert.

Und was den Ort Preußens in unserer Erinnerungskultur betrifft: Selbstverständlich darf die preußische Tradition in all ihrer Ambivalenz Teil davon
sein. Preußen ist im 18. und 19. Jahrhundert prägend für die deutsche Geschichte, und zwar nicht nur als Militärstaat, sondern eben auch als Kulturstaat. Denken Sie an die Universitätsidee Wilhelm von Humboldts, denken
Sie an die vielfältige Kunstförderung in Preußen. Aber denken Sie auch an
Preußen als Rechts- und Verfassungsstaat. Heute wird gerne das „reaktionäre" preußische Dreiklassenwahlrecht hervorgehoben; reaktionär war es
aber nur in der Rückschau, 1850 war es zeitgemäß, und es gab in Europa zu
diesem Zeitpunkt auch Staaten, die gar kein Wahlrecht gewährten. Das Wahlrecht des Norddeutschen Bundes von 1867, das dann auch das Wahlrecht im
Deutschen Reich von 1871 wurde, war das modernste Wahlrecht Europas, ja
weltweit.

Hasselhorn:

Nun spielt ja die historische Bedeutung der Hohenzollern im 18. und 19. Jahrhunderts für die aktuelle Hohenzollerndebatte höchstens eine mittelbare und implizite Rolle, weil das generelle Hohenzollernbild Auswirkungen darauf hat, wie aktuelle Entschädigungsforderungen sozusagen emotional und erinnerungskulturell bewertet werden. Explizit geht es in der Debatte nur um das, was die Hohenzollern zwischen 1918 und 1945 getan haben; aus juristischer Perspektive ist sogar ausschließlich das Handeln des vormaligen Kronprinzen Wilhelm von Preußen relevant. Michael Wolffsohn und Frank-Lothar Kroll haben in diesem Zusammenhang zu bedenken gegeben, dass man durch eine Verengung des Blicks nur auf die erste Hälfte des 20. Jahrhunderts den Hohenzollern historisch nicht gerecht werde.[7] Stimmt das? Oder läuft man umgekehrt Gefahr, zu einer Art Aufrechnungsdenken zu kommen, nach dem Motto: *„Allgemeines Landrecht* sticht Wahlaufruf für Hitler"?

Möller:

Vor so einer Art Aufrechnung sollte man sich in der Tat hüten. Aber es ist natürlich richtig, darauf zu verweisen, dass ein gerechtes historisches Urteil über die Hohenzollern sich nicht auf die Zeit zwischen den beiden Weltkriegen oder gar nur auf die Person des Kronprinzen beschränken kann. Natürlich sind die Kulturleistungen der Hohenzollern etwas Positives. Natürlich haben sie wichtige Anregungen gegeben für die Entwicklung zu einer Politik der Rechtsstaatlichkeit und Toleranz. Das schon erwähnte Janusgesicht Preußens ist nichts spezifisch Preußisches, sondern die ganze Menschheitsgeschichte ist von Ambivalenzen geprägt.

Das gilt auch für die heute wieder heiß umstrittene Reichsgründung 1871 beziehungsweise das Bismarck-Reich, bei denen meines Erachtens neben wichtigen und begründeten Kritikpunkten eben auch viel Positives zu konstatieren ist. Die Einschätzung, Preußen hätte dem Rest der Welt geradezu widerrechtlich die Reichseinigung aufgezwungen, ist doch Unsinn. Überall in Europa, und eben auch in Deutschland, gab es eine starke Nationalbewegung und einen Drang zur Nationalstaatlichkeit. Warum sollten ausgerechnet die Deutschen keinen Nationalstaat bilden dürfen, den viele andere Völker bereits hatten, vor allem die Franzosen, und den die Italiener damals ebenfalls schufen? Den Drang zur Nationalstaatlichkeit heute rein negativ zu werten heißt wiederum nur, ihn mit aktuellen, von Nationalismus und Krie-

---

[7] Michael Wolffsohn, Geist und Geister: (fast) tausend Jahre Hohenzollern – eine kleine Chronologie der historischen Ereignisse wider die Hohenzollern-Dämonologie, in: Neue Zürcher Zeitung vom 1. März 2020; Frank-Lothar Kroll, Das Recht der Hohenzollern, in: Frankfurter Allgemeine Zeitung vom 21. Oktober 2020.

gen des 20. Jahrhunderts geprägten Wertmaßstäben zu beurteilen. 1871 steht in diesem Sinne selbstverständlich auch in der Entwicklungslinie von 1848. Das zu sagen, heißt nicht, die Verfehlungen des Kaiserreichs oder Wilhelms II. – vor allem im Ersten Weltkrieg – kleinzureden. Man verteidigt damit auch keineswegs das vollkommen inakzeptable politische Verhalten des Kronprinzen in der Endphase der Weimarer Republik beziehungsweise am Beginn der NS-Diktatur.

Die Debatte über das politische Verhalten des Kronprinzen finde ich allerdings völlig absurd. Auf der rechtlichen Ebene halte ich es – obwohl das die Gesetzeslage ist – für zutiefst problematisch, Eigentumsansprüche unter eine Art Gesinnungsvorbehalt zu stellen und bisweilen, zumindest in der öffentlichen Diskussion, nach dem Muster einer Sippenhaftung zu argumentieren und die Hohenzollern insgesamt für das fatale Verhalten des Kronprinzen oder auch Wilhelms II. haftbar zu machen. Ich verstehe die moralische Empörung angesichts der Massenverbrechen des NS-Regimes gut, aber mir scheint hier oft auch die Grenze zwischen politisch verantwortungslosem Handeln und wirklich verbrecherischem Handeln verwischt zu werden.

Die historische Ebene der Debatte ist wiederum nicht nur absurd, sondern geradezu albern. Nach Jahrzehnten intensiver Weimar-Forschung, in der der Kronprinz maximal als unbedeutende Randfigur vorgekommen ist, nun in der Öffentlichkeit den Eindruck zu erwecken, die Republik sei am Kronprinzen gescheitert, die Machtergreifung sei gleichsam nur durch ihn möglich geworden, ist wissenschaftlich ignorant. Dabei missachtet man die unzähligen Strukturprobleme der Weimarer Republik und die vielfältigen Ursachen ihres Scheiterns, sowohl die längerfristigen als auch die dann entscheidenden kurzfristigen.

Hasselhorn:

Hat Sie diese Debatte überrascht?

Möller:

Über vieles kann man sich jedenfalls nur wundern. Über eines allerdings wundere ich mich nicht: Die Vorsitzende des Historikerverbandes, Eva Schlotheuber, hat im vergangenen Jahr gemeinsam mit Eckart Conze eine Stellungnahme veröffentlicht, die mich zum Austritt aus dem Verband bewogen hätte, wenn ich nicht schon vorher ausgetreten wäre.[8] In der Stellungnahme wurde nämlich behauptet, es gebe keinen Dissens in der Beurteilung des politischen Verhaltens des Kronprinzen. Dazu kann ich nur sagen: Der

---

[8] Eva Schlotheuber/Eckart Conze, Die Ehre der Familie, in: Frankfurter Allgemeine Zeitung vom 8. September 2020.

Historikerverband ist ein Interessenverband von Historikern – kein Lobby-verein, der fachspezifische Urteile abzugeben hat. Hier hat der Verband eine ungute Tendenz zur Politisierung und Ideologisierung der Wissenschaft fort-gesetzt. Die Vorsitzende ist im Übrigen Mediävistin, also fachlich unzustän-dig. Conze hat zwar eine wichtige exemplarische Studie zum deutschen Adel im 20. Jahrhundert vorgelegt[9], Strukturanalysen zum Scheitern der Weimarer Republik oder zur NS-Machtergreifung aber meines Wissens nicht.

Hasselhorn:

Aber hilft die Debatte nicht zumindest, die spezifische Rolle des Kronprin-zen beim Scheitern der Weimarer Republik genauer zu bestimmen?

Möller:

Das soll und darf gerne geschehen, aber dazu ist erstens Quellenforschung nötig, die im Laufe des letzten Jahres nun endlich intensiviert wurde, und zweitens darf man den Stellenwert einer tatsächlich unbedeutenden Figur wie Kronprinz Wilhelm nicht so maßlos übertreiben, wie das zuweilen geschieht. In keiner der maßgeblichen Untersuchungen zum Ende der Weimarer Repu-blik spielt er eine zentrale Rolle; in den meisten dieser Untersuchungen spielt er gar keine.[10]

Um nicht missverstanden zu werden: Natürlich hat der Kronprinz sich in den 1930er Jahren pro-nationalsozialistisch geäußert und hat politisch voll-kommen unverantwortlich agiert. Aber für ein seriöses Urteil muss man seine Handlungen im Einzelnen analysieren und kontextualisieren und kann nicht einfach aus dem Handgelenk irgendwelche Behauptungen aufstellen. Wenn man die im Zentrum stehende Frage nach der erheblichen Vorschubleistung für die NS-Machtergreifung beantworten will, muss man eine empirische Untersuchung der faktischen politischen Wirkung des Kronprinzen erarbeiten und sie in den Kontext der anderen Ursachen der Machtergreifung einordnen. Es kommt also nicht auf die sinistren nationalsozialistischen Absichten des Kronprinzen an, sondern auf die Gewichtung ihrer politischen Wirkung. Des-halb, wie gesagt, kann ich mich über die Hohenzollerndebatte nur wundern. Sie ist durch und durch ignorant.

---

[9] Eckart Conze, Von deutschem Adel. Die Grafen von Bernstorff im 20. Jahrhun-dert, München 2000.

[10] Vgl. etwa Horst Möller, Die Weimarer Republik. Demokratie in der Krise, Mün-chen 2018 (12. mehrfach überarbeitete und erweiterte Auflage).

Hasselhorn:

Sehen Sie eine Chance, dass die Debatte trotzdem positive Effekte haben kann? Glauben Sie zum Beispiel, dass sie am Ende einen wissenschaftlichen Ertrag bringen wird?

Möller:

Momentan geht es wissenschaftlich in erster Linie um Schadensbegrenzung. Was wir im Rahmen der Hohenzollerndebatte erleben, ist ein Rückfall in überlebte Denkmuster, in ein geradezu groteskes Schwarz-Weiß-Denken. Die Preußenforschung ist bereits in den früheren Generationen mit Otto Hintze, Reinhold Koser, Fritz Hartung, Carl Hinrichs, Gerhard Oestreich, Hans Rosenberg, Francis L. Carsten, Walter Bußmann, Otto Büsch, Ilja Mieck, Gerd Heinrich, später Johannes Kunisch, heute Wolfgang Neugebauer, Hans Christof Kraus, Frank-Lothar Kroll, Christopher Clark und anderen sehr bereichert und differenziert worden. Die Geschichtswissenschaft sollte sich unbedingt dagegen wehren, dass diese Errungenschaften in der öffentlichen Debatte einfach ignoriert werden und man stattdessen – vielleicht nicht explizit, aber dem Sachgehalt nach – die wissenschaftlich längst widerlegte Sonderwegthese aufwärmt. Die preußische und deutsche Geschichte ist aber genauso wenig wie irgendeine andere Geschichte nur von Irrwegen gekennzeichnet, und es führt auch keineswegs ein gerader Weg vom Kaiserreich zu Hitler– obgleich dieser natürlich alles andere als bloß ein „Betriebsunfall" war. Und bei dieser Debatte wird das Weimarer Preußen, das nicht ohne Grund als „Bollwerk der Demokratie" bezeichnet wurde, völlig ignoriert.[11]

Hasselhorn:

Wie erklären Sie sich diese Inkognito-Renaissance der Sonderwegthese?

Möller:

1981 habe ich als damals Stellvertretender Direktor des Instituts für Zeitgeschichte ein Kolloquium über die These vom deutschen Sonderweg veranstaltet, an dem Karl Dietrich Bracher, Thomas Nipperdey, Michael Stürmer, Ernst Nolte und Kurt Sontheimer teilnahmen.[12] Die beteiligten Historiker äußerten sich generell differenziert zu der Frage, ob es einen deutschen Sonderweg gab oder nicht. Der Politikwissenschaftler Kurt Sontheimer dagegen überraschte uns, indem er in der Diskussion unumwunden erklärte, dass die

---

[11] Vgl. Horst Möller, Parlamentarismus in Preußen 1919-1932, Düsseldorf 1985; Hagen Schulze, Otto Braun oder Preußens demokratische Sendung, Berlin 1977.
[12] Deutscher Sonderweg – Mythos oder Realität?, München/Wien 1982.

Sonderwegthese unbedingt in Geltung bleiben müsse, und zwar unabhängig davon, ob sie historisch zutreffend sei oder nicht, nämlich aus politisch-pädagogischen Gründen.

Ähnliche Gründe vermute ich hinter der aktuellen Sonderwegs-Renaissance. Ich kann die dahinter stehende Sorge um die Stabilität der bundesdeutschen Demokratie nachvollziehen. Ich halte es aber für völlig verfehlt, die richtige und wichtige Frage nach den Ursachen der Katastrophe des Nationalsozialismus gewissermaßen bewusst falsch oder zumindest unterkomplex zu beantworten, weil man sich dadurch einen politischen Gewinn erhofft. Das schadet sowohl der Wissenschaft als auch der politischen Kultur unserer Demokratie, weil Geschichtsklitterungen immer in die Irre führen. Einmal abgesehen davon, haben wir die Debatte über das Kaiserreich schon auf viel höherem Niveau zwischen Hans-Ulrich Wehler und Thomas Nipperdey vor etwa vierzig Jahren erlebt. Bezeichnenderweise wird das große Werk von Nipperdey in der Debatte kaum erwähnt.

„... eine hochkomplexe Materie"

Von *Lothar Machtan*, Berlin

Im Gespräch mit Tita von Hardenberg[1]

von Hardenberg:

Sie haben sich schon für Ihr Buch „Kaisersturz" und andere Arbeiten intensiv mit den Hohenzollern beschäftigt und auch Zugang zum Familienarchiv gehabt. Was war für sie neu bei der jüngsten Recherche zum Kronprinzen?

Machtan:

Ja, das stimmt: ich habe viel über diese Herrscherdynastie geforscht. Doch das Familienarchiv auf der Burg Hohenzollern ist mir erst im letzten Jahr zugänglich gemacht worden. Das war neu und spannend. Denn ich konnte dort mit dem Kurator Stefan Schimmel gleichsam jeden Stein umdrehen, um die Überlieferung zur politischen Biografie des letzten deutschen Kronprinzen zu durchforsten. Allerdings war die Ausbeute am Ende doch überschaubar; manches, was ich mir als Biograf gewünscht hätte: etwa die Privatkorrespondenz von Wilhelm Kronprinz, ist leider vernichtet. Das Hohenzollernarchiv ist insofern nicht die Haupt-Ressource für meine Recherche gewesen: Ohne die Quellen, die im Geheimen Staatsarchiv des Preußischen Kulturbesitzes liegen, oder im Bundesarchiv sowie in diversen Bibliotheken, hätte ich dieses Buch nicht schreiben können.

von Hardenberg:

Beim sogenannten Hohenzollernstreit sind Historiker als Gutachter herangezogen worden und sind dabei zu sehr unterschiedlichen Beurteilungen der gleichen Fakten gekommen. Woran liegt das?

---

[1] Für ihre 3satKulturdoku „Die Schätze des Kaisers vor Gericht" (Erstausstrahlung am 7. August 2021) hat Lothar Machtan der Fernsehjournalistin Tita von Hardenberg ein einstündiges Interview gegeben, dessen Transkription im Folgenden vollumfänglich reproduziert wird.

Machtan:

Bei den vor 7 bzw. 5 Jahren erarbeiteten Gutachten handelt es sich um eine hochkomplexe Materie. Und zugleich um ein aufschlussreiches Kapitel deutscher Geschichtspolitik. Es soll – wie ich höre – demnächst Gegenstand einer eigenen kritischen Analyse von Historikern werden. Das ist gut so, ja höchste Zeit. Es gab viel Lärm um diese Expertisen. Aber eine wissenschaftliche Auseinandersetzung über ihren tieferen Sinn und Zweck, die gibt es leider bis heute nicht. – Diese Gutachten sind Auftragsarbeiten gewesen – finanziert von zwei Parteien, die damit einen veritablen Rechtsstreit unterfüttern, oder sagen wir besser: „munitionieren" wollten. Der Regierung von Brandenburg und der Familie Preußen. Die Expertisen sollten den Auftraggebern helfen, sich vor Gericht besser zu behaupten. Sie sind also – vorsichtig formuliert – eher Dossiers, Reporte. Und nicht – wie vielfach angenommen wird – streng wissenschaftliche Untersuchungen.

Ihr größtes Manko besteht darin, dass sie einer juristischen bzw. politischen Vorgabe folgen und keiner genuin wissenschaftlichen Fragestellung. Diese Überformung ihres Forschungsauftrags durch gerichtliche bzw. politische Verwertungsinteressen hat bei den Autoren so etwas wie eine „Haltungswissenschaft" erzeugt. Die Gutachter bewerten mehr, als dass sie analysieren. Und das auf damals noch recht schmaler Quellenbasis.

von Hardenberg:

Ist der Begriff „erheblicher Vorschub" eine historische Kategorie?

Machtan:

Jedenfalls ist es keine historisch-analytische Kategorie. Es ist eine von Juristen erdachte Begrifflichkeit. Damit soll die Entschädigungswürdigkeit eines Menschen beurteilt werden, der Ansprüche auf Ausgleichszahlungen an den deutschen Staat stellt. Und zwar für Enteignungen, die nach dem Zweiten Weltkrieg vorgenommen wurden. Es geht also um die moralische Berechtigung, um die Integrität des Anspruchsstellers. Um seine *Würde*. Historiker sollten mit solchen Kategorien besser nicht arbeiten. Historiker sollten möglichst unparteiisch untersuchen, wie es wirklich gewesen ist. Auch schonungslose Aufklärung enthebt sie nicht ihrer Aufgabe, auf innere Distanz zu ihren Probanden zu gehen und zu bleiben. Vor allem aber darf sich der professionelle Historiker der schwierigen Aufgabe des geschichtlichen Verstehens nicht verweigern, wenn er der Sache auf den Grund gehen will.

von Hardenberg:

Das Urteil, ob der Kronprinz erheblichen Vorschub geleistet hat, ist in der öffentlichen Meinung bereits gefällt. Aufgrund der unbestrittenen Fakten. Auch Sie beschreiben ja sehr farbig und detailliert, wie bereitwillig sich Kronprinz Wilhelm in den Dienst der NS-Bewegung stellte. Er wollte Hitler zur Macht verhelfen und hat dafür getan, was er nur konnte. Wie kann es da noch einen Zweifel daran geben, dass das als erheblicher Vorschub zu werten ist?

Machtan:

Da wäre ich etwas vorsichtiger.

Zunächst einmal: die vielzitierten, aber selten gründlich gelesenen Gutachten sind nie einer geschichtswissenschaftlichen Qualitätskontrolle unterzogen worden; und auch diskursiv niemals öffentlich „verteidigt" worden. Dabei bedurften diese Statements seit ihrer sensationsheischenden Veröffentlichung im Netz eigentlich dringend einer kritischen Einordnung durch Fachwissenschaftler. Etwa durch ein öffentliches Symposium. Diese Einordnung hätte der publizistischen Vermittlung der Ergebnisse unbedingt vorgeschaltet werden müssen. Nur weil sie unterblieb, konnte das große Publikum zu der Ansicht gelangen, „die Geschichtswissenschaft" habe zweifelsfrei festgestellt: Wilhelm Kronprinz hat „dem Nationalsozialismus erheblichen Vorschub geleistet". Ob das tatsächlich der Fall ist, sollen uns aber gefälligst die Juristen sagen. Und ich persönlich bin mir gar nicht so sicher, wie die Richter am Verwaltungsgericht Potsdam hier urteilen werden.

Zum zweiten sollten wir deutlicher in Rechnung stellen, über welche Epoche unserer Geschichte wir hier überhaupt reden. Für eine politische Einflussnahme öffnete sich dem Kaisersohn ja nur ein schmales Zeitfenster: die Jahre 1931 bis 1934. Danach sinkt seine politische Bedeutung unter null. Wir reden also nicht über *den* Nationalsozialismus mit allen seinen monströsen Menschheitsverbrechen. Denn mit denen hat er nur insoweit zu tun, als er hier wegschaute und das Entsetzliche geschehen ließ – so, wie die große Mehrheit der Deutschen leider. Seine Verantwortung, seine „Schuld" liegt woanders. Ihre Spuren sind in den frühen 1930er Jahren zu finden und entsprechend zu lesen. Und da reden wir über den Aufstieg der Hitlerbewegung zur stärksten Partei im Deutschen Reich. Über die legale Ernennung des Nazi-Führers zum deutschen Reichskanzler; schließlich über den Ausbau seiner Herrschaft zu einer faschistischen Diktatur. Die Kernfrage lautet mithin: Welchen Anteil hatte Wilhelm Kronprinz an dieser in der Tat verhängnisvollen Politikgeschichte? Hat er sie gleichsam mitgeschrieben? Oder hätte die Entwicklung auch ohne sein Zutun einen ähnlichen Verlauf genommen? Und noch etwas muss hier berücksichtigt werden: Zu Beginn der 1930er Jahre war die Perspektive der Zeitgenossen auf den Nationalsozialismus eine ganz andere als unsre heutige.

Große Teile der Gesellschaft hatten damals ihr Vertrauen in die Handlungsfähigkeit des politischen Systems verloren. Viele trauten Hitler die Rolle eines neuen Sinnstifters und Krisenmanagers zu. Seine Bewegung war als ein beispielloses politisches Phänomen in Erscheinung getreten, das den Erfahrungshorizont vieler Kreise sprengte. Die totalitäre Gefahr, die von ihm ausging, wurde vielfach unterschätzt. Auch deshalb wurde die Notwendigkeit seiner entschiedenen Ablehnung viel zu spät erkannt. Das soll keine Entschuldigung sein – aber das ist der historische Kontext.

Diesen Zusammenhang habe ich in meinem Buch „Der Kronprinz und die Nazis" sorgfältig und quellennah rekonstruiert. Das ist meine Erzählung. Dabei bin ich zu dem Ergebnis gekommen, dass die Nähe des ehemaligen Kronprinzen zu Hitler und anderen Führern der NSDAP vor allem in den Jahren 1931/32 eklatant gewesen ist. Da kommt es zu einer regelrechten Kollaboration zwischen dem gewesenen Kronprinzen des zweiten und dem Möchtegern-Führer eines womöglich dritten Reiches. Für einige Monate scheinen sie im jeweils anderen einen Alliierten und womöglich auch politischen Gewichtsverstärker erblickt zu haben. Doch noch vor Hitlers Machtantritt hat sich diese Beziehung wieder stark abgekühlt. Beiderseitig!

Keine Frage: Schon dieses Gebaren des Kronprinzen ist heikel, ja verwerflich – aber auch „normaler" Machtpoker, wie wir ihn aus der Politikgeschichte zur Genüge kennen. Politisch weltbewegend war dieses Tete-a-Tete wohl eher nicht. In moralischer Hinsicht beginnt der eigentliche Sündenfall unseres Protagonisten erst, als Hitlers Regierung der „nationalen Konzentration" am 30. Januar 1933 ohne sein Zutun in den Sattel gehoben wird. Das ist der moralpolitische Kippmoment. Denn Wilhelm meint nun unbedingt, sich outen, ja committen zu müssen – um es einmal neudeutsch zu sagen. Und er tut es: indem er sich unaufgefordert zum royalen Aushängeschild des Dritten Reiches macht und die sog. Machtergreifung nach außen legitimiert. So wird Wilhelm gleichsam zur politischen Gratisressource des Diktators, aus der sich Hitler eine Zeit lang gerne bedient, ohne sich damit zu irgendetwas zu verpflichten. Wir haben es hier mit einem ganz unnötigen Akt vorauseilender Loyalität zu tun. Mit dieser – ich würde sagen – „Nachschubleistung" hat Wilhelm sich schon Ende 1933 in einen Teufelskreis manövriert, aus dem es dann kein Entrinnen mehr gab. Er ist hier in die Falle seiner selbst gelaufen.

von Hardenberg:

War Wilhelm von Preußen Nationalsozialist? Was hat ihn angetrieben?

Machtan:

In ideologischen Kategorien gedacht, war Wilhelm kein Nationalsozialist. Er war ein rechtsradikaler Antidemokrat, der die Weimarer Republik hasste. Und durch ein autoritäres Militär-Regime ersetzen wollte. Idealerweise mit einer monarchischen Staatsspitze. Die sollte das Haus Preußen stellen. Bis weit in das Jahr 1933 hinein glaubte er allen Ernstes, dass eine solche Staatskrone für seine Familie nur durch Unterstützung Hitlers zurückzugewinnen sei. Deshalb sein anhaltendes Werben um die Einbeziehung der NSDAP in die von ihm erstrebte Einheitsfront der Gesamtrechten. Er hat sich dafür eingesetzt, an Hitler politische Gestaltungsmacht zu übertragen. Allerdings mit einer Zielstrebigkeit, die man erratisch nennen muss. Sein Mantra blieb die Forderung nach autoritären Lösungen, für welche politischen Problemlagen auch immer.

von Hardenberg:

Der Kronprinz brüstete sich damit, den Nazis zwei Millionen Wählerstimmen beschafft zu haben. Sehen Sie das auch so?

Machtan:

Um solche Sprüche zu beurteilen, muss man wissen: wann und wo sie gefallen sind. Diese spezielle Angeberei findet sich in einem Brief, den Wilhelm im Sommer 1934 an den nazifreundlichen britischen Pressezaren Lord Rothermere geschrieben hat. Der stand damals in engerem Kontakt zu Hitler, während der Kaisersohn bereits vom Hof des Diktators verbannt war. Rothermere sollte ihm gleichsam ein neues Entreebillet bei Hitler & Co besorgen, ihm dort mehr Gehör verschaffen. Dafür musste der Aussortierte seine Verdienste um Hitlers Aufstieg entsprechend aufblasen. Was sein Engagement für Hitler bei den Reichspräsidentenwahlen im Frühjahr 1932 – und darauf bezieht sich der Ausspruch – tatsächlich an Stimmen erbracht hat, ist reine Spekulation.

von Hardenberg:

Wie gewichtig war sein Wahlaufruf in der Schlesischen Zeitung?

Machtan:

Diese Wahlempfehlung für Hitler Anfang April 1932 hat jedenfalls ein lebhaftes Echo in der politischen Öffentlichkeit gefunden – allerdings ein überwiegend negatives. Denn selbst ultrakonservative Kreise fanden diese politische Reklame fehl am Platz. Übrigens war Wilhelm damals nicht der einzige Royal, der für die Wahl Hitlers zum Reichspräsidenten eintrat; auch der Herzog von Coburg hat einen solchen Aufruf unterschrieben – und Wilhelms Vater, der deutsche Ex-Kaiser und dessen 2. Ehefrau Hermine, haben ebenfalls keinen Anstand daran genommen. Hitler hat sich erfreut darüber geäußert; ob ihm das wahlpolitisch sehr viel eingebracht hat, das wissen wir nicht. Viel massenwirksamer war, dass viele Veteranen des Ersten Weltkriegs in ihm den Frontsoldaten sahen und ihm von daher Vertrauen entgegenbrachten. Beispiel: der Kyffhäuser-Bund mit knapp drei Millionen Mitgliedern, die 1932 von Hindenburg zu Hitler schwenkten.

von Hardenberg:

Er hat sich bei der Propaganda Veranstaltung in der Garnisonskirche und bei anderen Anlässen für die NS Bewegung geworben und damit das symbolische Kapital seiner Stellung zur Verfügung gestellt. Hat er damit nicht wesentlich zur Vertrauensbildung beigetragen, indem er suggerierte, dass die Nationalsozialisten die Preußischen Traditionen weiterführen würden?

Machtan:

Zunächst einmal muss man festhalten, dass Wilhelm bei dem Spektakel in der Garnisonkirche nur eine Nebenfigur war. Und dass er mit seinem schlechten Ruf auch nur wenig „symbolisches Kapital" in diese Inszenierung einzubringen hatte. Der Hauptstar war mit großem Abstand zu aller anderen dort versammelten Prominenz der greise Reichspräsident und Generalfeldmarschall Hindenburg. IHM hat Hitler mit einer genial-demagogischen Rede in der Garnisonkirche gehuldigt, nicht den Hohenzollern. Insofern ist vor allem Hindenburg zum Resonanzverstärker der Propaganda geworden, dass die Nationalsozialisten die Preußischen Traditionen weiterführen würden. – Das gegenwärtig immer wieder gezeigte Bild des Kronprinzen mit Hitler in Potsdam ist damals meines Wissens gar nicht veröffentlicht worden. Seine Verwendung als Aufmacher-Bild suggeriert Dokumentation; ist aber tatsächlich eine bildjournalistische Inszenierung von heute.

von Hardenberg:

Er hat von 1932 an in Interviews, Bildern, Aufrufen aber auch geheimen Absprachen mit Hitler der NS-Bewegung gedient. Und auch bis Ende nicht damit aufgehört. In welchem Zeitraum war das Gebaren Wilhelms aus Ihrer Sicht überhaupt von erheblichem Nutzen für die Nazis?

Machtan:

Fragen wir doch erst einmal, was für einen politischen Nutzen sich die Nazi-Führung von Wilhelm Kronprinz versprochen hat. Da würde ich sagen: 1932/33 einiges – wenngleich da immer auch viel Ressentiments mit im

Spiel waren, namentlich bei Göbbels, aber auch bei Göring und Hitler. Mit der Etablierung und Konsolidierung der Nazi-Diktatur in den Jahren 1933/34 wurde diese Unterstützung freilich immer entbehrlicher. Und ab Sommer 1934 versprachen sich die braunen Machthaber rein gar nichts mehr von den Hohenzollern. Im Gegenteil, sie wollten nichts mehr von ihnen wissen und haben sie aus dem öffentlichen Leben weitestgehend ausgegrenzt. Seine Einlassung mit Hitler ist unbestreitbar, und sie war gewollt. Aber was das machtpolitisch bewirkt hat, ist nicht klar erkennbar. Der Pakt mit Hitler funktionierte nur so lange, wie es ein gemeinsames Ziel gab: die Zerstörung der Weimarer Demokratie. Für den Kaisersohn war sie Selbstzweck; für Hitler war sie eher „kreativer" Zweck, nämlich ein Mittel zu Errichtung seiner totalitären Führerdiktatur – also ein Durchgangsstadium.

von Hardenberg:

Sie schreiben, er agierte „in den Kulissen der Macht". Was heißt das?

Machtan:

Das Feld, in dem Politiker normalerweise agieren, ist ja nicht zuletzt die Öffentlichkeit. Sie halten Reden, geben Interviews und agitieren die Massen. Das alles hat Wilhelm Kronprinz NICHT getan – oder jedenfalls nur ganz selten. Da hat er sich auffällig bedeckt gehalten. Nach öffentlichen Ausdrucksformen eigener politischer Gedanken sucht man vergeblich. Sein Politikfeld war das Hinterzimmer, wo er mit Politprominenz aus der ersten Reihe – also Schleicher, Papen, Neurath und nicht zuletzt Hitler – kungelte. Darüber hinaus ist er immer wieder mit privaten Schreibebriefen bei Entscheidungsträgern wie Reichswehrminister Groener oder Reichspräsident Hindenburg vorstellig geworden, um politische Schritte anzumahnen oder sie sonst wie zu beeinflussen. Freilich ohne nennenswerten Erfolg.

von Hardenberg:

Brauchte Hitler ihn, um das Vertrauen monarchistisch gesinnter Kreise zu erlangen?

Machtan:

Eine politisch bedeutsame monarchistische Bewegung hat es in den 1930er Jahren im Deutschen Reich nicht mehr gegeben – am ehesten vielleicht noch in Bayern. Außerdem war die politische Strahlkraft der Hohenzollern-Monarchie ziemlich verblasst. Eine maßgebliche politische Interpretationsinstanz ist sie in Weimarer Republik schon gar nicht gewesen. Deshalb brauchte Hitler auf ein dezidiert monarchisches Zugpferd gar nicht zu setzen. Auch der SA-Gruppenführer August Wilhelm, der Bruder des Kronprinzen, den die

Nazis gerne als Massenredner auf die Bühne stellten, hat dort nie an monarchische Gefühle appelliert, um sein Publikum für Hitler zu begeistern. Schließlich war der ehemalige Kronprinz für eine solche Aufgabe auch schon deshalb ungeeignet, weil sein wenig königlicher Lebensstil in krassem Gegensatz zu den konservativen Zukunftsvorstellungen von einem monarchischen Deutschland stand.

von Hardenberg:

Auch 1934 zeigt er sich weiterhin systemkonform. Warum? Was treibt ihn jetzt immer noch, nachdem sich doch alle seine Hoffnungen zerschlagen haben?

Machtan:

Dass er trotz seiner Marginalisierung auch nach 1934 weiterhin loyal zu Hitler steht und dem Dritten Reich NICHT abschwört, hat vor allem menschlich-allzu-menschliche Gründe. Er will gesellschaftlich und materiell überleben. Genauer: er will seinen royalen Status und seinen fürstlichen Lebensstil nicht einbüßen. Und vieles, was die Hitler-Regierung damals politisch machte, fand er auch weiterhin gut: die Wiedereinführung der allgemeinen Wehrpflicht 1935 etwa – um nur ein Beispiel zu nennen. So ist er zum willigen Mitläufer geworden.

von Hardenberg:

Im Hohenzollernstreit wird nicht nur juristisch, sondern auch moralisch argumentiert. Sie selbst sagen auch, die Kaiserfamilie sei 1926 nicht „richtig enteignet" worden. Hat der Kaiser-Nachfolger Georg in diesem Licht eigentlich Anspruch auf die Kulturschätze?

Machtan:

Ob Georg Friedrich legitime Ansprüche auf die sagenumwobenen Kunstschätze besitzt, müssen jetzt endlich die Gerichte klären. Die Staatspolitik hat ja da bis heute auf ganzer Linie versagt: trotz langjähriger Unterhandlungen hat sie keine befriedigende Regelung herbeigeführt – und auch keine Transparenz geschaffen. Dieses dilatorische Handlungsmuster zieht sich wie ein roter Faden durch die Geschichte dieser preußisch-deutschen Affäre, die einen langen Vorlauf hat. Schon die Gründungsväter der Weimarer Demokratie wussten keine politikfähige Antwort auf die Frage: Wie wickelt eine demokratische Republik eine gestürzte Monarchie auf gemeinnützige Weise ab? Damit hatte schon Friedrich Ebert 1918/19 ein Problem. Und einige Jahre später der sozialdemokratische Ministerpräsident in Preußen Otto Braun, als er 1926 im Landtag ein ausgesprochen hohenzollernfreundliches

Entschädigungsgesetz gegen die Bedenken seiner eigenen Fraktion durch-drückte. Mit dessen Bestimmungen, mit dessen rechtlicher Bindungskraft muss sich die Politik heute erneut herumschlagen. Es geht also nicht zuletzt um die Abarbeitung einer veritablen Altlast, für die auch Weimarer Demo-kraten mitverantwortlich sind. Das macht die politische Brisanz aus. Und deshalb tut sich die Politik heute so schwer damit.

von Hardenberg:

Sie schreiben, es war nicht der Nationalsozialismus, sondern eher der Re-publikanismus, der von Wilhelms Verhalten profitierte. Was meinen Sie da-mit?

Machtan:

Bis in den Ersten Weltkrieg hinein war die politische Idee einer monarchi-schen Verfasstheit des Staates in Deutschland mehrheitsfähig und sogar po-pulär – bis weit in demokratische Kreise hinein. Erst mit der Kriegsnieder-lage und dem politischen Versagen des deutschen Kaisers zerbrach dieses Ideal. Die hartnäckige Weigerung Wilhelms II., seinen Frieden mit der De-mokratie zu machen, oder wenigstens zurückzutreten, hat den monarchischen Gedanken weiter diskreditiert. Schließlich die Flucht von Kaiser und Kron-prinz nach Holland aus Angst vor revolutionären Unruhen – die haben dem Monarchismus in den 1920er Jahren fast das Lebenslicht ausgeblasen. Aber ganz tot war die Idee auch in den frühen 1930er Jahren noch nicht, wie man zum Beispiel in der Autobiografie von Reichskanzler Brüning nachlesen kann. Erst durch den Kotau der Hohenzollern und namentlich von Wilhelm Kronprinz vor Hitler und dessen Regime ist die Monarchie als verfassungs-politische Option endgültig gestorben. Für was sollte sie jetzt noch nützlich sein, nachdem sie ihren Anspruch auf Überparteilichkeit so offenkundig verraten und ihren moralischen Führungsanspruch an einen Verbrecher abge-treten hat? Seitdem kann man die republikanische Staatsform in Deutschland als irreversibel ansehen.

von Hardenberg:

Am Ende Ihres Epilogs laden Sie dazu ein, den Diskurs zu beginnen. Aber der ist doch schon im vollen Gange?

Machtan:

Wenn Sie unter Diskurs gut umgangssprachlich Streit verstehen, dann ha-ben Sie natürlich Recht. Was es seit gut zwei Jahren gibt, ist ein von vielen Seiten forcierter öffentlicher Meinungskampf. Aber dabei geht es fast aus-schließlich um die vermeintliche Anmaßung einer lange entthronten Königs-

familie, heute noch Besitztitel an wertvollen Kulturgütern für sich zu reklamieren. Den befeuern augenblicklich geschichtspolitische Aktivisten, bestimmte Medien und einige Historiker, die dabei um Deutungsmacht ringen.
Auch die Familie Preußen tut das, indem sie sich gerichtlich gegen alle
möglichen Zuschreibungen wehrt, die sie als imageschädigend wertet. Die
unaufgeregte Klärung der Gretchen-Frage, nämlich: was die Hohenzollern
tatsächlich mit dem Nationalsozialismus zu tun hatten, ist durch die Politisierung der Causa und die Überpolarisierung des Streites leider in den Hintergrund getreten. Hier findet keine Erkenntnis mehr statt. Aber genau darum
geht es mir: Um historische Wahrheitsfindung, um mal ein großes Wort zu
gebrauchen; um den respektvollen Austausch von Argumenten darüber. Um
einen wissenschaftlich-sachlichen, einen erkenntnisorientierten Diskurs eben,
der den toten Punkt überwindet. Die Vorstellung, die historische Wissenschaft
müsse hier mit einer Stimme sprechen, hat wenig mit Wissenschaft zu tun.

von Hardenberg:

Teilen Sie die Einschätzung der Vorsitzenden des Historikerverbandes,
dass die Klagen des Prinzen diesen Diskurs durch Einschüchterung beschnei-
den?

Machtan:

Eine Einladung zur Kommunikation sind solche Klagen sicher nicht. Die
Einschaltung von Anwälten bei kontroversen Meinungskämpfen ist in meinen Augen schon immer eher ein Zeichen von Dünnhäutigkeit – und nicht
von Gelassenheit. Ich persönlich wäre da – glaube ich – weniger mimosen-
haft. Aber man darf sich natürlich auch nicht alles gefallen lassen. Und dafür
ist ja der Rechtstaat da, den Einzelnen vor vermeintlich ungerechtfertigten
Übergriffen zu schützen. Die Unterlassungsklagen haben das Diskussions-
klima verschlechtert, das stimmt. Doch die Kontroverse abgewürgt haben sie
nicht; im Gegenteil. Der öffentliche Fokus auf den Hohenzollernstreit ist
dadurch vielleicht sogar noch enormer geworden. Aber gleichzeitig haben
sich hier beide Seiten kommunikativ etwas verrannt. Umso wichtiger ist es
jetzt, Sachbücher sprechen zu lassen.

Tolerante Hohenzollern?

Von *Thomas Brechenmacher*, Potsdam

Im Gespräch mit Benjamin Hasselhorn

Hasselhorn:

Die Hohenzollerndebatte dreht sich in ihrem juristischen und historischen Kern um die Handlungen der Familie Hohenzollern – im Grunde sogar nur um jene des letzten Kronprinzen – nach 1918. In der medialen Öffentlichkeit wird dies allerdings immer wieder verbunden mit generalisierenden Urteilen über die Hohenzollern und deren historische Bedeutung für die deutsche und europäische Geschichte – die angesichts der Rolle der Hohenzollern für die erste Hälfte des 20. Jahrhunderts verständlicherweise oftmals negativ ausfallen. Einige Historiker, etwa Michael Wolffsohn[1] oder Frank-Lothar Kroll[2], kritisieren dieses Vorgehen; insbesondere sehen sie die Gefahr einer ungerechten Negativverzerrung des historischen Urteils, das die positiv zu bewertenden Leistungen der Hohenzollern in den Jahrhunderten davor unberücksichtigt lasse. Welche Leistungen könnte man denn da anführen?

Brechenmacher:

In der Tat kann man sich nicht auf eine punktuelle Bewertung beschränken und nur auf das 20. Jahrhundert schauen, wenn man der historischen Bedeutung der Hohenzollern gerecht werden will. Die Geschichte der Hohenzollern ist weitaus vielfältiger – diese Dynastie regierte immerhin seit 1415 in Brandenburg und gehört damit in den erlauchten Kreis der Kurfürsten; es gibt einen Zweig der Hohenzollern im säkularisierten Deutschordensstaat Preußen seit 1525 und dann die Personalunion Brandenburg-Preußen seit 1618. Nach dem Dreißigjährigen Krieg bauen die Hohenzollern ein völlig ausgebranntes, kriegszerstörtes Land so auf, dass es schließlich im 18. Jahrhundert den Rang einer europäischen Großmacht erwirbt. Berlin wird im 18. Jahrhundert ein

---

[1] Michael Wolffsohn, Geist und Geister: (fast) tausend Jahre Hohenzollern – eine kleine Chronologie der historischen Ereignisse wider die Hohenzollern-Dämonologie, in: Neue Zürcher Zeitung vom 1. März 2020.

[2] Frank-Lothar Kroll, Das Recht der Hohenzollern, in: Frankfurter Allgemeine Zeitung vom 21. Oktober 2020.

Zentrum der europäischen Aufklärung, Ende des 18. Jahrhunderts ist Preußen durch das *Allgemeine Landrecht für die preußischen Staaten* Vorreiter in Sachen Rechtskodifizierung, zu Beginn des 19. Jahrhunderts wird es zu einem Brennpunkt der Reformpolitik. Und schließlich werden die Hohenzollern im 19. Jahrhundert zu wichtigen Protagonisten der nationalen Einigung Deutschlands. Das ist natürlich nicht einfach alles eine Leistung der Hohenzollern, aber als herrschende Dynastie waren sie an all diesen Entwicklungen beteiligt, in vielen Fällen eben auch sehr aktiv. Das alles zeigt die wichtige, ja entscheidende Rolle der Hohenzollern für die Geschichte Europas. Dies dann in „Leistungen" und „Verfehlungen" einzuteilen, kann der komplexen Verschränkung aus Ereignisgeschichte und gesellschaftlichen Entwicklungen kaum gerecht werden.

Hasselhorn:

Eine weitere Zuschreibung, die mit den Hohenzollern verbunden wird, ist die legendäre preußische Toleranzpolitik. Im Rahmen der bisherigen Debatte hat vor allem Frank-Lothar Kroll auf die Toleranzpolitik der Hohenzollern im 17. und 18. Jahrhundert hingewiesen. Andreas Pečar hat ihm darin scharf widersprochen: „Krolls Bezugnahme auf die preußische ,Toleranz' ist bei Lichte besehen die Traditionspflege einer lange etablierten Erinnerungsfigur, die ihre Wirkung nur dann entfaltet, wenn man die zahlreichen jüngeren Arbeiten zu diesem Thema außer Acht lässt."[3] Wie sehen Sie das? Kann man heute noch zu Recht auf eine Toleranz-Tradition der Hohenzollern verweisen, oder bedient man sich damit einer längst widerlegten Erinnerungsfigur?

Brechenmacher:

Jüngere Arbeiten sind ja nicht immer automatisch richtiger als ältere. Selbstverständlich wäre es fragwürdig, den Großen Kurfürsten oder gar Friedrich den Großen zu Vertretern einer Toleranz im modernen Sinne zu stilisieren. Die entscheidende Frage lautet hier, welchen Maßstab von Toleranz man anlegt. Denn historisch gesehen haben Toleranzvorstellungen der Frühen Neuzeit relativ wenig mit dem zu tun, was wir heute unter Toleranz verstehen. Der Philosoph Rainer Forst hat hier ein Modell entwickelt, das es erlaubt, verschiedene Arten von Toleranz zu unterscheiden. Etwas vergröbernd kann man sagen, dass heutige pluralistische, demokratische Gesellschaften von einem Begriff der Toleranz ausgehen, der ausdrücklich Wertschätzung und Respekt für abweichende Meinungen, Kulturen oder religiöse Bekenntnisse einschließt. So etwas gibt es in der Frühen Neuzeit nicht. Dort

---

[3] Andreas Pečar, Zur Aufrechnung historischer „Leistungen" der Hohenzollern in der politischen Debatte, in: Debatte, 25/11/2020, URL: https://recs.hypotheses.org/6131.

spielt der Wahrheitsanspruch für die eigene Sache eine viel größere Rolle als heute. Und deshalb bedeutet Toleranz in der Frühen Neuzeit meistens eine Erlaubnistoleranz (abgesehen von einigen Koexistenz-Konstellationen konfessioneller Parität); das heißt, die abweichende Gruppe wird unter bestimmten Voraussetzungen geduldet, sie wird nicht *wegen* ihrer Abweichung respektiert, sondern *trotz* ihrer Abweichung geduldet, weil sie aus anderen Gründen benötigt wird.

Es handelt sich also in Preußen gewissermaßen um eine pragmatische Toleranzpolitik, etwa bei Friedrich Wilhelm I., der belgische Katholiken anwirbt, weil sie als Büchsenmacher gebraucht werden. Das vom Protestantismus abweichende Bekenntnis wird geduldet, solange es in unauffälliger Weise ausgeübt wird. Bei Friedrich dem Großen kommt eine persönliche Indifferenz gegenüber religiösen Wahrheitsfragen hinzu, was die pragmatische Toleranz, etwa gegenüber Katholiken, aber auch gegenüber Juden, noch bestärkt. Da geht es nicht darum, aus Prinzip Minderheiten ins Land zu holen, sondern dringend benötigte Spezialisten einzuwerben, unabhängig von ihrer religiösen oder ethnischen Identität. Damit wurden Ressentiments gegenüber Minderheiten freilich nicht abgebaut, sondern lediglich zurückgestellt. Aber trotz dieser Einschränkungen wird man – im Sinne Frank-Lothar Krolls – von einer spezifisch preußischen Toleranzpolitik in dieser Zeit sprechen können, gerade im europäischen Vergleich, denken Sie an Maria Theresia, für die die Wahrheit des katholischen Glaubens die absolute Grenze der Toleranz bedeutete. Hier ist die friderizianische Politik eindeutig ein Vorreiter in Europa.

Hasselhorn:

Was Sie „pragmatische Toleranzpolitik" beziehungsweise „Erlaubnistoleranz" nennen, würden andere offenbar gar nicht unter Toleranz verbuchen. So jedenfalls verstehe ich ein klassisches Argument gegen die Annahme einer besonderen preußischen Toleranzpolitik, welches lautet, dass die Hohenzollern nicht aus intrinsischer Motivation tolerant waren, sondern aufgrund der besonderen Umstände – ihrem eigenen konfessionellen Minderheitenstatus, den verschiedenen religiösen Gruppen im Land und der insgesamt geringen Bevölkerungszahl, die Zuwanderung nötig machte. Wer aber nicht aus intrinsischer Motivation heraus tolerant ist – so das Argument –, der sei gar nicht tolerant.

Brechenmacher:

Das Argument, das Sie vortragen, funktioniert nur gesinnungsethisch. Das Faktum der Toleranzpolitik wird gar nicht bestritten, sondern die Umstände und Motive werden hinterfragt – in der Annahme, dass im Wesentlichen nur die richtige, gute, moralische Haltung zähle. Das ist aber ahistorisch gedacht. Heute gängige Wertschätzungstoleranz findet man nirgends in der Frühen Neuzeit, nicht einmal bei John Locke.

Man muss ja nicht gleich die Hohenzollern in den Himmel loben – und kann doch anerkennen, dass sie aufgrund der besonderen Situation Preußens eine Tradition der Toleranzpolitik ausbildeten. Kurfürst Friedrich Wilhelm – später „der Große" genannt – holt nach den Verheerungen des Dreißigjährigen Krieges unterschiedliche Bevölkerungsgruppen in sein Land, die er für dessen Wiederaufbau dringend benötigt. Die Erlaubnistoleranz gegenüber diesen Gruppen ist für ihn eine Frage des staatlichen Überlebens. Nichts spricht dafür, dass er Juden sonderlich mochte, aber mit dem Edikt von 1671 holt er 50 jüdische Familien ins Land, die aus Wien und Niederösterreich vertrieben wurden. Hier sieht man übrigens überdeutlich den zeitgenössischen Kontrast zwischen Österreich, wo nach dem Tod des Thronfolgers und dem Brand der Hofburg eine großangelegte Judenvertreibung stattfindet, und Preußen, das vertriebene Juden aufnimmt – wenn auch natürlich nicht uneigennützig und nicht bedingungslos. Und der Große Kurfürst geht sogar noch über die zeitgemäße Erlaubnistoleranz hinaus, indem er nämlich den Magistraten in den Städten deutlich einschärft, dass die Einwanderer gut zu behandeln seien. Das entspricht nicht unseren heutigen Vorstellungen von Integration, aber es ist erklärter Wille der kurfürstlichen Regierung, dass die jüdischen Einwanderer in ihre neuen Umfelder aufgenommen werden.

Doch auch hier kann man nicht einfach alle Hohenzollern über einen Kamm scheren: Unter Friedrich I. und Friedrich Wilhelm I. wird die Politik des Großen Kurfürsten zum Teil revidiert; bei ihnen ist der Wille erkennbar, die Zahl der Juden in Preußen deutlich zu begrenzen, d.h. zu reduzieren. Zugleich indes ist in der preußischen Politik gegenüber dem jüdischen Bevölkerungsteil eine Gesamtentwicklungstendenz hin zu einer Toleranzpolitik nicht zu bestreiten. Im General-Privilegium von 1730 beispielsweise erkennt man bereits, wie sich ein neuer Begriff des Rechts durchsetzt. Das ist zwar noch nicht das Bürgerrecht von 1812 oder gar das von 1870, aber es ist ein erster kleiner Schritt in diese Richtung, da nun nicht mehr der königliche Gnadenakt in den Vordergrund gestellt, sondern allmählich ein neuer Rechtskorpus konstruiert wird, indem das neugeschaffene *General- und Domänendirektorium* mit seinen Untereinrichtungen behördliche Verwaltungsfunktionen übernimmt. Hier kann man durchaus eine Verbindungslinie zum *Allgemeinen Landrecht* von 1794 ziehen: Es wird ein übergeordnetes Recht geschaffen, dass nicht mehr lediglich ein Gnadenrecht des Königs gegenüber Minderheiten ist. Bei aller Restriktivität dieser Regelungen muss man konstatieren, dass Preußen auch in dieser Hinsicht eine Vorreiterrolle in Sachen Toleranzpolitik einnimmt – vor allem im Kontrast zu Österreich: Maria Theresia lässt noch 1744/45 im Zuge des Zweiten Schlesischen Krieges die

Juden aus Böhmen und Mähren vertreiben. Dieses Vorgehen wird schon von Zeitgenossen als mittelalterlich empfunden. In Preußen gibt es zu diesem Zeitpunkt so etwas überhaupt nicht mehr.

Hasselhorn:

Da Sie die Unterschiede zwischen den einzelnen Hohenzollern-Herrschern erwähnen: Ein zweites Argument gegen die These von der besonderen preußischen Toleranz lautet, dass nicht alle Hohenzollern in das Toleranzmuster passen. Um trotzdem an der Toleranzthese festzuhalten, müsse man gewissermaßen Rosinenpickerei betreiben und den Fokus eher auf den Großen Kurfürsten und Friedrich den Großen lenken statt auf Friedrich Wilhelm II. oder Friedrich Wilhelm IV.

Brechenmacher:

Es gehört zu den Aufgaben der Geschichtswissenschaft, Entwicklungen über längere Zeiträume hinweg zu beobachten und zu analysieren – Entwicklungstendenzen aufzuzeigen und historisch zu kontextualisieren. Willkürliches Herausgreifen einzelner Ereignisse, die wir positiv – oder negativ – beurteilen, ist da völlig fehl am Platz.

Was aber Friedrich Wilhelm II. angeht: Zwar ist da politisch gegenüber Friedrich dem Großen eine gewisse Stagnation festzustellen, und er selbst ist alles andere als ein revolutionärer Neuerer gewesen, wie überhaupt seine Regierungszeit von 1786 bis 1797 offenbar zu kurz war, um größere eigene Akzente zu setzen. Doch insgesamt fügt sich seine Regierung durchaus in das Gesamtbild preußischer Rechts- und Toleranzpolitik. Das preußische Judenedikt von 1812, mit dem die Juden in Preußen das Staatsbürgerrecht erhielten, fällt ja nicht einfach vom Himmel, sondern fußt auf der jüdischen Aufklärung, deren zweite Generation in Preußen in die Regierungszeit Friedrich Wilhelms II. fällt. Er selbst erteilte 1791 Daniel Itzig als erstem Juden in Preußen das volle Bürgerrecht – auch wenn das in der Linie des persönlichen Gnadenaktes liegt. Zudem werden unter Friedrich Wilhelm II. gewisse Restriktionen zurückgenommen, etwa die Verpflichtung der jüdischen Gemeinden, Produkte der königlichen Porzellanmanufaktur auf eigene Kosten unter die Leute zu bringen, wodurch den Juden unter der fiskalischen Politik Friedrichs des Großen horrende Summen abgepresst wurden – das wird unter Friedrich Wilhelm II. abgeschafft. Die großen Reformschritte, die dann unter Friedrich Wilhelm III. umgesetzt werden, sind eben nicht vom Himmel gefallen.

Hasselhorn:

Aber bricht dann im weiteren Verlauf des 19. Jahrhunderts die Toleranztradition nicht weg? Vor allem das unter preußischer Führung 1871 gegründete deutsche Kaiserreich wird ja in der aktuellen Diskussion wieder für zahlreiche Negativentwicklungen der deutschen Geschichte verantwortlich gemacht. Wie sehen Sie das: Welchen Stellenwert nimmt die Toleranzpolitik im Kaiserreich ein? Wird da eine positive preußische Tradition fortgeführt – auf die sich gerade Wilhelm II. immer wieder explizit beruft –, oder beginnt dort der Weg in den Abgrund unter dem vermeintlichen Antisemiten Wilhelm II.?

Brechenmacher:

Beides sind natürlich Überzeichnungen. Unbestreitbar ist ja, dass Preußen – den gebrochenen Verfassungsversprechen zum Trotz – im Laufe des 19. Jahrhunderts zum Verfassungsstaat wird, und dass auch das Kaiserreich als Rechts- und Verfassungsstaat gegründet wird. Die Verfassungsordnung des Kaiserreichs legt die absolute staatsbürgerliche Gleichstellung der Religionen fest, und im gesamten Verlauf des Kaiserreichs wird daran nichts geändert, auch nicht unter Wilhelm II., trotz der mehrfachen Versuche der radikalen Antisemiten, die Verfassungsordnung in diesem Punkt zu revidieren. Andererseits ist der praktische Umgang mit Minderheiten im Kaiserreich oft weniger von Toleranz geprägt, im Gegenteil. Das betrifft sowohl die Polen und Elsässer als auch die von Bismarck politisch definierten „Reichsfeinde", die Katholiken und die Sozialdemokraten. Bezeichnend ist dabei allerdings weniger die Tatsache, dass der Kulturkampf geführt wird, sondern dass er scheitert. Der Einfluss von Zentrum und Sozialdemokratie wächst über das gesamte Kaiserreich hinweg immer weiter an, die Bedeutung des Parlaments ebenfalls.

Das eigentliche Problem bezüglich der Toleranz ist im Kaiserreich der moderne Antisemitismus, der seit den 1880er Jahren in die Gesellschaft hinein diffundiert und zu dem wird, was Shulamit Volkov als „kulturellen Code" bezeichnet hat. Für diesen Prozess kann man allerdings weder die politische Ordnung des Kaiserreichs verantwortlich machen noch das Haus Hohenzollern allein. Auch Wilhelm II. hat keine antisemitische Politik betrieben. Und natürlich muss man auf den europäischen Kontext verweisen: Antisemitismus und radikaler Nationalismus waren keine auf Deutschland beschränkten Phänomene; die gesamte Zeit der Jahrhundertwende war nicht gerade von Toleranz geprägt, erst recht nicht von Wertschätzungstoleranz in unserem heutigen Sinne. Das Kaiserreich steht hier in einer zeittypischen Tradition.

Hasselhorn:

Kann denn eine Beschäftigung mit einem Thema wie der preußischen Toleranz überhaupt einen konstruktiven Beitrag in der aktuellen Hohenzollerndebatte leisten?

Brechenmacher:

Selbstverständlich. Einer der wichtigsten Beiträge, den die Geschichtswissenschaft für öffentliche Diskussionen leisten kann, ist Differenzierung.
Thomas Nipperdey hat zu Recht immer wieder darauf hingewiesen, dass die
Geschichte kein Schwarz und Weiß kennt, sondern nur ein Grau in unendli-
chen Schattierungen. Darauf hinzuweisen und darauf hinzuwirken, dass wir
auch als Gesellschaft die Ambivalenzen der Geschichte aushalten, ist unsere
Aufgabe als Historiker.

Was das Toleranzthema betrifft, gilt es auch danach zu fragen, wo eigentlich unser Idealbild einer Wertschätzungs- und Respekttoleranz überhaupt
jemals verwirklicht worden wäre. Und es gilt, zu zeigen, dass es kaum wei-
terführt, die Vergangenheit mit den Maßstäben der Gegenwart zu messen und
alles unterschiedslos zu verdammen, was sich etwa in Preußen im 17. und
18. Jahrhundert an spezifischer, zeitgemäßer Erlaubnis- und Koexistenztole-
ranz gebildet hat. Dann erst ist es möglich, ein gerechtes Urteil über Errungenschaften, Traditionen und auch Brüche der preußischen Toleranzpolitik
abzugeben. Übrigens hat Rainer Forst darauf aufmerksam gemacht, dass zu
jeder Form von Toleranz zwingend ein Moment der Akzeptanz, aber auch ein
Moment der Ablehnung gehört. Mit wem ich vollkommen einverstanden bin,
den muss ich nicht tolerieren; tolerieren muss ich nur das, was ich ablehne,
und diese Ablehnung überwinde ich mit der Toleranz immer nur partiell.
Hier wäre es die Aufgabe der Geschichtswissenschaft, zu zeigen, in welche
Toleranzmuster Preußen einzuordnen ist, wo Grenzen verschoben werden –
und wo im zeitgenössischen Vergleich echte Errungenschaften vonstattenge-
hen.

Hasselhorn:

Die Hohenzollerndebatte ist seit gut zwei Jahren von einer starken Emotionalität geprägt. Haben Sie dafür eine Erklärung? Und welche Chance hat
die Geschichtswissenschaft, diese Debatte zu versachlichen und zu differenzieren?

Brechenmacher:

Die starke Emotionalität der Hohenzollerndebatte hängt meines Erachtens
mit einer allgemeinen gesellschaftlichen Tendenz zur Moralisierung von
Sachverhalten zusammen. Das schlägt sich auch auf die Geschichtswissen-

schaft nieder, etwa in Gestalt von Gut-und-Böse-Konstruktionen, die dem geschichtlichen Verlauf unterlegt werden, oder in dem Wunsch, der Vergangenheit mit einer moralisch vermeintlich einwandfreien Haltung gegenüberzustehen. Dieser im Prinzip verständliche Wunsch macht unsere Gesellschaft aber intransigent: Wir können nicht mehr verzeihen, wir können Ambivalenzen schlechter aushalten, und dann hören wir irgendwann auf, Personen der Vergangenheit in ihren Handlungen und Entscheidungen verstehen zu wollen. Doch das ist aus geschichtswissenschaftlicher Sicht zuallererst die Aufgabe in der Hohenzollerndebatte: das Verhalten des vormaligen Kronprinzen Wilhelm zu verstehen; zu klären, warum er sich in der Endphase der Weimarer Republik gegenüber den Nationalsozialisten so verhalten hat, wie er sich verhalten hat.

Insofern kommt einem als Parallele zur Hohenzollerndebatte der Historikerstreit von 1986 in den Sinn. Damals war die Diskussion allerdings noch stärker nationalpolitisch aufgeladen als heute, und es ging auch mehr um politische Rechts-Links-Klassifikationen, während heute in der aktuellen Hohenzollerndebatte der Moralismus im Vordergrund steht. Dieser wiederum trägt Züge einer „Bewegung", die, wie Hannah Arendt gezeigt hat, ganz gefährliche Dynamiken entwickeln, im schlimmsten Fall in einen unendlich destruktiven Prozess führen kann. Als Historiker wären wir gut beraten, solche Dynamiken nicht zu befeuern, sondern uns auf unsere methodischen Qualitäten zu besinnen und die in Rede stehenden Forschungsfragen nüchtern und sachlich zu diskutieren. Und uns bei abweichenden Positionen in der Tugend der Toleranz zu üben.

Abbildungsnachweise

Abb. 1: Prinz Nikola von Montenegro
https://www.google.com/url?sa=i&url=https%3A%2F%2Fwww.hecatus-vipnet-
working.com%2Fen%2Fintervenants%2Fprince-nikolas-petrovic-njegos-en%2F&
psig=AOvVaw12fqNF8nXMcTFZUidrVqHQ&ust=1629876037983000&source=i
mages&cd=vfe&ved=0CAoQjRxqGAoTCKi7pMiQyfICFQAAAAAdAAAAABC
gAQ

Abb. 2: Königsbesuch in Bukarest 1992
https://www.google.com/url?sa=i&url=https%3A%2F%2Fwww.digi24.ro%2Fstiri
%2Factualitate%2Fevenimente%2Fvideo-imaginile-impresionante-de-la-reveni
rea-in-tara-a-regelui-mihai-in-1992-un-milion-de-oameni-venisera-sa-l-vada-
840623&psig=AOvVaw3BZ3mzJSPx2VLuIxKxrgbo&ust=16298768184150
00&source=images&cd=vfe&ved=0CAoQjRxqGAoTCNjPob-SyfICFQAAAAA
dAAAAABDDAQ

Abb. 3: Schloss Peleş in Sinaia
https://www.bing.com/images/search?view=detailV2&ccid=jdmVWUxP&id=F7C
F2B234922B0AF527646DB8F8C08CEEEFDCD6F&thid=OIP.jdmVWUxPh7eM
Ol2FzU5CwwHaE7&mediaurl=https%3a%2f%2fth.bing.com%2fth%2fid%2fR.8d
d995594c4f87b78c3a5d85cd4e42c3%3frik%3db8397s4IjI%252fbRg%26riu%3dht
tp%253a%252f%252filoveromania.com%252fwp-content%252fuploads%252f201
7%252f03%252fPeles-Castle.jpg%26ehk%3dxTDXhiSwBO8uHHRqJhbUQ2Ren
PyMFldIyq6S7LnOqCc%253d%26risl%3d%26pid%3dImgRaw%26r%3d0&exph
=933&expw=1400&q=castel+peles&simid=608015821323780657&FORM=IRPR
ST&ck=B9B265EE75207A9D23CE769CAC996244&selectedIndex=0&ajaxhist=
0&ajaxserp=0

Abb. 4: Königsbegräbnis in Bukarest 2017
https://www.google.com/url?sa=i&url=https%3A%2F%2Fwww.hotnews.ro%2
Fstiri-esential-22180516-regele-mihai-inmormantat-astazi-curtea-arges.htm&psig=
AOvVaw3BZ3mzJSPx2VLuIxKxrgbo&ust=1629876818415000&source=images
&cd=vfe&ved=0CAoQjRxqFwoTCNjPob-SyfICFQAAAAAdAAAAABB-

Abb. 5: König Mihai I. und Prinzessin Margareta von Rumänien 2013
https://www.google.com/url?sa=i&url=https%3A%2F%2Fwww.romaniaregala.ro
%2Fjurnal%2Fpremiera-tvr-%25E2%2580%259Ein-numele-tatalui-un-documen
tar-dedicat-principesei-margareta%2Fattachment%2Fimg-4126_08068000%2F&p
sig=AOvVaw01oc8uAz0Ok9YSe20Qubb5&ust=1629877798483000&source=ima
ges&cd=vfe&ved=0CAoQjRxqGAoTCMDagJSWyfICFQAAAAAdAAAAABCA
AQ

Abb. 6: Zar Simeon II. von Bulgarien bei der Rückkehr aus dem Exil 1996
https://www.google.com/url?sa=i&url=https%3A%2F%2Fm.dnes.bg%2F
slideshow.php%3Fid%3D25576%26vsg&psig=AOvVaw0QZ9CFROideLa1QmjO
GNm4&ust=1629878322273000&source=images&cd=vfe&ved=0CAoQjRxqFwo
TCJCco4uYyfICFQAAAAAdAAAAABBV

Abb. 7: Vrana-Palast in Sofia
https://www.google.com/url?sa=i&url=https%3A%2F%2Fwww.sofiasecrets.com
%2Farticle-park-museum-vrana-35.html&psig=AOvVaw0tP-NMcHm_XTU2R8p
ys7Zj&ust=1629878588007000&source=images&cd=vfe&ved=0CAoQjRxqFwoT
COCzx4mZyfICFQAAAAAdAAAAABAJ

Abb. 8: Kronprinz Leka Zogu bei seiner Rückkehr nach Albanien 2002
https://www.google.com/url?sa=i&url=https%3A%2F%2Fwww.sandiegouniontri
bune.com%2Fsdut-albanias-self-styled-king-leka-dies-at-72-2011nov30-story.html
&psig=AOvVaw2J9sZflw3PJxbf84IEOL6o&ust=1629879157755000&source=im
ages&cd=vfe&ved=0CAoQjRxqFwoTCNiB1pubyfICFQAAAAAdAAAAABA1

Abb. 9: Sommerresidenz der albanischen Königsfamilie in Durrës
https://www.google.com/url?sa=i&url=https%3A%2F%2Fde.wikipedia.org%2Fwi
ki%2FK%25C3%25B6nigliche_Villa_(Durr%25C3%25ABs)&psig=AOvVaw0YT
62e8veixKvuIBYzmXwS&ust=1629879703180000&source=images&cd=vfe&ve
d=0CAoQjRxqFwoTCPi-sZ6dyfICFQAAAAAdAAAAABAr

Abb. 10: Royale Hochzeit in Albanien 2016
https://media.emirates247.com/images/2016/10/articles3-530.jpg

Abb. 11: König Peter II. von Jugoslawien 1941
https://www.google.com/url?sa=i&url=https%3A%2F%2Fwww.czipm.org%2
Freturn-king.html&psig=AOvVaw3rGhVNeNQRftRD4F1dt_tR&ust=1629880
096463000&source=images&cd=vfe&ved=0CAoQjRxqFwoTCJCSp9qeyfICFQA
AAAAdAAAAABBh

Abb. 12: Königliches Schloss auf dem Dedinje in Belgrad
https://royalfamily.org/palaces/the-royal-palace/#iLightbox[gallery_image_1]/11

Abb. 13: Kronprinz Alexander und Kronprinzessin Katherine von Serbien bei einer
Charityveranstaltung 2020
https://www.google.com/url?sa=i&url=https%3A%2F%2Flifelineuk.co.uk%2F
2020%2F02%2F28%2Fcrown-prince-alexander-and-crown-princess-katherine-
hosted-lifeline-gala-dinner-in-london-in-aid-of-childrens-hospitals-in-serbia%2F
&psig=AOvVaw1-qgiU6yGuqvmZUc-i_og7&ust=1629880732876000&source=i
mages&cd=vfe&ved=0CAoQjRxqFwoTCLD0pJOhyfICFQAAAAAdAAAAAB
AT

Abb. 14: König Konstantin II. und Königin Anne Marie von Griechenland 2019
https://www.google.com/url?sa=i&url=https%3A%2F%2Ftwitter.com%2Froyalarj
an%2Fstatus%2F1174182476681502720%3Flang%3Del&psig=AOvVaw3H-2sXh
q12NRZY9sBcJUJQ&ust=1629881082751000&source=images&cd=vfe&ved=0C
AoQjRxqFwoTCJC-hLmiyfICFQAAAAAdAAAAABAQ

Abb. 15: Palastanlage von Tatoi bei Athen im aktuellen Zustand 2015
https://www.google.com/url?sa=i&url=https%3A%2F%2Fwww.griechenland.net
%2Ftourismus%2Freportagen%2F18477-der-landsitz-von-tatoi-einstiges-refugi
um-des-griechischen-k%25C3%25B6nigshauses-teil-1&psig=AOvVaw0HnyW6-
oBXihwLAg6W0X56&ust=1629881589389000&source=images&cd=vfe&ved=0
CAoQjRxqFwoTCMCD_p2kyfICFQAAAAAdAAAAABAs

Abb. 16: Kronprinz Vittorio Emanuele von Italien 2017
https://www.google.com/url?sa=i&url=http%3A%2F%2Fwww.italianinsider.it%2
F%3Fq%3Dnode%2F5908&psig=AOvVaw3Sx52A8x93FZrykorcJhhA&ust
=1629881937386000&source=images&cd=vfe&ved=0CAoQjRxqFwoTCJi-zMa-
lyfICFQAAAAAdAAAAABAf

Abb. 17: Prinz Emanuele Filiberto von Savoyen als Varietétänzer 2009
https://www.google.com/url?sa=i&url=http%3A%2F%2Fwww.iitaly.org%2F
magazine%2Ffocus%2Flife-people%2Farticle%2Fonce-upon-timea-prince%3Fmo
de%3Dcolorbox&psig=AOvVaw35HBGVNSLKZBUpWGKwfRE6&ust=1629
882158393000&source=images&cd=vfe&ved=0CAoQjRxqFwoTCNDeiK-my
fICFQAAAAAdAAAAABBA

Die Autoren und Herausgeber des Bandes

Dr. *Philipp Bender* ist Wissenschaftlicher Mitarbeiter am Institut für Kirchenrecht der Rheinischen Friedrich-Wilhelms-Universität Bonn.

Prof. Dr. *Peter Brandt* lehrte als Professor für Neuere und Neueste Geschichte an der Fernuniversität in Hagen.

Prof. Dr. *Thomas Brechenmacher* ist Inhaber des Lehrstuhls für Neuere Geschichte mit dem Schwerpunkt deutsch-jüdische Geschichte am Historischen Institut der Universität Potsdam.

Prof. Dr. *Klaus Ferdinand Gärditz* ist Inhaber des Lehrstuhls für Öffentliches Recht am Fachbereich Rechtswissenschaft der Rheinischen Friedrich-Wilhelms-Universität Bonn.

Dr. *Oliver F. R. Haardt* war seit 2017 als Lumley Research Fellow in Geschichte am Magdalene College der Universität Cambridge tätig.

Tita von Hardenberg arbeitet als Fernsehjournalistin, Moderatorin, Gründerin und Geschäftsführerin der Firma Kobalt Productions Film und Fernseh GmbH.

Dr. Dr. *Benjamin Hasselhorn* ist Wissenschaftlicher Mitarbeiter am Lehrstuhl für Neueste Geschichte an der Julius-Maximilians-Universität Würzburg.

Prof. Dr. *Christian Hillgruber* ist Direktor des Instituts für Kirchenrecht an der Rheinischen Friedrich-Wilhelms-Universität Bonn.

Prof. Dr. *Peter Hoeres* ist Inhaber des Lehrstuhls für Neueste Geschichte an der Julius-Maximilians-Universität Würzburg.

Prof. Dr. *Hans-Christof Kraus* ist Inhaber des Lehrstuhls für Neuere und Neueste Geschichte an der Universität Passau.

Prof. Dr. *Frank-Lothar Kroll* ist Inhaber des Lehrstuhls für Europäische Geschichte des 19. und 20. Jahrhunderts an der Technischen Universität Chemnitz.

Prof. Dr. *Lothar Machtan* lehrte und forschte bis 2015 als Professor für Neuere Geschichte an der Universität Bremen.

Prof. Dr. Dr. h.c. mult. *Horst Möller* war Direktor des Instituts für Zeitgeschichte und lehrte als Professor für Neuere und Neueste Geschichte an der Ludwig-Maximilians-Universität München.

Prof. Dr. Hans *Ottomeyer*, war Präsident der Stiftung Deutsches Historisches Museum Berlin.

Dr. *André Postert* ist Wissenschaftlicher Mitarbeiter am Hannah-Arendt-Institut für Totalitarismusforschung Dresden.

Prof. Dr. *Ulrich Schlie* ist Inhaber der Henry-Kissinger-Professor für Sicherheits- und Strategieforschung an der Rheinischen Friedrich-Wilhelms-Universität Bonn.

Prof. Dr. *Rainer F. Schmidt* lehrte als Professor für Neueste Geschichte und Didaktik der Geschichte an der Julius-Maximilians-Universität Würzburg.

Dr. *Thomas E. Schmidt* ist Kulturkorrespondent der Wochenzeitung „Die Zeit" in Berlin.

Prof. Dr. *Michael Sommer* ist Professor für Alte Geschichte am Institut für Geschichte der Carl von Ossietzky Universität Oldenburg.

Björn Thümler amtiert seit 2017 als Minister für Wissenschaft und Kultur des Landes Niedersachsen.

Dr. *Rüdiger von Voss* ist Gründer der Forschungsgemeinschaft 20. Juli 1944 und Ehrenvorsitzender der Stiftung 20. Juli 1944.

Prof. Dr. *Uwe Walter* ist Professor für Allgemeine Geschichte unter besonderer Berücksichtigung der Alten Geschichte an der Universität Bielefeld.

Prof. Dr. *Thomas Weber* ist Professor für Geschichte und internationale Politik an der University of Aberdeen, Schottland.

Prof. Dr. *Michael Wolffsohn* lehrte als Professor für Neuere Geschichte an der Universität der Bundeswehr München.

Tobias Winter

Die deutsche Archivwissenschaft und das »Dritte Reich«

Disziplingeschichtliche Betrachtungen von den 1920ern bis in die 1950er Jahre

Es ist inzwischen hinlänglich bekannt, dass Untersuchungen von ›NS-Vergangenheiten‹ sich nicht auf die Jahre 1933 bis 1945 beschränken dürfen, sondern durch die Berücsichtigung der jeweiligen Vor- und Nachgeschichte auch potentiellen Pfadabhängigkeiten, Kontinuitäten wie auch Brüchen nachspüren sollten. Die vorliegende Studie nimmt deshalb die Disziplin der Archivwissenschaft vom Ende des Ersten Weltkriegs bis in die frühen Jahre von Bundesrepublik und DDR in den Blick.

Dabei werden nicht ausschließlich disziplininterne Konstellationen und Diskussionen, Institutionen und Personen berücsichtigt, sondern diese in einem breiten wissenschaftspolitischen wie auch gesellschaftlichen Kontext betrachtet. Im so entstandenen Narrativ einer deutschen Archivgeschichte der ersten Hälfte des 20. Jahrhunderts werden erstaunliche Kontinuitäten sowohl personeller wie auch institutioneller Art deutlich.

»Winter hat eine gründlich recherchierte, geschickt disponierte, sprachlich ausgefeilte und durch Einbeziehung einschlägiger Arbeiten [...] abgesicherte Untersuchung vorgelegt.«

Frank-Rutger Hausmann, in: Informationsmittel
für Bibliotheken, 26 (2018), 3 [9]

Veröffentlichungen aus den Archiven Preußischer Kulturbesitz
Forschungen, Band 17
606 Seiten, 2018
ISBN 978-3-428-15484-5, geb., € 99,90

www.duncker-humblot.de